水利水电工程质量检测人员
从业资格考核培训系列教材

机械电气

（第2版）

中国水利工程协会
丁凯　潘罗平　黄宏勇　主编

黄河水利出版社
·郑州·

内容提要

本书共分14章，内容包括绪论，材料试验，尺寸检测，机组安装和试运行中关键检测，水力机械效率，压力脉动、振动和噪声检测，应力测试，空蚀和磨损的测量与评定，温度测量，水利水电工程电气设备检测基础，电气设备质量检测、试验项目及要求，发电机安装调试质量检测试验的主要项目，主要检测试验仪器仪表的原理及使用。主要作为水利水电工程质量检测人员从业资格注册的考核培训专用教材，也可作为大专院校相关专业的教材或参考书。

图书在版编目(CIP)数据

机械电气/丁凯等主编．—2版．—郑州：黄河水利出版社，2014.4

ISBN 978-7-5509-0766-9

Ⅰ.①机…　Ⅱ.①丁…　Ⅲ.①机电设备　Ⅳ.①TM

中国版本图书馆CIP数据核字(2014)第063352号

出 版 社：黄河水利出版社

地址：河南省郑州市顺河路黄委会综合楼14层　　邮政编码：450003

发行单位：黄河水利出版社

发行部电话：0371-66026940、66020550、66028024、66022620(传真)

E-mail：hhslcbs@126.com

承印单位：河南地质彩色印刷厂

开本：787 mm×1 092 mm　1/16

印张：29.25

字数：676千字　　印数：1—3 000

版次：2011年11月第1版　　印次：2014年4月第1次印刷

2014年4月第2版

定价：147.00元

水利水电工程质量检测人员
从业资格考核培训系列教材

机械电气

（第2版）

编写单位及人员

主持单位　中国水利工程协会

编写单位　北京海天恒信水利工程检测评价有限公司
　　　　　中国水利水电科学研究院
　　　　　中国长江三峡集团公司

主　　编　丁　凯　潘罗平　黄宏勇　曹征齐　唐　澍

编　　写　（以姓氏笔画为序）
　　　　　丁　凯　韦　敏　卢世玉　刘鸿斌　武宝义
　　　　　罗利华　易发德　赵　琨　徐金禄　唐　澍
　　　　　唐拥军　郭宝霞　曹征齐　黄宏勇　董晓英
　　　　　潘罗平

统　　稿　潘罗平　唐拥军　罗利华　郭宝霞

工作人员　陶虹伟

序

水利水电工程的质量关系到人民生命财产的安危,关系到国民经济的发展和社会稳定,关系到工程寿命和效益的发挥,确保水利水电工程建设质量意义重大。

工程质量检测是水利水电工程质量保证体系中的关键技术环节,是质量监督和监理的重要手段,检测成果是质量改进的依据,是工程质量评定、工程安全评价与鉴定、工程验收的依据,也是质量纠纷评判、质量事故处理的依据。尤其在急难险重工程的评价、鉴定和应急处理中,工程质量检测工作更起着不可替代的重要作用。如近年来在全国范围内开展的病险水库除险加固中对工程病险等级和加固质量的正确评价,在今年汶川特大地震水利抗震救灾中对震损水工程应急处置及时得当,都得益于工程质量检测提供了重要的检测数据和科学评价意见。实际工作中,工程质量检测为有效提高水工程安全运行保证率,最大限度地保护人民群众生命财产安全,起到了关键作用,功不可没!

工程质量检测具有科学性、公正性、时效性和执法性。

检测机构对检测成果负有法律责任。检测人员是检测的主体,其理论基础、技术水平、职业道德和法律意识直接关系到检测成果的客观公正。因此,检测人员的素质是保证检测质量的前提条件,也是检测机构业务水平的重要体现。

为了规范水利水电工程质量检测工作,水利部于 2008 年 11 月颁发了经过修订的《水利工程质量检测管理规定》。为加强水利水电工程质量检测人员管理,中国水利工程协会根据《水利工程质量检测管理规定》制定了《水利工程质量检测员管理办法》，明确要求从事水利水电工程质量检测的人员必须经过相应的培训、考核、注册，持证上岗。

为切实做好水利水电工程质量检测人员的考核培训工作，由中国水利工程协会主持，北京海天恒信水利工程检测评价有限公司组织一批国内多年从事检测、试验工作经验丰富的专家、学者，克服诸多困难，在水利水电行业中率先编写成了这一套系列教材。这是一项重要举措，是水利水电行业贯彻落实科学发展观，以人为本，安全至上，质量第一的具体行动。本书集成提出的检测方法、评价标准、培训要求等具有较强的针对性和实用性，符合工程建设管理要求和社会实际需求；该教材内容系统、翔实，为开展质量检测人员从业资格考核培训工作奠定了坚实的基础。

我坚信，随着质量检测人员考核培训的广泛、有序开展，广大水利水电工程质量检测从业人员的能力与素质将不断提高，水利水电工程质量检测工作必将更加规范、健康地推进和发展，从而为保证水利水电工程质量、建设更多的优质工程、促进行业技术进步发挥巨大的作用。故乐为之序，以求证作者和读者。

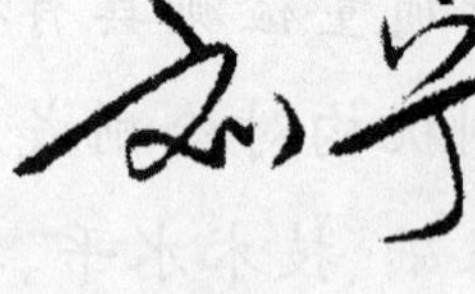

2008 年 11 月 28 日

第 2 版前言

《水利水电工程质量检测人员从业资格考核培训系列教材》(一套 7 册)伴随水利行业对从事水利水电工程质量检测业务的单位实行资格管理、对质量检测从业人员实行行业自律管理已经 6 年。本套教材在促进水利水电工程质量检测从业人员的能力与素质不断提高和水利水电工程质量检测工作更加规范、健康发展及水利水电行业质量检测技术进步,以及水利水电工程建设质量管理水平提高等方面都起到了巨大作用。

6 年来,广大教材使用者对本套教材提出过很多宝贵意见。作为本套教材的编者,我们也在不断地研究学习,特别是 6 年中,本套教材涉及的部分技术标准发生了很多更新变化,还有些新技术、新仪器、新方法得到了应用,促使我们与时俱进,顺应需要,重新修编改版了本套教材。

此次修编改版的教材,仍按水利行业资质管理的专业划分,分为 5 个专业类别。考虑到篇幅和内容,本套教材仍以《质量检测工作基础知识》、《混凝土工程》、《岩土工程》(岩石、土工、土工合成材料)、《岩土工程》(地基与基础)、《金属结构》、《机械电气》、《量测》一套 7 册出版。其中重新修编的《金属结构》教材,将“无损检测”和“制造与安装”两部分内容合为一册;其他分册教材除对发生变更的技术标准进行了更新并删除了部分作废技术标准外,还增加了部分新内容,以期达到本版教材采用依据的技术标准最新、涉及的试验检测方法更全的修编改版目的。

由于编写与修编人员水平有限,本次修编改版的教材中肯定会有疏漏和谬误之处,望广大教材使用者海涵并批评指正。

编 者
2014 年 4 月 4 日

前 言

随着我国水利水电事业的蓬勃发展、众多水利水电工程的兴建,工程的质量与安全问题越来越受到国家和社会的广泛关注,质量检测工作也日益得到重视。水利水电工程的质量检测工作是保证工程质量与安全的重要措施,是工程建设、运行过程中的重要环节,而水利水电工程质量检测人员的职业道德和业务素质则是保证质量检测工作科学和公正性的前提条件。为加强水利水电工程质量检测管理,规范质量检测行为,2008 年 11 月水利部第 36 号令颁布了《水利工程质量检测管理规定》(以下简称《规定》),自 2009 年 1 月 1 日起施行。中国水利工程协会随即颁发的《水利工程质量检测员管理办法》(以下简称《办法》)也将同步施行。

《规定》中明确要求从事水利工程质量检测的单位,应当按照本规定取得相应资质,并在资质等级许可的范围内承担质量检测业务。水利工程质量检测单位资质分为岩土工程、混凝土工程、金属结构、机械电气和量测共 5 个类别,每个类别分为甲级、乙级 2 个等级。《规定》和《办法》中还明确要求从事水利水电工程质量检测的专业技术人员,应当具备相应的质量检测知识和能力,按照行业自律管理的要求,必须经过中国水利工程协会统一组织的从业资格考核考试合格、注册,持证上岗。

为了使质量检测人员系统地掌握相关专业知识和能力,由中国水利工程协会主持,北京海天恒信水利工程检测评价有限公司组织国内多年从事工程质量检测试验工作的一批专家学者,编写了《水利水电工程质量检测人员从业资格考核培训系列教材》,作为水利水电工程质量检测人员从业资格注册的考核培训专用教材,也可作为大专院校相关专业的教材或参考书。

本系列教材的编写历经三年多的时间,部分类别教材,如混凝土工程类、岩土工程类(岩石、土工、土工合成材料)及量测类等,已经过实际试讲与反复修改,是诸位专家学者结合自己多年的实践经验,在相应的规程规范基础上编写而成的。教材全面介绍了相应专业类别的各种检测试验方法,并指出了质量检测过程中的重点、难点、关键点,与相应的规程规范配合使用,是从事水利水电工程质量检测试验人员指导实际工作的工具书。教材部分内容还前瞻性地涉及某些专业领域质量检测方法技术的研究前沿和发展方向。

本系列教材按检测单位资质的分类,并考虑到内容与篇幅,将分类分册陆续编写出版,暂分为以下各册:质量检测工作基础知识、混凝土工程类、岩土工程类(岩石、土工、土工合成材料)、岩土工程类(地基与基础)、量测类、金属结构类(制造与安装)、金属结构类(无损检测)、机械电气类。

本系列教材在编写过程中,得到了水利水电行业有关部门领导和单位的重视与关怀,尤其是得到了编写人员所在单位的支持与帮助,在此一并表示感谢!

受编写人员水平所限,教材中难免存在疏漏之处,敬请读者批评指正,以便改进。

编 者

2008 年 11 月 28 日

目 录

第一篇 水力机械

第二篇　电气设备

第一篇　水力机械

第一章 绪 论

第一节 水力机械基本概念

一、水力机械简介

水力机械是指以液体如油、水等为工作介质与能量载体的机械设备。根据液体与机械的相互作用方式,可分成容积式水力机械和叶片式水力机械。

容积式水力机械的特点是:

(1)工作介质处于工作腔,工作腔可以是一个或几个。

(2)工作腔的容积是变化的。

(3)机械和流体之间的作用主要是静压力。

叶片式水力机械的特点是:

(1)能量转换是连续绕流叶片的介质与叶轮之间进行的。

(2)叶片使介质的速度(大小和方向)都发生变化,产生这种变化叶片要克服流体的惯性力,从而引起对叶片的反作用力。

作为动力机的水轮机与作为工作机的水泵以及可逆式水泵水轮机是典型的叶片式水力机械。本书只讲以水轮机和水泵作为关键部件的水力机组方面的检测,并且侧重于水轮发电机组。

叶片式水力机械根据液体在叶轮内压力和速度的变化情况可分为反击式和冲击式两类。其中叶轮内流体的压力和速度都发生变化的,既交换动能又交换势能,则称为反击式水力机械,例如混流式水轮机(见图1-1)。叶轮内流体只是速度发生变化的,只交换动能,则称为冲击式水力机械,例如冲击式水轮机(见图1-2)。叶片式水力机械的分类见表1-1。

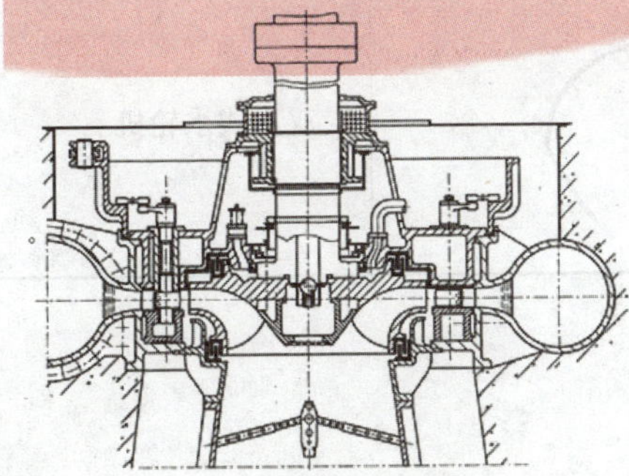

图1-1 混流式水轮机

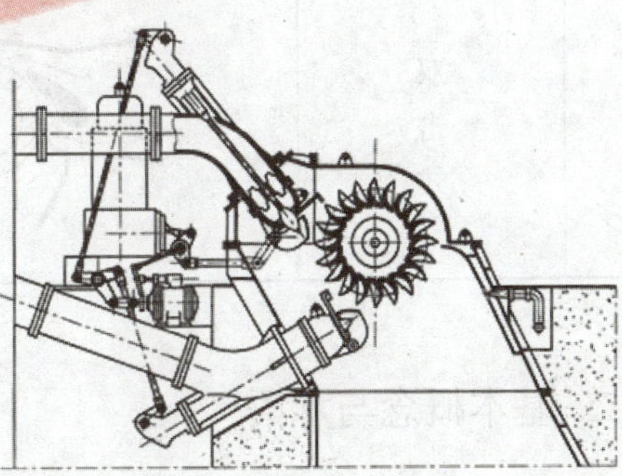

图1-2 冲击式水轮机

表 1-1　叶片式水力机械分类

类别		简图	实例
反击式	径流式	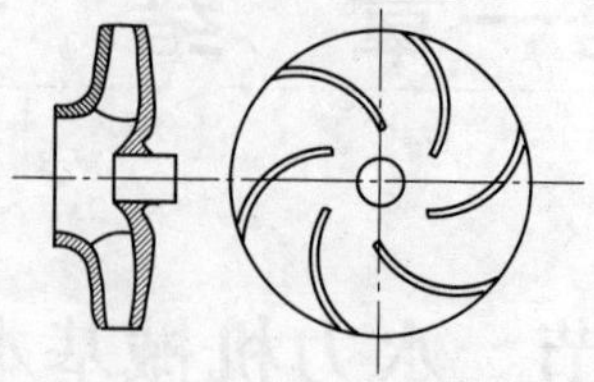	高水头径流式水轮机 离心泵
	混(斜)流式	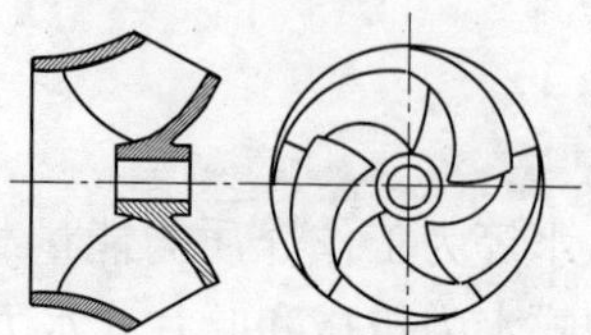	混流式水轮机 斜流式水轮机 混流泵、斜流泵
	轴流式	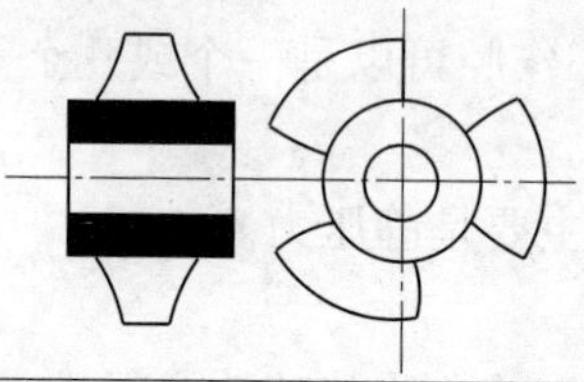	轴流式水轮机 轴流泵
冲击式	切击式	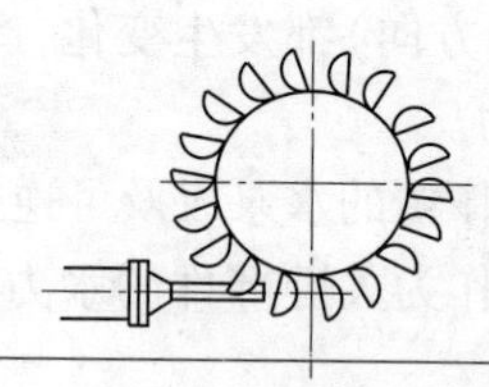	切击式水轮机
	斜击式	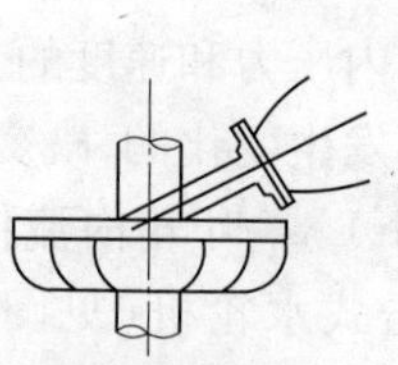	斜击式水轮机
	双击式	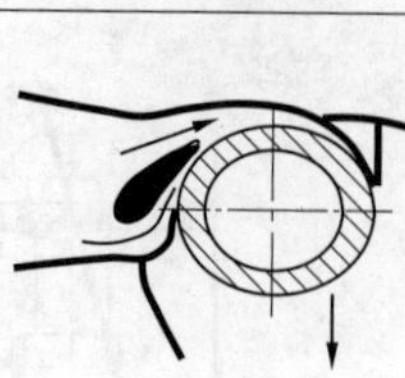	双击式水轮机

二、基本概念与术语

水力机组基本概念与术语见表 1-2。

表 1-2　水力机组基本概念与术语

术语	定义	符号	单位
振动	机械系统相对于平衡位置随时间的往复变化		
绝对振动	振动的参考坐标为惯性坐标或大地(基础)		
相对振动	振动的参考坐标为非惯性坐标或另一振动体		
绝对压力	相对于理想真空为基准的流体测量的静压力	p_{abs}	Pa
环境压力	周围空气的绝对压力	p_{amb}	Pa
表计压力	测量仪器反映的压力，为同一地点的流体绝对压力与环境压力之差，$p=p_{abs}-p_{amb}$ 或称工程压力	p	Pa
压力脉动	在选定时间间隔 Δt 内液体压力相对于平均值的往复变化	ΔH, $\tilde{p}$	Pa
应力	单位面积上受到的力	σ	Pa
应力脉动	在选定时间间隔 Δt 内应力相对于平均值的往复变化	$\tilde{\sigma}$	Pa
转速脉动	在选定时间间隔 Δt 内转速相对于平均值的往复变化	$\tilde{n}$	rad/s
功率脉动	在选定时间间隔 Δt 内功率相对于平均值的往复变化	$\tilde{P}$	W
高压基准断面	性能保证所指定的机器高压侧断面(见图 1-3)	1	
低压基准断面	性能保证所指定的机器低压侧断面(见图 1-3)	2	
高压测量断面	这些断面应尽可能与断面 1 一致，或其测量值可换算到断面 1	$1', 1'', \cdots$	
低压测量断面	这些断面应尽可能与断面 2 一致，或其测量值可换算到断面 2	$2', 2'', \cdots$	
温度	热力学温度 表示摄氏温度数值时　$v=\Theta-273.15$ 表示温差或温度间隔时 1 ℃ =1 K	Θ v	K ℃
质量流量	单位时间内流过系统中任一断面的水的质量	ρQ	kg/s
体积流量	单位时间内流过系统中任一断面的水的体积	Q	m^3/s
指数流量	采用差压法测得的相对流量　$Q_i=kh^n$	Q_i	m^3/s
平均流速	流量被过流断面 A 除　$v=Q/A$	v	m/s
比能	任一断面每单位质量的水具有的能量	e	J/kg
机械的水力比能	水轮机高压侧(蜗壳进口)和低压侧(尾水管出口)基准面之间的比能差 $E=\dfrac{p_{abs1}-p_{abs2}}{\bar{\rho}}+\dfrac{v_1^2-v_2^2}{2}+\bar{g}(z_1-z_2)$ 式中　$\bar{\rho}=\dfrac{\rho_1+\rho_2}{2}$,　$\bar{g}=\dfrac{g_1+g_2}{2}$ v、z 分别为基准面的流速和高程；p_{abs1}、p_{abs2} 分别为高、低压侧压力值	E	J/kg
转轮单位机械能	转轮和主轴法兰传递出的机械功率 P_m 与质量流量 $(\rho Q)_1$ 之比 $E_m=\dfrac{P_m}{(\rho Q)_1}$	E_m	J/kg

续表 1-2

术语	定义	符号	单位
水轮机水头/水泵扬程	$H=E/\bar{g}$	H	m
水力功率	用于生产电能的水流功率(水轮机)或给水的水力功率(水泵)	P_h	W
机器机械功率	由水轮机主轴向发电机提供或由电动机供给水泵主轴的机械功率,其中包括分配给有关轴承的机械损失。 水轮机　$P=P_a+P_b+P_c+P_d+P_e+P_f$ 式中　P_a 为在发电机出线端测出的输出功率;P_b 为包括风损在内的发电机机械和电气损失;P_c 为发电机推力轴承损失;P_d 为其他回转部件飞轮、齿轮等的损失;P_e 为被驱动辅助机械的功率;P_f 为供给调速器等的功率。 水泵　$P=P_a-(P_b+P_c+P_d+P_e)-P_f$ 式中　P_a 为电机输入功率;其他符号同前,但为电动机相应的损失	P	W
转轮机械功率	由转轮与主轴连接法兰处传递出的机械功率 水轮机　$P_m=P+P_{Lm}+P_f$ 水泵　$P_m=P-P_{Lm}-P_f$	P_m	W
水力效率	水轮机转轮输出功率与输入水流功率之比 $\eta_h=\dfrac{P_m}{P_h}=\dfrac{E_m}{E-\dfrac{\Delta P_h}{P_m}E_m}$ 水泵输出水流功率与输入泵轮功率之比 $\eta_h=\dfrac{P_h}{P_m}=\dfrac{E+\dfrac{\Delta P_h}{P_m}E_m}{E_m}$	η_h	—
机械效率	水轮机传递给发电机的轴功率与转轮输出轴功率之比 $\eta_m=\dfrac{P}{P_m}$ 电动机传递给水泵泵轮的轴功率与水泵轴功率之比 $\eta_m=\dfrac{P_m}{P}$	η_m	—
效率	水力效率与机械效率的乘积 水轮机　$\eta=\dfrac{P}{P_h}=\eta_h\eta_m$ 水泵　$\eta=\dfrac{P_h}{P}=\eta_h\eta_m$	η	
相对效率	任意工况点的效率与基准值(效率)之比	η_{ref}	—

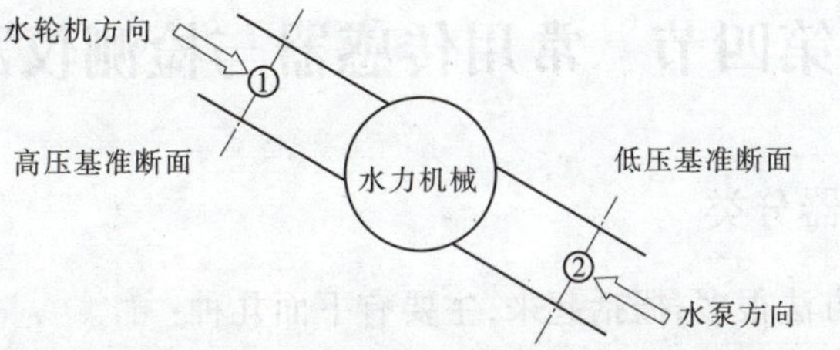

图 1-3　水力机械的高、低压基准断面

第二节　水力机械质量检测的目的与意义

通过对水力机组开展相关质量检测，可以校核水力机组的加工制造质量，了解水力机组运行时电气、机械、水力等方面的工作特性，从而合理地整定各种工作参数，为安全、经济运行提供最可靠的技术资料，有效地指导水电站和水泵站的生产。同时，水力机械质量检测还是检验水机理论、计算方法和鉴定制造质量与安装质量的最好手段及可靠依据。所以，通过分析研究水力机组质量检测积累的资料，可以更经济、有效地利用我国丰富的水力资源，还可为发现新型结构、性能优异的水力机组提供技术参考。

第三节　水力机械质量检测的内容

水力机械质量检测可分成两个阶段，第一阶段为投运前的质量检测，第二阶段为投运后的质量检测。投运前的质量检测主要包括以下内容：

(1)结构部件材料性能检测，包括材料力学性能、探伤和残余应力检测等。

(2)结构部件尺寸检测，包括几何尺寸、几何形状与型线、形位公差与粗糙度检测。

(3)机组安装过程关键检测，包括机组轴线、导轴承轴瓦间隙与发电机定转子圆度检测等。

投运后的质量检测主要包括以下内容：

(1)反映机组能量特性的效率试验。

(2)反映调速系统和调速器性能，以及因调速器和机组性能引起的机组过渡过程试验。

(3)反映机组安全运行的稳定性试验。

(4)机组主要力特性试验。

(5)机组过流部件空蚀与磨损试验。

(6)机组启动试验。

上述试验内容，有的可单独进行，有的可同时进行。

第四节　常用传感器与检测仪器

一、常用传感器分类

传感器的分类方法很多,概括起来,主要有下面几种:

(1)按被测物理量来分类,可分为位移传感器、速度传感器、加速度传感器、力传感器、温度传感器等。

(2)按传感器工作的物理原理来分类,可分为机械式、电气式、辐射式、流体式等。

(3)按信号变换特征来分类,可分为物性型和结构型。

①所谓物性型传感器,是利用敏感器件材料本身物理性质的变化来实现信号的检测。例如,用水银温度计测温,是利用了水银热胀冷缩的性质;用光电传感器测速,是利用了光电器件本身的光电效应。

②所谓结构型传感器,是通过传感器本身结构参数的变化来实现信号的转换。例如石英晶体的压电效应等。

(4)按传感器与被测量之间的关系来分类,可分为能量转换型和能量控制型。

①能量转换型传感器(或称无源传感器),是直接由被测对象输入能量使其工作的。例如,热电偶将被测温度直接转换为电量输出。由于这类传感器在转换过程中需要吸收被测物体的能量,容易造成测量误差。

②能量控制传感器,也称有源传感器,是从外部供给辅助能量使传感器工作的,并且由被测量来控制外部供给能量的变化。

(5)另外,按传感器输出量的性质可分为模拟式和数字式。

二、传感器的主要性能及选用原则

(一)传感器的主要性能

传感器性能指标较多,下面就其主要指标加以简单介绍。

1. 量程

传感器能测量的最大输入量与最小输入量之间的范围称为传感器的量程。

2. 精确度(精度)

精确度是指测量某物理量的测定值与真值相符合的程度。

3. 灵敏度

灵敏度是指传感器在稳态下输出量变化与输入量变化的比值。

$$K=\frac{\text{输出量的变化}}{\text{输入量的变化}}=\frac{\Delta y}{\Delta x} \tag{1-1}$$

4. 线性度(非线性误差)

线性度(非线性误差)表示传感器的输出与输入之间的关系曲线与选定的工作曲线的偏离程度。

传感器的线性度(非线性误差)用特性曲线和其选定的工作曲线(也叫拟合曲线)之

间的最大偏差与传感器满量程输出之比来表示。如图 1-4 所示为实际输出—输入关系曲线与拟合直线的关系，即

$$\delta_f = \pm \frac{\Delta_m}{y_{FS}} \times 100\% \quad (1\text{-}2)$$

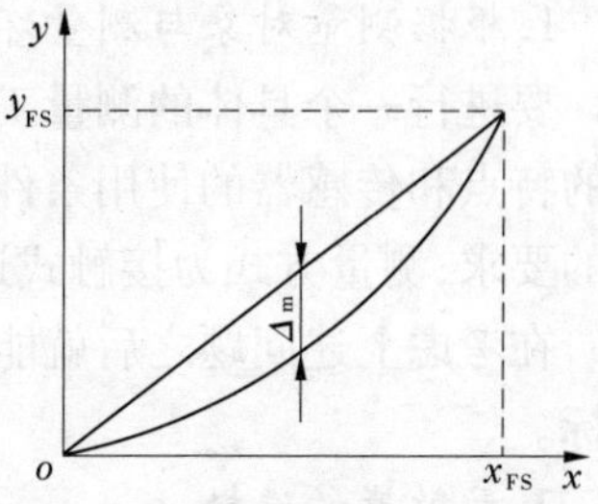

图 1-4　非线性特性示意图

式中　δ_f——非线性误差（线性度）；

Δ_m——输出平均值与拟合直线的最大偏差；

y_{FS}——满量程输出平均值。

5. 迟滞

迟滞表示传感器输入量由小到大与由大到小所得输出不一致的程度，如图 1-5 所示。迟滞在数值上用同一输入量下最大的迟滞偏差 Δ_m 与满量程输出 y_{FS} 的百分比表示

$$\delta_t = \pm \frac{\Delta_m}{y_{FS}} \times 100\% \quad (1\text{-}3)$$

6. 重复性

重复性表示传感器在输入量按同一方向作全量程连续多次变动时所得特性曲线不一致的程度，见图 1-6。

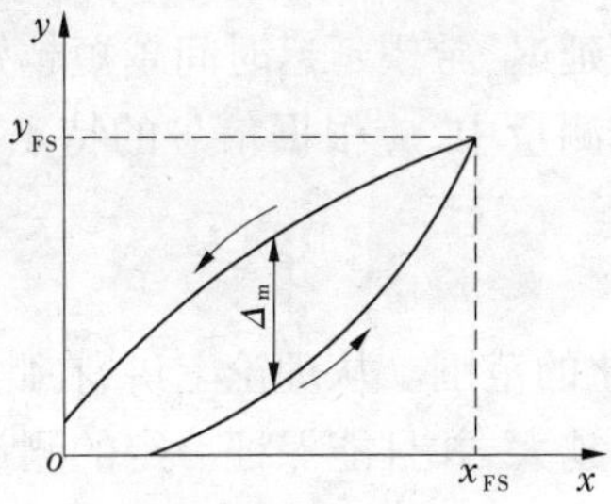

图 1-5　迟滞特性示意图

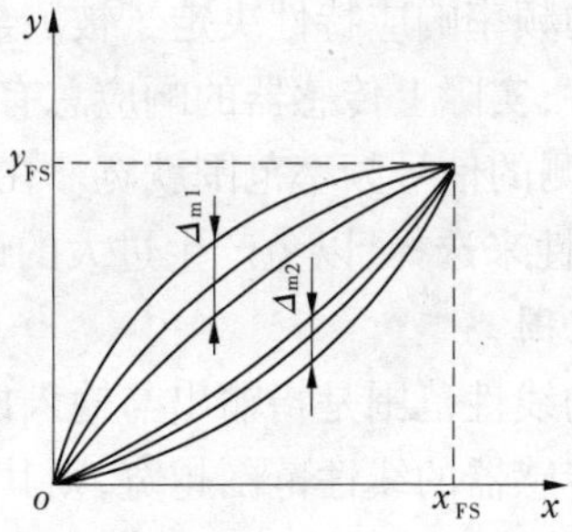

图 1-6　重复性示意图

根据误差理论，重复性误差属于随机误差，因此应根据标准差来计算重复性误差，即 $\delta_Z = \pm \frac{(2 \sim 3)\sigma}{y_{FS}} \times 100\%$，式中 σ 为标准偏差。

7. 零点漂移

零点漂移简称零漂，表示在零输入的状态下输出值的漂移。一般有下面两种零漂。

1）时间零漂

时间零漂一般指在规定时间内，在室温不变的条件下零输出的变化。

2）温度零漂

绝大部分传感器在温度变化时特性会有所变化。一般用零点温漂和灵敏度温漂来表示这种变化程度，即温度每变化 1 ℃，零点输出（或灵敏度）的变化值。

8. 动态特性

动态特性是指传感器对随时间变化的输入量的响应特性。

（二）传感器的选用原则

如何根据测试目的和实际条件正确合理地选用传感器，是进行测量时首先要解决的

问题。下面就传感器的选用问题作一些简介。

1. 根据测量对象与测量环境确定传感器的类型

要进行一个具体的测量工作，首先要考虑采用何种原理的传感器。这需要根据被测量的特点和传感器的使用条件考虑以下一些具体问题：量程的大小；被测位置对传感器体积的要求；测量方式为接触式还是非接触式；信号的引出方法，有线还是非接触测量。

在考虑上述问题之后就能确定选用何种类型的传感器，然后考虑传感器的具体性能指标。

2. 灵敏度的选择

通常，在传感器的线性范围内，希望传感器的灵敏度越高越好。因为只有灵敏度高时，与被测量变化对应的输出信号的值才比较大，有利于信号处理。但要注意的是，传感器的灵敏度高，与被测量无关的外界噪声也容易混入，会被放大系统放大，影响测量精度。因此，要求传感器本身应具有较高的信噪比，尽量减少从外界引入的干扰信号。

传感器的灵敏度是有方向性的。当被测量是单向量，而且对其方向性要求较高时，则应选择其他方向灵敏度小的传感器；如果被测量是多维向量，则要求传感器的交叉灵敏度越小越好。

3. 频率响应特性

传感器的频率响应特性决定了被测量的频率范围，必须在允许频率范围内保持不失真的测量条件，实际上传感器的响应总有一定延迟，希望延迟时间越短越好。传感器的频率响应高，可测的信号频率范围就宽。在动态测量中，应根据信号的特点（稳态、瞬态、随机等）响应特性来选择，以免产生过大的误差。

4. 线性范围

传感器的线性范围是指输出与输入成正比的范围。从理论上讲，在此范围内，灵敏度保持定值。传感器的线性范围越宽，则其量程越大，并且能保证一定的测量精度。在选择传感器时，当传感器的种类确定以后首先要看其量程是否满足要求。实际上，任何传感器都不能保证绝对的线性，其线性度也是相对的。当所要求测量精度比较低时，在一定的范围内，可将非线性误差较小的传感器近似看做线性的，这会给测量带来极大的方便。

5. 稳定性

传感器使用一段时间后，其性能保持不变的能力称为稳定性。影响传感器长期稳定性的因素除传感器本身结构外，主要是传感器的使用环境。因此，要使传感器具有良好的稳定性，传感器必须有较强的环境适应能力。

在选择传感器之前，应对其使用环境进行调查，并根据具体的使用环境选择合适的传感器，或采取适当的措施，减小环境的影响。

传感器的稳定性有定量指标，在超过使用期后，在使用前应重新进行标定，以确定传感器的性能是否发生变化。

在某些要求传感器能长期使用而又不能轻易更换或标定的场合，所选用的传感器稳定性要求更严格，要能够经受住长时间的考验。

6. 精确度

精确度是表示传感器的输出与被测量的对应程度的，它是关系到整个测量系统测量精度的一个重要环节。在实际中也并非要求传感器的精确度越高越好，还需要考虑到测量目的，同时还需要考虑到经济性。因为传感器的精度越高，其价格就越昂贵，所以应从实际出发来选择传感器。

除以上选用传感器时应充分考虑的一些因素外，还应尽可能兼顾结构简单、体积小、质量轻、价格便宜、易于维修、易于更换等条件。

三、常用传感器

（一）机械式传感器

机械式传感器应用很广。在测试技术中，常常以弹性体作为传感器的敏感元件，故又称之为弹性敏感元件。它的输入量可以是力、压力、温度等物理量，而输出则为弹性元件本身的弹性变形。这种变形经放大后可成为仪表指针的偏转，借助刻度指示出被测量的大小。这种传感器的典型应用有：用于测力或称重的环形测力计、弹簧杆等；用于测量流体压力的波纹膜片、波纹管等；用于温度测量的双金属片等。

机械式传感器做成的机械式指示仪表具有结构简单、可靠、使用方便、价格低廉、读数直观等优点。但弹性变形不宜大，以减小线性误差。此外，由于放大和指示环节多为机械传动，不仅受间隙影响，而且惯性大，固有频率低，只宜用于检测缓变成静态被测量。

（二）电阻式传感器

电阻式传感器按工作原理可分为变阻器式（电位器式）和电阻应变式两种。

1. 变阻器式传感器

变阻器式传感器也称为电位器式传感器，其工作原理是将物体的位移转换为电阻的变化，即

$$R = \rho \frac{l}{A} \tag{1-4}$$

式中 ρ——电阻率；

l——电阻丝长度；

A——电阻丝截面面积。

变阻器式传感器可分为直线位移型、角位移型与非线性型等（见图 1-7）。

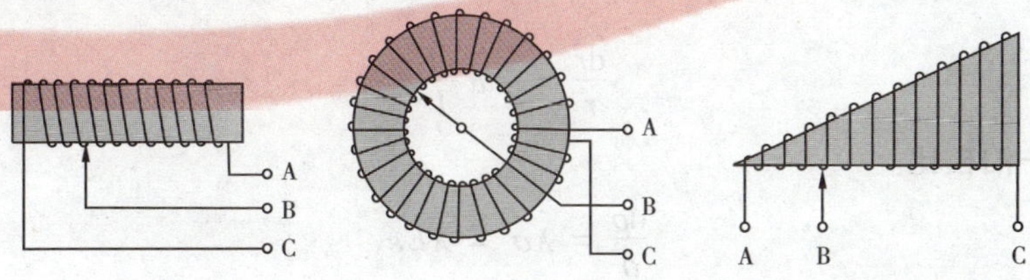

图 1-7　变阻式传感器

（1）直线位移型 $R = k_1 x, S = \frac{dR}{dx} = k_1 =$ 常数。

（2）角位移型传感器 $S = \frac{dR}{d\alpha} = k_\alpha =$ 常数。

(3)非线性型传感器又称函数电位器。它是输出电阻(或电压)与电刷位移(包括线位移或角位移)之间具有非线性函数关系的一种电位器,即$R_x = f(x)$。它可以是指数函数、三角函数、对数函数等各种特定函数,也可以是其他任意函数。非线性电位器可以应用于测量控制系统、解算装置及对某些传感器某些环节非线性进行补偿等。

2. 电阻应变式传感器

电阻应变式传感器有金属电阻应变片和半导体应变片两种,常用来测定结构的应变或应力。

1)金属电阻应变片

金属电阻应变片的结构见图1-8。其工作原理是:应变片发生变形时,阻值发生变化,即

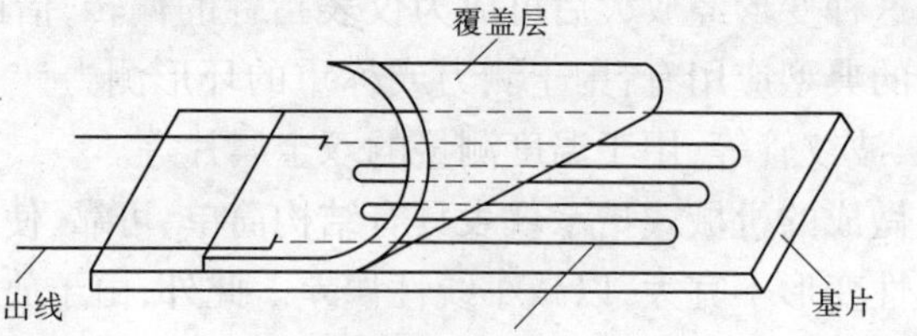

图1-8 电阻丝应变片

$$R = \rho \frac{l}{A}$$

$$dR = \frac{\partial R}{\partial l}dl + \frac{\partial R}{\partial A}dA + \frac{\partial R}{\partial \rho}d\rho$$

$$A = \pi r^2$$

式中 r——电阻丝半径。

$$\frac{dR}{R} = \frac{dl}{l} - \frac{2dr}{r} + \frac{d\rho}{\rho}$$

式中 $\frac{dl}{l} = \varepsilon$——纵向应变;

$\frac{dr}{r}$——横向应变。

$$\frac{dr}{r} = -\upsilon \frac{dl}{l}$$

式中 υ——泊松比。

$$\frac{d\rho}{\rho} = \lambda\sigma = \lambda E\varepsilon$$

式中 E——弹性模量;

σ——正应力;

λ——压阻系数。

因此

$$\frac{dR}{R} = \varepsilon + 2\upsilon\varepsilon + \lambda E\varepsilon = (1 + 2\upsilon + \lambda E)\varepsilon \approx (1 + 2\upsilon)\varepsilon$$

$$S_g = \frac{\frac{dR}{R}}{\frac{dl}{l}} = 1 + 2v = 常数 \tag{1-5}$$

式中　S_g 一般为1.7～3.6。

金属电阻应变片的优点是结构简单,性能稳定,价格低。缺点是精度不高,灵敏度低。

2)半导体应变片

半导体应变片的结构见图1-9,其工作原理是半导体材料的压阻效应。

压阻效应:单晶片材料在沿某一轴向受到外力作用时,其电阻率 ρ 发生变化的现象。

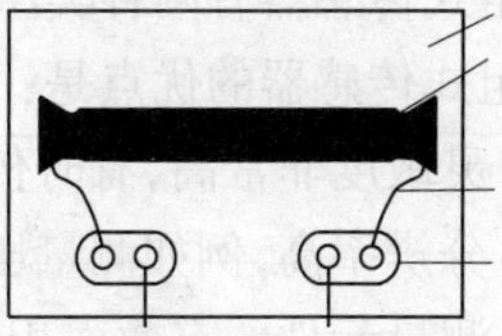

图1-9　半导体应变片

$$\frac{dR}{R} = \lambda E\varepsilon$$

故

$$S_g = \frac{\frac{dR}{R}}{\varepsilon} = \lambda E$$

半导体应变片比金属丝的灵敏度高50～70倍。

半导体应变片的优点是灵敏度高。缺点是温度稳定性能差,灵敏度分散度大,在较大应变作用下,非线性误差大等。

(三)压阻式传感器

半导体材料受到应力作用时,其电阻率会发生变化,这种现象称为压阻效应。实际上,任何材料都不同程度地呈现压阻效应,但半导体材料的这种效应特别强。

$$K_0 = \frac{\frac{dR}{R}}{\varepsilon} = \pi_L E \tag{1-6}$$

电阻应变效应的分析公式也适用于半导体电阻材料,对于金属材料来说,$\frac{d\rho}{\rho}$比较小,但对于半导体材料,$\frac{d\rho}{\rho} \gg (1+2\mu)\varepsilon$,即因机械变形引起的电阻变化可以忽略,电阻的变化率主要是由$\frac{d\rho}{\rho}$引起的,即

$$\frac{dR}{R} = (1+2\mu)\varepsilon + \frac{d\rho}{\rho} \approx \frac{d\rho}{\rho} \tag{1-7}$$

由半导体理论可知

$$\frac{d\rho}{\rho} = \pi_L \sigma = \pi_L E\varepsilon$$

式中　π_L——沿某晶向 L 的压阻系数;

σ——沿某晶向 L 的应力;

E——半导体材料的弹性模量。

则半导体材料的灵敏系数 K_0 为

$$K_0 = \frac{\frac{dR}{R}}{\varepsilon} = \pi_L E$$

对于半导体硅，$\pi_L = (40 \sim 80) \times 10^{-11}\ m^2/N$，$E = 1.67 \times 10^{11}\ N/m^2$，则 $K_0 = \pi_L E = 66.8 \sim 133.6$。显然，半导体电阻材料的灵敏系数比金属丝的要高50～70倍。

最常用的半导体电阻材料有硅和锗，掺入杂质可形成P型或N型半导体。由于半导体（如单晶硅）是各向异性材料，因此它的压阻效应不仅与掺杂浓度、温度和材料类型有关，还与晶向有关（即对晶体的不同方向上施加力时，其电阻的变化方式不同）。

压阻式传感器有两种类型：半导体应变式传感器、固态压阻式传感器。

压阻式传感器的优点是：

（1）灵敏度非常高，有时传感器的输出不需放大可直接用于测量。

（2）分辨率高，例如测量压力时可测出10～20 Pa的微压。

（3）测量元件的有效面积可做得很小，故频率响应高。

（4）可测量低频加速度和直线加速度。

压阻式传感器最大的缺点是温度误差大，故需温度补偿或在恒温条件下使用。

（四）电容式传感器

电容式传感器是将被测量（如尺寸、压力等）的变化转换成电容变化量的装置。以最简单的平行极板电容器为例说明其工作原理。在忽略边缘效应的情况下，平板电容器的电容量为

$$C = \frac{\varepsilon_0 \varepsilon S}{\delta} \tag{1-8}$$

式中 ε_0——真空的介电常数，$\varepsilon_0 = 8.854 \times 10^{-12}$ F/m；

ε——极板间介质的相对介电系数，在空气中，$\varepsilon = 1$；

S——极板的遮盖面积，m^2；

δ——两平行极板间的距离，m。

根据电容器参数变化的特性，电容式传感器可分为极距变化型（见图1-10）、面积变化型和介质变化型三种，其中极距变化型和面积变化型应用较广。

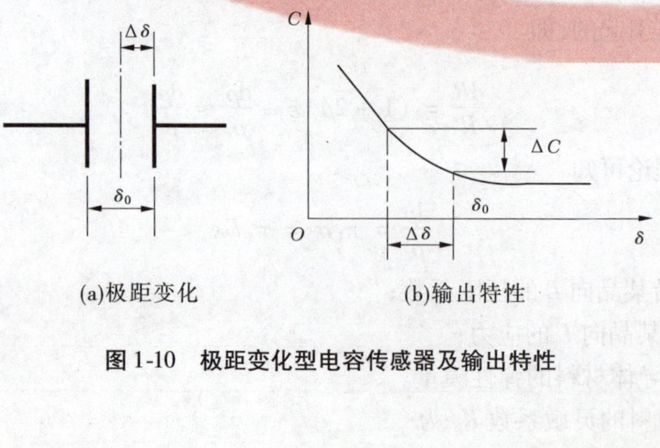

(a)极距变化 (b)输出特性

图1-10 极距变化型电容传感器及输出特性

1. 极距变化型

$$S = \frac{dC}{d\delta} = -\frac{\varepsilon\varepsilon_0 A}{\delta^2} \tag{1-9}$$

极距变化型的优点是可进行非接触测量。

它的缺点是:

(1)灵敏度与 δ 成反比,极距越小,灵敏度越高。

(2)存在非线性误差,测量范围小。

(3)配合使用的电子线路复杂。

2. 面积变化型

$$S = \frac{dC}{dA} = \frac{\varepsilon\varepsilon_0}{\delta} = 常数 \tag{1-10}$$

面积变化型(见图 1-11)的优点是灵敏度为线性,测量范围大。可用于测量大的角位移或线位移,差动式比单边结构的灵敏度高 1 倍。

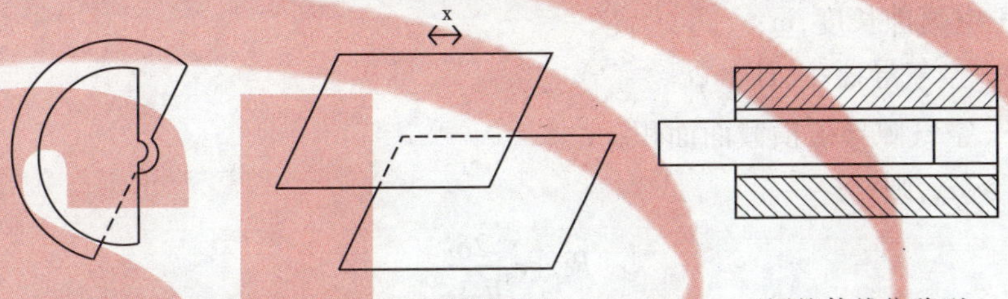

(a)角位移型 (b)平面线位移型 (c)圆柱体线位移型

图 1-11 面积变化型电容传感器

3. 介质变化型

介质变化型是指利用介质介电常数变化将被测量转化为电容量的传感器。常用来测量材料的厚度、液位等。

(五)电感式传感器

1. 分类

电感式传感器有以下分类:

电感式传感器
- 自感型
  - 可变磁阻式
  - 涡流式
- 互感型

2. 自感型电感传感器

1)可变磁阻式电感传感器

可变磁阻式电感传感器的结构原理如图 1-12(a)所示,它由线圈、铁芯及衔铁组成。线圈电感(自感)可用下式计算

$$L = W^2 / R_m \tag{1-11}$$

如果空气隙 δ 较小,而且不考虑磁路的铁损时,则磁路总磁阻为

$$R_m = \frac{l}{\mu s} + \frac{2\delta}{\mu_0 s_0} \tag{1-12}$$

式中 l——导磁体(铁芯)的长度,m;

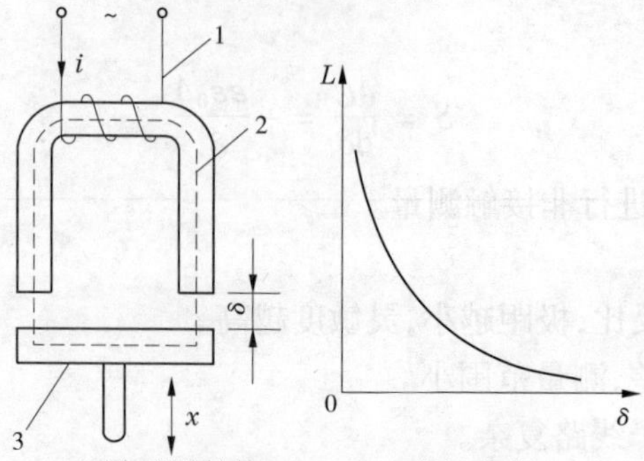

(a)可变磁阻结构　　　　(b)特性曲线

1—线圈;2—铁芯;3—衔铁

图 1-12　可变磁阻式电感传感器

μ——铁芯导磁率,H/m;

s——铁芯导磁横截面面积,m^2;

δ——空气隙长度,m;

μ_0——空气导磁率,H/m;

s_0——空气隙导磁横截面面积,m^2。

因为 $\mu \gg \mu_0$,则

$$R_m \approx \frac{2\delta}{\mu_0 s_0}$$

因此,自感 L 可写为

$$L = \frac{W^2 \mu_0 s_0}{2\delta} \tag{1-13}$$

上式表明,自感 L 与空气隙 δ 成反比,而与空气隙导磁截面面积 s_0 成正比。当固定 s_0 不变,变化 δ 时,L 与 δ 呈非线性(双曲线)关系,如图(1-12(b))所示。此时,传感器的灵敏度为 $S = \frac{dL}{d\delta} = \frac{W^2 \mu_0 s_0}{2\delta^2}$。

灵敏度 S 与气隙长度的平方成反比,δ 愈小,灵敏度愈高。由于 S 不是常数,故会出现非线性误差,为了减小这一误差,通常规定 δ 在较小的范围内工作。故灵敏度 S 趋于定值,即输出与输入近似呈线性关系。实际应用中,一般取 $\Delta\delta/\delta_0 \leqslant 0.1$。这种传感器适用于较小位移的测量,一般为 0.001 ~ 1 mm。

几种常用可变磁阻式传感器的典型结构有可变导磁面积型、差动型、单螺管线圈型、双螺管线圈差动型,见图 1-13。双螺管线圈差动型较之单螺管线圈型有较高灵敏度及线性,被用于电感测微计上,其测量范围为 0 ~ 300 μm,最小分辨力为 0.5 μm。这种传感器的线圈接于电桥上,构成两个桥臂,线圈电感 L_1、L_2 随铁芯位移而变化,其输出特性如图 1-14 所示。

2)涡电流式电感传感器

涡电流式电感传感器的工作原理是金属体在交变磁场中的涡电流效应(见图 1-15)。

分析表明,涡流磁场的作用使原线圈的等效阻抗 Z 发生变化。Z 的变化与 δ 金属板

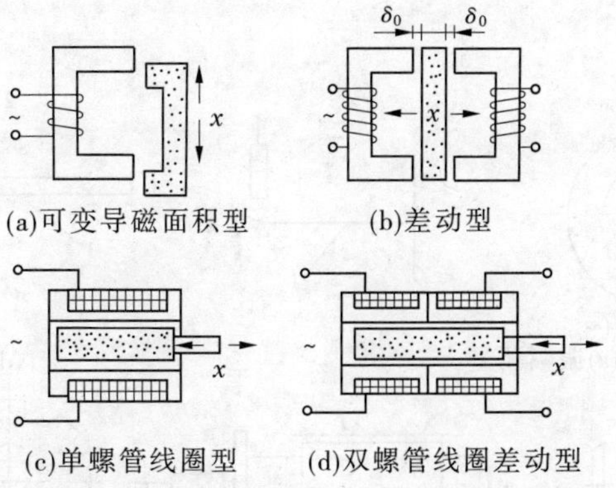

图 1-13　可变磁阻式电感传感器典型结构

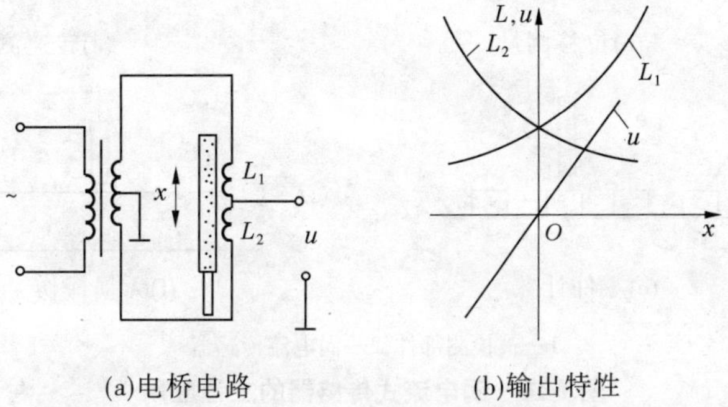

图 1-14　双螺管线圈差动型电桥电路及输出特性

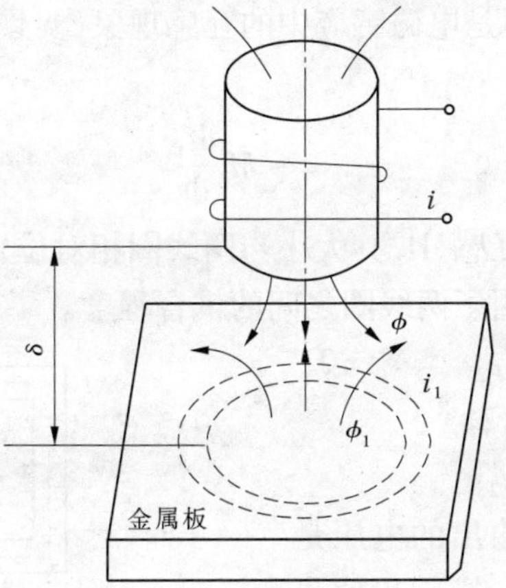

图 1-15　涡电流式电感传感器原理

的电阻率 ρ、磁导率 μ 及线圈激磁圆频率 ω 等有关。改变其中某一因素，即可达到不同的变换目的。

例如变化 δ，可作为位移、振动测量。变化 ρ 或 μ，可进行材质鉴别或探伤等。

涡电流式电感传感器的优点是可用于动态非接触测量，结构简单，使用方便，不受油液等介质影响，分辨率高，可达 1 μm。它可用于位移、振幅测量等。涡电流式传感器的工程应用见图 1-16。

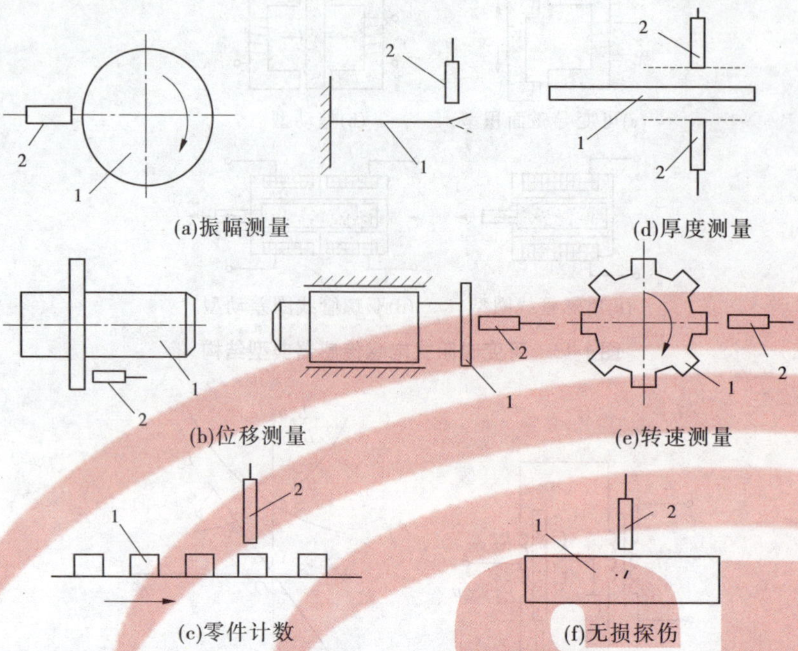

1—被检测部件;2—涡电流传感器

图 1-16　涡电流式传感器的工程应用

3. 互感式传感器——差动变压器式电传感器

互感式传感器的工作原理是电磁感应中的互感现象(见图 1-17),将被测位移转化成线圈互感的变化(见图 1-18)。

$$e_{12} = -M\frac{\mathrm{d}i_1}{\mathrm{d}t} \tag{1-14}$$

式中　M——比例系数,称为互感,H,其大小与两线圈相对位置及周围介质的导磁能力等因素有关,它表明了两线圈之间的耦合程度。

当铁芯在中心位置时,$e_1=e_2$　$e_0=0$;

当铁芯向上运动时,$e_1>e_2$;

当铁芯向下运动时, $e_1<e_2$。

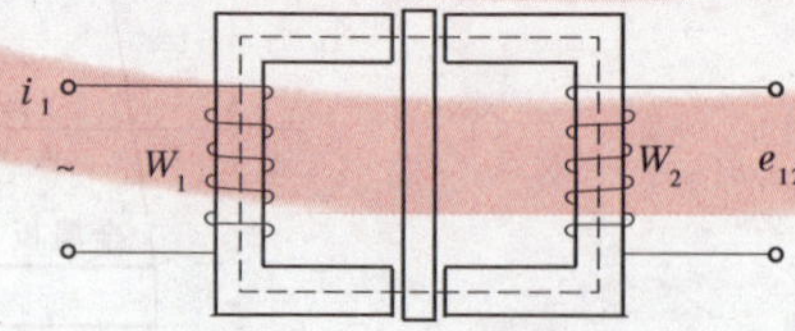

图 1-17　互感现象

差动变压器式电传感器输出的电压是交流量,如用交流电压表指示,则输出值只能反应铁芯位移的大小,而不能反应移动的极性;同时,交流电压输出存在一定的零点残余电压,使活动衔铁位于中间位置时,输出也不为零。因此,差动变压器式传感器的后接电路应采用既能反应铁芯位移极性,又能补偿零点残余电压的差动直流输出电路。

当没有信号输入时,铁芯处于中间位置,调节电阻 R,使零点残余电压减小;当有信号输入时,铁芯移上或移下,其输出电压经交流放大、相敏检波(见图 1-19)、滤波后得到直流输出。由表头指示输入位移量的大小和方向。

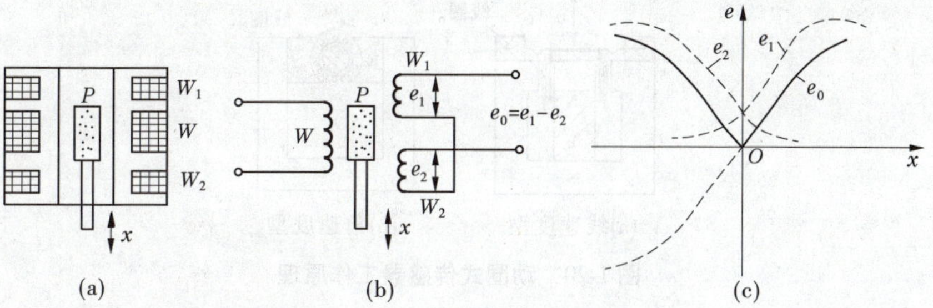

(a)、(b)工作原理　　　　(c)输出特性

图 1-18　差动变压器传感器工作原理

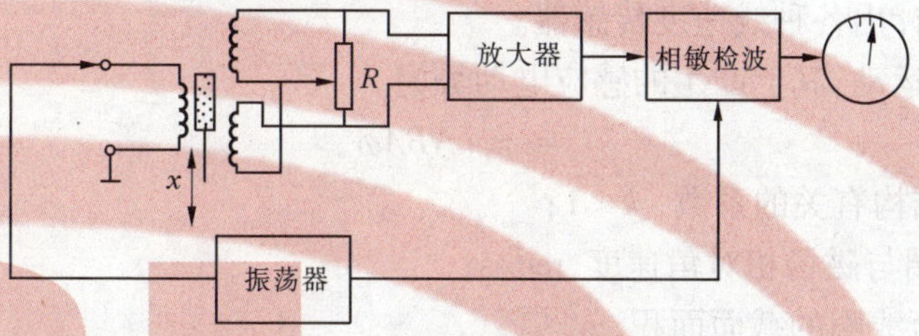

图 1-19　差动相敏检波电路原理

差动变压器式电传感器的优点是精度高(0.1 μm)、线性范围大、稳定度好和使用方便。

(六)磁电感应式传感器

磁电感应式传感器简称感应式传感器,也称电动式传感器或磁电式传感器。它把被测物理量的变化转变为感应电动势,是一种机－电能量变换型传感器,不需要外部供电电源,电路简单,性能稳定,输出阻抗小,又具有一定的频率响应范围(一般为 10～1 000 Hz),适用于振动、转速、扭矩等测量。但这种传感器的尺寸和质量都较大。

根据法拉第电磁感应定律,N 匝线圈在磁场中运动切割磁力线或线圈所在磁场的磁通变化时,线圈中所产生的感应电动势 e 的大小决定于穿过线圈的磁通量 Φ 的变化率,即

$$e = -N\frac{\mathrm{d}\Phi}{\mathrm{d}t}$$

磁通变化率与磁场强度、磁路磁阻、线圈的运动速度有关,故若改变其中一个因素,都会改变线圈的感应电动势。按工作原理不同,磁电感应式传感器可分为恒定磁通式和变磁通式,即动圈式传感器(见图 1-20)和磁阻式传感器。

1. 动圈式传感器

线圈做直线运动,它所产生的感应电动势为

$$e = WBlv\sin\theta \tag{1-15}$$

式中　B——磁场的磁感应强度,T;

l——单匝线圈有效长度,m;

v——线圈与磁场的相对运动速度,m/s;

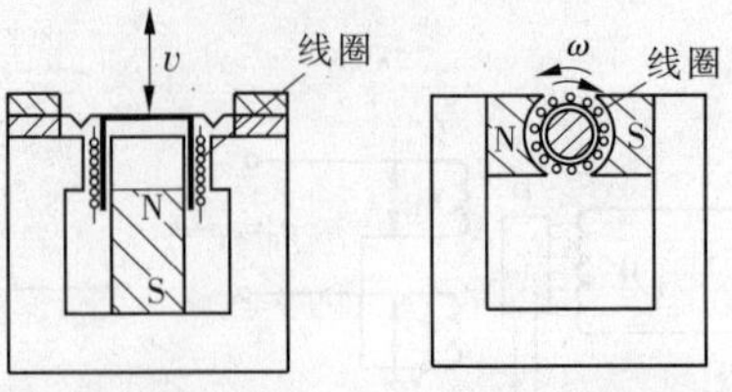

(a)线速度型　　(b)角速度型

图 1-20　动圈式传感器工作原理

θ——线圈运动方向与磁场方向的夹角。

当 $\theta = 90°$时，$e = NBlv$。

当传感器结构一定，即 W、B 和 l 均为常数时，感应电动势与线圈运动速度 v 成正比。根据该原理可设计出各种线速度传感器。

线圈做旋转运动，其上产生的感应电动势为

$$e = kNBA\omega \tag{1-16}$$

式中　k——与结构有关的系数，$k < 1$；

ω——线圈与磁场相对角速度，rad/s；

A——单匝线圈的截面面积，m^2。

此式表明，当 N、B、A 和 k（传感器结构已定）均为常数时，感应电动势与角速度成正比。这种传感器用于转速测量。

在传感器中，当结构参数确定后，B、l、N、S 均为定值，感应电动势 e 与线圈相对磁场的运动速度（v 或 ω）成正比，所以这类传感器的基本形式是速度传感器，能直接测量线速度或角速度。如果在其测量电路中接入积分电路或微分电路，那么还可以用来测量位移或加速度。但由上述工作原理可知，磁电感应式传感器只适用于动态测量。

动圈磁电式传感器接等效电路，其原理如图 1-21 所示，其等效电路的输出电压为

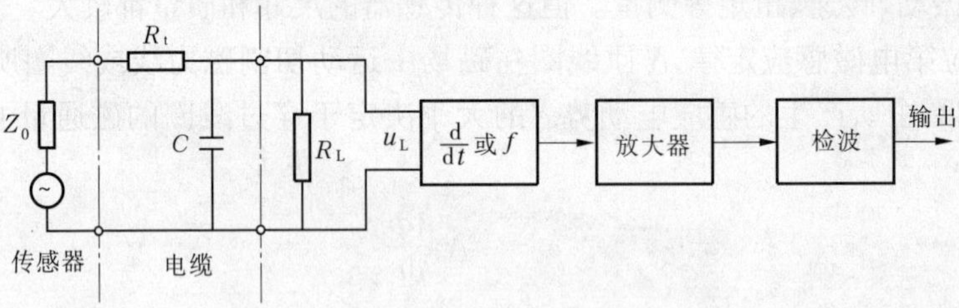

图 1-21　动圈磁电式传感器等效电路

$$u_L = e\frac{1}{1 + \frac{Z_0}{R_L} + j\omega C_c Z_0} \tag{1-17}$$

式中　e——发电机线圈感应电动势；

Z_0——线圈电阻，一般 $Z_0 = 0.1 \sim 3\ k\Omega$；

R_L——负载电阻（放大器输入电阻）；

C_c——电缆导线的分布电阻，一般 $C_c = 70\ pF/m$。

在不使用特别加长电缆时，C_c 可忽略，因此当 $R_L \gg R_0$ 时，则放大器输入电压 $u_L \approx e_0$。感应电动式经放大、检波后，即可推动指示仪表。使用动圈磁电式传感器，如果测量电路中接有微分网络，则可以得到加速度或位移。

2. 磁阻式传感器

磁阻式又称变磁通式或变气隙式，常用来测量旋转物体的角速度。结构原理如图 1-22 所示。图(a)为开路变磁通式，线圈和磁铁静止不动，齿轮(导磁材料制成)每转过一个齿，传感器磁路磁阻变化一次。线圈产生的感应电动势的变化频率等于测量齿轮上齿轮的齿数和转速的乘积。

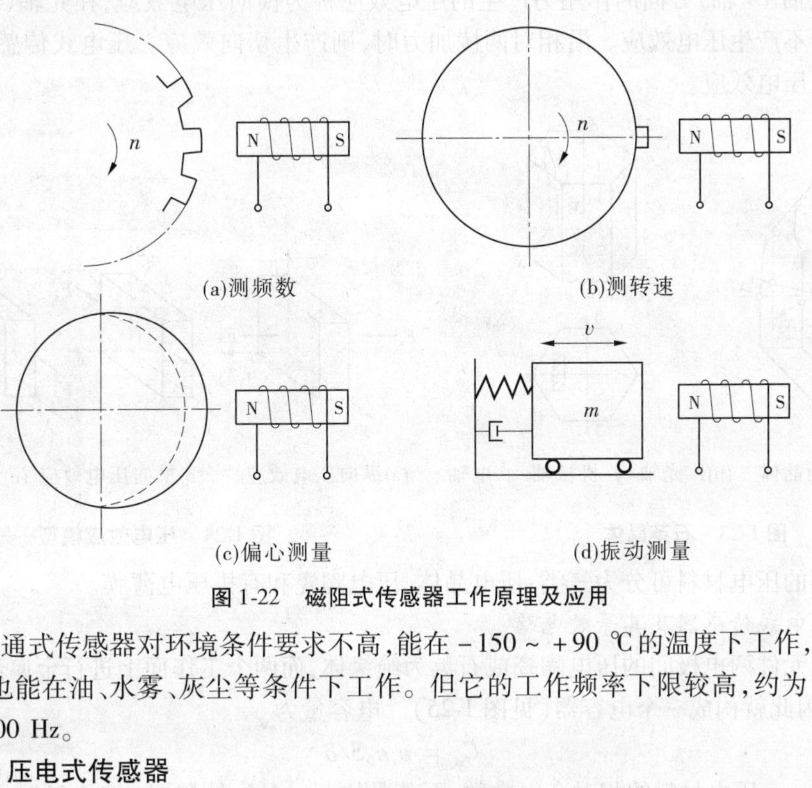

(a)测频数 (b)测转速

(c)偏心测量 (d)振动测量

图 1-22 磁阻式传感器工作原理及应用

变磁通式传感器对环境条件要求不高，能在 -150 ~ +90 ℃的温度下工作，不影响测量精度，也能在油、水雾、灰尘等条件下工作。但它的工作频率下限较高，约为 50 Hz，上限可达 100 Hz。

(七)压电式传感器

压电式传感器的工作原理是以某些物质的压电效应为基础。它具有自发电和可逆两种重要特性。

压电式传感器是一种可逆型换能器，既可将机械能转换为电能，又可将电能转换为机械能。这种性质使它被广泛用于力、压力、加速度测量，也被用于超声波发射与接收装置。这种传感器具有体积小、质量轻、精确度及灵敏度高等优点。

1. 压电效应

某些物质(物体)，如石英、钛酸钡等，当受到外力作用时，不仅几何尺寸会发生变化，内部也会被极化，表面上也会产生电荷；当外力去掉时，又重新回到原来的状态。这种现象称为压电效应。相反，如果将这些物质(物体)置于电场中，其几何尺寸也会发生变化，这种由外电场作用导致物质(物体)产生机械变形的现象，称为逆压电效应，或称为电致伸缩效应。具有压电效应的物质(物体)称为压电材料(或称为压电元件)。

图 1-23 所示为天然石英晶体,其结构形状为一个六角形晶柱,两端为一对称棱锥。在晶体学中,可以把它用三根互相垂直的轴表示,其中纵轴 z 称为光轴;通过六棱线而垂直于光铀的 x 轴称为电轴;与 $x—x$ 轴和 $z—z$ 轴垂直的 $y—y$ 轴(垂直于六棱柱体的棱面),称为机械轴,如图 1-23(b)所示。

如果从石英晶体中切下一个平行六面体(如图 1-24 所示),并使其晶面分别平行于 $z—z$、$y—y$、$x—x$ 轴线。晶片在正常情况下呈现电性,若对其施力,则有几种不同的效应。通常把沿电轴(x 轴)方向的作用力(一般利用压力)产生的压电效应称为纵向压电效应;把沿机械轴(y 轴)方向的作用力产生的压电效应称为横向压电效应;在光轴(z 轴)方向的作用力不产生压电效应。沿相对两棱加力时,则产生切向效应。压电式传感器主要是利用纵向压电效应。

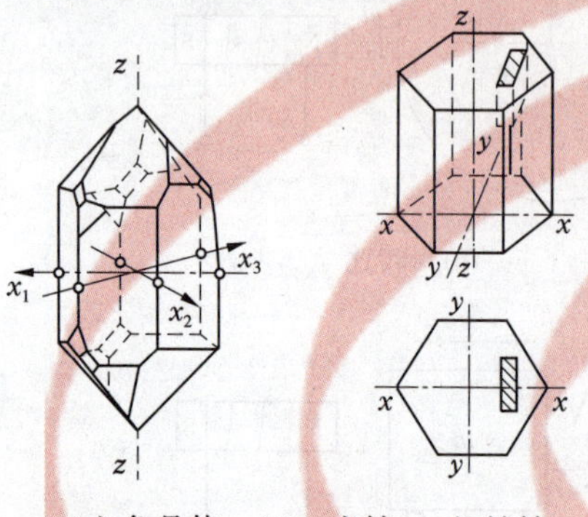

(a)六角晶体　(b)z-光轴　y-机械轴　x-电轴

图 1-23　石英晶体

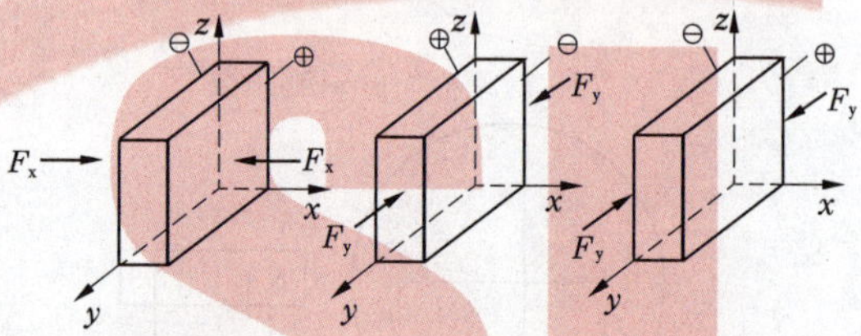

(a)纵向压电效应　(b)横向压电效应　(c)切向效应

图 1-24　压电效应模型

常用的压电材料可分为三类:压电晶体、压电陶瓷和有机压电薄膜。

2. 压电式传感器及其等效电路

压电元件两电极间的压电陶瓷或石英为绝缘体,而两个工作面上进行金属蒸镀,形成金属膜,因此就构成一个电容器(见图 1-25)。电容量为

$$C_a = \varepsilon_r \varepsilon_0 S/\delta \tag{1-18}$$

式中　ε_r——压电材料的相对介电常数,石英晶体 $\varepsilon_r=4.5$,钛酸钡 $\varepsilon_r=1\ 200$;

δ——极板间距,即压电元件厚度,m;

S——压电元件工作面面积,m^2。

当压电元件受外力作用时,两表面产生等量的正、负电荷 Q,压电元件的开路电压(负载电阻为无穷大)U 为

$$U = Q/C_a \tag{1-19}$$

这样可把压电元件等效为一个电荷源 Q 和一个电容器 C_a 的等效电路;同时也可等效为一个电压源 U 和一个电容器 C_a 串联的等效电路。

3. 测量电路

由于压电式传感器的输出电信号很微弱,通常应把传感器信号先输入到高输入阻抗的前置放大器中,经过阻抗交换以后,方可用一般的放大检波电路再将信号输入到指示仪

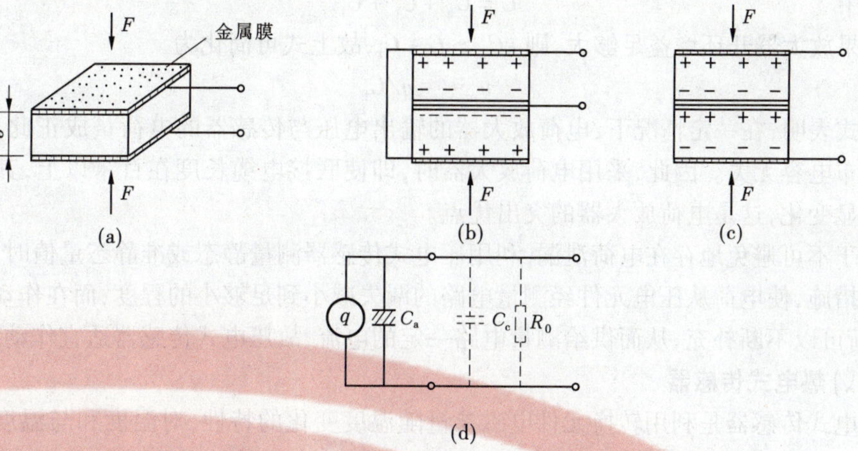

图 1-25 压电式传感器及其等效电路

表或记录器中(其中,测量电路的关键在于高阻抗输入的前置放大器)。

前置放大器的作用有两点:一是将传感器的高阻抗输出变换为低阻抗输出,二是放大传感器输出的微弱电信号。

前置放大器电路有两种形式:一种是用电阻反馈的电压放大器,其输出电压与输入电压(即传感器的输出)成正比;另一种是用带电容板反馈的电荷放大器,其输出电压与输入电荷成正比。由于电荷放大器电路的电缆长度变化的影响不大,几乎可以忽略不计,故而电荷放大器应用日益广泛。

电荷放大器的等效电路如图 1-26 所示,由于忽略了漏电阻,所以电荷量为

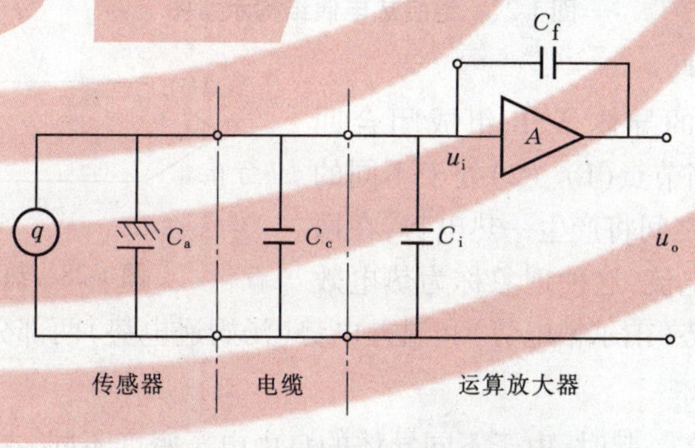

图 1-26 电荷放大器的等效电路

$$q \approx e_i(C_a + C_c + C_i) + (u_i - u_o)C_f \tag{1-20}$$

式中 u_i——放大器输入端电压;

u_o——放大器输出端电压,$u_o = -ku_i$,k 为电荷放大器开环放大倍数;

C_i——放大器输入电容;

C_f——电荷放大器反馈电容。

上式可简化为

$$u_o = \frac{-kq}{(C + C_f) + kC_f} \tag{1-21}$$

其中
$$C = C_a + C_c + C_i$$

如果放大器开环增益足够大，则 $kC_f \gg C + C_f$，故上式可简化为
$$u_o \approx -q/C_f$$

上式表明，在一定情况下，电荷放大器的输出电压与传感器的电荷量成正比，并且与电缆分布电容无关。因此，采用电荷放大器时，即使联接电缆长度在百米以上，其灵敏度也无明显变化，这是电荷放大器的突出优点。

由于不可避免地存在电荷泄漏，利用压电式传感器测量静态或准静态量值时，必须采取一定措施，使电荷从压电元件经测量电路的漏失减小到足够小的程度；而在作动态测量时，电荷可以不断补充，从而供给测量电路一定的电流，故压电式传感器适宜作动态测量。

（八）热电式传感器

热电式传感器是利用转换元件电磁参量随温度变化的特性，对温度和与温度有关的参量进行检测的装置。其中将温度变化转换为电阻变化的称为热电阻传感器，将温度变化转换为热电势变化的称为热电偶传感器。

1. 热电偶

热电偶传感器在温度测量中应用极为广泛，因为它结构简单（铠装热电偶见图 1-27）、制造方便、测温范围宽、热惯性小、准确度高、输出信号便于远传。

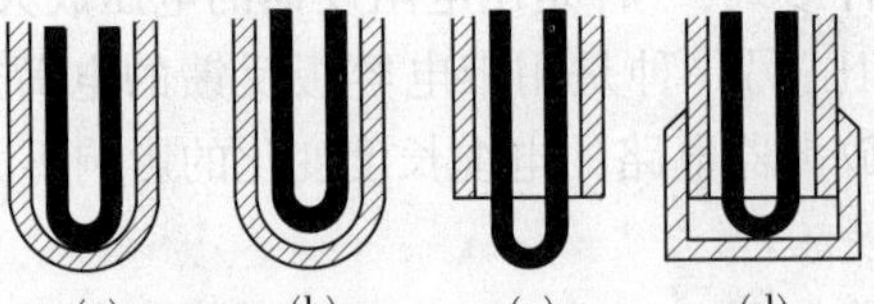

图 1-27　铠装热电偶结构示意图

2. 热电偶工作原理

将两种不同性质的导体 A、B 组成闭合回路，如图 1-28 所示。当节点(1)、(2)处于不同的温度（$T \neq T_0$）时，两者之间将产生一热电势，在回路中形成一定大小的电流，这种现象称为热电效应。其电势由接触电势（珀尔帖电势）和温差电势（汤姆逊电势）两部分组成。

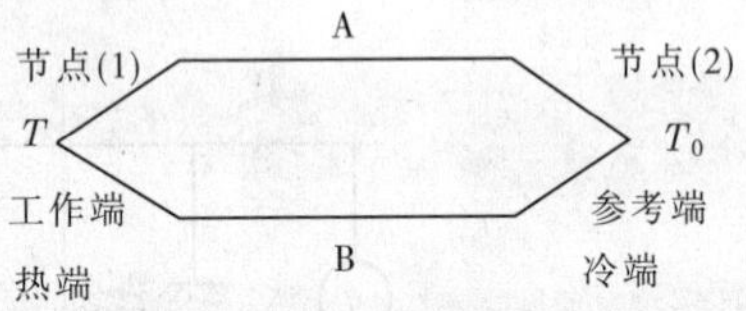

图 1-28　热电偶回路

3. 接触电势

当两种金属接触在一起时，由于不同导体的自由电子密度不同，在结点处就会发生电子迁移扩散。失去自由电子的金属呈正电位，得到自由电子的金属呈负电位。当扩散达到平衡时，在两种金属的接触处形成电势，称为接触电势。其大小除与两种金属的性质有关外，还与结点温度有关。

温度为 T 时的接触电势为
$$e_{AB}(T) = \frac{kT}{e}\ln\frac{N_A}{N_B} \tag{1-22}$$

式中　$e_{AB}(T)$——A、B 两种金属在温度 T 时的接触电势；

k——波尔兹曼常数，$k = 1.38 \times 10^{-23}$，J/K；

e——电子电荷，$e=1.6\times10^{-19}$ C；

N_A、N_B——金属 A、B 的自由电子密度；

T——结点处的绝对温度。

4. 温差电势

对于单一金属，如果两端的温度不同，则温度高端的自由电子向低端迁移，使单一金属两端产生不同的电位，形成电势，称为温差电势。其大小与金属材料的性质和两端的温差有关，可表示为

$$e_A(T,T_0)=\int_{T_0}^{T}\sigma_A \mathrm{d}T \tag{1-23}$$

式中　$e_A(T,T_0)$——金属 A 两端温度分别为 T 与 T_0 时的温差电势；

σ_A——温差系数；

T、T_0——高、低温端的绝对温度。

对于图 1-29 所示 A、B 两种导体构成的闭合回路，总的温差电势为

$$e_A(T,T_0)-e_B(T,T_0)=\int_{T_0}^{T}(\sigma_A-\sigma_B)\mathrm{d}T$$

于是，回路的总热电势为

$$e_{AB}(T,T_0)=e_{AB}(T)-e_{AB}(T_0)+\int_{T_0}^{T}(\sigma_A-\sigma_B)\mathrm{d}T \tag{1-24}$$

为了保证在工程技术中应用可靠，并有足够的精确度，对热电偶电极材料有以下要求：

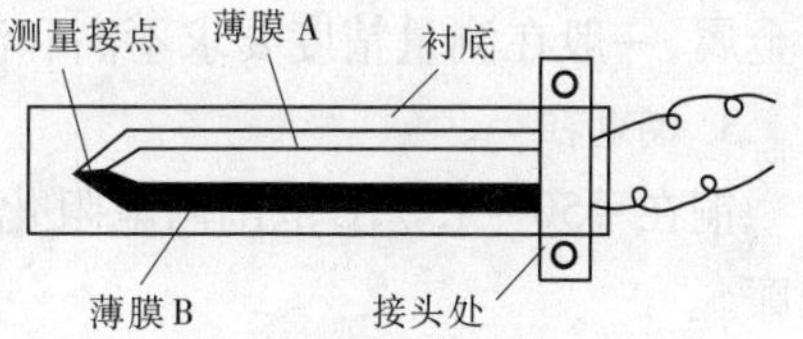

图 1-29　片状薄膜热电偶结构

(1)在测温范围内，热电性质稳定，不随时间变化。

(2)在测温范围内，电极材料要有足够的物理化学稳定性，不易氧化或腐蚀。

(3)电阻温度系数要小，导电率要高。

(4)它们组成的热电偶，在测温中产生的电势要大，并希望这个热电势与温度呈单值的线性或接近线性关系。

(5)材料复制性好，可制成标准分度，机械强度高，制造工艺简单，价格便宜。

最后还应强调一点，热电偶的热电特性仅决定于选用的热电极材料的特性，而与热极的直径、长度无关。

(九)热电阻传感器

将温度变化转换为电阻变化的称为热电阻传感器，将温度变化转换为热电势变化的称为热电偶传感器。

热电阻传感器可分为金属热电阻式和半导体热电阻式两大类，前者简称热电阻，后者简称热敏电阻。

1. 热电阻材料的特点

热电阻材料必须具有以下特点：

(1)高温度系数、高电阻率。这样在同样条件下可加快反应速度，提高灵敏度，减小体积和质量。

(2)化学、物理性能稳定。以保证在使用温度范围内热电阻的测量准确性。

(3)良好的输出特性。即必须有线性的或者接近线性的输出。

(4)良好的工艺性,便于批量生产、降低成本。

适宜制作热电阻的材料有铂、铜、铟、锰、碳、镍、铁等。

2. 铂电阻

铂容易提纯,在高温和氧化性介质中化学、物理性能稳定,制成的铂电阻输出—输入特性接近线性,测量精度高。

铂电阻阻值与温度变化之间的关系可以近似用下式表示:

在0~660 ℃温度范围内

$$R_t = R_0(1 + At + Bt^2) \tag{1-25}$$

在-190~0 ℃温度范围内

$$R_t = R_0[1 + At + Bt^2 + C(t - 100)_t^3] \tag{1-26}$$

式中　R_0、R_t——0 ℃和 t ℃的电阻值;

A——系数,$3.968\,47 \times 10^{-3}$/℃;

B——系数,-5.847×10^{-7}/℃^{2};

C——系数,-4.22×10^{-12}/℃^{3}。

铂电阻制成的温度计,除作温度标准外,还广泛应用于高精度的工业测量。由于铂为贵金属,一般在测量精度要求不高和测温范围较小时,均采用铜电阻。

3. 铜电阻

铜在-50~150 ℃范围内电阻化学、物理性能稳定,输出—输入特性接近线性,价格低廉。

铜电阻阻值与温度变化之间的关系可近似表示为

$$R_t = R_0(1 + \alpha t) \tag{1-27}$$

式中　α——电阻温度系数,取值范围为$(4.25 \sim 4.28) \times 10^{-8}$/℃(铂的电阻温度系数在0~100 ℃的平均值为$3.9 \times 10^{-8}$/℃)。

铜电阻电阻率小,当温度高于100 ℃时易被氧化,因此适用于在温度较低的环境和没有侵蚀性的介质中工作。

4. 其他热电阻

(1)铟电阻适宜在-269~-258 ℃范围内使用,测温精度高,灵敏度是铂电阻的10倍,但是复现性差。

(2)锰电阻适宜在-271~-210 ℃范围内使用,灵敏度高,但是质脆易损坏。

(3)碳电阻适宜在-273~-268.5 ℃范围内使用,热容量小,灵敏度高,价格低廉,操作简便,但是热稳定性较差。

(十)光电传感器

1. 光电测量原理

光电传感器的工作原理是光电效应。光电效应按其作用原理又分为外光电效应、内光电效应和光生伏特效应。

1）外光电效应

在光的作用下，物体内的电子逸出物体表面，向外发射的现象叫外光电效应。

只有当光子能量大于逸出功时，即 $h\nu > A$ 时，才有电子发射出来，即有光电效应；当光子的能量等于逸出功时，即 $h\nu = A$ 时，逸出的电子初速度为 0，此时光子的频率 ν_0 为该物质产生外光电效应的最低频率，称为红限频率。

利用外光电效应制成的光电器件有真空光电管、充气光电管和光电倍增管。

2）内光电效应

在光的作用下，电子吸收光子能量从键合状态过渡到自由状态，引起物体电阻率的变化，这种现象称为内光电效应。由于这里没有电子自物体向外发射，仅改变物体内部的电阻或电导，有时也称为光电导效应。与外光电效应一样，要产生光电导效应，也要受到红限频率限制。

利用内光电效应可制成半导体光敏电阻。

3）光生伏特效应

在光的作用下，能够使物体内部产生一定方向的电动势的现象叫光生伏特效应。

利用光生伏特效应制成的光电器件有光敏二极管、光敏三极管和光电池等。

2. 光电元件

1）真空光电管或光电管

光电管种类很多，它是个装有光阴极和阳极的真空玻璃管，结构如图 1-30 所示。图 1-31 阳极通过 R_L 与电源连接在管内形成电场。光电管的阴极受到适当的照射后便发射光电子，这些光电子在电场作用下被具有一定电位的阳极吸引，在光电管内形成空间电子流。电阻 R_L 上产生的电压降正比于空间电流，其值与照射在光电管阴极上的光成函数关系。如果在玻璃管内充入惰性气体（如氩、氖等），即构成充气光电管。由于光电子流对惰性气体进行轰击，使其电离产生更多的自由电子，从而提高光电变换的灵敏度。

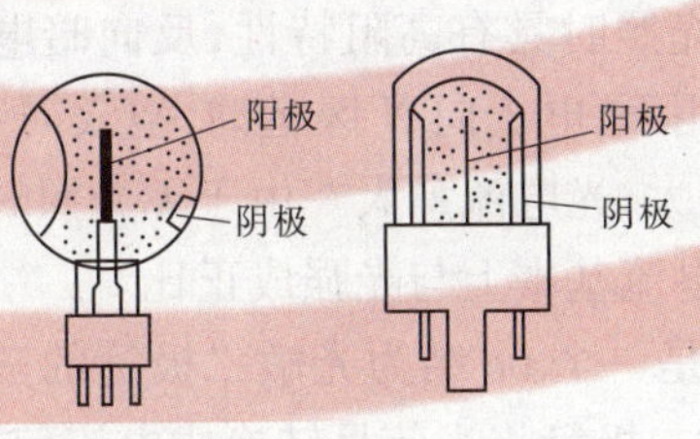

图 1-30 光电管

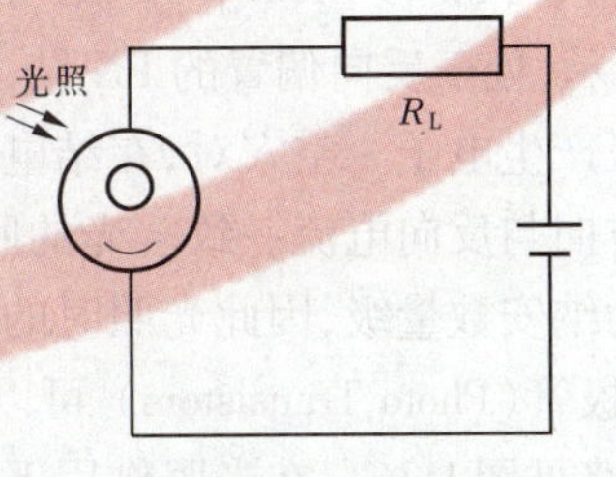

图 1-31 光电管受光照发射电子

2）光电倍增管

光电倍增管的结构如图 1-32 所示。在玻璃管内除装有光电阴极和光电阳极外，尚装有若干个光电倍增极。光电倍增极上涂有在电子轰击下能发射更多电子的材料。光电倍增极的形状及位置设置得正好能使前一级倍增极发射的电子继续轰击后一级倍增极。在每个倍增极间均依次增大加速电压。设每级的倍增率为 δ，若有 n 级，则光电倍增管的光电流倍增率将为 δ_n。

3）光敏电阻（Photo Resistors）

光敏电阻是一种电阻器件（见图1-33），其工作原理如图1-34所示。使用时，可加直流偏压（无固定极性），或加交流电压。光敏电阻的工作原理是基于光电导效应，其结构是在玻璃底板上涂一层对光敏感的半导体物质，两端有梳状金属电极，然后在半导体上覆盖一层漆膜。

光敏电阻中光电导作用的强弱是用其电导的相对变化来标志的。禁带宽度较大的半导体材料，在室温下热激发产生的电子－空穴对较少，无光照时的电阻（暗电阻）较大。因此，光照引起的附加电导就十分明显，表现出很高的灵敏度。

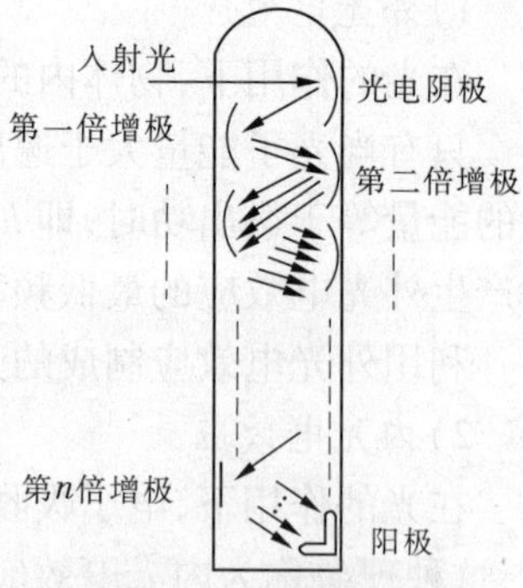

图1-32　光电倍增管

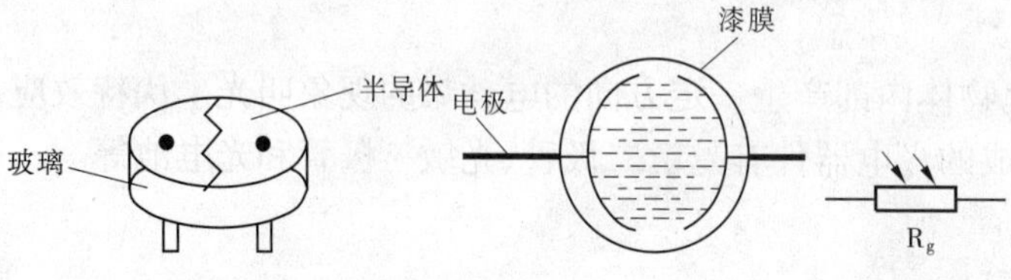

图1-33　光敏电阻结构及符号

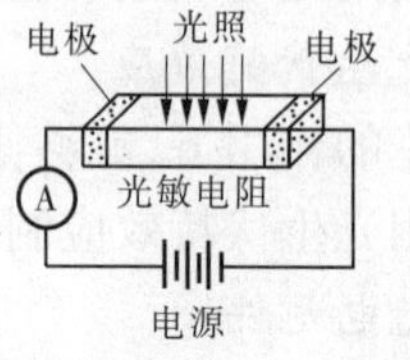

图1-34　光敏电阻的工作原理

为了提高光敏电阻的灵敏度，应尽量减小电极间的距离。对于面积较大的光敏电阻，通常采用光敏电阻薄膜上蒸镀金属形成梳状电极。为了减小潮湿对灵敏度的影响，光敏电阻必须带有严密的外壳封装。光敏电阻灵敏度高，体积小，质量轻，性能稳定，价格便宜，因此在自动化技术中应用广泛。

4）光敏晶体管

光敏二极管（Photo Diode）PN结可以光电导效应工作，也可以光生伏特效应工作。如图1-35所示，处于反向偏置的PN结，在无光照时具有高阻特性，反向暗电流很小。当光照时，结区产生电子－空穴对，在结电场作用下，电子向N区运动，空穴向P区运动，形成光电流，方向与反向电流一致。光的照度愈大，光电流愈大。由于无光照时的反偏电流很小，一般为纳安数量级，因此光照时的反向电流基本上与光强成正比。

光敏三极管（Photo Transistors）可以看成是一个bc结为光敏二极管的三极管。其原理和等效电路见图1-36。在光照作用下，光敏二极管将光信号转换成电流信号，该电流信号被晶体三极管放大。显然，在晶体管增益为β时，光敏三极管的光电流要比相应的光敏二极管大β倍。

3. 光电式传感器的类型

光电式传感器按其输出量性质可分为模拟式光电传感器和开关式光电传感器两类。

1）模拟式光电传感器

这类传感器将被测量转换成连续变化的光电流，要求光电元件的光照特性为单值线性，而且光源的光照均匀恒定。

（1）辐射式。被测物体本身是光辐射源，由它释出的光射向光电元件。光电高温计、

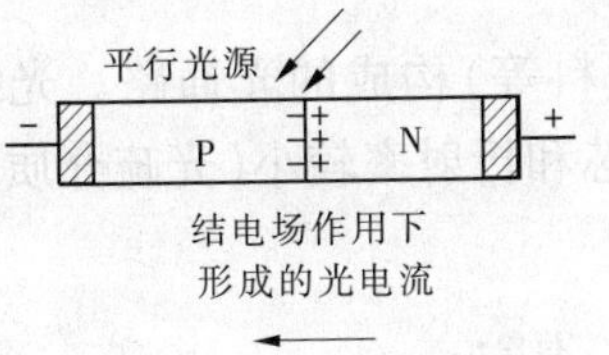

图1-35 光敏二极管原理

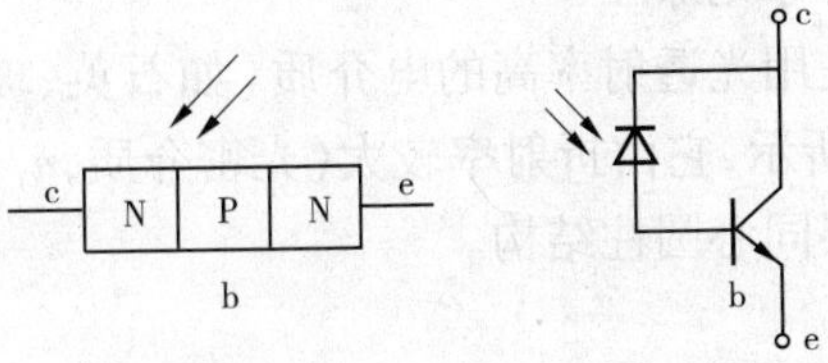

图1-36 光敏三极管原理

光电比色高温计、红外侦察、红外遥感和天文探测器等均属于这一类。辐射式还可用于防火报警、火种报警和构成光照度计等。

(2)吸收式。被测物体位于恒定光源与光电元件之间,根据被测物体对光的吸收程度或对其谱线的选择来测定被测参数。如测量液体、气体的透明度、混浊度,对气体进行成分分析,测定液体中某种物质的含量等。

(3)反射式。恒定光源释放出的光投射到被测物体上,再从其表面反射到光电元件上,根据反射的光通量多少测定被测物表面性质和状态。例如测量零件表面粗糙度、表面缺陷、表面位移及表面白度、露点、湿度等。

(4)投射式(遮光式)。被测物位于恒定光源与光电元件之间,根据被测物阻挡光通量的多少来测定被测参数。

(5)时差测距。恒定光源发出的光投射于目的物,然后反射至光电元件,根据发射与接收之间的时间差测出距离。这种方式的特例为光电测距仪 。

2)开关式光电传感器

这类光电传感器利用光电元件受光照或无光照时"有"、"无"电信号输出的特性将被测量转换成断续变化的开关信号。为此,要求光电元件灵敏度高,而对光照特性的线性要求不高。

(十一)光纤传感器

1. 光纤传感器分类

光纤传感器一般可分为两大类:一类是功能型传感器(见图1-37),另一类是非功能型传感器(见图1-38)。前者是利用光纤本身的特性,把光纤作为敏感元件,所以又称为传感型光纤传感器;后者是利用其他敏感元件感受被测量的变化,光纤仅作为光的传输介质,用以传输来自远处或难以接近场所的光信号,因此也称为传光型光纤传感器。

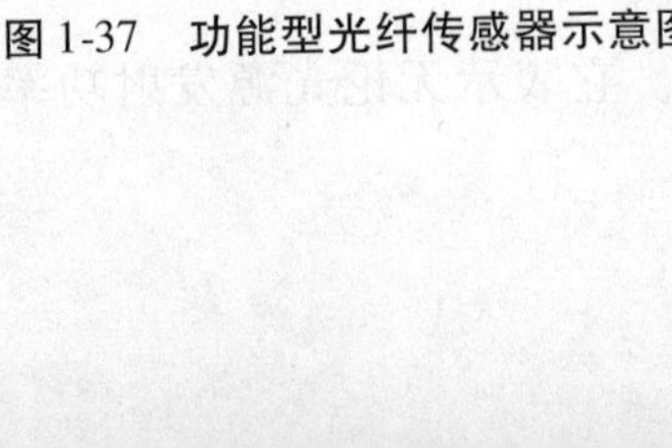

图1-37 功能型光纤传感器示意图

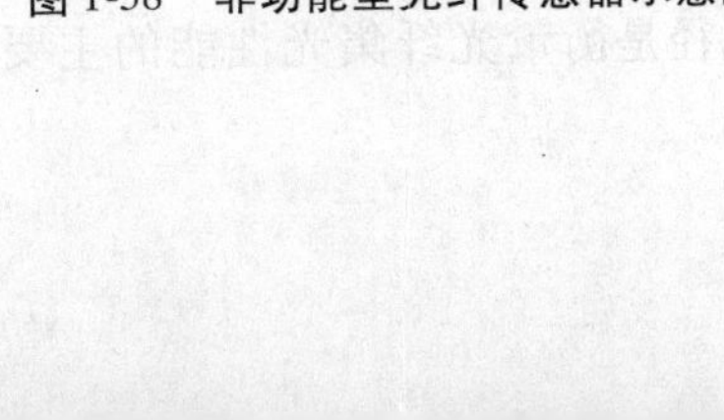

图1-38 非功能型光纤传感器示意图

2. 光纤导光原理

光纤是用光透射率高的电介质（如石英、玻璃、塑料等）构成的光通路。光纤的结构如图 1-39 所示，它由折射率较大（光密介质，n_1）的纤芯和折射率较小（光疏介质，n_2）的包层构成双层同心圆柱结构。

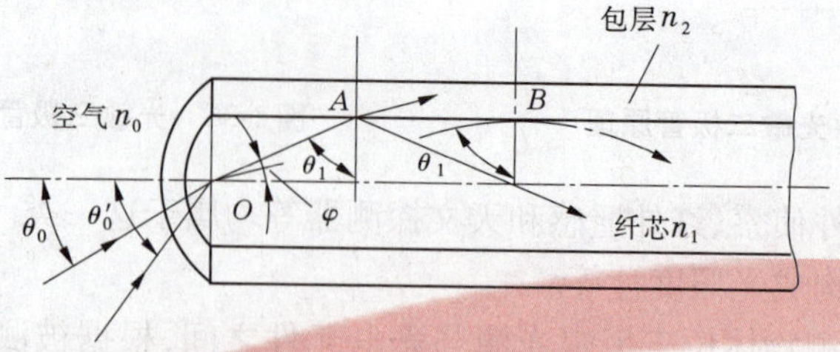

图 1-39　光纤的基本结构与波导

光的全反射现象是研究光纤传光原理的基础。根据几何光学原理，当光线以较小的入射角 θ_1 由光密介质 1 射向光疏介质 2（即 $n_1 > n_2$）时（见图 1-40），则一部分入射光将以折射角 θ_2 折射入介质 2，其余部分仍以 θ_1 反射回介质 1。

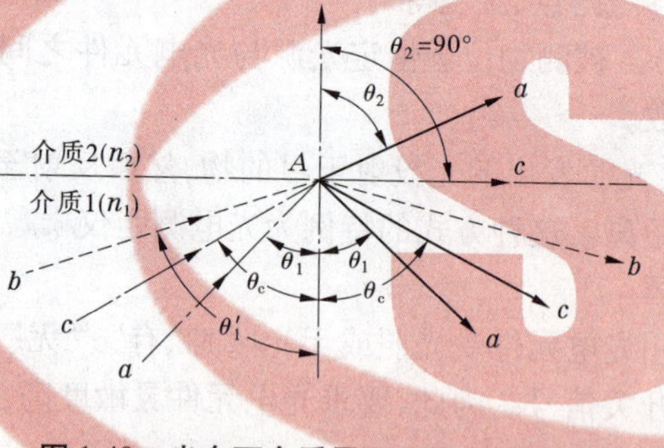

图 1-40　光在两介质界面上的折射和反射

依据光折射和反射的斯涅尔（Snell）定律，有

$$n_1\sin\theta_1 = n_2\sin\theta_2 \tag{1-28}$$

当 θ_1 角逐渐增大，直至 $\theta_1 = \theta_c$ 时，透射入介质 2 的折射光也逐渐折向界面，直至沿界面传播（$\theta_2 = 90°$）。对应于 $\theta_2 = 90°$时的入射角 θ_1 称为临界角 θ_c，由式(1-28)有

$$\sin\theta_c = \frac{n_2}{n_1} \tag{1-29}$$

由图 1-39 和图 1-40 可见，当 $\theta_1 > \theta_c$ 时，光线将不再折射入介质 2，而在介质（纤芯）内产生连续向前的全反射，直至由终端面射出。这就是光纤传光的工作基础。

同理，由图 1-39 和 Snell 定律可导出光线由折射率为 n_0 的外界介质（空气 $n_0 = 1$）射入纤芯时实现全反射的临界角（始端最大入射角）为

$$\sin\theta_c = \frac{1}{n_0}\sqrt{n_1^2 - n_2^2} = NA \tag{1-30}$$

式中　NA——数值孔径。

数值孔径是衡量光纤集光性能的主要参数。它表示无论光源发射功率多大，只有

$2\theta_c$ 张角内的光才能被光纤接收、传播(全反射)。NA 愈大,光纤的集光能力愈强。产品光纤通常不给出折射率,而只给出 NA。石英光纤的 $NA=0.2\sim0.4$。

3. 光纤传感器的应用

1)反射式光纤位移传感器

光纤位移测量原理见图 1-41。光源经一束多股光纤将光信号传送至端部,并照射到被测物体上。另一束光纤接受反射的光信号,并通过光纤传送到光敏元件上,两束光纤在被测物体附近汇合。被测物体与光纤间的距离变化,反射到接受光纤上的光通量发生变化。再通过光电传感器检测出距离的变化。

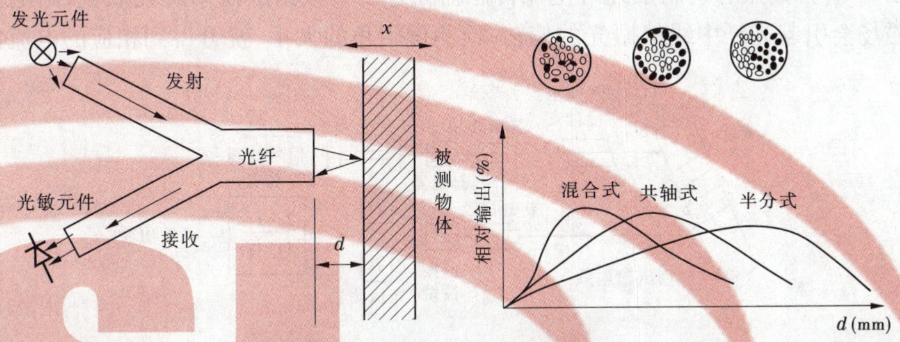

图 1-41 反射式光纤位移传感器

反射式光纤位移传感器一般是将发射和接收光纤捆绑组合在一起的,组合的形式有不同,如半分式、共轴式、混合式,混合式灵敏度高,半分式测量范围大。

2)光纤液位传感器

图 1-42 所示为基于全内反射原理研制的液位传感器。它由 LED 光源、光电二极管、多模光纤等组成。它的结构特点是在光纤测头端有一个圆锥体反射器。当测头置于空气中,没有接触液面时,光线在圆锥体内发生全内反射而返回到光电二极管。当测头接触液面时,由于液体折射率与空气不同,全内反射被破坏,将有部分光线透入液体内,使返回到光电二极管的光强变弱,返回光强是液体折射率的线性函数。返回光强发生突变时,表明测头已接触到液位。

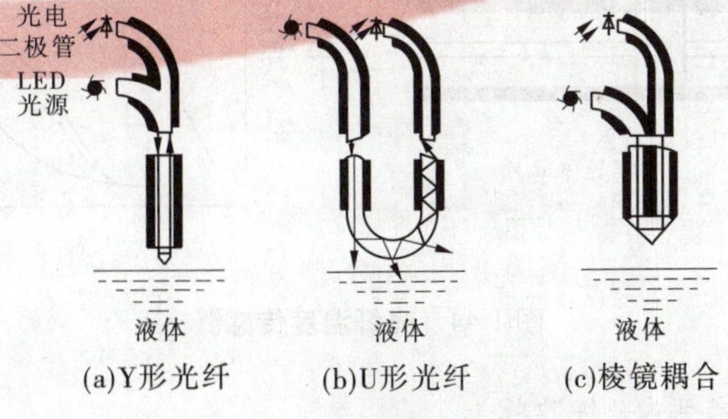

图 1-42 光纤液位传感器

图 1-42(a)所示结构主要由一个 Y 形光纤、全反射锥体、LED 光源以及光电二极管等组成。

图 1-42(b)所示是一种 U 形结构。当测头浸入到液体内时,无包层的光纤光波导的数值孔径增加,液体起到了包层的作用,接收光强与液体的折射率和测头弯曲的形状有关。为了避免杂光干扰,光源采用交流调制。

图 1-42(c)所示结构中,两根多模光纤由棱镜耦合在一起,它的光调制深度最强,而且对光源和光电接收器的要求不高。由于同一种溶液在不同浓度时的折射率不同,所以经过标定,这种液位传感器也可作为浓度计。光纤液位计可用于易燃、易爆场合,但不能探测污浊液体及会黏附在测头表面的黏稠物质。

3)光纤电流传感器

图 1-43 为偏振态调制型光纤电流传感器原理图。根据法拉第旋光效应,由电流所形成的磁场会引起光纤中线偏振光的偏转;检测偏转角的大小,就可得到相应的电流值。

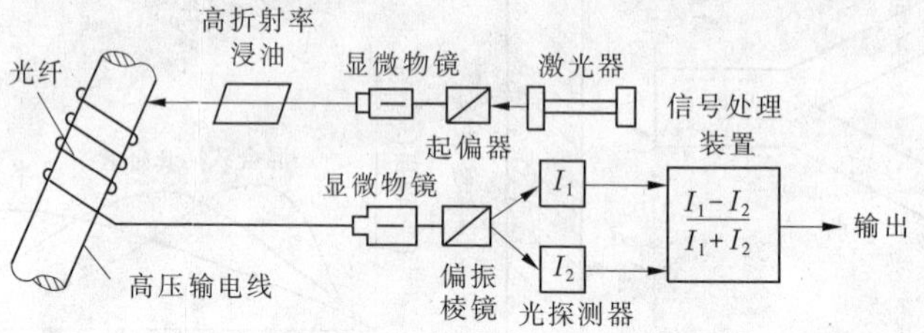

图 1-43　偏振态调制型光纤电流传感器

4)光纤温度传感器

光纤温度传感器工作原理如图 1-44 所示:利用半导体材料的能量隙随温度几乎成线性变化。敏感元件是一个半导体光吸收器,光纤用来传输信号。当光源的光以恒定的强度经光纤到达半导体薄片时,透过薄片的光强受温度的调制,透过光由光纤传送到探测器。温度 T 升高,半导体能带宽度 E_g 下降,材料吸收光波长向长波移动,半导体薄片透过的光强度变化。

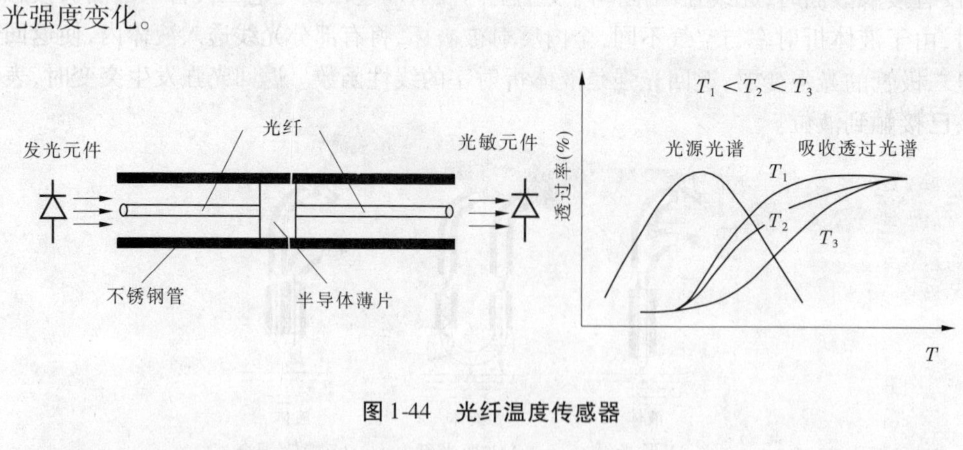

图 1-44　光纤温度传感器

5)光纤角速度传感器(光纤陀螺)

光纤角速度传感器又名光纤陀螺,其理论测量精度远高于机械和激光陀螺仪。它以塞格纳克效应为其物理基础。

（十二）半导体传感器

1. 磁敏传感器

磁敏传感器是基于磁电转换原理的传感器。

磁敏传感器主要有霍尔元件、磁敏电阻、磁敏二极管、磁敏三极管。

1）霍尔元件

霍尔元件是一种半导体磁电转换元件，一般由锗、锑化铟、砷化铟等半导体材料制成。它们利用霍尔效应工作，霍尔元件多采用 N 型半导体材料。霍尔元件越薄（d 越小），k_H 就越大，薄膜霍尔元件厚度只有 1 μm 左右。

霍尔元件由霍尔片、四根引线和壳体组成（见图 1-45）。霍尔片是一块半导体单晶薄片（一般为 4 mm × 2 mm × 0.1 mm），在它的长度方向两端面上焊有 a、b 两根引线，称为控制电流端引线，通常用红色导线，其焊接处称为控制电极（激励电极，短边端面）；在它的另两侧端面的中间以点的形式对称地焊有 c、d 两根霍尔输出引线，通常用绿色导线，其焊接处称为霍尔电极（长边端面）。霍尔元件的壳体是用非导磁金属、陶瓷或环氧树脂封装。

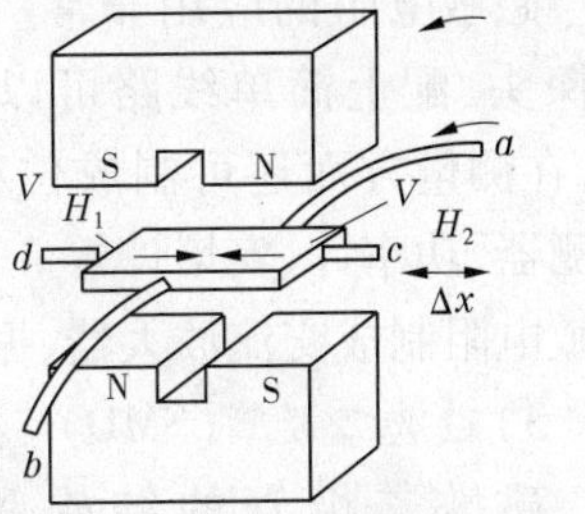

图 1-45　霍尔效应位移传感器

霍尔效应：将一载流导体（这里是霍尔元件）放在磁场中，如果磁场方向与电流方向正交，则在磁场和电流两者垂直的方向上将会出现横向电势，这一现象称为霍尔效应，相应的电动势称为霍尔电势。

霍尔效应的产生是由于运动电荷受到磁场中洛伦磁力的作用效果。任何带电质点在磁场中沿着和磁力线垂直的方向运动时，都要受到磁场力的作用，这个力称为洛伦磁力。

霍尔电势按下式计算

$$V_H = R_B \frac{iB}{d} = k_B iB \tag{1-31}$$

式中　R_B——霍尔系数，由载流材料的物理性质决定；

k_B——（霍尔常数）灵敏度系数，与载流材料的物理性质和几何尺寸有关，表示在单位磁感应强度和单位控制电流时的霍尔电势的大小；

B——磁感应强度；

d——薄片厚度。

如果磁场和薄片法线有 α 角，那么

$$V_H = k_B iB\sin\alpha$$

改变 B 或 i，就可以改变 V_H 值。运用这一特性，就可以把被测量参数转换为电压量的变化。

应用：可以测量角位移、线位移、加速度、零件计数、转速、压力等，也可以用来检测钢丝绳断丝（见图 1-46）。

2）磁阻电阻

将一载流导体置于外磁场中，除产生霍尔效应外，其电阻也会随磁场而变化，这种现象称为磁电阻效应，简称磁阻效应。磁敏电阻器就是利用磁阻效应制成的一种磁敏元件。

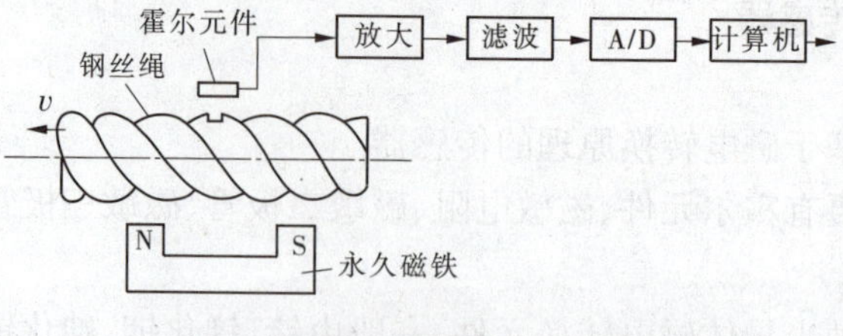

图 1-46　钢丝绳断丝检测原理

磁阻效应位移传感器的工作原理见图 1-47。

磁敏电阻的应用非常广泛。除用它做成探头、配上简单线路可以探测各种磁场外,在测量方面还可制成位移检测器、角度检测器、功率计、安培计等。此外,还有可用磁敏电阻制成交流放大器、振荡器等。

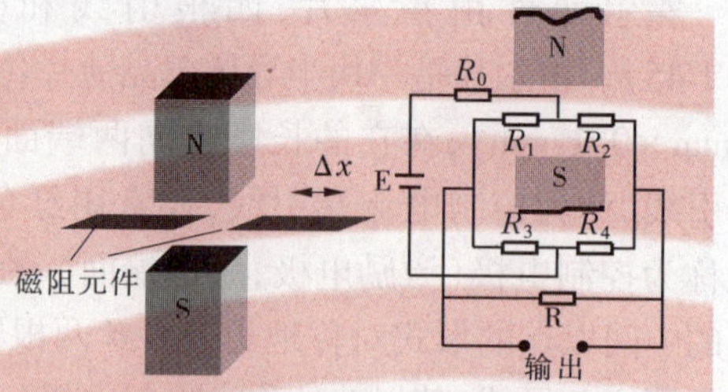

图 1-47　磁阻效应位移传感器的工作原理

3)磁敏二极管(SMD)

磁敏二极管的结构和工作原理如图 1-48所示。在高阻半导体芯片(本征型I)两端,分别制作 P、N 两个电极,形成 P－I－N 结。P、N 都为重掺杂区,本征区 I 的长度较长。同时对 I 区的两侧面进行不同的处理。一个侧面磨成光滑面,另一面打毛。由于粗糙的表面处容易使电子—空穴对复合而消失,我们称之为 r(recombination)面,这样就构成了磁敏二极管。

2. 热敏电阻

热敏电阻是用半导体材料制成的热敏器件。相对于一般的金属热电阻而言,它主要有如下特点:①电阻温度系数大,灵敏度高,比一般金属电阻大 10 ~ 100 倍。②结构简单,体积小,可以测量点温度。③电阻率高,热惯性小,适宜动态测量。④阻值与温度变化呈非线性关系。⑤稳定性和互换性较差。

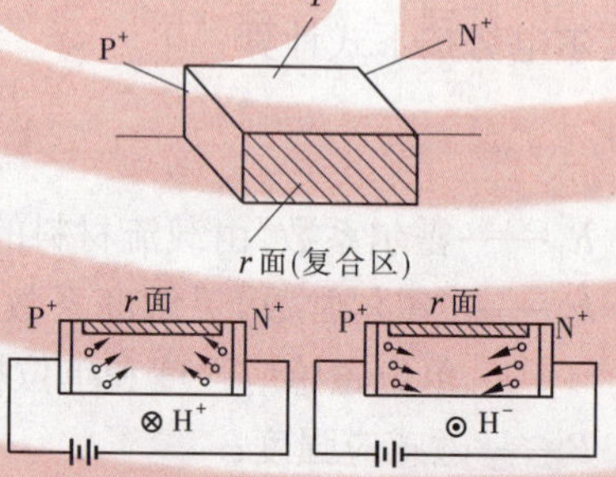

图 1-48　磁敏二极管的结构和工作原理

大部分半导体热敏电阻是由各种氧化物按一定比例混合,经高温烧结而成的。多数热敏电阻具有负的温度系数,即当温度升高时,其电阻值下降,同时灵敏度也下降。由于这个原因,限制了它在高温下的使用。目前,热敏电阻的使用上限温度约为 300 ℃。

图 1-49 为负温度系数热敏电阻的电阻—温度特性曲线,用如下经验公式描述:

$$R_T = Ae^{\frac{B}{T}} \tag{1-32}$$

式中　R_T——温度为 T(K)时的电阻值;

A——与热敏电阻的材料和几何尺寸有关的常数;

B——热敏电阻常数。

若已知 T_1 和 T_2 时的电阻为 R_{T1} 和 R_{T2}，则可通过公式求取 A、B 值，即

$$A = R_{T1} e^{-\frac{B}{T1}}$$

$$B = \frac{T_1 T_2}{T_2 - T_1} \ln \frac{R_{T1}}{R_{T2}}$$

由图 1-50 可知：

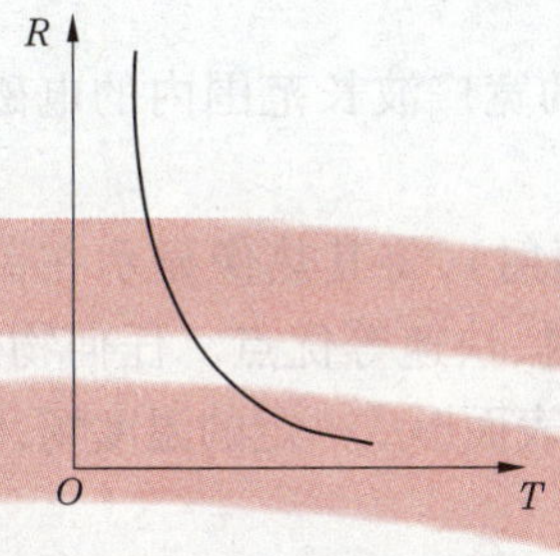

图 1-49 热敏电阻特性曲线

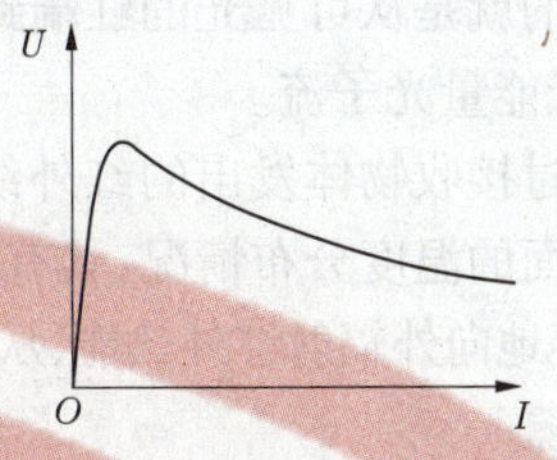

图 1-50 热敏电阻的伏安特性

(1) 当流过热敏电阻的电流较小时，曲线呈直线状，服从欧姆定律。

(2) 当电流增加时，热敏电阻自身温度明显增加，由于负温度系数的关系，阻值下降，于是电压上升速度减慢，出现了非线性。

(3) 当电流继续增加时，热敏电阻自身温度上升更快，阻值大幅度下降，其减小速度超过电流增加速度，于是出现电压随电流增加而降低的现象。

由于热敏电阻特性的严重非线性，扩大测温范围和提高精度必须进行补偿校正。解决办法：串联或并联温度系数很小的金属电阻，使热敏电阻阻值在一定范围内呈线性关系。图 1-51 介绍了一种金属电阻与热敏电阻串联以实现非线性校正的方法。只要金属电阻 R_x 选得合适，在一定温度范围内可得到近似双曲线特性（见图 1-51(b) R_s），即温度与电阻的倒数呈线性关系，从而使温度与电流呈线性关系（见图 1-51(c)）。近年来，已出现利用微机实现较宽温度范围内线性化校正的方案。

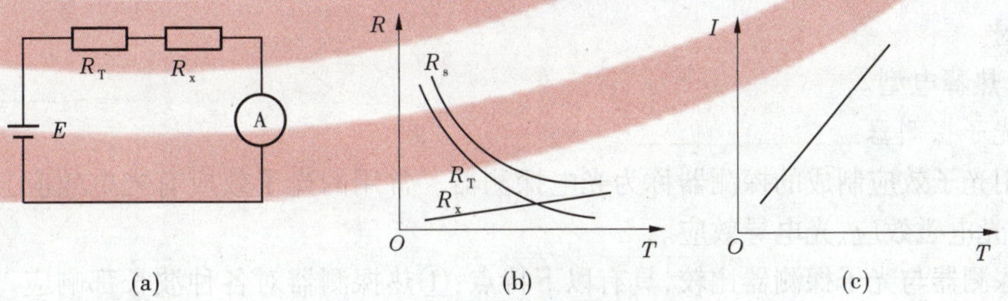

图 1-51 热敏电阻非线性校正

(十三) 红外测试系统

1. 红外辐射

红外线像其他电磁波一样遵循相同的物理定律：以光速传播，可被吸收、散射、反射、折射等，可用普朗克等辐射定律描述。

红外线的波长范围是 0.76 ~ 1 000 μm，这个范围通常又被分为四个波段范围。近红

外区:0.76 ~ 3 μm,中红外区:3 ~ 6 μm,远红外区:6 ~ 15 μm,极远红外区:15 ~ 1 000 μm。

大气有三个窗口: 1 ~ 2.5 μm、3 ~ 5 μm、8 ~ 13 μm。这三个窗口分别位于近、中和远红外区内。各种红外仪器的工作波段,原则上都应选在这三个波段的窗口之内。

热辐射的现象极为普遍,任何物体,只要它的温度高于绝对零度(-273.15 ℃),就有一部分热能变为辐射能,物体温度不同,辐射的波长组成成分不同,辐射能的大小也不同,该能量中包含可见光与不可见光的红外线两部分。

红外辐射指的就是从可见光的红端到毫米波的宽广波长范围内的电磁波辐射,从光子角度看,它是低能量光子流。

红外检测通过接收物体发出的红外线(红外辐射),将其热像显示在荧光屏上,从而准确判断物体表面的温度分布情况,具有准确、实时、快速等优点。任何物体由于其自身分子的运动,不停地向外辐射红外热能,从而在物体表面形成一定的温度场,俗称“热像”。

2. 红外探测器

1)热探测器

热探测器在吸收红外辐射能后温度升高,引起某种物理性质的变化,这种变化与吸收的红外辐射形成一定的关系。常用的物理现象有温差热电现象、金属或半导体电阻阻值变化现象、热释电现象、气体压强变化现象、金属热膨胀现象等。因此,只要检测出上述变化即可确定被吸收的红外辐射能大小,就能得到被测非电量值。用这些物理现象制成的热电探测器,在理论上对一切波长的红外辐射具有相同的响应。但实际上仍存在差异,其响应速度取决于热探测器的热容量和热扩散率的大小。

(1)热电偶型。

将热电偶置于环境温度下,将结点涂上黑层置于辐射中,可根据产生的热电动势测量入射辐射功率的大小。

为提高探测率,通常采用热电堆型。

(2)气动型。

气动型探测器是利用气体吸收红外辐射后,温度升高、体积增大的特性来反映红外辐射的强弱。

(3)热释电型。

2)光子探测器

利用光子效应制成的探测器称为光电探测器。常用的光子效应有光电效应、光生伏特效应、光电磁效应、光电导效应。

热探测器与光子探测器比较,具有以下特点:①热探测器对各种波长都响应,光子探测器只对一段波长区间有响应;②热探测器不需要冷却,光子探测器多数需要冷却;③热探测器响应时间比光子探测器长;④热探测器性能与器件尺寸、形状、工艺等有关,光子探测器容易实现规格化。

3. 红外测试应用

红外测试应用包括:①辐射温度计。②红外测温仪。③红外热像仪。

(十四)激光式传感器

激光是在 20 世纪 60 年代初问世的。由于激光具有方向性强、亮度高、单色性好等特点，被广泛应用于工农业生产、国防军事、医学卫生、科学研究等各个方面，如用来测距、通信、准直、定向、打孔、切割、焊接，用来精密检测、定位等，还用做长度基准和光频标准。由于激光器、光学零件和光电器件所构成的激光测量装置能将被测量（如长度、流量、速度等）转换成电信号，因此广义上也可将激光测量装置称为激光式传感器。

1. 激光干涉式测量仪器

激光干涉式传感器以激光为光源，测量精度高，测量精度可达 10^{-8} ~ 10^{-7} 量级，分辨力高，量程大，可达几十米。激光干涉传感器可用做普通干涉系统，用来测长。也可用做全息干涉系统，用来检测复杂表面等。

1）激光干涉测长仪

激光干涉传感器的基本工作原理就是光的干涉原理。在实际测量中应用最广泛的是迈克尔逊双光束干涉系统。如图 1-52 所示。

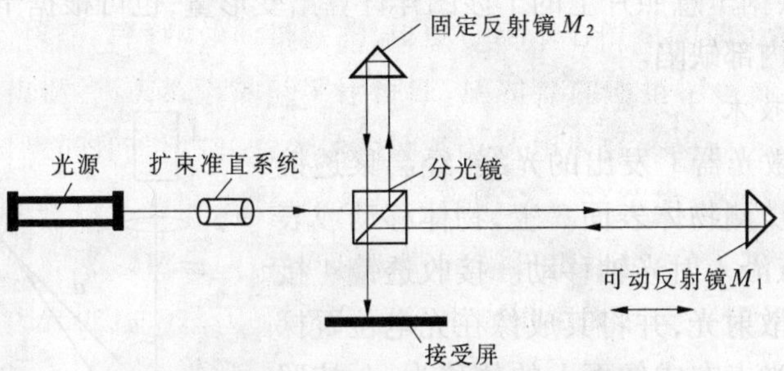

图 1-52 激光干涉测长仪原理

从光源发出的光，经分光镜分为两路。一路透过分光镜射向可动反射镜 M_1，另一路由分光镜反射到固定反射镜 M_2，并分别从 M_1 和 M_2 反射回来，经过分光镜叠加在接受屏上。每当 M_1 移动 1/2 波长时，接受屏上的干涉条纹就会出现一次由暗到亮或者由亮到暗的变化。计算这些明暗变化次数就可以计算出 M_1 的移动量。利用这一原理测量位移的光学系统称为迈克尔逊干涉系统。激光干涉仪就是用这个系统来测长的。

$$x = N\lambda/2n \tag{1-33}$$

式中 N——干涉条纹明暗变化次数；

λ——激光波长；

n——空气折射率，受环境温度、湿度、气体成分等因素影响，真空 $n=1$。

2）激光测速仪

激光测速仪的工作原理是光学多普勒效应和光干涉原理。当激光照到运动物体时，被物体反射的光的频率将发生变化，这种现象称为多普勒效应。

2. 激光全息测量仪器

1）激光全息原理

由激光器发出的光束经分光镜分为两路：一路经反射镜 1 反射后成为参考光束射向感光胶片，另一路经反射镜 2 反射后射向被测物，再由被测物反射后也射向感光胶片。此光束和参考光束在感光胶片上叠加后产生干涉图样（见图 1-53）。干涉图样的形状反映被测物反射光束与参考光束的相位差，从而反映被测物表面几何形状相互位置的关系。

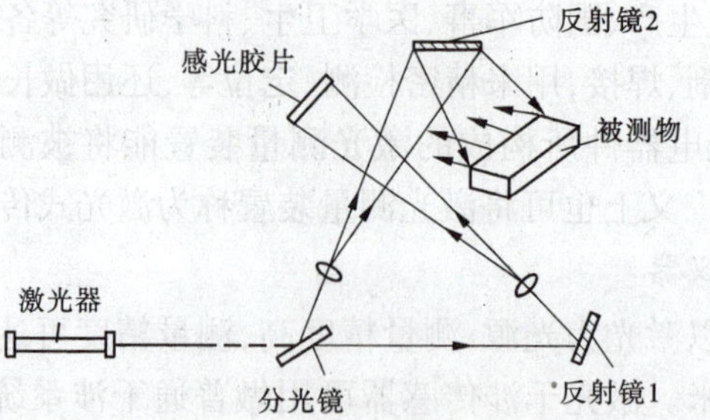

图 1-53　激光全息成像原理

干涉图样的明暗对比程度反映被测物光的强弱(振幅的平方)。这样,被测物反射光波的全部信息就被记录下来。这种记录被测物光全部信息的胶片即称为全息照片。用激光照射全息照片,就能再现被测物光的立体图像。对被测物在不加载和加载变形条件下双重曝光全息照相后,可根据全息照片上的干涉图样计算出变形量,也可根据干涉条纹的异常变形分析出被测物的内部缺陷。

2)激光轮廓测量技术

如图 1-54 所示,激光器 1 发出的光线,经会聚透镜 2 聚焦后垂直入射到被测物体表面 3 上,物体移动或表面变化,导致入射光点沿入射光轴移动。接收透镜 4 接收来自入射光电处的散射光,并将其成像在光电位置探测器 5 敏感面上。若光点在成像面上的位移为 x',按照下式可求出被测面的位移

$$x = \frac{ax''}{b\sin\theta - x'\cos\theta} \tag{1-34}$$

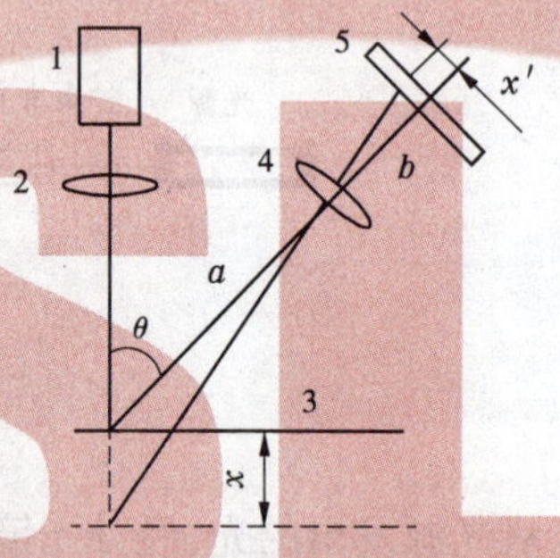

图 1-54　激光轮廓测量技术原理

式中　a——激光束光轴和接收透镜光轴交点到接收透镜前主面的距离;

b——接收透镜后主面到成像面中心点的距离;

θ——激光束光轴与接受透镜光轴之间的夹角。

四、常用检测仪器

常用检测仪器有超声波探伤仪、千分表、粗糙度仪、声级计等。

(一)超声波探伤仪

超声波探伤仪的作用是产生电振荡并加于换能器(探头)上,激励探头发射超声波,同时将探头送回的电信号进行放大,通过一定方式显示出来,从而得到被探工件内部有无缺陷及缺陷位置和大小等信息。探伤中广泛使用的超声波探伤仪都是 A 型显示脉冲反射式探伤仪。超声波探伤包括探伤仪、探头和试块。

(二)千分表

千分表是利用精密齿条齿轮机构制成的表式通用长度测量工具。它常用于形状和位置误差以及小位移的长度测量。

(三)粗糙度仪

粗糙度仪用于测量结构部件的表面粗糙度。TR100 粗糙度仪是比较常用的一种。

（四）声级计

声级计是根据国际标准和国家标准按照一定的频率计权和时间计权测量声压级的仪器，它是声学测量中最基本最常用的仪器，适用于室内噪声、环境保护、机器噪声、建筑噪声等各种噪声测量。其工作原理见图 1-55。

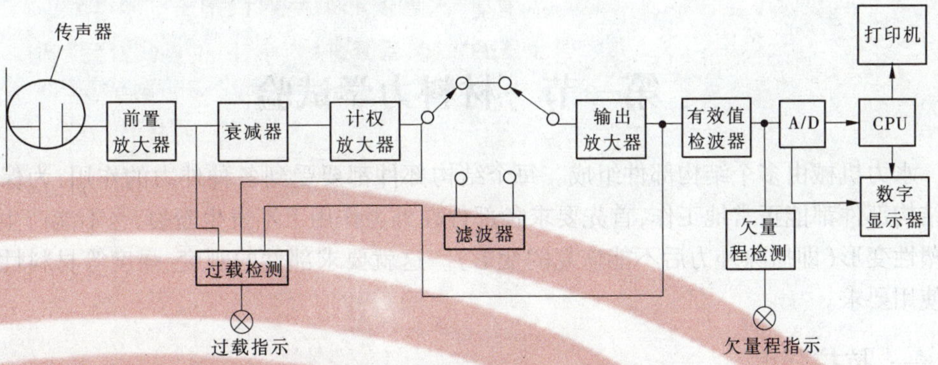

图 1-55　声级计工作原理

第五节　常用技术标准

在水力机组质量检测过程中，常用的技术标准见表 1-3。

表 1-3　常用技术标准

序号	标准名称
1	《水力机械振动和脉动现场测试规程》（GB/T 17189—2007）
2	《水轮机、蓄能泵和水泵水轮机水力性能现场验收试验规程》（GB/T 20043—2005）
3	《水轮发电机组安装技术规范》（GB/T 8564—2003）
4	《水轮机、蓄能泵和水泵水轮机通流部件技术条件》（GB/T 10969—2008）
5	《产品几何技术规范（GPS）几何公差形状、方向、位置和跳动公差标注》（GB/T 1182—2008）
6	《水轮发电机组启动试验规程》（DL/T 507—2002）
7	《旋转电机 定额和性能》（GB 755—2008）
8	《金属材料　残余应力测定　压痕应变法》（GB/T 24179—2009）
9	《残余应力测试方法　钻孔应变释放法》（CB/T 3395—2013）
10	《金属材料　高温拉伸试验方法》（GB/T 4338—2006）
11	《封闭管道中清洁水流量测量——在全部管道中和规则流量条件下使用流量计的速度面积法》（ISO3354—1988）
12	《Hydrometry — Calibration of currentmeters in straight open tanks – Second Edition》（ISO3354—2008）
13	"Field acceptance tests to determine the hydraulic performance of hydraulic turbines, storage pumps and pump – turbines"; IEC 60041 1991
14	"The rmodynamic method for measuring the efficiency of hydraulic turbines, storage pumps and pump – turbines". IEC 607

第二章　材料试验

第一节　材料力学试验

水力机械由多个结构部件组成。每个结构部件都要受到各种外力的作用,为保证每个结构部件都能正常地工作,首先要求各部件在外力作用下不发生断裂,也不能产生显著的塑性变形(即撤除外力后不能恢复的变形)。这就要求部件的刚度、强度等材料性能满足使用要求。

一、抗拉强度

当钢材屈服到一定程度后,由于内部晶粒重新排列,其抵抗变形能力又重新提高,此时变形虽然发展很快,但却只能随着应力的提高而提高,直至应力达到最大值。此后,钢材抵抗变形的能力明显降低,并在最薄弱处发生较大的塑性变形,此处试件截面迅速缩小,出现颈缩现象,直至断裂破坏。钢材受拉断裂前的最大应力值称为强度极限或抗拉强度。

抗拉强度通过拉伸试验来测得,拉伸试验又称抗拉试验。拉伸试验是指在承受轴向拉伸载荷下测定材料特性的试验方法。拉伸试验在材料试验机上进行。试验机有机械式、液压式、电液或电子伺服式等型式。试样形式可以是材料全截面的,也可以是加工成圆形或矩形的标准试样。试样制备时应避免材料组织受冷、热加工的影响,并保证一定的光洁度。

试验时,试验机以规定的速率均匀地拉伸试样,试验机可自动绘制出拉伸曲线图。对于低碳钢等塑性好的材料,在试样拉伸到屈服点时,测力指针有明显的抖动,可分出上、下屈服点。将试验断裂后的试样拼合,测量其伸长长度和断面缩小面积,可计算出材料的延伸率和断面收缩率。

二、屈服强度

当应力超过弹性极限后,变形增加较快,此时除产生弹性变形外,还产生部分塑性变形。当应力达到 b 点后,塑性应变急剧增加,曲线出现一个波动的小平台,如图 2-1 所示。这种现象称为屈服。这一阶段的最大、最小应力分别称为上屈服点和下屈服点。由于下屈服点的数值较为稳定,因此以它作为材料抗力的指标,称为屈服点或屈服强度。

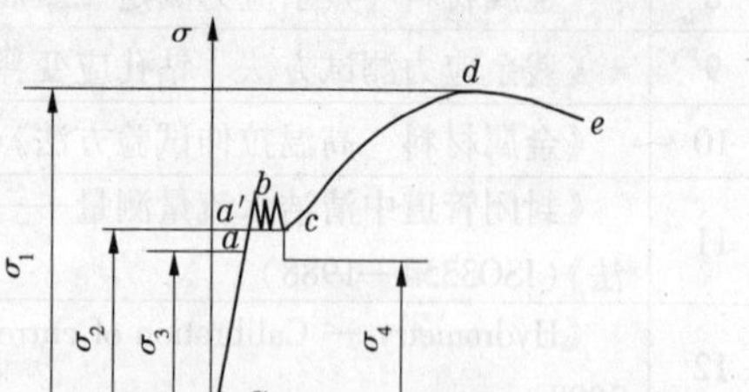

图 2-1　材料拉伸的应力—应变曲线

屈服强度可通过拉伸试验进行测量。

三、弯曲及延伸率

(一)弯曲

作用于杆件上的外力垂直于杆件的轴线,使原为直线的变形后成为曲线,这种形式的变形称为弯曲变形。

材料弯曲时,其变形区内各部分的应力状态有所不同。横断面中间不变形的部分称为中性层。中性层以外的金属受拉应力作用,产生伸长变形。中性层以内的金属受压应力作用,产生压缩变形。由于中性层两侧金属的应力和应变方向相反,当载荷卸去后,中性层两侧金属的弹性变形恢复方向相反,引起不同程度的弹复。虽然弯曲变形仅限于材料的局部区域,但弹复作用却会影响弯曲件的精度。弹复的影响因素很多,而这些因素难以控制,由弹复引起的弯曲件精度问题,一直是弯曲成形生产的关键。

测定材料承受弯曲载荷时的力学特性的试验,是材料机械性能试验的基本方法之一。弯曲试验主要用于测定脆性和低塑性材料(如铸铁、高碳钢、工具钢等)的抗弯强度并能反映塑性指标的挠度。弯曲试验还可用来检查材料的表面质量。弯曲试验在万能材料机上进行,有三点弯曲和四点弯曲两种加载荷方式。试样的截面有圆形和矩形,试验时的跨距一般为直径的10倍。对于脆性材料,弯曲试验一般只产生少量的塑性变形即可破坏;而对于塑性材料,则不能测出弯曲断裂强度,但可检验其延展性和均匀性。塑性材料的弯曲试验称为冷弯试验。试验时将试样加载,使其弯曲到一定程度,观察试样表面有无裂缝。

(二)延伸率

延伸指在试验期间任一给定时刻引伸计标距的增量。其中,引伸计标距是指用引伸计测量试样延伸时所使用试样平行长度部分的长度。

残余延伸率是试样施加并卸除应力后引伸计标距的延伸与引伸计标距之比的百分率。

非比例延伸率是试验中任一给定时刻引伸计标距的非比例延伸与引伸计标距之比的百分率。

总延伸率是试验中任一时刻引伸计标距的总延伸(弹性延伸加塑性延伸)与引伸计标距之比的百分率。

屈服点延伸率是呈现明显屈服(不连续屈服)现象的金属材料,屈服开始至均匀加工硬化开始之间引伸计标距的延伸与引伸计标距之比的百分率。

延伸率也可简单地进行拉伸试验,计算材料在拉伸断裂后,总伸长与原始标距长度的百分比。工程上常将延伸率 $>5\%$ 的材料称为塑性材料,如常温静载的低碳钢、铝、铜等;而把延伸率 $\leqslant 5\%$ 的材料称为脆性材料,如常温静载下的铸铁、玻璃、陶瓷等。

四、抗冲击韧性

工程上常用一次摆锤冲击弯曲试验来测定材料抵抗冲击载荷的能力,即测定冲击载荷试样被折断而消耗的冲击功,单位为焦耳。

而用试样缺口处的截面面积去除冲击功,可得到材料的冲击韧度(冲击值)指标,其

单位为 kJ/m^2 或 J/cm^2。

因此,冲击韧度表示材料在冲击载荷作用下抵抗变形和断裂的能力。冲击韧度值的大小表示材料的韧性好坏。

一般把冲击韧度低的材料称为脆性材料,冲击韧度高的材料称为韧性材料。

冲击韧度取决于材料及其状态,同时与试样的形状、尺寸有很大关系。冲击韧度值对材料的内部结构缺陷、显微组织的变化很敏感,如夹杂物、偏析、气泡、内部裂纹、钢的回火脆性、晶粒粗化等都会使冲击韧性值明显降低;同种材料的试样,缺口越深、越尖锐,缺口处应力集中程度越大,越容易变形和断裂,冲击功越小,材料表现出来的脆性越高。因此,不同类型和尺寸的试样,其冲击韧度不能直接比较。

材料的冲击韧度随温度的降低而减小,且在某一温度范围内发生急剧降低,这种现象称为冷脆,此温度范围称为韧脆转变温度。

冲击韧度指标的实际意义在于揭示材料的变脆倾向。

五、硬度

材料局部抵抗硬物压入其表面的能力称为硬度。固体对外界物体入侵的局部抵抗能力,是比较各种材料软硬的指标。

硬度试验是材料试验中最简便的一种,具有以下特点:

(1)试验可在零件上直接进行而不论零件大小、厚薄和形状。

(2)试验时留在表面上的痕迹很小,零件不被破坏。

(3)试验方法简单、迅速。

硬度试验在机械工业中广泛用于检验原材料和零件在热处理后的质量。由于硬度与其他机械性能有一定关系,也可根据硬度估计出零件和材料的其他机械性能。硬度试验方法很多,一般分为划痕法、压入法和动力法三类。

(1)划痕法。划痕法测得的硬度值表示材料抵抗表面局部断裂的能力。试验时用一套硬度等级不同的参比材料与被测材料相互进行划痕比较,从而判定被测材料的硬度等级。这一方法是1812年德国人F·莫斯首先提出的。他将参比材料按硬度递增而分为10个等级,依次为滑石、石膏、方解石、萤石、磷灰石、正长石、石英、黄玉、刚玉、金刚石。用这种方法测出的硬度称为莫氏硬度,主要用于矿物的硬度评定。

(2)压入法。压入法测得的硬度值表示材料抵抗表面塑性变形的能力。试验时用一定形状的压头在静载荷作用下压入材料表面,通过测量压痕的面积或深度来计算硬度。应用较多的有布氏硬度、洛氏硬度和维氏硬度试验三种方法。

布氏硬度试验是1900年由瑞典人J·A·布里涅耳首先提出的。试验时用一定大小的载荷 P 把直径为 D 的钢球压入被测材料表面,保持一定时间后卸除载荷,表面留下直径为 d(mm)的压痕,计算出压痕的表面积 F,布氏硬度值是载荷 P 除以压痕球形表面积 F 所得的商,用HB表示。试验在布氏硬度计上进行。适用于各种退火状态下的钢材、铸铁和有色金属,一般用于硬度小于HB450的场合。

洛氏硬度试验是由美国冶金学家S·P·洛克韦尔所提出的,是应用最广的试验方法。试验时以锥角为120°的金刚石圆锥或直径为1.588 mm的钢球为压头,先以初载荷

P_0 压入被测件表面,压入深度为 h_0。再加主载荷 P_1,总载荷 $P=P_0+P_1$,此时压入总深度为 h_1。卸除主载荷 P_1,由于试样的弹性变形恢复了 h_2,因此 $h=h_1-h_2-h_0$。由 $k-h/0.002$ 计算出硬度值,式中 k 为常数。实际上,在洛氏硬度计上可以不经计算直接在表盘上读出 HR 值。

维氏硬度试验是英国维克斯公司提出的一种试验方法,用两相对夹角为 136°的正棱形角锥以一定载荷 P 压入被测件表面,则维氏硬度值 HV 可由压痕平均对角线长度 d 和载荷查表得出。维氏硬度试验适用于测定金属镀层或化学热处理后的表面层硬度。当维氏硬度试验的作用载荷在 1 千克力(980.5 N)以下时,称为显微硬度试验。它可测定材料微小区域内的如金属中的非金属夹杂物或单个晶粒的硬度,可用来鉴别金相组织中的不同组成相,或测定极薄层内的硬度。

(3)动力法。动力法采用动态加载,测得的硬度值表示材料抵抗弹性变形的能力。主要有下列两种:

肖氏硬度试验由美国人 A·F·肖尔提出,又称回跳硬度试验。将一个具有一定质量的带有金刚石圆头或钢球的重锤,从一定高度落到被测件的表面,以重锤回跳的高度作为硬度的度量依据。硬度与回跳高度成正比,即回跳的高度越高,材料硬度值越高。肖氏硬度以 HS 表示。肖氏硬度试验只适合对弹性模量相同的材料进行测定比较,否则就会得到橡皮的 HS 值高于钢的错误结果。肖氏硬度试验用于测定各种原材料和材料热处理后的硬度。肖氏硬度计体积小,携带方便,便于现场应用。

动态布氏硬度试验是将钢球在冲击力作用下压入试样表面,测出被测件上的压痕直径,据此求出硬度值。有两种测法:一种是将钢球在已知的弹簧力的作用下,压入被测件表面,根据压痕大小,得出硬度值;另一种是将钢球置于已知硬度的标准杆和被测件之间,用锤敲击,测出标准杆和被测件的压痕大小,进行比较后,求出被测件的硬度。

六、剪切

剪切是工程结构构件的基本变形形式之一。它是指在一对相距很近、方向相反的横向外力作用下,构件的横截面沿外力方向发生的错动变形。

测定材料在剪切力作用下的抗力性能,是材料机械性能试验的基本试验方法之一。主要用于试验承受剪切载荷的零件和材料,如锅炉和桥梁上的铆钉、机器上的销钉等。剪切试验在万能试验机上进行,试样置于剪切夹具上,加载形式有单剪和双剪两种,试样在剪切载荷 P 作用下被切断。单剪时,P 除以试样截面面积 A,可得出剪切强度 τ_b,$\tau_b=P/A$;双剪加载时 $\tau_b=P/2A$。

第二节 探 伤

一、概述

在不破坏试件的前提下,检查工件宏观缺陷或测量工件特征的各种技术方法统称为无损检测。探伤检测是指探测金属材料或部件内部的裂纹或缺陷的无损检测。常用的探伤方法有超声波探伤、渗透探伤、磁粉探伤与 X 射线探伤等方法。

各种检测方法都具有一定的优点和局限性。为提高检测结果可靠性，实际应用时，应根据设备材质、制造方法、工作介质、使用条件和失效模式，预计可能产生的缺陷种类、形状、部位和取向，选择合适的无损检测方法。

二、超声波探伤

(一)超声波探伤的定义

超声波探伤是通过超声波与试件相互作用，就反射、透射和散射的波进行研究，对试件进行宏观缺陷检测、几何特性测量、组织结构和力学性能变化的检测和表征，并进而对其特定应用性进行评价的技术。

(二)超声波工作的原理

超声波工作基于超声波在试件中的传播特性。

(1)声源产生超声波，采用一定的方式使超声波进入试件。

(2)超声波在试件中传播并与试件材料及其中的缺陷相互作用，使其传播方向或特征被改变。

(3)改变后的超声波通过检测设备被接收，并可对其进行处理和分析。

(4)根据接收的超声波的特征，评估试件本身及其内部是否存在缺陷及缺陷的特性。

(三)超声波探伤的优点

(1)适用于金属、非金属和复合材料等多种制件的无损检测。

(2)穿透能力强，可对较大厚度范围内的试件内部缺陷进行检测。如对金属材料，可检测厚度为 1 ~ 2 mm 的薄壁管材和板材，也可检测几米长的钢锻件。

(3)缺陷定位较准确。

(4)对面积型缺陷的检出率较高。

(5)灵敏度高，可检测试件内部尺寸很小的缺陷。

(6)检测成本低、速度快，设备轻便，对人体及环境无害，现场使用较方便。

(四)超声波探伤的局限性

(1)对试件中的缺陷进行精确的定性、定量仍须作深入研究。

(2)对具有复杂形状或不规则外形的试件进行超声检测有困难。

(3)缺陷的位置、取向和形状对检测结果有一定影响。

(4)材质、晶粒度等对检测有较大影响。

(5)以常用的手工 A 型脉冲反射法检测时结果显示不直观，且检测结果无直接见证记录。

(五)超声波探伤的适用范围

(1)从检测对象的材料来说，可用于金属、非金属和复合材料。

(2)从检测对象的制造工艺来说，可用于锻件、铸件、焊接件、胶结件等。

(3)从检测对象的形状来说，可用于板材、棒材、管材等。

(4)从检测对象的尺寸来说，厚度可小至 1 mm，也可大至几米。

(5)从缺陷部位来说，既可以是表面缺陷，也可以是内部缺陷。

三、渗透探伤

(一)基本原理

零件表面被施涂含有荧光染料或着色染料的渗透剂后,在毛细管作用下,经过一段时间,渗透液可以渗透进表面开口缺陷中;经去除零件表面多余的渗透液后,再在零件表面施涂显像剂。同样,在毛细管的作用下,显像剂将吸收缺陷中保留的渗透液,渗透液回渗到显像剂中,在一定的光源(紫外线光或白光)下,缺陷处的渗透液痕迹被显示(黄绿色荧光或鲜艳红色),从而探测出缺陷的形貌及分布状态。按渗透液的不同,可分为荧光渗透探伤和着色渗透探伤。

(二)渗透探伤的优点

(1)可检测各种材料:金属、非金属材料;磁性、非磁性材料。适用于焊接、锻造、轧制等加工方式。

(2)具有较高的灵敏度(可发现0.1 μm宽缺陷)。

(3)显示直观、操作方便、检测费用低。

(三)渗透探伤的缺点及局限性

(1)它只能检出表面开口的缺陷。

(2)不适于检查多孔性疏松材料制成的工件和表面粗糙的工件。

(3)渗透检测只能检出缺陷的表面分布,难以确定缺陷的实际深度,因而很难对缺陷做出定量评价。检出结果受操作者的影响也较大。

其操作过程是:首先将具有较强渗透性的渗透液涂在构件表面,使之渗于微小缺陷中,然后清除表面多余渗透液,之后再涂一层显像剂,使残留在缺陷中的渗透液被吸附,在表面显示出缺陷来。

四、磁粉探伤

(一)工作原理

铁磁性材料和工件被磁化后,由于不连续性的存在,工件表面和近表面的磁力线发生局部畸变而产生漏磁场,吸附施加在工件表面的磁粉,形成在合适光照下目视可见的磁痕,从而显示出不连续性的位置、形状和大小。

(二)磁粉探伤检测的适用性和局限性

(1)磁粉探伤适用于检测铁磁性材料表面和近表面尺寸很小、间隙极窄(如可检测出长0.1 mm、宽为微米级的裂纹),目视难以看出的不连续性。

(2)磁粉检测可对原材料、半成品、成品工件和在役的零部件进行检测,还可对板材、型材、管材、棒材、焊接件、铸钢件及锻钢件进行检测。

(3)可发现裂纹、夹杂、发纹、白点、折叠、冷隔和疏松等缺陷。

(4)适用于检测马氏体不锈钢和沉淀硬化不锈钢材料,磁粉检测不能检测奥氏体不锈钢材料和用奥氏体不锈钢焊条焊接的焊缝,也不能检测铜、铝、镁、钛等非磁性材料。

(5)适用于检测工件表面和近表面的缺陷,但不适用于检测工件表面浅而宽的缺陷、埋藏较深的内部缺陷和延伸方向与磁力线方向夹角小于20°的缺陷。

五、X射线探伤

X射线探伤是指用X射线穿透试件，以胶片作为记录信息的器材的无损检测方法，该方法是最基本、应用最广泛的一种非破坏性检验方法。因射线对人体不利，应尽量避免射线的直接照射和散射线的影响。

(一)射线照相探伤法的原理

射线能穿透肉眼无法穿透的物质使胶片感光，当X射线照射胶片时，与普通光线一样，能使胶片乳剂层中的卤化银产生潜影。由于不同密度的物质对射线的吸收系数不同，照射到胶片各处的射线能量也就会产生差异，便可根据暗室处理后的底片各处黑度差来判别缺陷。

(二)射线探伤法的特点

(1)可以获得缺陷的直观图像，定性准确，对长度、宽度尺寸的定量也比较准确。

(2)检测结果有直接记录，可长期保存。

(3)对体积型缺陷(气孔、夹渣、夹钨、烧穿、咬边、焊瘤、凹坑等)检出率很高，对面积型缺陷(未焊透、未熔合、裂纹等)，如果照相角度不适当，容易漏检。

(4)适宜检验厚度较薄的工件而不适宜较厚的工件，因为检验厚工件需要高能量的射线设备，而且随着厚度的增加，其检验灵敏度也会下降。

(5)适宜检验对接焊缝，不适宜检验角焊缝以及板材、棒材、锻件等。

(6)对缺陷在工件中厚度方向的位置、尺寸(高度)的确定比较困难。

(7)检测成本高、速度慢。

(8)具有辐射生物效应，能够杀伤生物细胞，损害生物组织，危及生物器官的正常功能。

第三章　尺寸检测

第一节　概　述

水力机组是由许多结构部件组成的。若加工后结构部件的尺寸与设计值存在较大偏差，将会影响机组的性能，使机组的效率降低，振动与水力脉动增大，严重时还可能影响机组安全稳定运行。因此，需要对机组开展相关尺寸检测。由于水轮机与水泵是水力机组的关键部件，下面主要就水轮机或水泵的尺寸检测进行介绍。

第二节　几何尺寸检测

转轮外形尺寸主要检测 D_1、D_2、D_3、D_4、D_5、H_1 及 H_2 七项，见转轮外形尺寸示意图(见图 3-1)。

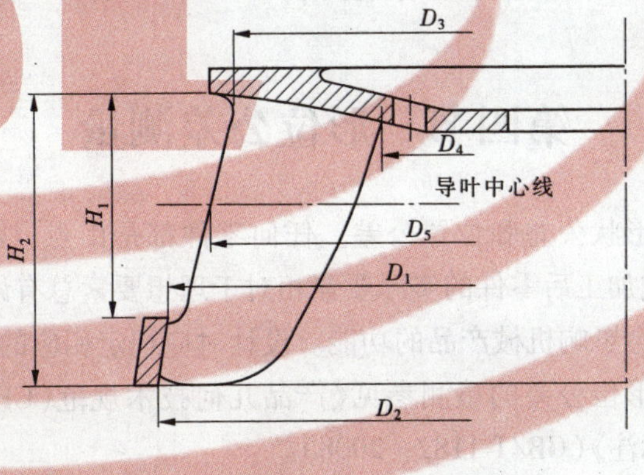

图 3-1　转轮外形尺寸示意图

第三节　几何形状与型线检测

对转轮几何形状与型线的主要检测内容(参见《水轮机、蓄能泵和水泵水轮机通流部件技术条件》(GB/T 10969—2008))如下：

(1)叶片进口型线和头部形状。选择上、中、下 3 个断面，可采用样板对每个叶片进行检测。

(2)叶片出口型线、尾部形状和出口边厚度。选择上、中、下 3 个断面,可采用样板对每个叶片的出口型线、尾部形状进行检测,以及叶片出水边缘厚度 δ 的检测。

(3)叶片进出口角度。对(2)中选择的断面采用样板进行每个叶片的进口角检测,对(3)中选择的断面采用样板进行每个叶片的出口角检测。

(4)叶片进口节距。选择 3 个断面进行进口节距的检测,参见图 3-2。

(5)叶片出口开度。选择 5 个断面进行出口开度的检测,参见图 3-3。

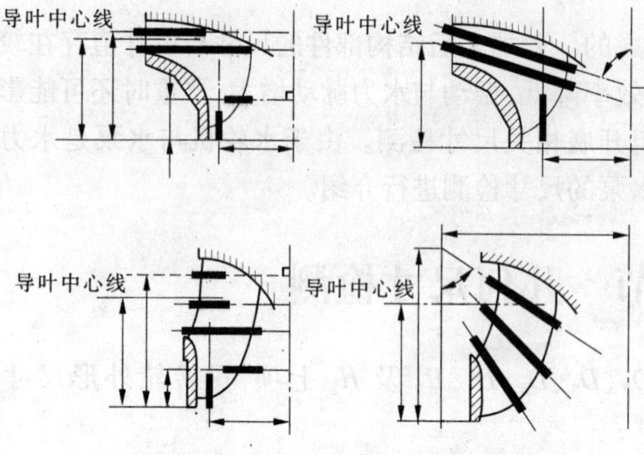

图 3-2　混流式转轮/叶轮叶片型线测量断面

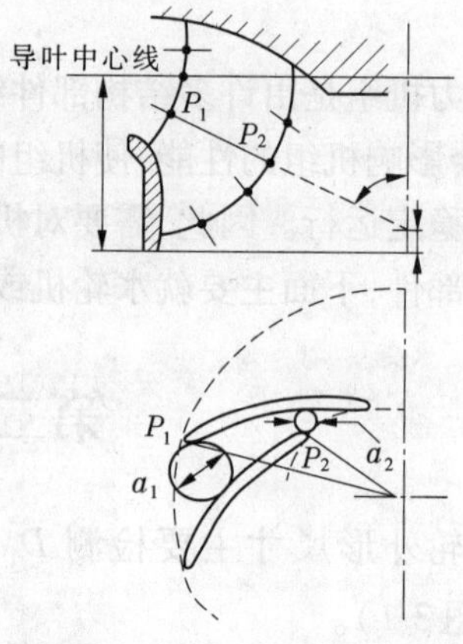

图 3-3　进口节距与出口开度

第四节　形位公差测量

形位公差指的是形状公差和位置公差。任何零件都是由点、线、面构成的,这些点、线、面称为要素。机械加工后零件的实际要素相对于理想要素总有误差,包括形状误差和位置误差。这类误差会影响机械产品的功能。设计时应规定相应的公差并按规定的标准符号标注在图样上。形位公差的检测参见《产品几何技术规范(GPS)几何公差形状、方向、位置和跳动公差标注》(GB/T 1182—2008)。

第五节　粗糙度测量

表面粗糙度是表面的质量表征,在 ISO 468 中粗糙度用符号 R_a 表示,单位为 μm。机组部件过流表面粗糙度应符合表 3-1 的规定。对于多泥沙河流等特殊要求,表面粗糙度可由相关方协商规定。表面粗糙度值的选取可分为两组,这两组用比能 E 分界。

采用粗糙度仪在每个叶片的正、背面、出口边背面易空蚀部位各选择 2 ~ 3 个点,以及上冠、下环的过流面各选择 3 ~ 4 个点进行表面粗糙度的检测。

表 3-1　表面粗糙度值的选取

类型		构件	表面粗糙度	
反击式水轮机 水泵水轮机	轴流式		E < 300 J/kg	E > 300 J/kg
		顶盖和底环抗磨板	≤6.3	≤3.2
		转轮叶片	≤6.3	≤3.2
		导叶	≤6.3	≤12.5
		底环	≤25.0	≤12.5
		蜗壳、座环、转轮室、尾水管锥管和贯流式进水管	≤25.0	≤12.5
	混流式或斜流式		E <2 000 J/kg	E >2 000 J/kg
		顶盖和底环抗磨板	≤3.2	≤1.6
		转轮叶片	≤6.3	≤1.6
		导叶	≤3.2	≤6.3
		底环	≤12.5	≤6.3
		蜗壳、座环、尾水管锥管	≤25.0	≤12.5
水斗式水轮机			E <5 000 J/kg	E >5 000 J/kg
		水斗内表面、喷嘴出口、喷针头锥体表面	1.6～3.2	0.8～1.6
		喷嘴	6.3～12.5	3.2～6.3
		分流管	≤25.0	≤12.5

注:表中所给的值是所涉及表面的总的平均值。由于局部的水力条件不同,某些部位的粗糙度 R_a 上下偏差 1 个等级也是可以接受的。例如:混流水轮机转轮叶片的粗糙度的平均值为 R_a = 6.3 μm,可从 R_a = 3.2 μm 到 R_a = 12.5 μm 变化,见图 3-4。

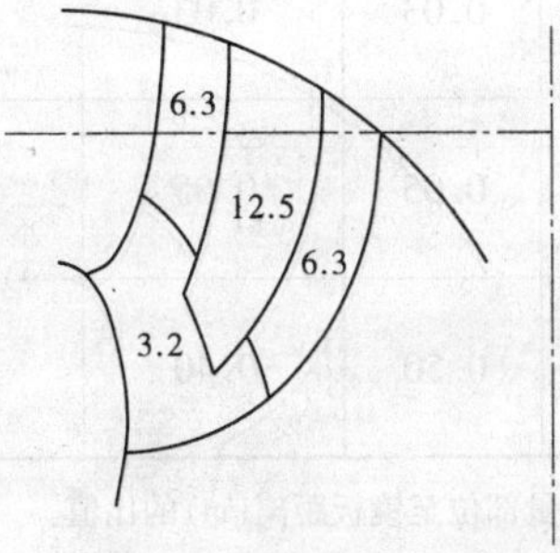

图 3-4　混流水轮机转轮叶片的粗糙度

第四章 机组安装和试运行中关键检测

第一节 概 述

机组安装质量的好坏直接影响到机组的运行状态。例如，机组轴线曲折、机组轴线不对中，零部件松动均会引起机组振动，影响机组安全稳定运行，因此有必要在机组安装过程中对一些关键参数进行检测，把好质量关；再通过试运行中各项试验的检验，将机组调整到最佳运行状态。

第二节 机组安装过程中关键检测

一、机组轴线

主轴垂直度偏差不应大于 0.02 mm/m，机组轴线的盘车摆度值应符合表 4-1 的规定。

表 4-1 机组轴线的允许摆度值(双振幅)

轴名	测量部位	摆度类别	轴转速 n(r/min)				
			$n<150$	$150\leqslant n<300$	$300\leqslant n<500$	$500\leqslant n<750$	$n\geqslant750$
发电机轴	上、下轴承处轴颈及法兰	相对摆度(mm/m)	0.03	0.03	0.02	0.02	0.02
水轮机轴	导轴承处轴颈	相对摆度(mm/m)	0.05	0.05	0.04	0.03	0.02
发电机轴	集电环	绝对摆度(mm)	0.50	0.40	0.30	0.20	0.10

注：1. 相对摆度是指绝对摆度(mm)与测量部位至镜板距离(m)的比值。
2. 绝对摆度是指在测量部位测出的实际摆度值。
3. 在任何情况下，水轮机导轴承处的绝对摆度不得超过以下值：
转速在 250 r/min 以下的机组为 0.35 mm。
转速在 250~600 r/min 的机组为 0.25 mm。
转速在 600 r/min 及以上的机组为 0.20 mm。
4. 以上均指机组盘车摆度，并非运行摆度。

二、导轴承轴瓦间隙

导轴承轴瓦安装应符合下列要求：

(1)导轴承轴瓦安装应在机组轴线及推力瓦受力调整合格,水轮机止漏环间隙及发电机应在空气间隙符合要求的条件下进行。为便于复查转轴的中心位置,应在轴承固定部分合适部位建立中心测点,测量并记录有关数据。

(2)导轴承轴瓦安装时,一般应根据主轴中心位置,并考虑盘车的摆度方向及大小进行间隙调整,安装总间隙应符合设计要求。但对只有两部导轴承的机组,调整间隙时,可不考虑摆度。

(3)分块式导轴承轴瓦间隙允许偏差不应超过 ±0.02 mm;筒式导轴承轴瓦间隙允许偏差,应在分配间隙值的 ±20% 以内,瓦面应保持垂直。

三、发电机定子、转子圆度

发电机定子、转子圆度不圆时,将会产生不平衡的磁拉力,使得机组的振动增大,从而影响机组的安全稳定运行。因此,定转子圆度是非常关键的参数。

(一)定子

定子铁芯组装后应符合下列要求:

(1)铁芯圆度测量:按铁芯高度方向每隔 1 m 左右,分多个断面测量,每断面不少于 16 个测点。定子铁芯直径较大时,每个断面的测点应适当增加,各半径与设计半径之差不超过发电机设计空气间隙的 ±4%。

(2)在铁芯槽底和背部均布的不少于 16 个测点上测量铁芯高度,各点测量值与设计值的偏差不应超过表 4-2 的规定。一般取正偏差。

表 4-2　定子铁芯各测点高度的允许偏差　(单位:mm)

铁芯高度 h	$h<1\ 000$	$1\ 000\leqslant h<1\ 500$	$1\ 500\leqslant h<2\ 000$	$2\ 000\leqslant h<2\ 500$	$h\geqslant 2\ 500$
偏差	−2 ~ +4	−2 ~ +5	−2 ~ +6	−2 ~ +7	−2 ~ +8

当转子位于机组中心时,检查定、转子间上、下端空气间隙,各间隙与平均间隙之差不应超过平均间隙值的 ±8%。

(二)转子

转子圆度,各半径与设计半径之差不应大于设计空气间隙值的 ±4%。转子的整体偏心值应满足表 4-3 的要求,但最大不应大于设计空气间隙的 1.5%。

表 4-3　转子整体偏心的允许值

机组转速 n(r/min)	$n<100$	$100\leqslant n<200$	$200\leqslant n<300$	$300\leqslant n<500$
偏心允许值(mm)	0.50	0.40	0.30	0.15

若发电机定子按转子找正时,转子应按合格的水轮机轴找正,两法兰面中心偏差应小于 0.04 mm,法兰盘之间平行度应小于 0.02 mm。并校核发电机轴垂直度或转子中心体上法兰面的水平。

若发电机定子中心已按水轮机固定部分找正,则转子吊入后,按空气间隙调整中心,测量检查定子与转子上、下端的空气间隙，各间隙与平均间隙之差不应超过平均间隙值的±8%。

第三节　机组试运行中关键检测

机组试运行过程中，试验流程大致分为无水调试、机组充水、机组空载试运行与机组带负荷试运行几个阶段。在各个阶段中，开展相应试验并进行相关检测，判定机组运行状态。机组无水调试工作往往在安装过程中完成。

一、机组充水试验

（1）向尾水调压室、尾水管及蜗壳充水平压，检查各部位，应无异常现象。

（2）根据设计要求分阶段向引水、输水系统充水，监视、检查各部位变化情况，应无异常现象。

（3）平压后在静水下进行进水口检修闸门或工作闸门或蝴蝶阀、球阀、筒形阀的手动、自动启闭试验，启闭时间应符合设计要求。

（4）检查和调试机组蜗壳取水系统及尾水管取水系统，其工作应正常。机组技术供水系统各部水压、流量正常。

二、机组空载试运行

（一）机组机械运行检查

（1）机组启动过程中，监视各部位，应无异常现象。

（2）测量并记录上下游水位及在该水头下机组导叶的空载开度。

（3）监视各部位轴承温度，不应有急剧升高现象。运行至温度稳定，其稳定温度不应超过设计规定值。

（4）测量机组运行摆度（双幅值），其值应不大于75%的轴承总间隙。

（5）测量机组振动，其值不应超过表4-4的规定，如果机组的振动超过表4-4的规定值，应进行动平衡试验。

（二）调速器调整、试验

（1）机组在手动方式下运行时，检测机组在3 min内转速摆动值，取3次平均值不应超过额定值的±0.2%。

（2）调速器应进行手动、自动切换试验，其动作应正常，接力器应无明显的摆动。

（3）调速器空载扰动试验。

机组空载工况自动运行，施加额定转速±8%阶跃扰动信号，录制机组转速、接力器行程等的过渡过程，转速最大超调量，不应超过转速扰动量的30%；超调次数不超过2次；从扰动开始到不超过机组转速摆动规定值为止的调节时间应符合设计规定。

（4）在选取的参数下，机组空载工况自动运行时，转速相对摆动值不应超过额定转速值的±0.15%。

表 4-4　水轮发电机组各部位振动允许值　（单位：mm）

<table>
<tr><th rowspan="2">机组形式</th><th rowspan="2" colspan="2">项目</th><th colspan="4">额定转速 n(r/min)</th></tr>
<tr><th>$n<100$</th><th>$100\leqslant n<250$</th><th>$250\leqslant n<375$</th><th>$375\leqslant n<750$</th></tr>
<tr><td rowspan="6">立式机组</td><td rowspan="2">水轮机</td><td>顶盖水平振动</td><td>0.09</td><td>0.07</td><td>0.05</td><td>0.03</td></tr>
<tr><td>顶盖垂直振动</td><td>0.11</td><td>0.09</td><td>0.06</td><td>0.03</td></tr>
<tr><td rowspan="4">水轮发电机</td><td>带推力轴承支架的垂直振动</td><td>0.08</td><td>0.07</td><td>0.05</td><td>0.04</td></tr>
<tr><td>带导轴承支架的水平振动</td><td>0.11</td><td>0.09</td><td>0.07</td><td>0.05</td></tr>
<tr><td>定子铁芯部位机座水平振动</td><td>0.04</td><td>0.03</td><td>0.02</td><td>0.02</td></tr>
<tr><td>定子铁芯振动（100 Hz 双振幅值）</td><td>0.03</td><td>0.03</td><td>0.03</td><td>0.03</td></tr>
<tr><td>卧式机组</td><td colspan="2">各部轴承垂直振动</td><td>0.11</td><td>0.09</td><td>0.07</td><td>0.05</td></tr>
<tr><td rowspan="3">灯泡贯流式机组</td><td colspan="2">推力支架的轴向振动</td><td>0.10</td><td colspan="3">0.08</td></tr>
<tr><td colspan="2">各导轴承的径向振动</td><td>0.12</td><td colspan="3">0.10</td></tr>
<tr><td colspan="2">灯泡头的径向振动</td><td>0.12</td><td colspan="3">0.10</td></tr>
</table>

注：振动值是指机组在除过速运行以外的各种稳定运行工况下的双振幅值。

（三）停机试验

（1）录制停机转速和时间关系曲线。

（2）检查转速继电器的动作情况。

（3）监视各部轴承温度情况，机组各部应无异常现象。

（4）停机后检查机组各部位，应无异常现象。

（四）变转速试验

启动机组，分别在各种转速下（一般取 40% n_r、60% n_r、80% n_r 与 100% n_r 四个点，n_r 为额定转速）测量机组典型部位（如上机架、上导、主轴联接法兰、水导轴承等）的振幅与频率。

（1）若机组在 60% ~100% 的额定转速范围内运行时，振幅一直很大，改变转速对振幅变化不敏感，而振动频率又与机组转动频率基本一致，则机组振动原因大都是由于轴线曲折、轴承间隙未调好，导轴承不同心、主轴转动部件与固定部件有偏磨等。

（2）若振幅随机组转速增加而迅速增大（一般振幅与转速的二次方成正比），而振动频率又与转动频率一致时，其振动原因多半是由于转动部件存在不平衡质量所致，需要进行动平衡试验。

（3）若振幅随机组转速增加而增大，但增大的速度不是很快，上机架处振动较明显，而振动频率又与发电机主机频率一致或成倍数，带上某一负荷后，振幅又逐渐随时间增长而减小，则振动原因可能是发电机定子铁芯组合隙松动或定子铁芯松动所引起的。

（五）机组过速试验

按设计规定进行过速试验时，应检查下列各项：

（1）测量各部运行摆度及振动值。

(2)监视并记录各部轴承温度。

(3)油槽无甩油。

(4)整定过速保护装置的动作值。

(5)过速试验后对机组内部进行检查。

(六)发电机升压试验

分阶段升压至额定电压,测量机组运行摆度、振动值,且其应符合表4-4的规定。

(七)变励磁试验

机组在额定转速下,缓慢阶梯式增大励磁电压,通常选取20% U_e、40% U_e、60% U_e、80% U_e与100% U_e五个工况,测录各典型部位的振动情况。若振动幅值随励磁的增加而增大,则不平衡磁拉力是引起机组振动的主要原因。需检查发电机定子、转子空气间隙是否均匀,磁极线圈有无发生匝间短路、磁级背部与磁轭间是否出现气隙等。若不平衡磁拉力不是很严重,可通过动平衡配置来解决。

三、机组带负荷试运行

(一)机组带负荷试验

有功负荷在逐步增加的过程中,各仪表应指示正确,机组各部温度、振动、摆度符合要求,运转应正常。观察在各种工况下尾水管补气装置的工作情况、在当时水头下的机组振动区及最大负荷值。

(二)机组负载下调速器试验

(1)在自动运行时进行各种控制方式转换试验时,机组的负荷、接力器行程摆动应满足设计要求。

(2)在小负荷下检查不同的调节参数组合下,机组速增或速减10%额定负荷,录制机组转速、水压、功率和接力器行程等参数的过渡过程,选定负载工况时的调节参数,应满足设计要求。进行此项试验时,应避开机组的振动区。

(三)机组变负荷试验

机组在带25%、50%、75%和100%额定负荷下(如有可能工况数量应适当多些以充分反映不同工况下的不同振动特性或不同振动区的振动特性),测量振动、摆度、压力、压力脉动及受力情况,分析各量的变化规律,从而了解水力因素的影响。检查机组是否存在异常的压力脉动情况以及掌握水力脉动对机组运行稳定性的影响。

改变机组负荷,测量各负荷工况下机组各典型部位的振动、摆度和水压脉动,绘制振动、摆度和水压脉动与负荷关系曲线。

$$A = f(N) \tag{4-1}$$

式中　A——振幅,mm(脉动幅值,kPa);

N——发电机有功功率,kW或MW。

若振幅随机组负荷的增减而增减,而机组在调相运行时振幅又大幅度降低,且水轮机导轴承处的振幅变化又较其他部位更为明显时,则水力不平衡是引起机组振动的主要原因。若振动仅在某一负荷区域,对应导叶开度在($32\% < \bar{a}_0 < 82\%$)运行时较为强烈,而避开该区域时,振动又明显减小,则尾水管中产生偏心涡带是引起机组振动的主要原因。

另外，若在机组振动较强烈的运行区域做补气试验、向尾水管补气、测量水导轴承处或尾水管扩散段顶板处的振动，与不补气相同工况作比较，若补气前后有明显差异，则说明机组振动原因也主要来自尾水管中的偏心涡带。

（四）机组甩负荷试验

水轮发电机组在实际生产运行中甩负荷是难以避免的。在甩负荷时，机组和引水系统均处于最恶劣的运行状态。它直接危及电站的安全。所以，在新机组投产前或机组大修后必须对机组进行有计划的甩负荷试验，以检验水轮机调节系统的动态特性，校验调节参数的整定值是否满足调节保证计算的要求。

1. 调速器调节性能要求

按规定要求，机组甩额定负荷的25%、50%、75%、100%负荷试验时，应记录机组振动、摆度、压力脉动及工况常数等有关参数。另外，调速器的调节性能，应符合下列要求：

（1）甩25%额定负荷时，测定接力器不动时间，应不大于0.2 s。

（2）甩100%额定负荷时，校核导叶接力器关闭规律和时间，记录蜗壳水压上升率及机组转速上升率，均不应超过设计值。

（3）甩100%额定负荷时，录制自动调节的过渡过程，检查导叶分段关闭情况。在转速的变化过程中，超过稳态转速3%以上的波峰不超过2次。

（4）甩100%额定负荷后，记录接力器从第一次向开启方向移动起，到机组转速摆动值不超过 ±0.5%为止所经历的时间，应不大于40 s。

（5）检查甩负荷过程中，转桨式或冲击式水轮机协联关系应符合设计要求。

2. 甩负荷试验主要测试参数

甩负荷试验时，应用记录仪采集记录下列各参数的变化曲线：

（1）机组的转速随时间变化的曲线。

（2）接力器行程随时间变化的曲线。

（3）蜗壳进口断面压力随时间变化的曲线。

（4）发电机油开关跳闸的时间信号。

（5）对于轴流转桨式机组，还应测录桨叶角度随时间变化的曲线和机组的抬机量。

（6）测录机组主要部位的振动、摆度和水压脉动信号。

（7）测录甩负荷前电站的上下游水位，以便计算静水头值。

第五章 水力机械效率

第一节 概 述

效率检测是水力机械质量检测的主要内容之一,效率试验在实验室内的能量试验台上进行的称为模型效率试验,在厂房真机上进行的称为原型效率试验。本书所述效率试验均为原型效率试验。

一、效率试验的目的和意义

水轮机把通过的水流能量转化为机械能,再通过水轮发电机将机械能转化为电能。水泵将电能转化为机械能。因此,水轮机与水泵作为一种能量转换装置,其转换效率是评价能量转换装置优劣的最重要的指标。

对于水电机组,如机组长期在低效率区或在低水头下运行,将严重影响机组效率的发挥,还会造成严重的振动和气蚀破坏。因此,需要摸清现有运行机组在运行中的实际效率状况。为了充分利用水力资源,提高水力发电厂的经济效益,实现水力机组乃至整个电网的经济运行,需要在水电厂开展水力机组的效率试验。实测出水力机组乃至整个水电厂的动力特性,使得各个水电厂效率试验成果成为整个电网优化运行的可靠的基础技术资料并指导水电厂的经济运行。

二、试验原理

水力机械的效率是有用功(功率)与总功(总功率)之比,或者描述为输出功率与输入功率的比值,对于水轮机即为水轮机轴功率与水流功率的比值,对于水泵即为水泵轴功率与输入电功率的比值,其计算公式如下:

$$\left.\begin{aligned}\eta_T &= \frac{N_g}{N_o} \quad (\text{水轮机}) \\ \eta_T &= \frac{N_o}{N_g} \quad (\text{水泵})\end{aligned}\right\} \tag{5-1}$$

式中 η_T——水轮机效率(水泵效率);

N_g——发电机出力(电机功率);

N_o——水流输入功率(对水流做功)。

三、试验方法

效率试验中观测项目较多,但工作量最大的是流量测量,且各种测流方法差别很大,除热力学法直接得到效率外,流量的测量直接决定了试验的规模与性质,因此效率试验方法的分类是以流量测量方法的类别为依据的。目前,适用于现场测试的方法主要有流速仪法、压力时间法、蜗壳差压法、超声波法、示踪法以及堰测法、毕托管法、相对法等。

四、试验条件

(一)测程中参数的变化波动量

波动量定义为:水头/扬程、流量、功率及转速值对于其平均值的变量。可采用各种线性阻尼措施,以消除测量参数的波动,使测量参数尽可能维持在平均值附近,若发生突变,则该测程数据无效。测程内参数波动量应在表 5-1 给出的数值范围内。

表 5-1 测程内参数波动量

参数	水轮机	水泵	
		Ⅰ级	Ⅱ级
功率	±1.5%	±3%	±6%
水头/扬程	±1.0%	±3%	±6%
流量		±3%	±6%
转速	±0.5%	±1%	±2%

(二)测程中水力比能和转速的平均值与规定值的偏差

验收试验时,测程中测得的平均水力比能 E 和转速 n 相对于规定值 E_{sp}、n_{sp} 的偏离量,在所有情况下都必须在下式范围内:

$$0.97 \leqslant \frac{n/\sqrt{E}}{n_{sp}/\sqrt{E_{sp}}} \leqslant 1.03 \tag{5-2}$$

$$0.80 \leqslant \frac{E}{E_{sp}} \leqslant 1.2, 0.90 \leqslant \frac{n}{n_{sp}} \leqslant 1.10 \tag{5-3}$$

(三)反击式水轮机净正吸入比能

验收试验时,反击式水轮机净正吸入比能 $NPSE$ 不应低于合同中规定的数值。如果水力比能或转速实际平均值与规定值有偏差,则需要有 $NPSE/E$ 的最小保证值相对于 E 值的曲线。实际 $NPSE/E$ 不得低于图 5-1 所示曲线。冲击式水轮机最高尾水位不应超过合同中规定的数值。

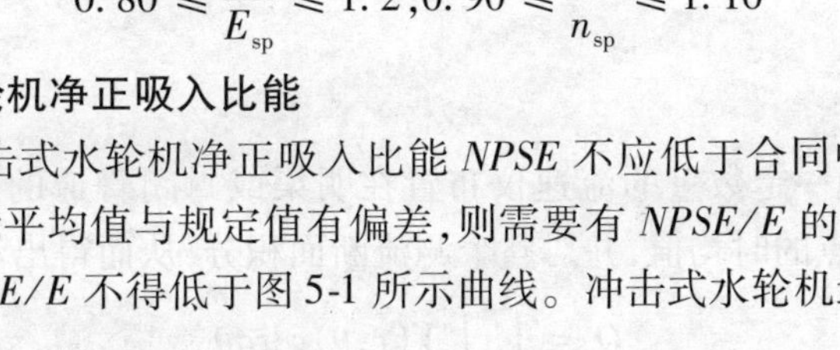

图 5-1 $NPSE/E$ 最小保证值曲线

五、试验的准备工作

(一)图纸和资料

与试验有关的图纸、资料、文件、技术要求、合格证、运行条件等提交试验负责人。

(二)现场检查

试验前试验负责人会同试验委托方对机组状态和测试系统进行全面彻底的检查,主要检查内容有:

(1)机器完整并符合相关技术条件。

(2)流道是否畅通。

(3)通流部件有否磨损空蚀。

(4)测压孔、测压管及连接管形状位置是否正确,是否畅通无阻。

(三)测试段管道几何尺寸

根据测流方法,机组投入试验前应精确测出测试段管道几何尺寸,确定高程基准点,以此传递到水力比能测量系统。在测取发电机/电动机功率、间接测取水轮机/水泵功率时,事先给出发电机/电动机效率现场试验结果或厂家给定值。

(四)仪器设备

对试验仪器设备进行标记和率定,标记应注明型号、量程、精度、制造厂、编号、出厂日期、有效使用期。率定时,全部仪器包括电气测量的互感器,试验前均应按有关规程进行率定,如不在现场率定,则应有有效检验证书。

第二节　流量测量

一、流速仪法

(一)方法原理

流速仪法要求把一定数量的流速仪布置在明渠或封闭管道的适当断面的特定测点处,同时测出各流速点的时均值,并对整个测流断面积分,从而得出流量。

对圆形断面 $$Q = \int_0^{2\pi}\int_0^{R} V(r,\theta)\,r\mathrm{d}r\mathrm{d}\theta$$

对矩形断面 $$Q = \int_0^{x}\int_0^{y} V(x,y)\,\mathrm{d}x\mathrm{d}y$$

适用于流速仪法的测量断面有:

(1)封闭式管道或压力钢管。

(2)引水建筑物。

(3)上、下游明渠(引水渠或尾水渠)。

若在明渠中使用该方法,明渠必须是断面规则的人工渠道。

(二)使用条件

(1)测量断面平均流速应在 0.4 m/s 以上,最大不宜超过 10 m/s。

(2)流速分布必须规则,流速矢量与流速仪轴线之间的交角不得超过5°,流速分布的不对称度Y不得大于0.05。Y由下式计算:

$$Y = \frac{1}{U}\left[\sum \frac{(U_i - U)^2}{(n-1)}\right]^{\frac{1}{2}} \tag{5-4}$$

式中　U——平均流速;

U_i——流速仪测点的流速;

n——流速仪测点数目。

(3)流体介质应为水,水质必须清洁。管道必须满流。水流必须稳定。

(4)流速仪测量时,在整个测试过程中水流必须稳定,如果在测试过程中流量或负荷出现超出规定的任何波动,都应重新开始测试。

(5)支持杆和流速仪迎水面面积与测量断面面积之比不得大于0.06。

(三)流速仪

采用旋转发出电脉冲的旋浆式流速仪,支撑流速仪轴的轴承是非常重要的。流速仪应满足温度的变化,水中有看不见的微小杂质时不影响其正常运转。

1. 流速仪安装

流速仪轴线应与渠道或管道的轴线平行,并将其固定在支持杆上,尽可能减小振动。

流速仪(或测点)数目应足以保证可以清晰地确定在整个测量断面上的流速分布。

流速仪用于测量斜向水流的流速时,具体内容请参考标准ISO3354。

2. 流速仪率定

率定时,所采用的安装方式和支持杆要与试验时状态一致。如果流速仪都安装在垂直的支持杆上,则支持杆到流速仪旋转桨叶的距离不得小于150 mm。最好对多个流速仪同时进行率定,并且其安装距离与试验时情况相同。率定过程按照标准ISO3455进行。

3. 测量采样时间

每个流速仪的测量采样时间应至少为2 min。如果流速存在波动,则每个测程至少应包括4个波动周期。这也许会对整个试验进程产生影响,但至少应对两种典型工况观测10~15 min流速仪的转速变化,才能确定波动的持续时间。

4. 流速分布

试验中应确保流速分布尽可能的规律性,在试验前应了解被测测量断面的流速分布规律。

如果在明渠或引水结构进口处发现流速分布很不规则,则应安装导流板、潜水顶板、稳流栅、浮箱等以改善测量断面的流态。

(四)明渠的流量测量

1. 测量断面的选择

应足够重视流速仪测量断面的选择,以确保测试精度满足要求。测量断面的选择需注意下面几点:

(1)矩形、梯形测量断面的宽度和深度都必须大于0.8 m,或为流速仪叶轮直径的8倍。

(2)测量断面应选在平直的渠段内,其底部应尽可能水平,测量断面上游侧的直渠段至少为测量断面宽度的 2 倍，测量断面的上游侧和下游侧应避免干扰，以免引起流速分布的异常变化。

(3) 流速仪的轴线应与水流方向平行，测流断面应与水流方向垂直。如果现场不具备这些条件，则不应采用流速仪测量。

这些条件意味着只有在已被证实了具有良好水力条件的人工渠道上才能采用流速仪进行流量测量。

2. 测点数目

对于矩形或梯形测量断面，至少需要布置 25 个测点，如测量断面面积为 A，则测点数目 Z 可按下式计算：

$$24\sqrt[3]{A} < Z < 36\sqrt[3]{A} \tag{5-5}$$

式中　A——测量断面的面积，m^2。

3. 测点布置

在流速梯度较大的区域，比如测量断面的边壁、底部及自由水面附近，测点应布置密一些。靠近渠道边壁或底部的流速仪，其轴线与渠道边壁或底部的距离应在下列范围内。

(1) 最小：0.75 倍的流速仪叶轮外径。

(2) 最大：0.20 m。

每列顶部流速仪的轴线至少应在自由水面以下一个叶轮直径处。

4. 水流稳定——水位检测

由于测量断面的水位通常用于确定过水断面的水深，所以在每个试验测程中应对水位进行检测。水深的变化值不得超过平均水深的 ±1%。在整个试验过程中应监视任何由一部或多部流速仪的变化而引起的平均流速的变化。

(五) 圆形封闭管道的流量测量

圆形封闭管道的流量测量按标准 ISO3354 有关规定进行。

1. 测量断面的选择

测量断面必须位于直管段内，测量断面的上游侧直管段长度宜达到管道直径的 20 倍，下游侧直管段长度宜达到管道直径的 5 倍。如果不满足这一条件，则测点数目应增加，增加的测点数目由相关双方协商确定。

2. 测点数目

要确定整个圆断面上的流速分布，其测点必须布置在同心圆的圆周上，且至少在 2 根互相垂直的直径上，每个半径上至少布置 3 个测点，再加上管道断面的中心布置一个测点，这样圆断面管道测点数目至少为 13 点。

流速仪测流法可采用一部流速仪或固定的一组流速仪沿测量断面移动进行测量。但是，采用固定的一组流速仪测量受限于管道直径和测点数目。一方面由于阻塞的影响（流速仪支架的总面积与管道测量断面的面积之比应小于 6%），另一方面由于旁边流速仪的影响，当管道直径小于 $7.5d + 0.18$ (m)（d 为流速仪叶轮外径）时，无论在什么情况下都不允许采用固定的一组流速仪进行测量。

对于相同叶轮的流速仪，每个半径上的测点数目可按下式计算：

$$4\sqrt{R} < Z < 5\sqrt{R} \tag{5-6}$$

式中　R——管道内半径,m。

3. 测点布置

测点布置可根据表 5-2 确定。

表 5-2　流速仪测点布置

Z	r_z	r_1/r_z	r_2/r_z	r_3/r_z	r_4/r_z	r_5/r_z	r_6/r_z	r_7/r_z	D(mm)
3	$D/2-0.75d$	0.816	0.577						1 200 ~ 2 400
4	$D/2-0.75d$	0.866	0.707	0.5					2 200 ~ 3 200
5	$D/2-0.75d$	0.894	0.775	0.632	0.447				2 900 ~ 4 500
6	$D/2-0.75d$	0.912	0.816	0.707	0.577	0.408			3 800 ~ 5 500
7	$D/2-0.75d$	0.926	0.845	0.756	0.655	0.535	0.378		5 000 ~ 7 000
8	$D/2-0.75d$	0.936	0.866	0.791	0.707	0.613	0.5	0.354	6 300 ~ 8 500

注:r_z 为测量管道直径的参考值;Z 为每个半径上的测点数目;r_i/r_z 为圆周半径与边壁测点半径的比值;D 为管道内径;d 为流速仪叶轮直径。

圆形封闭管道流速仪测点布置见图 5-2。

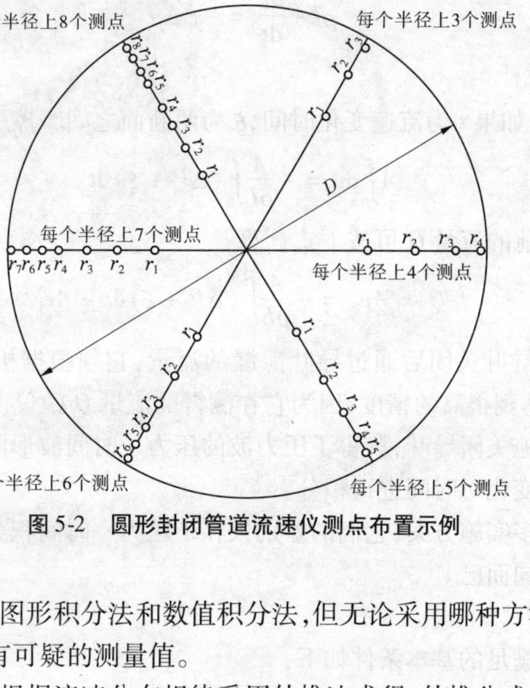

图 5-2　圆形封闭管道流速仪测点布置示例

(六)流量计算

流量的计算可采用图形积分法和数值积分法,但无论采用哪种方法,都必须检查流速分布曲线,以判断是否有可疑的测量值。

边壁区域的流速可根据流速分布规律采用外推法求得,外推公式为

$$V_y = V_a \times (y/a)^{\frac{1}{m}} \tag{5-7}$$

式中　V_y——距边壁距离 y 处的流速,m/s;

V_a——边壁测点处的流速(边壁距离 a 处),m/s;

m——与边壁粗糙度和流动条件有关的系数。

m 的值按照标准 ISO3354 附录 E 中有关规定进行取值,其值通常为 4(粗糙边壁低雷

诺数）~14（光滑边壁高雷诺数）。

自由水面附近的流速，应按实际测量的流速分布采用连续性外推法求得。

图解积分法计算流量，参见 ISO3354—2008 第 8 节。

数值积分法计算流量，参见 ISO3354—2008 第 9、10 节。

二、压力时间法（水锤法）

（一）方法原理

压力—时间测流法（常称吉普逊法（Gibson 法））是根据牛顿定律和由之推导出的流体力学定律原理产生的。即由于导叶开度的变化，在管道中水的质量加速度将随之变化；另外，管道两个断面之间的压差变化形成一个力，从而得出加速度和力的关系构成了该方法的基础。理论上，这种方法适用于导叶的开启和关闭情况，但实际上只应用于导叶关闭切断流量的情况。

下面叙述压力—时间法基本原理的简化过程。在理想流体中，假设有一定长管道横断面面积为 A，上游横断面（下标为 u）和下游横断面（下标为 d）之间的有效长度为 L，流速的变化为 dv/dt，流体质量为 ρLA，由此产生的上、下游压差 Δp 的关系为

$$\rho LA\frac{dv}{dt} = -A\Delta p \tag{5-8}$$

式中　$\Delta p = p_d - p_u$。

在实际流体中，如果 t 为流速变化时间，ξ 为两断面之间摩擦引起的压力损失，则有

$$A\int_0^t dv = -\frac{A}{\rho L}\int_0^t(\Delta P + \xi)dt \tag{5-9}$$

所以导叶关闭前的流量 Q 可按下式计算：

$$Q = Av_0 = -\frac{A}{\rho L}\int_0^t(\Delta P + \xi)dt + Av_t \tag{5-10}$$

流量 $q = Av_t$ 为导叶关闭后通过导叶泄漏的流量，它须根据机器运转情况分别确定。q 的确定通常无须达到很高的精度，因为它在测得的流量 Q 中仅占很小一部分。

通过逐渐连续地关闭导叶，获得了压力波的压力—时间波形图或数字式记录，把两个测量断面间的压力变化对时间进行积分。

该方法已有许多实施方案，它们的差别仅在于压力—时间积分的方法、计算的技巧和使用的记录方式不同而已。

（二）使用条件

使用该方法应满足的基本条件如下：

（1）在两个压力测量断面之间不应存在中间自由水面。

（2）在试验条件下，通过关闭导叶的泄漏量不能大于测量流量的 5%。

（3）对于有多个进口断面的情况，应单独、同时进行压力—时间记录。

（4）在测量段，管道应笔直并为等截面，不允许出现任何明显的不规则形状。两个测量断面之间的距离不得小于 10 m。如果采用 IEC60041—1991 中 10.4.4 节规定的区域图解法，则两个测量断面之间的距离不得小于 50 m。

(5)两个测量断面的截面积及两者之间的管道长度应在现场测量,并且要有足够的精度以确定管道系数 $F = L/A$,保证其精度不低于0.2%。结构图仅用做现场测量复核。

(6)在测量最大流量时,两个测量断面的压力损失和动压之和不得超过导叶关闭时所产生的压差变化平均值的20%。

(7)差压传感器或吉普逊仪的安装位置要考虑到使其与上下游测压孔的连接管道长度尽可能相等。

(三)方法的实施

压力—时间法通常采用压差的形式直接记录两个测量断面之间的压差变化。测量仪器采用惯性小的差压传感器,利用差压传感器记录压力—时间函数更为精确,并且流量计算可采用计算机处理。

压力—时间法也可采用区域图解法,分别记录两个测量断面的压力变化,然后求其差值。

在任何一种情况下,都应参考标准 IEC60041—1991 中的有关要求。

(1)测压孔和连接管的位置及有关要求。

(2)试验的执行。

(3)差压传感器及数据采集和处理系统的性能要求。

(4)水头恢复曲线的计算。

(5)导叶漏水量的计算。

(6)流量计算方法。

三、示踪法

常用的示踪法有三种,即等速注入法、积分法(突然注入法)和传输时间法。前面两种采用稀释原理,把示踪剂注入管道中,并测定示踪剂在管道的水中的稀释度,而该稀释度与流量是成正比的,第三种是以测量示踪剂通过封闭管道或明渠中两个断面间的规定距离所需时间为依据的。

等速注入法和积分法都不需要测量管道的几何特征,传输时间法只需要测定一段已知管道两个断面之间的浓度—时间分布,而不需要测量注入溶液的体积、质量、流量或特征。示踪法要求流体的紊流度相当高,使注入的溶液能有效地混合而遍及整个液流。

随着测试技术的发展,示踪法已逐步被淘汰。因此,在此不再细述。

四、超声波法

(一)方法原理

声学法测流量的原理是将声波(通常为超声波)的传播速度和水流速度进行矢量叠加为基础。因此,声波向上游传播时比向下游传播时的绝对速度稍低(见图5-3)。

通过测量声波向上下游两个基本方向的传播时间,便可得出流体沿着声道的平均轴向流速。有两种方法测定声波传送时间。一种方法是直接测量在两个传感器之间的每个方向声波传送时间,另一种方法是测量向上下游同时发送信号的接收时间差。

第二种方法，即所谓"声循环法"，根据传送时间确定传送信号的频率，因为到达接收器的每个信号都能在同一方向的对面发送器中激发一个新的脉冲，这样可以测定两种脉冲系列的频差。

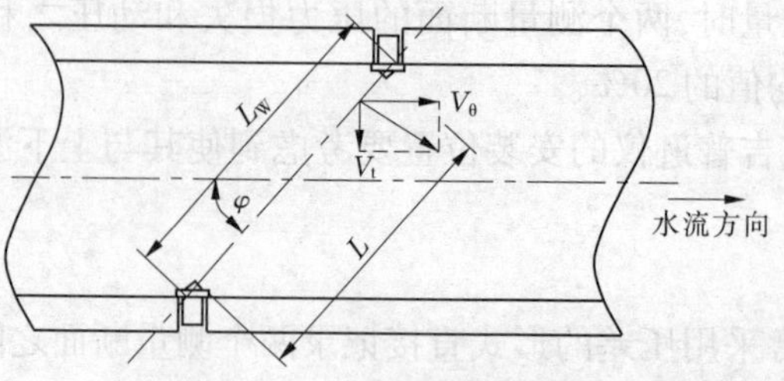

图 5-3　声学法原理示意图

为了沿给定的声道进行流量测量，在用上述方法布置发送器和接收器时，要使信号向上、下游传送的方向与管道轴向成 φ 角。

由于通常传感器既可作为发送器，又可作为接收器，故传送时间差可用同一传感器测定。因此，沿声道的平均轴向流速为

$$v = \frac{L}{2\cos\varphi}\left(\frac{1}{t_d} - \frac{1}{t_u}\right) \tag{5-11}$$

式中　t_d、t_u——声脉冲向下、上游方向传送的时间。

这两个时间应考虑电缆和电子电路的滞后时间，如果需要的话还应考虑声脉冲通过管道边壁和死水区的时间。

如果声学法的所有测试条件都满足要求，则其最终结果实际上与流体的成分、温度及压力无关。

要获得较好的测试精度，稳定的水流条件是十分重要的。了解流速分布规律是确保流量计算准确的基础。

(二)使用条件

(1)在任何情况下都应消除可能干扰声学法流量测量系统操作的气泡或悬浮物。

(2)应避免测量小于 1.5 m/s 的流速或小于 0.25 m 的管道直径。

(3)为了获得较好的测量精度，测量断面与管道轴向的夹角应为 45°～75°。

如果采用两个四声道测量平面(见图 5-4)，则所选的测量断面应尽可能远离任何扰动区，如远离可引起流速分布不均匀、旋涡或紊流的弯管处。根据流体理论，建议从测量断面到任何有严重扰动处的上游管段的直管长度至少为 10 倍管径，同样，从测量断面到任何有严重扰动处的下游管段的直管长度至少为 3 倍管径。如果只采用单个测量平面，则上述直管长度应增大 1 倍。

(三)圆管中声学法的实施

如果流速分布为完全轴对称，则沿分布在轴平面上的单声道测得的平均流速可假定与管道内的平均流速成正比。实际上，为了考虑实际流速分布，在位于与管道轴线成一定角度并与该轴对称分布的一些测量面上，在这些声道的两端需安装几对传感器。为了精确测量流量，必须最少采用四声道测量。

此外，为了减小因横向流动分量而引起的系统误差，建议采用两个分别与管道轴线成

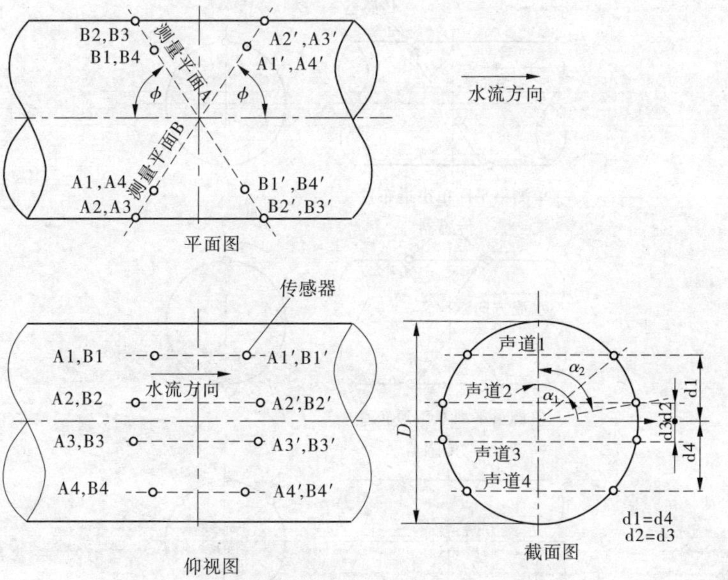

图 5-4　圆形封闭管道中传感器的典型布置一

$+\varphi$ 角和 $-\varphi$ 角的对称测量平面。根据测得的沿声道各点的流速进行积分计算出流量。积分方法有很多,最适用的为 Gauss - Legendre 和 Gauss - Jacobi 积分法。该积分法的声道布置位置、加权系数以及修正系数见表 5-3。假如了解其他积分方法的理论基础及其精度的误差估计,也可使用其他积分方法。

表 5-3　从中心线到声道的距离

	Gauss - Legendre 法		Gauss - Jacobi 法	
	声道 1 和 4	声道 2 和 3	声道 1 和 4	声道 2 和 3
声道布置位置	±0. 861 136	±0. 339 981	±0. 809 017	±0. 309 017
加权系数 w	0. 347 855	0. 652 145	0. 369 317	0. 597 667
修正系数 k	0. 994		1. 000	

相应的有关要求可参考标准 IEC60041—1991:

(1)测量断面的选择和传感器的安装条件。

(2)安装几何尺寸的测量。

(3)测量仪器及数据采集和处理系统的性能要求。

(4)计算流量的数值积分方法。

(5)不同因素的误差分析。

(四)水泵/小型水轮机的声学测流法

水泵/小型水轮机现场效率试验在考虑仪器和安装费用时,可选用双平面四声道的超声波流量计进行测量。根据标准 IEC60041—1991, 也可选用单声道、双平面单声道和双平面双声道的布置方式(见图 5-5)。

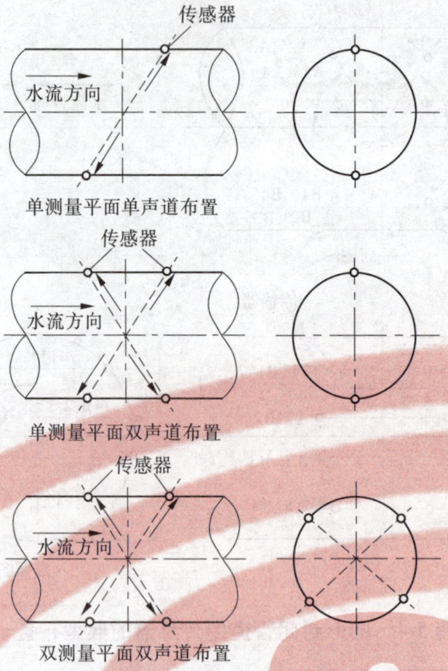

图 5-5　圆形封闭管道中传感器的典型布置二

超声波流量计在使用前最好按标准 IEC600193 中描述的原级测量方法进行率定，率定用的管路系统条件应与试验时相同。如果超声波流量计永久安装在试验装备上，应尽可能定期对它进行率定。

五、蜗壳差压法

（一）工作原理

具有一定流速的水流在流经弯曲的流道时，将产生离心力，使得弯曲流道的内外侧产生压力差，这种压力差的大小与水流流速有关。对于截面面积已成定值流道某横截面来说，平均流速大小正比于流经该横截面的流量，因此通过测量内外压力差 Δh 就可以测出流量。流量利用公式 $Q=K\Delta h^n$ 计算得到，K 为差压流量系数，指数 n 与流道形状和流动状态有关。

（二）差压选取

对于水轮机，可通过测量蜗壳内、外侧压差来测量水轮机过机流量，这就是蜗壳差压法（Winter－Kennedy 法）。

在水泵流量测量中，可以利用进出水管道上的弯头内外侧的压差来测定流量。

测压孔位置选取的原则是：使得差压值尽可能大些，测压孔口处水流要尽可能平稳，以利于提高测试精度；高压取压孔口中心与低压取压孔口中心在同一个测压断面内。对于混凝土蜗壳，θ 应为 20°～50°，即由机组 $+x$ 轴方向向 $-y$ 轴方向转 20°～50°，对于金属蜗壳，θ 应为 45°～90°。

金属蜗壳和混凝土蜗壳测压孔的布设分别见图 5-6、图 5-7。

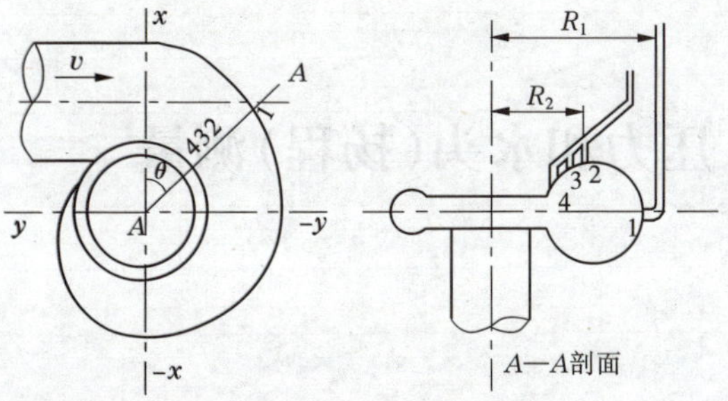

图 5-6　金属蜗壳测压断面和测压孔的布设

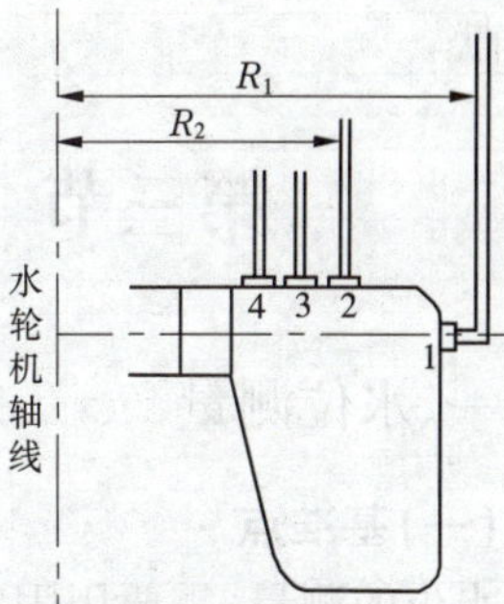

图 5-7　混凝土蜗壳测压孔布置

(三)差压测量

差压测量一般采用 U 形水银差压计或差压变送器。

在效率试验中,流量测量要求十分准确,因此对差压测量仪器的精度要求也就很高,在选用差压测量仪器时,必须将其精度控制在 0.2 ~0.4 级范围内。

(四)蜗壳流量计的率定

由于蜗壳流量系数 K 具有不随导叶开度和水头变化的性质,这给 K 值的率定和使用均带来了很大的方便。但是欲得到 K 的精确值是相当困难的,必须在机组效率试验中采取测流精度高的方法确定各试验工况的准确流量值,同时测量对应各工况点的蜗壳差压值,得到一系列流量 Q 值与之对应的蜗壳差压值 Δh,采用最小二乘法进行曲线拟合来确定 K 值。

经过机组效率试验率定了蜗壳流量系数 K 值,使得蜗壳差压法测流有了基础,在以后的流量测量中,只需要测取蜗壳差压值,就可求出通过水轮机的流量值,从而大大地简化了水轮机的测流工作。

使用蜗壳流量计进行测流,其精度取决于蜗壳流量计的率定精度和测流的测量精度。因此使用蜗壳流量计进行绝对流量的测量时,测流的误差由 K 值的率定误差 f_K 和差压测量的误差组成,即为

$$f_{Q蜗} = f_{K} + \frac{1}{2}f_{h} \tag{5-12}$$

式中　$f_{Q蜗}$——使用蜗壳流量计测量绝对流量时的流量测量误差;

f_{K}——蜗壳流量系数率定的综合误差;

f_{h}——使用蜗壳流量计测量绝对流量时差压测量的综合误差。

从上式可以看出,利用蜗壳流量计进行测流时流量测量的误差,比率定蜗壳流量计时所用的测流方法测量流量的误差要来得大。所以使用蜗壳差压法进行效率试验的测量精度要比用流速仪、压力时间法、超声波法等相应的测量精度低些。

六、其他方法

除上述方法外,还有毕托管法、电磁法、堰测法,其具体测量原理和方法过程请参考相

关文献。

第三节　水位、压力和水头(扬程)测量

一、水位测量

(一)基准点

水位的测量,需要用固定高程的基准点作比较。如果电站/泵站兴建时设有固定的基准点,则可以直接利用;如果没有基准点,则可以选定一个基准点,还可以选定机器的基准平面作为主基准点。

(二)测量位置选择

测量水泵装置扬程,应在靠近进水管进口的水位平稳处测量进水池的水位,在靠近出水管出口的水位平稳处测量出水池水位。为了测量泵站扬程,应在引水渠末端、进水池首端的水位平稳处测量水位,在出水池末端、干渠首端的水位平稳处测量水位。测量水电机组的上游水位时应在拦污栅处测量水位,测量下游水位时应在尾水出口处测量水位。测量水位时,在测量断面至少取两个测点进行水位的测量,将各读数的平均值作为水位高程。

(三)测量井和静水箱

如果自由水面不易接近或水面不够平静,应设立测量井,其面积约为 0.1 m^2。测量井能方便而准确地进行水位测量。所有连接部分应垂直测量断面的壁,而且最好用光滑的多孔板盖住(孔径 5 ~ 10 mm)。为了减少局部干扰,这种盖板必须与测量断面边壁平齐(见图 5-8)。测量井与测量断面的连通管面积至少应为 0.01 m^2,孔口总面积为其 25%。每一测量断面两侧对称各设一个测量井。

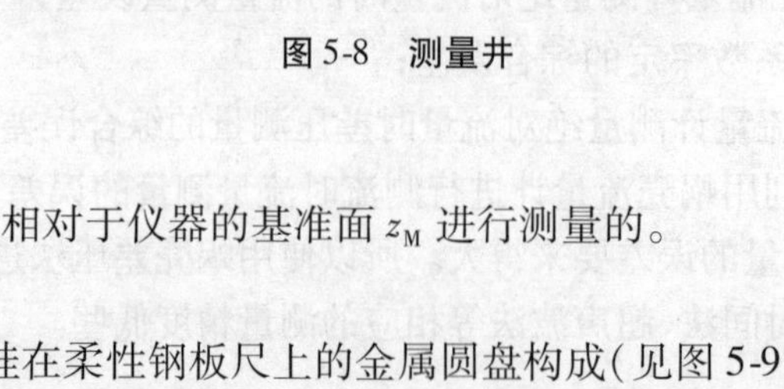

图 5-8　测量井

(四)测量仪器

通常,自由水位是相对于仪器的基准面 z_M 进行测量的。

1. 板式水位计

板式水位计由悬挂在柔性钢板尺上的金属圆盘构成(见图 5-9)。

针形或钩形水位计(见图 5-10)可用于测定静水水位,例如,可用于叠梁闸门槽、测量井和静水箱内水位的测量。

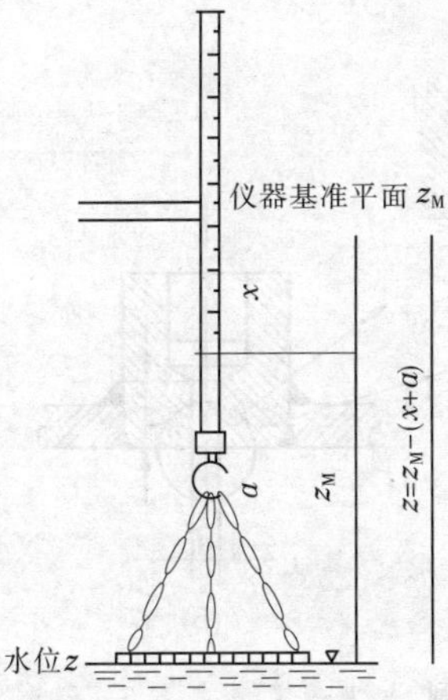

图 5-9 板式水位计

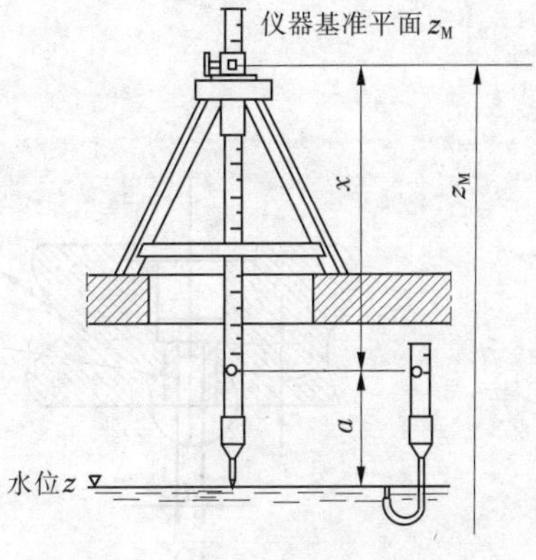

图 5-10 针形水位计与钩形水位计

2. 浮子水位计

经正确率定和工作情况良好的浮子水位计用于水位变动场合。浮子直径最小应为 200 mm,分辨率为 ±0.005 m。直径 200 mm 的浮子用于 250 mm 见方的静水箱内比较合适,通常设置在叠梁闸门。

3. 浸水式压力传感器

浸水式压力传感器可用来确定测量井中的水位,传感器读数必须在没有水流动时进行测取。

二、压力测量

(一)压力测量断面的选择

测量断面受流动的干扰要尽可能小,应垂直于流动的平均方向。测量断面最好布置在直管段上(也可略有收缩或扩散),测量断面上游的直管段长度应有 3 倍直径长,测量断面下游的直管段长度应有 2 倍直径长。与其相接的支管应距测量断面 5 倍以上直径处。

(二)测压孔数目和位置

通常,对任何形状的测量断面应至少布置两对测压孔(每对 2 孔方向相反)。如果测量条件较好,也可根据协商减少测压孔数目。对于圆形测量断面,在相互垂直的两个直径上要布置 4 个测压孔。为了避免气泡,测压孔不应位于或接近测量断面的最高点。由于存在污物堵塞孔口的危险,测压孔不应设在接近最低点处。对于非圆形测量断面,多数为矩形测量断面,测压孔不应布置在靠近拐角的地方。如果测压孔只能布置在断面的顶部或底部,应采取措施以避免气泡和污物的干扰。

(三)测压孔

测压孔应开在耐腐蚀材料的衬套中,图 5-11 为典型的衬套结构,它必须装得与管壁平齐。

测压孔的圆柱形孔径为 3 ~6 mm,其长度至少为直径的 2 倍。测压孔必须与管壁垂直,并去掉一切可能引起局部扰动的毛刺或凹凸不平处。孔径边缘的圆角半径 $r \leqslant d/4$ 并与流道光滑地连接,倒圆角的唯一的目的就是消除任何可能的毛刺。

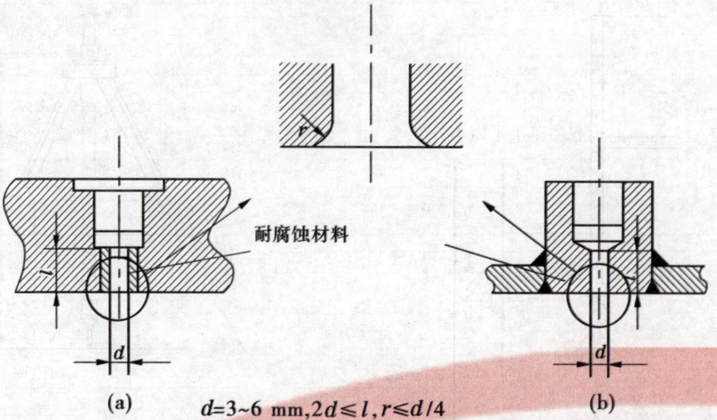

d=3~6 mm,$2d \leqslant l$,$r \leqslant d/4$

图 5-11　测压孔示例

管道表面应光滑,在至少距上游 300 mm 和至少距下游 100 mm 范围内的邻近孔眼处,表面应与水流保持平行。在混凝土流道内,测压孔应位于直径至少 300 mm 的不锈钢板或青铜板的中心处,并与周围的混凝土平齐。

(四)表计管路

各测压孔可以装在集流管上(见图 5-12),但每个测压孔的支管应分别装设阀门,以便能单独读数,连接管的直径应至少是测压孔直径的 2 倍,且不小于 8 mm,不大于 20 mm。集流管直径应至少是测压孔直径的 3 倍,当管路埋置在混凝土中时要格外留心。如果可能的话,与表计或压力表连接管路的长度和向上的斜度应相同,且中间不应有容易积聚空气的高点。为了排除空气,在所有管路的高处要装设阀门。当压力测量范围较广时,应采用较硬透明塑料管以指示是否有气泡存在。在表计连接处不允许有渗漏发生。

1—排气阀;2—液压计;3—集流管;4—环形集流管

(a)通过各自的支管连接到集流管上的测压孔　(b)通过环形集流管连接到压力表上的测压孔

图 5-12　测压孔

(五)测量仪表

液柱压力计与重力压力计可作为原级测量仪表。

1. 液柱压力计

液柱压力计通常用于测量较小压力或较小压差情况(小于 3×10^5 Pa)。在现场试验中使用较多的是水柱压力计或压差计(见图5-13)。在某些情况下,亦可使用已知密度的其他液体压力计。

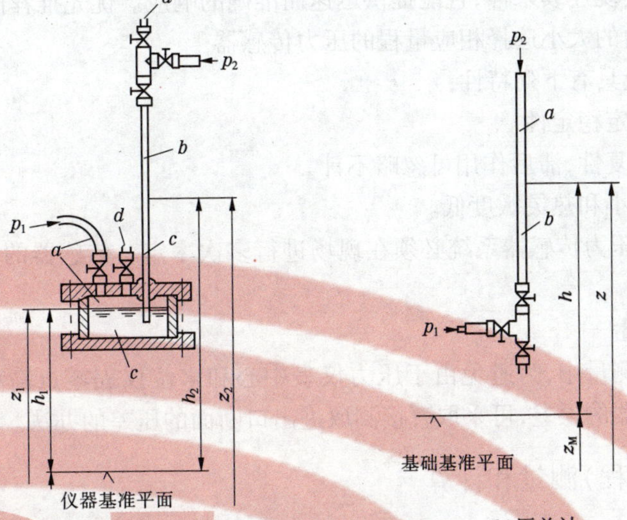

(a)水柱压力计　　(b)压差计

a、b、c、d—测量管路中压力不同的部位

图5-13　水柱压力计和压差计

为减少毛细作用,水柱压力计的管子内径不应小于12 mm。

2. 重力压力计

重力压力计通常用在压力大于2×10^5 Pa的压力测量中。重力压力计可以是简单的活塞式或差压活塞式。对于简单活塞式重力压力计,其有效活塞直径d_e可根据活塞直径d_P和孔径d_b的算术平均值确定,d_e可直接用于压力计算而不必再标定。

若$d_e=\dfrac{d_b+d_P}{2}$,则$\dfrac{d_b-d_P}{d_b+d_P}\leqslant0.001$

在质量为m的物体作用下,重力压力计活塞下部压力为

$$p=\frac{4gm}{\pi d_e^2}$$

重力压力计必须满足以下条件:

(1)有效活塞直径d_e计算的相对精确度应满足$f_{d_e}\leqslant5\times10^{-4}$。

(2)必须缓慢旋转活塞($0.25\ \text{rad/s}\leqslant n\leqslant2\ \text{rad/s}$)。

(3)必须用合适的液体将缸体充满,一般选用黏性的油($\gamma\approx10^{-5}\ \text{m}^2/\text{s}$)。

(4)为了补充活塞与孔间不可避免的油损,应有足够体积的备用油箱与缸体相连。

(5)如果砝码盘随活塞一同旋转,为防止活塞摆动,作用在该盘上的重力必须平衡。

(6)重力压力计放置在整体基础上,活塞轴必须垂直。

(7)所有起作用的质量(砝码、活塞、砝码盘等)必须经过率定方可使用。

为了提高重力压力计的稳定性,建议采用带补偿的装置。

重力压力计在良好状态下的灵敏度小于100 Pa。

3. 压力传感器

压力传感器是机械电气装置，它把由压力产生的机械作用转变成电信号，容易与电子记录式仪器连接实现连续采样，且能提供迅速而准确的响应。优先推荐使用。

根据待测压力的大小选择相应量程的压力传感器。

压力传感器应具有下列特性：

(1)足够的率定稳定性。

(2)很高的重复性，滞后作用可忽略不计。

(3)零点漂移小和热灵敏度低。

试验时，整个压力传感器系统必须在现场进行多次率定。传感器的精度由率定的精度确定。

(六)压差测量

在水头/扬程测量中，为避免由于压力仪表中心和水位仪表零点高程测量引起的误差，并减少测量仪器的误差，可采取直接测取进出口断面的压差的办法。

三、水头(扬程)测量和计算

(一)概述

水头/扬程是测量水轮机/水泵效率的关键参数，水头/扬程与水力比能相差一个当地重力加速度 g。为确定水头/扬程，需要测定水轮机/水泵高压基准面和低压基准面的水力比能。测量断面应尽可能使其靠近相应的基准面，并选择高精度的测量方法。

(二)稳定条件和读数次数

为确定水力比能，应在规定的稳定条件和规定的时间间隔内进行读数。如果测量采用记录式仪器，在每个测程中至少直接读数两次才能达到检测目的。

(三)水力比能确定基础

1. 测量断面

1)测量断面的移位

考虑到来自机器本身或管道及其附件对流动的干扰。在没有适当的措施可以保证足够的测量精度时，则测量断面不能选择在基准断面处，而应将其移位。

例如水泵的高压基准面，因为其压力和流速分布的平均值确定的水力比能可能产生严重误差。其测量断面选在远离高压基准面水泵的几倍管道直径处，通常将会增加测量的可靠性。

接近水轮机高压基准面的蝴蝶阀是导致测量断面选择困难的一个因素，因为蝴蝶阀引起的水力损失与其对测量的影响一样都是很难确定的。

另一个比较困难的因素是当水轮机高压测量断面不能选择在拦污栅进口的下游时，试验前应就水力比能损失的计算达成协议。

当没有开设测压孔并在试验中不能加设测压孔时，有必要将测量断面设置在水流出入口处。对于具有自由水面流动的情况，通常就是这样选择测量断面的。如果很难测定尾水管内的压力，应测量尾水管出口(水轮机)/进口(水泵)正上方或尽可能临近的尾水渠内的尾水位。

2）移位的测量断面水力比能的修正值

当测量断面未选在基准面时，则应考虑测量断面与基准断面间的水力比能损失，同时也应考虑流动方向、流速分布、两断面的相对位置以及发生在两断面间的实际动能恢复。

测量断面与基准断面间的水力比能损失可通过理论计算和实际经验确定。

在决定是否采用移位的测量断面之前，应该考虑损失计算的精确度并与因基准面不良的测量条件下引起的测量误差的增大进行比较。

2. 基准平面

1）基准面

高程必须以某一作为基础的基准平面为基础确定，如平均海平面。

2）基准点

在每一水力机械装置上应选择或给定固定的高程基准点，称为主基准点。该基准点的高程应相对于已选定的基础基准平面来确定。

由国家测定的平均海平面以上的某高程，通常用做正式的基准点。

为了避免任何可能的失误，必须清楚地标明主基准点。如果没有合适的基准点，那么机器的基准平面可选做主基准点。

为确定测量仪器的基准平面，可以设置辅助基准点。试验前，应准确地确定辅助基准点相对于基准点的高程。

3）仪器的基准平面

每一个压力或自由水位测量仪器应有一事先固定的标志，这个标志的高程 Z_M 称为仪器的基准平面。仪器基准平面与基准点的差值为 $Z_M = z_M - z_B$（见图 5-14）。

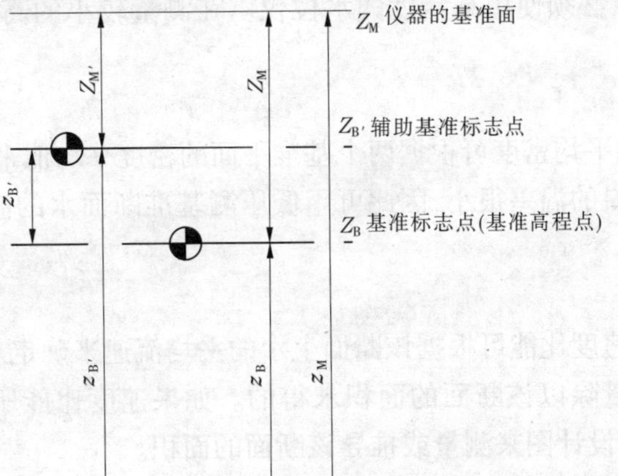

图 5-14　仪器基准面的定义

z 为系统中基准面以上点的高程。

Z 为高程差：

$$Z_M = z_M - z_B$$

$$Z_{M'} = z_M - z_{B'}$$

$$Z_{B'} = z_{B'} - z_B$$

图 5-15 给出了主高程与高度的关系。

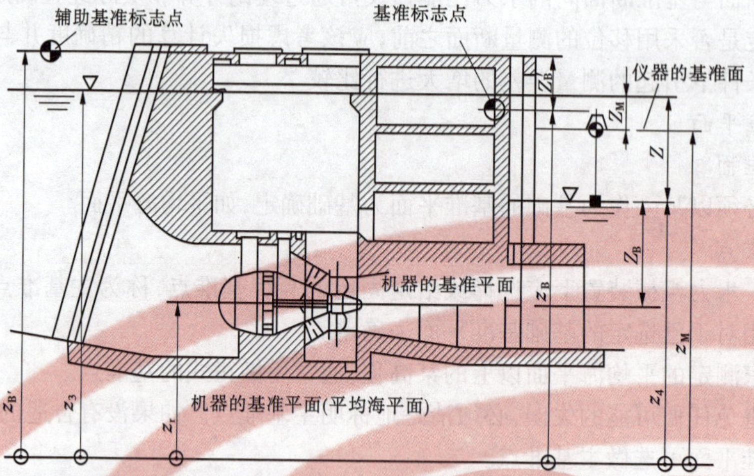

Z_r 为机器的基准平面，$Z = z_3 - z_4$；Z_B 为主基准点的高程，$Z_B = z_r - z_4$；
$Z_{B'}$ 为辅助基准点的高程，$Z_{B'} = z_{B'} - z_B$；Z_M 为仪器的基准平面，$Z_M = z_M - z_B$；

图 5-15　主高程与高度示例

4）高程差

精确地计算高程差是非常重要的，而精确地计算主基准点的重要性居次要地位。为测量高程差（高度），必须使用高精度的水位仪。在测量较小的高程差时，可以采用测压孔以水柱测量。

3. 水的密度

根据定义，水的平均密度可根据两个基准平面的密度平均值来计算。

由于机器进出口的温差很小，因此可用低压测基准断面水的温度来计算包括在 ρ 值计算中的水的密度。

4. 速度比能

任何断面上的速度比能可根据该断面上水的平均流速来确定。平均流速是通过测量断面的实际体积流量除以该断面的面积求得的。如果速度比能所占水力比能的比重很小，那么可根据结构设计图来测量或推导该断面的面积。

按照惯例，基准断面的速度比能为

$$e_c = \frac{v^2}{2} \tag{5-13}$$

四、水力比能简化表述公式

（一）差压测量法

图 5-16 给出了采用差压计测量机器水力比能的测量装置示意图。该方法主要适用于低水头轴流式或超低水头贯流式机器。

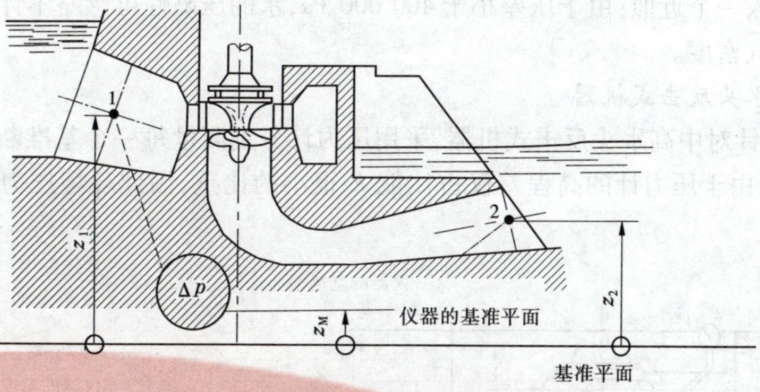

图 5-16　采用差压法确定机器的水力比能

$$E = \bar{g}H = \frac{p_{\text{abs1}} - p_{\text{abs2}}}{\bar{\rho}} + \frac{v_1^2 - v_2^2}{2} + \bar{g}(z_1 - z_2) \tag{5-14}$$

根据压差计测量可得

$$\frac{p_{\text{abs1}} - p_{\text{abs2}}}{\bar{\rho}} = \frac{\Delta p}{\bar{\rho}} + \bar{g}\left[(z_2 - z_{\text{M}})\frac{\rho_2}{\bar{\rho}} - (z_1 - z_{\text{M}})\frac{\rho_1}{\bar{\rho}}\right]$$

对于低水头机器($\Delta P < 400\ 000$ Pa),水的压缩性可忽略不计,可认为

$$\rho_1 = \rho_2 = \bar{\rho}$$

因此,简化公式为

$$E = \frac{\Delta p}{\rho_2} + \frac{v_1^2 - v_2^2}{2} \tag{5-15}$$

(二)单面压力测量法

1. 低水头反击式机器

图 5-17 是针对低水头机器,均采用水柱压力计测量两断面的压力。

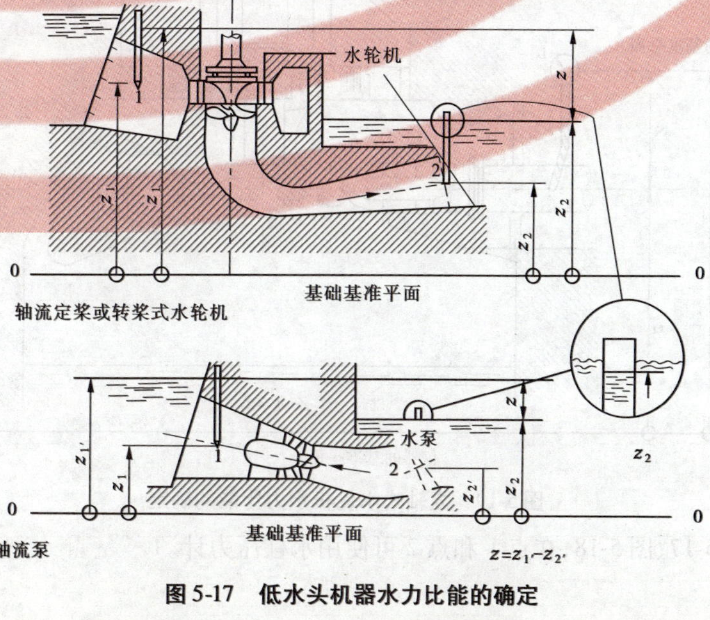

图 5-17　低水头机器水力比能的确定

这里引入一个近似:由于压差小于 400 000 Pa,水的压缩性可忽略不计。可根据环境压力计算空气密度。

2. 中高水头反击式机器

图 5-18 针对中高水头反击式机器,采用压力计分别测量每一个基准断面的压力。在这种情况下,由于压力计的高程差仅占比能 E 很小的比重,因此环境压力的影响可忽略不计。

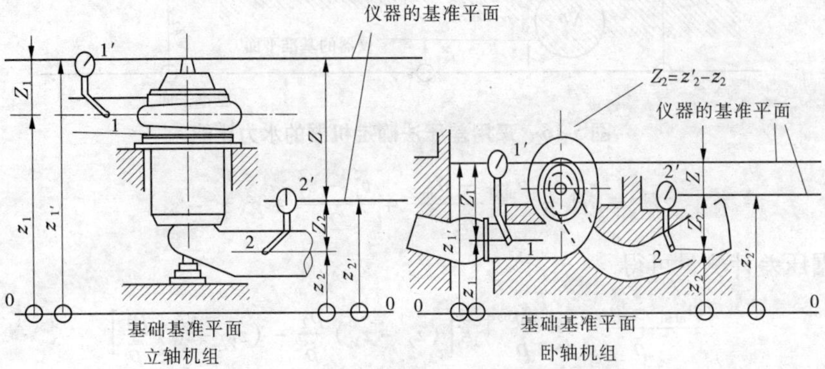

图 5-18　中高水头机器水力比能的确定

3. 水斗式水轮机(冲击式水轮机)

当基本公式用于水斗式水轮机时,可以作进一步简化。

按照惯例,v_2 可选为零,低压侧基准断面的高程 z_2 取喷嘴轴线与水斗式射流节圆直径的所有交点的平均高程,如果机壳没有加压,则可认为机壳内压力等于环境压力(见图 5-19)。

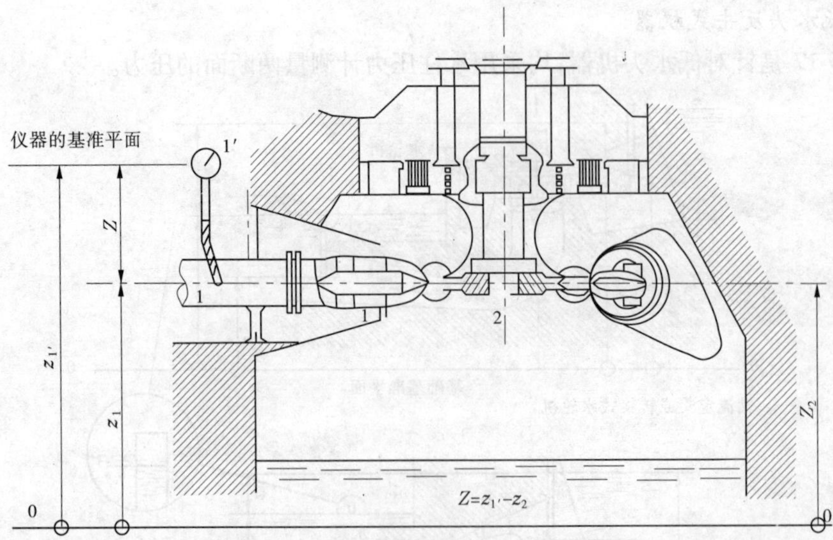

图 5-19　立轴式水轮机水力比能的确定

对于图 5-17、图 5-18,在点 1 和点 2 可使用水柱压力计。

$$E = \bar{g}H = \frac{p_{abs1} - p_{abs2}}{\bar{\rho}} + \frac{v_1^2 - v_2^2}{2} + \bar{g}(z_1 - z_2)$$

由于点 1 和点 2 间的压差相对很小,水的压缩可忽略不计,因此 $\rho_1 = \rho_2 = \bar{\rho}$

于是有

$$p_{abs1} = \bar{\rho} \cdot \bar{g}(z_{1'} - z_1) + p_{amb1'}$$

$$p_{abs2} = \bar{\rho} \cdot \bar{g}(z_{2'} - z_2) + p_{amb2'}$$

$$p_{amb1'} - p_{amb2'} = \bar{\rho}_a \cdot \bar{g}(z_{1'} - z_{2'})$$

因此,简化公式为

$$E = \bar{g}\left[(z_{1'} - z_{2'}) \cdot \left(1 - \frac{\rho_a}{\bar{\rho}}\right) + \frac{v_1^2 - v_2^2}{2}\right] = \bar{g}Z\left(1 - \frac{\rho_a}{\bar{\rho}}\right) + \frac{v_1^2 - v_2^2}{2}$$

环境压力下水的密度可认为是 $\bar{\rho}$。

对于图 5-17,在点 1 和点 2 使用水柱压力计。

$$E = \bar{g}H = \frac{p_{abs1} - p_{abs2}}{\bar{\rho}} + \frac{v_1^2 - v_2^2}{2} + \bar{g}(z_1 - z_2)$$

点 1′和点 2 之间的环境压差可忽略不计,因此

$$p_{amb1'} = p_{amb2} = p_{amb}$$

因为 z_1 和 z_2 相对 H 均很小,可以认为

$$z_1 \frac{\rho_1}{\bar{\rho}} = z_1,\quad z_2 \frac{\rho_2}{\bar{\rho}} = z_2$$

于是有

$$p_{abs1} = p_{1'} + z_{1'}\rho_1\bar{g} + P_{amb}$$

式中　$p_{1'}$——点1′处的表计压力(表压)。

$$p_{abs2} = p_{2'} + z_{2'}\rho_2\bar{g} + p_{amb}$$

式中　$p_{2'}$——点 2′处的表计压力。

因此,简化公式为

$$E = \frac{p_{1'} - p_{2'}}{\bar{\rho}} + \bar{g}z_{1'} - z_2 + \frac{v_1^2 - v_2^2}{2} = \frac{p_{1'} - p_{2'}}{\bar{\rho}} + \bar{g}Z + \frac{v_1^2 - v_2^2}{2}$$

机壳没有加压情况,通常可认为机壳内压力等于环境压力。

$$E = \frac{p_{1'}}{\rho} + \bar{g}(z_{1'} - z_2) + \frac{v_1^2}{2} = \frac{p_{1'}}{\rho} + \bar{g}Z + \frac{v_1^2}{2}$$

对于多喷嘴水斗式水轮机,基准高程 z_2 取切点高程的平均值(图 5-20 中的 2′和 2″)。

$$E = \frac{p_{1'}}{\rho} + \bar{g}(z_{1'} - z_2) + \frac{v_1^2}{2} = \frac{p_{1'}}{\rho} + \bar{g}Z + \frac{v_1^2}{2}$$

对于多喷嘴水斗式水轮机,基准高程 z_2 取接高程和平均值(图中的点 2′和点 2″)。

(三)采用水位进行测量

1. 测量装置

当测量断面没有测压孔不能进行测量时,应另选一测量断面,采用水位测量的办法。图 5-21 表示了通过水位测量确定低水头机器水力比能的方法。闸门室可作为水柱压力

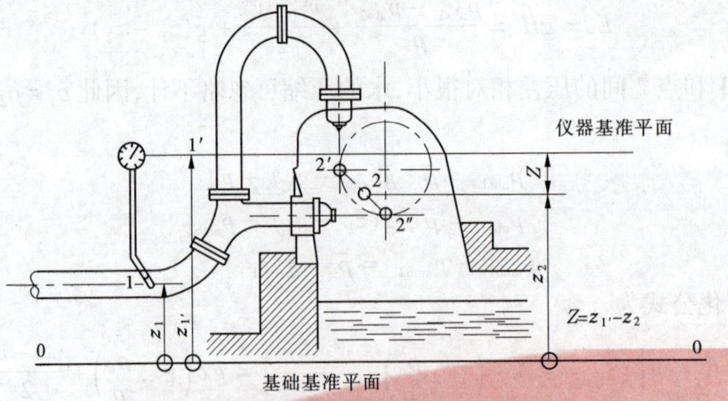

图 5-20　卧轴水斗式水轮机水力比能的确定

计使用。在这种情况下,不能满足测压孔尺寸的要求,因而由于动压影响引起误差。当采用这种测量技术时,应确认自由水面未受高速水流或水位波动的影响。应在两处或多处进行水位测量,测量结果应满足相关的要求。

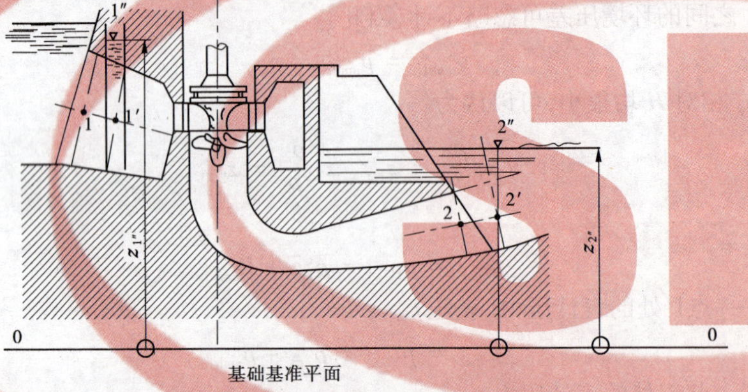

图 5-21　通过测量水位确定低水头机器的水力比能

2. 约束条件

基准断面与相应进行水位测量的断面之间的水流不应受到诸如拦污栅等结构物的扰动。如果做不到这一点,试验前就应对水力比能的计算达成一致意见。

低压侧测量断面 2 应尽可能靠近尾水管出口处(见图 5-21)。

对于该测量方法,应测量断面 2 正上方的水位,且周围水面应无水跃、旋涡及大回流等现象。水位波动可通过测量井或静水箱使其衰减。为估算平均流速,假定尾水管边壁扩展到 2 断面,图 5-21 出示了假想断面的范围。对图 5-21,存在

$$E = \overline{g}H = \frac{p_{\text{abs1}} - p_{\text{abs2}}}{\overline{\rho}} + \frac{v_1^2 - v_2^2}{2} + \overline{g}(z_1 - z_2)$$

选定 1′与 2′两断面为测量断面时,则

$$E = \overline{g}H = \frac{p_{\text{abs1}'} - p_{\text{abs2}'}}{\overline{\rho}} + \frac{v_{1'}^2 - v_{2'}^2}{2} + \overline{g}(z_{1'} - z_{2'}) \pm E_{L1-1'} \pm E_{L2-2'}$$

式中断面 1 与断面 1′间损失 $E_{L1-1'}$，对水轮机取正号，对水泵取负号；相反，断面 2 与断面 2′ 间损失 $E_{21-2'}$，对水轮机取负号，对水泵取正号；由于断面 1′与断面 2′之间的压差很小，水有压缩性可忽略不计，因此有 $\rho_{1'}=\rho_{2'}=\bar{\rho}$。这样，公式简化为

$$E=\bar{g}(z_{1'}-z_{2'})\left(1-\frac{\rho_a}{\bar{\rho}}\right)+\frac{v_{1'}^2-v_{2'}^2}{2}\pm E_{L1-1'}\pm E_{L2-2'}$$

在环境压力下水的密度可以认为是 $\bar{\rho}$。

(四)水头(扬程)测量误差估算

液位、压力测量的目的在于测定机器的水力比能(水头)。根据水力比能表达式，在高压侧的压力计或压力传感器测量涡壳进口压力，以浮力或标尺测量尾水管出口水位场合，水力比能为

$$E=\frac{p_1}{\rho}+\bar{g}(z_{1'}-z_{2'})+\frac{1}{2}({v_1}^2-{v_2}^2) \tag{5-16}$$

设 e_x 通常表示 x 量绝对系统误差，相对系统误差为 $f_x=\dfrac{e_x}{x}$，则水力比能相对系统误差为

$$f_E=\frac{e_E}{E}\frac{[(e_{p'_1}/\bar{\rho})^2+(e_{gz_1'})^2+(e_{gz_2'})^2+(e_{v_1^2/2})^2+(e_{v_2^2/2})^2]}{\dfrac{p_{1'}}{\bar{\rho}}+\bar{g}(z_{1'}-z_{2'})+\dfrac{1}{2}({v_1}^2-{v_2}^2)} \tag{5-17}$$

第四节　功率测量

功率的测量是测量水轮机/水泵效率的关键环节，因为测量水轮机/水泵的效率都需要测量出轴功率，轴功率的测量可分为直接法与间接法。直接法是通过测量轴的扭矩和转速，然后计算得到轴功率。间接法是测量发电机的输出功率/电动机的输入功率，并考虑发电机/电动机的各项损失，间接地求取轴功率。

一、间接法测量轴功率(损耗分析法)

通过测量电动机输入功率/发电机输出功率，以及电动机/发电机的各种损耗，间接求取水泵/水轮机的轴功率。

(一)水泵轴功率

水泵轴功率按下式计算：

$$P=P_a-\sum P \tag{5-18}$$

式中　P——水泵轴功率；

P_a——电动机输入功率；

$\sum P$——电动机总损耗；

1. 异步电动机

异步电动机的功率按下式计算：

$$\sum P=P_{cu1s}+P_{cu2s}+P_{Fe}+P_{fw}+P_s \tag{5-19}$$

式中 P_{cu1s}——规定温度下定子绕组 I^2R 损耗；

P_{cu2s}——规定温度下转子绕组 I^2R 损耗（对绕线转子电动机还包括电刷中电损耗）；

P_{Fe}——铁耗；

P_{fw}——风摩耗；

P_s——杂散损耗，包括基频杂散损耗与高频杂散损耗。

式中各种损耗测定方法参见《三相异步电动机试验方法》（GB/T 1032—2012）。

2. 同步电动机

同步电动机的功率按下式计算：

$$\sum P = P_{cu1s} + P_{cu2s} + P_{Fe} + P_{fw} + P_s + P_f \tag{5-20}$$

式中 P_{cu1s}——规定温度下定子绕组 I^2R 损耗；

P_{cu2s}——规定温度下转子绕组 I^2R 损耗（对绕线转子电动机还包括电刷中电损耗）；

P_{Fe}——铁耗；

P_{fw}——风摩耗；

P_s——杂散损耗，包括基频杂散损耗与高频杂散损耗；

P_f——励磁损耗，包括励磁绕组的 I^2R 损耗、变阻器损耗、电刷电损耗、励磁机损耗、自带励磁装置的损耗与自带辅助绕组的 I^2R 损耗。

式中各种损耗测定方法参见《三相同步电机试验方法》（GB/T 1029—2005）。

（二）水轮机轴功率

水轮机轴功率按下式计算：

$$P = P_a + \sum P \tag{5-21}$$

式中 P——水轮机轴功率；

P_a——发电机输出功率；

$\sum P$——发电机总损耗，

$$\sum P = P_{cu1s} + P_{cu2s} + P_{Fe} + P_{fw} + P_s + P_f \tag{5-22}$$

式中 P_{cu1s}——规定温度下定子绕组 I^2R 损耗；

P_{cu2s}——规定温度下转子绕组 I^2R 损耗（对绕线转子电动机还包括电刷中电损耗）；

P_{Fe}——铁耗；

P_{fw}——风摩耗；

P_s——杂散损耗，包括基频杂散损耗与高频杂散损耗；

P_f——励磁损耗，包括励磁绕组的 I^2R 损耗、变阻器损耗、电刷电损耗、励磁机损耗、自带励磁装置的损耗与自带辅助绕组的 I^2R 损耗。

式中各种损耗测定方法参见《三相同步电机试验方法》（GB/T 1029—2005）。

二、直接法测量轴功率

采用合适的方法测出轴扭矩 M 与轴转速 n，利用公式 $P_2 = \frac{Mn}{974}$ 计算出轴功率。

轴功率可采用负荷变送器、扭矩仪或其他表面应力型或角扭转型的仪器进行测量，仪器的力矩测量范围应不低于其额定量程的 25%。

三、发电机有功功率（电动机输入功率）测量

电功率测量可以选用瓦特表或功率传感器，也可用电度表或电能传感器，功率、电流、电压、相角采用电子仪器更适用于计算机数采系统。

测量用的电流电压互感器，在安装前应进行与试验条件相同的原位率定。为提高仪用电流电压互感器的测量精度，应尽量使发电机功率因数 $\cos\varphi = 1$ 运行。

（一）测量方法

下述给出了单相和三相系统的电功率测量方法。在三相系统测量方法中介绍了双瓦特表法和三瓦特表法。

三瓦特表法和双瓦特表法应用场合略有不同，但从减少功率测量误差来看二者差别可忽略不计，因而大多数场合下双瓦特表法因减少所需设备而得到广泛应用。

当功率因数低于 0.85（滞后），双瓦特表每一仪表测得功率之比 $P_1/P_2 < 0.5$ 时，最好选用三瓦特表法。另电机有中线且带电只能选用三瓦特表法，若确认中线不带电亦可选用双瓦特表法。

1. 单相系统

图 5-22 为单相系统。

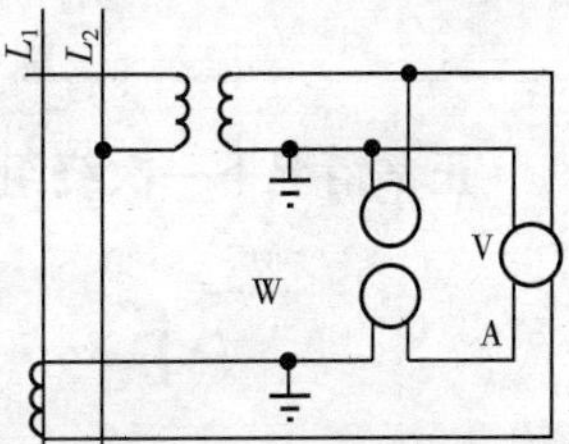

图 5-22　单相系统

待测的一次绕组侧的电功率 P_{ap} 为

$$\left.\begin{aligned} P_{ap} &= P_{as} k_u k_i (1+\varepsilon) \\ P_{as} &= U_s I_s \cos\varphi_s \end{aligned}\right\} \tag{5-23}$$

式中 P_{as}——二次绕组侧功率（测量值）；

k_u，k_i——电压互感器和电流互感器额定变换比；

ε——由率定确定的测量系统相对修正值；

U_s——二次绕组电压；

I_s——二次绕组电流；

φ_s——二次矢量间的相位差，$\cos\varphi_s = \frac{P_{as}}{U_s I_s}$。

相对修正值 ε 由下式给出：

$$\varepsilon = \varepsilon_w + \varepsilon_u + \varepsilon_i - \delta\tan\varphi_s \tag{5-24}$$

式中 ε_w——瓦特表或传感器的相对修正值；

ε_u——电压互感器变换比的相对修正值（包括电压互感器终端至测量仪表连接电缆的修正值）；

ε_i——电流互感器变换比的相对修正值；

δ——电流互感器和电压互感器相位移差，rad，$\delta = \delta_i - \delta_u$；

δ_i——电流互感器的相位移差，rad；

δ_u——电压互感器的相位移差（包括电压互感器终端至测量仪表连接电缆的修正值），rad。

2. 三相系统双瓦特表法

1）平衡状态——双电压互感器

图 5-23 示出了三相系统双瓦特表法测量接线图。

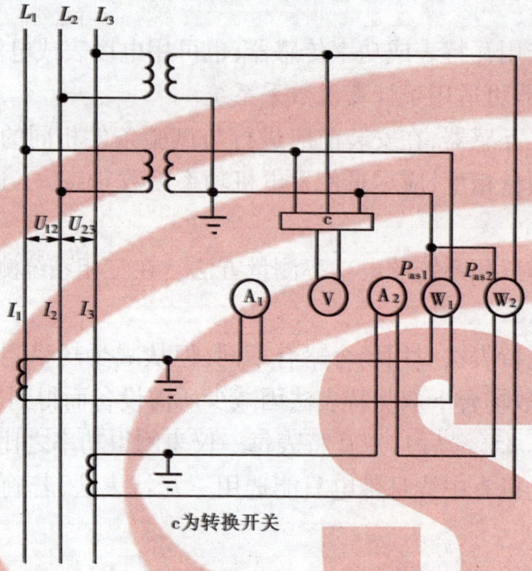

图 5-23　三相系统双瓦特表法（两个电压互感器）

正常情况下一次绕组侧功率为

$$\left.\begin{aligned} P_{ap} &= P_{as(2w)} k_u k_i (1 + \varepsilon) \\ P_{as(2w)} &= P_{as1} + P_{as2} = \sqrt{3} U_s I_s \cos\varphi_s \\ \cos\varphi_s &= \frac{P_{as(2w)}}{\sqrt{3} U_s} I_s \end{aligned}\right\} \tag{5-25}$$

式中　P_{as1}——互感器测量值 U_{12} 和 I_1，$P_{as1} = U_s I_s \cos(\varphi_s + 30°)$；

P_{as2}——互感器测量值 U_{23} 和 I_3，$P_{as2} = U_s I_s \cos(\varphi_s - 30°)$；

U_{12}——二次绕组线电压，$U_{12} = U_{23} = U_s$；

I_{1s}——二次绕组相电流，$I_{1s} = I_{3s} = I_s$。

由率定确定的每一测量仪器的相对修正值由下式给出：

$$\varepsilon_1 = \varepsilon_{1w} + \varepsilon_{1u} + \varepsilon_{1i} - \delta_1 \tan\varphi_s$$

$$\varepsilon_2 = \varepsilon_{2w} + \varepsilon_{2u} + \varepsilon_{2i} - \delta_2 \tan\varphi_s$$

综合测量系统的相对修正值：

$$\varepsilon = \frac{P_{as1}\varepsilon_1 + P_{as2}\varepsilon_2}{P_{as(2w)}}$$

令
$$k=\frac{P_{as1}}{P_{as2}}$$
$$\varepsilon=(k\varepsilon_1+\varepsilon_2)/(1+k)$$
平衡状态有
$$k=(\sqrt{3}-\tan\varphi_s)/(\sqrt{3}+\tan\varphi_s)$$
此时综合测量系统的相对修正值 ε 为
$$\varepsilon=\varepsilon_w+\frac{\varepsilon_{1c}+\varepsilon_{2c}}{2}+\frac{\delta_{1c}-\delta_{2c}}{2\sqrt{3}}-\left(\frac{\delta_{1c}+\delta_{2c}}{2}-\frac{\varepsilon_{1c}-\varepsilon_{2c}}{2\sqrt{3}}\right)\tan\varphi_s \tag{5-26}$$
式中　ε_w——双瓦特表综合相对修正值，$\varepsilon_w=\varepsilon_{1w}+\varepsilon_{2w}$；

ε_{1c}——系统1电压互感器和电流互感器变比综合相对修正值，$\varepsilon_{1c}=\varepsilon_{1u}+\varepsilon_{1i}$；

ε_{2c}——系统2电压互感器和电流互感器变比综合相对修正值，$\varepsilon_{2c}=\varepsilon_{2u}+\varepsilon_{2i}$；

δ_{1c}——系统1电压互感器和电流互感器的综合相位移，rad，$\delta_{1c}=\delta_{1i}-\delta_{1u}$；

δ_{2c}——系统2电压互感器和电流互感器的综合相位移，rad，$\delta_{2c}=\delta_{2i}-\delta_{2u}$。

2）平衡状态——三个电压互感器

图5-24示出了两个单相仪表或双单元仪表和三个电压互感器的测量线路图。在平衡状态下，实际上是指正常情况下，一次绕组侧的功率为
$$P_{ap}=P_{as(2w)}k_uk_i(1+\varepsilon) \tag{5-27}$$
式中
$$\varepsilon=\varepsilon_w+\frac{\varepsilon_{1i}+\varepsilon_{2i}+\varepsilon'_{1u}+\varepsilon'_{2u}}{2}+\frac{\delta_{1i}-\delta_{2i}-\delta'_{1u}+\delta'_{2u}}{2\sqrt{3}}-\left(\frac{\delta_{1i}+\delta_{2i}-\delta'_{1u}-\delta'_{2u}}{2}-\frac{\varepsilon_{1i}-\varepsilon_{2i}+\varepsilon'_{1u}-\varepsilon'_{2u}}{2\sqrt{3}}\right)\tan\varphi_s$$
$$\left.\begin{aligned}\varepsilon'_{1u}&=\frac{\varepsilon_{1u}+\varepsilon_{2u}}{2}\mp\frac{\delta_{1u}-\delta_{2u}}{2\sqrt{3}}\\ \varepsilon'_{2u}&=\frac{\varepsilon_{3u}+\varepsilon_{2u}}{2}\mp\frac{\delta_{3u}-\delta_{2u}}{2\sqrt{3}}\end{aligned}\right\} \tag{5-28}$$
如果测得的相位电压超前于未测电压，取正号，反之取负号。
$$\left.\begin{aligned}\delta'_{1u}&=-\frac{\delta_{1u}+\delta_{2u}}{2}\mp\frac{\varepsilon_{1u}-\varepsilon_{2u}}{2\sqrt{3}}\\ \delta'_{2u}&=-\frac{\delta_{3u}+\delta_{2u}}{2}\mp\frac{\varepsilon_{3u}-\varepsilon_{2u}}{2\sqrt{3}}\end{aligned}\right\} \tag{5-29}$$
如果测得的相位电压滞后于未测电压，取负号，反之取正号。

3）非平衡状态

非平衡状态电功率的测量与平衡状态相同，但是修正值的计算要考虑两个测量系统的电流电压及功率因数的差别。

3. 三相系统三瓦特表法

图5-25示出了三相系统三瓦特表法接线图。

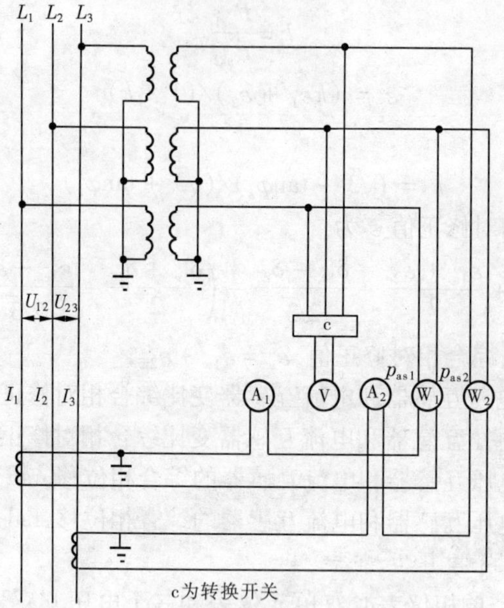

图 5-24　三相系统双瓦特表法(三个电压互感器)

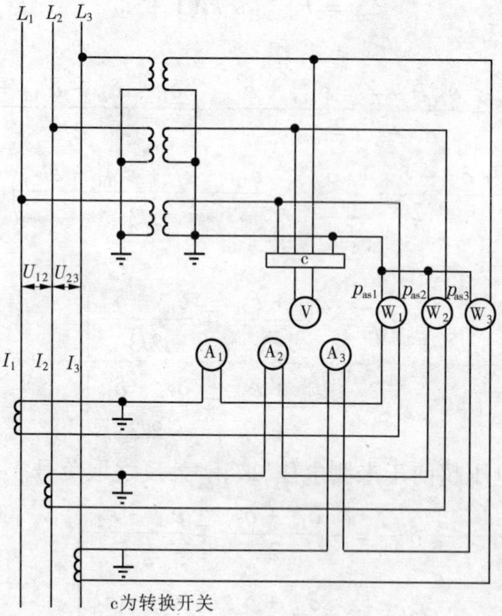

图 5-25　三相系统三瓦特表法

1)平衡状态——正常情况下

一次绕组侧的功率为

$$P_{ap} = P_{as(3w)} k_u k_i (1 + \varepsilon) \tag{5-30}$$

二次绕组侧的功率为

$$P_{as(3w)} = P_{as1} + P_{as2} + P_{as3} = 3U_{sph} I_s \cos\varphi_s \tag{5-31}$$

式中　U_{sph}——二次绕组侧的相电压；

I_s——二次绕组侧相电流。

$$\cos\varphi_s = \frac{P_{as(3w)}}{3U_{sph}I_s}$$

综合测量系统的相对修正值为

$$\varepsilon = \varepsilon_w + \frac{\varepsilon_{1c} + \varepsilon_{2c} + \varepsilon_{3c}}{3} - \frac{\delta_{1c} + \delta_{2c} + \delta_{3c}}{3}\tan\varphi_s \tag{5-32}$$

式中　ε_w——三瓦特表的综合相对修正值，$\varepsilon_w = \varepsilon_{1w} + \varepsilon_{2w} + \varepsilon_{3w}$；

ε_{1c}、ε_{2c}、ε_{3c}——系统1、2、3电压互感器和电流互感器变换比综合修正值，$\varepsilon_{1c} = \varepsilon_{1u} + \varepsilon_{1i}$，$\varepsilon_{2c} = \varepsilon_{2u} + \varepsilon_{2i}$，$\varepsilon_{3c} = \varepsilon_{3u} + \varepsilon_{3i}$；

δ_{1c}、δ_{2c}、δ_{3c}——系统1、2、3电流互感器和电压互感器综合相位修正值，rad，$\delta_{1c} = \delta_{1i} - \delta_{1u}$，$\delta_{2c} = \delta_{2i} - \delta_{2u}$，$\delta_{3c} = \delta_{3i} - \delta_{3u}$。

2）非平衡状态

非平衡状态电功率的测量与平衡状态相同，但是修正值的计算要考虑三个测量系统电流电压及功率因数的差别。

（二）测量仪器要求

1. 仪器精度等级

瓦特表或传感器的精确度等级应为0.2级或更高，电压表和电流表或传感器应为0.5级或更高，仪用电压互感器和电流互感器应为0.2级。

2. 仪器的率定

所有仪表包括指针式瓦特表、数字式功率表、功率传感器、电压表、电流表、测量用电压和电流互感器，试验前后均应进行率定。由于0.2级测量用互感器具有很好的稳定性，因此在试验前或试验后率定一次即可，但必须在和试验相同的负载条件下进行率定。

3. 仪器的使用有关问题

在现场用瓦特表测量时，由于受电网和水力机械的影响，功率常是不恒定的，常有下面不稳定现象。

（1）功率非常缓慢地摆动，对读取真实数据影响不大，可能是由于水力比能的变化引起的。

（2）快速随机摆动，两只瓦特表指针朝相同方向摆动，这是典型的机组有功功率摆动现象，此时应同时读取几组最大值和最小值取其平均数据。

（3）快速随机摆动两只瓦特表指针朝相反方向运动，这是由于电网运行电压微小变化引起的，此时应同时读取各个仪表的读数。得到一个正确的数据往往需要较长时间，且人易疲劳造成人为误差。

碰到上述情况可采用0.2级或更高的数字式功率表以计算机采样求时均的办法。

（三）双瓦特表

双瓦特表使用过程中还可能出现下述三种情况：

（1）当相电流与线电压间相位角 $\varphi < 60°$ 时，则第1只瓦特表 $\varphi_1 + 30° < 90°$，$\cos(\varphi_1 + 30°) > 0$ 瓦特表读数为正；第2只瓦特表 $\varphi_2 - 30° < 90°$，$\cos(\varphi_2 - 30°) > 0$ 读数也为正，且指针偏转方向相同。

(2)当相电流与线电压相位角 $\varphi=60°$ 时,则第 1 只瓦特表 $\varphi_1+30°=90°$,$\cos(\varphi_1+30°)=0$,读数为 0;第 2 只瓦特表 $\varphi_2-30°=30°$,$\cos(\varphi_2-30°)>0$,则三相功率完全由第 2 只瓦特表读出,此时 $P_1/P_2=0$,应采用三瓦特表法。

(3)当 $\varphi>60°$ 时第 1 只瓦特表读数为负,第 2 只瓦特表读数为正,三相功率为其绝对值之和,此时应调换仪表电流输入(+)(−)端子。

(四)仪用互感器

若有可能应使用专供试验的互感器,每一互感器均有分离的导线连至测量设备,率定时要包括这些导线在内的实际负荷影响。

电压互感器选择的导线横断面积应使总电压降小于 0.1%。电流互感器要把负载调到额定值,这样可使用工厂给出的率定值,试验后不须再率定。

(五)磁场

电机、互感器、汇流排等附近可能产生磁场并影响仪器工作,必须采取措施避免产生这种漏磁。

(六)误差分析

根据三相电路双瓦特表法功率测量公式 $P=(P_1+P_2)k_u k_i(1+\varepsilon)$,两只瓦特表型号相同,读数可能不同,电压电流互感器型号相同,仪器未进行修正 $\varepsilon=0$,则功率测量综合相对系统误差 $f_P=e_P/P$:

$$f_P=\frac{e_P}{P}=\pm\sqrt{\left(\frac{e_{P_1}}{P_1}\right)^2+\left(\frac{e_{P_2}}{P_2}\right)^2+\left(\frac{e_{Ku}}{K_u}\right)^2+\left(\frac{e_{Ki}}{K_i}\right)^2} \tag{5-33}$$

式中 $\frac{e_{P_1}}{P_1}$——1 号瓦特表(传感器)相对误差(%);

$\frac{e_{P_2}}{P_2}$——2 号瓦特表(传感器)相对误差(%);

$\frac{e_{Ku}}{K_u}$——电压互感器相对误差(%);

$\frac{e_{Ki}}{K_i}$——电流互感器相对误差(%)。

电压互感器、电流互感器综合误差为 f_ξ:

$$f_\xi=\pm\sqrt{e_{Ku}/K_u^2+\Delta K_i/K_i^2}=\pm\frac{1}{\sqrt{2}}\sqrt{f_{\xi u}^2+f_{\xi i}^2+[0.029(\theta_u+\theta_i)\tan\varphi]^2} \tag{5-34}$$

式中 $f_{\xi u}$——电压互感器变换比误差;

$f_{\xi i}$——电流互感器变换比误差;

θ_u——电压互感器相角误差;

θ_i——电流互感器相角误差。

(七)功率测量误差估算

在高精度测量场合,置信概率 95% 时,电功率测量的系统误差 $f_P\approx\pm0.78\%$。

第五节　转速测量

一、直接测量功率时转速的测量

当用直接法来测量功率时，转速的测量必须采用经率定的转速计或电子计数器。转速测量必须在相对于水力机械主轴没有任何转差的情况下进行。

二、间接测量功率时转速的测量

当用间接法测定功率时转速采用经率定的转速计或电子计数器来测量。在下列条件下允许采用配电盘上的频率表测量同步电机的转速：

(1)系统负荷必须稳定。

(2)频率表的分辨率必须是电网频率的0.1%。

(3)频率表必须用适当的精密仪表进行校验。

当水力机械与异步电机联轴时，转速可用上述仪表测量，或可通过测得的电网频率及测出的电机转差率按下式计算。

$$n = \frac{2}{i} \times \left(f - \frac{m}{\Delta t}\right) \tag{5-35}$$

式中　i——电机的极数；

f——测得的电网频率，Hz；

m——在时间间隔 Δt(s)时，由与电网同步的闪频仪累计的反射信号数。

三、测量精确度

在95%置信度时，估算的系统精确度为：

(1)对于转速计，±0.2% ~ ±0.4%。

(2)对于电子计数器和其他精密仪表，不超过±0.2%。

第六节　相对效率检测

一、概述

指数效率试验一般用来确定机器相对效率及变化走势。大型轴流转桨式或灯泡贯流式水轮机，通常应用于低水头大流量河床式水电站中，这种水电站的流量测定十分困难，而且精度不高、花费较大。因此，除非必要，这种水电站通常只进行指数试验或相对效率试验。

二、原理

相对效率 η 是指水轮机/水泵任意工况下的指数效率 η^* 与全工况的最高指数效率

η^*_{max}之比($\bar{\eta}=\eta^*/\eta^*_{max}$)。指数效率 η^* 是指由压差法测定的指数流量 $Q=K\Delta h^n$(K 为流量计量系数,Δh 为流量计压差,n 为任意指数),水轮机/水泵轴功率 P_t,水轮机工作水头/水泵扬程 H,按下式确定:

$$\eta^* = \frac{P_t}{\gamma k \Delta h^n H} \times 100\% \quad (\text{水轮机}) \tag{5-36}$$

$$\eta^* = \frac{\gamma k \Delta h^n H}{P_t} \times 100\% \quad (\text{水泵}) \tag{5-37}$$

三、应用范围

(1)确定双调水轮机转轮的叶片转角和导叶转角的正确协联关系,以获得双调机器的最高运行效率。

(2)为现场效率试验过程中提供附加的试验数据,延长试验的范围,因此在有利的运行工况下,进行现场绝对流量测量,以率定指数流量装置,以后扩大绝对效率试验的范围。

(3)确定相对效率$\bar{\eta}$与功率 P_t 或指数流量 Q^* 的性能关系曲线。

(4)经双方同意可用来检验轴功率。

(5)用来评估因吸入水头或水头变化引发空化对机器效率或功率的影响。

(6)用来评估因磨损、检修或改型引发的对机器效率或功率变化的影响。必须注意因改型可能引起的测量断面的流态的变化。

(7)通过现场绝对效率试验或假定某一运行点的绝对效率后,将获得永久性的流量计数据资料,以扩大使用范围。

(8)用来进行多台机组运行方式的优化。

(9)用来进行真机指数试验相对效率曲线与模型预期的效率曲线的比较。

四、测量方法

(一)轴功率 P

与绝对效率试验一样,轴功率可采用双瓦特表或三瓦特表法测出发电机输出功率/电动机输入功率,然后按发电机/电动机实测效率或按工厂设计值,求取水轮机/水泵轴功率 P_t。

(二)水头/扬程(H)

(1)通常对低或超低水头的贯流式水轮机进口断面,选定在喇叭型进口拦物栅后和灯泡体顶端前之间,出口断面选定在尾水管出口,见图 5-26。

(2)通常采用压力计或压力传感器或压差传感器测量水轮机进口(水泵出口)与出口(水泵进口)的压力或压差。或直接测取进水口和尾水管出口水位,按双方商定的水头损失计算公式扣除损失,近似计算进出口断面速度。水轮机净水头/水泵扬程按下式计算:

$$H_n = H_{st} + \frac{v_1^2 - v_2^2}{2g} = H_{st} + Q^2 \frac{1}{2g}\left(\frac{1}{A_1^2} - \frac{1}{A_2^2}\right) \tag{5-38}$$

式中 H_n——水轮机净水头/水泵扬程,m;

H_{st}——静水头,m;

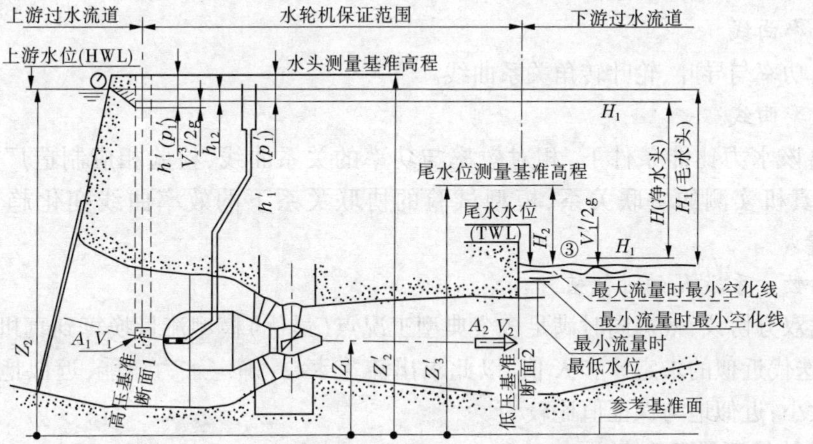

图 5-26 灯泡贯流式水轮机水头测量断面

$\dfrac{v^2}{2g}$ ——动水头,m;

A_1——水轮机进口(水泵出口)断面面积,m^2;

A_2——水轮机出口(水泵进口)断面面积,m^2。

(3)当采用0.2级测量仪表并事前经过校验时,则水头/扬程测量误差在95%置信概率下约为$f_H = \pm 0.27\%$。

(三)相对流量 Q^* 测量

指数试验不需要测量绝对流量,只需测量相对流量,通常选用差压法进行测量。对于不同类型的蜗壳,测压孔的布置不一致,具体内容参见 GB/T 20043—2005。Δh 测量误差在95%置信度下约为$f_Q = \pm 0.35\%$。

五、试验程序和结果

(一)试验程序

对双调式机器来说,一般试验程序分两步。第一步在现有协联关系(制造厂整定)下,进行指数试验,得出一条相对效率$\overline{\eta}$与功率 P 或流量 $Q = K\Delta h^n$ 的关系曲线;第二步在定桨工况下的试验,即轮叶和导叶脱离协联关系,选定5~7个轮叶转角定桨运行,每个定桨工况选择包括最优效率在内的5~7个工况点进行试验,得出定桨工况相对效率$\overline{\eta}$与功率 P 或流量 $Q = K\Delta h^n$ 的关系曲线,从而获得现场条件下最佳协联关系。机器可按此重新整定最佳协联关系。

对单调式机器来说,在该水力比能条件下通过改变导叶开度,获得一条相对效率与功率 P 或流量$\overline{Q} = K\Delta h^n$ 的关系曲线。

(二)试验成果

在最优工况区选取本次试验的规定水头,然后将各工况点的实测参数换算到规定水头下的数值,至少给出下列关系曲线。

1. 协联关系

给出在真机条件下,导叶与轮叶转角最优协联关系,与出厂整定值比较,并相应重新调整，使机器获得最大效益。

2. 功率曲线

给出功率与导叶、轮叶转角关系曲线。

3. 效率曲线

给出该水力比能条件下，相对效率与功率的关系曲线，检验相应制造厂整定的协联关系、真机实测的协联关系，模型试验的协联关系下的效率曲线变化趋势及其相互的差异。

4. 指数 n 系数 K 的近似值

根据双方协议，根据同时满足多个典型工况点（最优）模型流量换算到真机流量的数值，通过迭代近似的求定 n 和 K 值，以此求出流速水头，确定水力比能，近似地判断绝对效率的大小，近似地与保证值比较。

（三）流量测量不确定度

如果指数流量装置已用绝对法率定，则率定方法的总不确定度就成为指数试验流量测量的系统不确定度的主要部分（还有压差测量的系统不确定度）。

在以差压法测量指数流量情况下，影响指数试验结果的主要系统误差，可能是指数 n 的偏差引起的。各种因素可能产生不同的指数。在蜗壳流速低或半蜗壳结构等不利情况下，n 的最大偏差可达 0.48 ~0.52。

$Q_i = kh^n$，h 为压差。$Q_{rel} = Q_i / Q_{iref}$。

由于 n 的假定值为 0.5，而实际值为 0.48 ~0.52 所产生的误差见图 5-27。

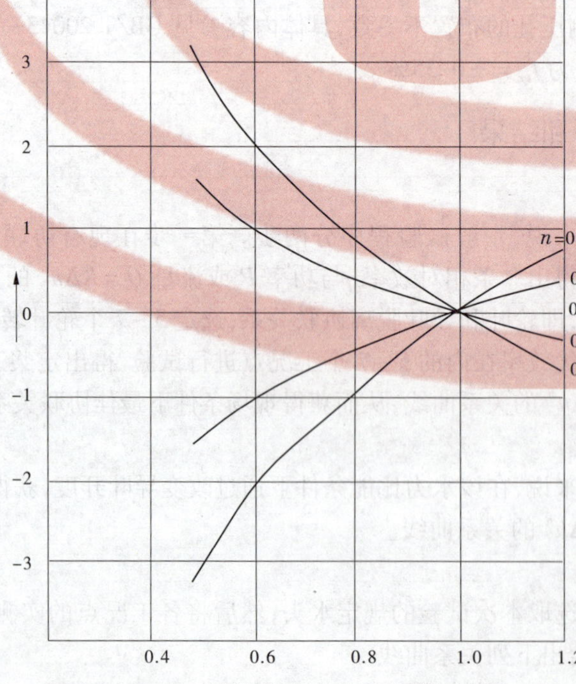

图 5-27 指数 n 的偏差对相对流量计算的影响

第七节　直接测量效率的热力学方法

一、概述

(一)原理

热力学法是将能量守恒原理(热力学第一定律)应用在转轮与流经转轮的水流之间能量转换的一种方法。

转轮单位机械能也可通过测量性能参数(压力、温度、流速和水位)或根据水的热力学性质来确定。利用单位机械能和水力比能来确定效率就无需测量流量。

(二)不包括的内容和限制范围

由于在机器基准断面测得的数值缺乏一致性,测量仪器的局限性以及由于测量条件不完善引起的修正项目数值相对较高,限制了该方法的使用范围,故只有当水力比能超过1 000 J/kg(水头 >100 m)时才能使用这种方法。然而在非常有利的条件下,根据测量精度的分析,其范围也可扩大到较低水力比能。

(三)效率和单位机械能

水轮机、水泵的水力效率为

水轮机
$$\eta_h = P_m/P_h = \frac{E_m}{E \pm \frac{\Delta P_h}{P_m}E_m} \tag{5-39}$$

水泵
$$\eta_h = P_h/P_m = \frac{E \pm \frac{\Delta P_h}{P_m}E_m}{E_m} \tag{5-40}$$

热力学法允许直接测量单位机械能 E_m。

单位机械能 E_m 涉及水和转轮之间的单位能量转换。根据定义,E_m 与 P_m 的关系为

$$P_m = (\rho Q)_1 E_m \tag{5-41}$$

如果在基准断面之间没有流入或流出的附加流量,则 E_m 按下式计算

$$E_m = E_{1-2} = \bar{a}(p_{abs1} - p_{abs2}) + \bar{c}_P(\Theta_1 - \Theta_2) + \frac{v_1^2 - v_2^2}{2} + g(z_1 - z_2) \text{❶} \tag{5-42}$$

实际上是在测量容器的11和21位置处测量这些量(见图5-28),因而 a 和 c_P 的均值对应于

$$\frac{p_{abs11} + p_{abs21}}{2} \text{和} \frac{\Theta_{11} + \Theta_{21}}{2}$$

必须考虑到某些修正项(如不完善的测量条件,二次流现象等),可将其表示为 δE_m。

因此,E_m 的实用表达式为

---

❶ 热力学法测量效率的原理是基于热力学温度,Θ(以 K 计)中使用的热力学定律。在有温差时,温度可直接用摄氏度(℃)表示,如 $v_1 - v_2 = \Theta_1 - \Theta_2$。

$$E_m = E_{11} - E_{21} = \bar{a}(p_{abs11} - p_{abs21}) + \bar{c}_P(\Theta_{11} - \Theta_{21}) + \frac{v_{11}^2 - v_{21}^2}{2} + g(z_{11} - z_{21}) + \delta E_m \tag{5-43}$$

如果在高压侧和低压侧测量断面之间有流入或流出的附加流量,可加上或减去一平衡功率,使 E_m 的数值计算可按通用公式进行。

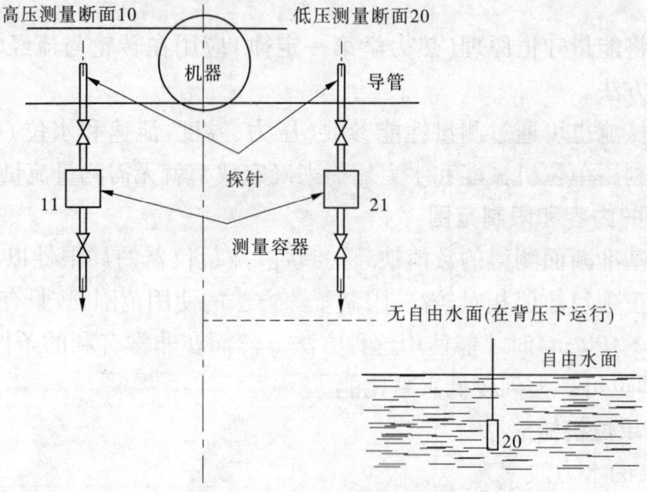

图 5-28　测压容器示意图

二、单位机械能的测量方法

(一)概述

由于在主流中直接测量有一定困难,为了确定 E_m,可用专门设计的带有测孔的容器来测定温度和压力(见图 5-28)。当测量断面有压力时,测量程序是用一个“全水头”探针抽取 $0.1\times10^{-3}\sim0.5\times10^{-3}\ m^3/s$ 的水样。取出的水样通过一个绝热水管导入测量容器,以保证和外界的热交换不超过规定的范围。

对于低压侧断面处于大气压力的情况,温度传感器直接放在尾水处。

对于低压侧断面压力高于大气压的情况(在背压下运行),根据所选择的操作程序,降低测量容器内的水压可能是有效的。

式(5-43)中的压力和温度项可用下述两种操作程序之一来测定。实际上,这些程序之间只是方法上的改变,应当根据机器的特性和所使用的仪表的质量来选择操作程序。速度 v_{11} 和 v_{21} 在容器中测定。z_{11} 和 z_{21} 为测量容器中点的高程,压力值均以这些高程为基准。实际上,如果测量容器中点和压力计基准点的高程差不超过 3 m,则可以用压力计的基准点来表示 z_{11} 和 z_{21} 的高程和压力。

当在任何测量断面处使用一个以上测点时,效率值应根据单个测孔之间单独连接来确定。如果任何两个效率值的差值小于 1.5%,可将机器的效率值取为各测量值的平均值。

(二)直接操作程序

直接在机器高压侧的压力钢管内将水引到膨胀量最小的测量容器中。式(5-43)中

E_m 的压力和温度项按下述方法确定：

$\bar{a}(p_{abs11}-p_{abs21})$要求采用高精度的压力表或传感器测量。

$\bar{c}_P(\Theta_{11}-\Theta_{21})$要求采用高精度的温度计测量。

$(p_{abs11}-p_{abs21})$和$(\Theta_{abs11}-\Theta_{abs21})$应按一定规律的时间间隔同时进行测量。

这种操作步骤应用得很普遍。

(三)局部膨胀操作过程

在高压侧进水管或压力钢管与相应的测量容器之间的取样系统中设有一个膨胀阀。该阀的调整应非常精细而稳定，以便通过局部膨胀使高压侧和低压侧的测量容器中或直接放置在尾水中的温度传感器上的温度达到等温。

这样，在 E_m 的表达式(5-43)中，$\bar{c}_P(\Theta_{11}-\Theta_{21})$项变为零，$E_m$ 的确定实质上只剩下用高精度的压力表或传感器测量$(p_{abs11}-p_{abs21})$项。

三、仪器

(一)主要测量方法

1. 取水样系统

管道中的水样使用探针取样，探针垂直管道固定并穿入其内。探针头部应有一个十分光滑的孔，孔径等于探针的内径，且指向上游方向。该孔距水管内壁的距离至少为0.05 m。

探针的设计要考虑避免振动和断裂，并加适当标记，以便正确地识别和定出孔的方向。

在邻近取样孔的地方，探针的外径可为15～40 mm，内径至少为8 mm。为保证有足够的机械强度，只要不严重影响水流流动，其外径壁厚可逐渐增加(见图5-29)。

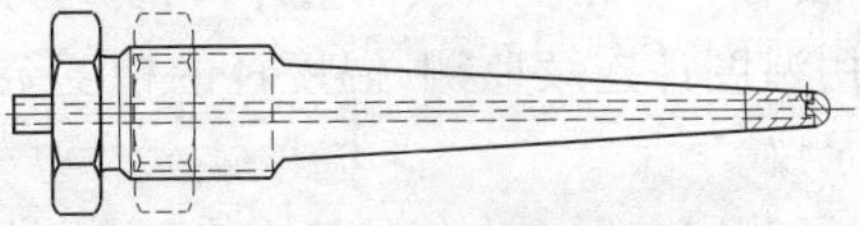

图5-29　取样探针

测量容器的设计应使其内部水流流速很低，同时使水流在流经温度计外壳之前很好地混合。为尽可能避免这些外壳壁或连接导线的热传递，有必要采取一些特殊的结构措施。例如，导线应在容器的绝热层下和管壁接触。

膨胀孔应保证水流高度稳定，当调节时，应保证流量稳定地逐渐变化。

全部水力系统中的有效元件(水管、膨胀器和容器)均应仔细做到绝热，以使水样的总能量为常数。在绝热措施不完善时，应考虑采取下述方法：

(1)作为第一次近似，假定与外界的热交换速率为常数。单位机械能的测量值与取样流量成反比地线性变化。

(2)至少要用三个取样流量来测定 E_m 值。

(3)E_m 与流量成反比关系。当有热传递时可以用外推法确定 E_m 的修正值(见图5-30)。

对效率曲线上的所有点都要进行上述检查。然而，若修正值约为效率的0.2%时，经双方协商可以减少应进行辅助测量的测点数。

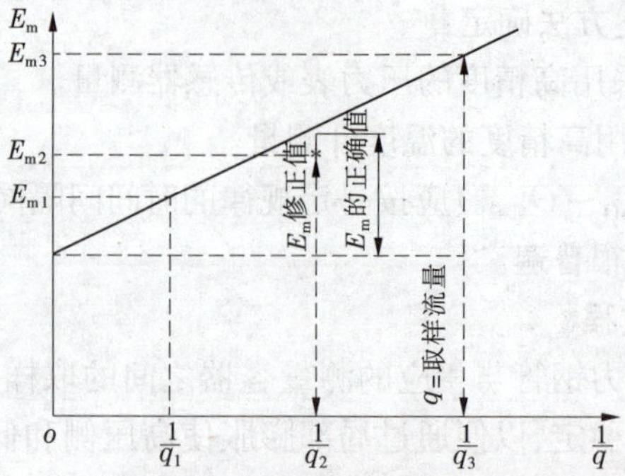

图 5-30　有热传递时用图解法确定 E_m 的修正值

因为探针很可能断裂，而且难以看见，所以建议用以下方式来检查。

在没有取样流量时，容器中测出的压力应与管壁上测出的压力加上$\frac{\rho v^2}{2}$项相当。比较时若有较大差别，则应认为是不正常的。

2. 压力测量

建议测量 E_m 和 E 时采用同样的压力计、压力表或传感器。

3. 温度测量

温度测量仪表的精度和灵敏度必须足以指示出各测点之间的温差，至少到 0.001 K。

在试验前必须确定温差计的零温差读数。该读数在试验过程中再加以校验。只允许有 0.002 K 的微小温差变化，如有必要，还须将这种变化考虑进去。

（二）辅助测量

为了检验水样的流量，要有一个测量槽或流量计，精度约为 ±5%。

抽取的水的温度应使用温度计连续监测，温度计的精度至少为 ±0.05 K，灵敏度为 0.01 K。建议使用温度记录仪。

当机器需要补气时，为了测定与周围大气的热交换，应提供测量空气流量和湿度的仪器。

四、应满足的试验条件

为计算 E_m 而选择的测量断面没有必要与高压和低压基准断面一致，应根据下述原则选择：

(1) 水和周围环境的热交换应在规定范围之内。

(2) 在断面内，能量的分布无显著异常情况。

根据规定，必须能够把测量值调整到基准断面。在任何情况下都必须考虑到热交换。

（一）高压测量断面

1. 水轮机

高压侧测量断面上的测孔应靠近机器。应避免将断面设置在有蝴蝶阀尾流的位置处。

经验表明，对于直径小于 2.5 m 的水管，一般设 1 个测点就足够了。直径在 2.5 m 到

5.0 m 之间，需要有 2 个测点。对于直径大于 5 m 或水管总长小于 150 m 的所有情况，建议设置 3 个或 4 个测点。

对于水斗式水轮机，应设在喷嘴上游至少 4 倍管径处(要避免设在弯管、导流板等处)。

假如有几个喷嘴，则将断面设在第一个叉管前的配水管部分是可以接受的，如果这一部分配水管无法接近，并且上述要求又能满足，则将断面设在通向一个喷嘴的支管上也是允许的。

2. 水泵

至少应提供两个径向相对的测点。对于直径大于 5 m 的水管，建议设置 3 个或 4 个测点。在所有情况下，建议在每个测点上将探针垂直插入不同深度。

断面距机器应有合理的距离，例如为 5 倍的叶轮直径。

(二)低压测量断面

1. 开敞式测量断面

具有自由水面的水轮机低压侧测量断面，应选在能保证水流充分混合的距转轮有一定距离的位置，但是由于会发生热交换，不能超过上述要求的距离。现已发现，对于冲击式水轮机，该断面距转轮 4 ~ 10 倍的转轮的最大直径是令人满意的。

具有自由水面的水泵低压侧断面，如果该断面上各点的温度完全相等，便可作为测量断面。由于会产生热交换，所以该断面距叶轮的距离不要超过上述要求的值。

测量断面温度的变化至少应在 6 个点上进行。假设任何两个位置效率值之差至少为 1.5%，则应进行处理。

2. 封闭式测量断面

低压侧测量断面距转轮的距离。对于水轮机，应至少为 5 倍的转轮最大直径；对于水泵，应至少为 3 倍的最大叶轮直径。

(1)可以接近的测量断面。建议一个测量断面内要有 3 或 4 个测点。假如测量断面为圆形，则测点彼此成 120°或 90°布置。若测量断面为矩形，如有可能，测点就布置在各边的中点上。

此外，对于水轮机，建议每个测点上探针插入深度应不同。如果任意各个测点的效率值之差至少为 1.5%，则应进行处理。

(2)不可接近的测量断面。在这种情况下，只有采用安装在全部或部分充满水和管子内部的测孔装置才能探测温度。该装置至少由两个管子组成，这些管子用于收集沿管段等距离分布的几个孔中流出的部分流量。该装置应给出一个总流量，或最好给出每个管子的流量，以获得有关能量分布的资料。

为了使热交换小到可忽略不计的程度，该流量应为 0.000 5 m^3/s 左右。

五、修正项

(一)温度的变化

温度变化 $\Delta\Theta/\Delta t$(以 K/s 计)产生的修正项 δE_m 按下式计算：

水轮机
$$\delta E_m = \bar{c}_P \frac{\Delta\Theta}{\Delta t}(t_a - t - t_b) \tag{5-44}$$

水泵
$$\delta E_m = \bar{c}_P \frac{\Delta\Theta}{\Delta t}(t_a + t - t_b) \tag{5-45}$$

式中　t——水流通过机器两测量断面之间所需的时间，s；

t_a——水流从高压测点流到相应的测量容器所需的时间，s；

t_b——水流从低压测点流到相应的测量容器所需的时间，s。

(二)外部热交换

1.通过边壁的热交换

因为通过混凝土和石壁的热交换可忽略不计，所以只考虑通过金属壁的热交换。对于与干燥空气热交换的情况，应用下式修正：

$$\delta E_m = \pm \frac{1}{(\rho Q)_1} A P_{a-w} \cdot (\Theta_a - \Theta_w) \tag{5-46}$$

水轮机取正号，水泵取负号。

式中　P_{a-w}——功率热交换系数，W/(m^2·K)，根据经验，P_{a-w}可考虑取等于10 W/(m^2·K)；

A——热交换表面的面积，m^2；

Θ_a——周围空气的温度，K；

Θ_w——水轮机或水泵中的水温，K。

还必须考虑周围空气中含有的水分在机器表面上凝结可能产生的影响。具体内容参见GB/T 20043—2005。

2.与周围空气的直接热交换

在水流和空气流充分混合之处(补气)，机械能E_m的修正值按下式计算：

$$\delta E_m = \pm \frac{\rho_a Q_a}{(\rho Q)_1} \cdot [c_{pa}(\Theta_a - \Theta_{20}) + K_w(\alpha_a - \alpha_{20})] \tag{5-47}$$

水轮机取正号，水泵取负号。

式中　Q_a——空气的容积流量，m^3/s；

c_{pa}——在恒压下空气的比热，J/(kg·k)；

Θ_a——补入空气的温度，K；

Θ_{20}——在测量断面20处的水温，K；

K_w——在标准大气压下水的汽化潜热，J/kg；

α_a——在补入点水蒸汽和空气质量之比；

α_{20}——在断面20处的水蒸汽和空气质量之比。

3.具有静止水面的热交换

在具有静止水面的热交换中(例如，几台水轮机的水流流入一共同的尾水中)，由于水流的温度可能不同，为了避免流水与静水混合，应在尾水中设一隔板。

六、测量误差

效率测量的总误差f_η由效率表达式的分子和分母中随机误差和系统误差取平方和

的平方根求得。

当忽略$\frac{\Delta P_h}{P_m}E_m$项时,即得

$$f_h = \pm\sqrt{(f_{Em})^2 + (f_E)^2}$$

E_m测定的所有方法中(直接法和局部膨胀操作过程),温差$\Delta\Theta$测量都存在系统误差。在正常情况下,预期的误差值为±0.001 K。

因每个二次现象引起的相对系统误差的修正值为20%左右认为是合理的。

因能量分布引起的系统误差,其量级可为单位机械能的:水轮机高压侧±0.2%,低压侧±0.6%;水泵高压侧±0.6%,低压侧±0.4%。

第八节　耗水率计算

耗水率是每发1度电通过水轮机的流量,是表征发电机效率的重要参数。其计算公式为

$$q = \frac{3\ 600 \times Q}{P_g} \tag{5-48}$$

式中　q——耗水率,$m^3/(kW \cdot h)$;

P_g——发电机出力,kW;

Q——水轮机过机流量,m^3/s。

第九节　效率计算与误差分析

对每个测点的各个被测量(Q、E、P、n)在每个测程中的读数或记录求其平均值,据此通过换算或修正得出性能结果。

在测点重复测程情况下,将按上述方法得到的性能结果加以平均,确定该测点的量值。

一、测试结果的换算与修正

若各工况点测得的水力比能E_n和转速n与规定值E_{SP}和n_{SP}有偏差,则必须根据相似定律进行换算。非验收试验时,测试结果的换算与修正由试验委托方与试验方协商确定。

(一)不可调水轮机和水泵

如果转速n与规定转速n_{SP}不同,按下式换算:

$$\frac{Q_{nsp}}{Q_n} = (\frac{n_{sp}}{n}),\quad \frac{E_{nsp}}{E_n} = (\frac{n_{sp}}{n})^2$$

$$\frac{P_{nsp}}{P_n} = (\frac{n_{sp}}{n})^3,\quad \eta_{nsp} = \eta_n$$

(二)可调水轮机

假如$E_n \neq E_{sp}$或$n \neq n_{sp}$,将有以下三种可能:

(1) 关系式$\frac{n}{\sqrt{E}}=\frac{n_{sp}}{\sqrt{E_{sp}}}$不能满足，在 $E\neq E_{sp}$ 时调整转速 n，或在 $n\neq n_{sp}$ 时调整水力比能 E，使上式得到满足时，效率 η 可不修正，但流量 Q 及功率 P 按下式换算：

$$\frac{Q_{Esp}}{Q_{E}}=\left(\frac{E_{sp}}{E}\right)^{\frac{1}{2}}$$

$$\frac{P_{Esp}}{P_{E}}=\left(\frac{E_{sp}}{E}\right)^{\frac{3}{2}}$$

$$\eta_{Esp,nsp}=\eta_{E,n}$$

(2) 当不能进行上述调整，但 $0.99\leqslant\dfrac{\frac{n}{\sqrt{E}}}{\frac{n_{sp}}{\sqrt{E_{sp}}}}\leqslant1.01$ 时，则效率 η 可不修正，而 Q、P 按(1)条公式换算。

(3) 当不能进行(1)条所述调整，又不能满足(2)条的范围，则除 Q、P，按(1)条换算外，还要进行效率 η 的必要修正。

在包括试验的最大水力比能和最小水力比能的综合特性曲线上，首先按(1)将测点 A_n 换算到 A_{nsp}（对应 E_{nsp}、Q_{nsp}），然后按等开口曲线将 A_{nsp} 点移到对应的 E_{sp}（A_2 点）上，见图 5-31，则

$$\eta_{Esp,nsp}=\eta+\Delta\eta \tag{5-49}$$

式中　η——实测的效率；

$\Delta\eta$——A_2 点效率与 A_{nsp} 点效率的差值。

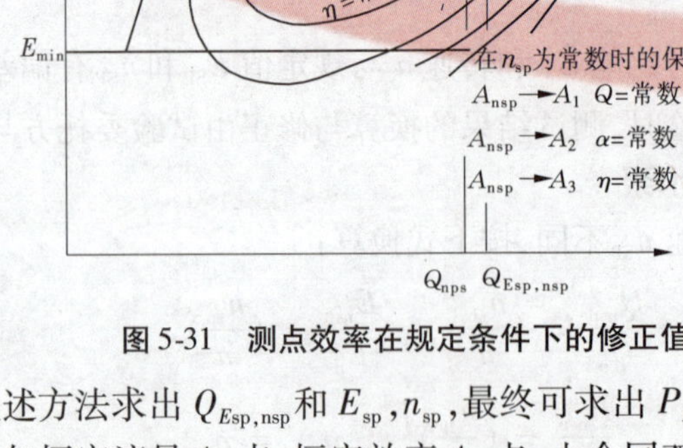

图 5-31　测点效率在规定条件下的修正值

已知 E_{sp}，用上述方法求出 $Q_{Esp,nsp}$ 和 E_{sp}，n_{sp}，最终可求出 $P_{Esp,nsp}$。

其他移动方式如恒定流量 A_1 点、恒定效率 A_3 点，由合同双方协商。

二、试验曲线

(一)可调水轮机

应绘制 η 值相对于 $P_{Esp,nsp}$ 或 $Q_{Esp,nsp}$ 关系曲线,应绘制 $P_{\eta sp}$ 相对于 $E_{\eta sp}$ 的关系曲线。

(二)不可调水轮机和水泵

应绘制 Q_{nsp}、P_{nsp} 和 η 值对应于 E_{nsp} 的关系曲线。

三、误差分析

系统误差通常比高质量现场试验的随机误差大得多。系统不确定度由率定后的残留部分及不可知变化方向误差构成,是各个参数单项系统不确定度的方和根值,效率的系统不确定度为

$$(f_\eta)_S = \pm[(f_Q)_S^2 + (f_E)_S^2 + (f_P)_S^2]^{\frac{1}{2}}$$

效率的随机不确定度为同一工况下多次测量的 η 值按 t 分布计算:

$$(f_y)_R = \pm t_{0.95}S_y/\sqrt{n}$$

效率试验的总不确定度为

$$f_\eta = \pm[(f_\eta)_S^2 + (f_\eta)_R^2]^{\frac{1}{2}} \tag{5-50}$$

第六章　压力脉动、振动和噪声检测

第一节　概　述

水力机组在运行中，由于受水力、机械和电磁三者的作用及相互影响，机组不可避免地存在振动，且其往往是机械、电气、水力三者的耦合振动。如果振动限制在一定的范围内，它对机组本身及工作并无多大妨害，但当振动过大时，对机组设备本身及其基础和周围的建筑物将带来很大的危害。因此，有必要对压力脉动、振动和噪声等进行检测，并进行相关分析，来判定机组的运行状态，指导机组运行时避开振动较大的负荷区域，实现安全稳定经济运行。

第二节　压力脉动测量

压力脉动是指在选定时间间隔内液体压力相对于平均值的往复变化。水力机组过流部件如引水钢管、蜗壳、导水叶、转轮及尾水管的压力脉动都会引起机组产生振动，在水力机组压力脉动检测中通常选用量程及频率响应范围合适的压力传感器检测机组的蜗壳进口压力脉动、活动导叶后转轮前（无叶区）压力脉动、顶盖压力脉动、尾水锥管上下游压力脉动与尾水肘管压力脉动，且测量管路应尽可能接近相应压力脉动测量点。当压力脉动过大时，有可能会激发产生水力共振现象，对机组造成较大破坏。下面为常见的压力脉动现象。

（1）水轮机进水流道蜗壳、导叶中的不均匀流场均会产生旋涡，形成涡带进入转轮引起机组振动。其主要特征为：振动随机组运行工况变化而变化，且时而明显，时而消失。若是因蜗壳中的不均匀流场所引起的振动，其振动频率可表示为

$$f = \frac{nz_z}{60} \tag{6-1}$$

式中　z_z——转轮叶片数目；

n——机组转速。

（2）由导叶或转轮叶片尾部的卡门涡列所诱发的机组振动。因卡门涡列的形成与流体速度和绕流体尾部的断面形状及尺寸有关，所以该振动特征为：振幅随过机流量增加而明显增大，且其振动频率可表示为

$$f = S_1 \frac{\omega_i}{d} \tag{6-2}$$

式中　ω_i——导叶或转轮出口处的水流相对速度；

S_1——流体力学中斯特罗哈数，实验测得 $S_1 = 0.18 \sim 0.22$；

d——绕流体尾部的最大宽度。

(3)因水轮机偏离设计工况较远,尤其在低水头、低负荷运行时转轮出口产生旋转水流,形成偏心涡带,使在尾水管中产生压力脉动并诱发机组振动。其振动特点为:振动强弱与水轮机的运行工况关系较密切,某些区域振动强烈,某些区域振动又明显减小,其振动频率一般为

$$f = \left(\frac{1}{4} - \frac{1}{3}\right)f_0 \tag{6-3}$$

式中　f_0——机组转速频率。

(4)高水头混流式水轮机因止漏环(见图6-1)、密封结构(见图6-2)形式和间隙组合不当及运行间隙不均匀引起水压力脉动诱发的机组振动。该振动特征为:振动摆度及压力脉动幅值,均随机组负荷和过机流量的增加而明显增大。

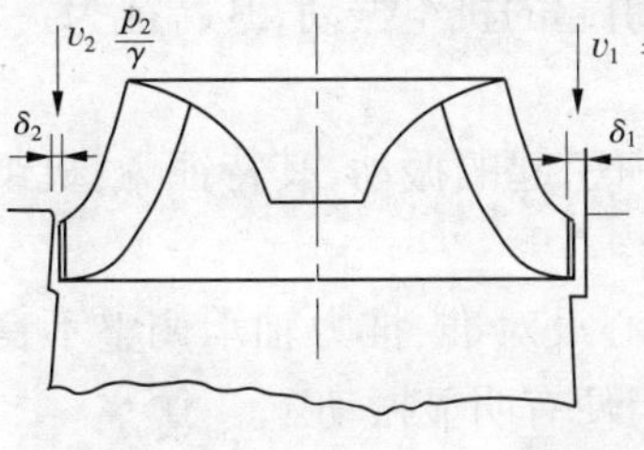

图6-1　水轮机止漏环简图

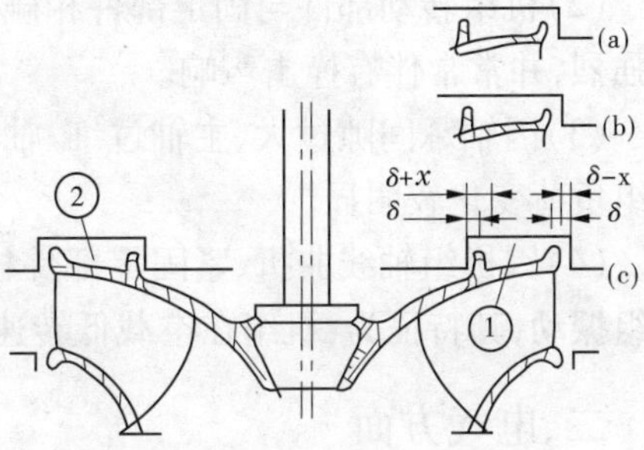

图6-2　水轮机密封结构简图

另外,还有叶道涡等。在实际试验检测过程中,需要根据检测目的来确定检测参数,通常需要检测的是引水钢管、蜗壳、无叶区、顶盖以及尾水管处的压力脉动。

压力脉动的混频幅值经常按压力脉动的97%置信度来取值,另外,压力脉动还常用相对值来表示

$$P_r = \frac{\Delta h}{H} \times 100\% \tag{6-4}$$

式中　P_r——压力脉动相对值;

Δh——压力脉动混频幅值(97%置信度);

H——水头(扬程)平均值。

第三节　振动测量

振动是描述机械系统运动或位置量的大小相对于某一平均值或参考值交替地变大或变小的随时间变化的现象。水力机组运转中存在振动是不可避免和消除的现象。但当振动过大时,会对机组造成危害,如:

(1)引起机组零部件金属材料和焊缝疲劳破坏区的形成和扩大,从而产生裂纹甚至断裂而导致零部件的报废。

(2)使机组紧固件松动,导致其他部件的振动加剧,反作用又加速了紧固体的损坏。

(3)加速转动部件与固定部件接触面的磨损。如主轴摆度增大可使主轴与导轴瓦的温度升高,从而导致烧坏轴瓦和轴颈;发电机转子的过大振动会增加滑环与电刷的磨损程度,并使电刷冒火花等。

(4)尾水管中的水流脉动压力可使尾水管壁产生裂缝,严重时可使整块钢板剥落。

(5)如果产生共振,后果更为严重。可能会导致机械设备和厂房结构损坏。

据统计,水力机组的故障80%以上会以振动的形式体现出来,引起机组振动除上述压力脉动因素外,还有机械和电气方面的因素。

一、机械方面

(1)因机组转动部分质量不平衡引起的机组振动,其主要特征是机组振幅随机组转速变化较敏感,其振幅一般与转速的二次方成正比,且水平振动较大。

(2)机组转动部件与固定部件相碰(或摩擦)所引起的机组振动,其特征为:一般振动较强烈,并常常伴有撞击声响。

(3)因轴承间隙过大、主轴过细、轴的刚度不够所引起的振动,其特征为:机组振幅随机组负荷变化较明显。

(4)因机组轴线曲折、紧固零部件松动、机组中心没对准、推力轴承调整不良引起的机组振动,其特征为:机组在空载低转速运行时,机组便有明显振动。

二、电气方面

(1)发电机转动部分因受不平衡力(这些不平衡力主要来自于周期性的不平衡磁拉力分量,转子中心线与定子中心线不吻合,定子三相电流不平衡,定、转子不均匀空气间隙所引起的作用力,转子线圈短路时引起的力和发电机在不对称工况下运行时产生的力)的作用而产生的机组振动,其振动特征为:电机空载加励磁前后振动有明显变化,振动随励磁电流增大而增大,且上机架处振动较为明显。

(2)发电机定子绕组每极分数槽绕组形成的磁场特殊谐波成分引起的磁拉力,而定子在波数较少的磁拉力作用下就要产生振动,其振动特征为:振动随定子电流增大而增大,振级与电流几乎呈线性关系,且上机架处振动较为明显。

(3)因定子铁芯组合缝松动或定子铁芯松动所引起的机组振动,其特征为:振动随机组转速变化较明显,且当机组载上一定负荷后,其振幅又随时间增长而减小,对因定子铁芯组合缝松动所引起的振动,还有一特征为:其振动频率一般为电流频率的2倍。

(4)定子绕组固定不良,在较高电气负荷和电磁负荷作用下使绕组及机组产生振动。振动特点为:振动随转速、负荷运行工况变化而变化,上机架处振动亦较为明显,但不会出现载上某一负荷后其振动随时间增长而减小的情况。

实际检测过程中,振动检测参数与幅值表示方式如下:

(1)振动量。上机架水平振动、上机架垂直振动、下机架水平振动、下机架垂直振动、水导轴承水平振动、发电机定子外壳水平振动和垂直振动、尾水管壁振动、水轮机顶盖振动及钢管振动等。

(2)摆度量。上导摆度、下导或法兰摆度、水导摆度及主励磁机处的摆度。

(3)振动位移。振动可以用位移、速度与加速度来表示。振动位移是指振动质点偏离参考平均位置的距离。测量中,振动幅值通常用位移量来表示。

(4)振动速度。振动质点运动的速度等于位移对时间的一阶导数。

(5)振动加速度。振动质点运动的加速度等于速度对时间的一阶导数或位移对时间的二阶导数。

第四节　噪声测量

一、噪声

按国际标准 ISO/TC108 规定,噪声定义为:

(1)任何令人不愉快的或不希望有的声音。

(2)其频谱不能用确定的频率分量来描述,并具有随机特性的声音。

噪声是由物体的机械振动而产生的,振动的物体称为声源,它可以是固体、气体或液体。按照声源的不同,噪声可以分为机械噪声、空气动力性噪声和电磁性噪声。机械噪声主要是由于固体振动而产生的,当气体与气体、气体与其他物体(固体或液体)之间做高速相对运动时,由于黏滞作用引起气体扰动,就产生空气动力性噪声,电磁性噪声是由于磁场脉动、磁致伸缩引起电磁部件振动而发生的噪声。

(一)声压、声压级

声音有强弱之分,并用声压 P 来表示其大小,单位是 Pa(帕),1 Pa = 1 N/m^2(牛顿/米^2),一个大气压等于 1.013×10^5 Pa,声压可以用峰值、平均值和有效值表示。声压的有效值是瞬时声压平方在一段时间平均数的平方根,又称为均方根值(RMS),它直接与声波的能量有关,所以用得最多,以下除非另外说明,所论声压均指有效值。

由于声压变化的范围很大,例如人耳刚能听到的最小声压为 2×10^5 Pa,而喷气式飞机附近的声压可达数百万帕,两者相差数百万倍;同时考虑人耳对声音强弱反应的(对数)特性,用对数方法将声压分为百、十、个级,称为声压级。

声压级的定义是:声压与参考声压之比的常用对数乘以 20,单位是 dB(分贝),即

$$L_{\mathrm{p}} = 20\lg\frac{p}{p_0} \tag{6-5}$$

式中　p——声压,Pa;

p_0——参考声压,是人耳刚刚可以听到声音的声压,$p_0 = 2\times10^5$ Pa。

(二)声强、声功率

衡量声音强弱的还有声强和声功率。声强是在垂直于声波传播方向上,单位时间内通过单位面积的声能,以 I 表示,单位是 W/m^2(瓦/米^2)。声强与声压的平方成正比,对于平面波声场,声强 I 和声压 p 的关系用下式表示:

$$I = \frac{p^2}{\rho c} \tag{6-6}$$

式中　ρ——介质密度;

c——声速。

ρc 称为介质的特性阻抗。

声源在单位时间内辐射的总声能称为声源的声功率，用 P 表示，单位是 W（瓦），它等于包围声源的一个封闭面上的声强总和：

$$P = \oint_s I_n \mathrm{d}s \tag{6-7}$$

式中 $\oint_s$——在封闭面 s 上进行求和积分；

I_n——声强在面积 ds 法线方向上的分量。

在自由声场中，声波无反射地自由传播，点声源向四周辐射球面波，其声功率为

$$P = I_r 4\pi r^2$$

式中 I_r——距点声源为 r 处的声强。

如果声源在开阔空间的地面上，声波只向半球面辐射，此时

$$P = I_r 2\pi r^2 \tag{6-8}$$

式中 I_r——在半径等于 r 的半球面上的平均声强。

（三）L 声级、A 声级

L 声级是对噪声各频率成分不进行计权处理求得的总声压级，而 A 计权声级是对频率成分进行计权处理后求得的总声压级。用 A 计权声级对连续宽频带噪声所做的主观反应测试很好地反应了人耳的响应。由于噪声经常是起伏的或不连续的，因此在实际应用中通常采用等效连续 L 声级和等效连续 A 声级。

几种常见声源的 A 声级如表 6-1 所示。

表 6-1　几种常见声源的 A 声级（测点距离声源 1 ~ 1.5 m）

A 声级[dB(A)]	声源
20 ~ 30	轻声耳语
40 ~ 60	普通室内
60 ~ 70	普通交谈声，小空调机
80	大声交谈，收音机，较吵的街道
90	空压机站，泵房，嘈杂的街道
100 ~ 110	织布机，电锯，砂轮机，大鼓风机
110 ~ 120	凿岩机，球磨机，柴油发动机
120 ~ 130	风铆，高射机枪，螺旋桨飞机
130 ~ 150	高压大流量放风，风洞，喷气式飞机，高射炮
160 以上	宇宙火箭

二、噪声频谱

声波振动的快慢用频率 f 来表示，单位是 Hz（赫），人类只能听到 20 ~ 20 000 Hz 的声

音,低于 20 Hz 的声音为次声,高于 20 000 Hz 的声音为超声。频率在 1 000 Hz 以上的噪声称为高频噪声,频率在 500 Hz 以下的噪声称为低频噪声,频率在 500 ~ 1 000 Hz 的噪声称为中频噪声。

噪声的主要特点是:具备一定强度,用声压表示;具有不同频率成分,用频谱表示。根据人耳对声音频率变化的反应,人们把可听到的频率范围分成数段,按每段内的声音强度进行分析。可以使用滤波器把一段一段的频率成分选出来进行测量,这种滤波器只能允许一定范围的频率成分通过,其他频率成分被衰减掉。

在噪声测量中常常使用的是带通滤波器,带通滤波器只允许一定频率范围(通带)内的信号通过,高于或低于这一频率范围的信号不能通过。带通滤波器又分为恒带宽滤波器和恒百分比带宽滤波器。恒带宽滤波器是指每一个滤波器的带宽是恒定的,例如 6 Hz、10 Hz;而恒百分比带宽滤波器是指每一个滤波器的带宽是恒定的百分比,例如 3%、10%。

倍频程和 1/3 倍频程滤波器是常用的恒百分比带宽滤波器。所谓一个倍频程,就是上限频率 f_2 比下限频率 f_1 高一倍,例如从 707 ~ 1 414 Hz 就是一个倍频程。但 1/3 倍频程并不是上限频率比下限频率高 1/3 倍,而是上限频率为下限频率的 $2^{1/3} = \sqrt[3]{2} = 1.26$ 倍。一般来说,$f_2/f_1 = 2^n$,式中 n 可以是整数,也可以是分数,既可以是正数也可以是负数。当 n 是正数时表示 f_2 比 f_1 高,当 n 是负数时表示 f_2 比 f_1 低。$n = 1$ 即为 1 倍频程,$n = 1/3$ 即为 1/3 倍频程。知道了 f_2 和 f_1 就可以知道其中心频率 f_0:

$$f_0 = \sqrt{f_1 f_2} \tag{6-9}$$

同样,知道了 f_0 就可以求出 f_2 和 f_1。对于倍频程来说,$f_2 = \sqrt{2} f_0 = 1.414 f_0$,$f_1 = (1/\sqrt{2}) f_0 = 0.707 f_0$。对于 1/3 倍频程,$f_2 = \sqrt[6]{2} f_0 = 1.123 f_0$,$f_1 = (1/\sqrt[6]{2}) f_0 = 0.89 f_0$。

为了统一起见,国际标准化组织(ISO)规定了倍频程和 1/3 倍频程的中心频率,倍频程的中心频率即频率范围见表 6-2。由表可以看出 10 个倍频程包括了声频的整个频率范围。

表 6-2　倍频程频率范围　(单位:Hz)

中心频率	31.5	63	125	250	500
频率范围	22.5 ~ 45	45 ~ 90	90 ~ 180	180 ~ 354	354 ~ 707
中心频率	1 000	2 000	4 000	8 000	16 000
频率范围	707 ~ 1 414	1 414 ~ 2 828	2 828 ~ 5 656	5 656 ~ 11 212	11 212 ~ 22 424

《电声学倍频程和分数倍频程滤波器》(GB/T 3241—2010)(等同 IEC61260—1995)标准规定了滤波器的中心频率、频带宽度和衰减特性等要求,该标准按特性要求不同而将滤波器分为 0、1、2 三个级别。与老标准 IEC225 比较,新标准要求更加详细、严格,满足老标准只相当于达到新标准 2 级要求。

以中心频率(Hz)为横坐标,以声压级(dB)为纵坐标,作出噪声按倍频带或 1/3 倍频带的声压分布图,就能一目了然地通观噪声的特性。这个方法称为噪声的倍频带或 1/3

倍频带频谱分析。

三、噪声测量

噪声测量一般是声压级测量，其测量原理是将声压转换成电压后测电压的变化表示噪声的大小。因此，必须用声电传感器和声级计来测量。测量框图见图 6-3。

图 6-3　声级计原理框图

声电传感器又叫传声器，一般分为压电式、电动式或电容式三种，压电式是由声压变化使压电晶体变形而引起电压输出的变化；电动式是声压使导体在磁场中运动而产生电压输出；电容式是由声压引起电容极板间距离变化而造成电容容抗变化导致其输出电压的变化。由于电容式传声器的灵敏度高、频率响应特性好，输出性能稳定，温度和湿度影响小，故常用于与精密声级计配合作声级的精密测量。

在噪声的实际测量时，应考虑和注意以下方面的问题：

(1) 考虑噪声源的非均匀性辐射及仪器的指向性特性，在高频时，测试灵敏度受被测声的入射角影响较大。因此，在布置测点时，一般在声源四周至少测 4 个点，若是较均匀辐射，则取其测点的算术平均值；若是非均匀辐射，则以噪声最大值代表其最大噪声。若相邻的两测点的测量值相差超过 5 dB 时，应在其间增补测点，并作出噪声在各个方面的分布图，测出其指向性特性。

(2) 测量中注意防止或尽量减少其他声源的干扰，如反射面、电磁场、温度、湿度、风向等的影响。尽量距离发射面较远。测量者尽量远离为好。

(3) 注意环境噪声对测量结果的影响。当被测噪声源的 A 声级及各频带的声压级比环境噪声级高 10 dB 以上时，可不进行修正，否则应在被测值中减去修正值。在被测噪声比环境噪声大 3 ~ 10 dB 时按图 6-4 进行修正。若两者差小于 3 dB 则必须降低环境噪声。

(4) 测量前应对传声器及声级计进行校验。

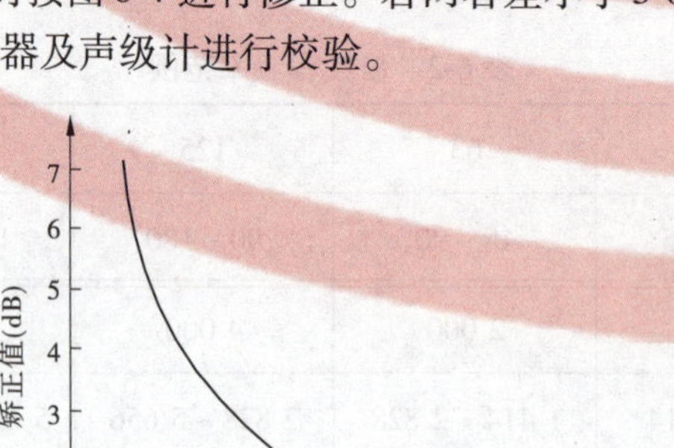

图 6-4　对环境噪声干扰的修正

第五节 时频分析

一、幅值分析

振动幅值取值一般有97%混频幅值、有效峰峰值两种取值方式。其中97%置信度取值即对计算机采集来的时域波形图进行分区,将每个分区的点数统计出来,求出每个分区的点数概率,剔除3%不可信区域内的数据,求出混频峰峰幅值。

二、频率分析

振动波形中的主振频是指在频谱密度曲线上最大值出现的频率。主频的确定可以对一段振动采样数据进行FFT(快速傅立叶变换)分析得到。在进行频率分析时,常取采样时长10~20 s。对振动或脉动信号进行频率分析,可以帮助确定振动源。

三、相位分析

相位是机组某一部位的振动与另一部位振动的相互关系。利用相位分析可以协助查找故障源。例如,动平衡试验时可以利用相位分析来确定不平衡质量的相位。在数据分析处理中相位也用FFT(快速傅立叶变换)分析得到。

第六节 典型振动原因分析与识别

一、以振动频率分析振动原因

(1)若振动频率与机组转动频率一致,则机组转动部分质量不平衡、轴线曲折、导轴承间隙不适、主轴法兰密封有偏磨、水轮机迷宫间隙不均匀是引起机组振动的主要原因。

(2)若振动频率为发电机电流频率(我国电流频率为50 Hz)的2倍,则可能是定子铁芯组合缝松动、发电机负荷电流所引起的机组振动。

(3)若振动频率为转速频率乘以发电机磁极对数,则多半是由于发电机空气隙不均匀所引起的机组振动。

(4)若振动频率分别为转速频率乘以活动导叶数或转动频率乘以转轮叶片数,则振动分别是因导叶开口不均匀或转轮开口不均匀或导叶与转轮的动静干涉所致。

(5)由尾水管中的偏心涡带所诱发的机组振动,其振动频率一般为

$$f = (\frac{1}{4} \sim \frac{1}{3})f_0 \tag{6-10}$$

式中 f_0——转速频率。

(6)由轴承转动油盆中的油膜振荡所引起的机组振动,其振动频率为

$$f = (0.4 \sim 0.47)f_0 \tag{6-11}$$

(7)由转轮叶片尾部的卡门涡列所激起的机组振动,其振动频率为

$$f = S_1 \frac{\omega_i}{d} \tag{6-12}$$

式中　ω_i——导叶或转轮出口处的水流相对速度；

S_1——流体力学中斯特罗哈数，实验测得 $S_1 = 0.18 \sim 0.22$；

d——绕流体尾部的最大宽度。

(8)若是因水轮机发生严重空蚀所引起的机组振动，其振动频率为

$$f = 300 \sim 500\ \text{Hz}$$

二、根据振动部位判断故障原因

(1)若在水导轴承处的振动比其他部位较为明显时，则可能是蜗壳、导叶及转轮中的水力不平衡(该水力不平衡主要来自于蜗壳、导叶中的不均匀流场和导叶开口不均匀，转轮线型、间隙、开口不均匀)所引起的机组振动。

(2)若上机架处振动较为明显时，则振动原因多半来自于机组推力轴承(仅对悬式机组)、上导轴承缺陷(间隙摆度调整不适合)、故障或机组轴线有曲折、机组中心发生变化或发电机零部件有缺陷或故障。

(3)若因转轮叶片出水边线型差异、叶片尾部形成卡门涡列、尾水管中产生偏心涡带等引起的机组振动，则在压力钢管、尾水管顶板均可测得明显振动，蜗壳中会出现较大的水压波动。

第七章 应力测试

第一节 概 述

水力机组各结构部件所承受的荷载情况是十分复杂的,而且结构部件的形状也极不规则。目前,对这些部件进行强度计算时,通常只能把模型试验取得的数据换算成真机的受力情况或是对其结构和受力状况进行简化处理后计算而得。因此,所得到的数据和结果只能是近似的。为了检验计算结果的精确程度和保证结构部件既经济又安全地工作,并不断地改进现有的理论分析和计算方法,需要对机组的结构部件进行现场的力特性试验。

通过力特性试验可达到下列目的:

(1)实测结构部件的实际应力状态、特性规律、大小和分布,鉴定机组的实际安全状态。

(2)验证理论计算结果的可靠性及其精度,进而修正和改进计算方法。

(3)根据试验结果改进部件结构。

第二节 残余应力测试

一、盲孔法

(一)测试原理

盲孔法就是在工件上钻一小通孔或不通孔,使被测点的应力得到释放,并由事先贴在孔周围的应变计测得释放的应变量,再根据弹性力学原理计算出残余应力来。钻孔的直径和深度都不大,不会影响被测构件的正常使用,并且这种方法具有较高的精度,因此它已成为应用比较广泛的方法。

当残余应力沿厚度方向的分布比较均匀时,可采用一次钻孔法测量残余应力的量值。图 7-1 表示被测点 o 附近的应力状态:σ_1 和 σ_2 为 o 点的残余主应力。在距被测点半径为 r 的 P 点处,σ_r 和 σ_t 分别表示钻孔释放径向应力和切向应力,并且 σ_r 和 σ_1 的夹角为 φ。

根据弹性力学原理可得 P 点的原有残余应力 σ_r' 和 σ_t' 与残余主应力 σ_1 和 σ_2 的关系为式(7-1)。

钻孔法测残余应力时,要在被测点 o 处钻一半径为 a 的小孔以释放应力。由弹性力学可知,钻孔后 P 点处的应力 σ_r'' 和 σ_t'' 分别为式(7-2)。

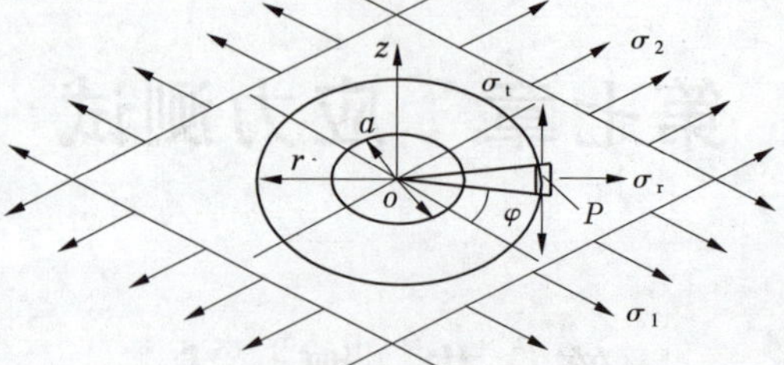

图 7-1　被测点附件的应力状态

$$\left.\begin{aligned}\sigma_r' &= \frac{\sigma_1+\sigma_2}{2}+\frac{\sigma_1-\sigma_2}{2}\cos2\varphi \\ \sigma_t' &= \frac{\sigma_1+\sigma_2}{2}-\frac{\sigma_1-\sigma_2}{2}\cos2\varphi\end{aligned}\right\} \tag{7-1}$$

$$\left.\begin{aligned}\sigma_r'' &= \frac{\sigma_1+\sigma_2}{2}\left(1-\frac{a^2}{r^2}\right)+\frac{\sigma_1-\sigma_2}{2}\left(1+\frac{3a^2}{r^4}-\frac{4a^2}{r^2}\right)\cos2\varphi \\ \sigma_t'' &= \frac{\sigma_1+\sigma_2}{2}\left(1+\frac{a^2}{r^2}\right)-\frac{\sigma_1-\sigma_2}{2}\left(1+\frac{3a^2}{r^4}\right)\cos2\varphi\end{aligned}\right\} \tag{7-2}$$

钻孔后，P 点应力释放量为

$$\left.\begin{aligned}\sigma_r &= \sigma_r''-\sigma_r' \\ \sigma_t &= \sigma_t''-\sigma_t'\end{aligned}\right\} \tag{7-3}$$

将式(7-1)和式(7-2)代入式(7-3)得

$$\begin{aligned}\sigma_r &= -\frac{a^2}{2r^2}(\sigma_1+\sigma_2)+\left(\frac{3}{2}\frac{a^4}{r^4}-\frac{2a^2}{r^2}\right)(\sigma_1-\sigma_2)\cos2\varphi \\ \sigma_t &= \frac{a^2}{2r^2}(\sigma_1+\sigma_2)-\frac{3}{2}\frac{a^4}{r^4}(\sigma_1-\sigma_2)\cos2\varphi\end{aligned} \tag{7-4}$$

式(7-4)表明了 P 点应力的变化与测点 o 处的残余应力 σ_1 和 σ_2 之间的对应关系。在实际测量时是在 P 点贴应变片，并在 P 点钻孔测得释放应变 ε_r，且有 $\varepsilon_r=\frac{1}{E}(\sigma_r-\mu\sigma_t)$，将式(7-4)代入 ε_r 的表达式，即得出 P 点径向应变 ε_r 与残余应力 σ_1 和 σ_2 的关系式：

$$\varepsilon_r=-\frac{1+\mu}{E}\frac{a^2}{2r^2}(\sigma_1+\sigma_2)+\frac{1}{E}\left[\frac{3}{2}\frac{a^4}{r^4}(1-\mu)-\frac{2a^2}{r^2}\right](\sigma_1-\sigma_2)\cos2\varphi \tag{7-5}$$

但因应变片的长度为 $L=r_2-r_1$，所测得应变 ε_r 应是 L 内的平均应变值，即

$$\varepsilon_{rm}=\frac{1}{r_2-r_1}\int_{r_1}^{r_2}\varepsilon_r\,dr$$

将式(7-5)代入，积分可得

$$\varepsilon_{rm}=-\frac{1+\mu}{E}\frac{a^2}{2r_1r_2}(\sigma_1+\sigma_2)+\frac{2a^2}{Er_1r_2}\left[\frac{(1+\mu)a^2(r_1^2+r_1r_2+r_2^2)}{4r_1^2r_2^2}-1\right](\sigma_1-\sigma_2)\cos2\varphi \tag{7-6}$$

令 $A=-\frac{(1+\mu)a^2}{2r_1r_2}$，$B=\frac{2a^2}{r_1r_2}\left[\frac{(1+\mu)a^2(r_1^2+r_1r_2+r_2^2)}{4r_1^2r_2^2}-1\right]$，则式(7-6)可化简为

$$\varepsilon_{rm}=\frac{A}{E}(\sigma_1+\sigma_2)+\frac{B}{E}(\sigma_1-\sigma_2)\cos2\varphi \tag{7-7}$$

在一般情况下，主应力方向是未知的，则式(7-7)中含有三个未知数 σ_1、σ_2 和 φ。如果在与主应力成任意角的 φ_1、φ_2、φ_3 三个方向上贴应变片，由式(7-7)可得三个方程，即可求出 σ_1、σ_2 和 φ 来。为了计算方便，三个应变片之间的夹角采用标准角度，如 φ、$\varphi+45°$、$\varphi+90°$，这样测得的三个应变分别为 ε_0、ε_{45} 和 ε_{90}，即

$$\left.\begin{aligned}\varepsilon_0&=\frac{A_0}{E}(\sigma_1+\sigma_2)+\frac{B_0}{E}(\sigma_1-\sigma_2)\cos2\varphi\\\varepsilon_{45}&=\frac{A_{45}}{E}(\sigma_1+\sigma_2)+\frac{B_{45}}{E}(\sigma_1-\sigma_2)\cos2(\varphi+45^\circ)\\\varepsilon_{90}&=\frac{A_{90}}{E}(\sigma_1+\sigma_2)+\frac{B_{90}}{E}(\sigma_1-\sigma_2)\cos2(\varphi+90^\circ)\end{aligned}\right\} \tag{7-8}$$

如果三个应变片都准确地贴在同一个圆周上，则有

$$A_0=A_{45}=A_{90}=A$$
$$B_0=B_{45}=B_{90}=B$$

对式(7-8)联立求解，得

$$\left.\begin{aligned}\sigma_{1\cdot2}&=\frac{E}{4A}(\varepsilon_0+\varepsilon_{90})\pm\frac{\sqrt{2}E}{4B}\sqrt{(\varepsilon_0-\varepsilon_{45})^2+(\varepsilon_{90}-\varepsilon_{45})^2}\\\tan2\varphi&=\frac{\varepsilon_0+\varepsilon_{90}-2\varepsilon_{45}}{\varepsilon_0-\varepsilon_{90}}\end{aligned}\right\} \tag{7-9}$$

在有些情况下，式(7-9)将会有所变化：

(1) 如果被测点的残余应力是单向应力状态，只要在应力方向上贴一应变片，钻孔后即可测出应变 ε_0，把 $\varphi=0$、$\sigma_2=0$ 代入式(7-9)得

$$\sigma_1=E\frac{\varepsilon}{A+B} \tag{7-10}$$

(2) 如果残余应力 σ_1 和 σ_2 的方向已知，则可沿两个主应力方向贴一应变片，如图 7-2所示，$\varphi=0°$和 $\varphi=90°$，则由式(7-10)可得

$$\begin{aligned}\varepsilon_1&=\frac{A}{E}(\sigma_1+\sigma_2)+\frac{B}{E}(\sigma_1-\sigma_2)\\\varepsilon_2&=\frac{A}{E}(\sigma_1+\sigma_2)-\frac{B}{E}(\sigma_1-\sigma_2)\end{aligned} \tag{7-11}$$

解以上两个方程得

$$\sigma_{1\cdot2}=\frac{E}{4}\left[\frac{1}{A}(\varepsilon_1+\varepsilon_2)\pm\frac{1}{B}(\varepsilon_1-\varepsilon_2)\right] \tag{7-12}$$

(3) 在主应力方向未知的平面应力场中，有时也使用如图 7-2 所示的三轴 60°应变来测量。则可由下式计算残余应力及方向：

$$\sigma_{1\cdot 2} = \frac{E}{6A}(\varepsilon_0 + \varepsilon_{-60} + \varepsilon_{60}) \pm \frac{E}{2B}\sqrt{\frac{1}{3}(\varepsilon_0 + \varepsilon_{-60})^2 + (\varepsilon_0 - \frac{\varepsilon_0 + \varepsilon_{-60} + \varepsilon_{60}}{3})^2}$$

$$\tan 2\varphi = \frac{1}{\sqrt{3}} \frac{\varepsilon_{60} - \varepsilon_{-60}}{\varepsilon_0 - \frac{1}{3}(\varepsilon_0 + \varepsilon_{-60} + \varepsilon_{60})} \quad (7\text{-}13)$$

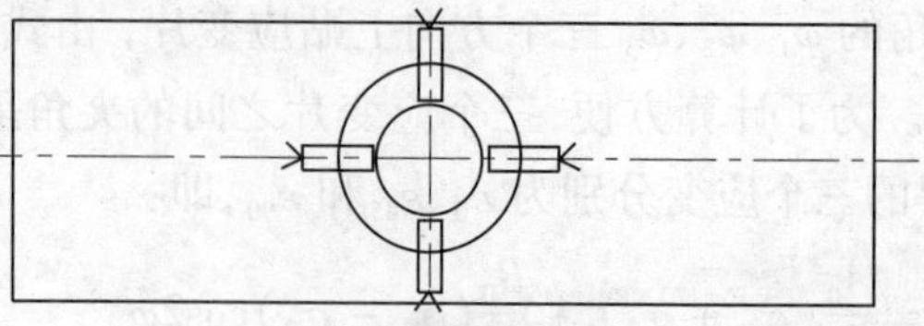

图 7-2　标定试件贴片

式(7-11)是通过弹性力学理论推导而来的,式中的 A、B 值是通过计算得到的,因此上述方法被称做理论公式法。还有一种方法就是通过在拉伸试件上标定释放应变与应力的比例系数后,再计算残余应力,这种方法称做试验标定法。

如图 7-2 所示,在距孔心 r 处贴片。为消除边缘效应的影响,取宽度 b 大于 a 4~5 倍的试件。在材料试验机上将没有钻孔的试件逐级加载,计算出试件的应力 σ,测出各级荷载下的应变 ε'_1 和 ε'_2。然后取下试件用专用设备在试件指定部位上钻孔后,再重新拉伸,并测出钻孔后的应变值 ε''_1 和 ε''_2。

将两种情况下同一级荷载产生的应变差求出后可见,钻孔前后的应变差与应力成正比,即

$$\varepsilon'''_1 = K_1 \frac{\sigma}{E}$$

$$\varepsilon'''_2 = K_2 \frac{\sigma}{E} \quad (7\text{-}14)$$

所以有

$$K_1 = \frac{E\varepsilon'''_1}{\sigma}$$

$$K_2 = \frac{E\varepsilon'''_2}{\sigma} \quad (7\text{-}15)$$

式中　K_1、K_2——比例系数;

ε'''_1、ε'''_2——钻孔前、后同一级荷载下的应变差。

测试时可沿残余应力方向各贴一片应变片。位置及钻孔直径与试件相同,钻孔后测得释放应变为 ε_1 和 ε_2,根据叠加原理有

$$\varepsilon_1 = K_1 \frac{\sigma_1}{E} - uK_1 \frac{\sigma_2}{E}$$

$$\varepsilon_2 = K_2 \frac{\sigma_2}{E} - uK_2 \frac{\sigma_1}{E} \quad (7\text{-}16)$$

由式(7-16)得

$$\left.\begin{aligned}\sigma_1 &= \frac{E}{K_1^2 - u^2K_2^2}(K_1\varepsilon_1 + uK_2\varepsilon_2)\\ \sigma_1 &= \frac{E}{K_1^2 - u^2K_2^2}(K_1\varepsilon_2 + uK_2\varepsilon_1)\end{aligned}\right\} \tag{7-17}$$

若令

$$\left.\begin{aligned}K_1 &= A' + B'\\ -uK_2 &= A' - B'\end{aligned}\right\} \tag{7-18}$$

将式(7-18)代入式(7-16)得到

$$\left.\begin{aligned}\varepsilon_1 &= \frac{1}{E}[(A' + B')\sigma_1 + (A' - B')\sigma_2]\\ \varepsilon_2 &= \frac{1}{E}[(A' + B')\sigma_2 + (A' - B')\sigma_1]\end{aligned}\right\} \tag{7-19}$$

由式(7-19)得到残余应力的主应力为

$$\sigma_1 = \frac{E}{4}\left[\frac{1}{A'}(\varepsilon_1 + \varepsilon_2) \pm \frac{1}{B'}(\varepsilon_1 - \varepsilon_2)\right] \tag{7-20}$$

式(7-20)与式(7-12)具有完全相同的形式,它说明标定法得到的A'、B'相当于理论公式中的A、B。因此,只要通过标定法测得A'和B'后代入式(7-9)中,即可得到主应力方向未知的测点的残余应力σ_1和σ_2及其夹角φ的数值。

当构件中的残余应力沿厚度分布不均匀时,可采用分层钻孔法求得各深度的残余应力。其方法是:等深度地逐层钻孔测定每次的应力释放量。如果已知主应力的方向,则有

$$\left.\begin{aligned}\sigma_1^i &= \frac{E}{(K_1^i)^2 - U^2(K_2^i)^2}(K_1^i\Delta\varepsilon_1^i + UK_2^i\Delta\varepsilon_2^i)\\ \sigma_2^i &= \frac{E}{(K_1^i)^2 - U^2(K_2^i)^2}(K_1^i\Delta\varepsilon_2^i + UK_2^i\Delta\varepsilon_1^i)\end{aligned}\right\} \tag{7-21}$$

式中　σ_1^i、σ_2^i——第i层的残余应力值;

K_1^i、K_2^i——第i层标定的比例系数;

$\Delta\varepsilon_1^i$、$\Delta\varepsilon_2^i$——第i层钻孔时应变片释放的应变量值。

标定试件材料及厚度必须与被测件相同。如果被测件厚度很厚,试件厚度只取50 mm即可。如果被测点主应力方向未知,则可用式(7-9)来进行计算:

$$\left.\begin{aligned}\sigma_{1\cdot2}^i &= \frac{E}{4A^i}(\varepsilon_0^i + \varepsilon_{90}^i) \pm \frac{\sqrt{2}E}{4B^i}\sqrt{(\varepsilon_0 - \varepsilon_{45}^i)^2 + (\varepsilon_{90}^i - \varepsilon_{45}^i)^2}\\ \tan2\varphi &= \frac{\varepsilon_0^i + \varepsilon_{90}^i - 2\varepsilon_{45}^i}{\varepsilon_0^i - \varepsilon_{90}^i}\end{aligned}\right\} \tag{7-22}$$

式中　$\sigma_{1\cdot2}^i$——第i层残余应力;

ε_0^i、ε_{45}^i、ε_{90}^i——第i层钻孔时0°、45°、90°三个方向的应变测量值;

A^i、B^i——通过标定得到K_1^i和K_2^i后由式(7-18)计算出来的第i层值。

被测点钻一小孔只能使残余应力局部释放,因此应变计所测出的释放应变值很小,必须采用高精度的应变计。为了不断提高测量精度,还必须十分注意产生误差的各种因素,其中最主要的是钻孔设备的精度和钻孔技术,还有应变测试误差。一般来说,钻孔深度

$h \geqslant 2a$即可。

(二)钻孔设备及钻孔要求

(1)钻孔设备的结构应该简单,便于携带,易于固定在构件上,同时要求对中方便,钻孔深度易于控制,并能适应在各种曲面上工作。图7-3为小孔钻的结构图,这种钻具能较好地实现上述要求,借助4个可调节x、y方向的位置和上、下位置,以保持钻孔垂直于工件表面,用万向节与可调速手电钻连接施行钻孔。

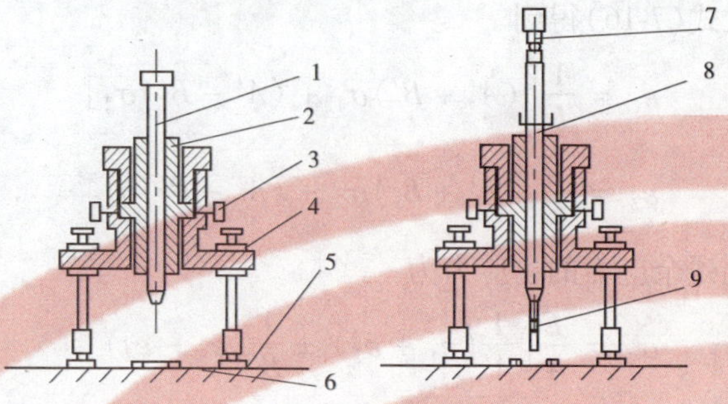

1—放大镜;2—套筒;3—x、y方向调整螺丝;4—支架高度调整螺母;5—黏结垫;6—直角应变片;7—万向节;8—钻杆;9—钻头

图7-3　钻具示意图

(2)钻孔的技术要求:

①被测表面的处理要符合应变测量的技术要求,直角应变片应用502胶水准确地粘贴在测点位置上,并用胶带覆盖好丝栅,防止铁屑破坏丝栅。

②钻孔时要保证钻杆与测量表面垂直,钻孔中心偏差应控制在±0.025 mm以内。

③钻孔时要稳,机座不能抖动。钻孔速度要低,钻孔速度快易导致应变片的温度漂移,孔周切削应变增大使测量不稳定。为消除切削应变的影响,可先采用小钻头钻孔,然后用铣刀洗孔。

(三)试验步骤

(1)准备检测器材:静态应变仪,三根信号线,一根信号补偿线,打孔装置,钻头、手持式磨光机,直角应变片,瞬间黏合剂(502或406),乙醇清洁剂,棉球,粗砂皮,精细砂纸,剪刀,镊子,电烙铁,接线端子,稳压电源,数据记录卡,示意图绘制卡,常用工具箱。

(2)调整工件位置及整理现场环境,保证检测试验的精度。

(3)选择应力测试点,一般选6~10个点。

(4)打磨测试点。先用砂轮进行表面粗加工,再用粗砂皮打磨,最后用细砂纸精打磨,确保表面光滑。

(5)用乙醇清洁剂清洁测试点。

(6)使用瞬间黏合剂粘贴应变片并按紧,贴片后在示意图卡上绘出工件上各点位置。(每个测试点分开贴两个应变片,分两组检测,振前测试第一组测试点中的一个应变片,振后测试第二组)。

(7)将测试线轻轻拉起,小心拉断,使测试先不与构件接触。

(8)粘贴接线端子(每点3个方向)。

(9)将测试点先焊于接线端子上0°、45°、90°(每个角度有两根测试线)。

(10)将剩余的测试线剪断。

(11)连接数据线。

(12)将静态应变仪清零,通道1、2、3(单点平衡)。

(13)打孔(匀速钻入且须钻在测试片中心),钻孔同时观察并记录,静态应变仪记录振前值。依次记录每个孔的振前应变值。

(14)起振,对被测工件进行振动时效处理。

(15)处理完毕,再对各点的第二组应变片进行打孔检测数值。

(16)记录振后应变数值。

(17)全部试验数据与测量结果均应列表表示,按公式计算残余应力的大小和方向,并对测量结果进行误差分析。

(18)将数据线拆除,清理现场。

(19)处理应力测试数据,编写盲孔法残余应力检测报告。

二、压痕法

(一)概述

压痕应变法(以下简称压痕法)测量残余应力是由中国科学院金属研究所20世纪90年代初提出并研究的。该方法利用测量球形压头产生的压痕外弹性区的应变变化来计算残余应力。该方法采用电阻应变片作为测量用敏感元件,在应变片中心部位采用冲击加载制造压痕(见图7-4),通过记录压痕外弹性区应变增量的变化,获得对应于残余应力大小的真实弹性应变,求出残余应力的大小。

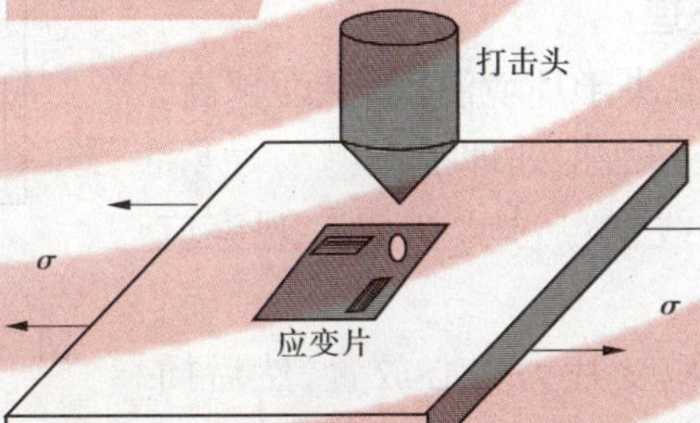

图7-4　压痕应变法测量残余应力示意图

KJS-3+型压痕法应力测试系统是目前最新型的设备,主要包括应力应变处理系统和压痕制造系统两部分。

(二)应力测试的一般步骤

压痕法残余应力测试的一般步骤可以被分解为三大步:被测构件表面准备、应变片粘贴、压痕制造和数据处理。

1. 被测构件表面准备

表面状态直接影响应力测量的结果,一般情况按以下四步顺序进行:

(1)确定测量位置。根据应力分析要求和被测构件表面的可操作状态来确定。

(2)表面粗磨。用砂轮对焊缝进行表面平整或进行除锈,打磨时要用力均匀、适当,不可用力过猛和长时间打磨一个地方。打磨区域能满足应变片粘贴要求即可，磨削量不要太大。

(3)表面抛光。此步骤对表面进行光滑处理，同时可进一步减小由于表面粗磨造成的附加应力影响。

(4)表面手工打磨处理。此步骤可使表面机械打磨引入的附加应力减至最小，同时便于粘贴应变片，此时可采用100～200号的砂布，在两个垂直的方向上来回打磨。

2. 应变片粘贴

应变片粘贴质量是应力测量结果准确与否的关键，要求试验人员严格按程序执行。主要过程如下：

(1)用干净棉纱蘸上丙酮单向擦拭表面，直至清洁。所用丙酮应是新鲜的，不可采用回收的旧丙酮。

(2)确认周围没有明显的灰尘干扰，在准备好的专用应变片（碳钢、低合金钢选用BA120－1BA(11)－ZKY，不锈钢、铝合金等选用BE120－2CA－B）背面均匀涂抹一薄层新鲜的502快干胶，对准测试部位放好，必要时用镊子轻轻移动和触摸应变片调整位置。

(3)将聚乙烯塑料薄膜放在应变片上方，再用大拇指滚压1～2 min。

(4)等待10 min左右，可沿切向轻轻揭起塑料膜，观察应变片应没有任何翘起。然后在应变片引出线附近粘贴接线端子。

(5)在距离打击点1～2 mm用刀片各划一刀，以切断应变片基片与压痕打击处的联系。观察此时割痕附近的基片有无翘起，一旦发生此种情况应考虑重新渗胶再按压应变片。应变片切割线见示意图图7-5。

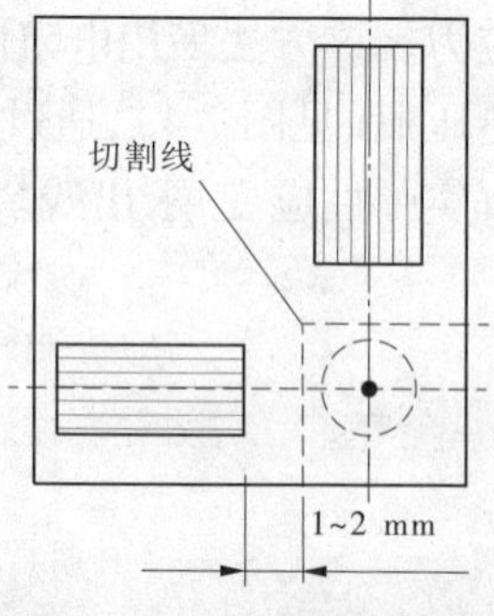

图7-5　应变片切割线示意图

（三）制造压痕和数据处理

粘贴应变片后1～3 h（取决于环境温度，温度越高，时间越短），可进行压痕制造和数据处理工作：

(1)将应变片按规定接线，然后按"初值"，观察应变平衡情况。

(2)将对中底座大致以应变片为中心放置，然后插入显微镜，必要时可轻轻移动底座，再通过底座上的调整螺丝微量调整显微镜镜筒，将应变片上的压痕打击点与显微镜中心点调节至重合。

(3)拔出显微镜，将打击杆拉杆拉伸至锁扣相应挡位（一般为一挡），然后插入底座中。按"应力"键，将初始值归零。

注意：为满足不同材料的测量需要，锁扣位置共分为3挡。对于不同材料应采用不同挡位，保证打出的压痕直径为1～1.1 mm，建议如下：

(1)硬度HB＜200，或屈服点小于600 MPa，采用第一挡。

(2)硬度HB＝200～300，或屈服点小于900 MPa，采用第二挡。

(3)硬度HB＞300，或屈服点大于900 MPa，采用第三挡。

(4)捏住滚花扶手处使打击头紧贴钢板表面，按动压痕打击装置上的脱口按钮。

(5)此时应变输入C_1、C_2值即为压痕打击后的应变增量，S_1、S_2为改点的应力值。待仪器循环检测约 10 s，C_1、C_2 值趋于稳定后按“初值”键进行下一测点的测量。

第三节　机组主轴扭矩测试

一、测试原理及目的

(一)测试原理

主轴承受水轮机传来的转矩，并传递给发电机轴，经发电机定子、转子后变为电能。在此过程中主轴产生扭应变。因此，可在主轴表面上粘贴应变片，通过转换电路将应变片电阻的变化转换成主轴扭应力的大小。再根据主轴表面扭应力和主轴扭矩的关系式即可测量出主轴扭矩的大小。

(二)测试目的

(1)通过实测获得主轴表面测点处实际的最大扭应力值，用它与计算值及许用值相比较，以确定主轴轴身真实的安全程度。

(2)用实测所获得的数据校验现在使用的扭矩、扭应力计算公式的可靠性。

(3)可以通过实测主轴的扭矩，计算出水轮机运行的输出功率，即发电机的输入功率。

二、应变片布置

由于主轴扭转的同时还承受水推力产生的拉应力。因此，应变片应按拉、扭联合作用下求扭矩的方法布片，应变片在主轴表面上按与轴线成 ±45°的方向粘贴。主轴上粘贴的应变片如图 7-6 所示。

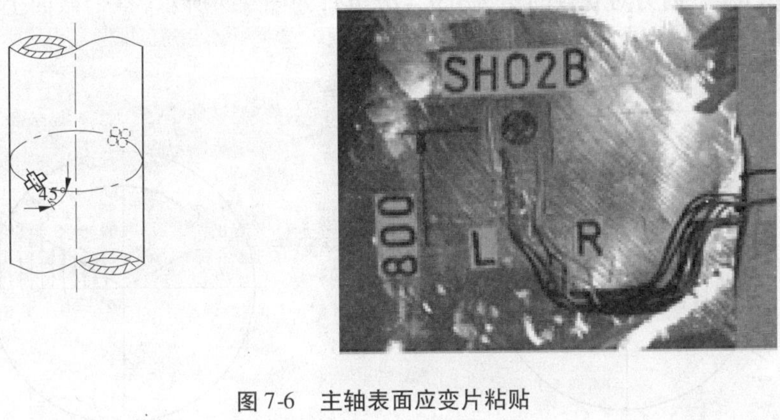

图 7-6　主轴表面应变片粘贴

三、采集装置

过去通过引电器将主轴上应变片的信号传递到非旋转的测量仪器上去，随着测试技术的发展，现在测试中普遍不采用引电器的方式，而采用由蓄电池供电的采集仪器和电源模块(蓄电池)直接捆绑在主轴上来实现信号的采集。

四、扭矩计算原理

平面假设:主轴扭转变形后各个横截面仍为平面,而且其大小、形状以及相邻两截面之间的距离保持不变,横截面半径仍为直线。

横截面上任意一点的切应变 γ_ρ 与该点到圆心的距离 ρ 成正比(如图 7-7 所示),由剪切胡克定律可知

$$\tau_\rho = G\gamma_\rho = G\rho\frac{d\varphi}{dx} \tag{7-23}$$

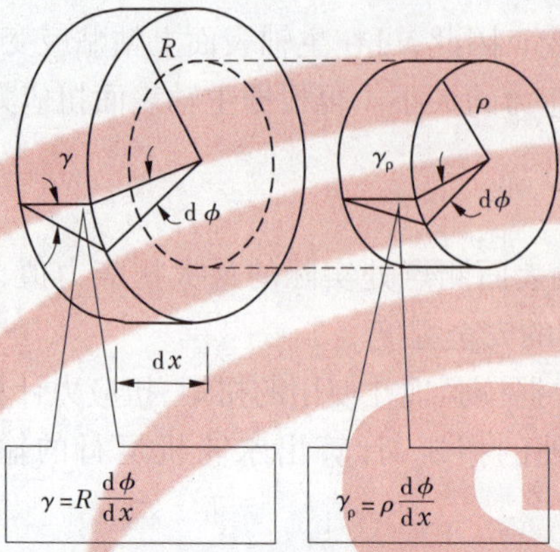

图 7-7　切应变分布

横截面上任意一点的切应力 τ_ρ 的大小与该点到圆心的距离 ρ 成正比,切应力的方向垂直于该点和转动中心的连线。

根据以上结论可知扭转变形横截面上的切应力分布如图 7-8 所示。

微面积 dA 上内力对 o 点的矩为 $dM=\rho\tau_\rho dA$,如图 7-9 所示,整个截面上的微内力矩的合力矩应该等于扭矩,即

$$\sum\rho\tau_\rho dA = T \tag{7-24}$$

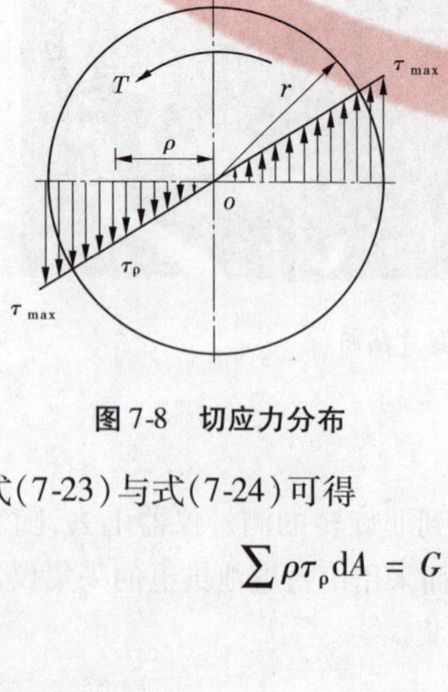

图 7-8　切应力分布

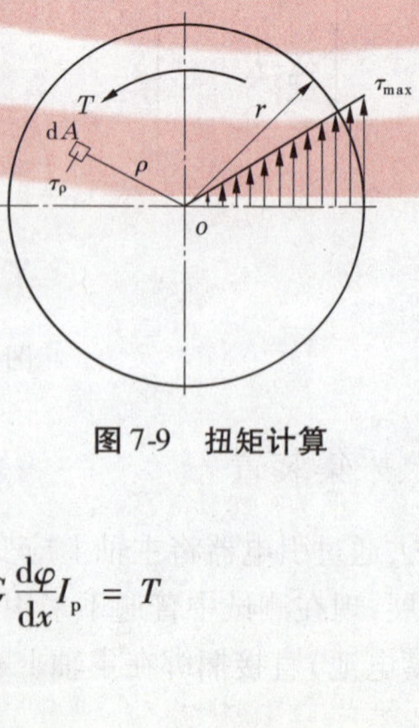

图 7-9　扭矩计算

由式(7-23)与式(7-24)可得

$$\sum\rho\tau_\rho dA = G\frac{d\varphi}{dx}\sum\rho^2 dA = G\frac{d\varphi}{dx}I_p = T \tag{7-25}$$

式中 I_p——极惯性矩，$I_p = \sum \rho^2 dA = \int_A \rho^2 dA$。

扭转截面系数 W_p 为

$$W_p = \frac{I_p}{r}$$

空心圆柱体的扭转截面系数为

$$W_p = \frac{\pi D^3}{16}[1 - (\frac{d}{D})^4] \tag{7-26}$$

式中 d——内径；

D——外径。

则主轴的扭矩为

$$T = G\frac{d\varphi}{dx}I_p = GR\frac{d\varphi}{dx}\frac{1}{R}I_p = G\gamma_R W_p = G\gamma_R \frac{\pi D^3}{16}[1 - (\frac{d}{D})^4] \tag{7-27}$$

又 $G = \frac{E}{2(1+\mu)}$，则可推出

$$T = \frac{E}{2(1+\mu)}\frac{\pi D^3}{16}[1 - (\frac{d}{D})^4]\gamma_R \tag{7-28}$$

主轴扭矩测点应变片与轴线成45°，如图7-10所示。由图7-10可推出

$\Delta l = \varepsilon l = \varepsilon\sqrt{2}a$， $x = \sqrt{2}\Delta l = 2\varepsilon a$，推出 $\gamma = \frac{x}{a} = \frac{2\varepsilon a}{a} = 2\varepsilon$ (7-29)

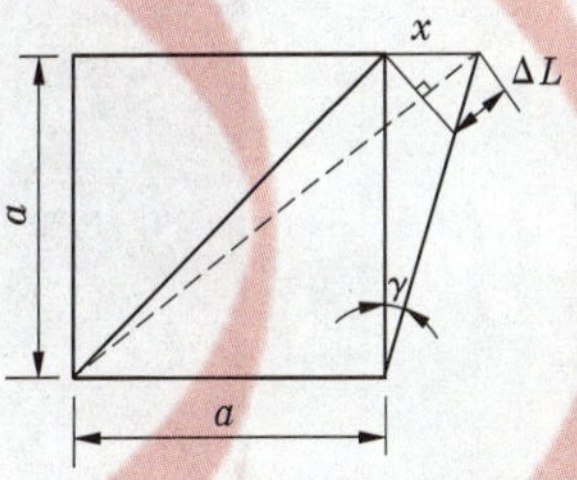

图7-10 主轴表面应变片布置示意图

即剪切应变为应变片应变的2倍。

由式(7-28)与式(7-29)推出扭矩

$$T = \frac{E}{2(1+\mu)}\frac{\pi D^3}{16}[1 - (\frac{d}{D})^4]\gamma_R = \frac{E}{1+\mu}\frac{\pi D^3}{16}[1 - (\frac{d}{D})^4]\varepsilon \tag{7-30}$$

当采用全桥法进行扭矩 M_k 测量时扭矩用下式计算：

$$T = \frac{E\varepsilon W_p}{4(1-\mu)} \tag{7-31}$$

式中 ε——全桥法测得的扭应变值；

W_p——主轴轴身抗扭断面系数。

第四节 转轮动应力测试

一、测试目的

测量转轮叶片应力的大小、分布特性以及随负荷变化的规律，可指导机组避开动应力较大负荷区域，减少疲劳裂纹的产生，机组优化运行。另外，对叶片有裂纹的机组开展动应力试验，可为分析裂纹产生的原因以及寻求解决措施提供技术资料。

二、测点布置

根据理论分析结果选定最大应力可能出现的部位布点，如果理论分析困难，也可按主应力一般可能出现的部位来粘贴应变花群，这里采用45°应变花，其布置示意图见图7-11。对于有裂纹的转轮叶片，应变片可垂直于裂纹布置。

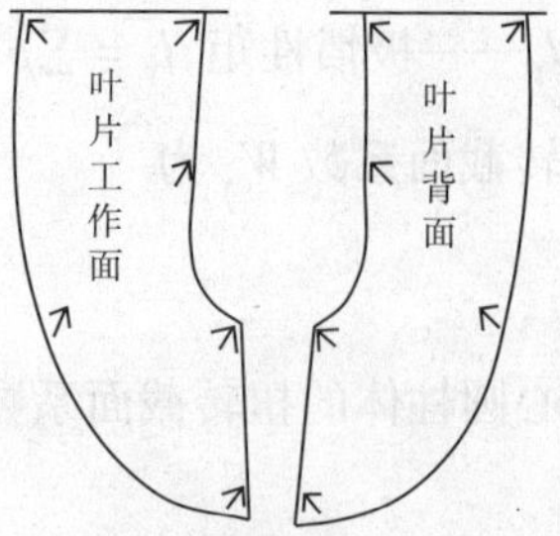

图7-11　混流式转轮应力测点布置示意图

三、应变采集装置

（一）对于主轴中心中空的机组

应变采集装置包括采集仪和电源模块（蓄电池供电），将应变信号装置安装于机组主轴轴顶，试验时通过无线遥控启动和停止信号采集仪采集旋转部件电阻应变片输出信号并记录，采集的信号可通过数字无线电台将数据传输至计算机进行信号实时显示。采集仪中装有存储数据的CF卡或PCMCIA存储卡。待试验结束停机后，将数据传至计算机进行信号处理和分析，采集装置见图7-12。

图7-12　安装于机组主轴轴顶的转轮应力测试装置

（二）实体主轴（轴流式水轮机）

对于这种机组类型，应变片信号线无法引至机顶，只能将采集仪器和电源模块整个测试装置密封后安装于转轮泄水锥中。然而，这使得信号的采集控制成为难题。对于这种情况，可以采用两个定时器来实现：第一个定时器功能是试验开始时，电源模块给采集仪供电；第二个定时器功能是间断的启动应变采集仪采集记录应变信号。待试验结束后，尾水排水取出存储数据介质进行数据处理与分析，见图7-13。

四、信号线防护

转轮内水流速度高，水压较大，故测量应力的应变片应采用防水胶和“铜管－铜盖防冲防潮盒”结构来进行防护。

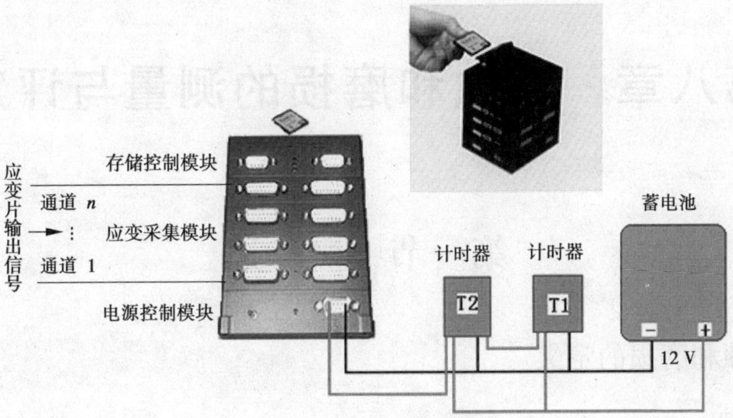

图 7-13　定时控制应变采集系统示意图

五、试验工况

(1)带负荷试验。有空载,带 25%、50%、75%、100% 负荷,启动,快速自动从零增负荷至 100%。可与变负荷试验同时进行。

(2)甩负荷试验。包括甩 50%、75%、100% 负荷试验。

第八章 空蚀和磨损的测量与评定

第一节 概 述

一、空蚀和磨损的定义

(一)空蚀

当水流在流道中流过时,如某一部位的局部压力降低到接近于水的汽化压力,则气核成长为汽泡。汽泡膨胀、聚集、流动至高压区又发生溃灭、分裂的现象称为空蚀。有资料显示,当汽泡溃灭的瞬间,汽泡中心点压力高达1 500个大气压。如果汽泡溃灭的部位发生在固体表面,则将对固体表面产生持续的、高频率的微观水击作用,使固体表面疲劳损坏。此外,在汽泡溃灭过程中伴有温度升高、发光、电离、化学腐蚀等现象,加速了材料的破坏过程,这种因空蚀作用对材料产生的破坏称为空蚀损坏。

(二)磨损

当通过水轮机流道的工作水流中含有一定数量、带有棱角的坚硬泥沙颗粒时,沙粒撞击和磨削过流表面,使其材料因疲劳和机械破坏而损坏的过程称为磨损。简言之,水轮机过流表面受泥沙作用所产生的损坏称为泥沙磨损。

二、空蚀和磨损测量的目的和意义

(一)空蚀和磨损对水力机械的危害性

(1)空蚀和磨损使水轮机的通流部件表面变粗糙,破坏了水流对表面原有的绕流条件,使效率和出力降低。由于空蚀和磨损,缩短了水力机组的检修周期,增加了检修工作量,严重者甚至需要更换部分通流部件。在泥沙磨损和空蚀破坏的联合作用下,过流部件表面的破坏更甚。

(2)空蚀引起强烈的噪声,加剧了水力机组运行的不稳定性,使水力不平衡,机组振动和水压脉动都有可能增加。

(二)空蚀和磨损观测的重要性

到目前为止,关于水轮机空蚀及泥沙磨损破坏机制的研究,大部分还处于试验阶段,对原型机来讲比较完善的观测方法不多,因模型试验不可能完全模拟原型机的工作条件,两者之间往往有不相似之处,所以对原型机的空蚀和磨损观测就更显重要。通过观测:

(1)找出水力机组受破坏的主要原因,经过改进(包括设计、制造、检修)提高其抗气蚀和抗磨损的性能。

(2)选用抗气蚀和抗磨损的材料。

(3)测出水轮机在各种运行工况下的气蚀强度,尽量避免在严重气蚀区域运行。

(4)研究水力机组气蚀和磨损的破坏规律,进一步弄清其破坏机制,为减轻水力机组的气蚀和磨损提供必要的材料。

第二节　空蚀测量

一、电声法

(一)基本原理

大量试验、研究表明,在空蚀水流中存在两个基本声源:

(1)由于空蚀旋涡周期性分离,而发生各种频率的噪声,其频率取决于水流条件。

(2)由空蚀空泡溃灭所产生的宽频声振动,声波范围既包含20~20 000 Hz的可闻声波(噪声),又包含20至几百兆赫的超声波。空蚀声波的频谱取决于空泡的直径、数量和溃灭的速度。较小直径的汽泡溃灭时产生高频率的声振动,而直径大的汽泡溃灭时,则产生低频率的声振动。很多试验资料都探明了空蚀现象与声波压强之间的内在联系:随着空蚀的发展、溃灭、汽泡的数目及其冲击强度增大,声波的振幅也随着增加。用声学法测定空蚀特性,可分为噪声法和超声波法两种,目前两种方法都只能提供定性的结果。

(二)噪声法

1. 基本原理

由水轮机空蚀所产生的声压信号,通过声级计的传声器转换成电压信号,电压信号经放大器、衰减器和计权网路、检波,输入至信号采集系统。

2. 测量方法

1)测点位置选择

测点应尽量靠近声源,同时远离其他噪声的干扰。对于立轴水轮机,测点可在尾水管入孔附近;对卧轴机组,测点可设在尾水管的进口锥段。在这种情况下,要避开本机组及相邻机组的电磁振动和其他声源的干扰则相当困难。因此,除传声器的方向要与电视方向相反外,应首先测量本底噪声(背景噪声)。

2)测试方法

测试方法过程如下:

(1)声级计的检查和校正。在使用前按说明书规定检查电池电力和对电容传声器进行校正,符合要求,方可进行测量。

(2)在传声器上安装风罩。此风罩原为避免测量时风吹到传声器上,使传声器膜片上压力发生变化,从而引起风噪声,为提高在有风的环境下测量的准确度而装设的。装上风罩是为了保护传声器免受碰伤。

(3)传声器指向被测声源,传声器与被测声源的距离,在无风罩情况下为3~5 cm,在有风罩的情况下愈近愈好,只要不碰到风罩。

(4)声级的测量。

(5)本底噪声的测量。所谓本底噪声,即当被测噪声源停止发声时周围环境的噪声。本底噪声会影响到测量的准确性。

3)实用条件及优缺点

本方法简单易行,但空蚀噪声受机械振动、电磁振动及引水钢管水流的干扰声影响较大。

二、电阻法

(一)基本原理

当水轮机发生空蚀时即从水中析出气泡,随着气蚀的发展,水中含有的汽泡量进一步增加,由于水中含有大量的汽泡,它的导电性能发生改变,导电率下降。所以,可以利用测量水流电阻值的变化来观测和研究气蚀的发展情况。试验表明:当水压下降时,水流的电阻随着水流中汽泡饱和程度的提高而增大。电阻随水流中真空度变化的关系曲线见图 8-1。

(二)测量方法

采用电阻法测量空蚀常采用电桥电路,图 8-2 所示为电阻法测量空蚀的测量电路。

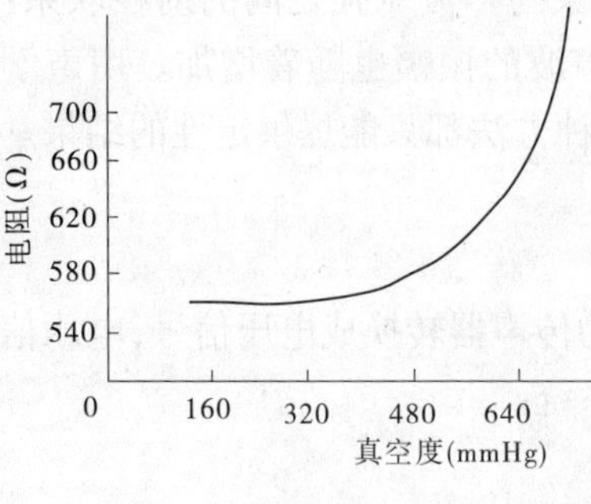

图 8-1　电阻随水流中真空度变化的关系曲线

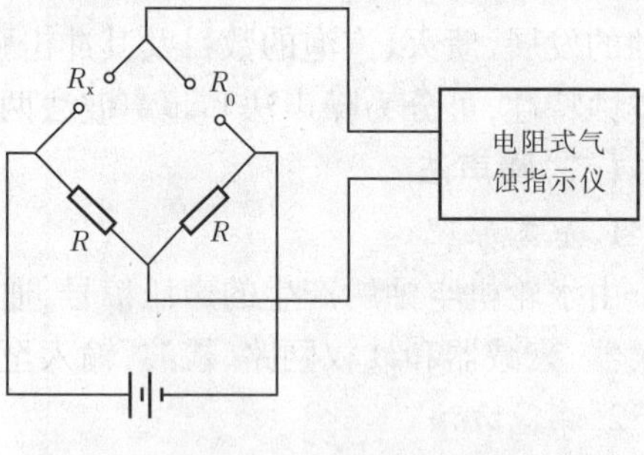

图 8-2　电阻法测量空蚀的测量电路

R_0、R_x 为放在水流中的两对电极。电阻为 R_x 的一对电极装在空蚀区,随空蚀的不同程度,极间电阻发生变化。电阻为 R_0 的一对电极安装在水轮机任何工况下都不发生空蚀的水流中,将这两对电极组成电桥二臂,可以消除其他因素(如水质、水温)引起的对水流电阻值的影响,提高了测试精度。电桥的另外二桥臂为固定电阻 R。

由于电极之间电阻的增值与电阻式空蚀指示仪读数(以微安表示)之间呈线性关系,因此就可以直接用电阻式空蚀指示仪上的读数来表示水流电阻的增值。也就是说,所读出的微安指示值即为水轮机的相对空蚀强度。

用此法测定空蚀,其可靠性和灵敏度很大程度上取决于电极参数及其安装的位置。电极材料采用不锈钢,以防其在水中氧化,使电极本身电阻增大。电极支持管必须在全长度上和水绝缘,只让不锈钢的电极头裸露在水中。

电极一般安装在转轮下面与机组轴线垂直的平面内。电极平面与转轮下缘的距离 $l=(0.04\sim0.05)D_1$,电极头的径向插入深度 $h=(0.05\sim0.1)D_1$,两电极之间的距离一般应小于 $2h$,但也不能太小,否则测量范围缩小了。引出电极连接线时要加固,以防被水流冲断。

(三)本方法的优缺点

与声学法相同,只能测出空蚀的相对强度,而且主要是测量水中所形成的空蚀空泡数量，并非空蚀的破坏程度。

三、加速度法

（一）原理

空蚀空泡溃灭的瞬间产生很大的高频冲击力，而这种冲击力是由于加速度增大所引起的。如果我们将加速度计放在转轮附近的尾水管、机壳、管道或基础结构上，用振动仪或频谱分析仪测量或录制下空蚀发生时加速度的数值或波形，即可判断空蚀的发生、发展和严重程度。总的趋势是空蚀现象愈重，所测得的加速度值愈大，或者波形图上所显示的高频分量愈大。由于各种水轮机的空蚀破坏程度不同，因此开始要有一段测试和积累资料的过程，才能提供出比较切合实际的判断空蚀严重性的准则。

（二）加速度计及设备的选择要求

由于空蚀振动的频率范围较宽，而且以高频分量为主。因此，要选择工作频率为100 ~ 10 000 Hz的加速度计为宜，测量仪器要与加速度计配套，表头所指示的加速度最大测量值应不小于100g。

（三）检测方法

为了比较准确地测出水轮机转轮的空蚀情况，加速度计放在尾水管壁上，尽量靠近转轮为好，将固定加速度计用的底座用502胶水或其他方法固定在尾水管壁上，然后安装加速度计，接上测量仪表，即可进行测量，每个测点观测1 min，读取最大的加速度峰值。

本方法测试简便，设备易于解决，比较能准确地反应水轮机各部分和在各种工况的空蚀情况，可以实现在线诊断检测。

四、易损镀层法——快速破坏法

前面介绍的几种方法都是通过用仪表测量来判断水轮机空蚀发展的情况。若用肉眼能观察到空蚀破坏情况，则需经过1 ~ 2年的运行时间才行。如果在过流部件的表面覆盖一层容易遭受空蚀侵蚀的材料，则只需10 min或数小时的运行，就可以直接观察到受空蚀破坏的部位和程度。常用的有易损涂层和易损软金属两类方法。

（一）易损涂层法

在水轮机易受空蚀侵蚀的区域，涂一层（或数层）易被空蚀剥落的涂料，涂层厚度一般不超过0.1 mm。在经过一段时间的运行后，测量受空蚀侵蚀所剥落的涂层量或剥落的面积，以判断空蚀的损坏程度。这类涂层的种类较多，现介绍在使用方法上有代表性的两种。

1. 放射性砷涂层（同位素）法

利用放射性同位素的放射性能，来判断水轮机的空蚀程度，选用放射性同位素砷，半衰期只有26.8 h，几天后任何放射性危害都会消失，将5 g砷加入200 g特殊涂料内调制成放射性油漆。特殊涂料是用吕宋树脂加适当的白云石或滑石粉溶于酒精或松节油内调制而成。然后将制好的放射性油漆涂刷到水轮机的过流部件表面。

机组投入运行，保持某一预定的试验工况运行到所需时间后，通过下述方法之一确定水轮机的空蚀程度:一种方法是当剥蚀量很大时,可以从尾水管的水流中测量被剥蚀的放射性物质的量;另一种方法是直接测量过流部件表面受剥蚀后剩余的放射性物质的量。

2. 油漆法

用一种不易溶解和抗冲刷能力强的油漆,涂在过流部件易空蚀的部位。由于油漆的种类繁多,普通防锈漆,钳工画线用油漆皆可作为试验用涂层。但开始出现空蚀破坏所需要的试验时间与油漆的性质、干燥的时间都有关,下面所介绍的漆层配方,在试验过程中,只要有轻微的空蚀,即能很快地被破坏。

油漆配方如下:清漆 100 g,溶于酒精的树脂 2 g,乙基纤维素 0.1 g。

上述分量可涂刷厚度 0.04 ~ 0.05 mm,面积 1 m^2。

在选定的试验工况下运行 30 min,停机记录涂层破坏的范围和程度,而后每隔 1 h 记录一次,直至破坏范围不再增大。因涂层很薄,评定空蚀破坏的程度,可用受侵蚀破坏的面积和总面积的比值作为侵蚀强度相对比较。

(二)易损软金属覆盖层

将易受空蚀破坏的金属片,用环氧树脂或其他胶黏剂,牢固地粘贴在水轮机易受空蚀的部位。运行一段时间后对覆盖层进行检查,测定空蚀破坏的面积及程度。

本方法能比较准确和直接地观察与统计出空蚀破坏的部位与强度,这是以上几种方法都无法与之相比的。但每做一个工况需停机,这对某些电站是难以实现的。

第三节　空蚀评定

一、空蚀破坏量的测量和计算

对于原型水轮机而言,无论是以空蚀损坏的体积或以所失掉的金属重量作为统计空蚀的损坏量,都需要测量空蚀损坏部位的深度和面积。

(一)面积测量

在空蚀损坏面的周围用油漆或其他办法画出边界面。在涂料未干前用透明纸印下,然后用求积仪或方格纸放在透明纸下面计算面积,测量误差应小于10%。对由于空蚀而引起变色区的面积不统计在内。

(二)深度测量

要比较准确地测出深度,必须注意两点:首先测量深度的基准面应该是叶片表面上未被损坏的金属面,即从母材原始表面量起;其次要考虑到叶片原来的型线。所以,测量时可将样板支持在未受损坏的叶片表面,用深度尺或测针,甚至大头针,测量空蚀最深点到样板的距离。这样测量误差要求不超过最大深度的10%或1 mm。对于大型机,叶片面积很大,如果空蚀面积又比较大,可以用一曲线尺或钢卷尺,使其两端靠在未损坏的叶片上分区测量深度。

(三)失重量的测量和计算

1. 直接测量法

用塑性物质(如石蜡、橡皮泥、面粉)涂抹在转轮空蚀损坏的部位,使叶片恢复到未损坏以前的形状，然后将塑性物质取下，测量其体积，再换算成金属的失重。当损坏面位于三度曲面时，其表面形状应用叶片样板或其他适当工具检验（当要求不高时可用目估），测量误差不得超过15%。

2. 近似计算法

将空蚀损坏部分按照损失程度分成若干块，分别量出每块的空蚀面积和最大空蚀深度，然后按下式近似计算出空蚀损坏的金属体积：

$$V = \sum V_i = \sum \frac{1}{2} h_{i\max} A_i \tag{8-1}$$

式中　$h_{i\max}$——各个空蚀破坏区内的最大空蚀深度，可先将空蚀破坏区内的海绵状物铲除，直接露出新金属再进行测量；

A_i——空蚀破坏区内各分块的面积。

如需要计算所失去金属的重量即将式(8-1)所计算出的空蚀损坏体积乘以叶片母材的比重即可。

二、空蚀损坏评定标准

对于空蚀损坏程度的评定方法，各国不一样，IEC规程中规定：在规定的运行时间内，以空蚀损坏的最大深度、面积、体积（或重量）作为保证量，可选择其中两个或三个量作出保证，也有的国家以修补空蚀区所耗用的电焊条重量或修补气蚀区所需工时作为评定标准。而实际上，到现在为止，在国外合同中，都是采用失重作为保证的。失重保证又有三种方式：①给出总的允许失重量（公斤或磅）；②给出失重量计算公式 $W = K_w D^2$，并提供失重系数 K_w 值；③给出每单位时间内的失重量。“送审稿”采用失重（失重系数）作为空蚀保证量的表示方法，即

$$W = K_w D^2 \tag{8-2}$$

式中　D——转桨式、定桨式水轮机为叶片外缘直径，混流式水轮机为转轮出口直径。

1964年水电部组织调查了国内水轮机空蚀情况后，为衡量水轮机空蚀破坏的标准，采用了空蚀侵蚀指数 K：

侵蚀指数　$$K = \frac{V}{FT} \quad (\text{mm/h}) \tag{8-3}$$

式中　V——空蚀损坏掉的金属体积，$m^2 \cdot mm$；

F——叶片的总面积，m^2；

T——机组实际运行时间。

按空蚀强度的大小分为5级：

Ⅰ级　$K < 0.0577 \times 10^{-4}$

Ⅱ级　$K > (0.0577 \sim 0.155) \times 10^{-4}$

Ⅲ级　$K > (0.155 \sim 0.577) \times 10^{-4}$

Ⅳ级　$K > (0.577 \sim 1.15) \times 10^{-4}$

Ⅴ级　$K > 1.15 \times 10^{-4}$

水轮机空蚀损坏的保证值反映了某个时期水轮机设计、制造方面的水平。上述标准

只统计了水轮机转轮叶片总的空蚀损坏量，对过流部件其他部位的空蚀情况并未包括进去，新的标准已注意到这些问题，而且向国际标准靠拢了。

第四节　磨损测量和评定

一、相关知识简介

（一）含沙量

单位体积的水中含有的泥沙体积的百分比称为含沙浓度。由于泥沙颗粒的总体积不便测量，沙粒之间存在空隙，因此也常用单位体积水中的泥沙质量来表示，称为含沙量：

$$\rho = \frac{V'}{V} \times 100\% \text{ 或 } \rho = \frac{G}{V} \times 100\% \tag{8-4}$$

式中　ρ——含沙浓度或含沙量；

V——水的体积，m^3；

V'——水中泥沙体积，m^3；

G——水中泥沙质量，kg。

在测定泥沙量时，沙粒要充分烘干以保证测量精度。

磨损强度与含沙量的关系为

$$J = K\rho^m \tag{8-5}$$

式中　J——泥沙磨损强度；

ρ——过机含沙量；

m——指数，取0.6～1；

K——单位含沙量的磨损强度系数，由试验确定。

磨损与含沙量的0.6～1次方成正比，因此对过机含沙量的测定非常重要。

（二）泥沙分析

磨损与泥沙的基本特性（如颗粒成分、粒径、硬度及形状等）密切相关。

（1）颗粒粒径。一般磨损随泥沙颗粒粒径增大而加剧，粒径小于0.05 mm的泥沙则磨损轻微。泥沙粒径级配分析比较简单，将一定重量的干沙用多种标准筛过筛，即可获得粒径级配的百分数。机组台数多的水电厂，可根据枢纽布置特点适当选择有代表性的机组，但一般不得少于2～3台。

沙粒的粒径表征其体积和质量，对于形状不规则的泥沙颗粒，常采用等容粒径来定一种标准筛过筛，即可获得粒径级配的百分比。等容粒径可按下式确定：

$$d = \sqrt[3]{\frac{6V}{\pi}} \tag{8-6}$$

式中　d——泥沙颗粒的等容粒径；

V——泥沙颗粒的体积。

等容粒径表示任意形状沙粒的等容粒径，等于其体积相同的圆球直径。沙粒体积可由其重量和容重计算。

(2)泥沙成分。当泥沙颗粒的硬度高于水轮机过流部件的材料硬度时,沙粒与材料冲撞后有较强的磨损能力,特别是河沙中含有长石、石英和花岗岩类沙粒,硬度都大于金属材料的硬度,如石英砂最大硬度 Hv = 1 350,而硬化的 13Cr 钢硬度 Hv = 847。

(3)形状。河流中泥沙的形状很不规则,粗略划分为三种形状类型:圆形、棱角形(或锥角形)和尖角形。泥沙的颗粒形状与磨损的关系是:尖角形磨损系数为 3,棱角形的为 2,圆形的为 1。

(4)硬度。泥沙的矿物成分、形状及硬度分析。

二、磨损测量方法

(一)外观检查

目前尚无统一的标准和方法。水轮机泥沙磨损的大致特征是:磨损开始时,有成片的沿水流方向的划痕。磨损发展时,表面呈波纹状或沟槽状痕迹,常连成一片鱼鳞状凹坑。磨损痕迹常依水流方向,磨损后表面密实,呈现金属光泽。泥沙磨损强烈发展时,可使零件穿孔,出水边呈锯齿形沟槽。破坏特征与沙粒特性、流速、材质和工作条件有关。

对于磨损量的测量和评定是比较困难的,空蚀破坏大的地方,一般也是磨损破坏严重的部位。如在混流式水轮机的叶片背面下部、出水边及下环内侧流道;轴流式水轮机的叶片背面外缘及出水边、转轮室中环等。此外,叶片正面和头部也有较严重的磨损。外观检查主要是对上述磨损部位进行观察、照相、录像,测量其面积和深度,能测量厚度的,也可比较两次大修期间由于磨损而厚度减薄的程度,以 mm/kh 计。

(二)电镜法

1. 特点及原理

用显微镜对过流表面受磨损部位进行观测,以弄清受损坏的主要原因,这也是研究空蚀、磨损破坏机制的手段之一。

2. 观测与分析

通过行扫、桢扫及试样移位、旋转、倾斜等找到所需观察的部位即可进行照相。电镜观察表明:蜂窝和鱼鳞坑是两种不同性质的破坏形态。蜂窝是在气穴条件下汽泡溃灭时所产生的高压冲击(即微射流)作用,材料受疲劳而破坏,一般是沿材料晶粒晶界破碎后而剥落,因而金相组织疏松,硬度降低,造成表面凹凸不平的蜂窝状气蚀坑。鱼鳞坑是在高速含沙水流作用下高硬度的泥沙颗粒(如石英、长石)对相对较软的水轮机金属表面“磨削”,而导致大面积的金属磨耗,厚度减薄。但由于材质不均匀和表面不平整,因此高低不平。电子探针发现,鱼鳞坑周围凸起处往往是材料硬质点集中区。肉眼或低倍放大镜观察,则坑内光滑,无深坑,金相组织致密;高倍扫描电子显微镜下观察,可看到坑内有明显的带水流方向的泥沙“磨削”痕,个别泥沙颗粒还“犁”入金属表面。

用扫描电子显微镜电子探针及能谱分析等先进的测试手段对水轮机空蚀及泥沙磨损破坏进行微观分析,具有明显的优越性,有利于磨蚀机制和防护材料的研究,加快水轮机空蚀和泥沙磨损研究的发展。

三、磨损量的测量和评定

(一)磨损量的测量

磨损部位的面积、深度的测量以及磨损量的计算方法可参照空蚀损坏量的测量和计算方法。

(二)磨损量的评定

对磨损量的评定,目前尚无统一标准,影响水轮机磨损的因素很多,且往往和空蚀混杂在一起,某些因素对磨损量的影响规律尚不清楚。再加之各个水电站的条件(如水头、泥沙含量及特性等)又差别很大,因而难于精确计算其磨损程度。根据多年来的试验研究和现场观测,关于磨损量的定性计算可参考下面介绍的几个公式,这里需说明的是公式中有些系数,限于目前试验条件的局限性,不一定准确,有些系数还需进一步试验才能确定。

(1)常用公式:

$$\delta = \frac{1}{\varepsilon K}\beta\rho v^m T \tag{8-7}$$

式中　δ——泥沙磨损平均深度,mm;

ε——不同材料表面为$\overset{12.5}{\bigtriangledown}$的耐磨系数;

K——材料表面型线和光洁度影响系数;

β——泥沙磨损能力系数,与级配、形状、硬度有关,由试验确定;

ρ——过机平均含沙量,kg/m^3;

v——水流相对速度,m/s;

T——运行时间,h;

m——磨损速度指数,平顺磨损 $m=2\sim2.3$,冲击磨损 $m=2.3\sim3.0$。

(2)苏联佩拉也夫公式:

$$J = \frac{A\rho v^3 T}{\varepsilon} \tag{8-8}$$

式中　J——水轮机以深度表示的磨损程度;

A——系数,由试验确定;

ρ——某一粒径的硬矿物成分颗粒含沙浓度;

T——运行时间;

v——相对流速;

ε——材料相对抗磨系数。

由于水轮机的体积正比于其直径的立方,而其他条件相同时,其磨损量的体积损失取决于表面积,即与直径的平方成正比。因此,对新设计的水轮机磨损程度可用下式与已运行的水轮机作相对比较确定:

$$J_1 = \frac{A_1\rho_1^m V_1^n \varepsilon_2 D_2}{A_2\rho_2^m V_2^n \varepsilon_1 D_1} J_2 \tag{8-9}$$

式中　脚注1、2——新设计水轮机、已运行的水轮机;

D——转轮名义直径；

m——含沙浓度系数；

n——流速系数；

J、A、ρ、ε、v 含义同佩拉也夫公式。

(3)伊尔盖斯对平面水沙射流磨损推荐的公式：

$$\Delta = KC^{0.7}v^{2.3\sim3.0}\sqrt{R}T/\sin\alpha \tag{8-10}$$

式中　Δ——磨损失重量，kg/m^2；

C——泥沙含量，kg/m^3；

v——冲刷速度，m/s；

T——时间，s；

R——材料硬度；

α——冲击角（含沙水流与试件间的夹角）；

K——常数，与沙粒性质和材料有关。

当 α 小于 30°时，磨损量将迅速减小，按式(8-10)的磨损规律，在水轮机中，对于流速分布比较均匀、冲角小于 30°的过流表面，磨损应该是全面而缓慢进行的，因此磨损表面一般光滑且厚度均匀变薄。

第九章　温度测量

第一节　概　述

温度也是考核机组运行状态的重要指标,如机组轴瓦温度过高,机组很可能存在摆度过大的问题,这将影响机组的长久安全稳定运行。温度的测量主要是对发电机定子、发电机转子和各部轴承进行测量。

第二节　温度测量方法

一、电阻法

测量被试绕组的直流电阻并根据直流电阻随温度变化而相应变化的关系来确定绕组的平均温度。

二、埋置检温计法(ETD)

用埋入电机内部的检温计(如电阻检温计、热电偶或半导体热敏元件等)来测量温度的方法。检温计是在电机制造过程中,埋置于电机制成后所不能触及的部位。

测量埋入式电阻温度计的电阻时,应控制测量电流的大小和通电流时间长短使电阻值不致因测量电流引起的发热而有明显的改变。

三、温度计法

用温度计贴附在电机可触及到的表面来测量其温度的方法。温度计包括膨胀式温度计(例如水银、酒精等温度计)和半导体温度计及非埋置的热电偶或电阻温度计。测量时温度计应紧贴在被测点表面,并用绝热材料覆盖好温度计的测量部分,以免受周围冷却介质的影响,对有强交变或移动磁场的部位,不能采用水银温度计。

第三节　电机定子温度

定子温度的测量包括定子绕组和定子铁芯温度测量两个部分。

定子绕组温度的测量可用电阻法、埋置检温计法,但在使用电阻法时,冷热态电阻必须在相同的出线端测量。对既不能采用埋置检温计法又不能采用电阻法的场合,可采用温度计法。

定子铁芯温度的测量采用埋置检温计时用检温计测量,否则用温度计(对大、中型电机不少于两支)测量,取其最高值作为铁芯温度。

对于发电机,为测量定子绕组和定子铁芯的温度,应在发电机定子槽内至少埋置下列数量的电阻温度计。

一、空气冷却的水轮发电机

(1)额定容量为1 MVA及以下的水轮发电机可不必埋置温度计。

(2)额定容量大于1 MVA但不大于12.5 MVA的水轮发电机埋置6个。

(3)额定容量大于12.5 MVA的水轮发电机埋置12个;当定子绕组并联支路数大于2时,在绕组每相每个并联支路上埋置2个。

二、水直接冷却的水轮发电机

(1)在定子绕组每个并联水路出水端的上、下层线棒间埋置1个。

(2)在定子铁芯槽底埋置6个。

(3)每套纯水处理系统进出水总管各埋置1个。

第四节 电机转子温度

励磁绕组温度的测定:用电阻法测量励磁绕组的温度时,电压应在集电环上测量。励磁装置绕组和辅助绕组温度测定采用电阻法和温度计法。

第五节 轴承温度

一、测量要求

轴承温度可用温度计法或埋置检温计法进行测量。测量时,应保证检温计与被测温度部位之间有良好的热传递,例如,所有气隙应以导热涂料填充。测量位置应尽可能靠近表9-1所规定的测点A或B。

测量推力轴承和导轴承的温度,应在推力轴承和导轴承巴氏合金瓦内至少放置2个电阻温度计和2个信号温度计;在推力轴承塑料瓦内至少应放置2个信号温度计且每块瓦内应放置1个电阻温度计;在座式滑动轴承内至少放置1个信号温度计或1个电阻温度计;在推力轴承和导轴承油槽内至少放置1个电阻温度计和1个信号温度计。根据需要,推力轴承和导轴承冷却水出口可分别装设1个电阻温度计。

表 9-1 轴承温度测量点位置

轴承类别	测点[④]	测点位置
球轴承或滚柱轴承	A	位于轴承室内，离轴承外围[②]不超过 10 mm 处[①]
	B	位于轴承室外表面，尽可能接近轴承外围
滑动轴承	A	位于轴瓦的压力区[③]，离油膜间隙[②]不超过 10 mm 处[①]
	B	位于轴瓦的其他位置

注：①测点离轴承外围或油膜间隙的距离是从温度计或埋置检温计的最近点算起的。

②对"外转子"电机，A 点位于离轴承内圆不超过 10 cm 的静止部分，B 点位于静止部分的外表面，尽可能接近轴承内圈。

③轴瓦是支承轴衬材料的部件，将轴衬压入或用其他方法固定于轴承室内，压力区是承受转子重量和径向负载等综合力的圆周部分。

④测点 A 与 B 之间以及这两点与轴承最热点之间存在温度差，其值与轴承尺寸有关，对压入式轴瓦的套筒轴承和内径小于 150 mm 的球轴承或滚子轴承，A 与 B 之间的温度差可忽略不计。对更大的轴承，A 点温度比 B 点温度约高 15 K。

二、轴承温度限值

当采用表 9-1 中 A 点测量时，轴承的容许温度为：滑动轴承（出油温度不超过 65 ℃时）80 ℃，滚动轴承（环境温度不超过 40 ℃时）95 ℃。

水轮发电机在额定运行工况下，其轴承的最高温度采用埋置检温计法测量应不超过下列数值：推力轴承巴氏合金瓦 75 ℃，推力轴承塑料瓦体 55 ℃，导轴承巴氏合金瓦 75 ℃，座式滑动轴承巴氏合金瓦 80 ℃。

第二篇　电气设备

第十章　绪　论

第一节　水利水电工程电气设备

一、概述

本篇讲述的水利水电工程电气设备是指水力发电厂的电气设备，主要有水轮发电机组电气设备、发电机中性点设备、断路器、电压互感器、电流互感器、励磁、调速系统电气设备、汇流母线、电力变压器、电抗器、GIS（或户外开关站设备）、避雷器以及继电保护、监控系统、系统通信、调度自动化、安全自动控制等电气设备。

另外，水力发电厂的电气设备还应包括以下系统的监控、保护、通信设备，即透平油、绝缘油系统，高压气系统，中、低压气系统，技术供水、排水系统，交流、直流供电系统，照明系统，消防录像监控系统，通风系统，空调系统等。它们与水力发电厂正常运行密切相关，这些系统有关的电气设备都应纳入质量管理和质量检测的工作范围。

二、水利水电工程电气设备的分类

（一）按运行系统分类

水利水电工程电气设备按运行系统可分为一次系统、二次系统。

一次系统：由发电机、断路器、励磁系统、汇流母线、变压器、GIS（或户外开关站）等组成，包括发电、变电、输电等设备组成的系统，其功能是将发电机所发出的电能，经过输变电设备，送到电网或者用户。

二次系统：由继电保护、监控系统、系统通信、调度自动化、安全自动控制系统等组成。二次系统是水电站不可缺少的重要组成部分，它是实现与一次系统的联系、监视、控制、保护、传输，使一次系统能安全稳定运行的系统。

（二）按使用电压分类

水利水电工程电气设备按电压分类一般可以分为交流电压设备和直流电压设备。

1. 交流电压设备

交流电压设备按交流电压等级可以分为低压设备、高压设备、超高压设备、特高压设备。

（1）低压设备：配电的交流系统中 1 000 V 及以下电压等级的设备。

（2）高压设备：电力系统中高于 1 000 V 低于 330 kV 的交流电压等级的设备。

（3）超高压设备：电力系统中高于 330 kV 及以上、低于 1 000 kV 的交流电压等级的设备。

（4）特高压设备：电力系统中高于 1 000 kV 及以上交流电压等级设备。

2. 直流电压设备

直流电压设备按直流电压等级可以分为低压直流设备、高压直流设备、特高压直流设备。

(1)低压直流设备:配电的直流系统中1 200 V及以下电压等级的设备。

(2)高压直流设备:电力系统中高于1 200 V低于±800 kV的设备。

(3)特高压直流设备:电力系统中±800 kV及以上电压的设备。

三、电气设备质量检测的目的与要求

(1)要求质量检测人员在工程的施工过程中,通过采用各种科学的检测方法,使用相关的仪器仪表,对构成设备的原材料、元器件及安装、运行的设备进行严格的检测,根据检测人员不同层次检测工作岗位的要求,了解、熟悉及掌握质量检测的项目、内容、方法及质量要求,具有一般使用检测工具与仪器的知识,从而通过检测结果对电气设备作出客观、正确的质量评判,以便准确无误地指导处理检查出来的缺陷,提前消除水利水电工程安全稳定运行的隐患。

(2)掌握水利水电工程电气设备的制造、安装、调试过程中的控制性质量检测工作,以及起动试运行阶段的综合性质量检验工作,提交客观、公正、翔实的竣工验收资料。

(3)通过全过程的质量检测、控制,达到达标投产的目标,并实现水利水电工程电气设备(水力发电厂设备)及其相关的辅助电气设备能够长期、安全、稳定运行。

四、对质量检测单位检测人员的基本要求

(1)熟悉构成电气设备的材料、元器件及总装设备的结构及性能。

(2)熟知对电气设备测试、试验及工程验收的方法及基本要求。

(3)正确使用相关的检测仪器仪表及设备。

(4)全面掌握设备制造厂家、水利电力行业及国家标准、规程、规范的相关要求。

(5)必须具备良好的职业道德和高度的责任感。

(6)专业质量检测单位和质量检测人员须具有相应的质量检测资格证书。

第二节　电气设备的质量管理

电气设备的质量管理,应是对工程设计、电气设备招标采购及采购合同执行、设备设计制造、监造、安装调试、电气试验、电厂整机试运行、厂家和设计单位的技术服务、竣工验收、移交等全过程的质量管理,是由买方、工程设计单位、设备制造厂家、设备运输仓储单位、安装调试单位、生产运行单位、设备监造及工程监理单位等各方参与组成的质量管理体系。

一、质量控制的五个主要阶段

(一)工程设计阶段

工程设计阶段的质量主要是严把设计规范关,落实好设计审查制度,从国家政策层面

上、从工程总体功能及布置上、从经济效益上反复论证。理顺并明确机电设备与土建结构及基础布置的关系，与金属结构设备等的关系，在各设计专业接口上把关。通过设计审查会、设计联络会、技术专题会等各种形式，使设计、土建、机电及电站运行单位等充分协商，力求取得一致意见。

（二）招标采购阶段

（1）依据被采购设备的功能要求，确定不同的招标方式，评标前制定好科学合理的评标大纲和细则，对技术功能与报价所占分值应有一个最合理的比例，例如对技术质量要求高的设备应该比价格占有较大的比例。

（2）严格执行国家和行业招投标的有关规定，规范招标、评标工作。

（3）充分重视采购合同的严肃性，一旦写入合同的技术条款，各方都不得轻易更改或变动。如有涉及合同较大变更的技术质量问题，必须经各方事先提出专题书面报告，由各方代表充分协商研究决定。

（三）设备制造阶段

（1）建立监造制度，包括对设备的图纸设计、设备特性的符合性，原材料、元器件、中间产品以及出厂设备的质量检查，制造进度的检查等，在监造过程中建立重大问题紧急报告制度。

（2）建立定期或不定期的审查制度，对制造过程中的技术变更，包括分包厂家变更、技术方案变更、关键工艺变更、材料替代、标准替代、缺陷处理等，按照在合同中规定的技术规范规定及变更、替代申请条款及时审查处理。

（3）对进行监造的项目，监造人员必须参加主要试验，做好试验记录和验收记录，不允许有缺陷的产品出厂。

（四）运输仓储阶段

（1）工厂必须在设备发运前提交经审查批准的包装设计，并严格按设计规定进行包装，避免设备在运输途中损坏或丢失。

（2）依据不同设备的仓储存放要求，设备到货前在施工现场应建设足够的温度可控型（含常温、冷藏、冷冻）、湿度可控型、防雨（防晒）型等各种类型的仓库，并配备适当的吊装、运输机械设备。

（3）所有设备进出库都必须建立完整、准确、详细的档案，设备台账应货、账一致，所有设备应有明显的标识，便于查询。

（五）安装调试试验阶段

安装调试试验阶段是机电设备质量控制的最后一道环节，也是集中暴露各类设备制造缺陷的环节，它是将各个厂家提供的独立设备或单元，组装成电站发电的大系统，实现安全发电目标的环节。

（1）设备运抵现场，应立即组织进行全面检查，尽可能将设备缺陷消除在初始阶段。

（2）根据工程的实际情况，为保证机电设备安装质量始终处于受控状态，需建立完善的项目质量保证体系，质量保证体系的主体以买方（或建设方）牵头，设计单位、安装单位、设备制造厂家现场机构、运行单位、监理单位等均应参加。全面、全过程对质量进行有效的控制，及时对各种技术、质量问题处理方案作出决策，特别是要对焊接、探伤、电气测量、电气试验等工作加强检测。

(3)项目质量保证体系,应事先编制质量控制细则,制定各工序的质量检查点和标准,确认安装准备就绪,检查开工前的资源到位,施工前组织技术交底,施工中加强过程管理,并坚持旁站监理和检测,对存在的问题及时处理并记录存档等。

二、质量控制标准及管理记录

(一)质量控制标准

工程质量控制标准主要包括工程设备合同文件、图纸,国家或行业技术规范、规程、标准,国际通用标准、规范,以及制造厂技术规定、标准,行业工程质量标准等。

在设备招标文件中明确规定采用的相关技术标准、规范和要求,在合同签署阶段把采用的标准、规范和要求在合同中明确固定下来,在设备制造和安装调试试验中各方都必须严格遵循。

在合同执行中,提出的替代标准必须优于原合同规定,且应得到买方的批准。

(二)质量管理记录

(1)工程设计报告。

(2)设备设计研究报告。

(3)设备采购招、投标文件(含澄清文件)。

(4)设备采购评标技术资料。

(5)设备采购合同文件。

(6)设备产品样本。

(7)设备设计联络会纪要。

(8)设备设计图纸及图纸审查意见。

(9)设备图纸管理档案。

(10)设备型式试验报告。

(11)设备试验记录及出厂验收纪要。

(12)设备制造监造、工程安装监理报告。

(13)设备采购合同执行往来文本。

(14)设备采购合同变更处理资料。

(15)设备制造材料及部件替代资料。

(16)工程安装施工调试记录资料及试验报告。

(17)设备试运行记录资料及报告。

(18)设备验收交接资料等。

第三节　电气系统的基本参数

电气系统的参数主要是指电量、电参量、常通量等。

一、电量

电量主要是指电流、电压、功率、电能、频率等。

(一)电流

电流是指电荷的定向移动。电源的电动势形成了电压,继而产生了电场力,在电场力的作用下,处于电场内的电荷发生定向移动,形成了电流。

电流的大小称为电流强度(简称电流,符号为 I),是指单位时间内通过导线某一截面的电荷量,每秒通过 1 库仑的电量称为 1 安培(A)。安培是国际单位制中所有电性的基本单位。除了 A,常用的单位有毫安(mA)、微安(μA)。

(二)电压

电压是指电路中两点 A、B 之间的电位差(简称为电压)。

电压的大小等于单位正电荷因受电场力作用从 A 点移动到 B 点所做的功,电压的方向规定为从高电位指向低电位的方向。电压的国际单位制为伏特(V),常用的单位还有毫伏(mV)、微伏(μV)、千伏(kV)等。如果电压的大小及方向都不随时间变化,则称为稳恒电压或恒定电压,简称为直流电压,用大写字母 U 表示。如果电压的大小及方向随时间变化,则称为变动电压。对电路分析来说,一种最为重要的变动电压是正弦交流电压(简称交流电压),其大小及方向均随时间按正弦规律作周期性变化。交流电压的瞬时值要用小写字母 u 或 $u(t)$ 表示。

(三)功率

功率是指物体在单位时间内所做的功,即功率是描述做功快慢的物理量。

功的数量一定,时间越短,功率值就越大。P 表示功率,单位是瓦特,简称瓦,符号是 W。W 表示功,单位是焦耳,简称焦,符号是 J。t 表示时间,单位是秒,符号是 s。功率的计算公式:$P = W/t$(平均功率),$P = FV$(瞬时功率)。

(四)电能

电能是指在一定的时间内电路元器件或设备吸收或发出的电能量,用符号 W 表示,其国际单位制单位为焦耳(J)。

电能的计算公式为 $W = Pt = UIt$。通常电能用千瓦小时(kWh)来表示大小,也叫做度(电)。

(五)频率

频率是指单位时间内完成振动的次数,是描述振动物体往复运动频繁程度的量,常用符号 f 或 v 表示。把频率的单位命名为赫兹(Hz),简称赫。

每个物体都有由它本身性质决定的与振幅无关的频率,叫做固有频率。频率概念不仅在力学、声学中应用,在电磁学和无线电技术中也常用。交变电流在单位时间内完成周期性变化的次数,叫做电流的频率。

二、电参量

电参量主要是指电阻、电容、电感等。

(一)电阻

电阻是指某物质对电流的阻碍作用。在物理学中，用电阻来表示导体对电流阻碍作用的大小。导体的电阻越大，表示导体对电流的阻碍作用越大。

电阻元件的电阻值一般与温度有关，衡量电阻受温度影响大小的物理量是温度系数，其定义为温度每升高1 ℃时电阻值发生变化的百分数。

(二)电容(或称电容量)

电容是指表征电容器容纳电荷本领的物理量。

我们把电容器的两极板间的电势差增加1 V所需的电量，叫做电容器的电容。电容器从物理学上讲，它是一种静态电荷存储介质。电容的符号是C。在国际单位制里，电容的单位是法拉，简称法，符号是F，常用的电容单位有毫法(mF)、微法(μF)、纳法(nF)和皮法(pF)(皮法又称微微法)等，换算关系是：

1法拉(F)=1 000毫法(mF)=1 000 000微法(μF)

1微法(μF)=1 000纳法(nF)=1 000 000皮法(pF)。

(三)电感

电感是指线圈在磁场中活动时，所能感应到的电流的强度，单位是亨利(简称亨)，用字母H表示。

三、常通量

常通量主要是指磁感应强度、磁导率等。

(一)磁感应强度

磁感应强度是指描述磁场强弱和方向的基本物理量，是矢量，常用符号B表示。磁感应强度也被称为磁通量密度或磁通密度。

在国际单位制(SI)中，磁感应强度的单位是特斯拉，简称特(T)。在高斯单位制中，磁感应强度的单位是高斯(Gs)，1 T等于10的4次方高斯($1\ \mathrm{T}=10^4\ \mathrm{Gs}$)。由于历史的原因，与电场强度$E$对应的描述磁场的基本物理量被称为磁感应强度$B$，而另一辅助量却被称为磁场强度$H$，名实不符，容易混淆。通常所谓磁场，均指的是$B$。

B在数值上等于垂直于磁场方向长1 m、电流为1 A的导线所受磁场力的大小，计算式为$B=F/(IL)$。

(二)磁导率

磁导率是指表征磁介质磁性的物理量。常用符号μ表示，μ为介质的磁导率，或称绝对磁导率。μ等于磁介质中磁感应强度B与磁场强度H之比，即$\mu=B/H$。

通常使用的是磁介质的相对磁导率μ_r，其定义为磁导率μ与真空磁导率μ_0之比，即$\mu_r=\mu/\mu_0$。

磁导率μ、相对磁导率μ_r和磁化率都是描述磁介质磁性的物理量。

对于顺磁质$\mu_r>1$，对于抗磁质$\mu_r<1$，但两者的μ_r都与1相差无几。在铁磁质中，B与H的关系是非线性的磁滞回线，μ_r不是常量，与H有关，其数值远大于1。

在国际单位制(SI)中，相对磁导率μ_r是无量纲的纯数，磁导率μ的单位是亨利/米(H/m)。

第十一章　水利水电工程电气设备检测基础

第一节　电气测量概述

由于电量便于传递、易与其他能量形式相互转换，并且进行测量的电工仪表和测量方法发展得较为成熟，因此一些磁学量和非电量也多转换为电学量来测量。

电量主要包括交、直流的电流、电压、电功率和电能，交流频率、交流电相量间的相位差及功率因数、静电电荷、静电场强度等。电量的测量可分为电流测量、电压测量、电功率测量、电能测量、频率测量、相位差测量、功率因数测量、静电测量等。

电参量主要包括直流电阻和交流电阻、电容、电感（自感与互感）、电阻时间常数、电容损耗角、自感的品质因数及互感的角差等。电参数的测量可分为电阻测量、电容测量、电感测量、电阻时间常数测量、介质损耗因数测量等。

电量测量要求以不同准确度测试各种电量及电参量的量值。对于准确度要求不高的电量，其测量常采用机械式指示电表；对于要求准确度高或较高的电学量，其测量多使用电桥、电位差计、数字电表等。

电量测量，一方面其量值向微小和巨大两极扩展，如用静电电压表测 500 kV 高电压；另一方面则向更高准确度及使用更为方便方向发展，如用感应分压器测分压比，误差可小于10%；采用自动化测量等。此外，还不断开拓新的测量领域。

一、测量方法分类

对于同一电量，可以用不同的方法测量。选择测量方法的依据是被测量的特性、测量条件以及对准确度的要求等。测量方法可以根据获得测量结果的过程或所用测量设备进行分类。

（一）按获得测量结果的过程分类

1. 直接测量法

被测量可直接从仪器的度盘上读出，称为直接测量法。属于直接测量法的有电流表测电流、电桥测电阻等。

2. 间接测量法

间接测量法是通过直接测量得到几个数据（这些数据并不是最终所求的结果），利用所测数据，按一定的关系式求出最终结果。

例如，伏安法测电阻，是根据测量的电流和电压值，利用欧姆定律确定出电阻值。间接测量法常用于被测量不能直接测量、直接测量较复杂或直接测量的结果不如间接测量的结果准确等情况。

3. 比较测量法

比较测量法是将作用于任何系统的被测量,同作用于同一系统的其他已知量相比较。如用示波器根据李沙育图形测量频率等。

(二)按测量仪器设备分类

1. 直接测量

直接测量是根据仪表的读数确定被测量的值。这时所用的测量仪表已按被测量的单位预先刻好分度,能直接读出被测量的大小。如用电流表测电流,用伏安法测电阻等。这种测量方式具有设备简单、操作方便、节省时间等优点,因而应用广泛。其缺点是测量准确度常受仪表准确度的限制而不够高。

2. 比较测量

比较测量是把被测量和度量器(如标准电池、标准电阻、标准电容等)相比较来决定其大小的。如用直流电位差计测量电压及测量电阻等。

这种测量方式的准确度高,灵敏度高,但测量费时,操作麻烦,对设备的要求高。

二、测量仪表误差及准确度

用任何仪器仪表对某一被测量进行有限次的测量都不能求得测量的真值,仪器仪表的读数与真值之间总存在着一定的差值,这个差值称为误差。

仪表准确度表示仪表的读数与被测量的真值相符合的程度,误差越小,准确度越高。

(一)测量仪表误差的分类

根据引起误差的原因,可将测量仪表误差分为基本误差和附加误差两种。

1. 基本误差

仪表在规定的条件下(即在规定的温度、湿度,规定的放置方式,仪表指针调整到机械零位,除地磁外,没有外来电磁场干扰等条件),由于内部结构和制造工艺的限制,仪表本身所固有的误差。摩擦误差、标尺刻度不准、轴承与轴尖间隙造成的倾斜误差等都能产生基本误差。

2. 附加误差

仪表偏离其规定的正常工作条件产生的除上述基本误差外的误差称为附加误差。如温度过高,波形非正弦,频率过高或过低,外电场或外磁场的影响所引起的误差都属于附加误差。为此,仪表离开规定的工作条件形成的总误差中,除了基本误差,还包含有附加误差。

(二)误差的表示方法

常用的误差表达形式如下。

1. 绝对误差

测量值 A_x 与被测量真值 A_0 之差称为绝对误差 Δ,即

$$\Delta = A_x - A_0 \tag{11-1}$$

【例 11-1】 用一电压表测量电压,其读数为 97 V,而标准表的读数(视为真值)为 100 V,求绝对误差。

解　由式(11-1)得

$$\Delta = A_x - A_0 = -3\ V$$

可见,绝对误差的单位与被测量的单位相同,绝对误差的符号有正负之分,用绝对误差表示仪表误差的大小比较直观。

2. 相对误差

相对误差是绝对误差 Δ 与被测量的真值 A_0 之比,通常用百分数表示,即

$$\gamma = \frac{\Delta}{A_0} \times 100\% \tag{11-2}$$

因为 A_0 难以测得,且 A_x 与 A_0 相差不大,有时用 A_x 代替 A_0,则

$$\gamma = \frac{\Delta}{A_x} \times 100\% \tag{11-3}$$

相对误差便于对不同的测量结果的测量误差进行比较,所以一般都用它来表示测量误差。

3. 引用误差

相对误差虽然可以用来表示某测量结果的准确度,但若用来表示指示仪表的准确度则不太合适,因为指示仪表是用来测量某一规定范围(通常称为量限)内的被测量,而不是只测量某一固定大小的被测量。当用仪表测量不同大小的被测量时,由于式(11-2)中的分母不同,相对误差便随着变化。所以,用相对误差衡量仪表的性能是不方便的。

引用误差是一种简化和实用方便的相对误差,它常用仪表的基本误差 Δ 与其量限(量程)A_m 之比的百分数表示,即

$$\gamma = \frac{\Delta}{A_m} \times 100\% \tag{11-4}$$

式中　γ——仪表的引用误差;

　　Δ——仪表在 $0 \sim A_m$ 内某一刻度上的基本误差。

(三)仪表的准确度

由于仪表在不同刻度上基本误差不完全相等,其值有大、小,其符号有正、负,所以用最大引用误差衡量仪表的准确度更为合适。最大引用误差是仪表在不同刻度上可能出现的最大基本误差 Δ_m 与仪表的量限 A_m 之比的百分数,即

$$\gamma_n = \frac{\Delta_m}{A_m} \times 100\% \tag{11-5}$$

式中　γ_n——仪表的最大引用误差;

　　Δ_m——仪表在不同刻度上的最大基本误差。

最大引用误差愈小,则基本误差愈小,表示仪表的准确度愈高。因此,仪表的准确度取决于仪表本身在规定使用条件下本身的性能。

根据《电气测量指示仪表通用技术条例》(GB/T 776—1976)规定,按最大引用误差的不同,其准确度分为 0.1、0.2、0.5、1.0、1.5、2.5、5 等七个等级。现已生产出准确度为 0.05 级的仪表。准确度为 0.1 级的仪表,其最大引用误差 γ_n 小于或等于 0.1%;1.0 级的仪表的 γ_n 在 0.5% ~1%,但不超过 1%。依次类推。

由此可见:

(1)仪表的准确度,直接影响测量结果的准确程度。一般来说,仪表的准确度并不就是测量结果的准确度,后者还与被测量的大小有关,二者不能混为一谈。

(2)在选择仪表时,只有考虑仪表的准确度等级,同时选择合理的量限,才能保证获得具有较高准确度的测量结果。当仪表的准确度等级确定后,所选仪表的量限(量程)越接近被测量的值,测量结果的误差越小。若量限选择不合理,其测量结果的误差可能会超过仪表的准确度等级。

三、测量误差及其消除方法

不论采用什么样的测量方式和方法,也不论采用什么样的仪器仪表,由于仪表本身不够准确、测量方法不够完善以及测试者经验不足,人的感觉器官误差等,都会使测量结果与被测量的真值之间存在差异,这种差异称为测量误差。测量误差可分为以下三类。

(一)系统误差

在相同的测量条件下,多次测量同一个量时,大小和符号保持恒定或按一定规律变化的误差称为系统误差。如用质量不准的天平砝码称物质,将产生恒定误差;用不准的米尺量布,布越长,误差积累得越多,这些都是系统误差。

1.产生系统误差的原因

(1)工具误差。测量时所用的装置或仪器、仪表本身的缺点引起的误差。例如,用量限为100 V的0.5级电压表测50 V的电压时,测量误差可达到±1%,这就是工具误差。

(2)外界因素影响误差。由于没有按照技术要求的规定使用测量工具,周围环境(温度、湿度、电场、磁场等)不合乎要求引起的误差。如万用表未调零、仪器设备放置不当互相干扰、仪表放在强磁场附近等,都会产生这种误差。

(3)方法误差或理论误差。由于测量方法不完善或测量所用的理论根据不充分引起的误差。例如,当用伏安法测电阻时,如果不考虑所用仪表的内阻对电路工作状态的影响,所测的电阻值中便含有方法误差。

(4)人员误差。由于测量人员的感官、技术水平、习惯等个人因素不同引起的误差。例如,有人听觉不够灵敏,当他用耳机作平衡指示器调整交流电桥平衡时,就可能产生误判断,使测量不准。

消除或尽量减小系统误差是进行准确测量的条件之一,所以在测量之前,必须预先估计一切产生系统误差的根源,采取措施减小或消除系统误差。

2.消除系统误差的常用方法

1)对误差加以修正

在测量之前,将测量所用量具、仪器、仪表进行检定,确定它们的修正值(实际值=修正值+测量值),把用这些仪表测得的数值加上修正值,就可以求得被测物理量的实际值(真值),消除工具误差。另外,考虑温度、湿度等环境因素对仪器仪表读数的影响,并对测量结果进行修正,也可以控制环境条件稳定,减小环境条件改变带来的误差。

2)消除误差来源

测量之前检查所用仪器设备的调整和安装情况。例如仪表指针是否指零,仪器设备的安放是否合乎要求,是否便于操作和读数,是否互相干扰等;测量过程中,严格按规定的技术条件使用仪器,如果外界条件突然改变,则应停止测量;测量人员要保持情绪安定和精神饱满。这些都可以防止系统误差。此外,让不同的测量人员对同一个量进行测量,或用不同的方法对同一个量进行测量,也有助于发现系统误差。

3)采用特殊测量方法

(1)替代法。保持测量条件不变,先测量被测量,后用相当于被测量的标准量(器件),调节标准量,使测量指示值与先前被测量一致,此时的标准量值即为被测量。这种方法能消除由于测量工具不准和装置不妥善引起的系统误差。测量的误差仅取决于所用标准件是否准确以及测量条件是否稳定,与仪表等因素无关,消除了仪表引起的误差。

(2)正负误差补偿法。消除系统误差,还可以采用正负误差补偿法,即对同一被测量反复测量两次,并使其中一次误差为正,另一次误差为负,取其平均值,便可消除系统误差。例如,为了消除外磁场对电流表读数的影响,可在一次测量之后,将电流表位置调转180°重新测量一次,取两次测量结果的平均值,可以消除外磁场带来的系统误差。再如用电桥测量时,也可以采用这个方法消除热电势引起的系统误差。这里,可把电桥电源极性对调测量两次,取其平均值。

(3)等时距对称观测法。观察测试条件的变化规律,多次等时间间隔测量和计算,可减小因测量过程中条件变化而产生的误差。

(二)偶然误差(随机误差)

偶然误差也叫随机误差,这是一种大小、符号都不确定的误差。这种误差是由周围环境的偶发原因引起的,因此无法消除。若只含有随机误差,进行多次重复测定,可发现随机误差符合统计学的规律性。若用 δ 表示随机误差,用 f 表示误差出现的原因,由试验可得 f 与 δ 的关系曲线如图 11-1 所示,该曲线称为随机误差的正态分布曲线。

从误差的正态分布曲线,可得出四个特性:

(1)有界性。在一定测量条件下,随机误差的绝对值不会超过一定界限,称有界性。

(2)单峰性。绝对值小的误差出现的机会比绝对值大的误差出现的机会多,称单峰性。

(3)对称性。误差可正、可负或为零。绝对值相等的正误差与负误差出现的机会大致相等,并具有对称性。

(4)抵偿性。以等精度多次测量某一量时,随机误差的算术平均值随着测量次数 n 的无限增加趋于零,称为抵偿性。

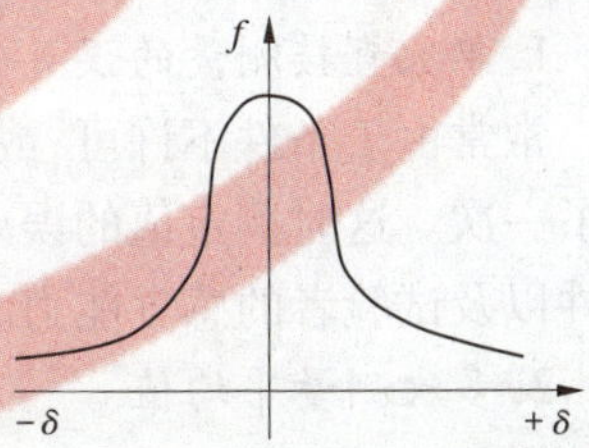

图 11-1　随机误差正态分布曲线

由于随机误差具有上述特性,所以工程上可以对被测量进行多次重复测量,然后用它们的算术平均值表示被测量的真值,即

$$A_0 = \overline{A} = \frac{1}{n}\sum_{i=1}^{n} A_i \tag{11-6}$$

式中　$\overline{A}$——算术平均值;

n——测量次数。

测量次数越多,$\bar{A}$ 越趋近 A_0。如果测量次数不够多,算术平均值与真值偏离较大。

应该指出,用算术平均值表示测量结果,首先要消除系统误差。因为有系统误差存在时,测量次数尽管足够多,算术平均值也不能接近被测量的真值。

在常用的电子计算器上,都设有计算算术平均值和均方根误差的按键,利用它来处理随机误差很方便。

(三)疏忽误差(粗大误差、过失误差)

这是一种严重歪曲测量结果的误差,主要是测量者的疏忽造成的。例如读数错误、记录错误、测量时发生异常情况未予注意等所引起的误差都属于疏忽误差。

这种误差是可以避免的。万一有了这种误差,应该舍弃有关数据,重新进行试验。

凡是剩余误差 U_i 大于 3δ 的数据都认为是包含疏忽误差的数据,应该予以剔除,或者重新测量。所以,在作误差分析时,要估计的误差只有系统误差和随机误差两类。

(四)测量结果的正确度、精密度和准确度

详见本系列教材《质量检测工作基础知识》相关章节。

四、测量误差的估算

详见本系列教材《质量检测工作基础知识》第二章第五节二、测量不确定度的评定。

在工程实际中,因为偶然误差比较小,常略去不计,只有在精密测量或精密试验中,需要按照偶然误差理论对试验数据进行处理。在工程上主要考虑的是系统误差,系统误差可按下面方法进行计算。

(一)直接测量结果误差的估算方法

在直接测量方式中,主要考虑所用仪表或度量器的基本误差、仪表不在规定条件下工作时引起的附加误差和由于测量方法不当引起的误差。

1. 单次直接测量的误差估计

常常由于条件不许可,或对测量精密度的要求不高等,对某一物理量的直接测量只进行了一次。这时测定值的误差,应根据仪器精度(最小刻度和仪器误差)、测量方法、试验条件以及试验者的感觉能力、技术水平等实际情况,进行合理估计,不能一概而论。

2. 多次测量平均值

增加测量次数可以减小随机误差,因此为减小随机误差的影响,在可能情况下,总是采用多次测量。在等精度测量条件下,对物理量 X 进行了多次测量,根据误差统计理论,多次测量值的算术平均值最接近真值,称为测量值的最佳值或近真值。

3. 测量列的标准误差和标准偏差

(1)等精度测量。在相同的条件下,对某一物理量进行多次测量称为等精度测量。

(2)测量列。就是等精度测量所得的一组测量值。

(3)标准误差。当测量次数无限多时,各测量值的误差平方平均值的平方根,称为标准误差,由于随机误差的存在,测量值有所不同,标准误差是对这一组测量数据可靠性的一种评价。

(4)随机误差的标准偏差。多次测量的次数为有限多时,由误差理论,我们将各测量值的偏差的平方和与测量次数之比的平方根,称为随机误差的标准偏差,即对于 N 次测

量标准偏差为

$$S_x = \sigma_x = \sqrt{\frac{\sum (x_i - \bar{x})^2}{N - 1}} \tag{11-7}$$

式中　x_i——第 i 次测量值；

$\bar{x}$——有限次测量的算术平均值。

4. 算术平均值的标准误差

经理论推导测量值算术平均值的标准误差为各测量值误差的平方和的平均值的平方根，故又称为均方误差。算术平均值的标准误差为

$$\sigma_{\bar{x}} = \frac{\sigma_x}{\sqrt{n}} = \sqrt{\frac{\sum_{i=1}^{n} (x_i - \bar{x})^2}{n(n-1)}} \tag{11-8}$$

误差理论计算表明，在进行多次测量时，任意一次测量的误差落在 $-3\sigma_x$ 到 $+3\sigma_x$ 之间的概率为99.7%。也就是说，在通常的有限次测量中，测量值误差超过 $\pm 3\sigma_x$ 范围的情况几乎不会出现，所以通常把 $3\sigma_x$ 叫做极限误差。

值得注意的是，测量次数相当多时，测量值才近似为正态分布，上述结果才成立。

在测量次数较少的情况下，测量值将呈 t 分布。即当测量次数较少时，t 分布偏离正态分布较多，当测量次数较多时（例如多于10次），t 分布趋于正态分布。采用标准误差计算时，测量次数 n 不宜过少，以 $n \geqslant 10$ 为宜。

（二）间接测量误差的估算

实际测量中，大多数测量是间接测量，间接测量结果是由直接测量结果通过一定的函数关系式计算出来的。由于直接测量值存在误差，而由直接测量值运算得到的间接测量值也必然存在误差，这就是误差的传递。表达直接测量误差与间接测量误差之间的关系式，称为误差传递公式。

下面分别介绍两种间接测量结果的误差估算方法。

1. 误差的一般传递公式

设间接测量量 N 的函数表达式为

$$\bar{N} = f(\bar{x}_1, \bar{x}_2, \cdots, \bar{x}_m) \tag{11-9}$$

式中　$\bar{x}_1, \bar{x}_2, \cdots, \bar{x}_m$——彼此相互独立的直接测量量。

每一直接测量量为只含随机误差的多次等精度测量，若各直接测量量用算术平均偏差估算误差，测量结果分别为

$$x_1 = \bar{x}_1 + \Delta x_1, x_2 = \bar{x}_2 + \Delta x_2, \cdots, x_m = \bar{x}_m + \Delta x_m$$

则间接测量量 N 的最可信赖值为

$$\bar{N} = f(\bar{x}_1, \bar{x}_2, \cdots, \bar{x}_m)$$

将各直接测量量的算术平均值代入函数式中，便可求出间接测量量的最可信赖值。

由于误差为微小量，所以可用全微分方程求出误差传递公式，对式(11-9)求全微分，有

$$dN = \frac{\partial f}{\partial x_1}dx_2 + \frac{\partial f}{\partial x_2}dx_2 + \cdots + \frac{\partial f}{\partial x_m}dx_m \tag{11-10}$$

由于 $\Delta x_1, \Delta x_2, \cdots, \Delta x_m$ 分别相对于 $x_1, x_2, \cdots, x_m$，是一个很小的量，将式(11-10)中的 dx_1，$dx_2, \cdots dx_m$ 用 $\Delta x_1, \Delta x_2, \cdots, \Delta x_m$ 代替，则有

$$dN = \frac{\partial f}{\partial x_1}\Delta x_1 + \frac{\partial f}{\partial x_2}\Delta x_2 + \cdots + \frac{\partial f}{\partial x_m}\Delta x_m \tag{11-11}$$

由于式(11-11)右端各项的分误差正负不定，从最不利情况考虑，取各直接测量量误差项的绝对值，就得到最大绝对误差传递公式，即算术合成法传递公式：

$$dN = \left|\frac{\partial f}{\partial x_1}\Delta x_1\right| + \left|\frac{\partial f}{\partial x_2}\Delta x_2\right| + \cdots + \left|\frac{\partial f}{\partial x_m}\Delta x_m\right| \tag{11-12}$$

对式(11-12)两边取自然对数后再求全微分，即可得相对误差的一般传递公式：

$$\frac{\Delta N}{N} = \left|\frac{\partial \ln f}{\partial x_1}\right|\Delta x_1 + \left|\frac{\partial \ln f}{\partial x_2}\right|\Delta x_2 + \cdots + \left|\frac{\partial \ln f}{\partial x_m}\right|\Delta x_m \tag{11-13}$$

式(11-12)和式(11-13)中每项称为分误差，$\frac{\partial f}{\partial x_1}\Delta x_1$ 和 $\frac{\partial \ln f}{\partial x_1}(i=1,2,\cdots,m)$ 称为误差传递系数。可以看出，间接测量量的误差不仅与各直接测量量的误差 Δx_1 有关，而且与误差的传递系数有关。常用函数的误差传递公式查相关数理统计手册。

2. 标准误差的传递方式

若各个独立的直接测量量的误差分别用标准偏差估算误差，则间接测量量的标准偏差应按“方和根”合成，即绝对偏差为

$$\sigma_N = \sqrt{\left(\frac{\partial f}{\partial x_1}\sigma x_1\right)^2 + \left(\frac{\partial f}{\partial x_2}\sigma x_2\right)^2 + \cdots + \left(\frac{\partial f}{\partial x_m}d\sigma x_m\right)^2} \tag{11-14}$$

相对误差为

$$E = \frac{\sigma_N}{N} = \frac{1}{f(x_1, x_2, \cdots, x_m)}\sqrt{\left(\frac{\partial f}{\partial x_1}\sigma x_1\right)^2 + \left(\frac{\partial f}{\partial x_2}\sigma x_2\right)^2 + \cdots + \left(\frac{\partial f}{\partial x_m}d\sigma x_m\right)^2} \tag{11-15}$$

式(11-14)和式(11-15)称为标准误差的传递公式。常用函数的标准误差传递公式查相关数理统计手册。

五、测量结果的处理

一个测量结果，通常表示为数字和图形两种方式。对用数字表示的测量结果，在进行数据处理时，除应注意有效数字的正确取舍外，还应制订出合理的数据处理方法，以减小测量过程中随机误差的影响。对用图形表示的测量结果，应考虑的问题很多，包括坐标的选择、正确的作图方法等。有关有效数字的若干处理原则和作图的一般知识除下面叙述的外，可参阅《质量检测工作基础知识》第二章的第三节数据处理和第四节数据表达方式相关内容。

（一）有效数字的处理

在测量和数字计算中，应该用几位数字表示测量或计算结果是很重要的，它涉及有效数字和计算规则的问题。

1. 有效数字的概念

在记录测量数值时,应该用几位数字表示呢?现举例说明。电压表的指针指在35~36 V,可记做35.5 V,其中“35”是准确可靠的,称为可靠数字;最后一位数“5”是估计出来的不可靠数字,称为欠准数字。这两者都是测量结果不可少的,两者合称为有效数字。对于35.5来说,有效数字是三位。通常只允许保留一位欠准数字。

有效数字的位数多少不仅表达了被测量的大小,同时表达了测量精度,有效数字位数越多,测量的精度就越高。例如,电压表的指针指在30 V的地方,应记做30.0 V,也有三位有效数字。

需要指出,数字“0”在数中可能是有效数字,也可能不是有效数字。例如35.5 V还可以写成0.035 5 kV,后者前面的两个“0”仅与所用的单位有关,不是有效数字,该数的有效数字仍为三位。对于读数末位的“0”不能任意增减,它是由测量设备的准确度决定的。

2. 有效数字的正确表示

(1)记录测量数值时,只保留一位欠准数字。通常,最后一位有效数字可能有±1个单位或±0.5个单位的误差。例如,测量电压实际值的变化范围为115.0~115.2 V,测量结果可以表示为115.1±0.1 V。如果实际值的变化范围为115.05~115.15 V,测量结果可以表示为115.1±0.05 V。

(2)在所有计算式中,常数(如π)及乘子(如2、1等)的有效数字的位数可以没有限制,在计算中需要几位就取几位。

(3)大数值与小数值都要用幂的乘积形式表示。例如,测得某电阻的阻值是一万五千欧姆,有效数字为三位,则应记为$1.50\times10^4\ \Omega$。不能记为15 000 Ω。

(4)表示误差时,一般只取一位有效数字,最多取两位有效数字,如±1%、±1.5%。

3. 有效数字的修约(化整)规则

当有效数字位数确定后,多余的有效数字应一律按四舍五入原则处理,其规则有:

(1)被舍去的最高位数小于5,则末位不变。例如把0.14修约到小数点后第一位数,结果为0.1。

(2)被舍去的最高位数大于5,则末位数加1。例如把0.76修约到小数点后一位,结果为0.8。

(3)被舍去的最高位数等于5,而5之后的数不全为0,则末位加1。例如把0.450 1修约到小数点后一位,结果为0.5。

(4)被舍去的最高位数等于5,而5之后的数全为0,则当末位数为偶数时,末位数不变;末位数为奇数时,末位数加1。例如把0.450和0.550修约到小数点后一位,结果分别为0.4和0.6。

4. 有效数字的运算规则

进行数据处理时,常会遇到一些精确度不相等的数值运算。为了既可以提高计算速度,又不会因数字过少而影响计算结果的精确度,需按照常用规则计算。

(1)加减运算。不同准确度的两次测量结果或多次测量结果相加减时,其和的准确度同它们中最低准确度的测量结果相同。即计算结果的小数点后的位数,一般应与各数中小数点后位数最少的相同。

(2)乘除运算。在乘除运算时，结果的数字位数可能增加很多，但还应保留适当的位数。有效数字的修约取决于其中有效数字位数最少的一项。

(二)测量结果的数据分析

由前几节分析可知，绝对精确地测量任何一个量是不可能的，但是一定要满足不同工程实际的要求。为此，首先要利用有关专业理论对试验结果进行分析，看它是否符合客观规律。然后，对试验结果进行误差分析，看它是否满足有关工程对误差的要求。其中首先要检查是否有疏忽误差，即个别数据失真太大，要剔除或重新测量。在这一前提下，按照误差理论进行分析，并计算其准确度和修正。若不满足测量准确度要求，要分析产生误差的主要原因，然后采取相应措施，或更换测量仪器重新测量，或重新考虑测量方法等。

(三)测量结果的图解处理

因为测量过程中不可避免地存在着误差，因而在作图时，对坐标纸的选择、坐标分度，以及如何把若干离散性的测量点连成一条光滑而又能反映实际情况的曲线，是测量结果图解处理的重要内容。测量点取得越多，作出的曲线越精确。实际测量点取多少根据曲线的具体形状而定，一般应使其沿曲线大体分布均匀，在曲线变化很急剧的地方，测量点应适当密一些。

当自变量的取值范围很宽，例如变化几个数量级时，可用对数坐标。常见的放大器幅—频特性曲线中代表频率变化的横坐标就取对数坐标。如果在自变量变化的某一较宽范围内，因变量（函数 y）的变化非常微弱，则可以采用断裂线把图幅进一步缩小。

第二节 频率测量

一、频率测量概述

频率是循环或周期事件的重复率。频率的定义是单位时间（1 s）内周期信号的变化次数。若在一定时间间隔 T 内测得周期信号的重复变化次数为 N，则其频率为 $f=N/T$。

从物理上来讲，在旋转、振动、波等现象中能观察到周期。对模拟或数字波形来说，可以通过信号周期得到频率。图 11-2 为正弦波信号。

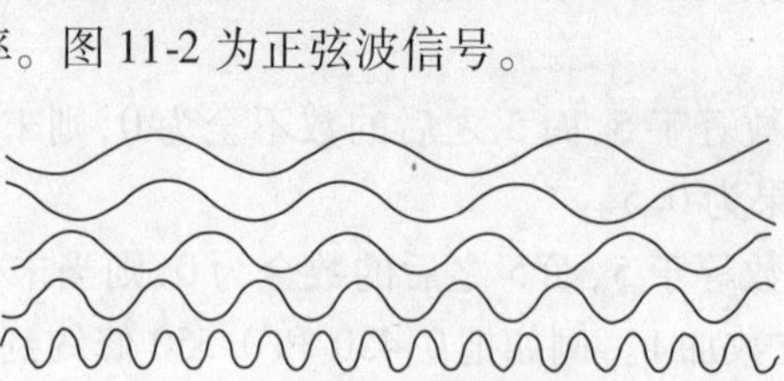

图 11-2 正弦波信号

正弦波信号通常以角频率 ω 来表示，单位为弧度/秒（rad/s）；或以 f 表示，单位为 s^{-1}，也称 Hz，还可以用每分钟拍数（BPM）或每分钟旋转数（RPM）来表示频率。角频率 ω（rad/sec）及 f（Hz）之间的关系表达式为 $\omega=2\pi f$。谈到频率往往还会涉及相位 φ，它描述了波形在初始时刻 t_0 相对于指定参考点的偏移量，单位一般为度或弧度。以正弦波的例子，波形表达式以时间为参数，$F(t)=A\sin(\omega t+\varphi)$，其振幅为 A，角频率为 ω，相位 φ 为常数。

工程实际应用中的周期性模拟信号不可能是很严格的正弦波，波形不可能是标准的正弦曲线。傅里叶分析法可将任意复杂的波形（非正弦波）分解成各种频率的、简单的正弦、余弦或复指数函数之和。信号所包含的频率成分除基波频率以外，还可能包含高次谐波，但频率的成分和幅值不同，可以用傅里叶分析法或频率特性测试仪（俗称扫频仪）进行分析。这种分析方法称为频域分析或频谱分析。在电力系统中常应用于对电源波形及质量监督，对发电机电压的波形畸变、谐波成分检测和分析。

水电工程所使用的频率范围十分宽广，从直流（频率为 0 Hz）到微波通信的频率（数千兆赫兹）。然而最常用的仍然是工频 50 Hz（某些国家使用 60 Hz）测量，所以这里主要介绍工频的测量原理及仪表。

二、频率测量的基本方法

（一）频率/电压法

频率测量可采用指针式和数字式频率计。

指针式表主要应用于电力系统工频测量和盘面表。被测信号一般取自于电压互感器 PT（TV）二次侧的电压，接入仪表后经过限幅、整流、FVC（频率电压转换器）等电路变换，或采用频率变送器，将交流频率信号转换为相应的直流电压（电流）信号，由指针式表头显示。

这种测量方式不适用于高频测量，但对工频可连续测量，对于频率的变化监视比较直观，这是相对于数字仪表的一个突出优点。

（二）数字频率测量法

这种方法使用数字频率计来测量频率。数字频率计可分两大类：一类比较简单，仅由数字电路集成块组成，或称数字频率计数器；另一类是由数字电路集成电路加微处理器，或单片机等电路芯片组成。以下简要介绍频率计数器的结构原理。图 11-3 为数字频率计的组成，图 11-4 为数字频率计工作波形。

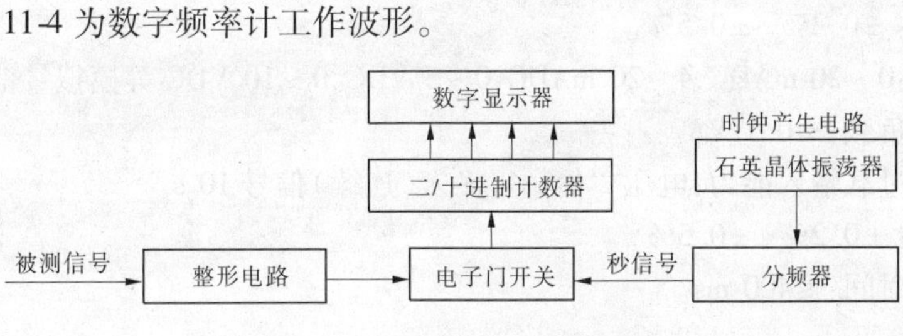

图 11-3　数字频率计的组成

频率计主要由四个部分构成：时基（T）电路、输入电路、计数显示电路以及控制电路。在一个测量周期过程中，被测周期信号在输入电路中经过放大、整形、微分操作之后形成特定周期的窄脉冲，送到主门的一个输入端。主门的另外一个输入端为时基电路产生电路的闸门脉冲（定时脉冲，一般为 1 s）。在闸门脉冲开启主门的期间，特定周期的窄脉冲才能通过主门，从而进入计数器进行计数，这种计数器是二/十进制的，计数器的数值可直接由显示电路显示出来。内部控制电路则用来完成各种测量功能之间的切换并实现测量设置。

基本组成部分包括整形电路、时钟电路、二/十进制计数器、锁存器和显示器。

1. 整形电路

被测信号首先经整形电路变成计数器所要求的脉冲信号(频率与被测信号的频率相同)。

2. 时钟电路

产生时间基准信号,其精度很大程度上决定了频率计的频率测量精度。一般采用石英晶体振荡信号(频率高,稳定)经分频后成为时钟脉冲,控制门的开关。当它高电平时,被测信号进入计数器计数;当它低电平时,计数器处于保持状态,数据送入锁存器进行锁存显示。然后对计数器清零,准备下一次计数。

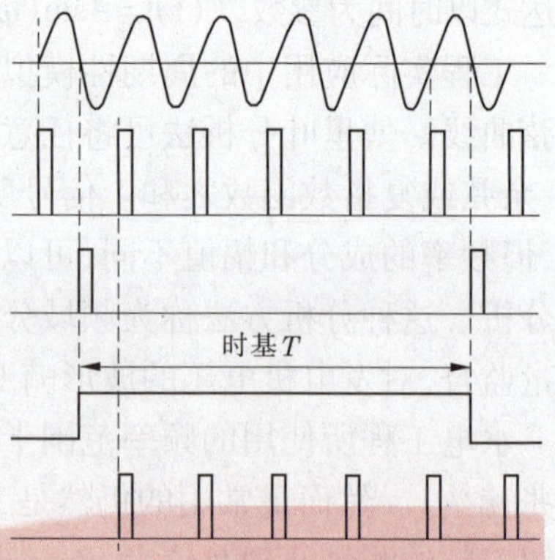

图 11-4　数字频率计工作波形

3. 二/十进制计数器

计数器在 T 触发器输出信号的控制下,对经过整形的待测信号进行脉冲计数,所得结果乘以量程即为待测信号频率。

根据精度要求,一般采用 4 个十进制计数器级联,构成 $N = 1\ 000$ 计数器。

4. 锁存器和显示器

计数器的结果进入锁存器锁存,4 个七段数码管显示测试信号的频率。

(三)频率变送器

频率变送器用于测量交流频率,隔离变送输出线性直流信号,输送给远程装置、计算机、自动化控制系统等。

频率变送器的主要性能参数如下。

(1)测量:交流频率。

(2)精度:±0.2%、±0.5%。

(3)输出:0 ~ 20 mADC,4 ~ 20 mADC,0 ~ 5 VDC,0 ~ 10 VDC 等模拟量信号。

(4)输入负载:≤0.1 VA。

(5)最大过载输入能力:电压 2 倍额定输入(连续)信号 10 s。

(6)精度:±0.2%、±0.5%。

(7)响应时间:≤400 ms。

第三节　电流、电压测量

一、基本测量原理和方法

(一)指针式表头

对于物理量的测量,必须有一个测量量值的视觉指示器,用于读取测量数据。传统的指示器就是指针式表头和表盘,对于现代的数字测量系统则是数字显示器。这里只将前者作简单介绍(详细结构原理参见第十三章)。

指针式表头是靠指针相对于表盘可读的偏转角度来显示读数值的。基本原理是被测量提供部分能量(电流),通过置于电磁场内的线圈,产生偏转。

在表头内,有一个磁铁和一个导线线圈,通过电流后,会使线圈产生磁场,这样线圈通电后在磁铁的作用下会旋转,这就是电流表、电压表的表头部分。

由于必须尽可能地减少测量所耗能量,从而尽可能减少对被测量的影响,加上表头的结构体积、重量等限制,因此这个表头所能通过的电流就很小(在数十毫安级),且两端所能承受的电压也很小(可能在 1 V 以下或毫伏级)。

为测量外部回路的大电流,在表头内部或者外部,在表头线圈两端并联一个比表头线圈阻抗小得多的电阻(只让很小部分电流流过表头线圈),从而实现对电流的测量。

为测量外部回路的高电压,我们需要给这个表头(内部或外部)串联一个比较大的电阻,或者另外接入分压器,来测量电压。

总之,电流或电压的测量,只是摄取被测量的方式不同(分流或分压)而已,基本原理是一样的。

(二)电流的测量

通常测量直流电流用磁电式电流表,而测量交流电流主要采用电磁式电流表。电流表应串联在电路中。为了使电路的工作不受接入电流表的影响,电流表的内阻必须很小。

采用磁电式电流表测量电流时,为了扩大它的量程,应在测量机构上并联一个称为分流器的低值电阻 R_A,电流表与分流器示意图如图 11-5 所示。

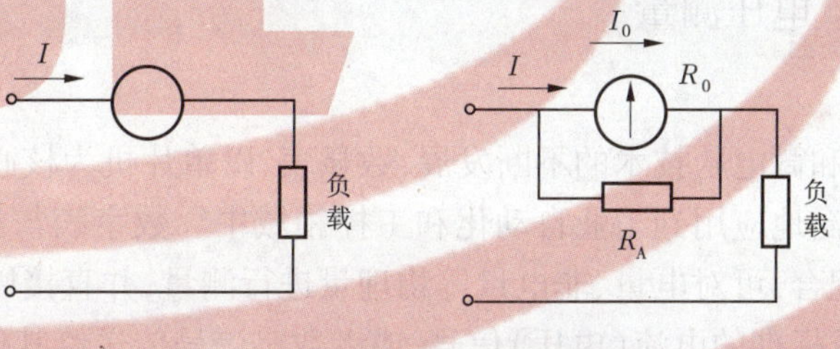

图 11-5　电流表与分流器示意图

图 11-5 中,I_0 与 I 的关系为

$$I_0 = \frac{R_A}{R_0 + R_A} I \tag{11-16}$$

$$R_A = \frac{R_0}{\dfrac{I}{I_0} - 1}$$

式中 R_0 是测量机构的电阻(表头内阻),I_0 是通过表头的电流,由于 R_A 比 R_0 小得多,被测电流 I 的大部分流经 R_A 了。

根据 R_A 和 R_0 的大小和比值(制造中必须精确测量),就可以决定表头的量程,并绘制出表盘的刻度值。要求 R_0 尽可能地小。

(三)电压的测量

测量直流电压常用磁电式电压表,而测量交流电压常用电磁式电压表。电压表应并联在欲测电压的负载、电源或一段电路中。为了使电路的工作不受接入电压表的影响,电压表的内阻必须很大。

为了扩大电压表的量程,应在测量机构上串联一个称为倍压器的高值电阻 R_V。电压表和倍压器示意图如图 11-6 所示。

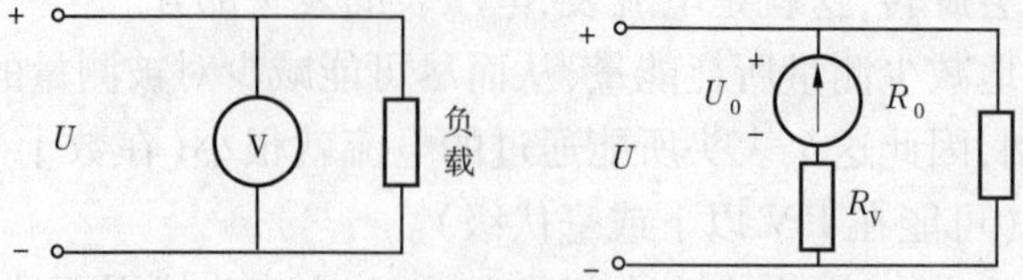

图 11-6　电压表和倍压器示意图

由图 11-6 可得:

$$\frac{U}{U_0} = \frac{R_0 + R_V}{R_0} \tag{11-17}$$

$$R_V = R_0\left(\frac{U}{U_0} - 1\right)$$

【例 11-2】　有一电压表,其量程为 50 V,内阻为 2 000。今欲使其量程扩大到 300 V,问还需串联多大电阻的倍压器?

解　$R_V = 2\ 000 \times \left(\frac{300}{50} - 1\right) = 10\ 000(\Omega)$

二、数字电流、电压测量

(一)概述

随着数字技术和微电脑技术的不断发展,数显表、以单片机为核心的新型数字显示与记录仪表越来越广泛地应用到工业自动化和工控领域中。数字表与指针表一样,与各种传感器、变送器相配合,可对电量、非电量等物理量进行测量,并直接以数字形式显示被测结果,同时可变换成标准的电流(电压)信号,或者数字信号传送给其他系统。

(二)数字测量原理

数字表首先要把连续变化的模拟量以一定时间间隔取样,转换成断续变化的数字量(A/D 转换),简单的数字仪表里,将数字化后的编码直接输入至计数器、寄存器、译码器,最后在液晶显示器或 LED 数码管上显示出来。高级的数字表则是将 A/D 转换后的数字存入数据库,经过一定的计算和判别,再输出显示或打印。

数字表大多是以电压表为主体的,因为 A/D 转换器的输入一般为电压信号。大量的物理量经传感变送后转换成相对应的电信号(电压信号)后,数字仪表就可以进行测量了。

(三)数字仪表的基本组成

一只数字仪表应具备 A/D 转换、非线性补偿及标度变换三部分。

(1)A/D 转换。模拟量转换成数字量,有专门的单芯片。

(2)非线性补偿。大多数被测参数与显示值之间呈现非线性关系,为了消除非线性误差,必须在仪表中加入非线性补偿电路。常用的方法有模拟式非线性补偿法、非线性数模转换补偿法、数字式非线性补偿法等。

(3)标度变换。测量值与工程值之间往往存在一定的比例关系,数显表显示的不应该是输入值,而是实际的工程值,所以要进行标度变换。一般数显表的显示量程是全范围可设定的。

(四)数字电压表的分类和工作原理

DVM 的种类有多种,分类方法也很多,有按位数分的,如 3/2 位、5 位、8 位;有按测量速度分的,如高速、低速;有按体积、质量分的,如袖珍式、便携式、台式。但通常是按 A/D 转换方式的不同将 DVM 分成两大类:一类是直接转换型,也称比较型;另一类是间接转换型,又称积分型,包括电压—时间变换(V—T 变换)和电压—频率变换(V—f 变换)。

1.逐次逼近比较型

逐次逼近比较型电压表是利用一个数字计数器,测量开始,计数器开始计数,数值增加,再将计数器的数字经 D/A 转换器(含标准电压)转换为相应的模拟电压,并与被测电压进行比较,一旦两个电压相等,计数器就停止计数。此时计数器里的数字(同时通过显示器显示出来)就代表测量值。虽然逐次比较需要一定时间,要经过若干个节拍才能完成,但只要加快节拍的速度,还是能在瞬间完成一次测量的。

2.电压—时间变换型

所谓电压—时间变换型,是指测量时将被测电压值转换为时间间隔 Δt,电压越大,Δt 越大,然后按 Δt 大小控制定时脉冲进行计数,其计数值即为电压值。电压—时间变换型又称为 $V—T$ 型或斜坡电压式。

3.电压—频率变换型

所谓电压—频率变换型,是指测量时,通过可控频率振荡器,把被测电压值转换为对应的频率值,被测电压越大,频率就越高,然后用频率表显示出频率值,即能反映电压值的大小。这种表又称为 $V—f$ 型。

第四节　电功率的测量

一、功率的测量

(一)功率的定义

功率是指物体在单位时间内所做的功,即功率是描述做功快慢的物理量。

功的数量一定,时间越短,功率值就越大。功率的计算公式:$P = W/t$(平均功率),$P = FV$(瞬时功率)。

电路中的功率与电压和电流的乘积有关,因此常用电动式仪表来测量功率。

(二)单相交流和直流功率的测量

单相交流和直流功率测量示意图如图 11-7 所示。

在线圈通入交流电时,电动式仪表指针偏转的角度

$$\alpha = kI_1I_2\cos\varphi \tag{11-18}$$

由于在功率表中，并联线圈电路串有高阻值的倍压器，它的感抗与电阻相比可以忽略不计，故可以认为其中电流 i_2 与 u 同相。因此，$\alpha = kI_1I_2\cos\varphi$ 可以写成

$$\alpha = k'UI\cos\varphi = k'P \tag{11-19}$$

可见，电动式功率表中指针偏转角 α 与电路的平均功率 P 成正比。使用时，功率表两个线圈的始端（标以"±"或"＊"号）均应联在电源的同一端。

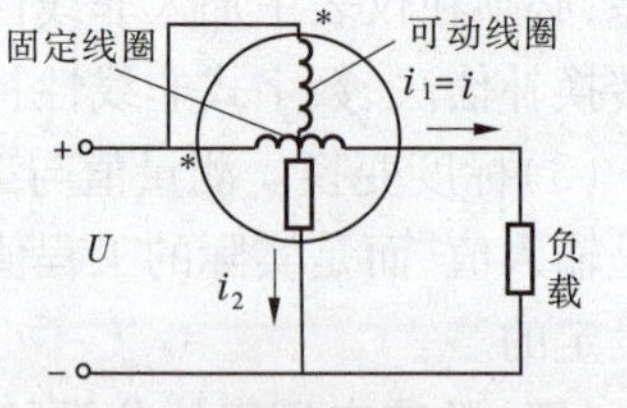

图 11-7　单相交流和直流功率测量示意图

电动式功率表也可以测量直流功率。

（三）三相功率测量

三相三线制电路中，广泛采用两功率表法测量三相功率，如图 11-8 所示。

图中，三相瞬时功率为

$$P = P_A + P_B + P_C = u_Ai_A + u_Bi_B + u_Ci_C \tag{11-20}$$

因为 $i_A + i_B + i_C = 0$，所以

$$\begin{aligned} P &= u_Ai_A + u_Bi_B + u_C(-i_A - i_B) \\ &= (u_A - u_C)i_A + (u_B - u_C)i_B \\ &= u_{AC}i_A + u_{BC}i_B = P_1 + P_2 \end{aligned}$$

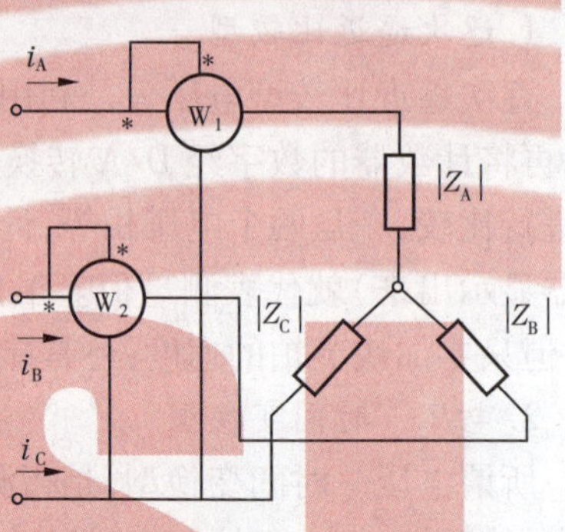

图 11-8　三相功率的测量示意图

第一个功率表 W_1 的读数为

$$P_1 = \frac{1}{T}\int_0^T u_{AC}i_A \mathrm{d}t = U_{AC}I_A\cos\alpha \tag{11-21}$$

式中　α——u_{AC} 和 i_A 之间的相位差。

第二个功率表 W_2 的读数为

$$P_2 = \frac{1}{T}\int_0^T u_{BC}i_B \mathrm{d}t = U_{BC}I_B\cos\beta \tag{11-22}$$

式中　β——u_{BC} 和 i_B 之间的相位差。

两功率表的读数 P_1 与 P_2 之和即为三相功率：

$$P = P_1 + P_2 = U_{AC}I_A\cos\alpha + U_{BC}I_B\cos\beta \tag{11-23}$$

当负载对称时：

$$\left.\begin{aligned} P_1 &= U_{AC}I_A\cos\alpha = U_1I_1\cos(30° - \varphi) \\ P_2 &= U_{BC}I_B\cos\alpha = U_1I_1\cos(30° + \varphi) \end{aligned}\right\}$$

式中　U_1——线电压；

I_1——线电流；

φ——对称负载的阻抗角。

因此，两功率表读数之和为

$$P = P_1 + P_2 = U_1I_1\cos(30° - \varphi) + U_1I_1\cos(30° + \varphi) = \sqrt{3}U_1I_1\cos\varphi \tag{11-24}$$

当相电压与相电流同相时，两个功率表的读数相等。当相电流比相电压滞后的角度（$\varphi > 60°$时，P_2 为负值，因此必须将功率表的电流线圈反接。这时三相功率等于第一个功率表的读数减去第二个功率表的读数，即

$$P = P_1 + (-P_2) = P_1 - P_2 \tag{11-25}$$

三相功率应是两个功率表读数的代数和,其中任何一个功率表的读数是没有意义的。

(四)功率变送器

功率变送器是一种能将有功、无功功率转换成按线性比例输出的直流电压或电流,并能反映被测功率传输方向的变换器。配以相应的仪表或装置可在交流电路中实现对有功、无功功率的测量和监控,广泛应用于各种电气测量、自动控制以及调度系统。

功率变送器的种类可分有功功率变送器、无功功率变送器和电流组合变送器的多种组合形式,只需一次连接输入线,只占用一只变送器空间,就可以达到同时测量有功、无功和电流的目的。既方便经济,又减轻了PT、CT的负担,因而也相应地提高了遥测精度。

输入信号:AC100V/5A、AC380V/5A等多种。

输出信号:直流1~5 V、0~10 V、4~20 mA、0~20 mA等多种。

准确度等级:0.2级、0.5级。

二、电能计量

电能是指在一定的时间内电路元件或设备吸收或发出的电能量,用符号W表示,其国际单位制为焦耳(J)。电能测量是一种功率的时间累计,所以一般称为电能计量。

电能的计算公式为$W = Pt = UIt$,U、I分别为电压、电流向量,t为时间,通常电能单位用千瓦小时(kWh)来表示,也叫做度(电)。

用来计量电能的电能表有感应式和电子式两大类。

(1)感应式电能表:采用电磁感应的原理把电压、电流、相位转变为磁力矩,推动铝制圆盘转动,圆盘的轴(蜗杆)带动齿轮驱动计度器的鼓轮转动,转动的过程即是时间量累积的过程。因此,感应式电能表的好处就是直观、动态连续、停电不丢数据。

当把感应式电能表接入被测电路时,电流线圈和电压线圈中就有交变电流流过,这两个交变电流分别在它们的铁芯中产生交变的磁通;交变磁通穿过铝盘,在铝盘中感应出涡流;涡流又在磁场中受到力的作用,从而使铝盘得到转矩(主动力矩)而转动。负载消耗的功率越大,通过电流线圈的电流越大,铝盘中感应出的涡流也越大,使铝盘转动的力矩就越大,即转矩的大小跟负载消耗的功率成正比。铝盘转动时,带动计数器,把所消耗的电能指示出来。负载所消耗的电能与铝盘的转数成正比。这就是电能表工作的简单过程。

(2)电子式电能表:运用模拟或数字电路得到电压和电流向量的乘积,然后通过模拟或数字电路实现电能计量功能。由于应用了数字技术,分时计费电能表、预付费电能表、多用户电能表、多功能电能表纷纷登场,进一步满足了科学用电、合理用电的需求。多功能电能表是除计量有功电能、无功电能外,还具有分时、测量需量等两种以上功能,并能显示、储存和输出数据的电能表。

目前,在水利水电工程建设时期,施工用电一般都采用感应式电表;而电站的关口表(一般安装在开关站的线路出口端)一般都采用高精度的数字双向电度表(型号由电网指定,产权是属于电业局),并且这些电度表的数值可直接被传送至电网用电管理中心。

电能表是供用电双方用于贸易结算的计量器具。根据计量法的规定,电能表属于

"强制检定性"计量装置,有严格的管理制度,必须定期进行轮换和校验。水利水电工程投产时,电站所使用的电能表必须是经过电业电能计量所(或指定的检定机构)检验合格的。电能表的校验及定期轮换必须在技术监督部门定期监督下进行。

第五节　直流电阻测量

一、直流电阻测量的意义

在水电设备检测中直流电阻的测量具有明显的两极分化的特点,要不就是测量大电流回路很小的电阻(1 Ω 以下,以至于 μΩ 级),要不就是测量电阻很大的绝缘电阻(MΩ 级),因此测量方法不一样。这里主要讨论小电阻值的测量,至于绝缘电阻值测量,将在本章第六节中介绍。

这是一项方便而有效的考察绕组绝缘和电流回路连接状况的试验,能反映绕组焊接质量、绕组匝间短路、绕组断股或引出线折断、分接开关及导线接触不良等故障,实际上它也是判断各相绕组直流电阻是否平衡、调压开关挡是否正确的有效手段。长期以来,绕组直流电阻测量一直被认为是判断电流回路连接状况的唯一办法。如在对某变压器低压侧 10 kV 线间直流电阻做试验时,发现不平衡率为 2. 17%,超过标准值 1% 的 1 倍还多,色谱分析不存在过热故障,且每年测试数据反映直流电阻不平衡系数超标外,其他项目均正常,经分析换算后确定 C 相电阻值较大,判断 C 相绕组内有断股问题,经吊罩检查后,证实 C 相确实有一股开断,避免了故障的进一步扩大。通过上述例子可见,变压器直流电阻的测量对发现回路中某些重大缺陷起到了重大作用。

测量直流电阻的目的是检查电气设备绕组或线圈的质量及回路的完整性,以发现制造不良或运行中振动而产生的机械应力等原因所造成的导线断裂、接头开焊、接触不良、层间短路等缺陷。

另外,对发电机和变压器进行温升试验时,也需根据不同负荷下的直流电阻值换算出相应负荷下的温度值。水轮发电机及其他电器设备的温度测量,大都是通过测量埋设于设备内电阻元件的直流电阻值来实现的。

测量直流电阻一般可采用电压降法或电桥法。

二、直流电阻的测量方法

(一)电压降法

电压降法是在被测电阻上,通以直流电流,用电压表及电流表测量出被测电阻上的电压降和电流,然后利用欧姆定律 $R=\dfrac{U}{I}$ 算出被测电阻的直流电阻。通常使用的万用表,就是根据这种原理测量的。但万用表一般精度比较低,不能满足我们所说的电力设备直流电阻测量。

电压降法的测量准确度与测量接线方式有直接关系。测量必须考虑减小接线方式所造成的误差。

另外，在我们所测量的回路里，一般工作电流都是很大的，最大可达数 10 kA。而测量电压、电流远远小于实际工作值，测量显然是不准确的，需要模拟大电流状态测量，所以测量时还需采用大电流恒流发生器，配合测量。因此，相关设备测量规范里对测量电流都作出了规定，如高压开关回路测量电流必须大于 100 A。

（二）电桥法

小电阻值直流电阻测量大多采用直流电桥法，根据结构形式，直流电桥可分为单臂电桥和双臂电桥两种形式。常用的平衡电桥有 QJ23A 单臂和 QJ44 或 QJ57 双臂电桥两种。

采用电桥测量电阻，是将被测电阻与已知标准电阻（一般为电阻箱）接入电桥的对应两个桥臂中，而且尽可能使两个桥臂的接线状况一样，使未知电阻在电路中所产生的效果与一个已知电阻相同。当电桥达到平衡时（检流计指示为零），则可认为这两个电阻的阻值相等。直流电桥的工作原理将在第十四章中进行专门介绍。

当被试线圈电阻值 1 Ω 以上一般用单臂电桥测量，1 Ω 以下则用双臂电桥测量。使用双臂电桥接线时，电桥电位桩头要靠近被测电阻，电流桩头要接电位桩头上面。测量前，应先估计被测线圈电阻值，将电桥倍率旋钮置于适当位置，将非被测线圈短路并接，然后打开电源开关充电，待充足电后按下检流计开关，迅速调节测量臂，使检流计指针向检流计刻度中间零位线方向移动，进行微调，待指针平稳停零位上时记录电阻值，此时，被测线圈电阻值 = 倍率数 × 测量臂电阻值。测量完毕，先放开检流计按钮，再放开电源开关。

三、直流电阻微机测试仪

这种仪器实际仍然采用电压降法，综合上述测量要求，采用开关电源恒压、恒流源（电流可达数百 A）的精密测量技术。专门用于测量变压器、电机、互感器等感性设备的直流绕线电阻，亦可测量一般电气元件、电气设备的接触电阻。

图 11-9 为直流电阻微机测量框图。

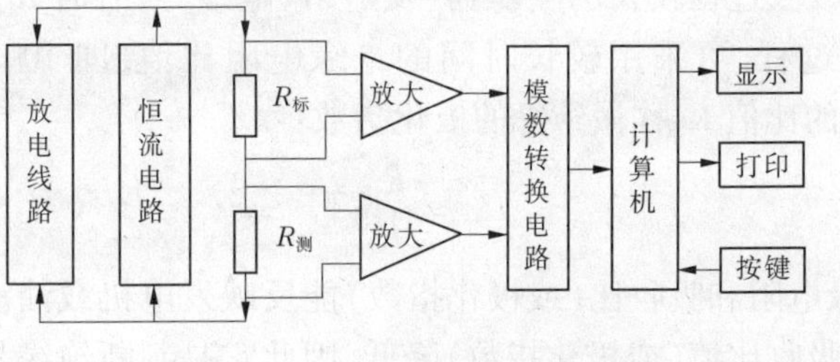

图 11-9　直流电阻微机测量框图

直流电阻测试仪主要由恒流电源、放电电路、放大和模数转换电路、计算机、打印机、显示、按键几部分构成。R_c 为被测直流电阻，R_b 为已知的机内电流采样电阻。当回路通过恒定电流 I 时，被测电阻上的电压降：$V_1 = IR_c$，电流采样电阻 R_b 电压降：$V_b = IR_b$，因此可以计算出：$R_c = \frac{V_1}{I} = \frac{V_1}{V_b}R_b$。

这种测量仪的分辨率可达 0.1 μΩ 级，测量电流量可从 0.1 A 至数百安，测量范围为

0～500 mΩ，准确度可达2‰。

使用这类测量仪表，比使用电桥测量快，精度也比较高，所以使用比较广泛。

第六节　绝缘电阻、吸收比和极化指数测量

绝缘电阻测试是测试和检验电气设备的绝缘性能的比较常规的手段，所适用的设备包括电机、变压器、开关装置、控制装置和其他电气装置中绕组、电缆及所有的绝缘材料。同时是高压绝缘试验的预备试验，在进行比较危险和破坏性的试验之前，先进行绝缘电阻的测试，可以提前发现绝缘材料的比较大的绝缘缺陷，并提前采取相应的措施，避免完全破坏被试物的绝缘。最佳的方法将根据被测设备类型和测试目的来确定。其中带有绕组或电介质材料的被试物或电容的测量中，吸收比和极化指数是判断其绝缘特性非常重要的指标。

一、绝缘参数测量概述

（一）绝缘电阻

测量电气设备的绝缘电阻，是检查设备绝缘状态最简便和最基本的方法。在现场普遍用兆欧表测量绝缘电阻。绝缘电阻值的大小常能灵敏地反映绝缘情况，能有效地发现设备局部或整体受潮和脏污，以及绝缘击穿和严重过热老化等缺陷。

用兆欧表测量设备的绝缘电阻，由于受介质吸收电流的影响，兆欧表指示值随时间逐步增大，通常读取施加电压后60 s的数值或稳定值，作为工程上的绝缘电阻值。

（二）吸收比和极化指数

吸收比K_1为60 s绝缘电阻值(R_{60s})与15 s绝缘电阻值(R_{15s})之比值，即

$$K_1 = \frac{R_{60s}}{R_{15s}} \tag{11-26}$$

对于大容量和吸收过程较长的变压器、发电机、电缆等，有时R_{60s}/R_{15s}吸收比值尚不足以反映吸收的全过程，可采用较长时间的绝缘电阻比值，即10 min(R_{10min})和1 min(R_{1min})时绝缘电阻的比值K，称做绝缘的极化指数：

$$K = \frac{R_{10min}}{R_{1min}} \tag{11-27}$$

在工程上，绝缘电阻和吸收比（或极化指数）能反映发电机或油浸变压器绝缘的受潮程度。绝缘受潮后吸收比值（或极化指数）降低，因此它是判断绝缘是否受潮的一个重要指标。

相对于绝缘电阻，以上两个指标具有更多的优越之处。如绝缘电阻对于温度、湿度等环境条件的变化非常敏感，在不同的温度、湿度等环境下，绝缘电阻也会产生非常大的变化（尤其是温度）。因此，不同环境中所进行的绝缘电阻的测量结果是不能直接进行比较分析的，必须对绝缘电阻进行温度折算，将测量结果归算到20 ℃，才能进行比较和分析。而吸收比和极化指数则不需要进行温度归算，因为它们的测量结果是在同一个环境下测量出来的。

应该指出，有时绝缘具有较明显的缺陷（例如绝缘在高压下击穿），吸收比值仍然很好。吸收比不能用来发现受潮、脏污以外的其他局部绝缘缺陷。

二、使用兆欧表测量绝缘电阻

（一）兆欧表基本结构原理

兆欧表按电源形式通常可分为发电机型和整流电源型两大类。发电机型一般为手摇（或电动）直流发电机或交流发电机经倍压整流后输出直流电压，整流电源型由低压 50 Hz 交流电（或干电池）经整流稳压、晶体管振荡器升压和倍压整流后输出直流电压。

手摇发电机型兆欧表是一种利用磁电式流比计线路来测量高电阻的仪表，俗称摇表。其构造是在永久磁铁的磁极间放置着固定在同一轴上而相互垂直的两个线圈。一个线圈与 R 串联，另一个线圈与被测电阻 R_x 串联，然后两者并接在端电压为 U 的手摇发电机上。

表针的偏转角与被测电阻有一定的函数关系，因此仪表刻度尺可以直接按电阻来分度。

仪表的读数与电压 U 无关，手摇发电机转动的快慢不影响读数。

关于兆欧表的详细结构原理将在第十四章里介绍。

（二）兆欧表的参数及选用

1. 兆欧表电压等级

兆欧表电压通常有 100 V、250 V、500 V、1 000 V、2 500 V、5 000 V、10 000 V 等多种，也有可连续改变输出电压的。应按照《电气设备预防性试验规程》的有关规定选用适当的电压。

对水内冷发电机采用专用兆欧表测量绝缘电阻。

2. 兆欧表的容量

兆欧表的容量即最大输出电流值（输出端经毫安表短路测得），对吸收比和极化指数测量有一定的影响。测量吸收比和极化指数时应尽量采用大容量的兆欧表，即选用最大输出电流 1 mA 及以上的兆欧表，以期得到较准确的测量结果。

3. 兆欧表的负载特性

兆欧表的负载特性，即被测绝缘电阻 R 和端电压 U 的关系曲线，随兆欧表的型号而变化。当被测绝缘电阻值低时，端电压明显下降。

4. 选用兆欧表时的注意事项

（1）对有介质吸收现象的发电机、变压器等设备，绝缘电阻值、吸收比值和极化指数随兆欧表电压高低而变化，故历次试验应选用相同电压的兆欧表。

（2）对二次回路或低压配电装置及电力布线测量绝缘电阻，并兼有进行直流耐压试验的目的时，可选用 2 500 V 兆欧表。由于低压装置的绝缘电阻一般较低（1 ~ 20 MΩ），兆欧表输出电压因受负载特性影响，实际端电压并不高。用 2 500 V 兆欧表代替直流耐压试验时，应考虑到低绝缘电阻时端电压降低的因素。

5. 测量绝缘电阻时，兆欧表电压等级的选用规定

（1）100 V 以下的电气设备或回路，采用 250 V、50 MΩ 及以上兆欧表。

(2)500 V 以下至 100 V 的电气设备或回路,采用 500 V、100 MΩ 及以上兆欧表。

(3)3 000 V 以下至 500 V 的电气设备或回路,采用 1 000 V、2 000 MΩ 及以上兆欧表。

(4)10 000 V 以下至 3 000 V 的电气设备或回路,采用 2 500 V、10 000 MΩ 及以上兆欧表。

(5)10 000 V 及以上的电气设备或回路,采用 2 500 V 或 5 000 V、10 000 MΩ 及以上兆欧表。

(6)用于极化指数测量时,兆欧表短路电流不应低于 2 mA。

(三)试验步骤

(1)断开被试品的电源,拆除或断开对外的一切连线,将被试品接地放电。对电容量较大者(如发电机、电缆、大中型变压器和电容器等),应充分放电(5 min)。放电时应用绝缘棒等工具进行,不得用手碰触放电导线。

(2)用干燥、清洁、柔软的布擦去被试品外绝缘表面的脏污,必要时用适当的清洁剂洗净。

(3)兆欧表上的接线端子"E"是接被试品的接地端的,"L"是接高压端的,"G"是接屏蔽端的。应采用屏蔽线和绝缘屏蔽棒作连接。

(4)将兆欧表水平放稳,当兆欧表转速尚在低速旋转时,用导线瞬时短接"L"和"E"端子,其指针应指零。开路时,兆欧表转速达额定转速其指针应指向"∞"。然后使兆欧表停止转动,将兆欧表的接地端与被试品的地线连接,兆欧表的高压端接上屏蔽连接线,连接线的另一端悬空(不接试品),再次驱动兆欧表或接通电源,兆欧表的指示应无明显差异。最后将兆欧表停止转动,将屏蔽连接线接到被试品测量部位。如遇表面泄漏电流较大的被试品(如发电机、变压器等),还要接上屏蔽护环。

(5)驱动兆欧表达额定转速,或接通兆欧表电源,待指针稳定后(或 60 s),读取绝缘电阻值。

(6)测量吸收比和极化指数时,先驱动兆欧表至额定转速,待指针指向"∞"时,用绝缘工具将高压端立即接至被试品上,同时记录时间,分别读出 15 s 和 60 s(或 1 min 和 10 min)时的绝缘电阻值。

(7)读取绝缘电阻后,先断开接至被试品高压端的连接线,然后将兆欧表停止运转。测试大容量设备时更要注意,以免被试品的电容在测量时所充的电荷经兆欧表放电而使兆欧表损坏。

(8)断开兆欧表后对被试品短接放电并接地。

(9)测量时应记录被试设备的温度、湿度、气象情况、试验日期及使用仪表等。

(四)影响因素及注意事项

1. 外绝缘表面泄漏的影响

一般应在空气相对湿度不高于 80% 条件下进行试验,因为在相对湿度大于 80% 的潮湿天气,电气设备引出线瓷套表面会凝结一层极薄的水膜,造成表面泄漏,使绝缘电阻明显降低。此时,应在引出线瓷套上装设屏蔽环(用细铜线或细熔丝紧扎 1 ~ 2 圈)接到兆欧表屏蔽端子。常用的接线如图 11-10 所示。屏蔽环应接在靠近兆欧表高压端所接的瓷套端子,远离接地部分,以免造成兆欧表过载,使端电压急剧降低,影响测量结果。

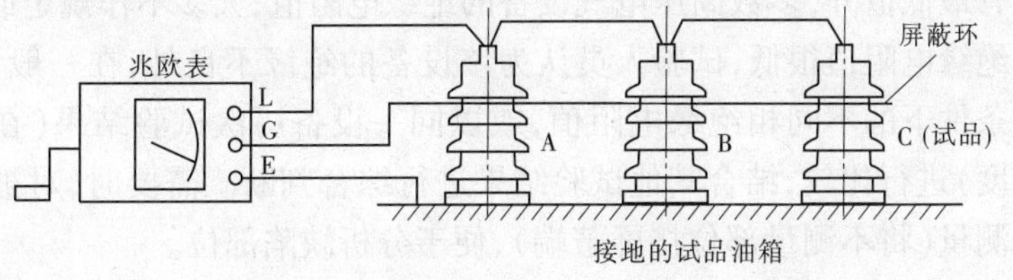

图 11-10　测量绝缘电阻时屏蔽环的位置

2. 残余电荷的影响

若试品在上一次试验后,接地放电时间 t 不充分,绝缘内积聚的电荷没有放净,仍积滞有一定的残余电荷,会直接影响绝缘电阻、吸收比和极化指数值。图 11-11 为一台发电机先测量绝缘电阻后经历不同的放电时间再进行复测的结果,可以看出,接地放电至少 5 min以上才能得到较正确的结果。

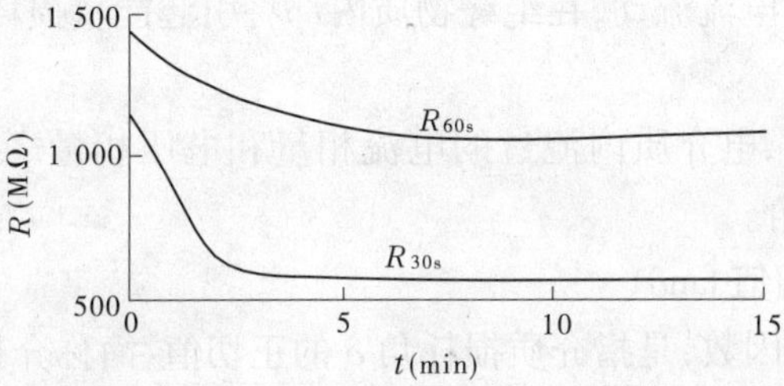

图 11-11　某台发电机经不同接地放电时间后复测绝缘电阻结果

对三相发电机分相测量定子绝缘电阻时,试完第一相绕组后,也应充分放电 5 min 以上,才能试验第二相绕组。否则同样会发生相邻相间异极性电荷未放净造成测得绝缘电阻值偏低的现象。

3. 感应电压的影响

测量高压架空线路绝缘电阻,若该线路与另一带电线路有一段平行,则不能进行测量,防止静电感应电压危及人身安全,同时以免有明显的工频感应电流流过兆欧表使测量无法进行。

4. 温度的影响

试品温度一般应为 10 ~ 40 ℃。

绝缘电阻随着温度升高而降低,但目前还没有一个通用的固定换算公式。

温度换算系数最好以实测决定。例如正常状态下,当设备自运行中停下,在自行冷却过程中,可在不同温度下测量绝缘电阻值,从而求出其温度换算系数。

5. 测量结果的判断

绝缘电阻值的测量是常规试验项目中的最基本的项目。根据测得的绝缘电阻值,可以初步估计设备的绝缘状况,通常也可决定是否能继续进行其他施加电压的绝缘试验项目等。

在《电气设备预防性试验规程》中，有关绝缘电阻标准除少数结构比较简单和部分低电压设备规定有最低值外，多数高压电气设备的绝缘电阻值，大多不作规定或自行规定。

除测得的绝缘电阻值很低，试验人员认为该设备的绝缘不良外，在一般情况下，试验人员应将同样条件下的不同相绝缘电阻值，或以同一设备历次试验结果（在可能条件下换算至同一温度）进行比较，结合其他试验结果进行综合判断。需要时，对被试品各部位分别进行分解测量（将不测量部位接屏蔽端），便于分析缺陷部位。

第七节　绝缘材料介质损耗测量

一、介质损耗的相关定义

（一）介质损耗

当对绝缘物质（电介质）施加交流电压时，由于漏电及极化过程，绝缘物质中将有有功电流和电容性的无功电流流动，在绝缘物质内部将引起能量损耗，称为介质损耗。

（二）介质损耗角 δ

在交变电场作用下，电介质内流过的电流相量和电压相量之间的夹角（功率因数角 φ）的余角 δ，简称介损角。

（三）介质损耗正切值 $\tan\delta$

$\tan\delta$ 又称介质损耗因数，是指介质损耗角 δ 的正切值，简称介损角正切。介质损耗因数的定义如下：

$$\text{介质损耗因数}(\tan\delta) = \frac{\text{检测试品的有功功率}\ P}{\text{检测试品的无功功率}\ Q} \times 100\% \qquad (11\text{-}28)$$

如果取得试品的电流相量 I 和电压相量 U，则可以得到如图 11-12 所示相量图。

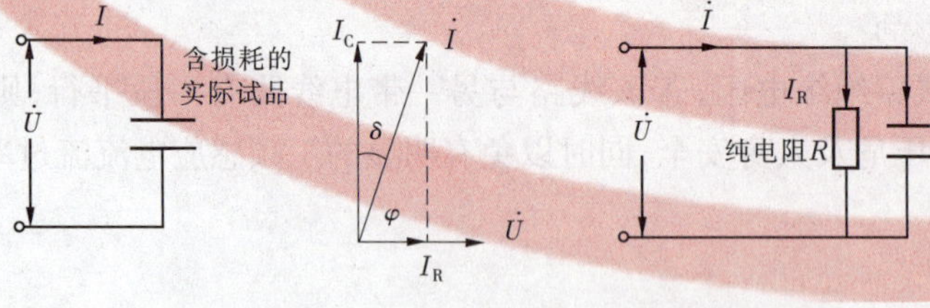

图 11-12　测量介质损耗因数相量图

总电流可以分解为电容电流 I_C 和电阻电流 I_R 的合成，因此

$$\tan\delta = \frac{R}{Q} \times 100\% = \frac{UI_R}{UI_C} \times 100\% = \frac{I_R}{I_C} \times 100\% \qquad (11\text{-}29)$$

这正是损失角 $\delta = (90° - \varphi)$ 的正切值，即有功电流与无功电流之比，称为介质损耗因数。因此，从本质上讲，是通过测量 δ 或者 φ 得到介损因数。它不受绝缘物质尺寸的影响，是绝缘物质本身的特性参数，是一个无量纲的数。

在一定的电压和频率下，它反映电介质内单位体积中能量损耗的大小。实践证明，介质损耗测试是评价高压电气设备绝缘状况的有效方法之一。通过介质损耗测试可以发现绝缘介质受潮、含有气体或浸渍物,或者是绝缘油的不均匀、脏污等缺陷。

因为介质损耗要在绝缘物内部产生热量,介质损耗越大,产生的热量越多,从而使介质损耗进一步增加,如此循环,最后可能在绝缘较弱处形成击穿,故测量 $\tan\delta$ 对于判断绝缘物的绝缘状况有着特别重要的意义。

二、介质损耗测量方法

测量 $\tan\delta$ 的仪器及方法很多。普遍采用的是 QS1 型高压交流平衡电桥(西林电桥)、电流比较型电桥及 M 型介质损耗测量仪等,在测量大电容量设备时,也可使用瓦特表法(一般不常用)。

(一)QS1 型电桥的使用方法

西林电桥用于在交流电压下测量绝缘材料或电器设备的电容值和介质损耗因数值。西林电桥的基本回路如图 11-13 所示。

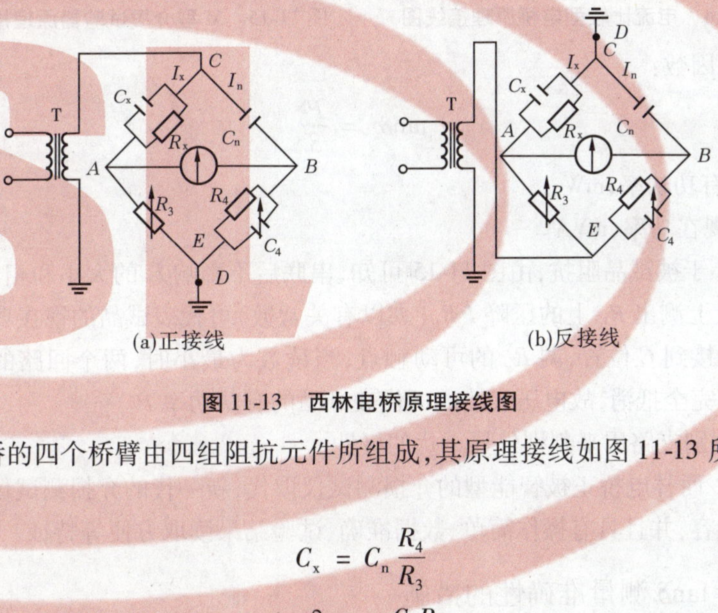

图 11-13　西林电桥原理接线图

西林电桥的四个桥臂由四组阻抗元件所组成,其原理接线如图 11-13 所示。电桥平衡时:

$$C_x = C_n \frac{R_4}{R_3} \tag{11-30}$$

$$\tan\delta_x = \omega C_4 R_4 \tag{11-31}$$

在工频试验电压下,式(11-31)中,$\omega = 2\pi f = 100\pi$。

取 R_4 为 $10\,000/\pi = 3\,184(\Omega)$,则 $\tan\delta_x = C_4$,即 C_4 的 μF 值就是 $\tan\delta_x$ 值。

(二)电流比较型电桥

图 11-14 是电流比较型电桥原理接线图。

图 11-14 中 C_n 为标准电容,C_x 表示被试品的电容,R_x 表示被试品介质损耗等值电阻,U 为试验电压,R 为十进可调电阻箱,C 为可选电容。W_n 和 W_x 分别表示电流比较型电桥标准臂和被测臂匝数。当电桥平衡时,由安匝平衡原理可得

$$C_x = C_n \frac{W_n}{W_x} \tag{11-32}$$

$$\tan\delta_x = \omega RC \tag{11-33}$$

式(11-33)中，$\omega = 100\pi$，C 分别等于 $1/\pi \times 10^{-6}\ F$ 和 $0.1/\pi \times 10^{-6}\ F$。

(三)M 型介质试验器

图 11-15 表示 M 型介质试验器原理接线，它包括 C_n、R_a 标准支路，C_x、R_x 及无感电阻 R_b 被试支路，R_c 极性判别支路，电源和测量回路等五部分。

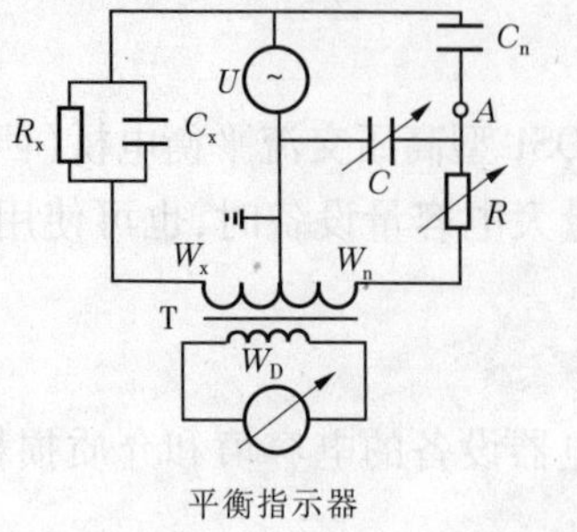

图 11-14　电流比较型电桥原理接线图

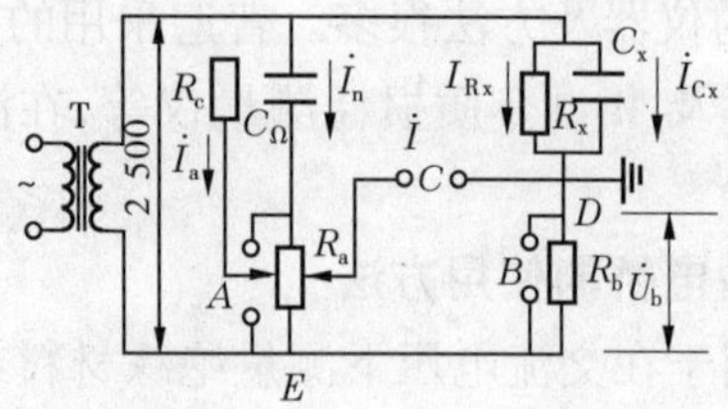

图 11-15　M 型介质试验器原理接线图

介质损耗因数：

$$\tan\delta_x = \frac{P}{S} \tag{11-34}$$

式中　P——有功功率，mW；

S——视在功率，mVA。

R_b 远小于被试品阻抗，由图 11-15 可知，串联后不影响 I_x 的大小和相位。

在 B 位置上测出 R_b 上的压降 I_xR_b(乘以有关常数)可代表试品的视在功率 S。

将电压表接到 C 位置，调 R_a 的可动触点，当读数为最小时，两个回路的电容电流分量的电压降可完全抵消，故电压表读数可代表试品的有功功率 P。

R_c 极性判别支路用来判别外界干扰的极性。

目前，QS1 西林电桥正被智能型的介损测试仪取代，新一代的介损测试仪均内置升压设备和标准电容，并且具有操作简单、数据准确、试验结果读取方便等特征。

三、提高 tanδ 测量准确性的措施

根据测量 tanδ 的特点，除不考虑频率的影响外(因为施加电压频率基本不变)，应注意以下几个方面。

(一)抗外部电磁场干扰的措施

在运行的高压电气设备附近进行 tanδ 试验时，往往由于电磁场的干扰，产生误差，不能测得真实的 tanδ，不消除这种误差，试验结果是没有意义的。消除外电磁场干扰的措施有以下几项。

1. 尽可能减小干扰源强度

在可能的条件下，尽量停掉产生干扰的电源，或使被试品远离干扰电源，也可采用移相法接线测试方法消除干扰。

当电桥靠近电抗器等漏磁通较大的设备时，干扰主要是由磁场作用于电桥回路所引起的。为了消除干扰的影响，一般可将电桥移动位置（约数米），即可移到磁场干扰较小或影响范围以外。若不可能，则也可以在检流计极性转换开关处于两种不同位置时将电桥平衡，求得每次平衡时的试品介质损失角及电容值。然后求取两次的平均值来消除磁场干扰的影响。

2. 屏蔽法

在部分停电的现场，对可能受到邻近带电物体电场影响的被试品，特别是直接与电桥连接的暴露的被试品电极，在可能条件下用内侧有绝缘层的金属罩、铝箔等加以屏蔽，屏蔽罩（箔）接地，以减小电场干扰的影响。在被试品上加装屏蔽罩，只适用于体积较小的被试品。

3. 选相倒相法

利用选相倒相法可以通过计算的方法消除干扰电流对被试品从高压端、中间电容屏或末端电容耦合的影响。一般情况下，测量时将电源正、反倒相各测一次即可，若作反接线测量，且测得的 $\tan\delta \geqslant 15\%$ 时，应将电源另选一相测试，使 $\tan\delta \leqslant 15\%$ 为止。

应用选相倒相法所引起的误差在一般高压电桥允许的误差范围内。

4. 移相法

移相法的原理很简单，移动试验电源的相位，使试验电流和干扰电流在相位上重合（同相或反相），这时测得的 $\tan\delta$ 就等于真实的 $\tan\delta$ 值。

5. 干扰平衡法

当干扰源特别强时，利用特制的可调电源加到桥体上，可以达到消除干扰对电桥平衡和对测量的影响。

（二）温度的影响

温度对 $\tan\delta$ 有直接影响，影响的程度随材料、结构的不同而异。一般情况下，$\tan\delta$ 随温度的上升而增加。由于一般不能将某一温度下的 $\tan\delta$ 值准确换算至另一温度下，因此应尽可能在 10～30 ℃的温度下进行测量。室外测量应在晴天，且试品和周围温度在不低于 +5 ℃的条件下测量。

（三）试验电压的影响

良好的绝缘的 $\tan\delta$ 不随电压的升高而明显增加。若绝缘内部有缺陷，则其 $\tan\delta$ 将随电压的升高而明显增加。

（四）测量仪表及器具等因素的影响

（1）电桥配套的标准电容器 BR－16 绝缘受潮。

（2）电桥接线插座的屏蔽不良。

（3）被试品与电桥的连接电缆（屏蔽线）长度超过 10 m。

（4）被试物电极的绝缘电阻和杂散电容。

高压电桥及测量器具应定期校验，试验时保证接线完好，不受潮；被试物周围的杂物应予清除。

第八节 交、直流耐压试验

一、交直流耐压试验概述

(一)耐压试验的分类和作用

耐压试验是检验电器、电气设备、电气装置、电气线路和电工安全用具等承受过电压能力的主要方法之一。

耐压试验分工频耐压试验和直流耐压试验两种。

工频耐压试验其试验电压为被试设备额定电压的一倍多至数倍,不低于 1 000 V。其加压时间:对于以瓷和液体为主要绝缘的设备为 1 min;对于以有机固体为主要绝缘的设备为 5 min;对于电压互感器为 3 min;对于油浸电力电缆为 10 min。

直流耐压试验可通过不同试验电压时泄漏电流的数值、绘制泄漏电流—电压特性曲线。电气设备经耐压试验能够发现绝缘的局部缺陷、受潮及老化。

一个好的绝缘,在标准规定的试验电压作用下,其泄漏电流不应随加压时间的延长而增加。如果在 0.5 倍试验电压附近泄漏电流已开始迅速上升,则此设备在运行电压下即有被击穿的危险。

(二)直流耐压试验及特点

1. 直流耐压试验和直流泄漏电流检测

在进行直流耐压试验时,可同时进行直流泄漏电流测量,测量微安表可接在高压侧,也可接在低压侧。

直流耐压试验和直流泄漏电流检测的原理、接线及方法完全相同,差别在于直流耐压试验的试验电压较高,主要考核绝缘介质的绝缘强度,如绝缘有无气隙或损伤等。

检测泄漏电流主要反映绝缘的整体有无受潮,有无劣化,也能反映端部表面的洁净情况,通过泄漏电流的变化能更准确予以判断。除此之外,还能通过试验电压与泄漏电流的关系曲线发现绝缘的局部缺陷,往往这些局部缺陷在交流耐压试验中是不能被发现的。

2. 直流耐压试验的特点(与交流耐压试验相比较)

(1)设备较轻便。由于直流耐压只需供给很小的泄漏电流,因而所需试验设备容量小,携带方便。在对大容量的电力设备(如发电机)进行试验,特别是在试验电压较高时,交流耐压试验需要容量较大的试验变压器,而当进行直流耐压试验时,试验变压器的容量可不必考虑。

(2)绝缘无介质极化损失。在进行直流耐压试验时,绝缘没有极化损失,因此不致使绝缘发热,从而避免因热击穿而损坏绝缘。进行交流耐压试验时,既有介质损失,还有局部放电,致使绝缘发热,对绝缘的损伤比较严重,而直流下绝缘内的局部放电要比交流下的轻得多。甚至这些原因,直流耐压试验还有些非破坏性试验的特性。

(3)可制作伏安特性曲线。进行直流耐压试验时,可制作伏安特性曲线,可根据伏安特性曲线的变化来发现绝缘缺陷,并可由此来预测击穿电压。

(4)在进行直流耐压试验时,一般都兼作泄漏电流测量,由于直流耐压试验时所加电压较高,故容易发现缺陷。

(5)易于发现某些设备的局部缺陷。对发电机来说,进行直流耐压试验时,易于发现发电机端部绝缘缺陷。其原因是交、直流电压沿绝缘的分布不一样。交流电压沿绝缘元件的分布与体积电容成反比,而直流电压分布则与表面绝缘电阻有密切关系。对电缆来说,直流试验也容易发现其局部缺陷。

(6)直流耐压试验能够发现某些交流耐压所不能发现的缺陷,但交流耐压试验对绝缘的作用更接近于运行情况,因而能检出绝缘在正常运行时的最弱点。因此,这两种试验不能互相代替,必须同时应用于预防性试验中,特别是电机、电缆等更应当做直流试验。

(三)交流耐压试验及特点

在被试设备电压的2.5倍及以上进行,从介质损失的热击穿观点出发,可以有效地发现局部游离性缺陷及绝缘老化的弱点。这是鉴定电气设备绝缘强度最直接的方法,对于判断电气设备能否投入运行具有决定性的意义,也是保证设备绝缘水平、避免发生绝缘事故的重要手段。

由于在交变电压下主要按电容分压,故能够有效地暴露设备绝缘缺陷。但是,交流耐压对绝缘的破坏性比直流大,而且由于试验电流为电容电流,所以需要大容量的试验设备。

交流耐压试验有时可能使绝缘中的一些弱点更加突出,因此在试验前必须对试品先进行绝缘电阻、吸收比、泄漏电流和介质损耗等项目的试验,若试验结果合格方能进行交流耐压试验。否则,应及时处理,待各项指标合格后再进行交流耐压试验,以免造成不应有的绝缘损伤。

交流耐压试验是破坏性试验。在出厂和交接试验中进行,对其耐压值的要求也不同。试验电压值应根据电气设备的电压等级和耐压试验标准来确定。

交流耐压试验装置有试验变压器、工频和变频串联谐振耐压试验装置、调压器、阻容分压器、测量球隙等。

根据被试品和试验设备的容量大小决定是用工频还是用变频。变频包括超低频,一般地、电缆和GIS用变频,开关、避雷器、电流互感器用工频,电压互感器用三倍频。

超低频绝缘耐压试验实际上是工频耐压试验的一种替代方法。我们知道,在对大型高压进行工频耐压试验时,由于它们的绝缘层呈现较大的电容量,所以需要很大容量的试验变压器或谐振变压器。这样一些巨大的设备,不但笨重,造价高,而且使用十分不便。为了解决这一矛盾,电力部门采用了降低试验频率,从而降低了试验电源的容量。国内外多年的理论和实践证明,用0.1 Hz超低频耐压试验替代工频耐压试验,不但能有同样的等效性,而且设备的体积大为缩小,重量大为减轻,理论上容量约为工频的五百分之一,且操作简单,与工频试验相比优越性更多。

(四)交流耐压与直流耐压试验的比较

因为交流、直流电压在绝缘层中的分布不同,直流电压是按电导分布的,反映绝缘内个别部分可能发生过电压的情况;交流电压是按分布电容(与绝缘电阻并存)成反比分布的,反映各处分布电容部分可能发生过电压的情况。另外,绝缘在直流电压作用下耐压强度比在交流电压下要高。所以,交流耐压试验与直流耐压试验不能互相代替。

二、直流高电压试验

（一）直流高电压的产生

1. 对试验电压的要求

直流电压是指单极性（正或负）的持续电压，它的幅值用算术平均值表示。由高电压整流装置产生的电压包含有脉动电压的成分，因此高压绝缘试验中使用的直流电压是由极性、平均值和脉动因数来表示的。

根据不同试品的要求，试验电压应能满足试验的极性和电压值，还必须具有充分的电源容量。《高电压试验技术　第1部分：一般定义及试验要求》（GB 16927.1—2011）规定，在输出工作电流下，直流电压的脉动因数 $S<3\%$。

在现场直流电压绝缘试验中，为了防止外绝缘的闪络和易于发现绝缘受潮等缺陷，通常采用负极性直流电压。

2. 直流高电压的产生方式

产生直流高电压，主要采用将交流高电压进行整流的方法。普遍使用高压硅堆作为整流元件，电源一般使用工频电源；对于电压较高的串级整流装置，为了减轻设备的重量，也可采用中频电源。

获得直流高电压的回路很多，可根据变压器、电容器、硅堆等元件的参数组成不同的整流回路。现场常用的基本回路有半波整流回路、倍压整流回路和串级整流回路。整流方式不同，输出的直流电压及其脉动因数也不同。

试验小电容量的试品并要求准确读取电流值时，例如测量带并联电阻的阀型避雷器电导电流时，应加滤波电容器。滤波电容器一般取0.01～0.1 μF。对于电容量较大的试品，如电缆、发电机、变压器等，通常不用滤波电容器。

对泄漏电流很小，并仅做粗略检查性的试验，如测量断路器支持瓷套及拉杆的泄漏电流，也可不用滤波电容器。

（二）试验接线及微安表保护

1. 微安表的接法

现场电气设备的绝缘有一端直接接地的，也有不直接接地的，微安表的接线位置视具体情况可有表11-1所示数种接线。

表11-1中序号1和2接线图测量准确度较高，宜尽量采用。序号3测量误差较大，宜尽量不采用，只有在测量条件受到限制时才被采用。

2. 微安表的保护

为了防止在试验过程中损坏微安表，微安表应外加装电感 L、电容 C，用来延缓试品击穿放电的电流陡度，防止微安表活动线圈匝间路或对磁极放电。

如果采用外接短路开关，一般只在读表时方才断开开关。

短路开关和微安表的接线必须正确，泄漏电流的引线必须先接到短路开关上，然后再用导线从短路开关上引到微安表，以避免试品击穿时，烧坏微安表。

表 11-1　微安表的接线方式

序号	微安表位置		试验接线	符号说明
1	微安表接在高压侧		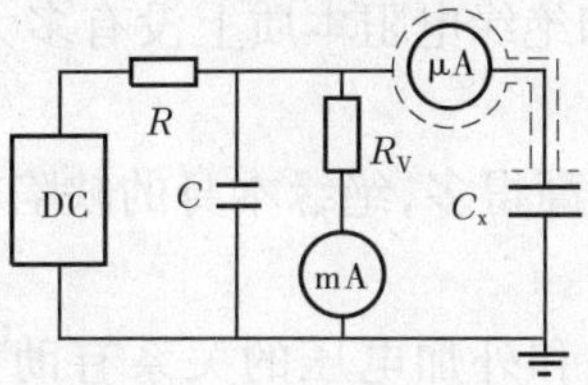	
2	微安表接在低压侧	被试品对地绝缘	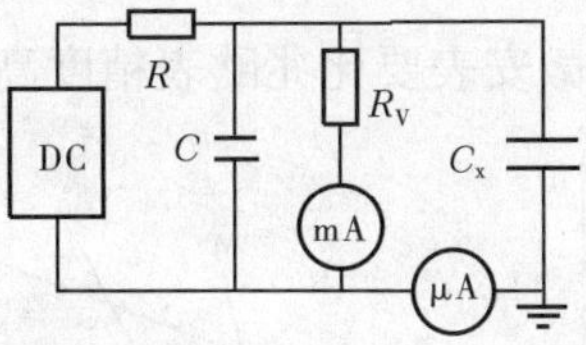	DC——高电压整流装置 R——保护电阻 C——滤波电容 R_V——高值电阻器 mA——串联毫安表 μA——微安表 C_x——被试品
3		被试品直接接地	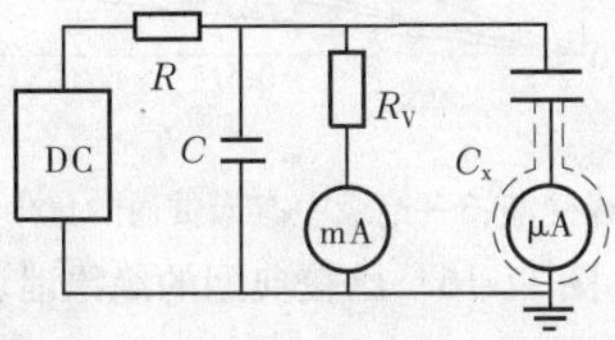	

(三)直流高电压的测量

1. 测量准确度的要求

(1)直流电压平均值的测量误差应不大于 3%。

(2)脉动幅值的测量误差不大于实际脉动幅值的 10% 及其直流电压算术平均值的 1%,取二者数值中较大者。

2. 测量系统的一般要求和现场测量

对测量系统的一般要求和现场测量,见《现场直流和交流耐压试验电压测量装置的使用导则》(ZBF 24002)。

3. 脉动电压的测量

1)用示波器测量脉动电压

利用分压比和示波器的量程选择、显示灵敏度等可测量出脉动电压的幅值。最好采用带测量标度的数字示波器,可自动显示脉动幅值。

2)用标准电容器和整流电路串联测量脉动电压

将标准电容器与全波整流器及微安表串联,接到被测电压的两端,脉动电压幅值 U_s 与流过标准电容器的整流电流平均值 I_s 的关系为

$$U_s \gg \frac{I_s}{2cf} \tag{11-35}$$

式中　c——标准电容器的电容量;

　　　f——脉动电压的基波频率。

(四)直流泄漏电流的测量

1. 直流泄漏电流的测量

测量设备的泄漏电流和绝缘电阻本质上没有多大区别,但是泄漏电流的测量有如下特点:

(1)试验电压比兆欧表高得多,绝缘本身的缺陷容易暴露,能发现一些尚未贯通的集中性缺陷。

(2)通过测量泄漏电流和外加电压的关系有助于分析绝缘的缺陷类型,如图 11-16 所示。

(3)泄漏电流测量用的微安表要比兆欧表精度高。

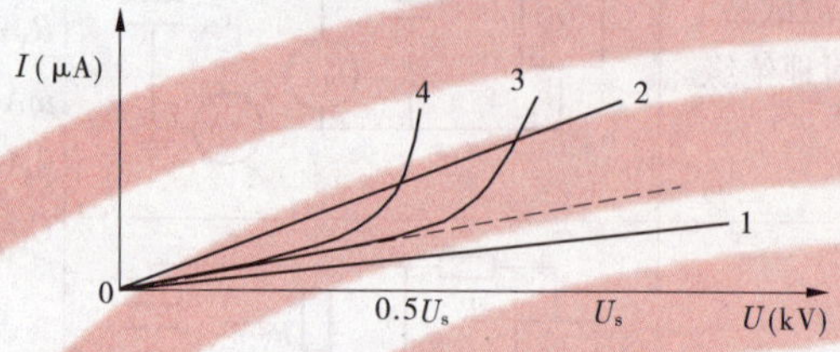

1—绝缘良好;2—绝缘受潮;3—绝缘中有未贯通的集中性缺陷;4—绝缘有击穿的危险

图 11-16 比较典型的绝缘泄漏电流曲线

当直流电压加至被试品的瞬间,流经试品的电流有电容电流、吸收电流和泄漏电流。电容电流是瞬时电流,吸收电流也在较长时间内衰减完毕,最后逐渐稳定为泄漏电流。一般是在试验时,先把微安表短路 1 min,然后打开进行读数。对具有大电容的设备,在 1 min还不够时,可取 3 ~ 10 min,或一直到电流稳定才记录。但不管取哪个时间,在对前后所得结果进行比较时,必须是相同的时刻。

2. 消除杂散电流的方法

绝缘良好的试品,内部泄漏电流很小。因此,绝缘表面的泄漏和高压引线的杂散电流等都会造成测量误差,必须采取屏蔽措施。

对处于高压的微安表及引线,应加屏蔽。

试品表面泄漏电流较大时,应加屏蔽环,予以消除。

如果采用的微安表接在表 11-1 序号 3 的位置的接线,试验装置本身泄漏电流又较大时,应在未接入试品之前记录试验电压各阶段的泄漏电流,然后在试验结果中分别减去这些泄漏电流值。

(五)直流高电压试验

1. 试验条件

(1)试验宜在干燥的天气条件下进行。

(2)试品表面应抹拭干净,试验场地应保持清洁。

(3)试品和周围的物体必须有足够的安全距离。

(4)因为试品的残余电荷会对试验结果产生很大的影响,因此试验前要将试品对地直接放电 5 min 以上。

2. 试验程序

直流耐压试验和泄漏电流试验一般都结合起来进行，即在直流耐压的过程中，随着电压的升高，分段读取泄漏电流值，而在最后进行直流耐压试验。

对试品施加电压时，应从足够低的数值开始，然后缓慢地升高电压，但也不必太慢，以免造成在接近试验电压时试品上的耐压时间过长。从试验电压值的75%开始，以每秒2%的速度上升，通常能满足上述要求。

3. 试验结果判断

将试验电压值保持规定的时间后，如试品无破坏性放电，微安表指针没有向增大方向突然摆动，则认为直流耐压试验通过。

温度对泄漏电流的影响是极为显著的，因此最好在以往试验相近的温度条件下进行测量，以便于进行分析比较。

泄漏电流的数值，不仅和绝缘的性质、状态，而且和绝缘的结构、设备的容量等有关，因此不能仅从泄漏电流的绝对值泛泛地判断绝缘是否良好，重要的是观察其温度特性、时间特性、电压特性及长期以来的变化趋势来进行综合判断。

4. 放电

对电力电缆、电容器、发电机、变压器等，必须先经适当的放电电阻对试品进行放电。如果直接对地放电，可能产生频率极高的振荡过电压，对试品的绝缘有危害。放电电阻视试验电压和试品的电容而定，必须有足够的电阻值和热容量。通常采用水电阻器，电阻值大致上可用每千伏200～500 Ω。

试验完毕，切断高压电源，一般需待试品上的电压降至1/2试验电压以下，将被试品经电阻放电棒接地放电，最后直接接地放电。对大容量试品如长电缆、电容器、大电机等，需放电5 min以上，以使试品上的充电电荷放尽。

另外，对附近电气设备，有感应静电电压的可能时，也应予放电或事先短路。经过充分放电后，才能接触试品。对于在现场组装的倍压整流装置，要对各级电容器逐级放电后，才能进行更改接线或结束试验，拆除接线。

三、交流耐压试验

（一）交流耐压试验的作用

交流耐压试验是鉴定电气设备绝缘强度最直接的方法，它对于判断电气设备能否投入运行具有决定性的意义，也是保证设备绝缘水平，避免发生绝缘事故的重要手段。

交流耐压试验是破坏性试验。在试验之前必须对被试品先进行绝缘电阻、吸收比、泄漏电流、介质损失角及绝缘油等项目的试验，若试验结果正常方能进行交流耐压试验，若发现设备的绝缘情况不良（如受潮和局部缺陷等），通常应先进行处理后再做耐压试验，避免造成不应有的绝缘击穿。

（二）交流试验电压的产生方式

1. 工频高电压

常用高压试验变压器将工频电压升高，用做试验电压。

交流耐压试验的接线，应按被试品的电压、容量和现场实际试验设备条件来决定。通常试验变压器是成套设备。

2. 工频谐振高压

1)工频谐振高压试验的用途

在进行变压器、发电机、SF6 组合电器(GIS)、电容器等电容量较大的被试品的交流耐压试验,用常规法进行工频耐压试验时,因其电容电流很大,所需的工频试验变压器与调压器的容量就很大,这不仅使设备笨重、运输困难,而且所需大容量的试验电源在现场也难以解决,给现场进行工频耐压试验带来很大困难。若采用工频谐振的试验方法,将能解决这些问题。

2)谐振电压的产生方式

(1)串联谐振。回路由被试品负载电容和与之串联的电抗器及电源组成。采用串联谐振试验装置,能够以较小的电源容量试验较大电容和较高试验电压的试品。根据调节方式的不同,串联谐振装置分为工频串联谐振装置(带可调电抗器或带固定电抗器和调谐用电容器组,工作频率 50 Hz)和变频串联谐振装置(带固定电抗器,工作频率一般 50 ~ 300 Hz)两大类。

(2)并联谐振。是将谐振电压装置与被试设备并联。采用并联谐振回路应特别注意,试验变压器应加装过流速断保护装置,因为当被试品击穿时,谐振消失,试验变压器有过电流的危险。

3)工频谐振耐压试验的主要优缺点

(1)串联谐振时耐压试验可大大减小所需试验电源的容量,一般为常规工频耐压试验所需试验电源容量的 $1/Q$,试验变压器与调压器等设备体积与质量可大为降低,便于现场使用。

(2)当被试绕组在试验过程中发生击穿时,谐振条件被破坏,与常规工频耐压试验相比,故障点的短路电流由于受到电感的限制作用将大为减小,可以避免当绕组绝缘击穿时,故障点流过较大的短路电流而烧损铁芯等部件。

(3)试验电压波形正弦性好,串联谐振回路中,在谐振条件下,电源波形中 50 Hz 基波分量得到明显提高,其他谐波分量在被试绕组两端显著地被衰减,被试绕组上电压波形正弦性好。

(4)进行常规工频耐压试验时,在被试绕组发生击穿,常发生暂态过电压现象。而串联谐振耐压试验时,被试绕组发生击穿后,因谐振条件破坏,电压将明显下降,不可能发生暂态过电压。

(5)串联谐振耐压试验时,输出电压可能上升很快,Q 值越大上升越快,因此输出电压的稳定度较差。

3. 中频电源装置

变压器的感应耐压试验和局放试验需要中频电源。现场获取中频电源的途径主要有中频电源机组成套装置、三倍频电源装置、中频同步发电机组和电子式变频装置。对大型变压器试验,现场使用较多的是中频电源机组成套装置。

二倍频电源机组利用线绕式转子的异步电动机,在转子(或定子)中通入三相交流电,由另一台异步电动机拖动,使机械转速与旋转磁场同相相加,在定子(或转子)上感应出频率提高的正弦交流电。交流磁场用三相调压器调整。

三倍频电源装置由三台单相变压器组成,其一次绕组接成星形,二次绕组连接成开口三角形,而产生三倍频的电压。

中频发电机组是用一台电动机拖动一台中频同步发电机,通过改变发电机励磁回路中励磁变阻器的阻值,使励磁机改变对发电机转子的励磁,从而使发电机的定子输出平滑可调的电压。采用无刷励磁发电机可以完全避免炭刷火花的干扰,对局部放电测量很有利。

电子式变频装置是将交流低电压整流成直流,经过大容量可控硅或三极管逆变成频率可变的中频交流电压。

(三)交流高压试验设备

交流耐压试验用的设备通常有试验变压器、调压设备、过流保护装置、电压测量装置、保护球间隙、保护电阻及控制装置等,其中关键设备为试验变压器、调压设备、保护电阻器及电压测量装置。

1.试验变压器

在选用试验变压器时,主要应考虑下面两点:

(1)电压。根据被试品的试验电压,选用具有合适电压的试验变压器。试验电压较高时,可采用多级串接式试验变压器,并检查试验变压器所需低压侧电压是否与现场电源电压、调压器相配。

(2)电流。电流按下式计算

$$I = \omega C_x U \tag{11-36}$$

式中　I——试验变压器高压侧应输出的电流,mA;

ω——角频率,$\omega = 2\pi f$;

C_x——被试品电容量,μF;

U——试验电压,kV。

相应求出试验所需电源容量:

$$P = \omega C_x U^2 \tag{11-37}$$

试验时,按 P 值选择变压器容量,一般不得超载运行。对采用电压互感器作试验电源时,容许在 3 min 内超负荷 3.5 ~5 倍。

2.调压设备

调压器尽量采用自耦式,若容量不够,可采用移圈式调压器。调压器的输出波形,应尽可能接近正弦波,为改善电压波形可在调压器输出端并联一台电感、电容串联的滤波器。

常有的调压器有自耦调压器、移圈调压器、接触调压器和感应调压器。由于移圈调压器的输出电压波形在某一范围内有较大的畸变,现场最好少使用移圈调压器调压。

3.保护电阻器

试验变压器的高压输出端应串接保护电阻器,用来降低试品闪络或击穿时变压器高压绕组出口端的过电压,并能限制短路电流。

保护电阻的取值一般为 0.1 ~0.5 Ω/V,并应有足够的热容量和长度。该电阻的阻值不宜太大，否则会在正常工作时回路产生较大的压降和功耗。保护电阻器可采用水电阻器或线绕电阻器，线绕电阻器应注意匝间绝缘的强度，防止匝间闪络。保护电阻器的长度是这样选择的：当试品击穿或闪络时，保护电阻器应不发生沿面闪络，它的长度应能耐受最大试验电压，并有适当裕度。

4. 试验电压的测量装置

交流试验电压的测量装置（系统）一般可采用电容（或电阻）分压器与低压电压表、高压电压互感器、高压静电电压表等测量系统。交流试验电压测量装置（系统）的测量误差应满足《高电压试验技术　第2部分：测量系统》（GB 16927.2—2013）中规定的要求，即测量误差不应大于3%。

试验电压的测量一般应在高压侧进行。对一些小电容被试品如绝缘子、单独的开关设备、绝缘工具等的交流耐压试验可在低压侧测量，并根据变比进行换算。应测量电压峰值，除以2作为试验电压值。

对试验电压波形的正弦性有怀疑时，可测量试验电压的峰值与有效（方均根）值之比，此比值应在2±0.07的范围内，则可认为试验结果不受波形畸变的影响。

其他测量技术要求，参阅《现场直流和交流耐压试验电压测量装置　使用导则》（ZBF 24002）。

（四）交流耐压试验方法

1. 一般规定

有绕组的被试品进行耐压试验时，应将被试绕组自身的两个端子短接，非被试绕组亦应短接并与外壳连接后接地。

交流耐压试验时加至试验标准电压后的持续时间，凡无特殊说明者，均为1 min。

升压必须从零（或接近于零）开始，切不可冲击合闸。升压速度在75%试验电压以前，可以是任意的，自75%电压开始应均匀升压，约为每秒2%试验电压的速率升压。耐压试验后，迅速均匀降压到零（或1/3试验电压以下），然后切断电源。

2. 试验步骤

任何被试品在交流耐压试验前，应先进行其他绝缘试验，合格后再进行耐压试验。充油设备若经滤油或运输，耐压试验前还应将试品静置一段时间，以排除内部可能残存的空气。通常在耐压试验前后应测量绝缘电阻。

接上试品，接通电源，开始升压进行试验。升压过程中应密切监视高压回路，监听被试品有何异响。升至试验电压，开始计时并读取试验电压。时间到后，降压然后断开电源。试验中如无破坏性放电发生，则认为通过耐压试验。

在升压和耐压过程中，如发现电压表指针摆动很大，电流表指示急剧增加，调压器往上升方向调节，电流上升、电压基本不变甚至有下降趋势，被试品冒烟、出气、焦臭、闪络、燃烧或发出击穿响声（或断续放电声），应立即停止升压，降压停电后查明原因。这些现象如查明是绝缘部分出现的，则认为被试品交流耐压试验不合格。如确定被试品的表面闪络是空气湿度或表面脏污等所致，应将被试品清洁干燥处理后，再进行试验。

被试品为有机绝缘材料时，试验后应立即触摸表面，如出现普遍或局部发热，则认为绝缘不良，应立即处理后，再做耐压试验。

对 35 kV 穿墙套管及母线支持绝缘子进行交流耐压试验时，有时在瓷套表面发生较强烈的表面局部放电现象，只要不发生线端对地的闪络或击穿，可认为耐压合格。

有时耐压试验进行了数十秒钟，中途因故失去电源，使试验中断，在查明原因，恢复电源后，应重新进行全时间的持续耐压试验，不可仅进行“补足时间”的试验。

（五）交流耐压试验的注意事项

1. 容升效应

试验变压器所接被试品大多是电容性，在交流耐压时，容性电流在绕组上产生漏抗压降，造成实际作用到被试品上的电压值超过按变比计算的高压侧所应输出的电压值，产生容升效应。被试品电容及试验变压器漏抗越大，则容升效应越明显。

在进行较大电容量试品的交流耐压试验时，要求直接在被试品端部进行电压测量，以免被试品受到过高的电压作用。试验电压必须在高压侧测量，为测量被试绕组上所加的实际电压值，测量表计应接在高压回路内，限流电阻之后，以消除电阻上压降所产生的误差。

2. 试验电压波形要求

试验电压波形应是正弦的，为了减小波形畸变的影响，试验电源应尽量采用线电压。试验电压或者由于电源波形或者由于试验变压器铁芯饱和及调压器的影响致使波形畸变，当电压不是正弦波时，峰值与有效值之比不等于$\sqrt{2}$，其中的高次谐波（主要是三次谐波）与基波相重叠，使峰值增大。由于过去现场较多用电压表测有效值，所以被试品上可能受到过高的峰值电压作用，应改用交流峰值电压表测量。

3. 应有可靠的过压与过电流保持装置

（1）低压回路保护：为保护测量仪表，可在测量仪器输入端上并联适当电压的放电管或氧化锌压敏电阻器、浪涌吸收器等。

（2）控制电源和仪器用电源可由隔离变压器供给，或者在所用电源线上各对地连接 0.047～1.0 μF 直流电压 1～2 kV 的油浸纸电容器。防止试品闪络或击穿时，在接地线上产生较高的暂态地电位升高而产生过电压，将仪器或控制回路元件反击损坏。

（3）保护球间隙距离的整定：对重要的试品（如发电机、变压器等）进行交流耐压试验时，宜在高压侧设置保护球间隙，该球间隙的放电距离对发电机一般可整定在 1.1～1.15 倍额定试验电压所对应的放电距离；对变压器整定 1.15～1.2 倍。对发电机进行试验时，保护球间隙应在现场施加已知电压进行整定。

4. 在试验过程中，避免产生电压谐振，产生较高的过电压，使被试品击穿

由于被试品电容与试验变压器、调压器的漏抗形成串联回路，一旦被试品容抗与试验变压器、调压器漏抗之和相等或接近时，发生串联电压谐振，造成试品端电压显著升高，危及试验变压器和被试品的绝缘。在试验大电容量的被试品时应注意预防发生电压谐振，为此，除在高压侧直接测量试验电压外，并应与被试品并接球隙进行保护。必要时可在调压器输出端串接适当的电阻，以减弱（阻尼）电压谐振的程度。

5. 试验电源的突切

绝不允许突然对试验物加试验电压或突然切断电源。以免产生对被试物造成破坏性的暂态过电压。

当使用移圈调压器进行交流耐压试验,电源突然合闸时(此时调压器已在零位),有时会在试品上产生较高电压的合闸过电压,使试品闪络或击穿。为防止此情况的发生,应在移圈调压器输出到试验变压器一次绕组之间,加装一组隔离开关。先将调压器电源合闸后,再合上此隔离开关。

6. 注意对被试设备上附属装置元件的保护

被试设备上往往安装或接有附属装置、测量元件等(如发电机定子绕组里装置有许多测温元件),进行耐压试验时,必须拆除测量装置线路。耐压试验的目的主要是考核绕组的绝缘强度,被试设备施加几千伏以上高压,显然这些附属装置或元件的绝缘不能承受如此高的电压,同时耐压试验中感应的静电,也可能导致它们的损坏。

7. 更换高压接线安全问题

交流耐压试验结束,降压和切断电源后,试品中残留的电荷,自动反向经试验变压器高压绕组对地放电,因此试品对地放电问题没有像直流电压试验那样重要。但对于需要更换高压接线,有较多人工换线操作的工作,为了防止电源侧隔离开关或接触器不慎突然来电等意外情况,在更换接线时应在试品上悬挂接地放电棒,以保证人身安全,并采取措施在再次升压前,先取下放电棒,防止带接地放电棒升压。

(六)交流耐压试验结果的分析判断

(1)被试品一般经过交流耐压试验,在持续的 1 min 内不击穿为合格,反之为不合格。被试品是否击穿,可按下述各种情况进行判断。

①根据表计指示情况进行分析。若电流表突然上升,则表明被试品已击穿。

当被试品的容抗 X_c 与试验变压器的漏抗 X_L 之比等于或大于 2 时,虽然被试品已击穿,但电流表的指示不会发生明显的变化,有时电流表的指示反而会减小。这是因为被试品击穿后,X_c 被短路,回路总电抗只由 X_L 决定。因此,被试品是否确实击穿,不能只由电流表的指示来决定。

在高压侧测量被试品的试验电压时,若被试品击穿,其电压表指示要突然下降;当在低压侧测量被试品的试验电压时,电压表的指示也要变化,但有时很不明显,要注意观察。

②根据试验接线的控制回路的情况进行分析。若过电流继电器动作,使接触器跳闸,则说明被试品已被击穿。

③根据被试品异常情况进行分析。在试验过程中,如果被试品发出响声、冒烟、焦臭、跳火以及燃烧等,一般都是不允许的,经查明这种情况确实来自被试品的绝缘部分,则可认为被试品存在问题或已被击穿。

(2)在试验过程中,若由于湿度、温度或表面脏污等引起表面滑闪或空气放电,则不应认为不合格。应在经过清洁等处理后,再进行试验。若非由于外界因素影响,而是瓷件表面轴层损伤或老化等引起(如加压后,表面出现局部火红)的,则应认为不合格。

(3)如果被试品是由有机绝缘材料制成的,如绝缘工具等,在做完耐压试验后,应立即用手触摸,如有普遍或局部过热情况,可认为绝缘不良而应处理后再试验。

(4)在开始试验时,试验人员一律不得吸烟,以免引起误判断。

(5)在升压过程中,电流下降,而电压基本上不变,这是电源容量不够,改用大电源后便可解决。

第九节　接地电阻测量

一、接地电阻概述

（一）测量接地电阻的意义

在水电工程安装有大量机电设备，尤其是输变电设备、输电线及敞开式高电压设备，很容易遭受雷击，同时，当高压设备发生接地短路事故时，会产生极大的瞬间地电流，如果电站的接地电阻过大，则会在地电流注入点和其他部位之间产生很大的瞬间电位差（正常情况下可能是等电位的），造成设备毁坏或人员伤亡。

防雷装置检测是国家防雷减灾工作的重要内容之一，而其中接地电阻测量是防雷装置检测的重点和主要内容，也是衡量接地装置性能好坏的重要技术指标之一，同时是判定整个防雷设施是否合格的重要依据。

在日常检测工作中，经常遇到接地电阻测量仪读数不稳定，偏大或者偏小，甚至出现读数为负值的现象。如果不能认真分析，正确校正，其测量结果必定影响测量的准确度，影响数据的公正性。怎样正确处理这些场合接地电阻的数值，保证测试方法的科学性，测试数据的准确性，是一个值得研究的课题。

（二）大地的导电特性

接地电流在地中的分布状况，除与电流的频率有关外，还和大地的导电特性有关，要解决接地问题，就要了解和掌握大地的导电特性、电学性质和电气参数，从而选择合理正确的接地方式。

大地导电有两种方式：一种是电子导电，地下如有导体或半导体，比如金属矿物质等，就会形成电子导电；但大地导电主要是离子导电，即土壤中的各种无机盐类或酸、碱离解成的金属离子导电。而各类无机盐或酸、碱又必须在有水的情况下才能离解成导电的离子，所以土壤电阻率主要取决于土壤中导电离子的浓度和土壤中的含水量。土壤电阻率ρ是土壤中所含导电离子浓度A的倒数$1/A$和单位体积土壤含水量B的倒数$1/B$的函数，即

$$\rho = f\left(\frac{1}{A}\right)f\left(\frac{1}{B}\right) \tag{11-38}$$

也就是说，土壤中所含导电离子浓度越高，土壤的导电性就越好，ρ就越小；反之就越大。如沙河中，河底的ρ值很大，就是因为河底由于流水的冲刷，导电离子浓度较小。土壤越湿，含水量越大，导电性能就越好，ρ值就越小；反之就越大。这就是接地体的接地电阻随土壤干湿度变化的原因。

（三）土壤电阻率

土壤电阻率是土壤的一种基本物理特性，是土壤在单位体积内的正方体相对两面间在一定电场作用下，对电流的导电性能。一般取1 m^3的正方体土壤电阻值为该土壤电阻率ρ，单位为Ω·m（欧姆·米）。

土壤电阻率是接地工程计算中一个常用的参数，直接影响接地装置接地电阻的大小、

地网地面电位分布、接触电压和跨步电压。为了合理设计接地装置,必须对土壤电阻率进行实测,以便用实测电阻率做接地电阻的计算参数。

典型的土壤和岩石的电阻率如表 11-2 所示。

表 11-2　典型土壤和岩石的电阻率

类别	名称	电阻率近似值(Ω · m)
土	陶黏土	10
	泥炭、泥灰岩、沼泽地	20
	捣碎的木炭	40
	黑土、园田土、陶土	50
	白垩土、黏土	60
	砂质黏土	100
	黄土	200
	含砂黏土、砂土	300
	河滩中的砂	1 300
	多石土壤	400
	上层红色风化黏土下层红色页岩	500(30% 湿度)
	表层土夹石,下层砾石	600(15% 湿度)
砂	砂、砂砾	1 000
	砂层深度大于 10 m,地下水较深的草原,地面黏土深度不大于 1.5 m,底层多岩石	1 000
岩石	砾石、碎石	5 000
	多岩山地	5 000
	花岗岩	20 000
混凝土	在水中	40 ~ 55
	在湿土中	100 ~ 200
	在干土中	500 ~ 1 300
	在干燥的大气中	12 000 ~ 18 000
矿	金属矿石	0.01 ~ 1
水	海水	1 ~ 5
	湖水、池水	30
	泥水	15 ~ 20
	泉水	40 ~ 50
	地下水	20 ~ 70
	溪水	50 ~ 100
	河水	30 ~ 600

(四)人工改善土壤电阻率的方法

接地电阻的值主要由接地电极的尺寸和土壤的电阻率决定。用加大接地电极来降低接地电阻是有限的。而改善土壤电阻率就是其中行之有效的方法。

降低接地电极附近土壤的电阻率,在一定程度上相当于加大了接地电极的尺寸,所以可以起到降低接地电阻的作用。

大型接地网,要采用外延、扩网、立体地网和改善土壤电阻率等综合措施来降低接地电阻。对于小型接地网和输电线路的杆塔的接地处理,改善土壤电阻率是行之有效的方法之一。

常用的人工改善接地电极土壤电阻率的方法有换土法、降阻剂法,它们主要是在接地体周围施加降阻剂,以增加土壤中的导电离子的浓度。

通用的降阻剂有木炭、石墨、导电水泥和膨润土等。选用降阻剂主要考虑其降阻性、防雷性、稳定性、长效性和污染问题。改善降阻剂的吸水性和保水性并保持土壤导电性能。

(五)土壤电阻率的四极电测深法

1. 土壤电阻率的测量方法

土壤电阻率的测量方法有地质判定法、双回路互感法、自感法、线圈法、偶极法以及四极电测深法等。

四极电测深法通过实践检验,其准确性完全能满足工程计算要求,这种测量方法所需仪表设备少、操作简单,是工程设计中的一种常用的方法。

2. 四极电测深法布极方法

图 11-17 所示(测试仪表以 ZC－8 型接地电阻测量仪为例)为用四极电测深法测量土壤电阻率的接线图。

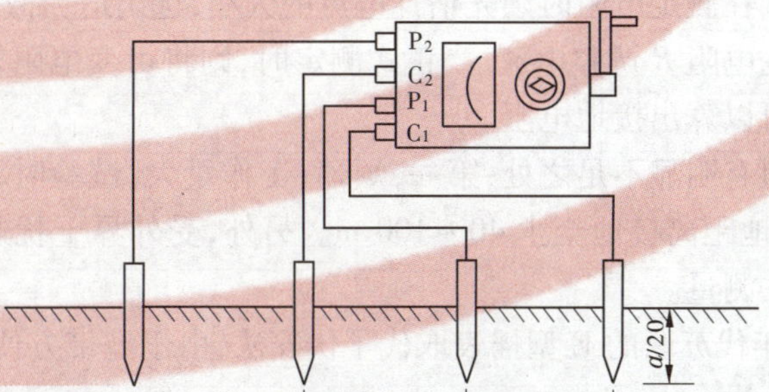

图 11-17　用四极电测深法测量土壤电阻率接线图

3. 注意事项

(1)a 为接地体的埋设深度。a 一般取 5 m,对于基础较深的大楼其基础作为接地体一部分的,则 a 可取 10 m。

(2)四根极棒布设在一条直线上,极棒的间距相等,都为 a。

(3)接线时,将仪表上的 P_2、C_2 接线端子间的短路片断开。

(4)极棒与仪表上接线端子的连接顺序不能颠倒。

(5)各极棒打入地下深度不应超过极棒间距 a 的1/20。

(6)为避免地下埋设的金属物对测量造成的干扰,在了解地下金属物位置的情况下,可将接地棒排列方向与地下金属物(管道)走向呈垂直状态。

(7)土壤电阻率应在干燥季节或天气晴朗多日后进行,因此土壤电阻率应是所测的土壤电阻率数据中最大的值,为此应根据季节和天气状况进行修正。

4. 测量操作方法

四级电测深法与接地电阻的测量方法相同(见后)。

5. 测量结果计算

测量结果可按式(11-39)计算:

$$\rho = \frac{4\pi aR}{1 + \frac{2a}{\sqrt{a^2 + 4b^2}} - \frac{a}{\sqrt{a^2 + b^2}}} \tag{11-39}$$

式中 ρ——土壤电阻率,Ω·m;

R——所测电阻,Ω;

a——测试电极间距,m;

b——测试电极入地深度,m。

当测试电极入地深度 b 不超过 $0.2a$ 时,可假定 $b=0$,则计算公式可简化为

$$\rho = 2\pi aR \tag{11-40}$$

二、接地电阻测量原理和方法

(一)接地电阻测试技术的发展

最初人们对接地电阻的测量是用伏安法,这种试验是非常原始的,是用安培计、伏特计进行测量的方法。在测定电阻时须先估计电流的大小,选出适当截面的绝缘导线,在预备试验时可利用可变电阻 R 调整电流,当正式测定时,则将可变电阻短路,由安培计和伏特计所测得的数值可以算出接地电阻。

伏安法测量电阻有明显不足之处,第一,烦琐、工作量大,试验时,接地棒距离地极为20~50 m,而辅助接地距离接地至少40~100 m。另外,受外界干扰影响极大,在强电压区域内有时简直无法测量。

20世纪50、60年代苏联的E型摇表取代了伏安法,由于携带方便,又是手摇发电机,因此工作量比伏安法小。

20世纪70年代国产接地电阻测试仪问世,如ZC-28、ZC-29,在结构、体积、质量、测量范围、分度值、准确性上,都要胜于E型摇表。因此,相当一段时间内接地电阻仪都以上海六厂生产的ZC系列为代表的典型仪器。上述仪器由于手摇发电机的关系,精度也不高。

20世纪80年代数字接地电阻测试仪的投入使用给接地电阻测试带来了生机,虽然测试的接线方式同ZC系列没什么两样,但是其稳定性远比摇表指针高得多。

20世纪90年代钳口式地阻仪的诞生打破了传统测试方法,钳式接地电阻测试仪的发明称得上接地电阻测试的一大革命,钳式接地电阻测试最大特点是不必辅助地棒,只要

钳住接地线或接地棒就能测出其接地电阻。

初期的地阻仪是单钳口形式，它具有测试速度快、操作简单等优点，但也存在精度不高的缺点，特别是在接地电阻小于0.7 Ω以下，无法分辨，而且单钳口式地阻仪主要用于检查在地面以上相连的多电极接地网络，通过环路地阻查询各接地电阻测量。

双钳口接地电阻仪测量范围和精度均有所提高，结合了传统伏安法测量的特点与钳口法新技术原理，再运用先进的计算机控制技术而成为智能型接地电阻测量仪。具有精度高、功能齐全、操作简便的特点，能满足所有接地测量的要求。无须打桩放线进行在线直接测量，可自动检测各接口连接状况及地网的干扰电压、干扰频率，并具有数值保持及智能提示等独特功能。

（二）接地电阻测试原理及方法

1.测量接地电阻的基本原理

通常使用的是电位降法（见《接地系统的土壤电阻率、接地阻抗和地面电位测量导则第1部分：常规测量》（GB/T 17949.1—2000）），该方法是将电流注入待测接地极，并记录该电流与该接地极和电位极间电压的关系，目前普遍使用的接地电阻测试仪均使用该方法。

根据具体的测量方式，接地电阻测试方法归纳起来有三类：打地桩法、钳夹法、地桩与钳夹结合法。

2.测量接线方式

1）打地桩法

打地桩法可分为二线法、三线法和四线法。

（1）二线法。这是最初的测量方法，即将一根线接在被测接地体上，另一根接辅助地极。此法的测量结果R=接地电阻+地桩电阻+引线及接触电阻，所以误差较大，现已一般不用。

（2）三线法。这是二线法的改进型，即采用两个辅助地极，通过公式计算，当中间一根辅助地极在总长的0.62倍时，可基本消除由于地桩电阻引起的误差。现在这种方法仍被采用。但是此法仍不能消除由于被测接地体由于风化锈蚀引起接触电阻的误差。

（3）四线法。这是在三线法基础上的改进方法。这种方法可以消除由于辅助地极接地电阻、测试引线及接触电阻引起的误差。

2）钳夹法

钳夹法分为双钳法和单钳法。

（1）双钳法。利用在变化磁场中的导体会产生感应电压的原理，对一个钳子通以变化的电流，从而产生交变的磁场，该磁场使得其内的导体产生一定的感应电压，用另一个钳子测量由此电压产生的感应电流，最后用欧姆定律计算出环路电路值。其适用条件一是要形成回路，二是另一端电阻可忽略不计。

（2）单钳法。单钳法的实质是将双钳法的两个钳子做成一体，但如果发生机械损伤，邻近的两个钳子难免相互干扰，从而影响测量精度。

3）地桩与钳夹结合法

这种方法又叫选择电极法。测量原理同四线法，由于在利用欧姆定律计算结果时，其电流值由外置的电流钳测得，而不是像四线法那样由内部的电路测得，因而极大地拓宽了测量的适用范围。尤其是解决了输电杆塔多点接地并且地下有金属连接的问题。

（三）接地电阻测量接线

1. 独立接地体接地电阻测量接线方式

使用接地电阻测量仪测量独立接地体接地电阻的接线如图 11-18 所示。

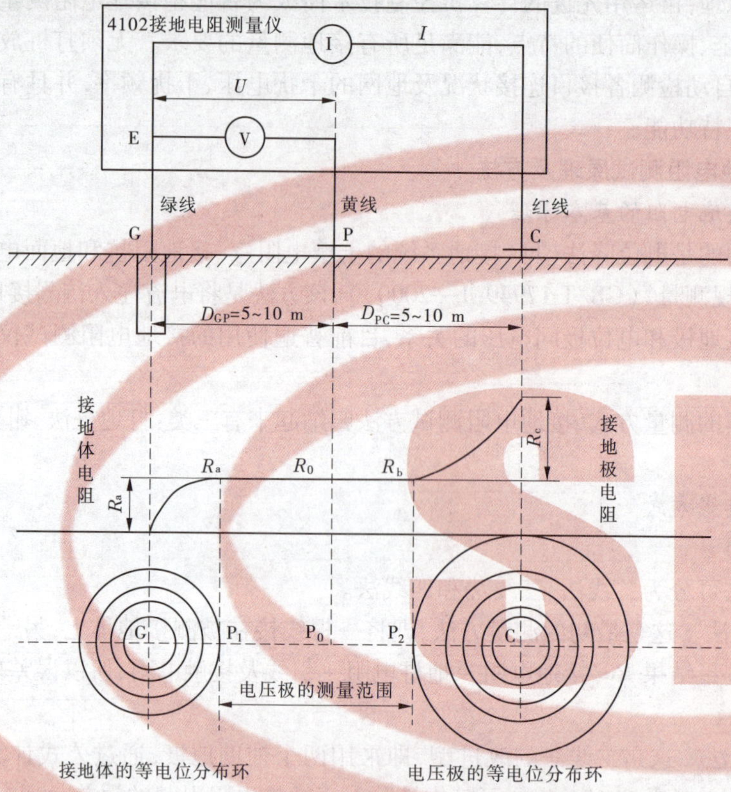

图 11-18　独立接地体接地电阻测量原理

接地电阻测量仪的三个接线端子分别接到接地体、电流探针和电压探针上。其中 E 端子通过测量导线连接接地体，P 端子通过测量导线连接电压探针，C 端子通过测量导线连接电流探针，测量时，在 C 端子产生一个恒定电流，该电流经电流探针—地—接地体—E，形成电流回路，通过测量 G、P 之间的电压 U，其电压 U 和电流 I 的比值就是接地电阻 R_G，即 $R_G = U/I$。

图 11-18 中的上部为接地测试钎的布置，接地体 G、电压探针 P、电流探针 C 分布在一条直线上。接地体 G 与电压探针 P 之间的距离为 D_{GP}，电压探针与电流探针之间的距离为 D_{PC}，在测量独立接地体时，个别接地电阻测试仪（如日本公立公司的 4102 型）要求取 $D_{GP} = D_{PC} = 5 \sim 10$ m，一般型号的接地电阻测量仪也大致要求取 $D_{GP} = D_{PC} = 20$ m，此时测得的值就是该接地体的接地电阻值 R_0。

如果将电压探针 P 插入沿 GC 两点的连线上的不同位置测量接地电阻时，就会得到一接地电阻曲线（图 11-18 中部的曲线）。从该曲线中可以看出，中部有一水平段（R_a 和

R_b 之间),该段中所测得的值也就是该接地体的接地电阻值。

在实际测量中,不可能将 P 点正好选在 GC 连线的中点,所以只要将 P 点选在 P_1、P_2 之间,测量的数据即是准确的。最好是选 P_0 点附近三个点进行测量,取三点测量值的平均值作为该接地体的接地电阻值。

2. 接地网的接地电阻测量

接地网的接地电阻测量原理如图 11-19 所示。

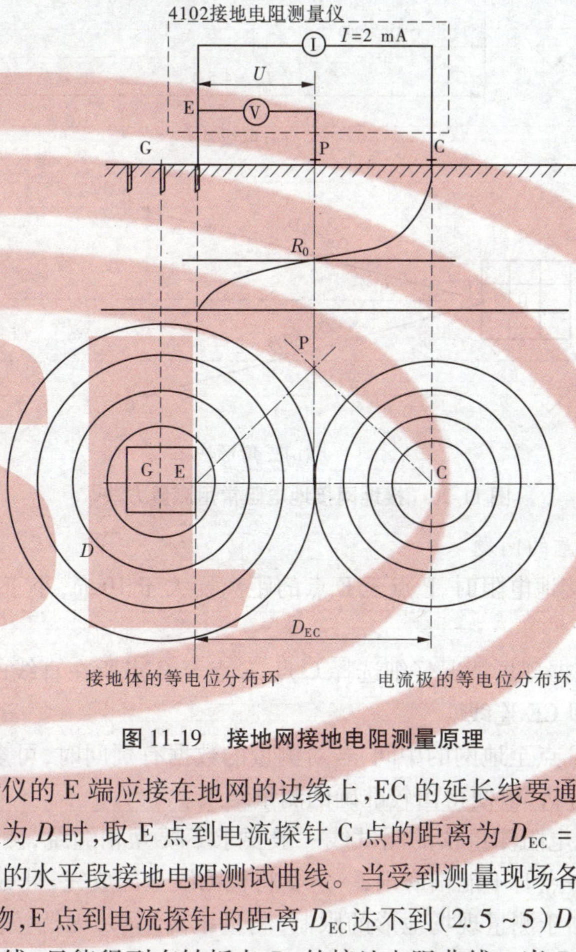

图 11-19　接地网接地电阻测量原理

接地电阻测量仪的 E 端应接在地网的边缘上,EC 的延长线要通过地网的中心 G 点。当地网的最大外径为 D 时,取 E 点到电流探针 C 点的距离为 $D_{EC}=(2.5\sim5)D$ 时,才有可能得到比较明显的水平段接地电阻测试曲线。当受到测量现场各种因素的限制,如建筑物、街道等障碍物,E 点到电流探针的距离 D_{EC} 达不到 $(2.5\sim5)D$ 时,就测不出具有水平段的接地电阻曲线,只能得到有转折点 R_0 的接地电阻曲线。当 R_0 点很难确定时,可以从 EC 连线的中点引 EC 的垂线,在此垂线距 E、C 点适当的地方作 P 点进行测量,也可得到较为明确的 R_0 值。

(四)大型地网接地电阻的测试

1. 测量方法

在日常测量中,很少遇到独立接地体的接地电阻测量,绝大部分是接地网的测量,所以我们仅介绍接地网的接地电阻测量。

对大型地网(如发电厂等)接地电阻的测量,一般的接地电阻测量仪已不适用。主要是因为该类仪器输出电流较小(2 mA,E 点至 C 点的距离太大后,测不出该电流在地中产生的电压。所以,对大型地网接地电阻的测量,应选用大地网测试仪,也可利用电位降法的原理,使用其他设备来产生大电流,用电压表测量P点的电压,经过计算,得出接地电阻。在接地网测量中,为了快速找到 R_0 点,减少测量的次数,产生了几种标准的测量方法。图11-20列举了两种常用的接地网接地电阻测量方法:直线法和三角形法。

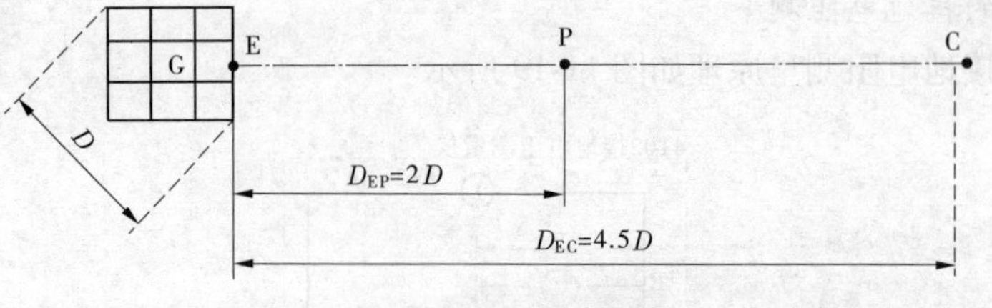

(a)直线法

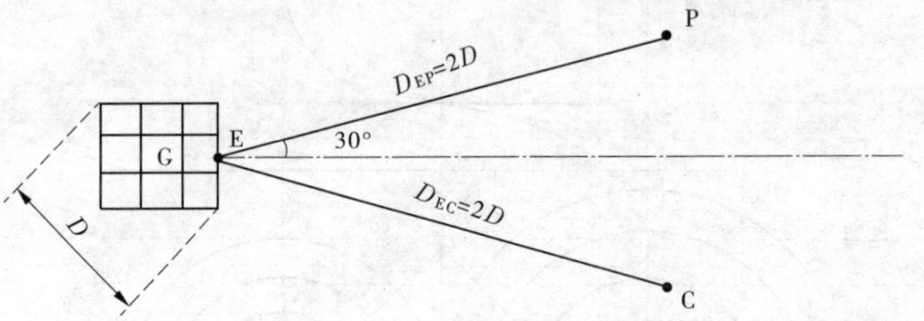

(b)三角形法

图11-20　接地网接地电阻常用测量方法

2.测量中需要注意的问题

(1)测量接地网接地电阻时,P点至E点的距离要大于10 m,小于10 m时测量结果误差较大。

(2)测量时,要根据现场情况仔细选择C点,E点至C点所在直线的延长线一定要通过地网的中心点G,即CE连线。

(3)P点要选在C点至地网的中间,若对测量的数据有疑问时,可多选几个P点进行测量,再对数据进行分析,以便得出较准确的测量结果。

(4)测量时,接地电阻测量仪的测试线一般要求不要互相缠绕,测量线必须拉直,更不能盘起来,测量每一点时不能怕麻烦,一定要将检测线全部放完,且尽量拉直。

在实际测量中,由于测量现场地形的限制,测量距离不够,无法按图11-20的方法测量,可适当减小距离,但要对测量结果进行校正,校正的方法和参数可参考有关资料。

(5)测量时要避开地下的金属管道、通信线路等。如对地下情况不了解,可多换几个地点测量,进行比较后得出较准确的数据。

(6)在测量屋面避雷针、避雷带时,通常要加长E点的测量线。加长的测量线对小地阻的测量精度有较大影响,必须减掉加长线的线电阻。该线电阻可通过对比法得出或用电桥测出。特别值得注意的是,该加长线一定不能缠绕在一起,尤其不能盘起来(此时线电阻可达20 Ω以上)。如果加长P点和C点的测量线,此时加长线的线电阻可忽略不计。

(7)对大型地网(如发电厂等)接地电阻的测量,一般的接地电阻测量仪已不适用。

主要是因为该类仪器输出电流较小(2 mA),E 点至 C 点的距离太大,测不出该电流在地中产生的电压。所以,对大型地网接地电阻的测量,应选用大地网测试仪,也可利用电位降法的原理,使用其他设备来产生大电流,用电压表测量 P 点的电压,经过计算,得出接地电阻。

3. 试验电源

可采用直流方案或交流方案。为了得到大功率的电流、电压,某电厂选用 4 台硅整流弧焊机串联作为直流试验电源;交流方案选用 4 台交流弧焊机串联作为试验电源。

直流方案因它可排除零序电流和电磁干扰的不利影响,准确度较高,操作比较简便。但此方案测量值为直流接地电阻,而不是工频接地电阻。由于与接地网对地电容邻近效应所产生的阻值影响相反,所以以直流电阻代替工频电阻是有足够准确度的。

第十节　局部放电测量

一、局部放电基本概念

(一)局部放电特性及监测的意义

1. 局部放电的定义及产生机制

局部放电是指设备绝缘系统中部分被击穿的电气放电,这种放电可以发生在导体(电极)附近,也可发生在其他位置。

高压设备中使用了大量的绝缘材料,在制造或者安装工艺里,绝缘材料中含有气隙、油隙、杂质等,在电场的作用下,就会造成电场的不均匀;某些地方的场强比较集中,就会出现介质内部或介质与电极之间的放电,这种放电是微弱的,可熄灭、恢复的不是击穿和破坏性的。但是这种放电却可能是连续的和长期的,还可能产生热效应,而且会逐渐增强,这将会使绝缘材料产生质变,最终导致绝缘材料被击穿,甚至是彻底毁坏。

2. 局部放电的种类

(1)绝缘材料内部放电(固体—空穴;液体—气泡)。

(2)表面放电:这里是指绝缘材料的表面放电。

(3)高压电极尖端放电。

(4)电晕放电:导体(电极)周围气体中的局部放电有时称为“电晕”,这一名词不适用于其他形式的局部放电。在电场极不均匀的情况下,是导体表面的电场强度达到附近气体的击穿场强发生的放电。电晕放电大多发生在电极边缘、导体尖端周围,电晕放电一般发生在负半周。

3. 局部放电的特点

(1)放电能量很小,短时间内存在不影响电气设备的绝缘强度。

(2)局部放电会产生各种物理、化学变化,如发生电荷转移交换,发射电磁波、声波、发热、发光、产生分解物等,对绝缘的危害是逐渐加大的,它的发展需要一定时间:累计效应—缺陷扩大—绝缘击穿。

(3)局部放电呈脉冲性,频谱分布很宽。

(4)对绝缘系统寿命的评估分散性很大。与发展时间、局放种类、产生位置、绝缘种类等有关。

(5)局部放电试验属非破坏试验,不会造成绝缘损伤。

(6)现场局部放电测量比较困难,因为现场干扰噪声比较大。

4. 局部放电测试的目的和意义

通过对局部放电强度的检测和对放电图谱的观察,发现其他绝缘试验不能检查出来的绝缘局部隐形缺陷及故障。可以确定放电对绝缘材料的损坏程度,确定放电是否超标,并可对放电进行定位,采取维护或检修措施,从而避免事故的发生。

由于局部放电的开始阶段能量小,它的放电并不立即引起绝缘击穿,电极之间尚未发生放电的完好绝缘仍可承受住设备的运行电压。但在长时间运行电压下,局部放电所引起的绝缘损坏继续发展,最终导致绝缘事故的发生。长期以来高压电力设备用非耐压和耐压试验来检查绝缘状况,预防绝缘击穿事故的发生,虽然上述试验方法能够简介或直接判断绝缘的可靠性,但对类似局部放电这种潜伏性缺陷是难以发现的,而且耐压试验过程中还会损伤绝缘,减少寿命。

据我国对 110 kV 及以下变压器损坏情况的统计,50% 是在运行电压下因局部放电逐渐发展产生的。通过局部放电试验,能及时发现设备绝缘内部是否存在局部放电、严重程度及部位,及时采取处理措施,达到防患于未然的目的。近年来,电力设备额定电压越来越大。对于大型超高压电力设备,有可能长时间局部放电试验代替短时间高压耐压试验。

有关规程规定,高压电力设备出厂及现场安装投运前必须做局部放电试验,而且在雷电冲击试验等之后,还要再一次进行局部放电试验,以确保出厂的设备局部放电在合格范围之内。

(二)局部放电的主要检测参量

1. 局部放电参量的定义

1)局部放电的视在电荷(或视在放电量)q

电荷瞬时注入试品两端时,试品两端电压的瞬时变化量与试品局部放电本身所引起的电压瞬变量相等的电荷量,此时注入的电荷量即称为局部放电的视在放电量,一般用 pC(皮库)表示。实际上,视在放电量与试品实际点的放电量并不相等,后者不能直接测得。试品放电引起的电流脉冲在测量阻抗端子上所产生的电压波形可能不同于注入脉冲引起的波形,但通常可以认为这两个量在测量仪器上读到的响应值相等。

2)局部放电试验电压

按相关规定施加的局部放电试验电压,在此电压下局部放电量不应超过规定的局部放电量值。

3)规定的局部放电量值

在规定的电压下,对给定的试品,在规程或规范中规定的局部放电参量的数值。

4)局部放电起始电压 U_i

局部放电起始电压 U_i 是指试验电压从不产生局部放电的较低电压逐渐增加时,在试验中局部放电量超过某一规定值时的最低电压值。

5）局部放电熄灭电压 U_e

局部放电熄灭电压 U_e 是指试验电压从超过局部放电起始电压的较高值逐渐下降时，在试验中局部放电量小于某一规定值时的最高电压值（理论上比起始电压低一半，但实际上要低很多，通常为5%～20%，甚至更低）。

2.放电量与各参数间的关系

一个脉冲真实放电量 Q_r 等参数在实际试品中是不可知的，同时绝缘缺陷各不相同，真实放电量是不可以直接测量的。局部放电将引起绝缘上所施加电压的变化，产生一个 ΔU，同时引起绝缘介质中电荷 Q 的转移，我们称它为视在放电量。

二、局部放电测量及试验方法

（一）局部放电测量方法的分类

由于局部放电会产生各种物理、化学变化，如发生电荷转移交换，发射电磁波、声波、发热、发光、产生分解物等，所以有很多测量局部放电的方法，一般分为电测法和非电测法。

1.局部放电电测法

电测法主要有：

（1）无线电干扰测量法 RIV。直接耦合或通过天线接受测量局部放电的辐射强度。由 RIV 表读取辐射信号幅值（μV），但不能直接读出放电量。这种方法已被用于检查电机线棒和没有屏蔽层的长电缆的局放部位。

（2）放电能量法。放电有能量损耗。测量一个周期的放电能量。

（3）脉冲电流法。IEC 通用方法，直接通过检测回路测量放电脉冲电压，灵敏度最高。脉冲电流法最为常用。脉冲电流法适用于在电力设备现场或实验室条件下，利用交流电压下的脉冲电流法测量变压器、互感器、套管、耦合电容器及固体绝缘结构的局部放电。

它测定的物理量为：

（1）电力设备在某一规定电压下的局部放电量。

（2）电力设备局部放电的起始电压和熄灭电压。

2.非电测法

1）超声波局部放电测量

超声波是一种振荡频率高于20 kHz 的声波，超声波的波长较短，可以在气体、液体和固体等媒介中传播，传播的方向性较强，故能量较集中，因此通过超声波测试技术可以测定局部放电的位置和放电程度。

超声波局部放电测量的特点是：

（1）可以较准确地测定局部放电的位置。

（2）测量简便，可在被测设备外壳任意安装传感器。

（3）不受电源信号的干扰。

（4）测试灵敏度低，不能直接定量。

电测法与超声法联合测量，以电信号为时间零点测量与超声信号的时间差 Δt 计算出放电点与传感器的距离 $S = v\Delta ts$，$v = 1.42$ mm/μs（油中）。

2)其他非电检测方法

(1)光检测法。光检测法利用局放产生的光辐射进行检测。在实验室利用光测法来分析局放特征及绝缘劣化等方面已经取得了很大进展,但是由于光测法设备复杂昂贵、灵敏度低,且需要被检测物质对光是透明的,因而在实际中无法应用。

(2)热检测法。通过检测绝缘物内的温度来断定局部放电的程度,但只对严重放电有效。

(3)DGA 放电产物分析法。DGA 法是通过检测变压器油分解产生的各种气体的组成和浓度来确定故障(局放、过热等)状态。该方法目前已广泛应用于变压器的在线故障诊断中,并且建立起模式识别系统可实现故障的自动识别,是当前在变压器局放检测领域非常有效的方法。但是 DGA 法具有两个缺点:油气分析是一个长期的监测过程,因而无法发现突发性故障;该方法无法进行故障定位。

(二)局部放电试验方法

局部放电试验是人为地对电力设备施加一定的试验电压,在特定点注入脉冲信号并用仪器检测其信号的变化,以对设备的绝缘局部放电状况进行评估。局部放电试验是非破坏性试验项目,目前有两类试验方式:

(1)以工频耐压作为预激磁电压,降到局部放电试验电压(一般为 $U_m/\sqrt{3}$ 的倍数,变压器为 1.5 倍,互感器为 1.1 ~ 1.2 倍),持续时间几分钟,测局部放电量。

(2)以 U_m 为预激磁电压,降到局部放电试验电压,持续 1 h,测局部放电量。

后一种为变压器所采用。

以工频耐压作为预激磁电压时,局部放电试验电压的持续时间一般较短,1 ~ 5 min。延长局部放电试验电压持续时间对绝缘较为严峻,有时会引起破坏性损坏。以 U_m 作为预激磁电压时局部放电试验电压持续时间较长,标准要求为 1 h,承受时间与绝缘结构的伏秒特性有关。

预激磁电压是模拟运行中过电压,预激磁电压激发的局部放电量不应由局部放电试验电压所延续,概念是系统上有过电压时所激发的局部放电量不会由长期工作电压所延续。

局部放电量一般与带电与接地电极表面的场强有关,与电源的频率无关。试验地点的背景噪声要小,电源的局部放电量要隔离。

(三)脉冲电流测量原理及方法

1. 试验回路和测量仪器

1)试验回路

测量局部放电的基本回路有三种,如图 11-21 所示,其中图 11-21(a)、(b)可统称为直接法测量回路,(c)称为平衡法测量回路。

(1)回路参数。

C_x:试品等效电容。

C_k:耦合电容。C_k 在试验电压下不应有明显的局部放电。

Z_m:测量阻抗。测量阻抗是一个四端网络的元件,它可以是电阻 R 或电感 L 的单一元件,也可以是电阻电容并联或电阻电感并联的 RC 和 RL 电路,也可以是由电阻、电感、

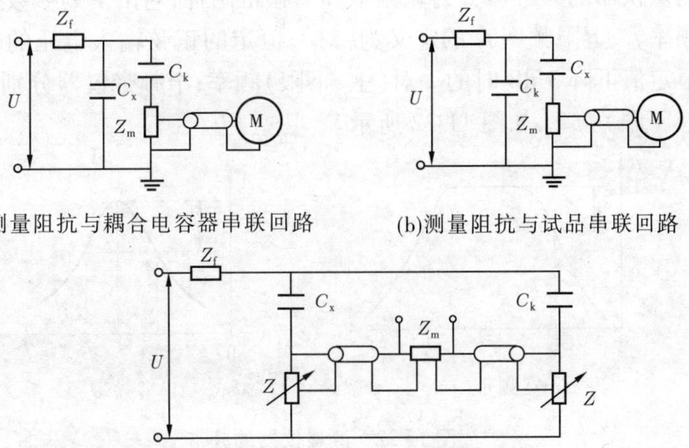

(a)测量阻抗与耦合电容器串联回路　(b)测量阻抗与试品串联回路

(c)平衡回路

图 11-21　局部放电测量的基本回路

电容组成 *RLC* 调谐回路。

Z_f:根据试验时干扰情况,试验回路接有一阻塞阻抗,以降低来自电源的干扰,也能适当提高测量回路的最小可测量水平。

M:测量仪器。

(2)试验回路的选择原则。

三种试验回路一般可按下面的基本原则选择:

①试验电压下,试品的工频电容电流超出测量阻抗 Z_m 允许值,或试品的接地部位固定接地时,可采用图 11-21(a)试验回路。

②试验电压下,试品的工频电容电流符合测量阻抗 Z_f 允许值时,可采用图 11-21(b)试验回路。

③试验电压下,图 11-21(a)、(b)试验回路有过高的干扰信号时,可采用图 11-21(c)试验回路。

④测量阻抗调谐回路的频率特性应与测量仪器的工作频率相匹配。测量阻抗应具有阻止试验电源频率进入仪器的频率响应。连接测量阻抗和测量仪器中的放大单元的连线,通常为单屏蔽同轴电缆。RC 型频带宽、噪声大,试品电流大时阻抗上有工频分量。RCL 型对工频呈低阻抗,对放电脉冲检测灵敏度较高,频带较窄,噪声水平较低。RCL 型应用普遍。

⑤当用 Model5(英国 Robinson 公司制造)及类似的测量仪器时,应使 C_k 和 C_x 后的等效电容值在测量阻抗所要求的调谐电容 C 的范围内。

⑥平衡法:将两台电容量相差不大的试品,相互作为耦合电容并平衡抑制干扰。灵敏度略低于直测法。

2)测量仪器

现代使用的局部放电测量仪器主要有脉冲显示仪和数字分析仪。

(1)测量仪器的频带。

常用的测量仪器的频带可分为宽频带和窄频带两种，它由下列参数确定：

①下限频率 f_1、上限频率 f_2 的定义为：对一恒定的正弦输入电压的响应 A，宽频带仪器分别自一恒定值下降 3 dB 时的一对（上、下限）频率；窄频带仪器分别自峰值下降 6 dB 时的一对（上、下限）频率，如图 11-22 所示。

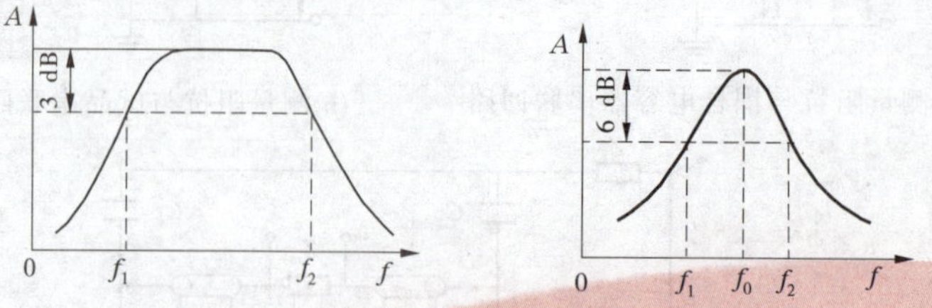

(a)宽频带　　　　(b)窄频带

图 11-22　测量仪器的频带

②频带宽度 Δf。宽频带和窄频带两种仪器的频带宽度均定义为

$$\Delta f = f_2 - f_1 \tag{11-41}$$

宽频带仪器的 Δf 与 f_2 有同一数量级，窄频带仪器 Δf 的数量级小于 f_2 的数量级。

③谐振频率 f_0。窄频带仪器的响应具有谐振峰值，相应的频率称为谐振频率 f_0。

（2）现场测量时仪器的选择。

现场进行局部放电试验时，可根据环境干扰水平选择相应的仪器。当干扰较强时，一般选用窄频带测量仪器，例如 $f_0 = 30 \sim 200$ kHz，$\Delta f = 5 \sim 15$ kHz；当干扰较弱时，一般选用宽频带测量仪器，例如 $f_1 = 10 \sim 50$ kHz，$f_2 = 80 \sim 400$ kHz。对于 $f_2 = 1 \sim 10$ kHz 的很宽频带的仪器，具有较高的灵敏度，适用于屏蔽效果好的实验室。

3）指示系统

局部放电的测量仪器按所测定参量可分不同类别，目前有标准依据的是测量视在放电量的仪器，这种仪器的指示方式，通常是示波屏与峰值电压表或数字显示并用。用示波屏是必须的。示波屏上显示的放电波形有助于区分内部局部放电和来自外部的干扰。

放电脉冲通常显示在测量仪器的示波屏上的李沙育（椭圆）基线上。测量仪器的扫描频率应与试验电源的频率相同。

2. 测试要点

1）视在放电量的校准

（1）等效回路的校正。在试品两端注入已知电荷量，得到需要的视在放电量，测量比较试品放电量之间的换算系数。

（2）校正方法：注入 $q_0 = U_N C_q$。

试品的电容 C_x 为已知，C_x 两端的电荷：$q_0 = U_N \dfrac{C}{C_x} + C_q$　$C_q \ll C_x$，所以 $q_0 \approx U_N C_q$。一般 C_q 为固定值，调节 U_N 得到不同的 q 值。不论采用何种接线，校准信号必须从试品两端注入。

2）视在放电量的计算

如采用示波器观察脉冲，应先调节宽带放大器的增益，得到一个高度为 L_0 的脉冲，然后计算单位刻度的放电量 q_0/L_0，此时 $L_0=q_0$。试品测得的视在放电量 $q=U_N C_q \dfrac{L}{L_0}$，若放大器变挡，则

示波器读数 $$q = U_N C_q \frac{L}{L_0} \times 10(N_2 - N_1)$$

式中　L——测量信号高度；

L_0——校正信号高度；

N_1——测量挡位；

N_2——校正挡位。

放电表读数

$$q = U_N C_q \frac{X}{X_0} \times 10(N_1 - N_2)$$

式中　X——测量信号读数；

X_0——校正信号读数。

一般放大器总增益 100 dB，分为 5 个挡位，每个档位为 20 dB，放大器频率范围：20 ~ 200 kHz。

例如，校正信号为 $X=100$ pC，$U_N=10$ V，$C_q=10$ PF，调节放大器使读数为 $X_0=100$ 格，放大器挡位为 $N_2=3$（此时放大器微调不能再动），测量信号读数 $X=50$ 格，$N_1=3$。则

$$q = 10 \times 10 \times (50/100) \times 10 \times (3-3) = 0(\text{pC})$$

若 $X=50$ 格，$N_1=4$，则

$$q = 10 \times 10 \times (50/100) \times 10 \times (4-3) = 500(\text{pC})$$

3）校准方波的波形

方波发生器及校正电容 C_q 的选择

方波的要求：上升时间不大于 0.1 μs。

校正电容 C_q 的选择：$C_q \leqslant 0.1C_x$，一般为 10 pC 或 100 pC。

衰减时间通常在 100 ~ 1 000 μs 内选取。

目前，大都选用晶体管或汞湿继电器做成小型电池开关式方波发生器，作为校准电源。

4）校准时的注意事项

（1）校准方波发生器的输出电压 U_0 和串联电容 C_0 的值要用一定精度的仪器定期测定，如 U_0 一般可用经校核好的示波器进行测定；C_0 一般可用合适的低压电容电桥或数字式电容表测定。每次使用前应检查校准方波发生器电池是否充足电。

（2）从 C_0 到 C_x 的引线应尽可能短直，C_0 与校准方波发生器之间的连线最好选用同轴电缆，以免造成校准方波的波形畸变。

（3）当更换试品或改变试验回路任一参数时，必须重新校准。

（四）局部放电试验应注意的事项

1. 试验程序

（1）试前准备：试品表面应清洁干燥，其温度和环境温度一致，试验前试品不应受机

械、热和电的作用。

(2)校验测试回路的灵敏度应不低于试品允许放电量的50%。

(3)高压引线应采用蛇皮管,与试品连接处应紧密,必要时加屏蔽。

(4)试品、测试设备可靠接地,最好一点接地,接地线尽量短。

(5)试验回路要紧凑,试品远离其他物体。

2. 现场干扰的抑制

1)可能的干扰源

局部放电测量时的干扰主要有以下几种形式:

(1)电源干扰信号。

(2)接地系统的干扰。

(3)通信、电视等空间电磁场辐射干扰信号。

(4)测试回路本身的干扰信号。

(5)各部位电晕干扰。

(6)金属物体悬浮电位的放电。

(7)附近其他高压设备运行及操作波干扰。

2)识别

(1)测试回路通电,不升压仪器指示主要是电源干扰。

(2)不带试品,升压到额定,此时干扰主要来自升压器及与高压连接的各设备。

(3)测试回路不通电,仪器指示主要是空间干扰信号。

(4)利用示波器识别其他各种干扰。

3)抑制方法

(1)从波形的特点分析区别,读取放电脉冲。

(2)在电源回路和高压回路加滤波器。

(3)测量装置选择合适的频带和中心频率。

(4)采用平衡测试回路。

(5)时间开窗法。

局部放电的波形和干扰图谱识别详见《电力设备局部放电现场测量导则(补充件)》(DL 417—2006)。

三、电力设备的局部放电试验

(一)电力设备的局部放电试验的要求和规定

1. 电力设备局部放电试验前对试品的要求

(1)本试验在所有高压绝缘试验之后进行,必要时可在耐压试验前后各进行一次,以资比较。

(2)试品的表面应清洁干燥,试品在试验前不应受机械、热的作用。

(3)油浸绝缘的试品经长途运输颠簸或注油工序之后通常应静止48 h后,能进行试验。

(4)测定回路的背景噪声水平。背景噪声水平应低于试品允许放电量的50%,当试品允许放电量较低(如小于10 pC)时,则背景噪声水平可以允许到试品允许放电量的

100%。现场试验时,如以上条件达不到,可以允许有较大干扰,但不得影响测量读数。

2. 有关电力设备局部放电量的允许水平

有关电力设备局部放电量的允许水平见表 11-3。

表 11-3　有关电力设备局部放电量的允许水平

设备名称	加压方式	预加电压 电压(kV)	预加电压 时间(s)	试验电压 电压(kV)	试验电压 时间(min)	允许放电量 pC 交接	允许放电量 pC 运行中	备注
220 kV 变压器	外施 自激	见表注	见表注	$1.5U_m/\sqrt{3}$ $1.3U_m/\sqrt{3}$	30	500 300	—	预加电压要求是:在 $1.5U_m/\sqrt{3}$ 电压下,5 min;升压至 U_m,5 s;降到 $1.5U_m/\sqrt{3}$,30 min
110 kV 及以下油浸纸电流互感器	外施	$0.8\times1.3U_m$	10	$1.1U_m/\sqrt{3}$	>1	10	20	(1)背景噪声允许水平为 20 pC(现场测量); (2)中性点有效接地系统; (3)中性点非有效接地系统详见 GB 5583—85
110 kV 及以上油浸纸电压互感器	外施 自激	$0.8\times1.3U_m$	10	$1.3U_m/\sqrt{3}$	>1	10	20	(1)背景噪声允许水平为 20 pC(现场测量); (2)中性点有效接地系统; (3)中性点非有效接地系统详见 GB 5583—85
套管 浸纸绝缘	外施	—	—	$1.05U_n\times2/\sqrt{3}$ $1.5U_n/\sqrt{3}$	—	10	20	(1)背景噪声允许水平为 20 pC(现场测量); (2) $1.5U_n/\sqrt{3}$ 的试验电压仅适应于变压器、电抗器套管
套管 固体绝缘	外施	—	—	$1.05U_n/\sqrt{3}$	—	10	20	
耦合电容器	外施	$0.8\times1.3U_m$	10	$1.1U_m/\sqrt{3}$	>1	30	30	
固体绝缘互感器	外施 自励			$1.1U_m/\sqrt{3}$	>1	250	300	中性点有效接地系统
						250	120	中性点非有效接地系统

注:运行中的变压器,若无倍频或中频加压设备,在工频励磁时,测量电压应根据条件尽可能高,允许放电量与持续时间不作规定。

U_m 为设备最高工作电压,U_n 为设备额定电压。

(二)电力变压器局部放电试验

1. 试验及标准

国家标准《电力变压器　第 3 部分　绝缘水平绝缘试验和外绝缘空气间隙》(GB

1094. 3—2003）中规定的变压器局部放电试验的加压时间及步骤，如图 11-23 所示。

其试验步骤为：首先试验电压升到 U_2 下进行测量，保持 5 min；然后试验电压升到 U_1，保持 5 s；最后电压降到 U_2 下再进行测量，保持 30 min。U_1、U_2 的电压值规定及允许的放电量为 $U_1=\sqrt{3}U_m/\sqrt{3}=U_m$；$U_2=1.5U_m/\sqrt{3}$；电压下允许放电量 $q<500$ pC 或 $U_2=1.3U_m/\sqrt{3}$ 电压下允许放电量 $q<300$ pC。试验前，记录所有测量电路上的背景噪声水平，其值应低于规定的视在放电量的 50%。

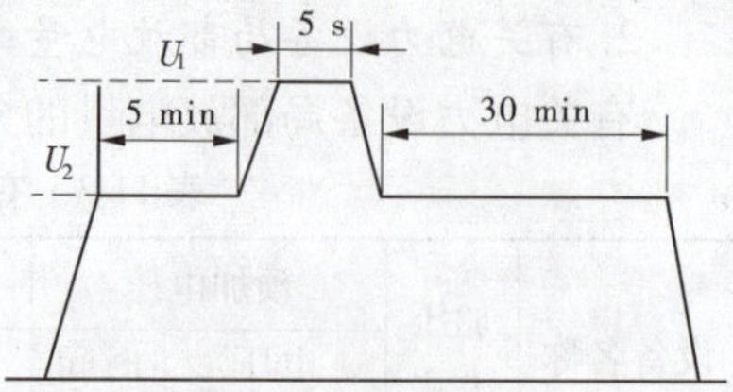

图 11-23　变压器局部放电试验的加压时间及步骤

测量应在所有分级绝缘绕组的线端进行。对于自耦连接的一对较高电压、较低电压绕组的线端，也应同时测量，并分别用校准方波进行校准。

在电压升至 U_2 及由 U_2 再下降的过程中，应记下起始、熄灭放电电压。

在整个试验时间内应连续观察放电波形，并按一定的时间间隔记录放电量 q。放电量的读取，以相对稳定的最高重复脉冲为准，偶尔发生的较高的脉冲可忽略，但应做好记录备查。整个试验期间试品不发生击穿；在 U_2 的第二阶段的 30 min 内，所有测量端子测得的放电量 q，连续地维持在允许的限值内，并无明显地、不断地向允许的限值内增长的趋势，则试品合格。

如果放电量曾超出允许限值，但之后又下降并低于允许的限值，则试验应继续进行，直到此后 30 min 的期间内局部放电量不超过允许的限值，试品才合格。利用变压器套管电容作为耦合电容 C_k，并在其末屏端子对地串接测量阻抗 Z_k。

2. 试验基本接线

变压器局部放电试验的基本原理接线，如图 11-24 所示。

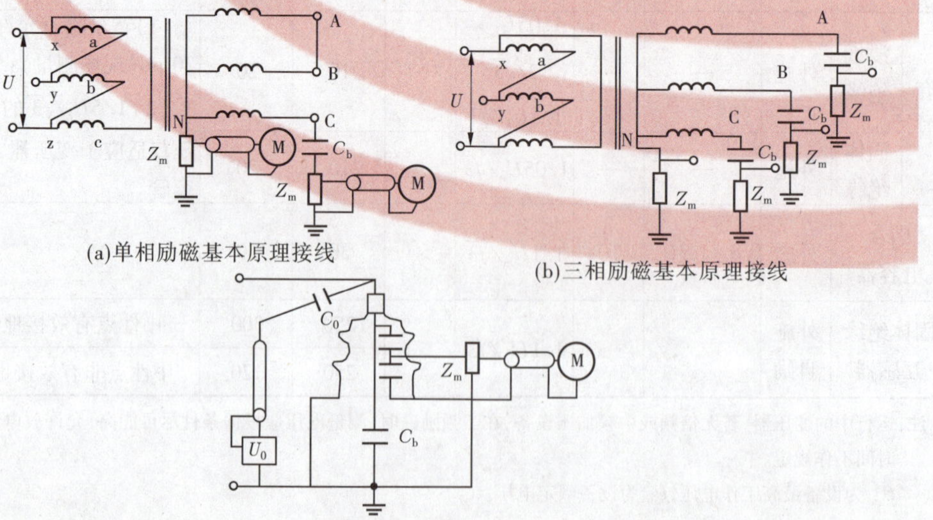

(a)单相励磁基本原理接线

(b)三相励磁基本原理接线

(c)在套管抽头测量和校准接线

图 11-24　变压器局部放电试验的基本原理接线

3. 试验电源

试验电源一般采用 50 Hz 的倍频或其他合适的频率。三相变压器可三相励磁，也可单相励磁。

4."多端测量—多端校准"局部放电定位法

任何一个局部放电源，均会向变压器的所有外部接线的测量端子传输信号，而这些信号形成一种独特的"组合 A"。如果将校准方波分别地注入各绕组的端子，则这些方波同样会向变压器外部接线的测量端子传输信号，而形成一种校准信号的独特"组合 B"。

如果在"组合 A"（变压器内部放电时各测量端子的响应值）中，某些数据与"组合 B"（校准方波注入时各测量端子的响应值）相应数据存在明显相关时，则可认为实际局部放电源与该对校准端子密切有关，这就意味着，通过校准能粗略地定出局部放电的位置。

5. 现场试验

1）要求做现场试验的条件

现场试验一般在下面三种情况下，需要进行局部放电试验：

（1）新安装投运时。

（2）返厂修理或现场大修后。

（3）运行中必要时。

2）现场试验电源和推荐标准

现场试验的理想电源，是采用电动机—发电机组产生的中频电源，三相电源变压器开口三角接线产生的 150 Hz 电源，或其他形式产生的中频电源。若无这样的电源，则可采用降低电压的现场试验方法。其试验电压可根据实际情况尽可能高，持续时间和允许局部放电水平不作规定。

3）现场试验工频降低电压的试验方法

工频降低电压的试验方法有三相励磁、单相励磁和各种形式的电压支撑法。

现推荐下述两种方法。

（1）单相励磁法。

利用套管作为耦合电容器 C_k，其接线如图 11-25 所示。这种方法较符合变压器的实际运行状况。图 11-25 中同时给出了双绕组变压器各铁芯的磁通分布及电压相量图（三绕组变压器的中压绕组情况相同）。

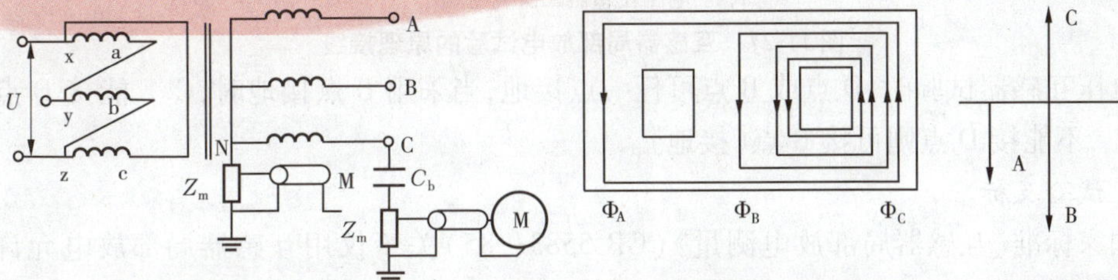

(a)C相励磁时的接线图　(b)各柱磁通分布示意图　(c)电压相量图

图 11-25　单相励磁的试验接线、磁通分布及电压相量

（2）中性点支撑法。

将一定电压支撑于被试变压器的中性点（支撑电压的幅值不应超过被试变压器中性点耐受长时间工频电压的绝缘水平），以提高线端的试验电压称为中性点支撑法。支撑方法有多种，便于现场接线的支撑法，如图 11-26 所示。

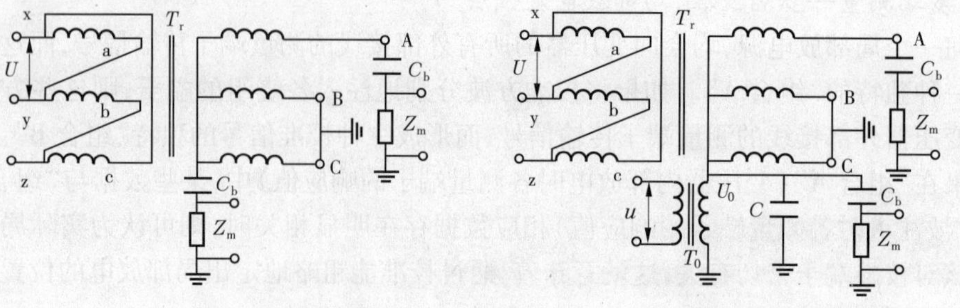

(a)低压侧加压法　　(b)中性点加压法

C_b—变压器套管电容；T_0—支撑变压器；C—补偿电容；

U_0—支撑电压；Z_m—测量阻抗；T_r—被试变压器

图 11-26　中性点支撑法的接线

图 11-26(b)的试验方法中，A 相绕组的感应电压 U_f 为 2 倍的支撑电压 U_0，则 A 相线端对地电压 U_A 为绕组的感应电压 U_t 与支撑电压 U_0 的和，即 $U_A=3U_0$，这就提高了 A 相绕组的线端试验电压。

（三）互感器的局部放电试验

1. 试验接线

互感器局部放电试验原理接线如图 11-27 所示。

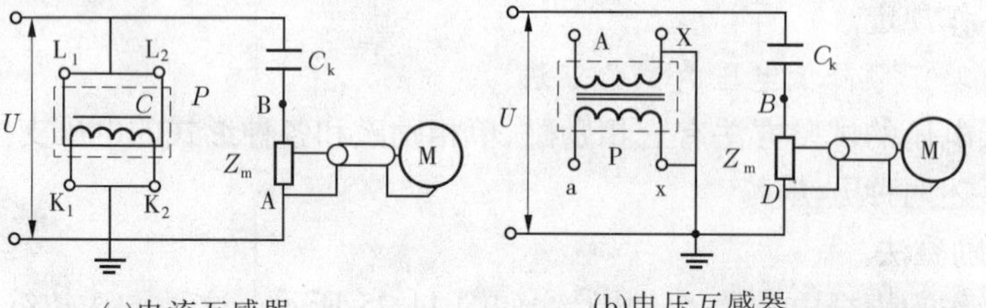

(a)电流互感器　　(b)电压互感器

C_k—耦合电容器；C—铁芯；Z_m—测量阻抗；F—外壳；L_1、L_2—电流互感器一次绕组端子；K_1、K_2—电流互感器二次绕组端子；A、X—电压互感器一次绕组端子；a、x—电压互感器二次绕组端子

图 11-27　互感器局部放电试验的原理接线

电压互感器试验时，D 点或 B 点可任一点接地，当采用 B 点接地时，C、F 能接 D 点就接 D 点，不能接 D 点则可接 B 点（接地）。

2. 试验及标准

国家标准《互感器局部放电测量》（GB 5583—85）关于仪用互感器局部放电允许水平，见表 11-4。

为防止励磁电流过大，电压互感器试验的预加电压，可采用 150 Hz 或其他合适的频率作为试验电源。

试验期间试品不击穿，测得视在放电量不超过允许的限值，则认为试验合格。

表 11-4　仪用互感器局部放电允许水平

<table>
<tr><th>接地形式</th><th>互感器形式</th><th>预加电压
>10 s</th><th>测量电压
>1 min</th><th>绝缘形式</th><th>允许局部放电水平
视放电量(pC)</th></tr>
<tr><td rowspan="3">电网中性点
绝缘或经消
弧线圈接地</td><td rowspan="2">电流互感器和相对地
电压互感器</td><td rowspan="2">$1.3U_m$</td><td>$1.1U_m$</td><td>液体浸渍
固　体</td><td>100
250</td></tr>
<tr><td>$1.1U_m/\sqrt{3}$</td><td>液体浸渍
固　体</td><td>10
50</td></tr>
<tr><td>相对相电压互感器</td><td>$1.3U_m$</td><td>$1.1U_m$</td><td>液体浸渍
固　体</td><td>10
50</td></tr>
<tr><td rowspan="2">电网中性点
有效接地</td><td>电流互感器和相对地
电压互感器</td><td>$0.8\times1.3U_m$</td><td>$1.1U_m/\sqrt{3}$</td><td>液体浸渍
固　体</td><td>10
50</td></tr>
<tr><td>相对相电压互感器</td><td>$1.3U_m$</td><td>$1.1U_m$</td><td>液体浸渍
固　体</td><td>10
50</td></tr>
</table>

3. 互感器的现场试验

现场试验原则上应按上述标准与规定进行，但若受变电所现场客观条件的限制，认为必须要对运行中的互感器进行局部放电时，又无适当的电源设备，则推荐按以下方法进行。

1）电磁式电压互感器

试验电压一般可用电压互感器二次绕组自励磁产生，以杂散电容 C_s 取代耦合电容器 C_k，其试验接线。外壳可并接在 X，也可直接接地。以 150 Hz 的频率作为试验电源，在次级读取试验电压时，必须考虑试品的容升电压。容升电压的参考值见表 11-5。

表 11-5　容升电压的参考值

电压等级	110 kV	JCC1－220	JCC2－220
容升电压	4%	8%	16%

测量电压：$1.0U_m/\sqrt{3}$，其中 U_m 为设备最高工作电压；允许放电量 20 pC。

2）电流互感器

电流互感器局部放电试验，试验电压由外施电源产生，杂散电容 C_s 代替耦合电容 C_k，其接线如图 11-28 所示。互感器若有铁芯 C 端子引出，则并接在 B 处。电容式互感器的末屏端子也并接在 B 处。外壳最好接 B，也可直接接地。试验变压器一般按需要选用单级变压器串接（例如单级电压为 60 kV 的 3 台变压器串接），其内部放电量应小于规定的允许水平。

当干扰影响现场测量时，可利用邻近相的互感器连接成平衡回路，其接线如图 11-29 所示，邻近相的互感器不施加高压。

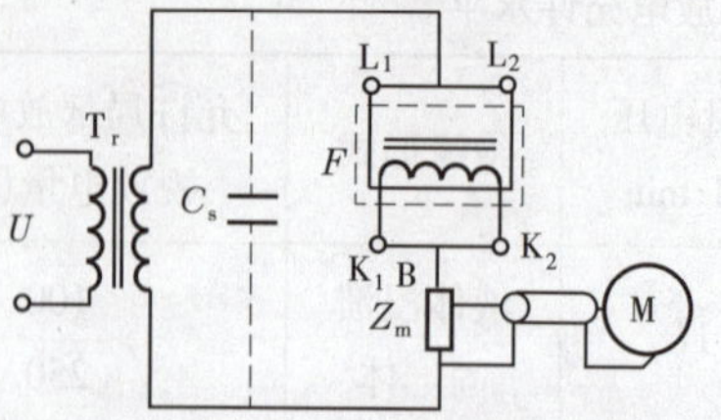

T_r—试验变压器；C—铁芯；F—外壳

图 11-28　电流互感器试验接线

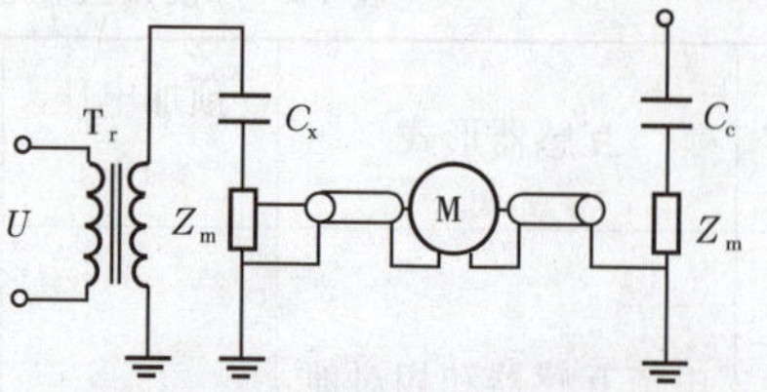

C_x—被试互感器；C_c—邻近相互感器

图 11-29　抑制干扰的平衡法接线

4. 其他设备

1）套管

变压器或电抗器套管局部放电试验时，其下部必须浸入一合适的油筒内，注入筒内的油应符合油质试验的有关标准，并静止 48 h 后才能进行试验。试验时以杂散电容取代耦合电容器。

套管局部放电的试验电压，由试验变压器外施产生，可选用电流互感器试验时的试验变压器。试验标准按表 11-3 进行。

穿墙或其他形式的套管的试验不需放入油筒，试验标准按表 11-3 进行。

2）耦合电容器（或电容式电压互感器）

耦合电容器的试验接线与套管相同，有电容末屏端子的，可利用该端子与下法兰之间，串接测量阻抗 Z_m，下法兰直接接地。若无电容末屏端子引出的，则需将试品对地绝缘，然后在下法兰对地之间串接测量阻抗 Z_m。试验标准按表 11-3 进行。

第十一节　非电量检测概述

一、温度测量

（一）温度测量的基本概念

1. 温度及温标

温度是表征物体冷热程度的物理量。温度只能通过物体随温度变化的某些特性来间接测量，而用来量度物体温度数值的标尺叫温标。它规定了温度的读数起点（零点）和测量温度的基本单位。目前，国际上用得较多的温标有华氏温标、摄氏温标、热力学温标和国际实用温标。

华氏温标（℉）规定：在标准大气压下，冰的熔点为 32 度，水的沸点为 212 度，中间划分 180 等分，每一分为华氏 1 度，符号为℉。

摄氏温度（℃）规定：在标准大气压下，冰的熔点为 0 度，水的沸点为 100 度，中间划分 100 等分，每一分为摄氏 1 度，符号为℃。

热力学温标又称开尔文温标，或称绝对温标，它规定分子运动停止时的温度为绝对零度，符号为 K。

国际实用温标是一个国际协议性温标，它与热力学温标相接近，而且复现精度高，使用方便。目前,国际通用的温标是1975年第15届国际权度大会通过的《1968年国际实用温标》(1975年修订版),记为IPTS－68(Rev－75)。但由于IPTS－68温标存在一定的不足,国际计量委员会在18届国际计量大会第七号决议授权,于1989年会议通过了1990年国际温标ITS－90,ITS－90温标替代IPTS－68。我国自1994年1月1日起全面实施ITS－90国际温标。

2. 温度单位

热力学温度(符号为T)是基本功率物理量,它的单位为开尔文(符号为K),定义为水三相点的热力学温度的1/273.16。由于以前的温标定义中,使用了与273.15 K(冰点)的差值来表示温度,因此现在仍保留这个方法。

根据定义,摄氏度的大小等于开尔文,温差亦可以用摄氏度或开尔文来表示。

国际温标ITS－90同时定义国际开尔文温度(符号为T90)和国际摄氏温度(符号为t90)。

3. 国际温标ITS－90的通则

ITS－90由0.65 K向上到普朗克辐射定律使用单色辐射实际可测量的最高温度。ITS－90是这样规定的,在全量程中,任何温度的T90值非常接近于温标采纳时T的最佳估计值,与直接测量热力学温度相比,T90的测量要方便得多,而且更为精密,并具有很高的复现性。

4. ITS－90的定义

第一温区为0.65～5.00 K,T90由3He和4He的蒸气压与温度的关系式来定义。

第二温区为3.0 K到氖三相点(24.566 1 K)之间T90是用氦气体温度计来定义的。

第三温区为平衡氢三相点(13.803 3 K)到银的凝固点(961.78 ℃)之间,T90是由铂电阻温度计来定义的。它使用一组规定的定义固定点及利用规定的内插法来分度。

银凝固点(961.78 ℃)以上的温区,T90是按普朗克辐射定律来定义的,复现仪器为光学高温计。

(二)热电阻及其测温原理

用于温度测量的传感元件有许多种,如热电偶、热电阻等,用于电力设备测温的元件通常采用热电阻。热电阻又分为金属电阻和半导体电阻两类,都是根据电阻值随温度的变化这一特性制成的。电力设备测温多用金属热电阻,主要有用铂、金、铜、镍等纯金属的及铑铁、磷青铜合金的;半导体温度计主要用碳、锗等。电阻温度计使用方便可靠,已被广泛应用。它的测量范围为－260～600 ℃。

1. 热电阻的测温原理

与热电偶的测温原理不同的是,热电阻是基于电阻的热效应进行温度测量的,即电阻体的阻值随温度的变化而变化的特性。因此,只要测量出感温热电阻的阻值变化,就可以测量出温度。

热电阻的电阻值和温度一般可以用以下的近似关系式表示,即

$$R_t = R_{t0}[1 + \alpha(t - t_0)] \tag{11-42}$$

式中　R_t——温度t时的阻值;

R_{t0}——温度t_0(通常$t_0 = 0$ ℃)时对应电阻值,对铂电阻Pt100就是100 Ω;

α——测温电阻的温度系数。

2. 工业上常用金属热电阻

作为热电阻的金属材料一般要求：温度系数尽可能大，线性度好而且比较稳定（不易老化），电阻率要大（在同样灵敏度下减小传感器的尺寸）、在使用的温度范围内具有稳定的化学物理性能、材料的复制性好、电阻值随温度变化要有间接函数关系（最好呈线性关系）。

目前，应用最广泛的热电阻材料是铂和铜：铂电阻精度高，适用于中性和氧化性介质，稳定性好，具有一定的非线性，温度越高电阻变化率越小；铜电阻在测温范围内电阻值和温度呈线性关系，温度系数大，适用于无腐蚀介质，超过150易被氧化。中国最常用的有$R_0=10\ \Omega$、$R_0=100\ \Omega$和$R_0=1\ 000\ \Omega$等几种，它们的分度号分别为Pt10、Pt100、Pt1 000；铜电阻有$R_0=50\ \Omega$和$R_0=100\ \Omega$两种，它们的分度号为Cu50和Cu100，其中Pt100的应用最为广泛。在电力设备测温中用得最多的是铂电阻Pt100。

3. 热电阻的信号连接方式

热电阻是把温度变化转换为电阻值变化的一次元件，通常需要把电阻信号通过引线传递到计算机控制装置或者其他一次仪表上。工业用热电阻安装在生产现场，与控制室之间存在一定的距离，因此热电阻的引线对测量结果会有较大的影响。

目前，热电阻的引线主要有三种方式：

（1）二线制。在热电阻的两端各连接一根导线来引出电阻信号的方式叫二线制。这种引线方法很简单，但由于连接导线必然存在引线电阻r，r与导线的材质和长度等因素有关，因此这种引线方式只适用于测量精度较低的场合。

（2）三线制。在热电阻根部的一端连接一根引线，另一端连接两根引线的方式称为三线制，这种方式通常与电桥配套使用，可以较好地消除引线电阻的影响，是工业过程控制中的最常用的引线电阻。

（3）四线制。在热电阻的根部两端各连接两根导线的方式称为四线制，其中两根引线为热电阻提供恒定电流I，把R转换成电压信号U，再通过另两根引线把U引至二次仪表。可见，这种引线方式可完全消除引线的电阻影响，主要用于高精度的温度检测。

由于现在某些电力设备，如发电机定子，测温点比较多，采用三线、四线将增加接线数量和故障概率，加之一般采用计算机测温，可以对引线电阻进行补偿，所以现在仍然多采用二线制接法。但是，为增加测温可靠性，一般在同一测温点，埋设双测温元件。

4. 热电阻的结构形式

电力设备常用的热电阻主要有普通装配式热电阻和铠装热电阻两种形式。

普通装配式热电阻是由感温体、不锈钢外保护管、接线盒以及各种用途的固定装置组成，安装固定装置有固定外螺纹、活动法兰盘、固定法兰和带固定螺栓锥形保护管等形式。

埋设于发电机定子内的测温元件，因工作在强电磁场中，外壳不能用金属，还必须考虑绝缘强度。

铠装热电阻外保护套管采用不锈钢，内充高密度氧化物绝缘体，具有很强的抗污染性能和优良的机械强度。与前者相比，铠装热电阻具有直径小、易弯曲、抗震性好、热响应时间快、使用寿命长的优点。铠装热电阻在电力设备测温中一般使用在发电机组轴瓦测温、油、气、水介质的测温。

对于一些特殊的测温场合，还可以选用一些专业型热电阻，如测量固体表面温度可以选用端面热电阻，在易燃易爆场合可以选用防爆型热电阻，测量震动设备上的温度可以选用带有防震结构的热电阻等。

二、压力测量

（一）基本定义

1. 流体的压力

压力是工业生产中的重要参数之一，为了保证生产正常运行，必须对压力进行监测和控制，但需说明的是，这里所说的压力，实际上是物理概念中的压强，即垂直作用在单位面积上的力。

我们把垂直并且均匀作用在单位面积上的力定义为流体的压力。计算式为

$$P = \frac{F}{A} \tag{11-43}$$

式中　P——流体作用压力；

F——作用力；

A——作用面积。

在国际单位制中，作用力 F 的单位是牛顿（N）；作用面积 A 的单位是米^2（m^2）；压力 P 的单位是牛顿/米^2（N/m^2），即帕斯卡（Pa）。

2. 大气压力

大气压力是地球表面上空气柱的重量所产生的压力，用符号 PB 表示。大气压力值随气象情况、海拔和地理纬度等不同而改变。

3. 表压力

测压仪表所指示的压力称为表压力，它是以大气压力为零起算的压力，用符号 PG 表示。表压力是通常工程中实用压力。

4. 绝对压力

绝对压力是指不附带任何条件起算的全压力，即液体、气体和蒸汽所处空间的全部压力。它等于大气压力和表压力之和，用符号 P_A 表示：$P_A = P_G + P_B$。

5. 疏空压力

当绝对压力小于大气压力时，大气压力与绝对压力之差称为疏空压力，又叫真空压力、负压力，用符号 P_H 表示：$P_H = P_B - P_A$。

6. 差压（压力）

两个相关压力之差，常用符号 ΔP 表示。

绝对压力、表压力、大气压力、真空压力和压差之间的关系可用图 11-30 表示。

除上述压力概念外，流量计量中还常使用静压、动压的概念。

7. 静压

静压是指在流体中不受流速影响而测得的表压力值。例如，对于管道流动由管壁处所测压力，均为静压值。过去把用液柱高度表示的静压称为压头，用水柱高度表示。静压

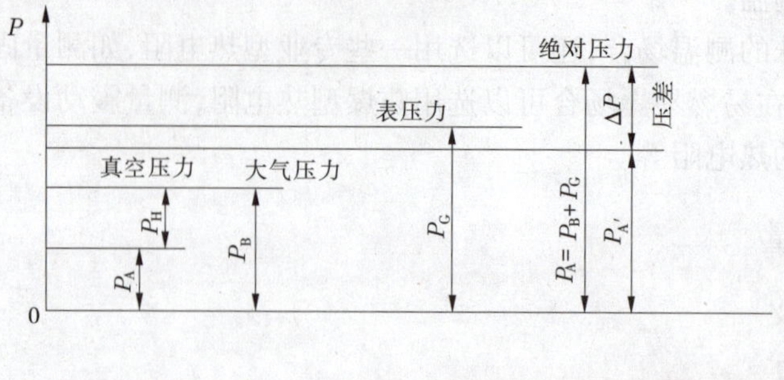

P_A—绝对压力；P_B—大气压力；P_G—表压力；P_H—真空压力；ΔP—压差

图 11-30 绝对压力、表压力、大气压力、真空压力和压差之间的关系

称为静水头。

8. 动压

动压是指流体单位体积所具有的动能大小。通常用 $1/(2\rho v^2)$ 计算，ρ 为流体密度；v 为流体运动速度。动压又称动压头。

(二)压力测量原理

常用的压力测量常用方法可分两大类：机械和电子类。其他还有如光学等测量方法。

1. 机械式压力表

通过表内的敏感元件（波登管、膜盒、波纹管）随着介质压力的变化而产生的弹性形变，再由表内机芯的转换机构将压力形变传导至指针，引起指针转动来显示相对于大气压的相对值（或高或低）。所以，机械压力表所测量的压力一般视为相对压力。一般相对点选为大气压力。在测量范围内的压力值由指针显示，刻度盘的指示范围一般做成 270°。

压力敏感元件一般是由铜合金、不锈钢或由特殊材料制成的。

在工业过程控制与技术测量过程中，机械式压力表的弹性敏感元件具有很高的机械强度以及生产方便等特性，使得机械式压力表得到越来越广泛的应用。

2. 电子类压力测量

通常使用的电子压力传感器主要是利用压电效应制造而成的，这样的传感器也称为压电传感器。晶体是各向异性的，非晶体是各向同性的。某些晶体介质，当沿着一定方向受到机械力作用发生变形时，就产生了极化效应；当机械力撤掉之后，又会重新回到不带电的状态。根据这个效应研制出了压力传感器。

压力传感器中主要使用的压电材料包括有石英、酒石酸钾钠、钛酸钡和磷酸二氢胺。其中石英（二氧化硅）是一种天然晶体，由于灵敏度较低（也就说压电系数比较低），所以石英逐渐被其他的压电晶体所替代。而酒石酸钾钠具有很大的压电灵敏度和压电系数，但是它只能在室温和湿度比较低的环境下才能够应用。磷酸二氢胺属于人造晶体，能够承受高温和相当高的湿度，也应用于温度传感器。

通过压力传感器直接将非电量——压力转换为可直接测量的电量——电压或电流，再通过信号调理电路对传感器信号进行放大和归整处理，直接用电子显示器件显示出来。同时，还可以通过压力变送器，将压力信号传送至远方，进行实时监测。

属于电子类的还有应变式压力传感器（半导体电阻应变片），是把压力的变化转换成电阻值的变化来进行测量的，应变片是由金属导体或半导体制成的电阻体，其阻值随压力所产生的应变而变化。常用于大负荷压力，如起重设备的起升负荷测量。

现代使用的还有光导纤维压力传感器，与传统压力传感器相比，有其独特的优点：利用光波传导压力信息，不受电磁干扰，电气绝缘好，耐腐蚀，无电火花，可以在高压、易燃易爆的环境中测量压力、流量、液位等。它灵敏度高，体积小，可挠性好，可插入狭窄的空间进行测量，因此得到重视，并且得到迅速发展。

由于实现了电子式测量，数字压力表和数字压力测量系统也就应运而生，且使用越来越广泛。

三、流量测量

（一）流量测量分类

1. 分类

流量测量方法大致可以归纳为以下几类：

（1）利用伯努利方程原理，通过测量流体压差信号来反映流量的压差式流量测量法。

（2）通过直接测量流体流速来得出流量的速度式流量测量法。

（3）利用标准小容积来连续测量流量的容积式测量。

（4）以测量流体质量流量为目的的质量流量测量法。

流量测量的分类和工作原理如表 11-6 所示。

表 11-6　流量测量的分类和工作原理

种类	典型产品	工作原理	主要特点
压差式流量计	双波纹管压差计 膜片式压差计 压差变送器（配二次仪表） 电子开方器 比例计算器 ST－3000 型变送器 电容式变送器	1. 流体通过节流装置时，其流量与节流装置前后的压差有一定的关系。 2. 对压差变送器输出进行开方运算，使输出和流量成线性比例关系。 3. 对瞬时流量进行计算，求累计流量	比较成熟，应用广泛，仪表出厂时不用标定
速度式流量计	叶轮式流量计（水表）	叶轮或涡轮被流体冲转，其转速与流体的流速成正比	简单、可靠
	涡轮流量计		精确度高，测量范围大，灵敏，耐压高，信号能远传，但寿命短
体积式流量计	椭圆齿轮流量计 罗茨流量计	椭圆形齿轮或转子被流体冲转，每转一周便有定量的流体通过	精确灵敏，但结构复杂，成本高

续表 11-6

种类	典型产品	工作原理	主要特点
恒压降式流量计	转子流量计 冲塞式流量计	转子或冲塞上下压降一定,它们被流体冲起的高度与流量大小成正比	简单、廉价、灵敏
动压式流量计	毕托管(动压测定管)	流体的动压力与它的流速的平方成比例	简单,但不太准确
电磁流量计	电磁流量计	导电性液体在磁场中运动,产生感应电动势,其值和流量成正比	适用于测量导电液体的流量
靶式流量计	靶式流量计	流体流动时,对靶产生作用力,使靶产生微小的位移,反映流量的大小	适用于测量高黏度、低雷诺数流体的流量
超声波流量计	超声波流量计	利用超声波在流体中传播声速与接收声速的差值、流体的平均流速成正比的关系进行测量流量的	适用于任何液体

2. 流量仪表的主要技术参数

1)流量范围

流量范围指流量计可测的最大流量与最小流量的范围。

2)量程和量程比

流量范围内最大流量与最小流量值之差称为流量计的量程。最大流量与最小流量的比值称为量程比,亦称流量计的范围度。

3)允许误差和精度等级

流量仪表在规定的正常工作条件下允许的最大误差,称为该流量仪表的允许误差,一般用最大相对误差和引用误差来表示。

流量仪表的精度等级是根据允许误差的大小来划分的,其精度等级有 0. 02、0. 05、0. 1、0. 2、0. 5、1. 0、1. 5、2. 5 等。

4)压力损失

压力损失的大小是流量仪表选型的一个重要技术指标。压力损失小,流体能消耗小,输运流体的动力要求小,测量成本低。反之,则能耗大,经济效益相应降低。故希望流量计的压力损失愈小愈好。

(二)流量测量方法

1. 电容式流量变送器的工作原理

电容式流量变送器的代表为 1151 型、罗斯蒙特的 3051 型。

电容式变送器的敏感元件为电容,当有压差输入时,连在膜片上的电容与膜片一起产生微小位移,改变了电容的电容量。通过检测电路和转换放大电路,转换成二线制输出的

4～20 mA 直流信号。

2. 力平衡式流量变送器的工作原理

被测压差通过弹性敏感元件转换成作用力，使平衡杠杆产生偏转，杠杆的偏转由检测放大器转换成 4～20 mA 的直流电流输出，电流输入处于永久磁场内的反馈动圈中，使它产生与作用力相平衡的电磁反馈力，当作用力与反馈力达到平衡时，杠杆系统就停止偏转，此时的电流即为变送器输出电流，它与被测流量成正比。

3. 压敏电阻式流量变送器的工作原理

压敏电阻式流量变送器的代表为 ST－3000 智能变送器。

当被测压差作用到传感器上，其阻值即发生变化。阻值变化通过电桥转换成电信号，再经过模/数(A/D)变换器送入微处理器。同时，环境温度和静压通过另外两个辅助传感器转换为电信号，再经模/数(A/D)变换器送入微处理器。经微处理器运算处理后送至(D/A)变换器输出 4～20 mA 的 DC 模拟信号或 4～20 mA 的 DC 数字信号。

4. 双波纹管流量计的工作原理

双波纹管流量计是根据压差与位移成正比的原理工作的，当正负压室产生压差后，处于正压室中的波纹管被压缩，填充工作液通过阻尼环与中心基座之间的环隙和阻尼旁路流向处于负压室中的波纹管，从而破坏了系统平衡。连接轴按水平方向从左向右移动，使量程弹簧产生相应的拉伸，直到量程弹簧的变形力与压差值所产生的测量力平衡。此时，系统在新的位置上达到平衡，由连接轴产生的位移量，通过扭力管转换成输出转角，因其转角与压差成正比，故可用转角大小表示压差高低，用特定刻度盘就可以显示其流量。

5. 椭圆齿轮流量计的工作原理

椭圆齿轮流量计是根据被测介质的能量来推动椭圆齿轮旋转，从而以齿轮的旋转排出介质的多少来测量流量的。

6. 旋涡流量计的工作原理

旋涡流量计是一种新型流量仪表，它由传感器及与其配套的显示仪表两部分组成。传感器包括旋涡发生体、感测器及信号处理系统三部分。旋涡发生体是核心，它是一非线形柱状物体(圆柱或三角柱等)，垂直插在流体中，当流速大于一定值时，在柱状物体下游两侧将产生两排旋转方向相反、交替出现的旋流，这两排平行的涡流称为卡门涡街。一般情况下，柱状物后面产生的涡街是不稳定的，只有当涡街的距离 H 和旋涡间隔 L 之比为 0.281 时才稳定，此时旋涡的分离频率正比于流量值，旋涡频率由感测器检出，经放大、滤波整形等处理后，得到代表涡街的数字脉冲并送至配套的仪表，显示出瞬时流量或累计流量。

7. 电磁流量计的工作原理

电磁流量变送器是由电磁流量传感器与电磁流量转换器组合而成的，电磁流量变送器测量流量的依据是法拉第电磁感应定律，它是在非限性管道中测量导电流体的平均流速，在工作管道的两侧有一对电磁铁，当励磁绕组通入交流电后，产生一个与工作管道相垂直的交变磁场，当导电液在管道内流动时并切割了磁力线，因此液体中产生了与流体平均速度成正比的电动势，这个电动势由装在导管壁上的一对电极输出，转换器将传感器检测得到的电压信号放大，并转换成 4～20 mA 的直流标准信号输出。

8. 靶式流量计的工作原理

靶式流量计是一种节流变压降式流量计，它的工作原理为：在管道中同心地设置一圆形靶作为节流件，靶与管壁之间形成环形通流截面，流体在靶前后所形成的压差对靶形成一个推力，推力的大小与流体的动能（或流速大小）大小及靶面积的大小成正比。作用于靶上的推力通过杠杆系统转变为力矩送到力平衡变送器，由它转变为电流信号之后输出，以达到测量流量的目的。

9. 靶式流量计工作过程简述

在管道中装设一个“靶板”，靶板是一个圆钢片或圆钢球。当流体从管道中流过时，对靶作用一个冲击力，使靶产生位移带动主杠杆移动，通过支点传递给副杠杆带动反馈线圈位移，使位移检测铝片产生位移，经位移检测放大器将检测铝片的位移转换成 4 ~ 20 mA 的直流电流信号。

10. 超声波流量计的工作原理

超声波流量计的工作原理是：在流体中超声波向上游和下游的传播速度由于叠加了流体的流速而不相同，因此可以根据超声波向上游、下游传播速度之差测得流体流速。测定流体流速的方法很多，主要有时间法、相位法或频率差法等方法。具体的测量方法如下：在管壁的斜对面固定两个超声波振子 TR_1、TR_2，兼作超声波的发送和接收元件。由一侧的振子产生的超声波脉冲穿过管壁—流体—管壁，被另一侧的振子接收，并转换成电脉冲，经放大后再用此电脉冲来激发对面的发送振子，形成所谓的单环自激振荡。振荡周期由超声波在流体中的顺流传播速度决定，周期的倒数即为单环振荡频率 f_1。一定时间间隔以后，经切换电路使发送振子切换成接收振子，而接收振子切换成发送振子，单换振荡频率 f_2 取决于超声波在逆流中的传播速度。由于 f_2 和 f_1 的差值 Δf 与管径方向的流体平均流速成线性关系，循环交替地测出 f_2 和 f_1，通过运算电路可算得流量。

11. 涡轮流量计的工作原理

涡轮流量计主要由涡轮、转速转换器（永久磁铁和感应线圈）等部分组成。当被测流体通过流量计时，冲击涡轮叶片，使涡轮旋转。周期性地改变检测线圈磁电回路的磁阻。由于通过线圈的磁通量发生周期性变化，使检测线圈产生与流量成正比的脉冲信号，经放大器放大后，送入显示仪表显示其瞬时流量。

12. 均速管流量计（阿纽巴流量计）的工作原理

均速管流量计的工作原理为：通过管道某一截面的连续流体，其体积流量与在此截面上测得的动压的平方根成正比。

第十二章　电气设备质量检测、试验项目及要求

第一节　电气设备质量检测及试验概论

一、水利水电工程电气设备及其质量监测概述

本节所述的电气设备是指用于水电站的电气设备，或者是水工、水力机械设备的电气部分或配套的电气设备。在电气设备设计、制造、安装和投运的各个阶段，电气检测和试验是质量监测和控制的重要手段。本章主要讲述设备在现场安装、投运过程中检测、试验的项目和要求。本章的主要内容摘自《电气装置安装工程电气设备交接试验标准》(GB 50150—2006)。

关于各项电气检测、试验的基本原理和方法，已经在第十一章叙述。本章不再赘述，只讲述各类设备的检测和试验项目、参数及相关标准的要求。

(一)水利水电工程电气设备的种类

水利水电工程电气设备的种类已经在第十章作了详细叙述。这里只介绍与质量检测相关的内容。

应用于水利水电工程的设备，有水工类、水力类、发送电和输电类等。现代的设备基本都是机电合一的，即既有机械部分，又有电气部分。水力及机械部分设备不在本章讨论，这里只讨论与电气设备或设备电气部分的质量检测、试验相关的内容。

应用于水利水电工程的电气设备，按使用的功能和电压等级，大致可分两类，即行业中通常所说的一次设备和二次设备。

1. 一次设备

一次设备就是直接生产、变换和输送电力的大功率设备，是水电站的主设备，因此可称为电力设备。同时和这些主设备配套的还有各种附属设备(其中有许多是电气设备)也通常划归在这类设备里。

水电站一次设备有：水轮发电机组及其辅助设备，各类电压等级的变压器、电抗器，配送电的高、中、低压开关设备(包括开关站的 GIS 设备)及其辅助设备，各种负载等级的起重设备的电气部分，全厂公用的油压、空气压缩设备和供排水设备的电气部分等。

2. 二次设备

二次设备是指为发送电、输电设备及运行提供测量、保护、监视和调控的设备，大多为电子或电力电子设备，一般工作电压、电流都比较小。现今电力二次设备基本都是电子设备。

水电站二次设备包括：

(1)为水电站所有主要和辅助机电设备配套的测量、保护、监测、调控的电气设备或装置；

(2)与水轮发电机组配套的调速、励磁装置的电气部分；

(3)水电站内外通信设备；

(4)水电站空调、火灾监测和报警设备；

(5)大坝、水库等水情监测系统。

(二)电气设备质量监督的工作任务

1.质量监督在设备生命期内各期段中的任务

电气设备的质量监督和检测是一个范围比较广的课题。一台设备的生命期,应包括设计、制造期,安装、调试期和运行期。因此,对设备的质量监督也分这三个期段。

1)设计、制造期段的质量监督和控制

这个期段的质量监督和控制主要包括：

(1)设计评价和鉴定；

(2)产品定型的型式试验和生产许可鉴定；

(3)在生产制造过程中的原材料和外购件的质量检验和化验；

(4)工序质量检验和试验；

(5)工厂预组装试验；

(6)出厂验收试验等。

这个期段质量监督工作和责任主要是由设计单位、厂家和相应质量技术检验鉴定机构完成的。其中的第(1)、(2)项的书面鉴定文件在采购合同签订时就应该审查核定;第(3)~(6)项,即在设备制造过程中,采购方也可派人驻厂进行监督、检验(称为监造),在设备出厂验收时也应派人到厂见证。作为质量检测人员,对这个期段的质量控制手段主要是核查厂家提供的上述各种检验或试验的书面记录和权威机构的证明文件是否确实、齐全。本章对这个期段的质量监督和控制不作详细叙述。

2)设备现场安装、调试期段的质量监督和控制

对于水电站电气设备工程实施质量监督而言,主要是指在工程现场进行的安装、调试和试运行期间质量检测和监督。本章叙述的重点,就是围绕上述两类设备,在工程现场安装调试以及投运过程中,如何进行电气质量检测和监督的内容。

在本期段作为质量检测人员对设备的质量监督主要包括：

(1)设备到货开箱检查:检查合同规定的出厂质量证明文件是否齐全,数量、型号参数是否符合合同要求,设备包装及运输情况检查,有无损伤等。

(2)安装期段:设备至安装现场的运输、安装工艺和程序等是否符合相关标准、规范以及合同的要求。

(3)设备的调试和试运行：

①检查设备是否安装完毕,达到调试的条件和要求；

②参与审查设备试验大纲或方案；

③参与现场试验,见证试验记录和结果是否符合规定；

④观察试运行状态下各工况是否正常；

⑤审核试验记录，为设备交接提供完整的质量文件。

3）设备运行期的质量监督和控制

设备正式运行以后的运行、维护和检修工作中的质量监督，都是类似的，本章只是提及，请读者参见相关的规程、书籍。

2.质量监督和控制的依据和目标

（1）业主与供货商之间签订的采购合同是质量监督和控制的主要依据。

（2）相关标准：针对设备生命期三个阶段，对质量监督的目标、重点和项目，国际、国家和行业都制定有相应的规程、标准，一般在合同中都会列出。其中强制性的条款是必须要遵守的。水电工程现场设备交接验收的主要依据就是相关验收规程。

（3）质量监督和控制的目标是达到上述两类文件中的规定要求，如果某些项目不满足要求，质量监督人员应该提出建议，是否允许设备投入运行，应与业主、设备厂家等相关单位进行协商，作出决定。

（三）各类电气设备的特点是质量监督和检测的重点

鉴于上述两类设备的使用功能、特点，其质量监督和监测的重点、方法各不相同，本章将按设备类别分别叙述。

1.一次设备

（1）一次设备的特点是工作电压高、电流和功率大。由于工作电压高，因而产生了导体之间、导体与外壳和地之间的绝缘问题。另外，工作电流大，因而导电回路的阻抗，特别是直流电阻、接触电阻等的检测就变得特别重要。

（2）一次设备质量监督和检测的重点：

①绝缘特性参数检测：如绝缘电阻、直流泄漏、吸收比、介损等参数检测。

②高压耐压试验：如交直流耐压、冲击试验等。

③设备性能及参数检测：如开关的开合速度及同期性能、变压器的变比、大电流回路的直流电阻和开关的接触电阻等。

2.二次设备

（1）现代水电站二次设备的特点：

①基本为电子设备，而且越来越趋向于以微处理器为基础的数字化、智能化设备；

②结构、功能比较复杂，技术含量比较高；

③工作电压、电流比较低；

④技术更新比较快，产品标准化程度比较差，相关质量控制标准、规范少，而且比较滞后。

（2）水电站二次设备质量监督和检测的重点：

①设备软硬件配置检查和参数检测；

②设备安装及接线质量检查；

③各项软硬件功能检查、参数检测；

④与主辅设备联合功能调试。

上述一、二次设备也各不相同，本章将根据各类设备的特点分别叙述。

(四)电气设备试验

1. 概述

电气试验包含一项或多项的检测,以下将检测和试验简称为试验。检测是指使用仪表和标准器具对设备的特性参数或运行参数进行测量和检查。设备现场试验是指在工程现场,按照相关标准、规范或合同的要求,给设备加上试验电压,或将设备全部或部分投入运行,对其特性和运行参数进行测量和观察。本章的主要内容就是介绍电气设备现场试验的项目和要求。

2. 电气设备试验的分类

1)按设备生命期段分

电气试验按设备生命期段一般分为型式试验、出厂试验、安装投运及交接验收试验、大修试验、预防性试验等。本章只讨论安装投运及交接验收试验。

安装投运及交接验收试验是指按照有关标准、规程或合同产品技术条件和厂家技术标准等规定进行的试验。新设备在投入运行前的交接验收试验,用来检查产品有无缺陷,运输中有无损坏等,最终判断它能否投入运行,并且为以后运行期的预防性试验积累参考数据等。

为适应电气设备安装工程和电气设备交接试验的需要,促进电气设备交接试验新技术的推广和应用,《电气设备交接试验标准》(GB 50150—2006)、《现场绝缘试验实施导则》(DL/T 474—2006)等标准详细地介绍了各项试验的内容和标准。电气设备交接试验除部分绝缘预防性试验外,还有其他一些特性试验。例如变压器直流电阻和变比测试、断路器回路电阻测试等。

2)按试验的性质和要求分

一次设备的电气检测和试验分为三类:

(1)绝缘参数检测和试验;

(2)高压试验;

(3)设备特性试验。

本章将按这种分类分别叙述。

3)按对被试设备的影响分

电气设备按对被试设备的影响分以下两类:

(1)非破坏性试验,如按试验的性质和要求分的(1)、(3)类试验。

(2)破坏性试验,如按试验的性质和要求分的(2)高压试验。

3. 电气设备的高压试验顺序

一般电气设备的高压试验顺序应该是非破坏性试验、特性试验,最后才是破坏性试验,以免给设备造成不必要的损伤乃至击穿。例如,电容式套管和互感器受潮后,绝缘电阻、介质损耗因数 $\tan\delta$ 试验不合格,但经过烘干处理后绝缘性能仍可恢复。若在处理前就进行交流耐压试验,将可能导致绝缘击穿,造成绝缘修复困难。又比如交流电动机的试验,在其绝缘电阻合格之前绝对不允许进行交流耐压试验,否则就可能把电机击穿。

4. 各类试验方法及结果综合分析

上述试验的共同目的就是揭露缺陷,但又各具一定的局限性,试验数据与结果应综合分析。

(1)与该产品出厂及历次试验的数据进行纵向比较,分析设备绝缘变化的规律和趋势。

(2)与同类或不同相别的设备的数据进行横向比较。

(3)各项试验一般都是有规程规定的。将试验结果与相关规程给出的标准进行比较,综合分析是否超标,判断是否有缺陷或薄弱环节。

经过综合分析来判断设备缺陷或薄弱环节,为检修和运行提供依据。如果都合格,则这个设备就是好的。如果有些数据出现问题,可以反复用不同的接线方法或者重复试验等,防止试验中出现某种因素影响试验数据。其中最重要的就是温度和湿度的问题。因为湿度越大,做出来的数据就越不好,用屏蔽的方法做出来的数据最好。

二、一次设备的试验

(一)一次设备的绝缘试验意义

1. 概述

电力系统的电气设备大多工作于高电压、大电流下,设备结构中采用了大量的绝缘材料,而且电力系统中60%以上的停电事故都是由电气设备的绝缘缺陷引起的。而设备绝缘部分的劣化、缺陷的发展都有一定的发展期,在这个期间,绝缘材料会发出各种物理、化学等方面的信息。这就需要试验人员在制造、现场安装和工程交接中,或者设备运行过程中,通过各种试验方法取得各种不同电气设备在不同时间的数据信息,并通过规程的要求来判断其能否投入运行或者能否继续运行。

高压电气设备在运行中必须保持良好的绝缘,为此从设备的制造开始,就要进行一系列绝缘测试。这些测试包括:在制造时对原材料的试验,制造过程的中间试验,产品的定性及出厂试验,在使用现场安装后的交接试验,使用中为维护运行而进行的绝缘预防性试验等。其中,电气设备的交接试验和预防性试验是两类最重要的试验,中华人民共和国电力行业标准和国家标准:《电力设备预防性试验规程》(DL/T 596—2005)、《电气装置安装工程电气设备交接试验标准》(GB 50150—2006)和《高电压测试设备通用技术条件》(DL/T 846—2004)中详细地介绍了各项试验的内容和标准。

2. 绝缘缺陷

电气设备的绝缘缺陷,一种是制造时潜伏下来的,一种是在外界作用下发展起来的。外界作用有工作电压、过电压、潮湿、机械力、热作用、化学作用等。

各种原因所造成的绝缘缺陷,可分为两大类:

(1)集中性缺陷。如绝缘子的瓷质开裂,发电机绝缘的局部磨损、挤压破裂,电缆绝缘的气隙在电压作用下发生局部放电而逐步损伤绝缘,其他的机械损伤、局部受潮等。

(2)分布性缺陷。指电气设备的整体绝缘性能下降,如电动机、套管等绝缘中的有机材料受潮、老化、变质等。

3. 对绝缘缺陷的诊断和监测

为检测设备在安装过程中设备绝缘可能存在的缺陷,就需要研究另一方面的质量检测。这种检测一般都是在生产制造、安装使用现场进行的,而且还要模拟在试验电压或在实际工作电压下进行测量,因此一般称为绝缘参数测量和高压试验。

除此之外,为了监测设备在长期运行过程中的绝缘状况,采用局部放电在线监测、绝缘分解物在线分析的技术正在逐渐发展和应用起来。

(二)一次设备的绝缘参数测量

1. 概述

这类试验一般测量电压都是在数百伏以下,属于非破坏性试验。

非破坏性试验是指在较低电压下,用不损伤设备绝缘的办法来判断绝缘缺陷的试验,如绝缘电阻吸收比试验、介质损耗因数 tanδ 试验、泄漏电流试验、局部放电试验、油色谱分析试验等。这类试验对发现缺陷有一定的作用与有效性。但这类试验中的绝缘电阻吸收比试验、介质损耗因数 tanδ 试验、泄漏电流试验由于电压较低,发现缺陷的灵敏性还有待提高,目前还不能只靠它来可靠地判断绝缘水平,还需不断地改进试验方法。但这类试验目前仍然是一种必要的不可放弃的手段。

2. 绝缘试验的基本项目

关于绝缘试验的项目在第十一章里已经讲述,这里只是简单提及。

1)绝缘电阻的测试及吸收比测量

绝缘电阻的测试是电气设备绝缘测试中应用最广泛,试验最方便的项目。绝缘电阻值的大小,能有效地反映绝缘的整体受潮、脏污以及严重过热老化等缺陷。

绝缘电阻的测试最常用的仪表是绝缘电阻测试仪(兆欧表)。使用兆欧表应按照《电力设备预防性试验规程》(DL/T 596—2005)的有关规定进行。

2)泄漏电流的测试

一般直流兆欧表的电压在 2.5 kV 以下,比某些电气设备的工作电压要低得多。如果认为兆欧表的测量电压太低,可以和直流高压试验一起测量,采用加直流高压来测量电气设备的泄漏电流。当设备存在某些缺陷时,高压下的泄漏电流要比低压下的泄漏电流大得多,亦即高压下的泄漏电流绝缘电阻要比低压下的绝缘电阻小得多。

3)介质损耗因数 tanδ 测试

介质损耗因数 tanδ 是反映绝缘性能的基本指标之一。介质损耗因数 tanδ 反映绝缘损耗的特征参数,它可以很灵敏地发现电气设备绝缘整体受潮、劣化变质以及小体积设备贯通和未贯通的局部缺陷。

介质损耗因数 tanδ 与绝缘电阻和泄漏电流的测试相比具有明显的优点,它与试验电压、试品尺寸等因素无关,更便于判断电气设备绝缘变化情况。因此,介质损耗因数 tanδ 为高压电气设备绝缘测试的最基本的试验之一。

介质损耗因数 tanδ 可以有效的发现绝缘的下列缺陷:

(1)受潮;

(2)穿透性导电通道;

(3)绝缘内含气泡的游离、绝缘分层、脱壳;

(4)绝缘有脏污、劣化、老化等。

4)局部放电试验

电气设备绝缘中部分被击穿的电气放电,可能发生在导体附近,也可能发生在其他地方，称为局部放电。

由于局部放电的开始阶段能量小，它的放电并不立即引起绝缘击穿，电极之间尚未发生放电的完好绝缘仍可承受住设备的运行电压。但在长时间运行电压下，局部放电所引起的绝缘损坏继续发展，最终导致绝缘事故的发生。

据我国对 110 kV 及以下变压器损坏情况的统计，50% 是在运行电压下因局部放电逐渐发展产生的。通过局部放电试验，能及时发现设备绝缘内部是否存在局部放电、严重程度及部位，能及时采取处理措施，达到防患于未然的目的。近年来，电气设备额定电压越来越大。对于大型超高压电气设备，有可能以长时间局部放电试验代替短时间高压耐压试验。

有关规程规定，高压电气设备出厂必须做局部放电试验，而且在雷电冲击试验等之后，还要再一次进行局部放电试验，以确保出厂的设备局部放电在合格范围之内。

局部放电试验是非破坏性试验项目。就试验顺序而言，局部放电试验应放在所有绝缘试验之后。就试验类型而言，长时感应带局部放电试验或短时感应带局部放电试验之一要作为变压器出厂试验。就变压器的 U_m 等级而言，现有标准规定，$U_m \geqslant 252$ kV 起要做局部放电试验，正在修订的 IEC76－3 规定，$U_m \geqslant 126$ kV 起要做局部放电试验。

(三)一次设备的高压试验

1. 高压试验的作用和意义

交流耐压试验、直流耐压试验统称为耐压试验或高压试验。

这类试验对绝缘的考验是严格的，特别是能揭露那些危险性较大的集中性缺陷。通过这类试验，能保证绝缘有一定的水平和裕度；其缺点是可能在试验中给被试设备的绝缘造成一定的绝缘损伤积累，影响其使用寿命。但在目前仍然是绝缘试验中的一项主要方法。

2. 高压试验的项目

1)直流耐压试验

直流耐压试验电压较高，对发现绝缘的某些局部缺陷具有特殊的作用，可与泄漏电流试验同时进行。

直流耐压试验与交流耐压试验相比，主要优点是具有试验设备轻便、对绝缘损伤小和易于发现设备的局部缺陷等；主要缺点是由于交、直流下绝缘内部的电压分布不同，直流耐压试验对绝缘的考验不如交流更接近实际。

2)交流耐压试验

交流耐压试验对绝缘的考验非常严格，能有效地发现较危险的集中性缺陷。它是鉴定电气设备绝缘强度最直接的方法，对于判断电气设备能否投入运行具有决定性的意义，也是保证设备绝缘水平、避免发生绝缘事故的重要手段。

交流耐压试验有时可能使绝缘中的一些弱点更加突出，因此在试验前必须对试品先进行绝缘电阻、吸收比、泄漏电流和介质损耗因数等项目的试验，若试验结果合格方能进行交流耐压试验。否则，应及时处理，待各项指标合格后再进行交流耐压试验，以免造成不应有的绝缘损伤。

3)冲击耐受电压试验

冲击耐受电压试验包括操作波冲击试验和雷电冲击试验。按试验波形又分全波试验、截波试验。

对于在运行中可能受到大气中雷电侵袭而承受过电压的输电设备，通过人工模拟雷电流波形和峰值，对设备进行冲击耐受电压试验，以考核设备主、纵绝缘对雷电冲击的承受能力。

冲击耐受电压试验是对绝缘施加规定次数和规定值的冲击电压，需要施加较多次数的冲击电压，以检验在可接受的置信度下实际的统计耐受电压是否低于额定冲击耐受电压。

对自恢复绝缘可进行50%放电电压试验。由此可得出具有良好置信度的实际统计（90%的耐受概率）耐受电压。

但对某些绝缘，如套管、互感器及开关设备等的绝缘，在50%放电电压下可能是非自恢复的，而在额定耐受电压下是自恢复的，则只能以额定耐受电压进行检验。

冲击耐受电压试验不是直接由雷电过电压决定的，而是由保护水平决定的，即由避雷器的保护水平决定。

由于这类冲击试验是过电压试验，属破坏性试验，一般只在型式试验或出厂试验中做，现场交接试验中是否进行，需根据合同规定或合同双方慎重讨论决定。

（四）电力设备绝缘试验的进展

近10多年来，我国电气设备预防性试验工作，在试验方法、试验项目和试验仪器等方面有了不少进展。现分别举例叙述如下：

传统的基本绝缘试验项目，如绝缘电阻、直流泄漏电流、介质损耗因数、直流耐压和交流耐压等试验方法基本不变，仅有少数改进。

（1）绝缘电阻试验项目中，发现变压器吸收比试验不够完善，不少新出厂或检修烘燥后容量较大的变压器，绝缘电阻绝对值较高，但吸收比（R''_{60}/R''_{15}）偏小，疑为不合格。经研究采用国际上广泛采用的极化指数试验（R''_{600}/R''_{60}）后，就易于做出明确判断，因此规程中增列了极化指数的试验项目。

（2）从介质理论来分析，吸收比试验时间短（仅60 s），复合介质中的极化过程处于开始阶段，远没有形成基本格局，尚不能全面反映绝缘的真实面貌，故吸收比结果不够准确。极化指数试验时间为600 s（10 min），介质极化过程虽未完成，但已初步接近基本格局，故能较准确地反映绝缘受潮情况。从技术发展历史来看，工业发达国家从20世纪40年代至今一直采用极化指数试验，不采用吸收比试验。

（3）改进在电场干扰下测量设备介质损耗因数时的抗干扰方法。如采用电子移相抵消法和异频法等新方法，操作方便，提高了工作效率，但另一种采用电源倒向和自动计算的方法在干扰较大时，误差仍较大。

（4）6～35 kV中压橡塑绝缘电力电缆（指聚氯乙烯绝缘、交联聚乙烯绝缘和乙丙橡胶绝缘电缆），取消了投运后的直流耐压试验项目，代之以测量外护套和内衬层的绝缘电阻。这是因为高幅值直流电压在宏观上会降低橡塑电缆绝缘寿命，不少直流耐压试验合格的橡塑电缆在运行中发生击穿事故，这已在理论和国内外的运行实践中证实。但对于35 kV及以下纸绝缘电缆，多年经验表明，直流耐压试验仍是行之有效的预防性试验项目，能发现许多潜在缺陷，故还应继续执行。

（5）交流耐压试验中，对大容量试品（如SF_6组合电器、大型发电机等）采用工频串联谐振方法的日渐增多。

(6)电力变压器的定期试验项目首先应是油中溶解气体的色谱分析。绝大部分的变压器缺陷都是从色谱分析发现的。

(五)一次设备的特性试验

特性试验或设备性能试验主要是对设备的电气和机械方面的特性参数进行测试和试验。概括起来分为如下几类:

(1)变压器和互感器类:变比误差、极性、安伏曲线、极性,线圈的直流电阻测量。

(2)断路器等开关电器:导电回路电阻、分合闸时间、速度和同期性试验。

(3)电机类设备:定转子绕组直流电阻、电抗值检测,空载、短路特性,损耗、效率试验等。

三、二次设备的试验

由于二次设备的种类比较多,且技术发展快,因此没有统一的试验标准和规范,只能对各类设备制订试验方案和试验项目。

(一)按设备类型分

(1)励磁装置。

(2)调速器及其油压装置。

(3)保护系统装置:发变组保护,厂用电保护,高压开关站保护,线路保护等。

(4)计算机监控系统:包括水轮发电机组自动化、全场共用系统监控等。

(5)通信系统。

(6)图像监视、火灾报警系统等。

(二)按施工和试验顺序分

(1)电缆安装、接线工艺检查。

(2)接线回路绝缘、接地检查。

(3)分系统或工序检查和试验。

(4)电源检查和试验。

(5)通电检查和设备软、硬件系统检查。

(6)内外通信网络功能检查。

(7)检查实时数据库与现场 I/O 的准确性、完整性。

(8)模拟功能试验(不带监控设备)。

(9)系统性能参数测试(如时间同步精度、SOE 精度、实时响应参数等)。

(10)带设备点对点或分步试验。

(11)与本系统接口的各系统联调。

(12)与主设备机电联调。

(13)对于计算机监控系统,还有与外部(如调度单位等)的联调,线路保护与对端的联调等。

综上所述,二次设备系统的检测、调试比较复杂,整个安装和调试事前必须制订周密的计划和实施方案。检测、调试的重点在于核实各装置的接线、功能是否正确,是否符合合同要求。

第二节　交流同步发电机及调相机试验

一、同步发电机及调相机的试验项目

本节主要叙述对象为容量 6 000 kW 及以上的同步发电机及调相机。

(1)测量定子绕组的绝缘电阻和吸收比或极化指数。

(2)测量定子绕组的直流电阻。

(3)定子绕组直流耐压试验和泄漏电流测量。

(4)定子绕组交流耐压试验。

(5)测量转子绕组的绝缘电阻。

(6)测量转子绕组的直流电阻。

(7)转子绕组交流耐压试验。

(8)测量发电机或励磁机的励磁回路连同所连接设备的绝缘电阻,不包括发电机转子和励磁机电枢。

(9)发电机或励磁机的励磁回路连同所连接设备的交流耐压试验,不包括发电机转子和励磁机电枢。

(10)测量发电机、励磁机的绝缘轴承和转子进水支座的绝缘电阻。

(11)埋入式测温计的检查。

(12)测量灭磁电阻器、自同步电阻器的直流电阻。

(13)测量转子绕组的交流阻抗和功率损耗(无刷励磁机组,无测量条件时,可以不测量)。

(14)测录三相短路特性曲线。

(15)测录空载特性曲线。

(16)测量发电机定子开路时的灭磁时间常数和转子过电压倍数。

(17)测量发电机自动灭磁装置分闸后的定子残压。

(18)测量相序。

(19)测量轴电压。

(20)定子绕组端部固有振动频率测试及模态分析。

(21)定子绕组端部现包绝缘施加直流电压测量。

二、试验的要求和规定

测量定子绕组的绝缘电阻和吸收比或极化指数,应符合下列规定:

(1)各相绝缘电阻的不平衡系数不应大于2。

(2)吸收比:对沥青浸胶及烘卷云母绝缘不应小于1.3,对环氧粉云母绝缘不应小于1.6。对于容量200 MW 及以上的机组应测量极化指数,极化指数不应小于2.0。

注意:①进行交流耐压试验前,电动机绕组的绝缘应满足本条的要求。

②测量水内冷发电机定子绕组绝缘电阻,应在消除剩水影响的情况下进行。

③对于汇水管死接地的电机应在无水情况下进行；对汇水管非死接地的电机，应分别测量绕组及汇水管绝缘电阻，绕组绝缘电阻测量时应采用屏蔽法消除水的影响。测量结果应符合制造厂的规定。

④交流耐压试验合格的电机，当其绝缘电阻折算至运行温度后（环氧粉云母绝缘的电机在常温下）不低于其额定电压 1 MΩ/kV 时，可不经干燥投入运行，但在投运前不应再拆开端盖进行内部作业。

测量定子绕组的直流电阻，应符合下列规定：

(1)直流电阻应在冷状态下测量，测量时绕组表面温度与周围空气温度之差应在 ±3 ℃的范围内。

(2)各相或各分支绕组的直流电阻，在校正了由于引线长度不同而引起的误差后，相互间差别不应超过其最小值的 2%；与产品出厂时测得的数值换算至同温度下的数值比较，其相对变化也不应大于 2%。

定子绕组直流耐压试验和泄漏电流测量，应符合下列规定：

(1)试验电压为电动机额定电压的 3 倍。

(2)试验电压按每级 0.5 倍额定电压分阶段升高，每阶段停留 1 min，并记录泄漏电流；在规定的试验电压下，泄漏电流应符合下列规定：

①各相泄漏电流的差别不应大于最小值的 100%，当最大泄漏电流在 20 μA 以下，根据绝缘电阻值和交流耐压试验结果综合判断为良好时，各相间差值可不考虑；

②泄漏电流不应随时间延长而增大，当不符合(1)、(2)规定之一时，建议参考 GB 50150—2006，应找出原因，并将其消除；

③泄漏电流随电压不成比例地显著增长时，应及时分析。

(3)氢冷电机必须在充氢前或排氢后且含氢量在 3% 以下时进行试验，严禁在置换氢过程中进行试验。

(4)水内冷电机试验时，宜采用低压屏蔽法；对于汇水管死接地的电机，现场可不进行该项试验。

定子绕组交流耐压试验所采用的电压应符合表 12-1 的规定。

表 12-1　定子绕组交流耐压试验电压

容量(kW)	额定电压(V)	试验电压(V)
10 000 以下	36 以上	$(1\ 000+2U_n)\times0.8$
10 000 及以上	24 000 以下	$(1\ 000+2U_n)\times0.8$
10 000 及以上	24 000 及以上	与厂家协商

注：U_n 为发电机额定电压。

现场组装的水轮发电机定子绕组工艺过程中的绝缘交流耐压试验，应按现行国家标准《水轮发电机组安装技术规范》(GB/T 8564—2003)的有关规定进行。水内冷电机在通水情况下进行试验，水质应合格；氢冷电机必须在充氢前或排氢后且含氢量在 3% 以下时进行试验，严禁在置换氢过程中进行。大容量发电机交流耐压试验，当工频交流耐压试验设备不能满足要求时，可采用谐振耐压代替。

测量转子绕组的绝缘电阻,应符合下列规定:

(1)转子绕组的绝缘电阻值不宜低于 0.5 MΩ。

(2)水内冷转子绕组使用 500 V 及以下兆欧表或其他仪器测量,绝缘电阻值不应低于 5 000 Ω。

(3)当发电机定子绕组绝缘电阻已符合启动要求,而转子绕组的绝缘电阻值不低于 2 000 Ω时,可允许投入运行。

(4)在电动机额定转速时超速试验前、后测量转子绕组的绝缘电阻。

(5)测量绝缘电阻时采用兆欧表的电压等级:当转子绕组额定电压为 200 V 以上时,采用 2 500 V 兆欧表;200 V 及以下,采用 1 000 V 兆欧表。

测量转子绕组的直流电阻,应符合下列规定:

(1)应在冷状态下进行,测量时绕组表面温度与周围空气温度之差应在 ±3 ℃的范围内。测量数值与产品出厂数值换算至同温度下的数值比较,其差值不应超过 2%。

(2)显极式转子绕组,应对各磁极绕组进行测量;当误差超过规定时,还应对各磁极绕组间的连接点电阻进行测量。

转子绕组交流耐压试验,应符合下列规定:

(1)整体到货的显极式转子,试验电压应为额定电压的 7.5 倍,且不应低于 1 200 V。

(2)工地组装的显极式转子,其单个磁极耐压试验应按制造厂规定进行。组装后的交流耐压试验,应符合下列规定:

①额定励磁电压在 500 V 及以下电压等级,为额定励磁电压的 10 倍,且不应低于 1 500 V。

②额定励磁电压在 500 V 以上,为额定励磁电压的 2 倍加 4 000 V。

③隐极式转子绕组可以不进行交流耐压试验,可采用 2 500 V 兆欧表测量绝缘电阻来代替。

测量发电机和励磁机的励磁回路连同所连接设备的绝缘电阻值,不应低于 0.5 MΩ。回路中有电子元器件设备的,试验时应将插件拔出或将其两端短接。

注:不包括发电机转子和励磁机电枢的绝缘电阻测量。

发电机和励磁机的励磁回路连同所连接设备的交流耐压试验的试验电压应为 1 000 V,或用 2 500 V 兆欧表测量绝缘电阻方式代替。水轮发电机的静止可控硅励磁的试验电压,应按上文转子绕组交流耐压试验第(1)款的规定进行;回路中有电子元器件设备的,试验时应将插件拔出或将其两端短接。

注意:不包括发电机转子和励磁机电枢的交流耐压试验。

测量发电机、励磁机的绝缘轴承和转子进水支座的绝缘电阻,应符合下列规定:

(1)应在装好油管后,采用 1 000 V 兆欧表测量,绝缘电阻值不应低于 0.5 MΩ。

(2)对氢冷发电机应测量内、外挡油盖的绝缘电阻,其值应符合制造厂的规定。

埋入式测温计的检查应符合下列规定:

(1)用 250 V 兆欧表测量检温计的绝缘电阻是否良好。

(2)核对测温计指示值,应无异常。

测量灭磁电阻器、自同步电阻器的直流电阻,应与铭牌数值比较,其差值不应超过 10%。

测量转子绕组的交流阻抗和功率损耗,应符合下列规定:

(1)应在静止状态下的定子膛内、膛外和在超速试验前、后的额定转速下分别测量。

(2)对于显极式电机,可在膛外对每一磁极绕组进行测量。测量数值相互比较应无明显差别。

(3)试验时施加电压的峰值不应超过额定励磁电压值。

注意:无刷励磁机组,当无测量条件时,可以不测。

测量三相短路特性曲线,应符合下列规定:

(1)测量的数值与产品出厂试验数值比较,应在测量误差范围以内。

(2)对于发电机变压器组,当发电机本身的短路特性有制造厂出厂试验报告时,可只录取发电机变压器组的短路特性,其短路点应设在变压器高压侧。

测量空载特性曲线,应符合下列规定:

(1)测量的数值与产品出厂试验数值比较,应在测量误差范围以内。

(2)在额定转速下试验电压的最高值,对于汽轮发电机及调相机应为定子额定电压值的120%,对于水轮发电机应为定子额定电压值的130%,但均不应超过额定励磁电流。

(3)当电机有匝间绝缘时,应进行匝间耐压试验,在定子额定电压值的130%(不超过定子最高电压)下持续5 min。

(4)对于发电机变压器组,当发电机本身的空载特性及匝间耐压有制造厂出厂试验报告时,可不将发电机从机组拆开做发电机的空载特性试验,而只做发电机变压器组的整组空载特性试验,电压加至定子额定电压值的105%。

在发电机空载额定电压下测录发电机定子开路时的灭磁时间常数。对发电机变压器组,可带空载变压器同时进行。

发电机在空载额定电压下自动灭磁装置分后测量定子残压。

测量发电机的相序必须与电网相序一致。

测量轴电压,应符合下列规定:

(1)分别在空载额定电压时及带负荷后测定。

(2)汽轮发电机的轴承油膜被短路时,轴承与基座间的电压值,应接近于转子两端轴上的电压值。

(3)水轮发电机应测量轴对基座的电压。

定子绕组端部固有振动频率测试及模态分析,应符合下列规定:

(1)对200 MW及以上汽轮发电机进行。

(2)发电机冷态下定子绕组端部自振频率及振型:如存在椭圆型振型且自振频率在94~115 Hz内为不合格。

(3)当制造厂已进行过试验,且有出厂试验报告时,可不进行试验。

定子绕组端部现包绝缘施加直流电压测量,应符合下列规定:

(1)现场进行发电机端部引线组装的,应在绝缘包扎材料干燥后,施加直流电压测量。

(2)定子绕组施加直流电压为发电机额定电压U_n。

(3)所测表面直流电位应不大于制造厂的规定值。

三、水轮发电机的现场试验

(一)概述

在发电机和其他辅助设备的安装、试验运行期间和最后验收之前,将对发电机及其辅助设备进行试验以检验设备的性能保证值和规范规定的要求是否得到满足,并且在发电机作为功率计测量水轮机效率试验时,提供相应的计算数据。

关于水轮发电机在安装完成后、投运前的现场试验,在第十三章有详细叙述,这里以三峡发电机为例,将相关的电气试验项目及顺序作概括说明。

试验项目应按国际标准和惯例或按现行国家标准《水轮发电机组安装技术规范》(GB/T 8564—2003)、《水轮发电机组启动试验规程》(DL/T 507—2002)以及购货合同的有关规定进行。详细要求在购货合同里都有明确规定。

试验分成以下几个阶段:

(1)现场安装试验。

(2)发电机启动试运行试验。

(3)性能试验。

(4)试运行。

(5)考核运行。

(6)交接验收。

(二)发电机试验项目及顺序

1.现场安装电气试验

(1)定子铁芯磁化试验。

定子铁芯组装之后和定子线棒安装之前,应进行定子铁芯磁化试验,以检查叠片损耗和寻找可能的故障(热点)。

(2)定子绕组和励磁绕组绝缘电阻的测试。

(3)极化系数测试。

(4)定子绕组的直流耐压试验及泄漏电流测量。

(5)定子绕组和励磁绕组的交流耐压试验。

①单根定子线棒在下线之前抽样试验;

②单根定子线棒在嵌入槽下层后、联接之前,进行试验;

③上层线棒下线后,打完槽楔与下层线棒一起试验;

④当全部绝缘处理工作结束后、完整的定子绕组进行工频耐压试验;

⑤定子线圈水冷的,在通水后再次进行工频耐压试验。

以上各项试验电压按合同或相关标准的规定。

(6)测量定子绕组各相对地电容和相与相之间的电容。

(7)定子绕组的电晕试验。

(8)在实际冷态下,测量定子绕组各支路间的直流电阻,并比较差值是否符合要求。

(9)轴承和埋入式温度检测计绝缘电阻的试验。

(10)磁极的极性试验。

(11)每个转子磁极绕组的交流阻抗测定。

(12)发电机机坑内所有电气连线的电气连续性和绝缘电阻试验。

(13)蠕动和振动探测器、空间加热器、中性点接地装置、热继电器、温度计、速度开关、电阻式温度检测计和流量开关等的动作试验。

(14)对所有发电机电流互感器进行极性和相位试验。

2. 发电机启动试运行试验

在发电机全部安装好并进行试运行以后,对各台发电机进行性能试验。

(1)测量轴承轴瓦的温度。

(2)相序试验。

(3)空载特性试验。

(4)短路特性试验。

(5)机组各部件的振动测量。

(6)同期并网试验。

(7)发电机输出功率试验。用以检验机组按规范要求在最大额定超前功率因数和滞后功率因数条件下运行的能力,包括线路充电容量试验。

(8)在额定电压下,进行额定负荷的25%、50%、75%、100%及108%甩负荷试验。

(9)转速、过速试验。用以检验所有过速保护装置整定和动作的正确性。

(10)水轮发电机组进相运行试验。

(11)空载运行轴电压测量。

(12)测定电话谐波系数。

(13)测量发电机波形畸变系数试验。

(14)灭火系统检查。

3. 发电机性能试验

下述试验项目按合同规定,由买、卖方双方协商确定以后进行。

(1)发电机温升试验。

当发电机在额定容量及最大容量下连续运行时,测定发电机各部件最大温升的试验。此时,调节供给空气冷却器的冷却水,使冷却器出口的空气温度约为40 ℃。调整水冷却器的供水量,使定子绕组进水温度在40 ℃左右。该试验包括发电机端子和引出母线端子间的连接以及组成发电机中性点的连接。

(2)定子绕组和励磁绕组的过电流试验。

(3)三相短路试验。用以表明发电机在带负荷运行的情况下能承受短路而不损坏的能力。发电机在空载、额定频率和高于额定电压5%时,做突然短路试验,持续时间不超过3 s。

(4)测量发电机轴承冷却器、空气冷却器和水－水热交换器进口和出口冷却水的温度和流量的试验。

(5)测量发电机波形畸变系数的试验,录制当发电机在额定电压和频率下空载运行时,定子绕组每相电压的波形图。

(6)测定电话谐波系数。

(7)噪声水平试验。

(8)飞轮力矩(GD^2)试验。

(9)测量发电机的各种电抗和时间常数。

(10)测量贮能常数;

(11)测量短路比。

(12)效率试验。

按照买方的选择进行常规效率试验,以确定发电机在所规定的功率因数、额定电压和频率下,额定容量(MVA)在各种负荷下的效率。该试验包括确定:定子绕组和励磁绕组的有功 I^2R 损耗、摩擦和风阻损耗、铁芯损耗、杂散电流损耗、冷却水系统中的损耗和励磁系统损耗(包括励磁变压器损耗以及整流器损耗)。试验还包括在不同水头和出力下按推力轴承负荷变化校正的全部发电机推力轴承损耗,而不是试验测出的损耗。

4. 72 h 试运行

(略)

5. 考核运行

此项一般按合同规定进行。一般情况下,在机组通过 72 h 连续试运行并经停机检查处理发现的所有缺陷后,立即进行 30 d 的考核运行。

6. 交接验收

(略)

第三节 交、直流电动机试验

一、直流电动机

(一)试验项目

(1)测量励磁绕组和电枢的绝缘电阻;

(2)测量励磁绕组的直流电阻;

(3)测量电枢整流片间的直流电阻;

(4)励磁绕组和电枢的交流耐压试验;

(5)测量励磁可变电阻器的直流电阻;

(6)测量励磁回路连同所有连接设备的绝缘电阻;

(7)励磁回路连同所有连接设备的交流耐压试验;

(8)检查电机绕组的极性及其连接的正确性;

(9)测量并调整电机电刷,使其处在磁场中性位置;

(10)测录直流发电机的空载特性曲线和以转子绕组为负载的励磁机负载特性曲线;

(11)直流电动机的空转检查和空载电流测量。

注意:6 000 kW 以上同步发电机及调相机的励磁机,应按本条全部项目进行试验。其余直流电机按本条第(1)、(2)、(5)、(6)、(8)、(9)、(11)款进行试验。

(二)试验的要求和规定

(1)测量励磁绕组和电枢的绝缘电阻值,不应低于0.5 MΩ。

(2)测量励磁绕组的直流电阻值,与制造厂数值比较,其差值不应大于2%。

(3)测量电枢整流片间的直流电阻,应符合下列规定:

①对于叠绕组,可在整流片间测量;对于波绕组,测量时两整流片间的距离等于换向器节距;对于蛙式绕组,要根据其接线的实际情况来测量其叠绕组和波绕组的片间直流电阻。

②相互间的差值不应超过最小值的10%,当因均压线或绕组结构而产生有规律的变化时,可对各相应的片间进行比较判断。

(4)励磁绕组对外壳和电枢绕组对轴的交流耐压试验电压,应为额定电压的1.5倍加750 V,并不应小于1 200 V。

(5)测量励磁可变电阻器的直流电阻值,与产品出厂数值比较,其差值不应超过10%。调节过程中应接触良好,无开路现象,电阻值变化应有规律性。

(6)测量励磁回路连同所有连接设备的绝缘电阻值不应低于0.5 MΩ。

注意:不包括励磁调节装置回路的绝缘电阻测量。

(7)励磁回路连同所有连接设备的交流耐压试验电压值,应为1 000 V,或用2 500 V兆欧表测量绝缘电阻方式代替。

注意:不包括励磁调节装置回路的交流耐压试验。

(8)检查电机绕组的极性及其连接,应正确。

(9)调整电机电刷的中性位置,应正确,满足良好换向要求。

(10)测录直流发电机的空载特性和以转子绕组为负载的励磁机负载特性曲线,与产品的出厂试验资料比较,应无明显差别。励磁机负载特性曲线宜在同步发电机空载和短路试验时同时测录。

(11)直流电动机的空转检查和空载电流测量,应符合下列规定:

①空载运转时间一般不小于30 min,电刷与换向器接触面应无明显火花;

②记录直流电动机的空转电流。

(三)直流电机试验方法概述

参照《直流电机试验方法》(GB/T 1311—2008)进行。

(1)试验电源、仪表选择及试验前检测。

①电源包括普通电源:试验用普通电源包括直流发电机组、蓄电池或整流电源。

试验电源的电流纹波因数或波形因数应符合被试电机技术条件的要求,整流器交流输入电压应对称,输出电压、电流波形应平衡、稳定、无干扰。

②仪表选择:

ⓐ电气测量仪器、仪表的准确度应不低于0.5级(兆欧表除外);

ⓑ转速表读数误差在±1 r/min;

ⓒ转矩测量仪及测功机的准确度应不低于0.5级;

ⓓ测力计的准确度应不低于1级;

ⓔ温度计的误差应不超过±1 ℃。

(2)电压电流的测量。

电压、电流平均值用磁电式仪表或能读出平均值的其他仪表(包括数字式仪表)来测量。有效值用电动式仪表或能真实读出均方根数的其他仪表(包括数字式仪表)来测量。

(3)电动机输入功率的测量。

输入功率用电压乘电流来计算,试验电源为整流电源时应用真实读数瓦特表或指示电压、电流瞬时值乘积平均值的其他测量装置直接测取电枢回路输入功率,也可分别测量直流功率分量和交流功率分量,然后相加求得。

(4)试验前检测。

①试验前应检查电机的装配质量和轴承运行情况,以保证各项试验能顺利进行。

②中性线的测定:中性线的测定有感应法、正反转发电机法、正反转电动机法。试验前,电刷与换向器工作表面的接触应良好。

(5)测量绕组对机壳及绕组相互间绝缘电阻。

电枢回路绕组(不包括串励绕组)、串励绕组和并励绕组对机壳及其相互间的绝缘电阻应分别进行测量。

(6)测量绕组在实际冷状态下的直流电阻。绕组的直流电阻用双臂电桥或单臂电桥测量。

(7)轴电压的测定。

试验前应分别检查轴承座与金属垫片、金属垫片与金属底座间的绝缘电阻。

在电机额定电压、额定转速下空载和额定电流下运行时,用高内阻毫伏表测量轴电压。

(8)电感的测定。

①分别测量电枢回路的不饱和电感、饱和电感、负载状态下的饱和电感。

②分别测量并(他)励励磁绕组的不饱和电感、饱和电感。

(9)空载特性的测定。

①空载发电机法:试验时,电机以空载发电机方式运行,励磁绕组他励,保持额定转速不变,逐步增加电机的励磁电流,直到电枢电压接近额定值的130%,然后逐步减小励磁电流到零,做上升或下降分支时各读9~11点。

②空载电动机法:此法仅限于中小型电动机的检查试验。试验时,励磁绕组他励,并由其他可变电压的直流电源给电枢供电,作空载电动机运行,加在电枢上的电压从额定电压的25%左右到120%左右调节,保持额定转速不变,同时读取电枢电压和励磁电流的数值。在低电压时,电动机运行很不稳定,应注意不要使电机超速。

(10)整流电源供电时电机的电压、电流波纹系数及电流波形因数的测定。

(11)额定负载试验。

直流发电机的额定负载试验,是当发电机在额定电流、额定电压及额定转速下,确定额定励磁电流。

直流电动机的额定负载试验,是当电机在额定电流、额定电压、额定励磁电流或额定励磁电压下(对不带磁场变阻器的并励电机)校核转速。

(12)热试验。

①热试验时冷却介质温度的测定。

②温升的测定方法：电阻法，埋置植入温度计法，温度计法。

③热试验时电机定子绕组、电枢绕组、电枢铁芯、换向器、轴承温度的测定。

④电机断能停转后所测得温度的修正。

⑤热试验方法：分别进行连续定额电机的热试验、短时定额电机的热试验和周期工作定额电机的热试验。

(13)效率的测定。

效率的测定方法有间接法(由各项损耗之和确定效率和由总损耗确定效率)和直接法。

①由各项损耗之和确定效率：

铜耗：电枢回路铜耗为电枢回路中所有绕组的电阻之和与电枢电流平方的乘积。

电刷的电损耗：为电枢电流与电刷电压降的乘积。

铁耗及机械损耗：可用空载电动机法或空载发电机法之一测定。

励磁损耗：励磁绕组铜耗，主励磁回路中变阻器损耗，励磁机损耗。

杂散损耗：无补偿绕组，有补偿绕组。

电机总损耗 = 铜耗 + 电刷的电损耗 + 铁耗 + 机械损耗 + 励磁损耗 + 杂散损耗。

根据直流电机的输入功率和总损耗就可以计算出效率。

②总损耗确定效率。

试验电源用普通电源，由单电源回馈试验测定总损耗。

用两台相同规格的电动机机械耦合并接在同一电源上，其中一台作为发电机运行，而另一台作为电机运行。电动机各部分的温度应接近热稳定，两台电动机应由独立的直流电源他励，应调节励磁电流使电机在额定转速时满足下列要求：

ⓐ两台电机电枢电流的平均值应等于电机在额定转速运行时的电枢电流；

ⓑ两台电机的电枢感应电势应等于电机在额定转速运行时的电枢感应电势。

在此状态下，测得各部位电压、电流，可以分别计算出直流发电机、电动机的效率。

③试验电源为整流电源时电动机效率的测定。通过测量电动机纹波损耗来测量直流电动机的效率。

④效率的直接测定法。输入功率和输出功率的测量：直接测定效率时，电动机的输入功率用电工仪表测量，输出的机械功率用测功机、转矩测量仪测量；发电机的输出功率用电工仪表测量，输入功率用测功机、转矩测量仪测量。

试验时，被试电机应在额定功率或额定转矩、额定电压及额定转速下运行至热稳定，读取输入或输出的电压、电流、功率、转速及转矩，并记录周围冷却空气温度，然后立即测定串励、并(他)励及电枢绕组的电阻(将温度换算至 25 ℃)，再根据测试数据计算出效率。

(14)电机偶然过电流和电动机的短时过转矩试验。

(15)发电机的外特性和固有电压调整率的测定。

(16)电动机的转速特性和固有转速调整率的测定。

(17)转动惯量的测定：自减速法、扭摆法(单、双钢丝法)、辅助摆锤法测定。

(18)无火花换向区域的测定。

(19)电枢电流变化率的测定。

(20)超速试验。

电机的超速试验应按 GB 755—2008 或该类型电机标准的规定进行。被试电机作为电动机运行时,以减小励磁电流及增加端电压的方法使电机超速,端电压的增加应小于130%额定电压,减小励磁电流时应使转速平稳上升。

(21)噪声的测定。按 GB/T 10069.1—2006 进行。

(22)振动的测量。按 GB 10068—2008 进行。

(23)电磁兼容性测定。无线电干扰测定按 GB 4824—2004 进行。

(24)匝间绝缘试验。电机电枢绕组匝间绝缘冲击耐电压试验,把电枢从电动机中抽出,将由电容器放电产生的冲击电压直接施加于换向器片间,冲击次数和冲击电压峰值按有关标准的规定选择。试验时,电枢轴应接地,匝间短路的判别可采用波形比较法,以被试绕组波形与正常波形比较,波形一致者为合格,也可采用其他有效的判别方法。

试验方法有跨距法和片间法,应根据绕组类型选择。

(25)短时升高电压试验。短时升高电压试验应按该类型电机标准的规定进行。试验时,发电机可以用增加励磁电流及提高转速的方法来提高电压,转速的数值应不超过115%额定转速。

(26)耐电压试验。耐电压试验应按 GB 755—2008 或该类型电机标准的规定进行。试验应在电机静止的状态下进行,试验前应先测定绕组的绝缘电阻。

二、交流电动机试验

(一)交流电动机的试验项目

(1)测量绕组的绝缘电阻和吸收比。

(2)测量绕组的直流电阻。

(3)定子绕组的直流耐压试验和泄漏电流测量。

(4)定子绕组的交流耐压试验。

(5)绕线式电动机转子绕组的交流耐压试验。

(6)同步电动机转子绕组的交流耐压试验。

(7)测量可变电阻器、启动电阻器、灭磁电阻器的绝缘电阻。

(8)测量可变电阻器、启动电阻器、灭磁电阻器的直流电阻。

(9)测量电动机轴承的绝缘电阻。

(10)检查定子绕组极性及其连接的正确性。

(11)电动机空载转动检查和空载电流测量。

注意:电压 1 000 V 以下且容量为 100 kW 以下的电动机,可按本条第(1)、(7)、(10)、(11)款进行试验。

(二)试验要求和规定

测量绕组的绝缘电阻和吸收比,应符合下列规定:

(1)额定电压为 1 000 V 以下,常温下绝缘电阻值不应低于 0.5 MΩ;额定电压为

1 000 V及以上,折算至运行温度时的绝缘电阻值,定子绕组不应低于1 MΩ/kV,转子绕组不应低于0.5 MΩ/kV。绝缘电阻温度换算可按《水轮发电机组安装技术规范》(GB/T 8564—2003)附录B的规定进行。

(2)1 000 V及以上的电动机应测量吸收比。吸收比不应低于1.2,中性点可拆开的应分相测量。

注意:①进行交流耐压试验时,绕组的绝缘应满足本条的要求;②交流耐压试验合格的电动机,当其绝缘电阻折算至运行温度后(环氧粉云母绝缘的电动机在常温下)不低于其额定电压1 MΩ/kV时,可不经干燥投入运行。但在投运前不应再拆开端盖进行内部作业。

测量绕组的直流电阻,应符合下述规定:

1 000 V以上或容量100 kW以上的电动机各相绕组直流电阻值相互差别不应超过其最小值的2%,中性点未引出的电动机可测量线间直流电阻,其相互差别不应超过其最小值的1%。

定子绕组直流耐压试验和泄漏电流测量,应符合下述规定:

1 000 V以上及1 000 kW以上、中性点连线已引出至出线端子板的定子绕组应分相进行直流耐压试验。试验电压为定子绕组额定电压的3倍。在规定的试验电压下,各相泄漏电流的差值不应大于最小值的100%;当最大泄漏电流在20 μA以下时,各相间应无明显差别。试验时的注意事项,应符合GB 50150—2006第3.0.4条的有关规定;中性点连线未引出的不进行此项试验。

定子绕组的交流耐压试验电压,应符合表12-2的规定。

表12-2　电动机定子绕组交流耐压试验电压

额定电压(kV)	6	10
试验电压(kV)	10	16

绕线式电动机的转子绕组交流耐压试验电压,应符合表12-3的规定。

表12-3　绕线式电动机转子绕组交流耐压试验电压

转子工况	试验电压(V)
不可逆的	$1.5U_k+750$
可逆的	$3.0U_k+750$

注:U_k为转子静止时,在定子绕组上施加额定电压,转子绕组开路时测得的电压。

同步电动机转子绕组的交流耐压试验电压值为额定励磁电压的7.5倍,且不应低于1 200 V,但不应高于出厂试验电压值的75%。

可变电阻器、启动电阻器、灭磁电阻器的绝缘电阻,当与回路一起测量时,绝缘电阻值不应低于0.5 MΩ。

测量可变电阻器、启动电阻器、灭磁电阻器的直流电阻值,与产品出厂数值比较,其差值不应超过10%;调节过程中应接触良好,无开路现象,电阻值的变化应有规律性。

测量电动机轴承的绝缘电阻,当有油管路连接时,应在油管安装后,采用1 000 V兆欧表测量,绝缘电阻值不应低于0.5 MΩ。

检查定子绕组的极性及其连接应正确。中性点未引出者可不检查极性。

电动机空载转动检查的运行时间为2 h,并记录电动机的空载电流。当电动机与其机械部分的连接不易拆开时,可连在一起进行空载转动检查试验。

第四节 电力变压器、电抗器类试验

一、电力变压器的试验项目

(1)绝缘油试验或 SF_6 气体试验;

(2)测量绕组连同套管的直流电阻;

(3)检查所有分接头的电压比;

(4)检查变压器的三相接线组别和单相变压器引出线的极性;

(5)测量与铁芯绝缘的各紧固件(连接片可拆开者)及铁芯(有外引接地线的)绝缘电阻;

(6)非纯瓷套管的试验;

(7)有载调压切换装置的检查和试验;

(8)测量绕组连同套管的绝缘电阻、吸收比或极化指数;

(9)测量绕组连同套管的介质损耗角正切值 $\tan\delta$;

(10)测量绕组连同套管的直流泄漏电流;

(11)变压器绕组变形试验;

(12)绕组连同套管的交流耐压试验;

(13)绕组连同套管的长时感应电压试验带局部放电试验;

(14)额定电压下的冲击合闸试验;

(15)检查相位;

(16)测量噪声。

二、变压器试验项目的适用范围要求

各类变压器试验项目应按下列规定进行:

(1)容量为1 600 kVA 及以下油浸式电力变压器的试验,可按试验项目的第(1)、(2)、(3)、(4)、(5)、(6)、(7)、(8)、(12)、(14)、(15)款的规定进行;

(2)干式变压器的试验,可按试验项目的第(2)、(3)、(4)、(5)、(7)、(8)、(12)、(14)、(15)款的规定进行;

(3)变流、整流变压器的试验,可按试验项目的第(1)、(2)、(3)、(4)、(5)、(7)、(8)、(12)、(14)、(15)款的规定进行;

(4)电炉变压器的试验,可按试验项目的第(1)、(2)、(3)、(4)、(5)、(6)、(7)、(8)、(12)、(14)、(15)款的规定进行;

(5)穿芯式电流互感器、电容型套管应分别按本章第五节、第七节试验项目进行

试验。

(6)分体运输、现场组装的变压器应由订货方见证所有出厂试验项目,现场试验按 GB 50150—2006 的规定执行。

三、变压器试验的要求和规定

(一)对绝缘油及 SF_6 气体检测规定

在变压器诊断中,通过变压器油中气体的色谱分析这种化学检测的方法,对发现变压器内部的某些潜伏性故障及其发展程度的早期诊断非常灵敏且有效,已为大量故障诊断的实践所证明。

油色谱分析的原理是基于任何一种特定的烃类气体的产生速率随温度而变化, 在特定温度下,往往有某一种气体的产气率会出现最大值; 随着温度的升高, 产气率最大的气体依次为 CH_4、C_2H_6、C_2H_4、C_2H_2。这也证明在故障温度与溶解气体含量之间存在着对应关系, 而局部过热、电晕和电弧是导致油浸纸绝缘中产生故障特征气体的主要原因。

变压器在正常运行状态下,由于油和固体绝缘会逐渐老化、变质,并分解出极少量的气体(主要包括氢 H_2、甲烷 CH_4、乙烯 C_2H_4、乙炔 C_2H_2、一氧化碳 CO、二氧化碳 CO_2 等多种气体)。当变压器内部发生过热性故障、放电性故障或内部绝缘受潮时,这些气体的含量会迅速增加。这些气体大部分溶解在绝缘油中,少部分上升至绝缘油的表面,并进入气体继电器。

经验证明,油中气体的各种成分含量的多少与故障的性质及程度有关,不同故障或不同能量密度其产生气体的特征是不同的。因此,在设备运行过程中,定期测量溶解于油中的气体成分和含量,对于及早发现充油电力设备内部存在的潜伏性故障有非常重要的意义和现实的成效,在 1997 年颁布执行的电力设备预防性试验规程中,已将变压器油的气体色谱分析放到了首要的位置。

电力变压器的内部故障主要有过热性故障、放电性故障及绝缘受潮等多种类型。据有关资料介绍,对故障变压器的统计表明:过热性故障占 63%,高能量放电故障占 18.1%,过热兼高能量放电故障占 10%,火花放电故障占 7%,受潮或局部放电故障占 1.9%。而在过热性故障中,分接开关接触不良占 50%,铁芯多点接地和局部短路或漏磁环流约占 33%,导线过热和接头不良或紧固件松动引起过热约占 14.4%;其余 2.6% 为其他故障。

电弧放电以绕组匝、层间绝缘击穿为主,其次为引线断裂或对地闪络和分接开关飞弧等故障。火花放电常见于套管引线对电位未固定的套管导电管、均压圈等的放电,引线局部接触不良或铁芯接地片接触不良而引起的放电,分接开关拔叉或金属螺丝电位悬浮而引起的放电等。

通过分析油中气体的成分来对变压器故障部位的准确判断,有赖于对其内部结构和运行状态的全面掌握,并结合历年色谱数据和其他预防性试验(直阻、绝缘、变比、泄漏、空载等)进行比较。

同时,还要注意由于故障产气与正常运行产生的非故障气体在技术上不可分离,在某些情况下有些气体可能不是设备故障造成的。

油浸式变压器中绝缘油及 SF_6 气体绝缘和变压器中 SF_6 气体的试验,应符合下列规定：

（1）绝缘油的试验类别应符合表12-25的规定。试验项目及标准应符合表12-26的规定。

（2）油中溶解气体的色谱分析，应符合下述规定：电压等级在66 kV及以上的变压器，应在注油静置后、耐压和局部放电试验24 h后、冲击合闸及额定电压下运行24 h后，各进行一次变压器器身内绝缘油的油中溶解气体的色谱分析。试验应按《变压器油中溶解气体分析和判断导则》（GB/T 7252—2001）进行。各次测得的氢、乙炔、总烃含量，应无明显差别。新装变压器油中H_2与烃类气体含量（μL/L）任一项不宜超过下列数值：总烃：20，H_2：10，C_2H_2：0。

（3）油中微量水分的测量，应符合下述规定：变压器油中的微量水分含量，对电压等级为110 kV的，不应大于20 mg/L；220 kV的，不应大于15 mg/L；330～500 kV的，不应大于10 mg/L。

（4）油中含气量的测量，应符合下述规定：电压等级为330～500 kV的变压器，按照规定时间静置后取样测量油中的含气量，其值不应大于1%（体积分数）。

（5）对SF_6气体绝缘的变压器应进行SF_6气体含水量检验及检漏，SF_6气体含水量（20 ℃的体积分数）一般不大于250 μL/L，变压器应无明显泄漏点。

（二）直流电阻测量要求

测量变压器绕组连同套管的直流电阻，应符合下列规定：

（1）测量应在各分接头的所有位置上进行。

（2）容量1 600 kVA及以下电压等级三相变压器，各相测得值的相互差值应小于平均值的4%，线间测得值的相互差值应小于平均值的2%；容量1 600 kVA以上电压等级三相变压器，各相测得值的相互差值应小于平均值的2%；线间测得值的相互差值应小于平均值的1%。

（3）变压器的直流电阻，与同温下产品出厂实测数值比较，相应变化不应大于2%；不同温度下电阻值按照式（12-1）换算：

$$R_2 = \frac{R_1(T + t_2)}{T + t_1} \tag{12-1}$$

式中　R_1、R_2——温度在t_1、t_2时的电阻值；

T——计算用常数，铜导线取235，铝导线取225。

（4）由于变压器结构等原因，差值超过（2）中规定时，可只按（3）进行比较，但应说明原因。

（三）电压比测量要求

检查所有分接头的电压比，与制造厂铭牌数据相比应无明显差别，且应符合电压比的规律；电压等级在220 kV及以上的电力变压器，其电压比的允许误差在额定分接头位置时为±0.5%。

注意："无明显差别"可按如下考虑：

（1）电压等级在35 kV以下、电压比小于3的变压器，电压比允许偏差不超过±1%。

（2）其他所有变压器额定分接下，电压比允许偏差不超过±0.5%。

(3)其他分接的电压比应在变压器阻抗电压值(%)的1/10以内,但不得超过±1%。

(四)变压器极性检测

检查变压器的三相接线组别和单相变压器引出线的极性,必须与设计要求及铭牌上的标记和外壳上的符号相符。

(五)绝缘电阻检测

测量与铁芯绝缘的各紧固件(连接片可拆开者)及铁芯(有外引接地线的)绝缘电阻应符合下列规定:

(1)进行器身检查的变压器,应测量可接触到的穿芯螺栓、轭铁夹件及绑扎钢带对铁轭、铁芯、油箱及绕组压环的绝缘电阻。当轭铁梁及穿芯螺栓一端与铁芯连接时,应将连接片断开后进行试验。

(2)不进行器身检查的变压器或进行器身检查的变压器,在所有安装工作结束后应进行铁芯和夹件(有外引接地线的)的绝缘电阻测量。

(3)铁芯必须为一点接地;当变压器上有专用的铁芯接地线引出套管时,应在注油前测量其对外壳的绝缘电阻。

(4)采用2 500 V兆欧表测量,持续时间为1 min,应无闪络及击穿现象。

(六)高压套管试验

1.试验接线

测量装在三相变压器上的任一只电容型套管的tanδ和电容时,相同电压等级的三相绕组及中性点(若中性点有套管引出者),必须短接加压,将非测量的其他绕组三相短路接地,否则会造成较大的误差。具有抽压和测量端子(小套管引出线)引出的电容型套管,tanδ及电容的测量可分别在导电杆和各端子之间进行。

(1)测量导电杆对测量端子的tanδ和电容时,抽压端子悬空。

(2)测量导电杆对抽压端子的tanδ和电容时,测量端子悬空。

(3)测量抽压端子对测量端子的tanδ和电容时,导电杆悬空,此时测量电压不应超过该端子的正常工作电压。

2.影响测量的因素

(1)抽压小套管绝缘不良,因其分流作用,使测量的tanδ值偏小。

(2)当相对湿度较大(如在80%以上)时,正接线使测量结果偏小,甚至tanδ测值出现负值;反接线使测量结果往往偏大。潮湿气候时,不宜采用加接屏蔽环来防止表面泄漏电流的影响,否则电场分布被改变,会得出难以置信的测量结果。有条件时,可采用电吹风吹干瓷表面或待阳光暴晒后进行测量。

(3)套管附近的木梯、构架、引线等所形成的杂散损耗,也会对测量结果产生较大的影响,应予搬除。套管电容越小,其影响也越大,试验结果往往有很大差别。

(4)自高压电源接到试品导电杆顶端的高压引线,应尽量远离试品中部法兰,有条件时高压引线最好自上部向下引到试品,以免杂散电容影响测量结果。

3.判断及标准

套管测得的tanδ(%)按规程进行综合判断。判断时应注意:

(1)tanδ值与出厂值或初始值比较不应有显著变化。

(2)电容式套管的电容值与出厂值或初始值比较一般不大于 ±10%，当此变化达 ±5% 时应引起注意。500 kV 套管电容值允许偏差为 ±5%。

(七)有载调压切换装置的检查和试验

(1)变压器带电前应进行有载调压切换装置切换过程试验，检查切换开关、切换触头的全部动作顺序，测量过渡电阻值和切换时间。测得的过渡电阻值、三相同步偏差、切换时间的数值、正反向切换时间偏差均应符合制造厂的技术要求。由于变压器结构及接线原因无法测量的，不进行该项试验。

(2)在变压器无电压下，手动操作不少于 2 个循环、电动操作不少于 5 个循环。其中，电动操作时电源电压为额定电压的 85% 及以上。操作无卡涩、连动程序，电气和机械限位正常。

(3)循环操作后进行绕组连同套管在所有分接下直流电阻和电压比测量，试验结果应符合上文直流电阻和电压比测量的要求。

(4)在变压器带电条件下进行有载调压开关电动操作，动作应正常。操作过程中，各侧电压应在系统电压允许范围内。

(5)绝缘油注入切换开关油箱前，其击穿电压应符合表 12-26 的规定。

(八)测量绕组连同套管的绝缘电阻、吸收比或极化指数

绕组连同套管一起的绝缘电阻、吸收比或极化指数，对变压器整体的绝缘状况具有较高灵敏度，它能有效检查出变压器绝缘整体受潮、部件表面受潮或脏污以及贯穿性的集中缺陷，如各种贯穿性短路、瓷件破裂、引线接壳、器身内有铜线搭桥等现象引起的半贯通性或金属性短路等。相对来讲，单纯依靠绝缘电阻绝对值大小对绕组绝缘作判断，其灵敏度、有效性较低。一方面，由于测量时试验电压太低，难以暴露缺陷；另一方面，也因为绝缘电阻与绕组绝缘结构尺寸、绝缘材料的品种、绕组温度有关，但对于铁芯夹件、穿芯螺栓等部件，测量绝缘电阻往往能有效反映故障。

测量绕组连同套管的绝缘电阻、吸收比或极化指数的规定如下：

(1)绝缘电阻值不低于产品出厂试验值的 70%。

(2)当测量温度与产品出厂试验时的温度不符合时，可按表 12-4 算到同一温度时的数值进行比较。

表 12-4　油浸式电力变压器绝缘电阻的温度换算系数

温度差 K	5	10	15	20	25	30	35	40	45	50	55	60
换算系数 A	1.2	1.5	1.8	2.3	2.8	3.4	4.1	5.1	6.2	7.5	9.2	11.2

注：表中 K 为实测温度减去 20 ℃的绝对值。测量温度以上层油温为准。

当测量绝缘电阻的温度差非表 12-4 中所列数值时，其换算系数 A 可用线性插入法确定，也可按下式计算：

$$A = 1.5^{K/10} \tag{12-2}$$

校正到 20 ℃时的绝缘电阻值可用下述公式计算：

①当实测温度为 20 ℃ 以上时

$$R_{20} = AR_t \tag{12-3}$$

②当实测温度为 20 ℃ 以下时

$$R_{20} = R_t/A \tag{12-4}$$

式中　R_{20}——校正到 20 ℃ 时的绝缘电阻值,MΩ;

R_t——在测量温度下的绝缘电阻值,MΩ。

(3)变压器电压等级为 35 kV 及以上,且容量在 4 000 kVA 及以上时,应测量吸收比。吸收比与产品出厂值相比应无明显差别,在常温下应不小于 1.3;当 R_{60s} 大于 3 000 MΩ 时,吸收比可不做考核要求。

(4)变压器电压等级为 220 kV 及以上,且容量在 120 MVA 及以上时,宜用 5 000 V 兆欧表测量极化指数。测得值与产品出厂值相比应无明显差别,在常温下不小于 1.3;当 R_{60s} 大于 10 000 MΩ 时,极化指数可不做考核要求。

(九)测量绕组连同套管的介质损耗角正切值 tanδ

1. 测量介质损耗角正切值 tanδ 的作用

测量电力变压器介质损耗角正切值 tanδ 主要用来检查变压器整体受潮油质劣化、绕组上附着油腻及严重的局部缺陷。介质损耗角正切值 tanδ 测量常受表面泄露和外界条件(如干扰电场和大气条件)的影响,因而要采取措施减小和消除影响。

现场我们一般测量的是连同套管一起的 tanδ,但为了提高测量的准确性和检出缺陷的灵敏度,有时也进行分解试验,以判断缺陷所在的位置。如在对变压器做预试时,发现一相套管介质损耗值正切值超标,且绝缘不合格,读数较低,经分析后可能是由受潮引起的,后拔出检查发现套管末端底部有水分,套管已整体受潮,经烘干处理后再做试验,各项指标均符合要求。

测量泄漏电流和测量绝缘电阻相似,只是其灵敏度较高,能有效发现有些其他试验项目所不能发现的变压器局部缺陷。泄漏电流值与变压器的绝缘结构、温度等因素有关,在《电力设备预防性试验规程》(DL/T 596—2005)中不作规定,只在判断时强调比较,如与历年数据相比较,与同类型变压器数据相比较,与经验数据相比较等。

介质损耗角正切值 tanδ 和泄漏电流试验的有效性随着变压器电压等级的提高、容量和体积的增大而下降,因此单纯靠 tanδ 和泄漏电流来判断绕组绝缘状况的可能性也比较小,这主要是因为两项试验的试验电压太低,绝缘缺陷难以充分暴露。对于电容性设备,实践证明如电容型套管、电容式电压互感器、耦合电容器等,测量 tanδ 和电容量 C_X 仍是故障诊断的有效手段。

2. 测量介质损耗角正切值 tanδ 的规定

(1)当变压器电压等级为 35 kV 及以上且容量在 8 000 kVA 及以上时,应测量介质损耗角正切值 tanδ。

(2)被测绕组的 tanδ 值不应大于产品出厂试验值的 130%。

(3)当测量时的温度与产品出厂试验温度不符合时,可按表 12-5 换算到同一温度时的数值进行比较。

表 12-5 介质损耗角正切值 tanδ(%)温度换算系数

温度差 K	5	10	15	20	25	30	35	40	45	50
换算系数 A	1.15	1.3	1.5	1.7	1.9	2.2	2.5	2.9	3.3	3.7

注:表中 K 为实测温度减去 20 ℃ 的绝对值。测量温度以上层油温为准。

进行较大的温度换算且试验结果超过第二款规定时,应进行综合分析判断。当测量时的温度差不是表中所列数值时,其换算系数 A 可用线性插入法确定,也可按下式计算:

$$A = 1.3^{K/10} \tag{12-5}$$

校正到 20 ℃时的介质损耗角正切值可用下述公式计算:

①当测量温度在 20 ℃以上时

$$\tan\delta_{20} = \tan\delta_t / A \tag{12-6}$$

②当测量温度在 20 ℃以下时

$$\tan\delta_{20} = A\tan\delta_t \tag{12-7}$$

式中 $\tan\delta_{20}$——校正到 20 ℃时的介质损耗角正切值;

$\tan\delta_t$——在测量温度下的介质损耗角正切值。

(十)测量绕组连同套管的直流泄漏电流

(1)当变压器电压等级在 35 kV 及以上,且容量在 8 000 kVA 及以上时,应测量直流泄漏电流。

(2)试验电压标准应符合表 12-6 的规定。当施加试验电压达 1 min 时,在高压端读取泄漏电流。泄漏电流值不宜超过 GB 50150—2006 标准附录 D 的规定。

表 12-6 油浸式电力变压器直流泄漏试验电压标准

绕组额定电压(kV)	6~10	20~35	63~330	500
直流试验电压(kV)	10	20	40	60

注:①绕组额定电压为 13.8 kV 及 15.75 kV 时,按 10 kV 级标准;绕组额定电压为 18 kV 时,按 20 kV 级标准。

②分级绝缘变压器仍按被试绕组电压等级的标准。

(十一)变压器绕组变形试验

1. 变压器绕组变形的因素

变压器绕组变形是指在电动力和机械力的作用下,绕组的尺寸或形状发生不可逆的变化,包括轴向和径向尺寸的变化、器身转移、绕组扭曲、鼓包和匝间短路等。绕组变形是电力系统安全运行的一大隐患,一旦绕组变形而未被诊断继续投入运行则极可能导致事故,严重时烧毁线圈。造成变压器绕组变形的主要原因有:

(1)短路故障电流冲击,电动力容易使绕组破坏或变形。电动力的产生是绕组中的短路冲击电流与漏磁相互作用的结果,在运行中,由于辐向和轴向电动力同时作用,可能使整个绕组发生扭转。

(2)在运输或安装中受到意外冲撞、颠簸和振动等。如某供电部门在对 35 kV、20 000 kVA主变压器运输途中,遭受强烈撞击。事后在对该变压器交接吊罩检查时,发现油箱下部固定器身的 4 个螺栓全部开焊裂断,上部对器身定位的 4 个定位钉全部松动,并在定位板上划出小槽。器身向油枕方向纵向位移11 mm，横向位移23 mm，绕组对端圈错位，最大达30 mm，可看到器身已经完全没有固定装置而处于自由状态，并经过长途运输及多次编组，器身在油箱中摇晃，必然造成变压器损坏。

(3)保护系统有死区，动作失灵，导致变压器承受稳定短路电流作用时间长，造成绕组变形。

2. 电力变压器绕组变形试验的规定

(1)对于35 kV及以下电压等级变压器，宜采用低电压短路阻抗法(见《电力变压器绕组变形的电抗法检测判断导则》(DL/T 1093—2008))。

变压器的短路阻抗是指该变压器的负荷阻抗为零时变压器输入端的等效阻抗。短路阻抗可分为电阻分量和电抗分量，对于110 kV及以上的大型变压器，电阻分量在短路阻抗中所占的比例非常小，短路阻抗值主要是电抗分量的数值。变压器的短路电抗分量，就是变压器绕组的漏电抗。变压器的漏电抗可分为纵向漏电抗和横向漏电抗两部分，通常情况下，横向漏电抗所占的比例较小。变压器的漏电抗值是由绕组的几何尺寸所决定的，变压器绕组结构状态的改变势必引起变压器漏电抗的变化，从而引起变压器短路阻抗数值的改变。通过测量短路阻抗就可以判别绕组的变形程度。

(2)对于66 kV及以上电压等级变压器，宜采用频率响应法测量绕组特征图谱。

频率响应法是将变压器绕组等效为一个由电阻、电容、电感等分布参数构成的无源线性双口网络，绕组变形将导致网络内部的分布参数发生变化。通过测量变压器各个绕组的频率响应特性，并对测试结果进行纵向的、横向的比较，结合变压器结构、运行情况及其他试验结果进行综合分析，判断变压器绕组变形与否及变形程度。

(十二)绕组连同套管的交流耐压试验

它是鉴定绝缘强度等有效的方法，特别是对考核主绝缘的局部缺陷，如绕组主绝缘受潮、开裂或在运输过程中引起的绕组松动、引线距离不够以及绕组绝缘上附着污物等。交流耐压试验虽对发现绝缘缺陷有效，但受试验条件限制，要进行35 kV及8 000 kVA以上变压器耐压试验，由于电容电流较大，要求高电压试验变压器的额定电流在100 mA以上。目前这样的高电压试验变压器及调压器尚不够普遍，如果能对高电压、大电流电力变压器进行交流耐压试验，对保证变压器安全运行有很大意义。

电力变压器交流耐压试验的规定如下：

(1)容量为8 000 kVA以下、绕组额定电压在110 kV以下的变压器，线端试验应按表12-7进行交流耐压试验。

(2)容量为8 000 kVA及以上、绕组额定电压在110 kV以下的变压器，在有试验设备时，可按表12-7试验电压标准，进行线端交流耐压试验。

(3)绕组额定电压为110 kV及以上的变压器，其中性点应进行交流耐压试验，试验耐受电压标准为出厂试验电压值的80%(见表12-8)。

(4)交流耐压试验可以采用外施工频电压试验的方法，也可采用感应电压试验的方法。

试验电压波形尽可能接近正弦，试验电压值为测量电压的峰值除以$\sqrt{2}$，试验时应在高压端监测。

外施交流电压试验电压的频率应为 45 ~ 65 Hz，全电压下耐受时间为 60 s。

感应电压试验时，为防止铁芯饱和及励磁电流过大，试验电压的频率应适当大于额定频率。除非另有规定，当试验电压频率等于或小于 2 倍额定频率时，全电压下试验时间为 60 s；当试验电压频率大于 2 倍额定频率时，全电压下试验时间为：120 × 额定频率/试验频率(s)，但不少于 15 s。

表 12-7　电力变压器和电抗器交流耐压试验电压标准　（单位：kV）

系统标称电压	设备最高电压	交流耐压	
		油浸式电力变压器和电抗器	干式电力变压器和电抗器
<1	≤1.1	—	2.5
3	3.6	14	8.5
6	7.2	20	17
10	12	28	24
15	17.5	36	32
20	24	44	43
35	40.5	68	60
66	72.5	112	—
110	126	160	—
220	252	316(288)	—
330	363	408(368)	—
500	550	544(504)	—

注：①表中，变压器试验电压是根据现行国家标准《电力变压器 第 3 部分：绝缘水平、绝缘试验和外绝缘空气间隙》(GB 1094.3—2003)规定的出厂试验电压乘以 0.8 制定的。

②干式变压器出厂试验电压是根据现行国家标准《干式电力变压器》(GB 6450—86)规定的出厂试验电压乘以 0.8 制定的。

表 12-8　额定电压 110 kV 及以上的电力变压器中性点交流耐压试验电压标准　（单位：kV）

系统标称电压	设备最高电压	中性点接地方式	出厂交流耐受电压	交流耐受电压
110	126	不直接接地	95	76
220	252	直接接地	85	68
		不直接接地	200	160
330	363	直接接地	85	68
		不直接接地	230	184
500	550	直接接地	85	68
		经小阻抗接地	140	112

（十三）绕组连同套管的长时感应电压试验带局部放电测量(ACLD)

电压等级 220 kV 及以上，在新安装时，必须进行现场局部放电试验。对于电压等级为 110 kV 的变压器，当对绝缘有怀疑时，应进行局部放电试验。

局部放电试验方法及判断方法，均按现行国家标准《电力变压器 第3部分：绝缘水平、绝缘试验和外绝缘空气间隙》（GB 1094.3—2003）中的有关规定进行（参见第十一章第十节（二）电力变压器局部放电试验）。

（十四）在额定电压下对变压器的冲击合闸试验

在额定电压下对变压器的冲击合闸试验应进行5次，每次间隔时间宜为5 min，应无异常现象；冲击合闸宜在变压器高压侧进行；对中性点接地的电力系统，试验时变压器中性点必须接地；发电机变压器组中间连接无操作断开点的变压器，可不进行冲击合闸试验。无电流差动保护的干式变压器可冲击3次。

（十五）变压器的相位检查

变压器的相位检查结果必须与电网相位一致。

（十六）噪声测量

电压等级为500 kV的变压器的噪声，应在额定电压及额定频率下测量，噪声值不应大于80 dB（A），其测量方法和要求应按现行国家标准《变压器和电抗器的声级测定》（GB/T 7328—1987）的规定进行。

四、电抗器及消弧线圈的试验

（一）电抗器及消弧线圈的试验项目

电抗器及消弧线圈的试验项目应包括下列内容：

（1）测量绕组连同套管的直流电阻。

（2）测量绕组连同套管的绝缘电阻、吸收比或极化指数。

（3）测量绕组连同套管的介质损耗角正切值 $\tan\delta$。

（4）测量绕组连同套管的直流泄漏电流。

（5）绕组连同套管的交流耐压试验。

（6）测量与铁芯绝缘的各紧固件的绝缘电阻。

（7）绝缘油的试验。

（8）非纯瓷套管的试验。

（9）额定电压下冲击合闸试验。

（10）测量噪声。

（11）测量箱壳的振动。

（12）测量箱壳表面的温度。

注意：（1）干式电抗器的试验项目可按本条第（1）、（2）、（5）、（9）款规定进行。

（2）消弧线圈的试验项目可按本条第（1）、（2）、（5）、（6）款规定进行，对35 kV及以上油浸式消弧线圈应增加第（3）、（4）、（7）、（8）款。

（3）油浸式电抗器的试验项目可按本条第（1）、（2）、（5）、（6）、（7）、（9）款规定进行，对35 kV及以上电抗器应增加第（3）、（4）、（8）、（10）、（11）、（12）款。

（二）电抗器及消弧线圈的试验要求

电抗器及消弧线圈的试验要求应符合下列规定：

（1）测量应在各分接头的所有位置上进行。

(2)实测值与出厂值的变化规律应一致。

(3)三相电抗器绕组直流电阻值相互间差值不应大于三相平均值的 2%。

(4)电抗器和消弧线圈的直流电阻,与同温下产品出厂值比较相应变化不应大于 2%。

(5)测量绕组连同套管的绝缘电阻、吸收比或极化指数,应符合本章第四节第三部分(八)的规定。

(6)测量绕组连同套管的介质损耗角正切值 $\tan\delta$,应符合本章第四节第三部分(九)的规定。

(7)测量绕组连同套管的直流泄漏电流,应符合本章第四节第三部分(十)的规定。

(8)绕组连同套管的交流耐压试验,应符合下列规定:

①额定电压在 110 kV 以下的消弧线圈、干式或油浸式电抗器均应进行交流耐压试验,试验电压应符合表 12-7 的规定。

②对分级绝缘的耐压试验电压标准,应按接地端或其末端绝缘的电压等级来进行。

(9)测量与铁芯绝缘的各紧固件的绝缘电阻,应符合本章第四节第三部分(五)的规定。

(10)绝缘油的试验,应符合本章第九节第一部分的规定。

(11)非纯瓷套管的试验,应符合本章第四节第三部分(六)的规定。

(12)在额定电压下,对变电所及线路的并联电抗器连同线路的冲击合闸试验,应进行 5 次,每次间隔时间为 5 min,应无异常现象。

(13)测量噪声应符合本章第四节第三部分(十六)的规定。

(14)电压等级为 500 kV 的电抗器,在额定工况下测得的箱壳振动振幅双峰值不应大于 100 μm。

(15)电压等级为 330 ~ 500 kV 的电抗器,应测量箱壳表面的温度,温升不应大于 65 ℃。

第五节　互感器类设备试验

一、互感器的试验项目

(1)测量绕组的绝缘电阻。

(2)测量 35 kV 及以上电压等级互感器的介质损耗角正切值 $\tan\delta$。

(3)局部放电试验。

(4)交流耐压试验。

(5)绝缘介质性能试验。

(6)测量绕组的直流电阻。

(7)检查接线组别和极性。

(8)误差测量。

(9)测录电流互感器的励磁特性曲线。

(10)测量电磁式电压互感器的励磁特性曲线。

(11)电容式电压互感器(CVT)的检测。

(12)密封性能检查。

(13)测量铁芯夹紧螺栓的绝缘电阻。

注意:六氟化硫(SF_6)封闭式组合电器中的电流互感器和套管式电流互感器的试验,应按本条的第(1)、(6)、(7)、(8)、(9)款规定进行。

二、互感器试验规定

(一)测量绕组绝缘电阻的规定

测量绕组的绝缘电阻,应符合下列规定:

(1)测量一次绕组对二次绕组及外壳、各二次绕组间及其对外壳的绝缘电阻,绝缘电阻不宜低于 1 000 MΩ。

(2)测量电流互感器一次绕组段间的绝缘电阻,绝缘电阻不宜低于 1 000 MΩ,但由于结构原因而无法测量时可不进行。

(3)测量电容式电流互感器的末屏及电压互感器接地端(N)对外壳(地)的绝缘电阻,绝缘电阻值不宜小于 1 000 MΩ。若末屏对地绝缘电阻小于 1 000 MΩ,应测量其 $\tan\delta$。

(4)绝缘电阻测量应使用 2 500 V 兆欧表。

(二)互感器的介质损耗角正切值 $\tan\delta$ 测量规定

电压等级 35 kV 及以上互感器的介质损耗角正切值 $\tan\delta$ 测量应符合表 12-9 的规定。

表 12-9　互感器 $\tan\delta$(%)限值

种类	额定电压(kV)			
	20～35	66～110	220	330～500
油浸式电流互感器	2.5	0.8	0.6	0.5
充硅脂及其他干式电流互感器	0.5	0.5	0.5	—
油浸式电压互感器绕组	3	2.5		—
串级式电压互感器支架	—	6		—
油浸式电流互感器末屏	—	2		

注:电压互感器整体及支架介质损耗角正切值受环境条件(特别是相对湿度)影响较大,测量时要加以考虑。

(1)互感器的绕组 $\tan\delta$ 测量电压应在 10 kV 测量,$\tan\delta$ 不应大于表 12-9 中数据。当对绝缘有怀疑时,可采用高压法进行试验,在$(0.5\sim1)U_m/\sqrt{3}$范围内进行,$\tan\delta$ 变化量不应大于 0.2%,电容变化量不应大于 0.5%。

(2)末屏 $\tan\delta$ 测量电压为 2 kV。

注意:本条主要适用于油浸式电流互感器。SF_6 气体绝缘和环氧树脂绝缘结构互感器不适用,充硅脂等干式互感器可以参照执行。

(三)互感器的局部放电测量规定

(1)局部放电测量宜与交流耐压试验同时进行。

(2)电压等级为 35～110 kV 互感器的局部放电测量可按 10% 进行抽测,若局部放电量达不到规定要求,应增大抽测比例。

(3)电压等级 220 kV 及以上互感器在绝缘性能有怀疑时,宜进行局部放电测量。

(4)局部放电测量时，应在高压侧（包括电压互感器感应电压）监测施加的一次电压。

(5)局部放电测量的测量电压及视在放电量应满足表12-10中数据的规定。

关于仪用互感器局部放电允许水平《互感器局部放电测量》（GB 5583—85）规定参见第十一章表11-4。

表12-10　允许的视在放电量水平

<table>
<tr><th colspan="3" rowspan="2">种　类</th><th rowspan="2">测量电压(kV)</th><th colspan="2">允许的视在放电量水平(pC)</th></tr>
<tr><th>环氧树脂及其他干式</th><th>油浸式和气体式</th></tr>
<tr><td colspan="3" rowspan="2">电流互感器</td><td>$1.2U_m/\sqrt{3}$</td><td>50</td><td>20</td></tr>
<tr><td>$1.2U_m/\sqrt{3}$（必要时）</td><td>100</td><td>50</td></tr>
<tr><td rowspan="6">电压互感器</td><td colspan="2" rowspan="2">≥66 kV</td><td>$1.2U_m/\sqrt{3}$</td><td>50</td><td>20</td></tr>
<tr><td>$1.2U_m$（必要时）</td><td>100</td><td>50</td></tr>
<tr><td rowspan="4">35 kV</td><td rowspan="2">全绝缘结构</td><td>$1.2U_m/\sqrt{3}$</td><td>100</td><td>50</td></tr>
<tr><td>$1.2U_m$（必要时）</td><td>50</td><td>20</td></tr>
<tr><td rowspan="2">半绝缘结构（一次绕组一端直接接地）</td><td>$1.2U_m/\sqrt{3}$</td><td>50</td><td>20</td></tr>
<tr><td>$1.2U_m$（必要时）</td><td>100</td><td>50</td></tr>
</table>

（四）互感器交流耐压试验规定

(1)应按出厂试验电压的80%进行。

(2)电磁式电压互感器（包括电容式电压互感器的电磁单元）在铁芯磁密较高的情况下，宜按下列规定进行感应耐压试验：

①感应耐压试验电压应为出厂试验电压的80%；

②试验电源频率和试验电压时间参照标准GB 50150—2006第7.0.13条第4款规定执行；

③感应耐压试验前后，应各进行一次额定电压时的空载电流测量，两次测得值相比不应有明显差别；

④电压等级66 kV及以上的油浸式互感器，感应耐压试验前后，应各进行一次绝缘油的色谱分析，两次测得值相比不应有明显差别；

⑤感应耐压试验时，应在高压端测量电压值；

⑥对电容式电压互感器的中间电压变压器进行感应耐压试验时，应将分压电容拆开；由于产品结构原因现场无条件拆开时，可不进行感应耐压试验。

(3)电压等级在220 kV以上的SF_6气体绝缘互感器（特别是电压等级为500 kV的互感器），宜在安装完毕的情况下进行交流耐压试验。

(4)二次绕组之间及其对外壳的工频耐压试验电压标准应为2 kV。

(5)电压等级110 kV及以上的电流互感器末屏及电压互感器接地端(N)对地的工频耐压试验电压标准，应为3 kV。

（五）绝缘介质性能试验规定

对绝缘性能有怀疑的互感器，应检测绝缘介质性能，并符合下列规定：

（1）绝缘油的性能应符合表12-25、表12-26的要求。

（2）SF_6 气体的性能应符合如下要求：SF_6 气体充入设备24 h后取样，SF_6 气体水分含量不得大于250 μL/L（20 ℃体积分数）。

（3）电压等级在66 kV以上的油浸式互感器，应进行油中溶解气体的色谱分析。油中溶解气体组分含量（μL/L）不宜超过下列任一值：总烃为10，H_2 为50，C_2H_2 为0。

（六）绕组直流电阻测量规定

绕组直流电阻测量的规定如下：

（1）电压互感器：一次绕组直流电阻测量值，与换算到同一温度下的出厂值比较，相差不宜大于10%。二次绕组直流电阻测量值，与换算到同一温度下的出厂值比较，相差不宜大于15%。

（2）电流互感器：同型号、同规格、同批次电流互感器的一、二次绕组的直流电阻和平均值的差异不宜大于10%。当有怀疑时，应提高施加的测量电流，测量电流（直流值）一般不宜超过额定电流（均方根值）的50%。

（七）互感器的接线组别和极性检查

互感器的接线组别和极性检查必须符合设计要求，并应与铭牌和标志相符。

（八）互感器误差测量规定

（1）用于关口计量的互感器（包括电流互感器、电压互感器和组合互感器）必须进行误差测量，且进行误差检测的机构（实验室）必须是国家授权的法定计量检定机构。

（2）用于非关口计量，电压等级35 kV及以上的互感器，宜进行误差测量。

（3）用于非关口计量，电压等级35 kV以下的互感器，检查互感器变比，应与制造厂铭牌值相符，对多抽头的互感器，可只检查使用分接头的变比。

（4）非计量用绕组应进行变比检查。

（九）励磁特性曲线测量规定

（1）当继电保护对电流互感器的励磁特性有要求时，应进行励磁特性曲线试验。当电流互感器为多抽头时，可使用抽头或最大抽头测量。测量后核对是否符合产品要求。

（2）电磁式电压互感器的励磁曲线测量，应符合下列要求：

①用于励磁曲线测量的仪表为方均根值表，若发生测量结果与出厂试验报告和型式试验报告有较大出入（>30%）时，应核对使用的仪表种类是否正确。

②一般情况下，励磁曲线测量点为额定电压的20%、50%、80%、100%和120%。对于中性点直接接地的电压互感器（N端接地），电压等级35 kV及以下电压等级的电压互感器最高测量点为190%；电压等级66 kV及以上的电压互感器最高测量点为150%。

③对于额定电压测量点（100%），励磁电流不宜大于其出厂试验报告和型式试验报告测量值的30%，与同批、同型号、同规格电压互感器此点的励磁电流相比不宜相差30%。

（十）电容式电压互感器（CVT）检测规定

（1）CVT电容分压器电容量和介质损耗角正切值 tanδ 的测量结果：电容量与出厂值

比较其变化量超过 -5% 或 10% 时要引起注意，tanδ 不应大于 0.5%；条件许可时测量单节电容器在 10 kV 至额定电压范围内，电容量的变化量大于 1% 时判为不合格。

(2) CVT 电磁单元因结构原因不能将中压联线引出时，必须进行误差试验，若对电容分压器绝缘有怀疑，应打开电磁单元引出中压联线进行额定电压下的电容量和介质损耗角正切值 tanδ 的测量。

(3) CVT 误差试验应在支架(柱)上进行。

(4) 如果电磁单元结构许可，电磁单元检查包括中间变压器的励磁曲线测量、补偿电抗器感抗测量、阻尼器和限幅器的性能检查。交流耐压试验参照电磁式电压互感器，施加电压按出厂试验的 80% 执行。

(十一) 密封性能检查规定

(1) 油浸式互感器外表应无可见油渍现象。

(2) SF_6 气体绝缘互感器定性检漏无泄漏点，有怀疑时进行定量检漏，年泄漏率应小于 1%。

(十二) 铁芯夹紧螺栓的绝缘电阻测量规定

(1) 在作器身检查时，应对外露的或可接触到的铁芯夹紧螺栓进行测量。

(2) 采用 2 500 V 兆欧表测量，试验时间为 1 min，应无闪络及击穿现象。

(3) 穿芯螺栓一端与铁芯连接者，测量时应将连接片断开，不能断开的可不进行测量。

第六节　高压开关电器类设备试验

一、油断路器试验

(一) 油断路器的试验项目

油断路器的试验项目包括：

(1) 测量绝缘电阻。

(2) 测量 35 kV 多油断路器的介质损耗角正切值 tanδ。

(3) 测量 35 kV 以上少油断路器的直流泄漏电流。

(4) 交流耐压试验。

(5) 测量每相导电回路的电阻。

(6) 测量油断路器的分、合闸时间。

(7) 测量油断路器的分、合闸速度。

(8) 测量油断路器主触头分、合闸的同期性。

(9) 测量油断路器合闸电阻的投入时间及电阻值。

(10) 测量油断路器分、合闸线圈及合闸接触器线圈的绝缘电阻及直流电阻。

(11) 油断路器操动机构的试验。

(12) 断路器均压电容器试验。

(13) 绝缘油试验。

(14)压力表及压力动作阀的检查。

(二)油断路器的试验规定

1. 绝缘电阻测量规定

(1)整体绝缘电阻值测量,应参照制造厂规定。

(2)绝缘拉杆的绝缘电阻值,在常温下不应低于表 12-11 的规定。

表 12-11　绝缘拉杆的绝缘电阻标准

额定电压(kV)	3~15	20~35	63~220	330~500
绝缘电阻值(MΩ)	1 200	3 000	6 000	10 000

2. 35 kV 多油断路器的介质损耗角正切值测量规定

(1)用高压电桥测量多油断路器的 tanδ 值,主要是检查套管和油箱内部绝缘部件(如灭弧室、提升杆、绝缘围屏和绝缘油等)的绝缘状况。

(2)试验步骤:

①在合闸状态分别测量三相整体(包括绝缘提升杆和套管)的 tanδ 值和电容值(此项测量在需要时进行)。

②在分闸状态,测量每只套管和灭弧室的 tanδ 值和电容值,当测得的 tanδ 值超出试验标准或与以前比较显著增大时,应进行分解试验,具体如下:

ⓐ落下油箱或放去绝缘油(指油箱无法落下者)使灭弧室露出油面,如 tanδ 明显下降者,则是绝缘油和油箱绝缘围屏绝缘不良;

ⓑ如 tanδ 无明显下降,则应擦净油箱内瓷套表面再试,如 tanδ 明显下降则是套管脏污;

ⓒ如 tanδ 无明显变化,则可卸去灭弧室的屏罩再试,如 tanδ 明显下降,则是屏罩受潮,否则拆卸灭弧室;

ⓓ如拆卸灭弧室后 tanδ 明显降低,则说明灭弧室受潮,否则说明套管绝缘不良。

使用 M 型介质试验器时,分别在合闸与分闸状态下测试有功功率(mW)的差值,以确定绝缘的部位:合闸毫瓦值与分闸同相的两套管毫瓦值的和之差,此差值为正值时,说明提升杆和导向板受潮;反之,差值为负值时,说明灭弧室受潮或脏污。

(3)试验标准:多油断路器的非纯瓷套管和断路器的 tanδ 值(%)应符合 GB 50150—2006 标准第 10.0.3 条的规定。

按上述步骤试验时,毫瓦差值在 ±9 mW 以内者为合格,差值在 ±9~±16 mW 范围内时尚可使用。若差值超过 ±16 mW,则应立即处理,不能继续使用。

(4)测量 35 kV 多油断路器的介质损耗角正切值 tanδ,应符合下列规定:

①在 20 ℃时测得的 tanδ 值,对 DW2、DW8 型油断路器,不应大于 GB 50150—2006 标准中表 16.0.3 中相应套管的 tanδ(%)值增加 2 后的数值;对 DW1 型油断路器,不应大于 GB 50150—2006 标准中表 16.0.3 中相应套管的 tanδ(%)值增加 3 后的数值。

②应在分闸状态下测量每只套管的 tanδ。当测得的值超过标准时,应卸下油箱后进行分解试验,此时测得套管的 tanδ(%)值,应符合 GB 50150—2006 标准表 16.0.3 的规定。

3. 泄漏电流测量规定

35 kV 以上少油断路器的支柱瓷套连同绝缘拉杆，以及灭弧室每个断口的直流泄漏电流试验电压应为 40 kV，并在高压侧读取 1 min 时的泄漏电流值，测得的泄漏电流值不应大于 10 μA；220 kV 及以上的，泄漏电流值不宜大于 5 μA。

4. 断路器的交流耐压试验规定

断路器的交流耐压试验应在分、合闸状态下分别进行，试验电压按照表 12-12 规定执行。

表 12-12 断路器的交流耐压试验标准

额定电压(kV)	最高工作电压(kV)	1 min 工频耐受电压(kV)峰值			
		相对地	相间	断路器断口	隔离断口
3	3.6	25	25	25	27
6	7.2	32	32	32	36
10	12	42	42	42	49
35	40.5	95	95	95	118
66	72.5	155	155	155	197
110	126	200 230	200 230	200 230	225 265
220	252	360 395	360 395	360 395	415 460
330	363	460 510	460 510	520 580	520 580
500	550	630 680 740	630 680 740	790 790 790	790 790 790

注：①本表数据引自《高压开关设备的共用订货技术导则》(DL/T 593—2006)；

②设备无特殊规定时，采用最高一级试验电压。

5. 回路电阻测量规定

测量每相导电回路电阻，应符合下列规定：

(1) 用电流不小于 100 A 的直流压降法测量，电阻值应符合产品技术条件的规定。

(2) 主触头与灭弧触头并联的断路器，应分别测量其主触头和灭弧触头导电回路的电阻值。

6. 开关机械、时间等参数测量规定

(1) 测量断路器的分、合闸时间，应在产品额定操作电压、液压下进行。实测数值应符合产品技术条件的规定。

(2) 测量断路器分、合闸速度，应符合下列规定：

①测量应在产品额定操作电压、液压下进行,实测数值应符合产品技术条件的规定;产品无要求时,可不进行。

②电压等级在 15 kV 及以下电压等级的断路器,除发电机出线断路器和与发电机主母线相连的断路器、主变压器出线断路器应进行速度测量外,其余的可不进行。

(3)测量断路器主触头的三相或同相各断口分、合闸的同期性,应符合产品技术条件的规定。

(4)测量断路器合闸电阻的投入时间及电阻值,应符合产品技术条件的规定。

(5)测量断路器分、合闸线圈及合闸接触器线圈的绝缘电阻值不应低于 10 MΩ,直流电阻值与产品出厂试验值相比应无明显差别。

7. 断路器操动机构的试验规定

1)合闸操作

(1)当操作电压、液压在表 12-13 范围内时,操动机构应可靠动作。

表 12-13　断路器操动机构合闸操作试验电压、液压范围

电压		液压
直流	交流	
(85% ~110%)U_n	(85% ~110%)U_n	按产品规定的最低值及最高值

注:对电磁机构,当断路器关合电流峰值小于 50 kA 时,直流操作电压范围为(80% ~110%)U_n。U_n 为额定电源电压。

(2)弹簧、液压操动机构的合闸线圈以及电磁操动机构的合闸接触器的动作要求,均应符合上项的规定。

2)脱扣操作

(1)直流或交流的分闸电磁铁,在其线圈端钮处测得的电压大于额定值的 65% 时,应可靠地分闸;当此电压小于额定值的 30% 时,不应分闸。

(2)附装失压脱扣器的,其动作特性应符合表 12-14 的规定。

表 12-14　附装失压脱扣器的脱扣试验

电源电压与额定电源电压的比值	小于 35% *	大于 65%	大于 85%
失压脱扣器的工作状态	铁芯应可靠地释放	铁芯不得释放	铁芯应可靠地吸合

注:* 当电压缓慢下降至规定比值时,铁芯应可靠地释放。

(3)附装过流脱扣器的,其额定电流规定不小于 2.5 A,脱扣电流的等级范围及其准确度应符合表 12-15 的规定。

表 12-15　附装过流脱扣器的脱扣试验

过流脱扣器的种类	延时动作的	瞬时动作的
脱扣电流等级范围(A)	2.5 ~10	2.5 ~15
每级脱扣电流的准确度	±10%	
同一脱扣器各级脱扣电流准确度	±5%	

注:对于延时动作的过流脱扣器,应按制造厂提供的脱扣电流与动作延时的关系曲线进行核对。另外,还应检查在预定延时终了前主回路电流降至返回值时,脱扣器不应动作。

3）模拟操动试验

（1）当具有可调电源时，可在不同电压、液压条件下，对断路器进行就地或远控操作，每次操作断路器均应正确、可靠地动作，其联锁及闭锁装置回路的动作应符合产品及设计要求；当无可调电源时，只在额定电压下进行试验。

（2）直流电磁或弹簧机构的操动试验，应按表12-16的规定进行；液压机构的操动试验，应按表12-17的规定进行。

表12-16　直流电磁或弹簧机构的操动试验

操作类别	操作线圈端钮电压与额定电源电压的比值（%）	操作次数
合、分	110	3
合	85（80）	3
分	65	3
合、分、重合	100	3

注：括号内数字适用于装有自动重合闸装置的断路器及表12-13"注"的情况。

表12-17　液压机构的操动试验

操作类别	操作线圈端钮电压与额定电源电压的比值（%）	操作液压	操作次数
合、分	110	产品规定的最高操作压力	3
合、分	100	额定操作压力	3
合	85（80）	产品规定的最低操作压力	3
分	65	产品规定的最低操作压力	3
合、分、重合	100	产品规定的最低操作压力	3

注：①括号内数字适用于装有自动重合闸装置的断路器。

②模拟操动试验应在液压的自动控制回路能准确、可靠动作状态下进行。

③操动时，液压的压降允许值应符合产品技术条件的规定。

（3）对于具有双分闸线圈的回路，应分别进行模拟操动试验。

（4）对于断路器操动机构本身具有三相位置不一致自动分闸功能的，应根据需要作投入或退出处理。

8. 断路器均压电容器试验

应按本章第七节第一部分的规定进行。

9. 绝缘油试验

应按标准GB 50150—2006第20章的规定进行。对灭弧室、支柱瓷套等油路相互隔绝的断路器，应自各部件中分别取油样试验。

10. 压力动作阀的动作值检测

压力动作阀的动作值检测应符合产品技术条件的规定；压力表指示值的误差及其变差均应在产品相应等级的允许误差范围内。

二、空气及磁吹断路器试验

(一)空气及磁吹断路器的试验项目

(1)测量绝缘拉杆的绝缘电阻。

(2)测量每相导电回路的电阻。

(3)测量支柱瓷套和灭弧室每个断口的直流泄漏电流。

(4)交流耐压试验。

(5)测量断路器主、辅触头分、合闸的配合时间。

(6)测量断路器的分、合闸时间。

(7)测量断路器主触头分、合闸的同期性。

(8)测量分、合闸线圈的绝缘电阻和直流电阻。

(9)断路器操动机构的试验。

(10)测量断路器的并联电阻值。

(11)断路器电容器的试验。

(12)压力表及压力动作阀的检查。

注意:①发电机励磁回路的自动灭磁开关,除应进行第(8)、(9)条试验外,还应做以下检查和试验:常开、常闭触头分、合切换顺序,主触头和灭弧触头的动作配合,灭弧栅的片数及其并联电阻值,在同步发电机空载额定电压下进行灭磁试验。②磁吹断路器试验,应按第(2)、(4)、(6)、(8)、(9)条规定进行。

(二)空气及磁吹断路器的试验规定

(1)测量绝缘拉杆的绝缘电阻值,不应低于表12-11的规定。

(2)测量每相导电回路的电阻值及测试方法,应符合产品技术条件的规定。

(3)支柱瓷套和灭弧室每个断口的直流泄漏电流的试验,应按标准GB 50150—2006第10.0.4条的规定进行。

(4)空气断路器应在分闸时各断口间及合闸状态下进行交流耐压试验;磁吹断路器应在分闸状态下进行断口交流耐压试验;试验电压应符合表12-12的规定。

(5)断路器主、辅触头分、合闸动作程序及配合时间,应符合产品技术条件的规定。

(6)断路器分、合闸时间的测量,应在产品额定操作电压及气压下进行,实测数值应符合产品技术条件的规定。

(7)测量断路器主触头三相或同相各断口分、合闸的同期性,应符合产品技术条件的规定。

(8)测量分、合闸线圈的绝缘电阻值,不应低于10 MΩ;直流电阻值与产品出厂试验值相比应无明显差别。

(9)断路器操动机构的试验,应按本章第六节第一部分(二)的规定进行。

(10)测量断路器的并联电阻值,与产品出厂试验值相比应无明显差别。

(11)断路器电容器的试验,应按本章第七节第一部分的规定进行。

(12)压力动作阀的动作值,应符合产品技术条件的规定。压力表指示值的误差及其变差,均应在产品相应等级的允许误差范围内。

三、真空断路器的试验

（一）真空断路器的试验项目

（1）测量绝缘电阻。

（2）测量每相导电回路的电阻。

（3）交流耐压试验。

（4）测量断路器主触头的分、合闸时间，测量分、合闸的同期性，测量合闸时触头的弹跳时间。

（5）测量分、合闸线圈及合闸接触器线圈的绝缘电阻和直流电阻。

（6）断路器操动机构的试验。

（二）真空断路器的试验规定

1. 绝缘电阻值测量规定

（1）整体绝缘电阻值测量，应参照制造厂规定。

（2）绝缘拉杆的绝缘电阻值，在常温下不应低于表 12-11 中的规定。

（3）每相导电回路的电阻值测量，宜采用电流不小于 100 A 的直流压降法。测试结果应符合产品技术条件的规定。

2. 交流耐压试验规定

应在断路器合闸及分闸状态下进行交流耐压试验。当在合闸状态下进行时，试验电压应符合表 12-12 的规定。当在分闸状态下进行时，真空灭弧室断口间的试验电压应按产品技术条件的规定，试验中不应发生贯穿性放电。

3. 时间、同期性等检测试验

测量断路器主触头的分、合闸时间，测量分、合闸的同期性，测量合闸过程中触头接触后的弹跳时间，应符合下列规定：

（1）合闸过程中触头接触后的弹跳时间，40.5 kV 以下断路器不应大于 2 ms；40.5 kV 及以上断路器不应大于 3 ms。

（2）测量应在断路器额定操作电压及液压条件下进行。

（3）实测数值应符合产品技术条件的规定。

4. 线圈检测

测量分、合闸线圈及合闸接触器线圈的绝缘电阻值，不应低于 10 MΩ；直流电阻值与产品出厂试验值相比应无明显差别。

5. 断路器操动机构试验

断路器操动机构试验应按本章第六节第一部分（二）的规定进行。

四、六氟化硫封闭式组合电器的试验

（一）六氟化硫封闭式组合电器的试验项目

（1）测量主回路的导电电阻。

（2）主回路的交流耐压试验。

（3）密封性试验。

(4)测量六氟化硫气体含水量。

(5)封闭式组合电器内各元件的试验。

(6)组合电器的操动试验。

(7)气体密度继电器、压力表和压力动作阀的检查。

(二)六氟化硫封闭式组合电器的试验规定

(1)测量主回路的导电电阻值,宜采用电流不小于100 A的直流压降法。测试结果不应超过产品技术条件规定值的1.2倍。

(2)主回路的交流耐压试验程序和方法,应按产品技术条件或国家现行标准《气体绝缘金属封闭电器现场耐压试验导则》(DL/T 555—2004)的有关规定进行,试验电压值为出厂试验电压的80%。

(3)密封性试验可采用下列方法进行:

①采用灵敏度不低于1×10^{-6}(体积比)的检漏仪对各气室密封部位、管道接头等处进行检测时,检漏仪不应报警。

②必要时可采用局部包扎法进行气体泄漏测量。以24 h的漏气量换算,每一个气室年漏气率不应大于1%。

③泄漏值的测量应在封闭式组合电器充气24 h后进行。

(4)测量六氟化硫气体含水量(20 ℃的体积分数),应符合下列规定:

①有电弧分解的隔室,应小于150 μL/L;

②无电弧分解的隔室,应小于250 μL/L;

③气体含水量的测量应在封闭式组合电器充气48 h后进行。

(5)封闭式组合电器内各元件的试验,应按相关规定进行,但对无法分开的设备可不单独进行。

注意:本处所说中的"元件",是指装在封闭式组合电器内的断路器、隔离开关、负荷开关、接地开关、避雷器、互感器、套管、母线等。

(6)当进行组合电器的操动试验时,联锁与闭锁装置动作应准确可靠。电动、气动或液压装置的操动试验,应按产品技术条件的规定进行。

(7)在充气过程中检查气体密度继电器及压力动作阀的动作值,应符合产品技术条件的规定。对单体到现场的设备,应进行校验。

五、六氟化硫断路器的试验

(一)六氟化硫断路器试验项目

(1)测量绝缘电阻。

(2)测量每相导电回路的电阻。

(3)交流耐压试验。

(4)断路器均压电容器的试验。

(5)测量断路器的分、合闸时间。

(6)测量断路器的分、合闸速度。

(7)测量断路器主、辅触头分、合闸的同期性及配合时间。

(8)测量断路器合闸电阻的投入时间及电阻值。

(9)测量断路器分、合闸线圈绝缘电阻及直流电阻。

(10)断路器操动机构的试验。

(11)套管式电流互感器的试验。

(12)测量断路器内 SF_6 气体的含水量。

(13)密封性试验。

(14)气体密度继电器、压力表和压力动作阀的检查。

(二)六氟化硫断路器试验规定

1. 电阻测量规定

(1)测量断路器的绝缘电阻值:整体绝缘电阻值的测量,应参照制造厂规定。

(2)每相导电回路的电阻值测量,宜采用电流不小于 100 A 的直流压降法。测试结果应符合产品技术条件的规定。

2. 交流耐压试验规定

(1)在 SF_6 气压为额定值时进行。试验电压为出厂试验电压的 80%。

(2)110 kV 以下电压等级应进行合闸对地和断口间耐压试验。

(3)罐式断路器应进行合闸对地和断口间耐压试验。

(4)500 kV 定开距瓷柱式断路器只进行断口耐压试验。

3. 断路器均压电容器的试验

断路器均压电容器的试验应符合标准 GB 50150—2006 第 19 章的有关规定。罐式断路器的均压电容器试验可按制造厂的规定进行。

4. 时间、速度等参数测量

(1)测量断路器的分、合闸时间,应在断路器的额定操作电压、气压或液压下进行。实测数值应符合产品技术条件的规定。

(2)测量断路器的分、合闸速度,应在断路器的额定操作电压、气压或液压下进行。实测数值应符合产品技术条件的规定。现场无条件安装采样装置的断路器,可不进行本试验。

(3)测量断路器主、辅触头三相及同相各断口分、合闸的同期性及配合时间,应符合产品技术条件的规定。

(4)测量断路器合闸电阻的投入时间及电阻值,应符合产品技术条件的规定。

5. 线圈检测

测量断路器分、合闸线圈的绝缘电阻值,不应低于 10 MΩ,直流电阻值与产品出厂试验值相比应无明显差别。

6. 操动机构检测

断路器操动机构的试验,应按本章第六节第一部分(二)的规定进行。

7. 套管式电流互感器的试验

套管式电流互感器的试验应按本章第五节的有关规定进行。

8. SF_6 气体测量

测量断路器内 SF_6 的气体含水量(20 ℃的体积分数),应符合下列规定:

(1)与灭弧室相通的气室,应小于150 μL/L。

(2)不与灭弧室相通的气室,应小于250 μL/L。

(3)SF_6气体含水量的测定应在断路器充气48 h后进行。

9. 密封试验

密封试验可采用下列方法进行:

(1)采用灵敏度不低于1×10^{-6}(体积比)的检漏仪对断路器各密封部位、管道接头等处进行检测时,检漏仪不应报警。

(2)必要时可采用局部包扎法进行气体泄漏测量。以24 h的漏气量换算,每一个气室年漏气率不应大于1%。

(3)泄漏值的测量应在断路器充气24 h后进行。

(4)在充气过程中检查气体密度继电器及压力动作阀的动作值,应符合产品技术条件的规定。对单体到现场的设备,应进行校验。

六、隔离开关、负荷开关及高压熔断器的试验

(一)隔离开关、负荷开关及高压熔断器的试验项目

(1)测量绝缘电阻。

(2)测量高压限流熔丝管熔丝的直流电阻。

(3)测量负荷开关导电回路的电阻。

(4)交流耐压试验。

(5)检查操动机构线圈的最低动作电压。

(6)操动机构的试验。

(二)试验规定

(1)隔离开关与负荷开关的有机材料传动杆的绝缘电阻值,不应低于表12-11的规定。

(2)测量高压限流熔丝管熔丝的直流电阻值,与同型号产品相比不应有明显差别。

(3)测量负荷开关导电回路的电阻值,宜采用电流不小于100 A的直流压降法。测试结果不应超过产品技术条件规定。

(4)交流耐压试验,应符合下述规定:三相同一箱体的负荷开关,应按相间及相对地进行耐压试验,其余均按相对地或外壳进行。试验电压应符合表12-12的规定。对负荷开关还应按产品技术条件规定进行每个断口的交流耐压试验。

(5)检查操动机构线圈的最低动作电压,应符合制造厂的规定。

(6)操动机构的试验,应符合下列规定:

①动力式操动机构的分、合闸操作,当其电压或气压在下列范围时,应保证隔离开关的主闸刀或接地闸刀可靠地分闸和合闸:

ⓐ电动机操动机构:当电动机接线端子的电压在其额定电压的80%~110%时;

ⓑ压缩空气操动机构:当气压在其额定气压的85%~110%时;

ⓒ二次控制线圈和电磁闭锁装置:当其线圈接线端子的电压在其额定电压的80%~110%时。

②隔离开关、负荷开关的机械或电气闭锁装置应准确可靠。

注意:①上述气压范围为操动机构的贮气筒的气压数值;②具有可调电源时,可进行高于或低于额定电压的操动试验。

第七节 电容器、避雷器及绝缘部件的试验

一、电容器试验

(一)电容器试验项目

(1)测量绝缘电阻。

(2)测量耦合电容器、断路器电容器的介质损耗角正切值 tanδ 及电容值。

(3)耦合电容器的局部放电试验。

(4)并联电容器交流耐压试验。

(5)冲击合闸试验。

(二)电容器试验规定

(1)测量耦合电容器、断路器电容器的绝缘电阻应在二极间进行,并联电容器应在电极对外壳之间进行,并采用 1 000 V 兆欧表测量小套管对地绝缘电阻。

(2)测量耦合电容器、断路器电容器的介质损耗角正切值 tanδ 及电容值,应符合下列规定:

①测得的介质损耗角正切值 tanδ 应符合产品技术条件的规定。

②耦合电容器电容值的偏差应在额定电容值的 -5% ~ +10% 范围内,电容器叠柱中任何两单元的实测电容的比值与这两单元的额定电压的比值的倒数之差不应大于 5%;断路器电容器电容值的偏差应在额定电容值的 ±5% 范围内。对电容器组,还应测量各相、各臂及总的电容值。耦合电容器和断路器断口均压电容器 tanδ 和电容值判断标准如表 12-18 所示。

表 12-18 耦合电容器和断路器断口均压电容器 tanδ 和电容值判断标准

序号	项目	试验类别	标准	
			500 kV 以下	500 kV
1	电容值偏差	交接时	不超过出厂值的 ±5%	按制造厂规定
		运行中	不超过标准值的 +10% ~ -5%	不超过出厂值的 +2%
2	tanδ 值(20 ℃时)	交接时	按制造厂规定	按制造厂规定
		运行中	油纸电容≤0.8% (大于 0.5% 时应引起注意)	油纸电容≤0.5% 聚丙烯膜电容≤0.3%

注:对 OWF 系列电容器 tanδ≥0.5% 时,宜停止使用。

(3)耦合电容器的局部放电试验,应符合下列规定:

①对 500 kV 的耦合电容器,当对其绝缘性能或密封有怀疑而又有试验设备时,可进行局部放电试验。多节组合的耦合电容器可分节试验。

②局部放电试验的预加电压值为 $0.8\ U_m \times 1.3\ U_m$，停留时间大于 10 s；降至测量电压值为 $1.1\ U_m\sqrt{3}$，维持 1 min 后，测量局部放电量，放电量不宜大于 10 pC。

(4) 并联电容器的交流耐压试验，应符合下列规定：

①并联电容器电极对外壳交流耐压试验电压值应符合表 12-19 的规定；

②当产品出厂试验电压值不符合表 12-19 的规定时，交接试验电压应按产品出厂试验电压值的 75% 进行。

表 12-19　并联电容器交流耐压试验电压标准

额定电压(kV)	<1	1	3	6	10	15	20	35
出厂试验电压(kV)	3	6	8/25	23/30	30/42	40/55	50/65	80/95
交接试验电压(kV)	2.25	4.5	18.76	22.5	31.5	41.25	48.75	71.25

注：斜线下的数据为外绝缘的干耐受电压。

(5) 在电网额定电压下，对电力电容器组的冲击合闸试验，应进行 3 次，熔断器不应熔断；电容器组中各相电容的最大值和最小值之比，不应超过 1.08。

二、避雷器试验

(一) 金属氧化物避雷器试验项目

(1) 测量金属氧化物避雷器及基座绝缘电阻。

(2) 测量金属氧化物避雷器的工频参考电压和持续电流。

(3) 测量金属氧化物避雷器直流参考电压和 0.75 倍直流参考电压下的泄漏电流。

(4) 检查放电记数器动作情况及监视电流表指示。

(5) 工频放电电压试验。

注意：①无间隙金属氧化物避雷器的试验项目按第(1)、(2)、(3)、(4)的内容，其中第(2)、(3)可选做一项；②有间隙金属氧化物避雷器的试验项目按第(1)、(5)的内容。

(二) 金属氧化物避雷器试验规定

(1) 金属氧化物避雷器绝缘电阻测量，应符合下列要求：

①35 kV 以上电压：用 5 000 V 兆欧表，绝缘电阻不小于 2 500 MΩ；

②35 kV 及以下电压：用 2 500 V 兆欧表，绝缘电阻不小于 1 000 MΩ；

③低压(1 kV 以下)：用 500 V 兆欧表，绝缘电阻不小于 2 MΩ；

④基座绝缘电阻不低于 5 MΩ。

(2) 测量金属氧化物避雷器的工频参考电压和持续电流，应符合下列要求：

①金属氧化物避雷器对应于工频参考电流下的工频参考电压，整支或分节进行的测试值，应符合《交流无间隙金属氧化物避雷器》(GB 11032—2010)或产品技术条件的规定；

②测量金属氧化物避雷器在避雷器持续运行电压下的持续电流，其阻性电流或总电流值应符合产品技术条件的规定。

注意：金属氧化物避雷器持续运行电压值参见现行国家标准《交流无间隙金属氧化物避雷器》(GB 11032—2010)。

(3)测量金属氧化物避雷器直流参考电压和 0.75 倍直流参考电压下的泄漏电流应符合下列规定:

①金属氧化物避雷器对应于直流参考电流下的直流参考电压,整支或分节进行的测试值,不应低于现行国家标准《交流无间隙金属氧化物避雷器》(GB 11032—2010)规定值,并符合产品技术条件的规定。实测值与制造厂规定值比较,变化不应大于 ±5%。

②0.75 倍直流参考电压下的泄漏电流值不应大于 50 μA,或符合产品技术条件的规定。

③试验时若整流回路中的波纹系数大于 1.5%,应加装滤波电容器,可为 0.01 ~0.1 μF,试验电压应在高压侧测量。

(4)放电记数器的动作应可靠,避雷器监视电流表指示应良好。

(5)工频放电电压试验应符合下列规定:

①工频放电电压,应符合产品技术条件的规定;

②做工频放电电压试验时,放电后应快速切除电源,切断电源时间不大于 0.5 s,过流保护动作电流控制在 0.2 ~0.7 A。

三、绝缘套管试验

(一)绝缘套管试验项目

(1)测量绝缘电阻。

(2)测量 20 kV 及以上非纯瓷套管的介质损耗角正切值 $\tan\delta$ 和电容值。

(3)交流耐压试验。

(4)绝缘油的试验(有机复合绝缘套管除外)。

(5)SF_6 套管气体试验。

注意:整体组装于 35 kV 油断路器上的套管,可不单独进行 $\tan\delta$ 的试验。

(二)绝缘套管试验规定

(1)测量绝缘电阻,应符合下列规定:

①测量套管主绝缘的绝缘电阻。

②66 kV 及以上的电容型套管,应测量"抽压小套管"对法兰或"测量小套管"对法兰的绝缘电阻。采用 2 500 V 兆欧表测量,绝缘电阻值不应低于 1 000 MΩ。

(2)测量 20 kV 及以上非纯瓷套管的主绝缘介质损耗角正切值 $\tan\delta$ 和电容值,应符合表 12-20 规定:

①在室温不低于 10 ℃的条件下,套管的介质损耗角正切值 $\tan\delta$ 不应大于表 12-20 的规定;

②电容型套管的实测电容量值与产品铭牌数值或出厂试验值相比,其差值应在 ±5% 范围内。

(3)交流耐压试验,应符合下列规定:

①试验电压应符合标准 GB 50150—2006 附录 A 的规定;

②穿墙套管、断路器套管、变压器套管、电抗器及消弧线圈套管,均可随母线或设备一起进行交流耐压试验。

表 12-20　套管主绝缘介质损耗角正切值 $\tan\delta$(%)的标准

套管主绝缘类型		$\tan\delta$(%)最大值
电容式	油浸纸	0.7(500 kV 套管 0.5)
	胶浸纸	0.7
	胶粘纸	1.0(66 kV 及以下电压等级套管 1.5)
	浇铸树脂	1.5
	气体	1.5
	有机复合绝缘	0.7
非电容式	浇铸树脂	2.0
	复合绝缘	由供需双方商定
其他套管		由供需双方商定

注:①所列的电压为系统标称电压;

②对 20 kV 及以上电容式充胶或胶纸套管的老产品,其 $\tan\delta$(%)值可为 2 或2.5;

③有机复合绝缘套管的介质损耗试验,宜在干燥环境下进行。

(4)绝缘油的试验,应符合下列规定:

①套管中的绝缘油应有出厂试验报告,现场可不进行试验,但当有下列情况之一时,应取油样进行水分、击穿电压、色谱试验:

ⓐ套管主绝缘的介质损耗角正切值超过表 12-20 中的规定值;

ⓑ套管密封损坏,抽压或测量小套管的绝缘电阻不符合要求;

ⓒ套管由于渗漏等原因需要重新补油时。

②套管绝缘油的补充或更换时进行的试验,应符合下列规定:

ⓐ换油时应按表 12-25 及表 12-26 的规定进行。

ⓑ电压等级为 500 kV 的套管绝缘油,宜进行油中溶解气体的色谱分析;油中溶解气体组分含量(μL/L)不宜超过下列任一值,总烃:10,H_2:150,C_2H_2:0。

ⓒ补充绝缘油时,除按上述规定外,尚应按标准 GB 50150—2006 第 20.0.3 条的规定进行。

ⓓ充电缆油的套管须进行油的试验时,可按表 12-24 的规定进行。

(5)SF_6 套管气体试验参照 GB 50150—2006 标准第 9.0.6 条和第 9.0.13 条执行。

四、悬式绝缘子和支柱绝缘子的试验

(一)悬式绝缘子和支柱绝缘子的试验项目

(1)测量绝缘电阻。

(2)交流耐压试验。

(二)悬式绝缘子和支柱绝缘子的试验规定

(1)绝缘电阻值应符合下列规定:

①用于 330 kV 及以下电压等级的悬式绝缘子的绝缘电阻值,不应低于 300 MΩ;用于

500 kV 电压等级的悬式绝缘子,不应低于 500 MΩ。

②35 kV 及以下电压等级的支柱绝缘子的绝缘电阻值,不应低于 500 MΩ。

③采用 2 500 V 兆欧表测量绝缘子绝缘电阻值,可按同批产品数量的 10% 抽查。

④棒式绝缘子不进行此项试验。

⑤半导体釉绝缘子的绝缘电阻,符合产品技术条件的规定。

(2)交流耐压试验应符合下列规定:

①35 kV 及以下电压等级的支柱绝缘子,可在母线安装完毕后一起进行,试验电压应符合标准 GB 50150—2006 附录 A 的规定;

②35 kV 多元件支柱绝缘子的交流耐压试验值,应符合下列规定:

ⓐ两个胶合元件者,每元件 50 kV;

ⓑ三个胶合元件者,每元件 34 kV。

③悬式绝缘子的交流耐压试验电压均取 60 kV。

第八节　电力电缆试验

一、电力电缆试验项目

(1)测量绝缘电阻。

(2)直流耐压试验及泄漏电流测量。

(3)交流耐压试验。

(4)测量金属屏蔽层电阻和导体电阻比。

(5)检查电缆线路两端的相位。

(6)充油电缆的绝缘油试验。

(7)交叉互联系统试验。

注意:橡塑绝缘电力电缆试验项目应按第(1)、(3)、(4)、(5)和(7)进行。当不具备条件时,额定电压 U_0/U 为 18/30 kV 及以下的电缆,允许用直流耐压试验及泄漏电流测量代替交流耐压试验。

二、电力电缆试验规定

(1)纸绝缘电缆试验项目应按本节第一部分第(1)、(2)和(5)进行。

(2)自容式充油电缆试验项目应按本节第一部分第(1)、(2)、(5)、(6)和(7)进行。

(3)电力电缆线路的试验,应符合下列规定:

①对电缆的主绝缘做耐压试验或测量绝缘电阻时,应分别在每一相上进行。对一相进行试验或测量时,其他两相导体、金属屏蔽或金属套和铠装层一起接地。

②对金属屏蔽或金属套一端接地,另一端装有护层过电压保护器的单芯电缆主绝缘做耐压试验时,必须将护层过电压保护器短接,使这一端的电缆金属屏蔽或金属套临时接地。

③对额定电压为 0.6/1 kV 的电缆线路应用 2 500 V 兆欧表测量导体对地绝缘电阻代替耐压试验,试验时间 1 min。

(4)测量各电缆导体对地或对金属屏蔽层间和各导体间的绝缘电阻,应符合下列规定:

①耐压试验前后,绝缘电阻测量应无明显变化。

②橡塑电缆外护套、内衬套的绝缘电阻不低于0.5 MΩ/km。

③测量绝缘用兆欧表的额定电压,宜采用如下等级。

ⓐ0.6/1 kV 电缆用1 000 V 兆欧表。

ⓑ0.6/1 kV 以上电缆用2 500 V 兆欧表,6/6 kV 及以上电缆也可用5 000 V 兆欧表。

ⓒ橡塑电缆外护套、内衬套的测量用500 V 兆欧表。

(5)直流耐压试验及泄漏电流测量,应符合下列规定:

①直流耐压试验电压标准:

ⓐ纸绝缘电缆直流耐压试验电压 U_t 可采用下式计算:

对于统包绝缘(带绝缘)

$$U_t = \frac{5 \times (U_0 + U)}{2} \tag{12-8}$$

对于分相屏蔽绝缘

$$U_t = 5 \times U_0 \tag{12-9}$$

试验电压见表12-21的规定。

表12-21　纸绝缘电缆直流耐压试验电压标准　(单位:kV)

电缆额定电压 U_0/U	1.8/3	2.6/3	3.6/6	6/6	6/10	8.7/10	21/35	26/35
直流试验电压	12	17	24	30	40	47	105	130

ⓑ18/30 kV 及以下电压等级的橡塑绝缘电缆直流耐压试验电压应按式(12-10)计算:

$$U_t = 4 \times U_0 \tag{12-10}$$

ⓒ充油绝缘电缆直流耐压试验电压,应符合表12-22的规定。

ⓓ交流单芯电缆的护层绝缘直流耐压试验标准,可依据标准 GB 50150—2006 第18.0.9条的规定。

②试验时,试验电压可分4~6阶段均匀升压,每阶段停留1 min,并读取泄漏电流值。试验电压升至规定值后维持15 min,其间读取1 min和15 min时的泄漏电流。测量时应消除杂散电流的影响。

③纸绝缘电缆泄漏电流的三相不平衡系数(最大值与最小值之比)不应大于2;当6/10 kV及以上电缆的泄漏电流小于20 μA和6 kV及以下电压等级电缆泄漏电流小于10 μA时,其不平衡系数不作规定。泄漏电流值和不平衡系数只作为判断绝缘状况的参考,不作为是否能投入运行的判据。其他电缆泄漏电流值不作规定。

表 12-22　充油绝缘电缆直流耐压试验电压标准　（单位:kV）

电缆额定电压 U_0/U	雷电冲击耐受电压	直流试验电压
48/66	325	165
	350	175
64/110	450	225
	550	275
127/220	850	425
	950	475
	1 050	510
200/330	1 175	585
	1 300	650
290/500	1 425	710
	1 550	775
	1 675	835

注:①表中的 U 为电缆额定线电压;U_0 为电缆导体对地或对金属屏蔽层间的额定电压。

②雷电冲击电压依据现行国家标准《高压输变电设备的绝缘配合》(GB 311.1—2012)规定。

④电缆的泄漏电流具有下列情况之一者,电缆绝缘可能有缺陷,应找出缺陷部位,并予以处理:

ⓐ泄漏电流很不稳定;

ⓑ泄漏电流随试验电压升高急剧上升;

ⓒ泄漏电流随试验时间延长有上升现象。

(6)交流耐压试验,应符合下列规定:

①橡塑电缆优先采用 20～300 Hz 交流耐压试验。20～300 Hz 交流耐压试验的试验电压及时间见表 12-23。

表 12-23　橡塑电缆 20～300 Hz 交流耐压试验的试验电压和时间

额定电压 U_0/U(kV)	试验电压	时间(min)
18/30 及以下	$2.5U_0$(或 $2U_0$)	5(或 60)
21/35～64/110	$2U_0$	60
127/220	$1.7U_0$(或 $1.4U_0$)	60
190/330	$1.7U_0$(或 $1.3U_0$)	60
290/500	$1.7U_0$(或 $1.1U_0$)	60

②不具备上述试验条件或有特殊规定时,可采用施加正常系统相对地电压 24 h 方法代替交流耐压。

(7)测量金属屏蔽层电阻和导体电阻比。测量在相同温度下的金属屏蔽层和导体的直流电阻。

(8)检查电缆线路的两端相位应一致,并与电网相位相符合。

(9)充油电缆的绝缘油试验:应符合表12-24的规定。

表12-24　充油电缆使用的绝缘油试验项目和标准

项目		要求	试验方法
击穿电压	电缆及附件内	对于64/110~190/330 kV,不低于50 kV,对于290/500 kV,不低于60 kV	按《绝缘油击穿电压测定法》(GB/T 507)中的有关要求进行试验
	压力箱中	不低于50 kV	
介质损耗角正切值	电缆及附件内	对于64/110~127/220 kV的不大于0.005,对于190/330 kV的不大于0.003	按《电力设备预防性试验规程》(DL/T 596)中的有关要求进行试验
	压力箱中	不大于0.003	

(10)交叉互联系统试验,方法和要求见标准GB 50150—2006附录F。

第九节　绝缘油和SF_6气体的试验

一、绝缘油试验

(一)变压器油试验概述

绝缘油是指用于高压电器(如浸油变压器、油开关等)中起绝缘、散热和灭弧作用的油介质。大量使用的、比较典型的是变压器油。这里就以变压器油为例,介绍绝缘油的相关检测项目和要求。

变压器油是天然石油中经过蒸馏、精炼而获得的一种矿物油,由各种碳氢化合物所组成的混合物。石油基碳氢化合物有烷烃、环烷族饱和烃、芳香族不饱和烃等化合物等。

常用的变压器油有三种,其代号为DB-10、DB-25、DB-45。

用于高压电中的油首要的性能要求是绝缘性能良好,所以对绝缘油质的主要检测项目都是针对与绝缘性能相关的项目。纯净的变压器油的绝缘性能是相当好的,但在油的制造、运输和在工程现场中的倒换、盛装以及运行等过程中,会受到污染,掺入许多杂质,其杂质可能是固态、液态或气态。一般而言,在新设备投入运行之前,主要是固态杂质和液态杂质;在投入运行之后,随着老化或内部放电、击穿等,使油质裂解产生气体。因此,对于绝缘油的质量检测主要分为两类:①油中固、液态杂质试验;②油中气体的试验。以下对这两部分分别叙述。对于水电工程新设备投产前绝缘油的试验,以及对新油的试验,主要是第一种试验,这是本节叙述的重点。

(二)对变压器油的性能要求

1. 外观

颜色应是清澈透明的,无悬浮物和底部沉淀物,一般是淡黄色。在常规试验中,应有此项目的记载。

2. 密度

密度与油品的组成以及水的存在量均有关。对于绝缘油来说控制其密度在某种意义上也控制了油品中水的存在量，特别是对于防止在寒冷地区工作的变压器在冬季暂时停用期不出现浮冰的现象更有实际意义。如果绝缘油中水分过多，在气温低时会在电极上冰结晶，但当气温升高时，黏附在电极上的冰结晶会融化，增加导电性，从而出现放电的危险，为此应控制绝缘油密度，一般要求在 20 ℃下密度不大于 895 kg/m^3，与水的密度保持较大差距。

3. 水分

水分是影响变压器设备绝缘老化的重要原因之一。变压器油和绝缘材料中含水量增加，直接导致绝缘性能下降并会促使油老化，影响设备运行的可靠性和使用寿命。对水分进行严格的监督，是保证设备安全运行必不可少的一个试验项目。

一般，在 20 ℃时变压器油溶解水的能力为 40 μL/L 左右，通过工业脱水装置可使变压器油的含水量降到 10 μL/L 以下，通常电压越高的电气设备要求油的含水量越低。

此外，水分还能促进有机酸对铜、铁等金属的腐蚀作用，产生的皂化物会恶化油的介质损耗因数、增加油的吸潮性，并对油的氧化起催化作用。一般认为，受潮的油比干燥的油老化速度要增加 2～4 倍，所以长期以来人们对绝缘油中的水的存在给予极大的关注。用户在使用前必须反复过滤脱水到电气性能全部合格后方可加入电器设备内。

4. 酸值与水溶性酸碱

油中所含酸性产物会使油的导电性增高，降低油的绝缘性能，在运行温度较高时（如 80 ℃以上）还会使固体纤维质绝缘材料老化和造成腐蚀，缩短设备使用寿命。由于油中酸值可反映出油质的老化情况，所以加强酸值的监督，对于采取正确的维护措施是很重要的。

变压器油在氧化初级阶段一般易生成低分子有机酸，如甲酸、乙酸等，因为这些酸的水溶性较好。当油中水溶性酸含量增加（即 pH 值降低），油中又含有水时，也会使固体绝缘材料和金属产生腐蚀，并降低电气设备的绝缘性能，缩短设备的使用寿命。

5. 击穿电压

击穿电压是检验变压器油耐受极限电应力情况的非常重要的一项指标，可用来判断变压器油含水和其他悬浮物污染的程度，以及对注入设备前油品干燥和过滤程度的检验。运行中油的击穿电压低是变压器工作危险的信号。

6. 介质损耗因数

介质损耗因数，也称介质损失角正切值，表示在电场作用下，电解质极化和电导所引起的电能损失。介质损耗因数对判断变压器油的老化与污染程度是很敏感的。在油的老化产物甚微，用化学方法尚不能察觉时，介质损耗因数就已能明显地分辨出来。

新油中所含极性杂质少，纯烃系非极性化合物在电场作用下不发生或很少发生转位，所以介质损耗因数也很微小，一般仅有 0.01%～0.1% 数量级；但杂质成分，如胶质和酸类则为极性物，在电场作用下，随电力线方向变化而转位，这种转位消耗了部分电能而转变为热，这不但损失电能，而且使变压器的温度增高，降低了变压器油的工作能力，使变压器加速老化和变质。因此，介质损耗因数的测定是变压器油检验监督的常用手段，具有特殊的意义。

7. 体积电阻率

变压器油的体积电阻率同介质损耗因数一样，可以判断变压器油的老化程度与污染程度。油中的水分、污染杂质和酸性产物均可影响电阻率的降低。

8. 析气性、苯胺点、比色散

油中气体组分含量：油中可燃气体一般都是由于设备的局部过热或放电分解而产生的。产生可燃气体的原因如不及时查明和消除，对设备的安全运行是十分危险的。因此，采用气相色谱法测定油中气体组分，对于消除变压器的潜伏性故障是十分有效的。

绝缘油的析气性，是指油品在高电场强度下，由于发生瞬间放电或边缘放电，使油品发生脱氢，而且脱出的氢气又能被油品本身吸收，不致在油中形成气泡，破坏油的电气性能或使设备发生爆裂。这对密闭的电缆、电容器和大容量的全密闭型变压器特别重要。绝缘油吸收或析出氢气的性能和其组成有关。在高电场强度下，芳烃和不饱和烃是吸氢的，而烷烃是放氢的，环烷烃则是不吸不放的，因此绝缘油中应含有一定量的芳烃，特别是单环、双环芳烃。我国在超高压变压器油标准中规定了对析气性的要求，而在变压器油中无此项要求。

9. 闪点

闪点降低表示油中有挥发性可燃气体产生，这些可燃气体往往是由于电器设备局部过热，电弧放电造成绝缘油在高温下热裂解而产生的。通过闪点的测定可以及时发现设备的故障。同时，对新充入设备及检修处理后的变压器油来说，测定闪点也可防止或发现是否混入了轻质馏分的油品，从而保障设备的安全运行。

10. 界面张力

油水之间界面张力的测定是检查油中含有因老化而产生的可溶性极性杂质的一种间接有效的方法。油在老化初期阶段，界面张力的变化是相当迅速的，到老化中期，其变化速度也逐渐降低。而油泥生成则明显增加，因此此方法也可对生成油泥的趋势做出可靠的判断。

11. 油泥

此法是检查运行油中尚处于溶解或胶体状态下在加入正庚烷时，可以从油中沉析出来的油泥沉积物。由于油泥在新油和老化油中的溶解度不同，当老化油中渗入新油时，油泥便会沉析出来，油泥的沉积将会影响设备的散热性能，同时还对固体绝缘材料和金属造成严重的腐蚀，导致绝缘性能下降，危害性较大。因此，以大于5%的比例混油时，必须进行油泥析出试验。

12. 运动黏度

变压器油除起绝缘作用外，还起着散热的作用。因此，要求油的黏度适当，黏度过小工作安全性降低，黏度过大影响传热。尤其在寒冷地区，较低温度下油的黏度不能过大。它仍然具有循环对流和传热能力，才能使设备正常运行，或停止运行后在启用时能顺利安全启动。

13. 倾点

倾点（或凝点）在一定程度上反映绝缘油的低温性。根据我国气候条件，变压器油按凝点分10、25、45三种牌号，凝点分别为－10 ℃、－25 ℃、－45 ℃。实际测定中多采用倾点。通常凝点低的油可以代替凝点高的油,反之则不行。国外一般规定变压器油凝点应低于最低使用气温6 ℃,我国则规定添加降凝剂的开关用油凝点比使用气温低5 ℃。

对新油的验收以及不同牌号油的混用,凝点的测定是必要的。

14. 氧化安定性

变压器油的氧化安定性试验是评价其使用寿命的一种重要手段。由于国产油氧化安定性较好,且又添加了抗氧化剂,所以通常只对新油进行此项目试验。但对于进口油,特别是不含抗氧化剂的油,除对新油进行试验外,在运行若干年后也应进行此项试验,以便采取适当的维护措施,延长使用寿命。

变压器是连续长期运行设备,不能轻易停电检修,所以要求变压器油有优异的氧化安定性,变压器换油不但影响供电时间,而且会消耗了大量的变压器油。因此,要求变压器油的耐用时间长(一般要求耐用15年以上),即在长期电场作用和热作用下变质很慢,这就要求有良好的抗氧化安定性。变压器油、电缆油及电容器油一般都在60~80 ℃下工作,长期与空气、铁和铜等金属接触,导致油品氧化,产生水、低分子酸和高分子聚合物,这不仅破坏了油的电气性能,而且造成腐蚀,缩短设备的使用寿命。绝缘油的抗氧化能力与其精制深度有关,一般经适度精制加抗氧剂的油抗氧化安定性好。

综上所述,本部分1~7项是直接关系到油的绝缘性能的项目;8、9项关系到在运行中产气的分析;10~14项关系到油的散热性能、稳定性、使用寿命等。

(三)绝缘油的试验项目及标准

1. 试验分类及要求

试验按《电气装置安装工程电气设备交接试验标准》(GB 50150—2006)的要求进行。

1)新油试验

新油验收及充油电气设备的绝缘油试验分类,应符合表12-25的规定。

表12-25 电气设备绝缘油试验分类

试验类别	适用范围
击穿电压	(1)6 kV以上电气设备内的绝缘油或新注入设备前、后的绝缘油; (2)有下列情况之一者,可不进行击穿电压试验: ①35 kV以下互感器,其主绝缘试验已合格的; ②15 kV以下油断路器,其注入新油的击穿电压已在35 kV及以上的; ③按本标准有关规定不需取油的
简化分析	(1)准备注入变压器、电抗器、互感器、套管的新油,应按表12-26中的第2~9项规定进行; (2)准备注入油断路器的新油,应按表12-26中的第2、3、4、5、8项规定进行
全分析	对油的性能有怀疑时,应按表12-26中的全部项目进行

2)混合油的试验

绝缘油当需要进行混合时,在混合前,应按混油的实际使用比例先取混油样进行分析,其结果应符合表12-26中第8、11项的规定。混油后还应按表12-26中的规定进行绝缘油的试验。

2. 试验项目及标准要求

《电气装置安装工程电气设备交接试验标准》(GB 50150—2006)第20条对绝缘油的试验规定如表12-26所示。

表12-26　绝缘油的试验项目及标准

<table>
<tr><th>序号</th><th>项目</th><th colspan="4">标准</th><th>说明</th></tr>
<tr><td>1</td><td>外状</td><td colspan="4">透明,无杂质或悬浮物</td><td>外观目视</td></tr>
<tr><td>2</td><td>水溶性酸(pH值)</td><td colspan="4">>5.4</td><td>按《运行中变压器油、汽轮机油水溶性酸测定法(比色法)》(GB/T 7598—2008)中的有关要求进行试验</td></tr>
<tr><td>3</td><td>酸值 mgKOH/g</td><td colspan="4">≤0.03</td><td>按《运行中变压器油、汽轮机油水溶性酸测定法(BTB)法)》(GB/T 7599—1987)的有关要求进行试验</td></tr>
<tr><td rowspan="2">4</td><td rowspan="2">闪点(闭口℃)</td><td rowspan="2">≥</td><td>DB－10</td><td>DB－25</td><td>DB－45</td><td rowspan="2">按《闪点的测定》(GB/T 261—2008)中的有关要求进行试验</td></tr>
<tr><td>140</td><td>140</td><td>135</td></tr>
<tr><td>5</td><td>水分(mg/L)</td><td colspan="4">500 kV:≤10;
20～30 kV:≤15
110 kV及以下等级:≤20</td><td>按《运行中变压器油水分测定法(气相色谱法)》(GB/T 7601)中的有关要求进行试验</td></tr>
<tr><td>6</td><td>界面张力(25 ℃),mN/m</td><td colspan="4">≥35</td><td>按《石油产品油对水界面张力测定法(圆环法)》(GB/T 6541)中的有关要求进行</td></tr>
<tr><td>7</td><td>介质损耗因数 tanδ(%)</td><td colspan="4">90 ℃时,
注入电气设备前≤0.5
注入电气设备后≤0.7</td><td>按《液体绝缘材料工频相对介电常数、介质损耗因数和体积电阻率的测量》(GB/T 5654)中的有关要求进行试验</td></tr>
<tr><td>8</td><td>击穿电压</td><td colspan="4">500 kV:≥60 kV
330 kV:≥50 kV
60～220 kV:≥40 kV
35 kV及以下等级:≥35 kV</td><td>(1)按《绝缘油 击穿电压测定法》(GB/T 507)或《电力系统油质试验方法　绝缘油介电强度测定法》(DL/T 429)中的有关要求进行试验;
(2)油样应取自被试设备;
(3)该指标为平板电极测定值,其他电极可按《运行中变压器油质量标准》(GB/T 7595)及《绝缘油 击穿电压测定法》(GB/T 507)中的有关要求进行试验
(4)对注入设备的新油均不应低于本标准</td></tr>
<tr><td>9</td><td>体积电阻率(90 ℃)(Ω·m)</td><td colspan="4">$\geqslant 6\times10^{10}$</td><td>按《液体绝缘材料工频相对介电常数、介质损耗因数和体积电阻率的测量》(GB/T 5654)或《绝缘油体积电阻率测定法》(DL/T 421)中的有关要求进行试验</td></tr>
<tr><td>10</td><td>油中含气量(%)(体积分数)</td><td colspan="4">330～500 kV:≤1</td><td>按《绝缘油中含气量测定真空压差法》(DL/T 423)或《绝缘油中含气量的测定方法(二氧化碳洗脱法)》(DL/T 450)中的有关要求进行试验</td></tr>
</table>

续表 12-26

序号	项 目	标 准	说 明
11	油泥与沉淀物(%)(质量分数)	≤0.02	按《石油产品和添加剂机械杂质测定法(重量法)》(GB/T 511)中的有关要求进行试验
12	油中溶解气体组分含量色谱分析	见有关章节	按《绝缘油中溶解气体组分含量的气相色谱测定法》(GB/T 17623)或《变压器油中溶解气体分析和判断导则》(GB/T 7252)及《变压器油中溶解气体分析和判断导则》(DL/T 722)中的有关要求进行试验

3. 新安装变压器油检测注意事项

对于新安装的变压器油的数据易引起不合格的常有:

(1)油微水超标,严重时引起油耐压达不到要求。

(2)油色谱化验结果含有:C_2H_2 微量或总的(某种)油中含气量偏高。

(3)油介质损耗因数超标准(>0.7%),而原因常不明。

在现场安装施工中,前两项原因较明显,也容易处理。微水超标可以采用真空滤油机加热循环,再辅以板式滤油机过滤使油脱水和过滤杂质,经过二次循环后,可以达到标准。油中含有微量乙炔(C_2H_2)或含气量偏高,现场也可采用 1 台或 2 台串联真空滤油机加热过滤循环,能在较短的时间合乎要求。而第 3 项油介质损耗因数超标,就很难用常规处理的方式来处理。

(四)绝缘油电气绝缘试验方法

如上所述,检测绝缘油的电气绝缘性能,有许多项目,其中最主要的是绝缘油介质损耗因数测量和耐压试验,而且对于绝缘油试验,有许多特点和要求,以下做简单介绍。

1. 绝缘油 $\tan\delta$ 的测量

绝缘油是高压电气设备绝缘中的重要组成部分,绝缘油品质的好坏直接关系到充油设备和电力网的安全。因此,绝缘油介质损耗因数作为检测绝缘油好坏的一种有效手段,直接关系到电力系统的安全经济运行。绝缘油油质分析中介质损耗因数的测量作为一项重要指标,可判断油质的完好性,表明运行中油的脏污与劣化程度或者油的处理结果如何。存在缺陷的油质,其他的电气和化学指标可能都在合格范围内,但通过油介质损耗因数试验仍可发现缺陷。合格的新油中所含极性杂质极少,所以介质损耗因数也小,一般仅有 0.01% ~0.1% 数量级,但当油由于过热或氧化而引起油质劣化,或混入其他杂质时,所生成的极性杂质和充电的胶体物质逐渐增加,介质损耗因数也就随之增加,在油的老化产物甚微,用化学方法尚不能察觉时,介质损耗因数就已明显地分辨出来。因此,介质损耗因数的测定是油质分析检验监督的重要手段,具有特殊的意义。

1)测量仪器

(1)高压交流电桥。测量绝缘油 $\tan\delta$ 用的高压交流电桥,其 $\tan\delta$ 的基本误差应小于

1.5%。通常采用有防护电位调节器的西林电桥或电流比较型交流电桥。

(2)油杯。可采用图12-1所示的绝缘油 $\tan\delta$ 测量油杯(电极)及温度控制加热器,也可以采用其他结构的油杯,油杯外电极接高压,内电极接电桥。

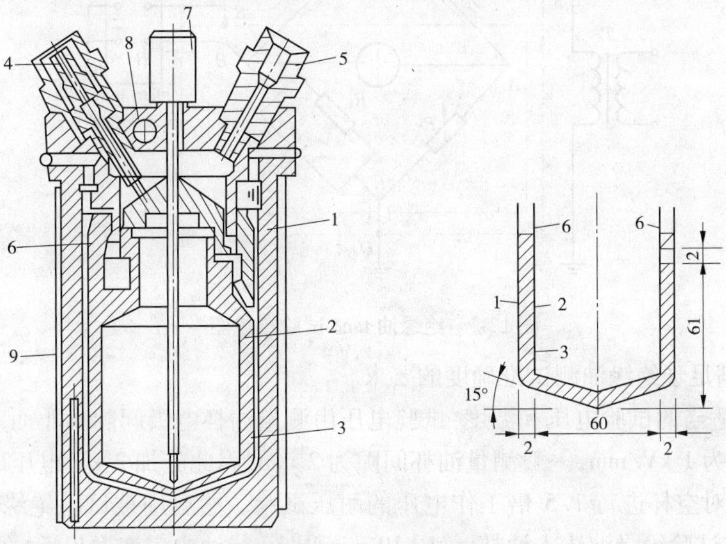

1—高压极(外电极);2—测量极(内电极);3—试验油;4—测量极引出线;
5—排气端;6—保护极(护环);7—测量传感器;8—温度传感器;9—加热器

图12-1　绝缘油 $\tan\delta$ 测量油杯　(单位:mm)

图12-1中测量油杯的主要技术特性:

①两电极空间距离:2 mm;

②空杯电容量:(60±5)pF;

③最大测试电压:工频2 000 V;

④空杯 $\tan\delta$:$\leqslant 5\times10^{-5}$;

⑤液体容量:约40 cm^3;

⑥电极材料:不锈钢;

⑦体积:240 mm(直径)×220 mm(高);

⑧质量约10 kg。

2)试验接线

有防护电位装置的西林电桥试验接线如图12-2所示。近来,防护电位自动调节器逐步取代了手动调节器(串接在电桥接地端回路中),此自动调节器自电桥对角线上点取得电位,经电子电路隔离和1:1放大后将相同幅值和相位的防护电位施加于电桥的内屏蔽,使电桥对角线A、B电缆线芯、桥臂元件等对内屏蔽的杂散电容,因等电位而不产生电容效应,从而提高电桥的测量精度。

3)试验步骤

(1)清洗油杯:试验前先用四氯化碳或酒精等清洗剂将测量油杯仔细清洗并烘干,以防附着于电极上的任何污物杂质及水分潮气等影响试验结果,使空杯的 $\tan\delta$ 值小于

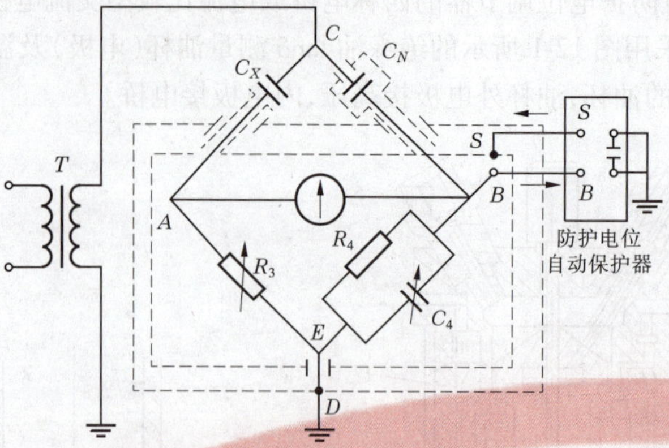

图 12-2 绝缘油 tanδ 试验接线图

0.01%，才能满足于绝缘油测试准确度的要求。

(2)施加适当的试验电压和温度：试验电压由测量油杯电极间隙大小而定，保证间隙上的电场强度为 1 kV/mm，一般测量油杯间隙为 2 mm，因此施加 2 kV 电压即可，在注油试验前还必须对空杯进行 1.5 倍工作电压的耐压试验。然后用被试验绝缘油冲洗油杯 2、3 次，再将被试验绝缘油注入油杯，静置 10 min 以上，待油中气泡逸出后，在常温下进行 tanδ 测量，由于判断油质的好坏主要是以高温下测量得的 tanδ 值为准，因此还必须将被试油样升温（变压器油应升温至 90 ℃，电缆油应升温至 100 ℃）。升温装置可以使用配套的温度控制加热器或油浴加热器等。但必须注意的是，不论采用哪一种升温装置，达到预定温度后的自然温升，即温度达到所需温度。虽然断开加温电源，但油杯内的温度仍要继续上升，这就需要试验人员根据操作电桥的经验在油杯未达到预定温度时开始进行 tanδ 测试，一般可以在预定温度前的 5 ~ 8 ℃开始测试，待测试完毕，油杯即可达到所需温度。

4)绝缘油取样的注意事项

绝缘油取样后，油样需送远方试验时，取样瓶需用蜡封口，以防受潮，且应在 24 h 内尽快进行试验。

2. 绝缘油介电强度试验

绝缘油介电强度试验是一项常规试验项目，它是用来说明绝缘油被水和其他悬浮物质物理污染的程度。

1)试验方法

绝缘油介电强度试验装置应输出近似正弦波形的试验电压。为减少油击穿时产生的游离碳，高压回路中宜串接 5 ~ 10 MΩ 的保护电阻器，将击穿电流限制在 3 ~ 5 mA，并采用速动过流保护装置在击穿后能尽量快地在 6 ~ 20 ms 内断开电源，以缩短每次击穿后的静置时间。

试验应在相对湿度不大于 75% 的室内进行，如受条件限制不能在室内进行，应避免阳光直射，并记录油温。

(1)取样。

介电强度的测试对试样的轻微污染相当敏感,取油样时很容易吸收水分,因此取样要用清洁、干燥的取样瓶。对桶装或听装的试样应从容器的底部抽取。

(2)清洗油杯。

揩拭油杯,应用清洁的绢丝,不可用布和棉纱。电极应进行仔细检查,不可使用表面有烧伤痕迹的电极。按规程规定,目前常用的电极为直径25 mm圆板形,倒角半径R为2 mm,极间距为2.5 mm。电极应安装在水平轴上,电极间隙用块规标准校正,极间距离要求为(2.5 ±0.1)mm。电极轴线浸入试油中的深度应为40 mm左右,油杯在使用前应用汽油或四氯化碳充分洗净,然后烘干。

2)试验步骤

(1)将装油样的瓶轻轻摇动,使油中杂质混合均匀,而又不形成气泡,然后用被试油洗涤电极及油杯(至少两次),再将油样沿杯壁或沿干净的玻璃棒慢慢注入油杯,把油杯接入试验回路,静置5~10 min,使气泡逸出。

(2)合上电源开关,电压按2 kV/s速度从零开始升到试样发生击穿。击穿电压就是当电极之间发生第一个火花放电时的电压,不管火花放电是瞬时的还是恒定的。

3)调压器

若采取上述保护电阻器和快速断开电源的措施,仅需轻微地摇动几下油杯,静置2 min,即可重复做升压试验。对具有电磁振动搅拌器的油杯和使用自动油介电强度试验器的,按制造厂规定确定静置时间。

每杯试样试验6次,取其平均值,即为该试样的介电强度。

在试验中,如果升压至试验变压器最大值(例如60 kV),油中无击穿现象,可停留1 min,仍不击穿,则认为油已合格。

(五)绝缘油中气体分析

正常情况下,充油电气设备内的绝缘油及有机绝缘材料,在热和电的作用下,会逐渐老化和分解,产生少量的各种低分子烃类及二氧化碳、一氧化碳等气体,如H_2、O_2、N_2、CO、CO_2、CH_4、C_2H_2、C_2H_4、C_2H_6等。这些气体大部分溶解在油中。当存在潜伏性过热或放电故障时,就会加快这些气体的产生速度。随着故障的发展,分解出的气体形成的气泡在油里经过对流、扩散,不断地溶解在油中。在变压器里,当产气速率大于溶解速率时,会有一部分气体进入气体继电器。故障气体的组成和含量与故障的类型和故障的严重程度有密切关系。因此,分析溶解于油中的气体,就能尽早发现设备内部存在的潜伏性故障,并可随时掌握故障的发展情况。

绝缘油中气体分析应按《变压器油中溶解气体分析和判断导则》(GB/T 7252—2001)执行。

在各电压等级上运行的为数众多的油浸式电力变压器,或因技术、制造工艺水平、制造质量,或因运行时间较长等诸多原因,引起变压器在运行状态下,变压器内部所充的绝缘油中溶解了极微量的气体,这是在正常状态下的,也是不可避免的,它的含量用百万分比浓度表示。但当绝缘油中溶解的气体急剧升高或者更确切的说是某种(某几种)特定的气体含量急剧升高时,那就预示变压器的内部存在较严重的故障。如果故障很严重,产生气体就变得速度非常快、量非常大,直接反映在用于保护变压器的气体(瓦斯)继电器上，气杯和挡板在产生的气体的浮力和油流冲击作用下动作，从而带动继电器接点动作。

在监视变压器运行状态是否稳定、设备健康状态是否良好方面，对变压器内部所充的绝缘油定期进行的油务化验和气相色谱分析监督就是一种很方便、简单、准确、有效的方法。如果有条件将变压器停电，进行常规的电气和绝缘试验，对故障的判断也是很有帮助的；如有必要还可以进行特殊的专门试验（如变压器的局部放电试验），将会更加准确。几种方法结合共同判断，将在很大程度上提高准确性。

绝缘油化验监视的主要气体成分有：H_2、CO、CO_2、CH_4、C_2H_6、C_2H_4、C_2H_2 等 7 种，油中溶解气体含量的允许值如表 12-27 所示。

表 12-27　变压器绝缘油中气体成分允许值

设备名称	气体组分	含量（ppm）
变压器	总烃	150
	乙炔	5

注：其中总烃含量为 CH_4、C_2H_6、C_2H_4、C_2H_2 含量之和。

这些气体是由绝缘油和变压器内部各种固体绝缘材料，在运行中受到水分、氧气、热量以及电的作用下分解产生的，并且还有铜和铁等材料催化作用的影响，发生化学变化，这个过程也被称为“老化”，最终将限制变压器的使用寿命。

正常运行的老化过程产生的气体主要是一氧化碳和二氧化碳。在油绝缘中存在局部放电时，油裂解产生的气体主要是氢和甲烷。在故障温度高于正常运行温度不多时，产生的气体主要是甲烷。随着故障温度的升高，乙烯和乙烷逐渐成为主要特征。在温度高于 1 000 ℃时，例如在电弧弧道温度（3 000 ℃以上）的作用下，油裂解产生的气体中含有较多的乙炔。如果故障涉及固体绝缘材料，会产生较多的一氧化碳和二氧化碳。不同故障时绝缘油中的气体组分见表 12-38。

表 12-28　不同故障时绝缘油中的气体组分

故障类型	主要气体组分	次要气体组分
油过热	CH_4，C_2H_4	H_2，C_2H_6
油和纸过热	CH_4，C_2H_4，CO，CO_2	H_2，C_2H_6
油纸绝缘中局部放电	H_2，C_2H_4，C_2H_2，CO	C_2H_4，CO_2
油中火花放电	C_2H_2，H_2	
油和纸中电弧	H_2，C_2H_2，CO，CO_2	CH_4，C_2H_4，C_2H_6
进水受潮或油中气泡	H_2	

有时变压器内并不存在故障，而由于其他原因，在油中也会出现上述气体，要注意这些可能引起误判的气体来源。例如，在有载调压变压器中切换开关油室的油向变压器本体渗漏或某种范围开关动作时悬浮电位放电的影响。有载调压变压器运行时油中含氢量与碳氢化合物的含量比无载调压变压器要高。变压器曾经有过故障，而故障排除后绝缘油未经彻底脱气，部分残余气体仍留在油中；变压器油箱曾带油补焊；原注入的油就含有

某几种气体等。还应注意，油冷却系统附属设备（如潜油泵、油流继电器等）故障产生的气体也会进入到变压器本体的油中。

二、六氟化硫气体的检测试验

（一）六氟化硫气体的检测试验相关标准规范

（1）《六氟化硫电气设备中气体管理和检测导则》（GB 8905—1996）。

（2）《工业六氟化硫》（GB/T 12022—2006）。

（3）《六氟化硫电气设备气体监督细则》（DL/T 595—1996）。

（4）《电力设备预防性试验规程》（DL/T 596—2005）。

（5）《六氟化硫气瓶及气体使用安全技术管理规则》。

（6）《六氟化硫电气设备制造运行及试验检修人员安全防护条例》。

（7）《电气设备中六氟化硫气体检测导则》（IEC 480）。

（8）《新六氟化硫的规范及验收》（IEC 376）。

本节内容主要根据国家标准《六氟化硫电气设备中气体管理和检测导则》（GB 8905—1996）编写。六氟化硫气体的技术管理应按《六氟化硫电气设备气体监督细则》（DL/T 595—1996）执行。

SF_6 新气检验要求：SF_6 新气到货后，充入设备前应按国家标准《工业六氟化硫》（GB/T 12022—2006）验收，对气瓶的抽检率为10%，其他每瓶只测定含水量。

SF_6 气体在充入电气设备 24 h 后方可进行试验。

（二）六氟化硫气体的一般性质

1. 物理性质

（1）六氟化硫气体的分子式为 SF_6，分子量为 146.07，分子直径为 4.56×10^{-10} m。

（2）六氟化硫气体在通常的室温和压力下呈气态，在 20 ℃和 101 325 Pa 时的密度为 6.08 g/L，约为空气密度的 5 倍。

（3）六氟化硫气体的临界温度为 45.6 ℃，经压缩而液化，通常以液态装入钢瓶运输。

（4）纯净的六氟化硫气体是无色、无嗅、无毒和不可燃的。

2. 电气性质

（1）六氟化硫是电负性气体（有吸收自由电子的倾向），具有良好的灭弧性能及高耐电压强度。耐电压强度是受试验或使用条件影响的，在一个大气压力下、均匀电磁场中，六氟化硫的耐电压强度约为氮气的 2.5 倍。

（2）纯净的六氟化硫是一种惰性气体，当温度约为 180 ℃时，它与电气结构材料的相容性和氮气相类似。设备中的放电会造成纯净六氟化硫气体的分解，其分解产物与结构材料是不相容的。

（3）六氟化硫气体在电弧作用下会产生分解现象，当温度高达 4 000 K 以上时，绝大部分分解产物为硫和氟的单原子。电弧熄灭后，绝大部分分解产物又结合成稳定的六氟化硫分子，然而有极少部分在重新结合的过程中与游离的金属原子及水发生化学反应，产生金属氟化物和硫的低价氟化物。

3. 杂质的种类及其质量标准

(1)杂质的种类及要求:新气杂质的性质及其容许含量应符合表12-29所规定的质量标准。

表12-29　六氟化硫气体质量标准

杂质或杂质组合	单位	规定值(重量比)
SF_6 纯度	m/m	≥99.8%
空气(N_2+O_2)	m/m	≤0.05%
四氟化碳(CF_4)	m/m	≤0.05%
可水解氟化物(以ppmHF计)	μg/g	≤1.0 ppm
矿物油	μg/g	≤10 ppm
水分	μg/g	≤8 ppm
酸度(以ppmHF计)	μg/g	≤0.3 ppm
毒性生物试验		生物试验无毒

(2)杂质的影响:某些杂质(如氮)含量高时,对绝缘及灭弧性能有重大影响,如最小的闪络距离、漏电路径的长度,封闭系统内产生电弧等。

毒性杂质:六氟化硫是无毒、无色的,并且没有气味。然而,虽然它是无毒的,却不能维持生命。在这些地方应该使用氧量仪测定氧气含量,空气中氧含量应大于18%。

当六氟化硫用在电气设备内时,无论是在故障情况下或是在正常的电弧遮断情况下,它都能被分解而产生硫—氟气体和金属氟化物的粉末。六氟化硫气体的裂解物为剧毒物质,因此在使用中应特别注意,工作人员必须采取防护措施,戴上防毒用具和呼吸器,戴上橡皮手套,避免接触气体分解产物。

(三)六氟化硫气体检测试验的取样

1. 取样方式

取样的目的是能够得到能代表设备内部大部分物质的样品。一般情况下,六氟化硫是以气体状态存在的,因而采到的是气体样品。然而,大部分甚至是绝大部分的六氟化硫会是液体,则可用液体试样,但应采取适当措施,以保证不会有液体六氟化硫残留在两个关闭的阀门之间。气体试样应是在足够的气体循环下得到的有代表性的样品,不应经过设备内部的过滤器抽取。

当在设备检修的同时需要取样而又必须将设备中的气体排入容器中时(该容器中的气体最后还是要装回到设备中去的),则可以从该容器中取试样。

2. 取样容器

现场取样必须采用由惰性材料制成的容器。当所取的样品是液态时,取样容器必须经受得起 70×10^6 Pa 的试验压力,并且不准完全充满。在温和的气候条件下,建议采用最大充气比为1 kg/L,取样容器在充气前、充气后要称重。在取样前,必须用真空泵抽空,并且最好是在工作现场进行。

3. 取样管及连接

取样管从被取样设备或取样容器连接到分析装置，接头应为全金属型，例如压接型或焊接型的。管子的内部应清洗干净，所有的油脂、焊药等都应清除尽。

有关取样的详细要求，参考国家标准《六氟化硫电气设备中气体管理和检测导则》（GB/T 8905—2012）。

（四）六氟化硫气体含水量的检测试验方法及标准

1. 测量方法概述

一般来说，六氟化硫中能冷凝的主要物质就是水，因此气体中的含水量检测是最常检测的项目。

测定的方法有重量法、电解法、露点法等。然而重量法是有效的测量方法，因此可以用来校核其他方法，在有疑问或争议的情况下，重量法作为测定气体中含水量的仲裁方法。含水量的日常测定可以简便地利用电解法或露点法（冷凝温度测定法）进行，露点法并不是专门对水的，它所显示的将是测定范围内存在于气体中能被冷凝的物质。

（1）重量法测量原理：以一定体积的六氟化硫气体通过装有高氯酸镁（无水）作干燥剂的定量的 U 形管，由管的增重计算该体积气体中的含水量。

（2）电解法的原理：电解湿度计的原理就是让含水气体通过一个电解池，电解池装有两个铑电极，电极卷在一个绝缘或框架内侧或外侧。两极之间除一层五氧化二磷薄膜，两极之间加上直流电压后，只要五氧化二磷是完全干燥的，就没有电流通过。待分析的气体通过电解池接触到五氧化二磷，五氧化二磷可吸收存在于气体中的水分。同时，电流通过薄膜，将吸收的水电解而产生氢和氧，从法拉第定律可知，所需的电量是所吸入的水量的度量。假如气体的流速是稳定的，并准确地知道这一流速，当已经达到稳定状态时流过的电流就是衡量气体中含水量的度量。该电流可用灵敏的电流计测得。

（3）露点法原理：气体中杂质的冷凝温度，就是气体的露点。露点的高低与气体所含杂质和水分相关。纯凝结水的饱和蒸汽压、绝对湿度和六氟化硫中水以重量计的 ppm 数值，这些数据指出了在一个给定的露点下能够存在的纯水最低浓度。

2. 六氟化硫气体的水分允许含量标准

设备中六氟化硫气体的水分允许含量标准见表 12-30。

表 12-30　设备中六氟化硫气体的水分允许含量标准

隔室	单位	交接验收值	运行允许值
有电弧分解物的隔室（20 ℃）	ppm（V/V）	≤150	≤300
无电弧分解物的隔室（20 ℃）	ppm（V/V）	≤500	≤1 000

（五）六氟化硫气体的其他检测试验项目和方法

1. 漏气率检测试验和要求

每个气隔的年漏气率用灵敏度不低于 1×10^{-5} 的检漏仪检查漏点，不大于 1%，或 3%，3% 为非推荐值。

2. 操作间空气中六氟化硫气体浓度极限值

（1）空气中六氟化硫气体的允许浓度不大于 1 000 ppm（V/V）（6 g/m^3）。

(2)短期接触,空气中六氟化硫的允许浓度不大于 1 250 ppm(V/V)(7.5 g/m^3)。

3. 四氟化碳、空气(氧、氮)的测定

利用气相色谱法也就是气固色层分离法,分析六氟化硫气体。空气的浓度(或它的组分氧、氮),以及四氟化碳、二氧化碳的浓度,可以用各组分的峰面积乘以被试化合物对检测器响应的校正因子,用归一化法求得。

4. 酸度的测定

酸度测定的分析方法采用酸碱滴定法。气体中的酸和酸性产物组分由稀标准氢氧化钠溶液吸收,过量的碱用标准硫酸液回滴,根据硫酸的消耗量计算出酸度值。

5. 可水解氟化物的测定

可水解氟化物用另外两种方法测定,其原理是以氢氧化钠溶液吸收六氟化硫气体中含有的可水解氟化物,从而生成氟化物离子溶液;随后在方法一中用锆—茜素试剂比色法,在方法二中用镧—茜素氟蓝试剂比色法,分别测定溶液中的氟化物。

6. 矿物油的测定

采用红外光谱法。用一定量的六氟化硫气体通过四氯化碳溶液,气样中的矿物油被四氯化碳溶液吸收,然后用红外分光光度计测定在 2 930 cm^{-1}(波数)处溶液中矿物油(相当于石蜡烃中甲基、次甲基的特征峰)的百分透过率,从吸光度公式换算出 2 930 cm^{-1}处的吸光度;根据朗伯-比耳定律,吸光度与浓度呈线性关系,利用标准溶液吸收曲线定量求出六氟化硫气体中矿物油的含量。

7. 六氟化硫气体毒性生物试验

试验利用体重为 20 g 左右雌性小白鼠分组进行试验,以检查其毒性。

(六)施工设备中六氟化硫气体的安全管理

六氟化硫气体的技术、安全管理应按《六氟化硫电气设备气体监督细则》(DL/T 595—1996)、《电力设备预防性试验规程》(DL/T 596—2005)、六氟化硫气瓶及气体使用安全技术管理规则、六氟化硫电气设备制造运行及试验检修人员安全防护条例执行。

(1)六氟化硫气体在电弧作用下,分解成气态和固态的副产物,这些产物是有毒、有腐蚀性的,在操作时必须注意安全。

(2)设备解体前,通过气体回收装置将 SF_6 气体全部回收,回收的 SF_6 气体应装入有明显标记的容器内准备进一步处理。设备解体后,可用干燥氮气对残余六氟化硫气体置换几次,残余气体应经吸附剂或 10% 氢氧化钠溶液处理后排放到不影响人员安全的地方。

(3)设备打开后,应放置一定时间后再进一步作业;使用前必须用吸尘器将粉尘吸干净。操作人员工作场所应强力通风,以清除设备中的残余气体。

(4)六氟化硫电气设备内部含有有毒的或腐蚀性的粉末,有些粉末以固态附着在设备内及元件的表面,要仔细地将这些粉末彻底清理干净。清理用过的物品用浓度约 20% 的氢氧化钠水溶液浸泡后埋掉。

(5)检修操作人员与分解气体和粉尘接触时,应该穿耐酸质料的衣裤相连的工作服,戴塑料或软胶手套,戴装活性碳的防毒呼吸器。操作人员工作完毕后应注意清洗。

(6)全封闭六氟化硫电器发生故障造成气体外逸时,人员应立即撤离现场,并立即采取强力通风。若有人被外逸气体侵袭，应立即脱掉工作服，送医院诊治。

（7）六氟化硫容器及吸附剂的管理：应按相关标准规定进行。

第十节　接地装置试验

一、接地装置概述

（一）基本定义

1. 接地体（极）

埋入地中并直接与大地接触的金属导体，称为接地体（极）。接地体分为水平接地体和垂直接地体。

2. 自然接地体

可利用作为接地用的直接与大地接触的各种金属构件、金属井管、钢筋混凝土建筑的基础、金属管道和设备等，称为自然接地体。

3. 接地线

电气设备、杆塔的接地端子与接地体或零线连接用的，在正常情况下不载流的金属导体，称为接地线。

4. 接地装置

接地体和接地线的总和，称为接地装置。

5. 接地

将电力系统或建筑物电气装置、设施过电压保护装置用接地线与接地体连接，称为接地。

6. 接地电阻

接地体或自然接地体的对地电阻和接地线电阻的总和，称为接地装置的接地电阻。接地电阻的数值等于接地装置对地电压与通过接地体流入地中电流的比值。

7. 工频接地电阻

接地体或自然接地体的对地电阻和接地线电阻的总和，称为接地装置的接地电阻。接地电阻的数值等于接地装置对地电压与通过接地体流入地中电流的比值。

通过接地体流入地中工频电流求得的电阻，称为工频接地电阻。

8. 零线

与变压器或发电机直接接地的中性点连接的中性线或直流回路中的接地中性线，称为零线。

9. 保护接零（保护接地）

中性点直接接地的低压电力网中，电气设备外壳与保护零线连接称为保护接零（或保护接地）。

10. 集中接地装置

集中接地装置是为加强对雷电流的散流作用、降低对地电位而敷设的附加接地装置，如在避雷针附近装设的垂直接地体。

11. 大型接地装置

大型接地装置为 10 kV 及以上电压等级变电所的接地装置，装机容量在 200 MW 以上的火电厂和水电厂的接地装置，或者等效平面面积在 5 000 m^2 以上的接地装置。

12. 安全接地

安全接地为电气装置的金属外壳、配电装置的构架和线路杆塔等，由于绝缘损坏有可能带电，为防止危及人身和设备的安全而设的接地。

13. 接地网

由垂直接地体和水平接地体组成的具有泄流和均压作用的网状接地装置，称为接地网。

14. 雷电保护接地

雷电保护接地为雷电保护装置（避雷针、避雷线和避雷器等）向大地泄放雷电流而设的接地。

15. 接触电位差

接地短路（故障）电流流过接地装置时，大地表面形成分布电位，在地面上离设备水平距离为 0.8 m 处与设备外壳、架构或墙壁离地面的垂直距离 1.8 m 处两点间的电位差，称为接触电位差；接地网孔中心对接地网接地极的最大电位差，称为最大接触电位差。

16. 跨步电位差

接地短路（故障）电流流过接地装置时，地面上水平距离为 0.8 m 的两点间的电位差，称为跨步电位差。接地网外的地面上水平距离 0.8 m 处对接地网边缘接地极的电位差，称为最大跨步电位差。

17. 转移电位

转移电位为接地短路（故障）电流流过接地装置时，由一端与接地装置连接的金属导体传递的接地装置对地电位。

18. 接地网

接地网为由垂直接地极和水平接地极组成的供发电厂、变电所使用的、兼有泄流和均压作用的较大型的水平网状接地装置。

（二）水电站接地相关标准

（1）《电气装置安装工程接地装置施工及验收规范》（GB 50169—2006）。

（2）《水力发电厂接地设计技术导则》（DL/T 5091—1999）。

（3）《电气装置安装工程　电气设备交接试验标准》（GB 50150—2006）。

（4）《交流电气装置的接地》（DL/T 621—1997）。

（5）GB 50147—2010、GB 50148—2010、GB 50149—2010、GB 50150—2006、GB 50257—1996、GB 50256—1996、GB 50255—1996、GB 50254—1996、GB 50303—2002。

（6）《水利水电工程通信设计技术规范》（DL/T 5080—1997）。

（三）水电站接地系统概述

水电厂接地装置通常包括枢纽内的水工建筑物、通航建筑物、电厂厂房和开关站等处的自然接地网和人工接地网。各个自然接地网和人工接地网，应至少用两根接地干线连接，以构成全厂的接地系统。接地干线间宜相距较远，干线截面面积应不小于 50 mm ×5 mm 的扁钢或直径 18 mm 的圆钢的截面面积。

水电厂中可利用接地的自然接地体有：与水或潮湿土壤相接触的钢筋混凝土水工建筑物的表层钢筋、金属结构、水管等。但预应力钢筋混凝土构件中的钢筋不宜用做自然接地。当利用自然接地体接地，接地电阻不满足要求时，及在高压配电装置的场地应设置人工接地均压网装置。

水电站的接地分为保护接地、工作接地、雷电保护接地和防静电接地。按照均衡电位接地的要求，除绝缘油库避雷针有独立的接地装置外，全厂的保护、工作、雷电保护和防静电接地均连成一个总接地装置，接地电阻应符合其中最小值的要求，并采取加强分流和均压措施均衡电位。

发电厂、变电站等大型接地装置除利用自然接地体外，还应敷设人工接地体，即以水平接地体为主的人工接地网、井，设置将自然接地体和人工接地体分开的测量井，以便于接地装置的测试。根据枢纽的自然环境条件及建筑物的布置，总接地装置由开关站、大坝、厂房、溢流坝等若干部分以及上、下游库区放射状接地干线构成。除开关站接地装置和上、下游接地干线采用人工接地体外，其余部分的接地装置主要是利用水工建筑物的表层钢筋、金属门槽、各种钢管等自然接地体焊接而成的。各部分接地网之间通过不少于两根的干线连成一个整体。

为了提高人体允许的接触电位差、跨步电位差，在开关站的主要交通道、经常有人活动的设备周围采取特别的措施，将接触电位和跨步电压、通过人体的电流限制在安全限度内。

为了减少对计算机监控系统的电磁干扰，要求该系统的直流接地采用一点接地方式，与总接地装置保持等电位。

（四）水电厂接地系统的设计要求

水电站接地系统的设计应遵循《水力发电厂接地设计技术导则》（DL/T 5091—1999）的规定。按接地装置内、外发生接地故障时，经接地装置流入地中的最大短路电流所造成的接地电位升高及地面的电位分布不致于危及人员和设备的安全。同时应坚持电站范围的接触电位差和跨步电位差限制在安全值之内的原则，进行水电站接地装置的设计。

在《交流电气装置的接地》（DL/T 621—1997）中，主要围绕生产和人身安全问题对交流电气装置的接地提出了严格要求，也对跨步电位差和接触电位差的定义作了明确规定。

跨步电位差是指接地短路（故障）电流流过接地装置时，地面上水平距离为 0.8 m 的两点间的电位差。

接触电位差是指接地短路（故障）电流流过接地装置时，在地面上离设备水平距离为 0.8 m 处与设备外壳（构架或墙壁）离地面垂直距离 1.8 m 处两点间的电位差。

二、水电站接地系统检测试验项目及要求

（一）接地系统检测试验概述

（1）对水电站接地系统进行现场验收检测试验，主要的依据还是工程接地设计，这是经过工程技术审核通过的文件。另外，关于上述“水电站接地相关标准”里的接地要求和规定，在现场验收时，可参照执行。验收中的检查项目和要求，在这些标准里都有详细的

说明,本节不再重复。尽管这些标准里某些具体的规定不完全相同,但基本要求是一致的。不同之处应根据工程实际情况进行分析,选择执行。

(2)接地系统检测试验主要分为两个方面:

①整个水电站接地系统的施工项目和工艺质量检查。

ⓐ检查凡是可以查看到的项目是否按照设计图纸完成,标准里所规定的接地项目应该一一检查核实,是否完全做到。标准里规定的各种电气设备的接地是否按要求做到。

ⓑ对隐蔽工程的审核:接地系统在施工过程中,对接地工艺应该有监督和记录,尤其是隐蔽工程的记录,应该仔细检查。

②接地系统的工频参数测量:以核查所设计的技术指标是否达到。虽然各个标准都有参考值,但主要还是以工程接地设计的规定值为依据。尤其是整个系统的接地电阻(交直流)值,是一个重要指标,需要在施工完成时进行测试达到。如果达不到,工程还需采取措施,对现有接地网进行改善。至于工程现场土壤电阻率的测试,是在工程进行接地设计之前就要完成的,是设计的依据之一。

(3)对水电站接地设计、计算书,施工记录、检验报告,竣工后指标参数测量的方法和结果等进行整理和评估。

(二)水电站接地的一般技术规定

《水力发电厂接地设计技术导则》(DL/T 5091—1999)第4.2条接地设计一般规定中关于电气设备接地的一般要求作了如下规定:

(1)为保证交流电网正常运行和故障时的人身及设备安全,电气设备及设施宜接地或接中性线,并做到因地制宜、安全可靠、经济合理。

(2)不同用途和不同电压的电气设备,除另有规定外,应使用一个总的接地系统。接地电阻应符合其中最小值的要求。

(3)接地装置应充分利用直接埋入水下和土壤中的各种自然接地体接地,并校验其热稳定性。

(4)当电站接地电阻难以满足运行要求时,可根据技术经济比较,因地制宜地采用水下接地、引外接地、深埋接地等接地方式,并加以分流均压和隔离等措施。对小面积接地网和集中接地装置,可采用人工降阻的方式降低接地电阻。

(5)接地设计应考虑土壤干燥或冻结等季节变化的影响。接地电阻在四季中均应符合标准规定的要求。防雷装置的接地电阻,可只考虑在雷季中土壤干燥状态的影响。

(6)初期发电时,应根据电网实际的短路电流和所形成的接地系统校核。当初期发电时的接触电位差、跨步电位差和转移电位差等参数不满足安全要求时,应采取临时措施保证初期发电时期电站安全运行。

(7)工作接地及要求:

①有效接地系统中自耦变压器和需要接地的电力变压器中性点、线路并联电抗器中性点、电压互感器接地开关等设备应按照系统需要进行接地。

②不接地系统中消弧线圈接地端、接地变压器接地端和绝缘监视电压互感器一次侧中性点需直接接地。

③中性点有效接地的系统,应装设能迅速自动切除接地短路故障的保护装置。中性

点不接地的系统应装设能迅速反应接地故障的信号装置，也可装设延时自动切除故障的装置。

(8)保护接地及要求。

电力设备下列金属部件，除另有规定外，均应接地或接中性线(保护线)：

①电动机、变压器、电抗器、电器、携带式及移动式用电器具等底座和外壳。

②SF_6 全封闭组合电器(GIS)与大电流封闭母线外壳及电气设备箱、柜的金属外壳。

③电力设备传动装置。

④互感器的二次绕组。

⑤配电、控制保护屏(柜、箱)及操作台等的金属框架。

⑥屋内外配电装置的金属架构和钢筋混凝土架构，以及靠近带电部分的金属围栏和金属门、窗。

⑦交、直流电力电缆桥架、接线盒、终端盒的外壳、电缆的屏蔽铠装外皮、穿线的钢管等。

⑧装有避雷线的电力线路杆塔。

⑨在非沥青地面的居民区内，无避雷线非直接接地系统架空电力线路的金属杆塔和钢筋混凝土的杆塔。

⑩铠装控制电缆的外皮、非铠装或非金属护套电缆的 1~2 根屏蔽芯线。

在低压电力系统中，全部采用接地保护时，应装设能自动切除接地故障的继电保护装置。

(9)防雷接地及要求：

①所有设有避雷针、避雷线的构架，微波塔均应设置集中接地装置。

②避雷器宜设置集中接地，其接地线应以最短的距离与地网相连。

③独立避雷针(线)应设独立的集中接地装置，接地电阻不宜超过 10 Ω。在高土壤电阻率地区，当按要求做到规定的 10 Ω 确有困难时，允许采用较高的数值，并应将该装置与主接地网连接，但从避雷针与主接地网的地下连接点到 35 kV 及以下电气设备与主接地网的地下连接点，沿接地体的长度不得小于 15 m。避雷针(线)到被保护设施的空气中距离和地中距离还应符合防止避雷针(线)对被保护设备反击的要求。

④独立避雷针(线)不应设在人经常通行的地方。避雷针(线)及其接地装置与道路入口等的距离不宜小于 3 m，否则应采取均压措施，敷设砾石或沥青地面。

(三)水电站各类电气设备的接地要求

《电气装置安装工程接地装置施工及验收规范》(GB 50169—2006)第 3 条规定了电气装置的接地要求。

(1)一般规定：对电气装置应该接地或接零的金属部分、电气装置可不接地或不接零的金属部分，需要接地的直流系统的接地装置等作出了规定。验收检查时应该一一检查。

(2)接地装置的选择和敷设：对可以利用的自然接地体，发电厂、变电站等大型接地装置敷设人工接地体作出了规定。验收时可以由此判断接地体的选择、敷设是否合适。

(3)接地体(线)的连接：这是检查时可以查看的，以判断接地线的设置是否合乎规定要求。

(4)对各种必须接地的电气设备作出规定。

(5)建筑物电气装置的接地要求。

(6)GIS设备的接地。

《水力发电厂接地设计技术导则》(DL/T 5091—1999)第10条对GIS设备各个部分的接地作出了规定。

由于GIS设备属于高压设备,且直接与输电线路相连接,容易遭受雷击,一旦发生短路事故,其短路电流可达数十千安。所以,水电站接地要求最高的部位,一般要求接地直流电阻在0.2 Ω以下。然而,山区水电站的开关站基本都设置在地势比较高的岩石坡上,接地电阻很难做到这么小,所以需要采取特别措施,才能满足要求。

(7)计算机接地。

《水力发电厂接地设计技术导则》(DL/T 5091—1999)第10条对水电站监控系统等二次设备的计算机设备的接地作出了规定。

规定要求电厂计算机接地应与电厂使用同一个接地装置,不宜设置独立接地装置(厂家有特殊要求时除外),以避免雷击或电力系统单相接地短路时,电厂接地网与计算机独立接地网间产生危险电压给计算机及其元件带来危害。

(8)对于发电厂、变电所内各类电气设备的接地要求,《交流电气装置的接地》(DL/T 621—1997)将设备分为A、B两类:A类为高压设备(交流标称电压500 kV及以下发电、变电、送电和配电电气装置(含附属直流电气装置));B类为低压设备和建筑物电气装置。该标准的规定也可作为上述各类设备接地要求的参考和补充。

(四)接地电阻的要求及计算方法

1.接地电阻值的确定

水电站接地装置的接地电阻值,按满足接地装置内、外发生接地故障时,允许的接地电压、接触电位差和跨步电位差进行确定。

水电站属大接地短路电流系统,对于大接地短路电流系统,根据《交流电气装置的接地》(DL/T 621—1997)的要求,电站接地装置的接地电阻值应符合下式:

$$R_{全厂} \leqslant \frac{2\,000}{I} \tag{12-11}$$

式中 $R_{全厂}$——全厂接地电阻,Ω;

I——计算用的流经接地装置的入地短路电流,A。

如入地短路电流设为4 000 A,则接地电阻设计值应为0.5 Ω。

对水电站跨步电位差和接触电位差、电气设备的绝缘水平、继电保护要求、二次电气设备的绝缘水平等方面的要求,是确定接地装置接地电阻的依据。接地电阻的降低会增加接地装置的造价,所以并不是接地电阻越小越好,应按照不同电气系统的中性点接地方式、接地短路电流大小、短路电流作用时间的不同,以及电气装置的绝缘水平不同,从保证安全和系统的正常工作出发,来确定不同交流电气装置接地的不同接地电阻允许值。

现代水电站接地总网的接地电阻值,一般都要求在1 Ω以下。

发电厂、变电所接地装置,因电压等级存在差异和接地短路(故障)电流大小不同,故允许接地装置分别采用接地电阻$R \leqslant 0.1$ Ω、0.5 Ω、4 Ω。水电站交流电气装置的接地电阻值要求有如下几类：

(1)500 kV 等级的交流电气装置接地电阻值要小于或等于 0.1 Ω。

(2)一般规定 500 kV 变电所接地网的接地电阻 $R \leqslant 0.1$ Ω。

(3)110～220 kV 变电所接地网的接地电阻 $R \leqslant 0.5$ Ω。

(4)35 kV 变电所接地网的接地电阻 $R \leqslant 4$ Ω。

(5)380 V/220 V 系统接地装置的允许接地电阻采用 $R \leqslant 4$ Ω。

(6)一般二次继电保护设备的接地电阻 $R \leqslant 0.5$ Ω。

(7)计算机监控系统及通信系统设备的接地电阻值要求不大于 10 Ω。

(8)电力线路杆塔接地装置采用允许接地电阻 $R \leqslant 10 \sim 30$ Ω。

2. 接地电阻的要求和计算方法

《水力发电厂接地设计技术导则》(DL/T 5091—1999)的第 5 条规定了接地电阻的要求和计算方法。

(1)大接地短路电流系统的接地电阻。

大接地短路电流系统的水电厂接地装置的接地电阻宜符合式(12-12)的要求：

$$R \leqslant \frac{2\,000}{I} \tag{12-12}$$

式中　R——考虑到季节变化的最大接地电阻，Ω；

I——计算用的流经接地装置的入地短路电流，A。

(2)小接地短路电流系统的接地电阻。

中性点非直接接地系统的水电厂接地装置的接地电阻应符合以下要求：

①高压与低压电力设备共用的接地装置

$$R \leqslant \frac{120}{I} \tag{12-13}$$

式中　R——考虑到季节变化的最大接地电阻，Ω；

I——计算用的接地故障电流，A。

接地电阻 R 不宜超过 4 Ω。

②仅用于高压电力设备的接地装置

$$R \leqslant \frac{250}{I} \tag{12-14}$$

接地电阻 R 不宜超过 10 Ω。

在高土壤电阻率地区，允许放宽接地电阻的限制，但不宜超过 15 Ω。对于地网外的高压电气设备接地电阻，不宜超过 30 Ω，并应校验接触电位差和跨步电位差以满足安全要求。

(3)低压系统的接地电阻。

低压电力设备接地装置的接地电阻不宜超过 4 Ω。

(4)杆塔的接地电阻。

一般不宜超过 30 Ω。

3. 国标关于接地阻抗的规定

《电气装置安装工程电气设备交接试验标准》(GB 50150—2006)第 26 条规定：

(1)测试连接与同一接地网的各相邻设备接地线之间的电气导通情况,以直流电阻值表示。直流电阻值不应大于 0.2 Ω。

(2)接地阻抗值应符合设计要求,当设计没有规定时应符合表 12-31 的要求。试验方法可参照国家现行标准《接地装置工频特性参数测试导则》(DL 475)的规定,试验时必须排除与接地网连接的架空地线、电缆的影响。

表 12-31 接地阻抗规定值

接地网类型	要 求
有效接地系统	$Z \leqslant 2\,000/I$ 或 $Z \leqslant 0.5$ Ω(当 $I > 4\,000$ A 时) 式中 I——经接地装置流入地中的短路电流,A; Z——考虑季节变化的最大接地阻抗,Ω。 注:当接地阻抗不符合以上要求时,可通过技术经济比较增大接地阻抗,但不得大于 5 Ω。同时应结合地面电位测量对接地装置综合分析。为防止转移电位引起的危害,应采取隔离措施
非有效接地系统	(1)当接地网与 1 kV 及以下电压等级设备共用接地时,接地阻抗 $Z \leqslant 120/I$; (2)当接地网仅用于 1 kV 以上设备时,接地阻抗 $Z \leqslant 250/I$; (3)上述两种情况下,接地阻抗一般不得大于 10 Ω
1 kV 以下电力设备	使用同一接地装置的所有这类电气设备,当总容量≥100 kVA 时,接地阻抗不宜大于 4 Ω;当总容量<100 kVA 时,则接地阻抗允许大于 4 Ω,但不大于 10 Ω
独立微波站	接地阻抗不宜大于 5 Ω
独立避雷针	接地阻抗不宜大于 10 Ω。当与接地网连在一起时可不单独测量
发电厂烟囱附近的吸风机及该处装设的集中接地装置	接地阻抗不宜大于 10 Ω。当与接地网连在一起时可不单独测量
独立的燃油、易爆气体储罐及其管道	接地阻抗不宜大于 30 Ω(无独立避雷针保护的露天贮罐不应超过 10 Ω)
露天配电装置的集中接地装置及独立避雷针(线)	接地阻抗不宜大于 10 Ω
有架空地线的线路杆塔	当杆塔高度在 40 m 以下时,按下列要求;当杆塔高度≥40 m 时,则取下列值的 50%,但当土壤电阻率大于 2 000 Ω · m、接地阻抗难以达到 15 Ω 时,可放宽至 20 Ω。 土壤电阻率≤500 Ω · m 时,接地阻抗 10 Ω; 土壤电阻率 500~1 000 Ω · m 时,接地阻抗 20 Ω; 土壤电阻率 1 000~2 000 Ω · m 时,接地阻抗 25 Ω; 土壤电阻率>2 000 Ω · m 时,接地阻抗 30 Ω
与架空线直接连接的旋转电机进线段上避雷器	不宜大于 3 Ω
无架空地线的线路杆塔	(1)非有效接地系统的钢筋混凝土杆、金属杆:接地阻抗不宜大于 30 Ω。 (2)中性点不接地的低压电力网线路的钢筋混凝土杆、金属杆:接地阻抗不宜大于 50 Ω。 (3)低压进户线绝缘子铁脚的接地阻抗:接地阻抗不宜大于 30 Ω

注:表中对某些项目接地电阻的规定可能不一致,这可能与所指实际环境地质(土壤电阻率)情况有所不同。检测验收时,应根据实际情况分析而定。

(五)接地装置工频参数测量

接地装置工频参数测量《水力发电厂接地设计技术导则》(DL/T 5091—1999)第14条有详细介绍,不再赘述。也可参考本书第十一章中接地电阻测量一节。

在工程现场验收时,一个主要检测的参数是水电站整个接地网的接地电阻值测量。测量方法和测量环境条件不同,可能测量结果有所差异,应该进行综合分析。

1.接地电阻测量要求

(1)发电厂地网和线路杆塔接地装置的工频特性与土壤的潮湿程度有密切关系,应避免雨天和雨后立即测量,应在连续天晴3天后测量。

(2)接地测量前要事先了解清楚地下金属管道情况,在布置电流极和电压极时,应与埋在地下的金属管道走向垂直。

(3)测量时,接地装置应与线路避雷线断开。

(4)接地测量的入流测量点宜分别设在主变压器接地处和高压配电装置接地处。

(5)大型接地网的接地电阻测量,宜采用独立电源或经隔离变压器供电的电流—电压表法测量,并尽可能加大测量电流,测量电流不宜小于10 A。

小型接地网的接地电阻可采用电流—瓦特表法和接地摇表测量。

输电线路杆塔接地装置的接地电阻,可采用接地摇表测量。

(6)接地装置的接地电阻宜采用两种方法或两种电极布置方式测量,以便互相验证,提高测量结果的可信度。

2.接地电阻测量方法

(1)电流—电压表三极法;

(2)电流—电压表四极法;

(3)电流—瓦特表三极法;

(4)接地电阻测量仪的测量。

具体测量方法详见《水力发电厂接地设计技术导则》(DL/T 5091—1999)第14条。

3.其他参数测量

接触跨步电位差测量、土壤电阻率测量、水电阻率测量等详见《水力发电厂接地设计技术导则》(DL/T 5091—1999)第14条。

三、水利水电工程接地装置交接验收检查

验收标准为《电气装置安装工程　接地装置施工及验收规范》(GB 50169—2006)。

在水利水电工程现场验收时,应按下列要求进行检查:

(1)按设计图纸施工完毕,隐蔽部分必须在覆盖前会同有关单位做好中间检查及验收记录。接地施工质量符合本规范要求。

(2)整个接地网外露部分的连接可靠,接地装置的焊接质量应符合GB 50169—2006第3.4.2条的规定,接地线规格正确,防腐层完好,标识齐全明显。

(3)避雷针(带)的安装位置及高度符合设计要求。

(4)供连接临时接地线用的连接板的数量和位置符合设计要求。

(5)接地电阻值及设计要求的其他测试参数符合设计规定。

(6)接地装置验收测试应在土建完工后尽快安排进行。对高土壤电阻率地区的接地装置,在接地电阻难以满足要求时,应由设计确定并采取相应措施,验收合格后方可投入运行。

(7)在交接验收时,应向甲方提交下列资料和文件:①实际施工的记录图;②变更设计的证明文件;③安装技术记录(包括隐蔽工程记录等);④测试记录。

(8)接地装置的施工及验收,除应按本规范的规定执行外,尚应符合国家现行有关标准规范的规定。

第十一节　励磁设备试验

本节基本按照《大中型水轮发电机静止整流励磁系统及装置试验规程》(DL 489)编写。

一、励磁系统概述

(一)发电机励磁系统的作用

现代水力发电基本都采用同步发电机。为发电机配套的励磁设备一般采用静止可控硅整流装置。因此,励磁系统装置可简单地定义为:为同步发电机提供直流励磁电流的装置。其实质就是一台可控的直流电源。

励磁装置的作用和功能要求有如下几个方面:

(1)为发电机转子供给直流电源,建立旋转磁场。

(2)发电机空载时,建立和调整发电机出口电压;并网时为电网供给无功功率。

(3)根据运行要求对发电机实行最大、最小等励磁限制。

(4)在发电机事故跳闸时,进行灭磁,吸收转子能量,为发电机转子提供过压保护。

(5)为发电机和电网稳定运行,进行无功分配,抑制电网振荡,事故情况下提供强励等。

(6)现代许多发电机设置了电气制动功能,则要求励磁装置配合电气制动器协调工作。

(二)励磁系统的基本组成部分及工作原理

发电机励磁系统原理如图12-3所示。

同步发电机励磁系统的形式很多,按照励磁电源的供电方式可以划分为他励式和自励式两大类。这里以水电工程常用的静止可控硅自并励系统为例介绍。励磁系统由如下几个部分构成。

1. 大功率可控整流器

整流器一般用大功率整流可控硅晶闸管、二极管组成三相全波整流桥。如全部采用可控管,则称为全控桥;如一半为可控管,另一半为二极管(不可控),则称为半控桥。为提供足够功率的励磁电流,一套励磁装置可能配置一台以上至数台整流桥。装置整流桥的电器柜称为功率柜,并为之配置冷却装置(如风扇)。

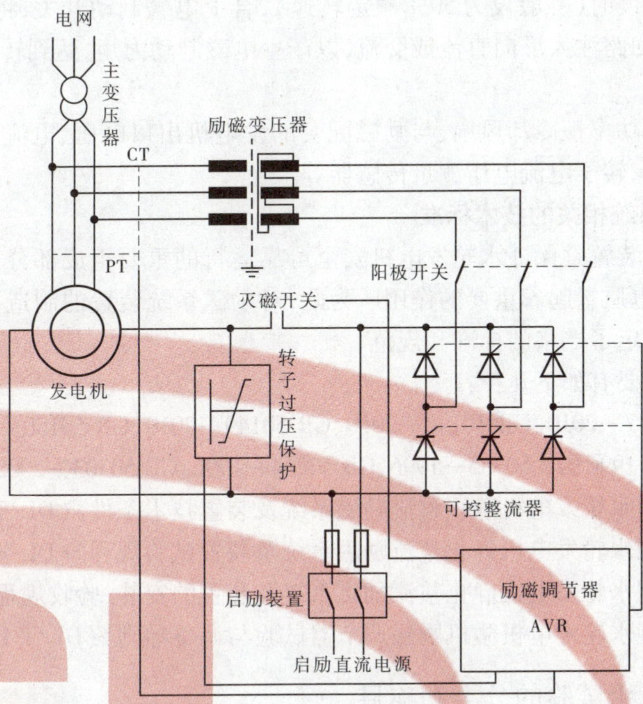

图 12-3　发电机励磁系统原理图

2. 励磁调节器

励磁调节器一般也称为自动电压调节器(AVR)。它根据发电机定、转子回路的电压、电流反馈信号和设定值,对整流桥中的可控硅元件发出相应的触发脉冲,从而控制整个励磁系统的工作。现代励磁调节器基本都以微型计算机为基础制成。

3. 灭磁部件

灭磁部件由灭磁直流开关和消能等元件组成。开关在断开大电流转子回路时,具有熄灭电弧的能力。灭磁开关有单端口、双端口或多端口等型式,具体根据转子回路的电压、电流参数选择。消能元件一般为非线性碳化硅电阻和氧化锌电阻两大类,国外设备采用前者,而国内设备多采用后者。

4. 转子保护部件

转子保护部件对转子回路可能产生的瞬间电压,对转子实行保护。

5. 启励部件

这是自并励装置在发电机建压开始时,由于剩磁较小,不足以为整流桥阳极提供导通的交流电压,则外加以蓄电池或另外的整流桥提供的直流电源,一旦发电机机端电压达到足够的强度,则启励开关断开启励电压,整流器的阳极电源由发电机自己供给。

6. 励磁变压器

对自并励而言,就是将发电机出口电压转换为励磁整流桥阳极所用的电压。它是整个励磁装置的能源,设计容量必须考虑强励的要求。

7. 电气制动部件

在设计有电气制动功能的发电机里,还有电气制动部分。电气制动一般是在发电机转速降至一定程度时(一般设为50%额定转速),合上电气制动开关,将发电机出口三相短路,并为转子回路注入反向直流或交流,以产生电磁制动力矩,达到转子减速的目的。

8. 其他部件

其他部件如功率柜冷却风扇,与励磁配套的发电机出口电压、电流互感器(PT/CT)、无功功率变送器,转子电流电压测量传感器等。

(三)励磁系统相关的技术标准

励磁系统及装置是保证水轮发电机安全可靠运行的重要组成部分,对电力系统的稳定运行及发、供电质量起着重要的作用。为此,对励磁系统装置的制造、安装调试和运行维护等方面都制定了严格的标准和规范。

相关标准主要有如下几种:

(1) GB 50147—2010、GB 50148—2010、GB 50149—2010、GB 50150—2006、GB 50257—1996、GB 50256—1996、GB 50255—1996、GB 50254—1996、GB 50303—2002。

(2)《大中型水轮发电机静止整流励磁系统及装置技术条件》(DL/T 583—2006)。

(3)《大中型水轮发电机静止整流励磁系统及装置试验规程》(DL 489)。

(4)《大中型水轮发电机静止整流励磁系统及装置的安装、验收规程》(DL 490)。

(5)《大中型水轮发电机微机励磁调节器试验与调整导则》(DL/T 1013)。

二、励磁系统试验的分类和项目

对于励磁系统及装置质量控制的各项试验,其标准和方法应符合上述标准的规定。本文主要根据《大中型水轮发电机静止整流励磁系统及装置试验规程》(DL 489)的要求和规定来介绍励磁系统的各项试验。

(一)励磁系统试验分类

1. 出厂试验

对组成励磁系统的励磁设备和装置,每台(套)均应进行出厂试验。在制造厂无条件进行的出厂试验项目,可与励磁系统安装后的交接试验一起进行。

2. 型式试验

遇有下列三种情况之一者,应进行型式试验:

(1)新产品定型。

(2)在正常产品的设计、工艺、材料(包括电子元器件)改变而影响产品的主要性能时。

(3)按合同规定需对电站安装的第一台产品进行型式试验者。

3. 交接试验

此试验应在励磁系统及其装置交付正式投入运用前进行。

4. 定期检验

对已投入运行的励磁系统及装置,为确保其安全可靠运行而进行的定期检查试验,其试验周期一般与机组检修周期相同或根据装置运行的情况而定。关于装置中的设备及元器件故障修复后或更换后的试验,以及正常维护监测工作按《大中型水轮发电机静止整流励磁系统及装置运行、检修规程》(DL 491)的规定进行。

(二)试验项目

励磁系统装置的型式试验、出厂试验、交接试验及定期检查试验项目如表12-32所示。

表12-32　型式试验、出厂试验、交接试验及定期检查试验项目

序号	试验项目	型式试验	定期检查	出厂试验	交接试验
1	励磁变压器试验	√	√	√	√(c)
2	串联变压器试验	√	√	√	√(c)
3	励磁变流器试验	√	√	√	√(c)
4	磁场断路器及灭磁开关试验	√	√(a)	√	√
5	大功率整流器试验	√	√	√	√
6	脉冲变压器试验	√	√	√	√(a)
7	非线性电阻试验	√	√(a)	√	√
8	可控硅跨接器试验	√	√	√	√
9	励磁系统各部件的绝缘测定及介电强度试验	√	√	√	√
10	自动励磁调节器各基本单元、辅助单元试验	√	√	√	√
11	自动励磁调节器总体静态特性试验	√	√	√	√
12	励磁系统操作、保护、监测、信号及接口等回路试验	√	√	√	√
13	起励、降压及逆变灭磁特性试验	√	√(a)	√	√
14	测量自动励磁调节器各调节通道的电压整定范围及给定电压变化速度	√	√(a)	√	√
15	带自动励磁调节器测录发电机电压频率特性	√	√(a)	√	√(a)
16	自动/手动以及两套自动调节通道的相互切换试验	√	√(a)	√	√
17	手动控制单元调节范围试验	√	√(a)	√	√
18	发电机空载状态下10%阶跃响应试验	√	√(a)	√	
19	整流功率柜冷却系统的检测	√	√	√	
20	噪声试验	√			
21	励磁系统功率单元的均流及均压测试	√	√	√	√
22	带自动励磁调节器的发电机电压调差率的测定	√	√(a)	√	√(b)
23	发电机无功负荷调整及甩负荷试验	√	√(a)	√	
24	发电机在空载和额定工况下的灭磁试验	√	√(a)	√	√

续表 12-32

序号	试验项目	型式试验	定期检查	出厂试验	交接试验
25	发电机在空载强励情况下的灭磁试验	√			
26	励磁系统顶值电压及电压响应时间的测定	√			
27	励磁系统各部分的温升试验	√			
28	各辅助功能单元及保护，检测单元的整定与动作正确性试验	√	√(a)	√	√(b)
29	励磁装置的低压大电流下 72 h 连续通电试验		√		√
30	励磁系统在额定工况下的 72 h 连续试运行	√	√(a)	√	
31	机械振动试验	√			
32	环境试验	√			

注：(a)表示在制造厂无条件进行的试验项目可与交接试验合并进行，由制造厂、安装、设计、运行单位一起参加进行试验。

(b)表示用模拟方法进行的试验。

(c)按《电气设备预防性试验规程》(DL/T 596—2005)进行。

三、励磁系统装置的验收要求

(一)出厂验收

(1)制造厂应在通知订货单位来厂验收前 1 个月，提供完整、准确的产品图纸(包括原理接线图、装置内部各单元接线图、印刷板装焊图以及电子元器件参数明细表)、产品说明书、产品技术条件等有关技术资料。

(2)订货单位验收人员到厂后，制造厂还应提供调试大纲与调试说明书。其内容应包括下列方面：

①按行业标准及合同规定，列出在厂内进行的出厂试验项目。

②明确调试步骤与方法。

③确定试验中监视点的位置或检测孔的编号，以及被测量的允许偏差。

④试验中使用的特殊仪器、仪表规格。

(3)验收应在自检合格、符合国家标准及行业标准和订货合同要求的基础上进行。

(4)出厂验收方法与要求：

①订货单位第一次使用各种型号的装置时，该单位应参加全部出厂试验，但订货单位对其他产品可视质量情况进行抽检。

②出厂检验的不合格产品、备品、备件、包装等，不应出厂。

(二)工程交接验收

(1)安装单位及制造厂应按工程设计产品订货合同以及安装承包合同规定完成全部安装工作，并且质量应符合本规程有关条款的规定。

(2)安装单位在验收前应提供清楚、准确、完整的励磁系统及装置的下述技术资料与文件(竣工图可在装置交接验收后 1 个月内提交)：

①竣工图。

②设计修改通知。

③主要设备缺陷处理一览表及有关设备缺陷处理的会议文件。

④备品、备件清单与实物清单。

⑤安装及调试记录。

(3)对安装调试中修改、解决或存在的问题,应由安装单位将有关会议纪要、设计修改通知和各种函件的复制品进行整理和汇总,并作为竣工验收与决算的资料之一在验收前提供。

(4)工程交接验收方法与要求:

①在安装单位安装调试完成后,工程建设单位和运行单位应根据安装单位提供的安装和调试报告进行复检。

②励磁系统及装置在水轮发电机组带负荷连续 72 h 试运行合格后,应由安装单位会同制造厂共同向工程建设单位进行交接验收。

(三)验收后的要求

励磁系统及装置在交接验收后的规定保证期内,如发现产品或安装质量问题,应由制造厂或安装单位负责处理。

四、励磁系统各项试验方法及要求

(一)励磁系统主回路设备及元器件的试验

1. 励磁变压器试验

干式励磁变压器试验项目,按规程 DL 489 规程第 6.0.1 条中的一、三、四、七、九项的规定进行。介电强度试验电压要求按规程 DL 489 第 6.2 条的规定进行。此外,还应进行下列试验:

(1)在发电机额定工况下测定励磁变压器低压侧三相电压,不对称度不应大于 5%。对低压侧电压高于 500 V 的励磁变压器,应使用专用绝缘棒测试。

(2)励磁变压器在 1.3 倍额定电压下的工频感应过电压试验,其耐压持续时间为 3 min。试验方法可以用发电机自励或他励方式取得试验电源,也可以外加电源进行试验。

(3)在 110% 的发电机额定励磁电流下用变压器本身的测温装置测定其绕组或铁芯温升。

2. 串联变压器试验

有的励磁系统设有串联变压器,须按下述要求进行试验:

(1)变压器一、二次绝缘电阻测定及电气强度试验按 DL 489 第 6.2 条规定进行。

(2)通过变压器空载特性试验,求得互感抗 X_{μ} 和一次漏抗 X_{s1}。

(3)通过串联变压器的短路特性试验,求得其二次漏抗 X_{s2}。

3. 磁场断路器及灭磁开关试验

(1)绝缘电阻测定及介电强度试验,用 1 000 V 兆欧表测量下列部位的绝缘电阻,不应小于 5 MΩ。包括:

①断开的两极触头间；

②主回路中所有导电部分与地之间；

③DM2 开关分流电阻与接地的底架间。

其工频耐压按标准 DL489 第 6.2 条规定进行。

(2)导电性能检查。灭磁开关或磁场断路器中通以 100 A 以上电流，连续接通和分断 3 次，测量主触头的电压降。3 次测量结果的平均值不应大于制造厂的规定。

(3)操作性能试验。在控制回路电压为 80% 额定操作电压时合闸和分断 10 次，灭磁开关或磁场断路器动作应正确可靠。

(4)在不同的励磁电流下灭磁开关及磁场断路器以最小分断电流、50% 和 100% 的额定励磁电流各进行 1 ~ 2 次的分断试验，试验后需检查触头及栅片间隙等是否有异常。

50% 和 100% 额定励磁电流下的分断试验可结合过压保护一起进行。

4. 功率整流元件的测试

整流管及晶闸管应进行下列特性参数的测试。测试方法按《半导体器件反向阻断三极晶闸管的测试方法》(GB/T 15293—1994)进行。

(1)伏安特性参数的测试。对于整流管，用专用仪器测量其伏安特性参数。如参数不符合相应规定，则该器件应予更换。

(2)控制特性的测试。测量晶闸管的触发电压、触发电流、维持电流，测得的数值与元件产品出厂记录值应无明显差别，其最大值与最小值应符合相应的标准或产品规定的要求。

在交接与定期检验时，有些装置的晶闸管测试比较困难，故一般只抽查 5% ~10% 的晶闸管与出厂记录进行对比。无明显差别时，可不扩大测试范围；当发现有一只晶闸管不合格时，应根据具体情况扩大至 50% ~100% 来进行测试。

5. 脉冲变压器的试验

(1)输入及输出特性测试。通过移相或脉冲放大单元输入触发脉冲，在带晶闸管和不带晶闸管两种情况下用示波器测量输出脉冲的幅值及宽度等参数，应符合产品技术要求。脉冲前沿应为 1 ~2 μs，输出脉冲形状不应畸变和产生振荡。

(2)电气绝缘强度试验。脉冲变压器输出绕组在运行中要承受转子灭磁及感应过电压的高电位，其绕组之间的绝缘电阻不应低于制造厂的规定，工频耐压标准不应低于标准 DL 489 第 6.2 条的规定。

6. 励磁绕组过电压保护装置

过电压保护装置一般有非线性电阻、跨接器等。

(1)非线性电阻试验。

型式试验及出厂试验按制造厂家规定进行。对于高能氧化锌压敏电阻元件，交接试验中应逐片测试记录元件压敏电压 $U_{1.0mA}$；测试元件泄漏电流，对元件施加相当于 0.4 倍 $U_{1.0mA}$ 直流电压时其通流量应小于 50 μA，定期检验时按同样标准检测元件泄漏电流大修时，测定元件压敏电压，在同样外部条件下与初始值比较，压敏电压化率大于 10% 应视元件为老化失效。非线性电阻组件工频耐压试验按 DL 489 第 6.2 条规定进行。

(2)跨接器试验。

①电气元器件的试验。对晶闸管的测试应符合标准 DL 489 第 6.1.4 条的规定。其余电气元器件,按国标 GB 50147—2010、GB 50148—2010、GB 50149—2010、GB 50150—2006、GB 50257—1996、GB 50256—1996、GB 50255—1996、GB 50254—1996、GB 50303—2002、GB 14048.1—2012 以及其他相应国标或行业标准的规定进行。

②跨接器动作值的校验。应在发电机投入试运行前按制造厂产品说明书或调试说明书对其动作值进行校验。如制造厂无规定,一般可在发电机静止状态下给励磁绕组通以空载额定励磁电流,用模拟过电压触发,录制动作值应符合整定要求。

(二)励磁系统各部件的绝缘测定及介电强度试验

1. 绝缘电阻的测定

(1)绝缘电阻的测量部位。

①不同带电回路之间;

②各带电回路与金属支架底板之间。

(2)测量绝缘电阻的仪表。

①100 V 以下的电气设备或回路,使用 250 V 兆欧表;

②100 ~ 500 V 以下的电气设备或回路,使用 500 V 兆欧表;

③500 ~ 3 000 V 以下的电气设备或回路,使用 1 000 V 兆欧表;

④3 000 ~ 10 000 V 以下的电气设备或回路,使用 2 500 V 兆欧表;

⑤10 000 V 及以上的电气设备或回路,使用 2 500 V 或 5 000 V 兆欧表。

(3)绝缘电阻值。不同电压等级及用途的回路绝缘电阻值见表 12-33。

表 12-33　不同电压等级的回路绝缘电阻值

序号	电气回路性质	绝缘电阻值(MΩ)
1	与励磁绕组及回路电气上直接连接的所有设备及回路	1
2	与发电机定子回路电气上直接连接的设备或回路	不低于 GB 50147—2010、GB 50148—2010、GB 50149—2010、GB 50150—2006、GB 50257—1996、GB 50256—1996、GB 50255—1996、GB 50254—1996、GB 50303—2002 的规定
3	与励磁绕组或回路电气上不直接连接的设备或回路	按《低压开关设备和控制设备　第 1 部分:总则》(GB 14048.1—2012)的规定
4	与励磁绕组或回路电气上不直接连接且电压为 100 V 以下的设备或回路	1

2. 介电强度试验

(1)与励磁绕组及回路电气上直接连接的所有设备及回路。

①额定励磁电压为 500 V 及以下者:

ⓐ出厂试验电压为 10 倍额定励磁电压,且最小值不得低于 1 500 V;

ⓑ交接试验电压为 85% 出厂试验电压,但最小值不得低于 1 200 V;

ⓒ定期检验试验电压为85%的交接试验电压,但最小值不得低于1 000 V。

②额定励磁电压为500 V以上者:

ⓐ出厂试验电压为2倍额定励磁电压+4 000 V;

ⓑ交接试验电压为85%出厂试验电压;

ⓒ定期检验试验电压为85%的交接试验电压。

(2)与发电机定子回路电气上直接连接的设备或回路(如励磁变压器、串联变压器、高压侧熔断器、隔离开关、励磁变流器等)。

①出厂试验电压按《高压输变电设备的绝缘配合》(GB 311.1)的规定,对干式变压器可按《干式变压器》(GB 6450)的规定;

②交接试验电压按GB 50147—2010、GB 50148—2010、GB 50149—2010、GB 50150—2006、GB 50257—1996、GB 50256—1996、GB 50255—1996、GB 50254—1996、GB 50303—2002的规定;

③定期检验试验电压按原水利电力部颁发的《电气设备预防性试验规程》的规定。

(3)与励磁绕组或回路电气上不直接连接的设备或回路。

①出厂试验电压符合《低压开关设备和控制设备　第1部分:总则》(GB 14048.1—2012)的规定;

②交接试验电压应符合GB 50147—2010、GB 50148—2010、GB 50149—2010、GB 50150—2006、GB 50257—1996、GB 50256—1996、GB 50255—1996、GB 50254—1996、GB 50303—2002的规定;

③定期检验试验电压按交接试验电压进行。

3.交流耐压试验方法与要求

励磁系统在承受交流耐压试验电压值(有效值)的时间内,不应产生绝缘损坏或闪络现象。交流试验电压应为正弦波,频率为45~55 Hz,在规定试验电压值下的持续时间为1 min。

对设备或回路进行绝缘电阻测试或进行交流耐压试验时,非被试回路及设备应可靠短接并接地,被试电子元件、电容器的各电极在试验前应短接。

(三)励磁系统操作、保护、监测、信号及接口等回路的元器件和回路试验

1.出厂试验

励磁系统操作、保护、监测、信号及接口等回路和元器件的出厂试验,可按制造厂的企业标准进行,但不应低于国家标准、行业标准或部标准的要求。

2.交接试验

励磁系统操作、保护、监测、信号及接口等回路中的仪表、继电器等元器件的性能试验按有关标准进行。按《大中型水轮发电机静止整流励磁系统及装置技术条件》(DL/T 583—2006)及运行要求整定有关的动作值。在安装、配线、元器件检验完毕以及回路绝缘良好的情况下,可以进行模拟试验,检验操作、保护、监测、信号及接口回路动作的正确性,回路模拟试验动作正确后,再进行实际运行情况下的试验。

(四)自动励磁调节器各基本单元的特性试验

1. 测量单元测试方法

(1)测试项目及要求:检查调差部分、正序电压滤过器、测量变压器、整流滤波电路和测量单元比较桥等组成的测量单元各部分工作及接线的正确性与可靠性。

(2)测量单元比较桥的测试方法:改变测量变压器输入侧交流电压,测录输出直流电压对输入电压的特性曲线,并检查其输出的纹波值是否符合设计要求。试验应在电压整定电位器的上、中、下三挡位置上进行,测量输出电压应使用高内阻的直流电压表。

2. 调差单元的测试方法与要求

先用模拟法加入相当于发电机额定无功电流的模拟电流和相当于发电机额定电压的模拟电压,检测各刻度的调差值,应符合设计要求。然后,在发电机带负荷情况下检验调差单元所接电流互感器和电压互感器的极性与相,确证无误后,重新检验各刻度的调差值。

3. 综合放大和积分单元

(1)不带积分的综合放大单元测试。将比例放大器的放大倍数整定在实际运行位置,测录并绘制稳态下放大器的输入、输出特性曲线,其整个工作区应为线性。

(2)带积分的综合放大单元的输入与输出电压的特性曲线及放大倍数测试。测试时,其积分回路的时间常数应置于运行的整定位置,测试结果应符合设计要求或出厂试验值。

4. 移相触发单元

一般,移相触发单元由同步电路、移相电路以及脉冲形成和放大电路组成。

(1)同步电路的调试:校核晶闸管整流桥交流侧电压与同步电压的关系,应满足设计要求。

(2)移相触发回路的调试:录制移相特性曲线(控制角与控制电压的关系曲线),并检查各套移相触发、脉冲形成和放大回路输出脉冲的相位,控制角的不对称度不应大于3°~5°,脉冲幅值及波形应基本对称一致。用示波器检查放大后的脉冲波形,不应出现干扰脉冲或毛刺。

当有最大及最小控制角的限制时,要检查对应于最小控制角和最大控制角时的信号电压是否符合设计要求。

(五)自动励磁调节器各辅助单元的试验

1. 起励单元

机组启动前,起励单元应进行模拟试验。检查自动控制、保护、信号、接口以及主回路的闭锁二极管、接触器、限流电阻等元器件和设备动作应正确可靠。

2. 稳压电源单元

(1)检查输入电源电压变化时输出电压的稳定度。分别在空载(或最小负载)和额定负载维持不变的条件下,按规定的输入电源电压变化范围改变输入电源电压,测量输出电压,并计算输出电压的稳定度δ,其绝对值一般不宜大于1%。

(2)检验负载变化时输出电压的稳定度。分别在输入电源电压为最大工作电压和最小工作电压并均维持不变的情况下,改变负载电流从最小值到额定值,测量输出电压,计算输出电压的稳定度。其值应符合设计要求,一般不宜大于2%。

(3)输出电压纹波的测量。在输入电源电压、输出电压及负载电流均为额定值的情况下,用示波器测量输出电压纹波,其峰—峰值应符合设计要求,一般不宜大于3%。

(4)对于逆变器提供的稳压电源,用示波器检查其输出电压波不应有毛刺。

(5)检验过电流保护和过电压保护动作整定值。按制造厂的说明进行。

(6)对于由几个并联供电的稳压电源,应检验其相互闭锁及各组稳压电源供电的程序是否符合设计要求。

3. 其他辅助功能单元

根据不同产品的特点,对最大励磁电流限制器、励磁过电流限制器、欠励限制器,以及无功功率成组调节单元、电力系统稳定器(PSS)、电压/频率限制器、电压跟踪等辅助功能单元的调试,可按产品调试说明书进行,但应按电厂或电力系统的要求进行整定。

(六)励磁装置的总体静态特性试验

1. 小电流开环调试

试验时,输入整流桥装置的交流侧电压可调至与整流变压器二次额定交流电压一致,负载电阻 R_f 值可选择发电机励磁绕组热态电阻值的100~150倍。

调节器处于"自动"方式,积分切除,改变输入测量单元的电压值,测量可控整流特性 $U_f=f_1(\alpha)$,以及调节器的总体静态特性 $U_f=f_2(U_g)$。检查整流桥能正常工作时的最小同步电压值。

录制的特性应符合如下要求:

(1)录制测量特性时,整定电位器应分别在上、中、下三个位置上录制,曲线应平滑。移相特性曲线基本上应为线性。

(2)移相特性曲线可采用各相的平均值,也可采用某一相的值,但各相应基本对称,控制角的不对称度不应大于3°~5°。

(3)可控整流特性应平滑,三相整流波形应基本上对称。

(4)测量调节器在"手动"或"备用"方式下的上述总体静态特性。

对于双套自动调节器应分别测量上述总体静态特性。

2. 大电流开环调试

大电流开环调试可用发电机励磁绕组直接作为整流装置的负载电阻,通以不小于50%额定励磁电流进行试验。

大电流开环调试的试验方法、步骤及要求基本上与小电流开环试验相同。交流侧电压的电源,可由厂用电通过感应调压器及隔离变压器引入整流桥交流侧,也可断开发电机出口,由发电机电压母线引入发电机额定电压,通过整流变压器供电。

(七)起励、降压及逆变灭磁特性试验

发电机为空载额定转速,进行手动升压、手动降压、自动升压、自动降压以及起励和逆变灭磁特性的录波。起励时的发电机电压超调量、摆动次数和调节时间可由图12-4求得。超调量计算公式为:

$$M_p(\%)=\frac{U_{g,\max}-U_{g,s}}{U_{g,s}}\times 100\% \tag{12-15}$$

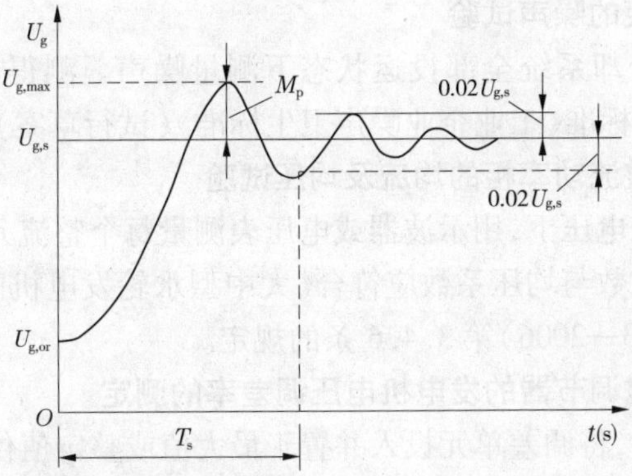

$U_{g,max}$—发电机端电压最大瞬时值；$U_{g,s}$—发电机端电压稳态值；
$U_{g,or}$—发电机端电压起始值；T_s—调节时间；M_p—超调量

图 12-4　起励响应曲线

（八）在不同调节通道时测量励磁调节器电压整定范围及给定电压的变化速度

在发电机空载额定转速下，励磁调节器处于"自动"通道，将其整定电位器从最小调至最大时，其变化应满足在 70% ~110% U_{gn} 范围内。处于"手动"或"备用"通道控制时，其变化范围为下限应不低于发电机空载励磁电压的 20%，上限不得高于额定励磁电压的 110%。整定电压变化速度均应满足每秒不大于额定电压的 1%，不小于额定电压的 0.3% 的要求。

（九）测录带自动励磁调节器的发电机电压—频率特性

发电机在空载额定状态下，在 47 ~52 Hz 范围内改变发电机转速，测定发电机端电压的变化值，测得的值应符合《大中型水轮发电机静止整流励磁系统及装置技术条件》(DL/T 583—2006) 第 3.2.10 条的规定。注意，有电压/频率限制器时应将其限出。

（十）自动/手动及两套自动调节通道的切换试验

自动调节方式和手动控制方式的切换试验应分别在发电机空载和带负荷状态下进行。切换时，发电机电压和无功功率不应有明显的波动。模拟自动切换的条件，分别在发电机空载和带负荷状态下进行两套自动调节通道的相互切换试验。切换过程应可靠，发电机电压和无功功率不应有明显的波动。有自动跟踪装置时，检查其跟踪性能，工作应正确可靠。

（十一）10% 阶跃响应试验

发电机在空载额定转速下，用自动励磁调节器将发电机定子电压调整在 90% 额定值，突加相当于发电机额定电压 10% 的阶跃信号，使发电机电压上升为额定值，录制施加阶跃信号后的发电机电压、励磁电压以及励磁电流波形。然后，突加降低发电机额定电压 10% 的阶跃信号，重复录制上述各量的波形。

（十二）整流功率柜冷却系统的试验

对采用风冷的整流功率柜，在出风口处测量最大风速。对采用水冷的整流功率柜，应测量冷却水的进、出口温度。测得的上述风速或冷却水的进、出口温度均应符合设计要求。

（十三）整流功率柜的噪声试验

整流功率柜应在冷却系统全部投运状态下测量噪声。测得的噪声不应大于 80 dB (A)。测量方法按国家标准《工业企业噪声卫生标准》（试行草案）进行。

（十四）励磁系统整流功率柜的均流及均压试验

在发电机空载额定电压下，用示波器或电压表测量每个整流元件上的电压，并计算均压系数。测得的均流系数与均压系数应符合《大中型水轮发电机静止整流励磁系统及装置技术条件》（DL/T 583—2006）第 3.4.6 条的规定。

（十五）带自动励磁调节器的发电机电压调差率的测定

发电机并网运行后，将调差单元投入并置于最大值或整定值位置，检查调差极性是否符合设计或电网的要求。然后，将自动励磁调节器投入"自动"位置，使发电机处于零功率因数下，将无功功率调至额定值，测量发电机端电压 U_{gr}，然后切除发电机出口断路器，并测出发电机空载电压 U_{go}，计算调差率 U_{re}，即

$$U_{re}(\%) = \frac{U_{go} - U_{gr}}{U_{gn}} \times 100\% \tag{12-16}$$

式中 U_{gn}——发电机额定电压。

（十六）发电机无功负荷调整试验及甩负荷试验

发电机并网运行后，在有功功率分别为 0%、50%、100% 的额定值下，调整发电机无功负荷到额定值，调节应均匀，没有跳变。对自复励励磁系统，要检查串联变压器二次电压的极性，并测量其伏安特性以及励磁变流器的伏安特性。其调整试验应满足运行要求，分别在 0% 和 100% 额定有功功率下，发电机带额定无功功率各甩负荷一次，记录甩负荷前、后发电机的各运行参数，并录制甩负荷时发电机电压、励磁电压和励磁电流波形。试验结果应符合 DL/T 583—2006 第 3.2.11 条的要求。

（十七）发电机在空载和额定工况下的灭磁试验

发电机在空载额定转速及额定电压下跳灭磁开关或磁场断路器进行灭磁，录制发电机电压、励磁电压、励磁电流和开关断口电压的波形。发电机在额定工况下，跳发电机出口断路器，联动跳灭磁开关或磁场断路器进行灭磁。录制发电机电压、励磁电流、励磁电压及开关断口电压波形。

（十八）发电机在空载强励情况下的灭磁试验

发电机与电网解列，并断开发电机出口，使自动励磁调节器测量单元的输入电压突降量相当于发电机额定电压的 20% 进行强励。当励磁电流达到顶值时，跳灭磁开关或磁场断路器灭磁。录制发电机电压、励磁电压、励磁电流、灭磁开关或磁场断路器断口电压。注意被试发电机电压不得超过 1.3 倍额定值。

（十九）励磁系统顶值电压及电压响应时间的测定

对装有电力系统稳定器的励磁装置，应在测试前将电力系统稳定器切除，但其他稳定和反馈回路，均应按要求投入。发电机并入电网，并将自动励磁调节器处于"自动"位置，当发电机带上额定负荷且励磁绕组温度已趋稳定后，记录励磁电流、励磁电压和励磁绕组温度。然后突加相当于发电机电压下降 20% U_{gn} 的强励信号，进行强励。同时，录制励磁电压响应曲线，测出励磁顶值电压、励磁系统电压响应时间与延迟时间。其测量及计算方

法见图 12-5 及图 12-6。

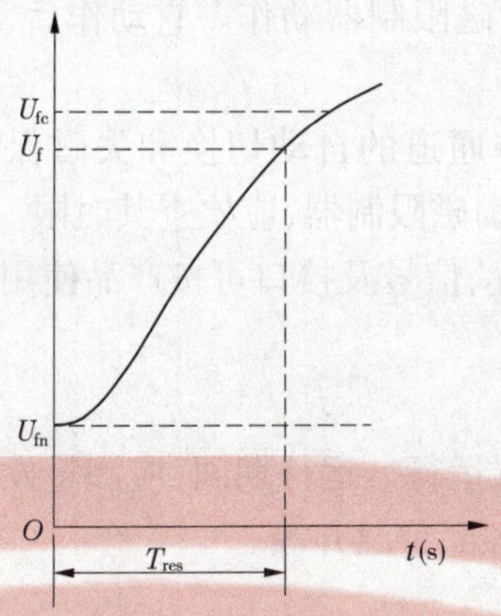

图 12-5　强励时励磁电压响应曲线

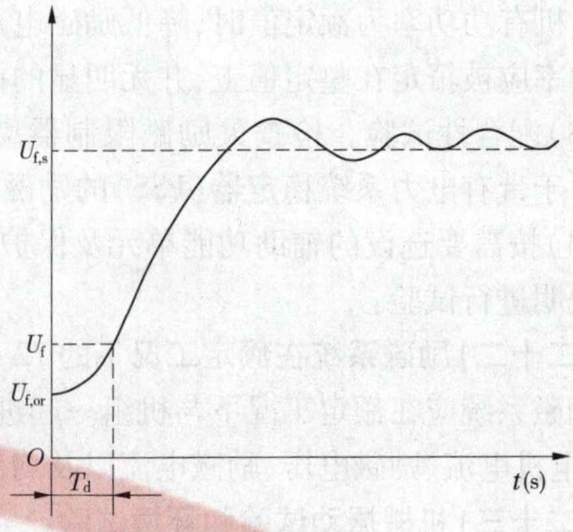

图 12-6　励磁系统延迟时间的测定

模拟发电机电压突然下降 20% U_{gn} 的强励信号，应持续到达到励磁顶值电流的要求值时将其自动切除。

在图 12-5 中，$U_f - U_{fn} = 0.95(U_{fc} - U_{fn})$，式中 U_{fc} 为最大励磁电压，U_{fn} 为额定励磁电压，T_{res} 为励磁系统电压响应时间。

在图 12-6 中，$U_f - U_{f,or} = 0.03(U_{f,s} - U_{f,or})$，式中 U_f 为励磁绕组电压，T_d 为励磁系统延迟时间，$U_{f,s}$ 为最终励磁绕组电压，$U_{f,or}$ 为励磁电压起始值。

（二十）励磁系统各部分的温升试验

发电机在额定负载与额定功率因数下，连续运行 2 h 后，各部位用半导体点温计或电阻法测其温度，温升值不得超过规范规定。

（二十一）各辅助功能单元及保护、检测装置的整定与动作正确性试验

1. 最大励磁电流限制器

（1）在励磁自动调节系统开环情况下，用适当的交流电源模拟功率整流桥交流侧电流，测出功率整流桥直流输出电流与最大励磁电流限制器输出的关系曲线。根据关系曲线整定其动作值。

（2）整定动作试验。最大励磁电流限制器输入、输出均按正常接线接好。发电机与电网解列，并运行于空载情况下，适当降低转速，调整励磁电流，直至最大励磁电流限制器动作。它动作后，励磁电流应被限制在整定值。

2. 励磁过电流限制器

发电机并网运行，改变无功负荷，测定限制器输出电位，其极性和数值应符合设计要求。在励磁电流达到限制值时动作应准确、可靠，并在过电流时间达到整定值时能自动将励磁电流限制到长期允许的最大值。

3. 欠励磁限制器

（1）动作特性试验。在发电机并网运行，欠励磁限制器输入按正常接线连接，其输出作用于信号的情况下，当发电机有功功率在零至额定值的范围内变化时，调整发电机无功功率，按要求的 $P \sim Q$ 曲线使欠励磁限制器可靠动作。

(2)整定动作试验。欠励磁限制器回路整定好以后，将其输出接入自动调节回路。在发电机有功功率为额定值时，降低励磁电流，使欠励磁限制器动作。它动作后，发电机无功功率应被箝定在整定值上，并无明显的摆动。

(3)配合性试验。检查欠励磁限制器应先于调节通道的自动切换和失磁保护的动作。对于带有电力系统稳定器(PSS)的励磁系统的欠励磁限制器，应检查其时限。

(4)按需要选设的辅助功能单元及保护、检测装置、信号及接口可按产品使用说明及调试说明进行试验。

(二十二)励磁系统在额定工况下的72 h试运行

励磁系统应在额定工况下与机组一起进行72 h试运行。运行期间，应测量发电机电压、发电机电流、励磁电压、励磁电流以及均流、均压，各部分温升等。

(二十三)机械振动试验和环境试验

机械振动试验和环境试验按《电工电子产品基本环境试验规程》(GB 2423)的规定进行。

第十二节　调速器系统检测和试验

本节是根据《水轮机电液调节系统及装置调整试验导则》(DL 496—2001)等技术标准，结合近年来水电工程调速器现场调试以及国内著名厂家的调试大纲综合编写的。它适用于中、大型的水轮机电液调节系统及装置的现场交接验收试验，也可作为出厂和检修后的调整试验参考。这里主要叙述现场交接试验的项目和质量检验要求。

一、主要引用技术标准

(1)《水轮机调速器与油压装置技术条件》(GB/T 9652.1—2007)。

(2)《水轮机调速器与油压装置试验验收规程》(GB/T 9652.2—2007)。

(3)《水轮机电液调节系统及装置技术规程》(DL/T 563—2004)。

(4)《水轮机电液调节系统及装置调整试验导则》(DL 496—2001)。

二、调速系统概述

(一)水轮机调速器的作用和发展

1. 水轮机调速器作用

(1)根据操作控制命令完成各种自动化操作，如开停机、增减负荷等。

(2)水轮机在未并网时，调节水轮机的转速(发电机的频率)，并追踪电网频率，与同期装置配合，最终使发电机同步并网。

(3)当发电机并网以后，按要求发出设定的有功功率。保持发电机与电网的负荷平衡和频率稳定。

2. 水轮机调速器的发展概况

水轮机调速器问世以来，水轮机调速器先后经历了三个阶段的发展：

(1)水压放大、油压放大式的机械式液压调速器(20世纪初~50年代)。

(2)模拟电路加液压随动系统构成的电液式调速器(20 世纪 50 年代～80 年代)。

(3)微机调节器配以相应的机械液压系统构成的微机调速器(20 世纪 80 年代至今)。

目前,微机调速器因可靠性高、操作简便全面取代了其他类型的调速器。

(二)水轮机调速器的分类

水轮机调速器的分类方法较多,常有如下分类:

(1)按调节规律可分为 PI 调速器和 PID 调速器。

(2)按系统构成分为机械式(机械飞摆式)调速器、电液式调速器及微机调速器。

(3)实际应用中常用的是以下几种区分方式:

①按我国水轮机调速器国家型谱以及调速器行业规范,调速器分为:中、小型调速器,冲击式调速器,大型调速器等。

②中、小型调速器以调速功大小来区分,冲击式调速器以喷针及折向器数目来区分,大型调速器以主配压阀名义直径来区分。

(4)调速器按接力器调速功可分为:①小型调速器 $W \leqslant 1\ 000$ kg · m;②中型调速器 $1\ 000$ kg · m $< W \leqslant 7\ 500$ kg · m;③大型调速器 $W > 7\ 500$ kg · m。

(5)微机调速器依据调节器(电气部分)及机械液压系统(机械部分)的不同形式,有以下区分:

①调节器按硬件构成有单片机、工控机、可编程控制器三大类。其中单片机、单板机构成的调节器由于可靠性差、故障率高等多方面原因,已趋于淘汰。目前,可编程控制器以其高度的可靠性成为调节器构成首选。

②机械液压系统依据电液转换方式分为电液转换器类、电机类、比例伺服阀类、数字阀类。其中电液转换器类已基本被市场淘汰,其他几种均由不同厂家生产。

③按照调速器的适用机组类型分为:冲击式调速器、单调、双调。其中,冲击式调速器适用于冲击式水轮发电机组,单调适用于无轮叶调节的混流式、轴流定桨式等水轮发电机组,双调适用于有轮叶调节的轴流转桨式、灯泡贯流式水轮发电机组。

(三)调速系统的基本组成

水轮机调速系统主要包括三大部分:电气调节控制系统,机械液压随动系统,油压装置。其系统结构原理如图 12-7 所示。

1. 电气调节器

现代电气调节器基本都用工业型微型计算机 PCC 或 PLC 做成,是整个调速系统的测量、控制调节中心。普遍采用 PID(比例积分微分)闭环调节方式。电气调节器接收电站监控系统的开/停机命令或负荷调节设定值,对调速器进行控制调节。这部分的调试是本文叙述的重点。

2. 机械液压随动系统

本部分包括电液转换器、配压阀、接力器(液压伺服马达)、调节环、调节杆(导叶拐臂)及其导叶开度(接力器行程)测量反馈系统。

其中电液转换器是调速系统的一个关键部件。由它将电气调节器的调节信号转换为机械液压信号,进行液压放大,以驱动导叶接力器,控制水轮机的进水流量。目前,电液转

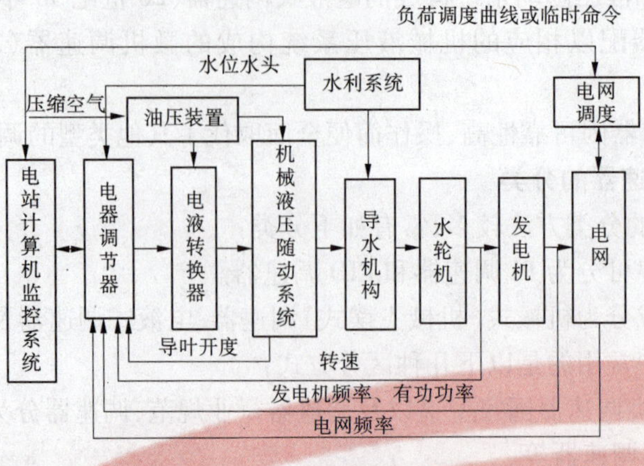

图 12-7　水轮机调速系统原理图

换器多采用电液比例阀、电液伺服阀和伺服电机及步进电机等方式。

3. 油压装置

这是为调速系统提供动力的装置。工作油压一般采用 4.0 MPa 和 6.3 MPa。油压系统包括压油罐、回油箱、油泵电机、电气控制柜及配套油压、油位等传感测量部件。由电站压缩空气系统提供储油罐压气，控制油泵保持压力在一定范围内。如油压低于某定值，则启动紧急停机。

三、调整试验的类别及项目

(一)调速器调整试验分类

(1)出厂试验。

(2)现场交接验收试验。

(3)机组检修后的调整试验。

(二)各类检测试验项目

出厂试验、交接验收试验和机组大修后的调整试验应进行的调整试验项目如表 12-34所示。

表 12-34　水轮机调速器调整试验的类别及项目

序号	调整试验项目	大型电调			中型电调		
		出厂	交接	大修	出厂	交接	大修
1	一般检查试验						
1.1	外观检查	√	√		√	√	
1.2	表计、继电器的检查校验	√	√	√	√	√	√
1.3	电气接线检查	√	√	△	√	√	△
1.4	绝缘试验	√	√	√	√	√	√

续表 12-34

序号	调整试验项目	大型电调			中型电调		
		出厂	交接	大修	出厂	交接	大修
2	油压装置的调整试验						
2.1	压力罐的耐压试验	√	△	△	△	△	△
2.2	油泵试验	√	√	△	√	△	△
2.3	阀组调整试验	√	√	△	√	△	△
2.4	油压装置的密封试验	√	√	△	√	△	△
2.5	压力信号器和油位信号器整定	√	√	√	√	√	√
2.6	油压装置自动运行的模拟试验	√	√	√	√	√	√
3	电气部分的调整试验						
3.1	电源的检查试验	√	√	△	√	√	△
3.2	测频环节试验	√	√	△	√	√	△
3.3	放大器试验	√	√	△	√	√	△
3.4	暂态反馈回路试验	√	√	△	√	√	△
3.5	电子调节器试验	√	√	△	√	√	△
3.6	电气协联函数发生器的调整试验	√	√	△			
3.7	转整指示的校验	√	√	√	√	√	√
3.8	微机型电液调节装置电气部分的试验	√	√	√	√	√	√
3.9	电气装置三漂试验	√			√		
4	机械液压部分的调整试验						
4.1	充油前手动状态下各部件的初步调整	√	√	√	√	√	√
4.2	低油压手动状态下各部件的调整试验	√	√	√	√	√	√
4.3	额定油压手动状态下各部件的精确调整试验	√	√	√	√	√	√
4.4	自动状态下各部件的调整试验	√	√	√	√	√	√
4.5	轮叶控制部分各部件的调整试验	√	√	√	√	√	√
5	电液调节装置的整机调整试验						
5.1	位移传感器的调整试验		√	√		√	√
5.2	接力器开关时间和紧急停机电磁阀调整试验		√	√		√	√
5.3	位移输出型电液转换器的调整试验		△	√		△	√
5.4	开环增益的整定		√	△			△
5.5	接力器反应时间的测定		√	△			
5.6	频率及功率给定回路试验		√	△		√	
5.7	随动装置的死区和不准确度的测定	√	√	△			△

续表 12-34

序号	调整试验项目	大型电调			中型电调		
		出厂	交接	大修	出厂	交接	大修
5.8	电液调节装置静态特性试验及转速死区测定	√	√	√	√	√	√
5.9	电液调节装置动态特性试验	√	√	△	√	√	△
5.10	接力器不动时间的测定	△	√	△	△	√	△
5.11	电气协联曲线校验	√	√	△			
5.12	操作回路检查及模拟动作试验	√	√	√	√	√	√
5.13	电源切换及转速信号消失模拟试验	√	√	√	√	√	√
5.14	电气备用插件更换试验	√	△	△	√	△	
5.15	电液调节装置漏油量及耗油量的测定	√	√	△	√	√	△
5.16	特设功能的检查试验	√	√		√	√	
5.17	综合漂移试验	√	△	△	√	√	△
6	电液调节装置动态试验	√	√	△	√	√	△
6.1	机组充水后电液调节系统的调整试验						
6.2	手动开机试验		√	√		√	√
6.3	永磁机和齿盘测速装置特性试验		√	△		√	△
6.4	手动空载工况下转速摆动值测定		√	√		√	√
6.5	空载扰动试验及转速摆动值测定		√	√		√	√
6.6	自动开、停机试验		√	√		√	√
6.7	突变负荷试验		△	√		△	√
6.8	电液调节系统抗干扰能力试验		√	√		√	△
6.9	甩负荷试验		√	√		√	√
6.10	事故低油压关闭导叶试验		√	√		√	√
6.11	带负荷 72 h 连续运行试验		√			√	

注：表中标有符号"√"的是必做项目，标有符号"△"的是根据实际情况而定的非必做项目（如被试电液调节装置不具有与某调试项目有关的结构和功能，则该项目无须进行）。

四、调速系统的试验项目、方法及要求

调速系统具体试验项目的试验方法和步骤可参照相关标准和厂家的试验指导书。

此项参照《水轮机电液调节系统及装置调整试验导则》（DL 496—2001）、《水轮机调速器与油压装置技术条件》（GB/T 9652.1—2007）和《水轮机电液调节系统及装置技术规程》（DL/T 563—2004）以及工程实践情况编写。

（一）试验前应具备的条件

（1）电液调节装置各部分安装完毕，具备充油、充气、通电条件，所需透平油、高压空气及电源符合有关技术要求。

(2)充水试验前,被控制机组及其控制回路、励磁装置和有关辅助设备均安装、调整完毕,并完成了规定的模拟试验,具备开机条件。

(3)调试工作所在机组段,不得有影响调试工作的施工作业,现场清理完毕。

(4)做好调整试验的准备工作:

①准备好与调整试验有关的图纸、资料。确定调整试验的类别及项目,编写试验大纲,并经工地各方认真讨论审核,业主批准。

②准备好工具、设备、仪器、仪表及试验电源,仪器、仪表的精度和技术要求符合《水轮机电液调节系统和装置技术规程》(DL/T 563—2004)第3.3条的规定。应对自动记录仪所记录的各物理量的变换系数进行率定,试验后应及时对率定值进行复核。

③调整试验前,要了解被试设备及相关设备的状态,制订安全防范措施,特别注意防止导叶之间和转轮室内发生人身事故。

(二)一般性检查试验

1. 外观检查

(1)拆箱检查盘柜各部件有无缺损,按出厂技术文件明细表检查文件资料是否齐全。

(2)按装箱单检查随机附件、易损件及备品备件是否齐全。

(3)盘柜上标志应正确、完整、清晰。

2. 配套测量表计、传感器、继电器等检查校验

(1)按有关规程对配套测量表计、传感器、继电器等进行检查校验,表计精度和继电器性能指标应符合相应的技术要求。

(2)所有指示仪表的精度不低于2.5级。

(3)参数刻度均应以实际单位标出,刻度值与实际值的误差不得超过满刻度的5%。

3. 电气安装工艺质量及接线正确性检查

(1)电气装置内的印刷电路板和元器件的安装、焊接、布线等各项技术要求,应参照GB 3797和GB 4588等标准的有关部分执行。

(2)电气柜结构和工艺要求:

①电气柜外形尺寸应符合《面板和柜的基本尺寸系列》(GB 3047.1)的规定。

②电气柜体表面平整,漆层牢固美观,柜内所有黑色金属件均有可靠防护层,在保证通风散热条件下,应有防止异物进入柜内的措施。

③电气柜上指示灯和按钮的颜色应符合《电工成套装置中的指示灯和按钮颜色》(GB 2682)的有关规定。

④控制用手柄、按钮等操作器件的安装高度,应便于操作。

⑤机械柜与电气柜合为一体的结构,应采取防油污措施。

⑥信号线与电力线,强电线与弱电线应分开布线。柜内配线应整齐美观,配线颜色参照《电工成套装置中导线颜色》(GB 2681)的有关规定,接线端子线号清楚,不易变色、磨损。

⑦电气结构设计应符合《一般工业用低压电气间隙和漏电距离》(JB 911)的规定。

(3)所用的电子元器件、组件应符合国家标准或相应行业标准的要求,并进行100%质量检验和电气性能筛选。

(4)同类插件应具有良好的互换性。

(5)印刷电路板及元件安装：

①印刷电路板板面应光洁、平整，无划伤、破损等缺陷，文字、符号清晰，并与有关图纸上标注符号相同；

②接插件应有防振、防松动措施，保证接触良好、可靠；

③印刷电路板装焊工艺参照《电力传动装置用印刷电路板装焊技术规范》(JB 3136)的有关规定。

(6)对所有接线进行正确性检查，其标志应与图纸相符。

(7)屏蔽线的接法应符合抗干扰的要求。

4. 绝缘试验

(1)分别用250 V电压等级的兆欧表(回路电压小于100 V时)和500 V电压等级的兆欧表(回路电压为100～250 V时)测定各电气回路间及其与机壳、大地间的绝缘电阻，在温度为15～35 ℃及相对湿度为45%～90%的环境中，其值不小于1 MΩ；如为单独盘柜，其值不小于5 MΩ。

(2)电气柜及液压柜各独立带电回路之间，电路与金属外壳(或地)之间，在温度为15～35 ℃及相对湿度为45%～75%环境下试验，按其工作电压大小，应能承受表12-35规定的耐压试验电压，历时1 min的介电强度试验，且无击穿和闪络现象。

表12-35 调速系统电气设备介电强度试验标准

额定电压 U_i(交流有效值或直流)(V)	试验电压(有效值)(V)
≤60	1 000
$60 < U_i \leq 300$	2 000
$300 < U_i \leq 660$	2 500

(3)绝缘试验应包括所有接线和器件。试验时应采取措施，防止电子元器件及表计损坏。

5. 接地检测

检查调速器电柜内的接地系统是否符合规定要求。

(三)电气调节部分的调整试验

1. 对微机调速器微机部分的基本技术要求

(1)应采用工业控制计算机。

(2)应具备自诊断、容错自处理功能。自诊断范围一般应包括：主板、I/O板、内存板、总线等，以及测频、导叶或功率反馈、电液伺服阀等。

(3)与外部输入输出环节之间，应采取隔离及抗干扰措施。

(4)与电站控制系统之间的信号接口，应能根据电站情况配置下列形式的接口：

①与电站级或单元级计算机之间的串行通信接口；

②脉冲控制给定方式的输入接口；

③绝对值给定方式的输入接口(信号标准为0～5 V或4～20 mA)。

(5)对微机的软件程序应设置程序保护措施。

(6)采用双微机系统时,则应具有双机通信功能,且应满足无扰动的切换要求。

(7)电气装置的检测项目:

①测速环节;②永态转差环节;③暂态转差环节;④加速度环节;⑤比例环节;⑥积分环节;⑦微分环节;⑧电子调节器;⑨频率给定环节;⑩功率给定环节;⑪综合放大器;⑫位移传感器;⑬功率传感器;⑭电源。

(8)电液调节系统应装设下列故障信号指示:①转速信号消失;②接力器反馈信号消失;③工作电源和备用电源指示;④导叶接力器锁定状态;⑤运行工况;⑥电液调节装置工作方式;⑦故障信号。

(9)电液调节装置应能显示下列参数:①导叶开度(喷针行程);②导叶限制开度;③轮叶(折向器)转角;④电液转换器工作电压;⑤机组转速;⑥功率给定值;⑦频率给定值;⑧电液转换器工作油压。

2. 微机系统的基本检测

现代电气调节器由微机组成。在微机型电液调节装置中,绝大部分基本功能、辅助功能和特设功能均由微机部分完成。其硬、软件系统的检查可参照计算机系统检查方式进行,详细方法、要求参见本章计算机监控系统检测试验一节。

对于调速器试验,设备厂家一般都配备有调试专用便携式计算机,也可使用专用的仿真试验仪。基本检测项目如下:

(1)电源检测及试验:

①电源在空载及额定负载情况下,使输入电压偏离额定值的±10%,其直流输出电压应符合设计规定值。

②检查电源过流及过压保护的动作是否正确可靠。

(2)检查调速器与计算机监控系统(LCU)的通信功能。

(3)使用调试专用设备以及调速器显示面板进行通电检验,检查各部分工作状况。

(4)检测调速器输入通道的数据采集和数据处理功能。

(5)检测调速器的输出通道。功能软件在下面阶段进行调试和试验。

如配有实时仿真测试仪和分析软件,可进行数字化的数据采集、存储、曲线生成和特性参数的分析。

对采集来的数据分析处理、特性指标计算,均应符合 GB/T 9652.2、DL/T 496 等标准的相应条款规定。

3. 测频环节试验

(1)测频静态特性曲线的测试。

测频环节带实际负载或模拟负载。静态特性曲线应近似直线,线性范围为±5 Hz。在±1 Hz 范围内,测频环节传递系数的实测值与设计值相比,其误差不得超过设计规定值的5%。在15~85 Hz 范围内,测频环节静态特性曲线必须是单调的。

(2)用机组残压信号作频率信号源的测频环节,还应测量最低工作信号电压。电气测速装置最小工作信号电压不大于设计值。

(3)在额定转速±10%范围内,静态特性曲线应近似直线,其转速死区应符合设计规定值;在额定转速±2%范围内,其放大系数的实测值偏差不超过设计值的±5%。在额定转速±70%范围内测频环节应能正常工作。

(4)对于大型电调和重要电站的中型电调,可设置一个以上的测频信号源,当测频单元输入信号全部消失时,应能使机组基本保持所带的负荷,且不影响机组的正常运行和事故停机。

4. 放大器试验

改变输入信号电压,测量放大器相应的输出电压,计算各通道的放大系数,并绘制放大器主要通道的静态特性曲线。放大器的线性范围、放大系数的调整范围和放大器的饱和值应满足设计要求。测量某通道放大系数时,其他通道输入端应接零电位。

5. 暂态反馈回路试验

(1)暂态转差率 b_t 刻度校验。

暂态转差系数应能在设计范围内整定,其最大值不小于80%,最小值不大于5%。缓冲时间常数可在设计范围内整定,小型及以上的调速器最大值不小于20 s,特小型不小于12 s,最小值不大于2 s。

(2)暂态反馈时间常数 T_d 刻度校验。

(3)暂态反馈回路的衰减曲线应近似于指数衰减曲线,正负阶跃信号产生的衰减曲线应具有良好的对称性,与理论指数衰减曲线相比,时间常数的允许偏差为±10%。

6. 电子调节器PID参数调节试验

(1)调节参数的调整范围必须包括如下规定值:

①加速度—缓冲式调节装置:

ⓐ暂态转差率 b_t:0~100%;

ⓑ缓冲时间常数 T_d:1~20 s;

ⓒ加速度时间常数 T_n:0~2 s。

②对于并联PID调节装置:

ⓐ比例增益 K_p:0.5~20;

ⓑ积分增益 K_I:0.05~10 L/s;

ⓒ微分增益 K_D:0~5 s。

③上述参数应能连续整定或分挡整定(除 T_n 外,均不小于10挡);其空载和负载的运行调节参数应能随机组运行状态而自动转换。

④大型电调应设置人工失灵区,其最大值不小于额定转速的1%,并能在设计范围内调整。

(2)运行参数给定范围:

①导叶开度给定范围 -1%~120%;

②频率给定范围45~55 Hz;

③功率给定范围0~120% P_r;

④人工频率死区范围±2.5%。

(3)电子调节器静态特性试验。将 b_t、T_d 和 T_n 置于最小值(或 K_P、K_I 置于最大值,K_D 置于最小值)。用直流电压或测频环节输出电压作为输入信号。在输入信号为零时,用

“功率给定”将调节器输出相对值调整到约50%。分别将永态转差率 b_P 置于2%、4%、6%、8%的刻度,改变输入电压信号,测量调节器某两个输出电压 Y_{u1}、Y_{u2} 及对应的输入电压 U_1、U_2,计算 b_P 的实测值。

(4)永态转差系数应能在自零至最大值范围内整定,最大值不小于8%。零刻度实测值不应为负值,其值不大于0.1%。

(5)零行程的转速调整范围的上限应大于永态转差系数的最大值,其下限一般为 -10%。如设有远距离控制装置,应设有远距离控制装置,其全行程动作时间应符合设计规定,一般为10~40 s。

(6)开度(负荷)限制装置应能自零至最大开度范围内任意整定。应设有远距离控制装置,其全行程动作时间应符合设计规定,一般为10~40 s。

(7)对串联控制方式的PID型调速器,加速时间常数应能在设计范围内整定,最大值不小于2 s,最小值为零。

(8)缓冲装置输出特性应平滑且近似为指数衰减曲线。与理论曲线比较,其时间常数偏差:对电调不超过 ±10%,大、中、小型机调和特小型机调分别不超过 ±20% 和 ±30%。特性曲线的对称性:大、中、小型调速器和特小型调速器,在同一时间坐标位置两个方向的输出值偏差分别不超过平均值的 ±10% 和 ±15%。大、中、小型机调和特小型机调,缓冲装置从动活塞恢复到中间位置的行程偏差折算为转速相对值,分别不超过调速系统转速死区规定值的1/3和1/2。

(9)电子调节器的动态特性试验:b_P、T_n(或 K_D)置于零刻度,将 b_t 和 T_d(或 K_P 和 K_I)置于待校验的刻度,对电子调节器施加相当于一定相对转速的电压阶跃信号 Δx,记录电子调节器输出量的过渡过程曲线。

7. 电气装置三漂试验

T_n(或 K_D)置于零,其余调节参数置于设计中间值,功率给定及反馈信号置于50%,放大器的放大系数及负载为设计规定值,输入频率信号为额定值,指令信号保持恒定。

(1)保持电源电压和环境温度恒定,连续通电8 h,每半小时记录一次输出量,计算时间漂移值。

(2)保持温度恒定,电源电压变化量为额定值的 ±10%,记录输出量的最大值与最小值,计算出以转速相对值表示的电压漂移值。

(3)保持电压恒定,试验环境温度在5~45 ℃或25~45 ℃的范围内逐步升温,由升温过程中输出量的最大值与最小值计算出以转速相对值表示的每摄氏度的温度漂移值。

(4)大型和中型电调,电气装置温度漂移量折算到转速相对值分别不得超过表12-36的规定:

表12-36　调速器电气装置温度漂移值

调速器类型	温度漂移(每1 ℃)	综合漂移(8 h)
大型电调	0.01%	0.3%
中型电调	0.02%	0.6%

(四)机械液压部分的调整试验

1. 机械液压部分的性能要求

(1)各项技术指标均应满足设计要求;在符合规定的使用条件下,电液转换器应保证正确可靠地工作。

(2)电液转换器在最大实际负载下,死区不得超过设计规定值。

(3)电液转换器传递系数实测值与设计规定值相比,其误差不得超过设计规定值的5%。

(4)在电液调节装置的调节参数、指令信号及输入信号不变的条件下,油压在正常工作范围内变化时,所引起的主接力器位移不得大于全行程的0.5%。

(5)各液压元件装配后,在规定油温及额定油压下的漏油量不得超过设计规定值。

(6)受压铸件的质量必须符合相应技术标准的规定。

(7)调速器应能实现机组的自动、手动启动和停机。当调速器自动部分失灵时,应能手动运行。如无接力器手动操作机构,油压装置必须装有备用油泵;对通流式调速器,必须装设接力器手动操作机构。

2. 调速系统充油试验及调试

(1)调速系统第一次充油试验,压力不超过额定压力的50%,接力器全行程动作数次,应无异常现象。

(2)检查锁锭的动作情况,应无异常。

(3)油压装置注油及整体耐压试验。

试验时压力应缓慢增大(以工作压力6.3 MPa为例)。在6.3 MPa和7.9 MPa的静压下,各保压30 min;在9.45 MPa的静压下,保压1 h;在上述三个压力下,检查压力罐、连接管路、液压元件、管路焊缝和连接法兰、接头不应有渗漏和异常现象。

3. 手动下各部件位置闭环试验

试验目的:找出调速器大小闭环参数值。分别在充油前、低油压下进行手动状态下各部件的初步调整;最后在额定油压下进行精细调整。调整完毕后,将各调整螺母锁紧。

(1)电液转换器平衡点的调整。

①零偏:$I_0 \pm 5\%$(I_0为额定电流)。

②压力零漂:在工作油压范围内接力器不应有明显移动。

(2)主配平衡点的调整:主配压阀"零点"定位试验;主配压阀的控制对象是接力器,所有以接力器的开始动作为参考对象。

(3)校准开度表。

(4)导叶变送器定位试验。

(5)导叶接力器副环扰动试验:

①检查闭环控制中输出电压与电液伺服阀配合是否适当;

②确定导叶副环控制的比例K_p、微分K_d、积分限幅D_B等参数;

③启动调试软件,联机后选择导叶副环扰动试验,机械柜置自动位置;

④选定不同的比例K_p、微分K_d、积分限幅D_B、零位补偿G_{vs}等参数,输入不同阶跃,进行导叶副环扰动,根据计算机记录的动态调节过程曲线,选择最佳的K_p、K_d、D_B、G_{vs}参数。

4. 自动状态下各部件的调整试验

(1)电液转换器线圈内阻及绝缘电阻的测定。用欧姆表测量电液转换器工作线圈和振动线圈的内阻;用250 V电压等级的兆欧表测量工作线圈与振动线圈之间以及两线圈对壳体之间的绝缘电阻。

(2)对于电液转换器与主配引导阀直连的电液随动装置,应通过调整其连接件,保证仅在电液转换器通以额定振动电流时,主配压阀准确处于中位,主接力器可稳定于任意中间位置。

(3)对于电液转换器通过调节杆件与主配引导阀相连的电液随动装置,各连接件的调整原则是:仅在电液转换器通以额定振动电流时,调节杆件应处于水平位置,主配压阀准确处于中位,主接力器可稳定于任意中间位置。

(4)对于由流量输出的电液转换器与主配引导阀辅助接力器构成的电液随动装置,应注意辅助接力器电气反馈机构的安装调整,消除其反馈死区,核对反馈接线,确认其构成负反馈。然后,通过对电液转换器的零位调整,使得仅在电液转换器通以额定振动电流时主配压阀准确处于中位,主接力器可稳定于任意中间位置。

(5)对于具有中间接力器的电液随动装置,如采用位移输出的电液转换器,应通过调整电液转换器和引导阀的连接件,保证仅在电液转换器通以额定振动电流时,引导阀准确处于中位,中间接力器可基本稳定于任意中间位置。如采用流量输出的电液转换器,应通过对电液转换器的零位调整,使得仅在电液转换器通以额定振动电流时,中间接力器可基本稳定于任意中间位置。

在进行自动状态下各部件的调整试验时,实际开度应小于限制开度。

(五)电液调节装置的整机调整试验

1. 接力器位移传感器的调整试验

在全行程范围内手动操作接力器,同时调整位移传感器并观测其输出电压,要求接力器的全行程均在位移传感器的正常工作范围内,且使位移传感器两端留有约5%的行程余量。然后测量出位移传感器的位移-电压特性。试验时须使传感器带实际负载并由电液调节装置的电源供电。

2. 接力器和紧急停机电磁阀的调整试验

(1)接力器开启、关闭(含分段关闭)试验。

①导叶紧急关闭时间:±0.35 s,开启时间:±0.5 s。

②接力器分段关闭试验:调整导叶由全开100%至第一段拐点70%关闭时间为3 s,导叶由全开100%至第二段拐点8.6%时间为12.44 s,导叶由全开100%至全关的时间为15.32 s,其偏差不超过其值的5%。

(2)录制接力器行程与导叶开度的关系曲线。

从开、关两个方向,测绘导叶接力器行程与导叶开度的关系曲线。每条曲线应测4~8个点,每点取其3~5次测量数据的平均值;在导叶全开时,应测量全部导叶的开度值,其偏差不应超过设计值的2%。

(3)接力器不动时间的测定:不得超过0.2 s。

(4)检查回复机构死行程,其值一般不大于接力器行程的0.2%。

(5)手动操作导叶接力器开度限制,检查电气柜上指示器的指示值,应与导叶接力器的行程一致。其偏差不应大于活塞全行程的1%。导叶的紧急关闭时间与设计值的偏差不应大于 ±5%,但最终应满足调节保证计算的要求。

(6)事故配压阀关闭导叶的时间与设计值的偏差,不应超过设计值的 ±5%,但最终应满足调节保证计算的要求。

(7)在额定油压及振荡电流的情况下,检查电液转换器差动活塞应处于全行程的中间位置,其行程应符合设计要求。

(8)电液转换器在实际负载下,检查受油压变化的影响。在正常使用油压变化范围内,不应引起接力器的振动或漂移。

(9)在蜗壳无水时,测量导叶的最低操作油压,一般不大于额定油压的16%。

3. 位移输出型电液转换器的调整试验

(1)静态特性试验:试验在额定工作油压和正常振动电流下进行。接力器锁锭投入,电液转换器带实际负载,信号电压或信号电流通过综合放大器输入。逐次增大或减少输入信号。待每次达到稳定平衡状态后,测量电液转换器相应的输出位移。据此绘出静态特性曲线,并求出工作范围,传递系数(mm/V 或 mm/mA)、死区及线性度误差。

(2)油压漂移测定:接力器锁锭投入,电液转换器带实际负载,通以额定振动电流,而工作电流为零。试验时,在事故低油压至最高工作油压的范围内逐次改变油压。用百分表或位移传感器测量电液转换器输出位移的漂移值。

(3)耗油量测定:电液转换器处在工作油压和额定振动电流下,工作电流为零,带实际负载。测定每分钟的耗油量。

4. 开环增益的整定

(1)缓冲型电液调节装置极限开环增益的测定。

试验应在接力器开、关时间调整到规定值后进行。试验时,b_p 和 b_t 置于设计最大值,T_d 置于中间值,接力器开到适当的行程位置,用改变有关放大系数和杠杆比的方法,改变电液调节装置的总开环增益,然后在自动工况下向电液调节装置施加约 ±1 Hz 的阶跃频率扰动,观察各种开环增益下的稳定情况。能使电液调节装置保持稳定的最大开环增益即为其极限开环增益。

(2)电液随动装置极限开环增益的测定。

试验应在接力器开、关时间调整到规定值后进行。试验时,接力器开到适当行程位置。用改变有关放大系数和杠杆比的方法,改变电液随动装置的总开环增益。然后,在自动工况下向电液随动装置输入端施加约 ±20% 最大反馈电压的阶跃扰动信号,观察各种开环增益下的稳定情况。能使电液随动装置保持稳定的最大开环增益即为其极限开环增益。

(3)电液调节装置和电液随动装置开环增益的整定。

开环增益整定的原则是:在满足转速死区和随动装置不准确度指标要求的前提下,选取较小值,并且不得超过极限开环增益的60%。

5. 调速器的静态特性关系曲线测量

(1)试验目的:测量调速器的静态特性关系曲线,求取调速器的转速死区和随动系统不准确度。

(2)参数整定：b_p(调差系数)=6%，E(死区)=0，H= m(设计水头)。

(3)试验方法：

①启动调试软件，选择静特性试验，点击试验设定，选择自动频率，开启方向，此时由电柜自动产生频率，不需外接频率源。

②点击开始试验，电柜首先将导叶开到50%，然后慢慢关到第一个设定点，此时电柜根据 b_p 值自动产生频率信号，待导叶行程稳定后，记录下该次信号频率值及相应接力器行程值，然后点击下一点，则频率自动由大到小变化，导叶接力器则逐渐开启到新的位置，重复上述工作，记录下相应数据。

③开启方向做完后，再选择关闭方向，方法与上相同，只不过频率和接力器变化方向正好相反。

④试验完成后，整理数据，通过作图法求出转速死区和随动系统不准确度。

⑤电液调节装置静态特性的要求：

ⓐ静态特性曲线应近似为直线，线性度误差不超过5%。

ⓑ测至主接力器的转速死区，不超过表12-37的规定值。

表12-37　主接力器的转速死区

调速器类型	大型		中型		小型		特小型
项　目	电调	机调	电调	机调	电调	机调	
转速死区 i_x(%)	0.04	0.10	0.08	0.15	0.10	0.18	0.20

ⓒ双调节电液调节装置的协联随动装置不准确度不超过1.5%。

6. 操作回路检查及模拟动作试验

(1)进行开、停机模拟动作试验。

(2)远方发开机令，模拟开机过程。

(3)合上发电机开关，模拟带负荷和增功率过程。

(4)发停机令，接力器将迅速关至空载位置。

7. 电液调节装置抗干扰能力试验

(1)电气装置应能承受来自电源的干扰和周围环境的辐射电磁场干扰，同时设备本身的电磁干扰应减小到最低程度。

(2)电快速瞬变干扰试验电压应不小于产品标准规定。

(3)施加干扰时，电气装置的功能和动作应正确无误，接力器不应有异常动作。

(六)机组充水后电液调节系统的调整试验

1. 手动开机试验

在机组及所有相关设备均具备开机条件并采取了充分的安全措施后，方可开机。手动开机时应先快速将导叶开至启动开度，当机组转速接近于80%额定转速时，将导叶调至略低于空载开度的位置，然后细心操作，使机组转速平稳地达到额定转速。第一次手动开机时，应装设独立、可靠的机组转速监测仪表。

2. PT 残压测频和齿盘测速装置特性试验

(1)在手动开机过程中,同时用自动记录仪记录测频电压与机组转速的关系,并观察其输出电压波形有无畸变。

(2)录制测速装置输入转速与输出电流的关系曲线,同时用自动记录仪测定齿盘测速装置测量值的频率与机组转速的关系。

(3)在额定转速 ±10% 的范围内,静态特性曲线应近似直线,其转速死区不超过额定转速的 ±0.02%;在额定转速 ±2% 的范围内,其放大系数的实测值偏差不超过设计值的 ±5%。

(4)转速指示的校验:在 15 ~85 Hz 范围内,表计指示的允许误差为 ±1.5%。

3. 手动空载稳定性测定

在机组稳定运行于额定转速后,励磁调节器投入并置于自动运行方式,用自动记录仪测定机组手动工况下运行 3 min 的转速最大摆动值,重复测定 3 次。

(1)对于配用大型电液调节装置的系统,不超过 ±0.15%;对于配用中型电液调节装置的系统,不超过 ±0.25%。

(2)手动空载转速摆动相对值大于规定值的机组,其自动空载 3 min 内转速摆动相对值不得大于相应手动空载转速摆动相对值。

4. 空载扰动试验及自动空载工况下转速摆动值测定

调速器应保证机组在各种工况和运行方式下的稳定性。在空载工况自动运行时,施加一阶跃型转速指令信号,观察过渡过程,以便选择调速器的运行参数。

(1)将"频率给定"置于额定频率,将电液调节装置投入自动,使机组稳定运行于额定转速。逐一改变各调节参数,观察能使机组稳定的调节参数范围。

(2)选择若干组有代表性的调节参数,并在上述各组参数下,对电液调节系统施以同样大小的频率阶跃扰动信号(一般可取 ±2 ~ ±4 Hz),记录机组转速和接力器位移等参数的过渡过程,同时在机组稳定后用自动记录仪测定各组参数下的转速摆动值。

(3)选择转速过渡过程收敛较快,波动次数不大于 2 次,且转速摆动值最小的一组调节参数作为空载调节参数。然后测定该组参数下自动运行 3 min 的转速最大摆动值,重复测定 3 次。

(4)待稳定后记录转速摆动相对值,对大型电调不超过 ±0.15%,对大型机调和中、小型调速器不超过 ±0.25%,特小型调速器不超过 ±0.3%。机组如果手动空载转速摆动相对值大于规定值,其自动空载转速摆动相对值,对大型电调不超过 ±0.15%,对大型机调和中、小型调速器不超过 ±0.25%,特小型调速器不超过 ±0.3%。机组如果手动空载转速摆动相对值大于规定值,其自动空载转速摆动相对值不得大于相应手动空载转速摆动相对值。

5. 机组同期并网试验

(1)检查与同期装置的调节信号回路。

(2)与同期试验同时进行,检查对电网频率跟踪性能假同期试验。

(3)同期并网。

(七)自动开、停机试验及带负荷试验

1.当地及远方自动开、停机

空载试验后手动停机,然后分别在机旁和中控室进行机组的自动开、停机试验。观察调速器工作状况,并用自动记录仪记录开、停机过程中机组转速、导叶(轮叶)接力器行程、蜗壳水压等参数的变化过程。

2.突变负荷(带负荷扰动)试验

机组带负荷后,在不同的调节参数组合下,根据现场情况,用不同方式使机组突增负荷或突减负荷,其变化量不大于机组额定负荷的25%。观察并记录机组转速、水压、功率和接力器行程等参数的过渡过程,通过对过渡过程的分析比较,选定负载工况时的调节参数。

3.调节系统故障模拟、系统稳定性试验

通过如下试验,观测在各种故障情况下接力器的摆动:

(1)转速信号或频率信号消失。

(2)接力器位移传感器故障。

(3)电液随动系统故障。

(4)交、直流电源同时消失。

(5)电液转换部件故障及双电液转换部件试验。

(6)负荷反馈与设定故障试验。

(7)水头信号故障试验。

对于大型电调和重要电站的中型电调,当测速装置输入信号或水头信号消失时,应能使机组保持所带的负荷,同时要求不影响机组的正常停机和事故停机。

4.调速系统无扰动切换试验

调速器在自动控制方式下,进行如下切换:

(1)进行手自动切换。

(2)主备用调节器切换。

(3)两套电源切换。

进行上述任何切换时,导叶接力器行程变化不大于全行程的±1%。

(八)甩负荷试验

1.甩负荷测试项目

本项试验是考核调速器动态性能的重要依据。主要检测项目为:

(1)水轮机调速器、接力器不动时间检测试验。

(2)依据 GB/T 9652.1 和 DL/T 563 水轮机调节系统甩100%负荷时动态过程记录及调节时间 t_p 和波动次数等动态特性指标检测。

(3)将空载及负载调节参数置于选定值,依次分别甩掉25%、50%、75%、100%的额定负荷。

(4)用自动记录仪记录机组转速、导叶(轮叶)接力器行程、蜗壳水压及发电机定子电流等参数的过渡过程。

2. 试验的注意事项

(1)甩负荷前,应正确选定并认真复核输入自动记录仪各信号的率定值,以保证示波图的质量。

(2)甩负荷时,开度限制机构应不起限制作用,平衡表应在中间位置。

(3)甩负荷试验应特别注意做好安全措施,防止机组飞逸和水压过高。

3. 机组甩负荷动态品质要求

(1)甩100%额定负荷后,在转速变化过程中,超过稳态转速3%额定转速值以上的波峰不超过两次。

(2)机组甩100%额定负荷后,从接力器第一次向开启方向移动起,到机组转速摆动值不超过±0.5%为止所经历的时间,应不大于40 s。

(3)转速或指令信号按规定形式变化,接力器不动时间:对电调不大于0.2 s,对机调不大于0.3 s。

(4)从甩负荷开始到机组转速摆动相对值不超过±0.5%为止的调节时间 T_p 也可按下述原则考核:从甩负荷开始到机组转速升至最大值所经历的时间 T_M 为基数,轴流式和中低水头混流式水轮机的调节时间 T_p 不超过 $4T_M$,冲击式和高水头混流式水轮机的调节时间 T_p 不超过 $10T_M$。

(九)事故低油压关闭导叶试验

1. 试验方法

机组并网带25%或50%负荷运行,油压装置切为手动,使油压逐渐降至事故低油压。此时压力信号器应作用紧急停机电磁阀,使机组停机。如在事故低油压下不能可靠关闭导叶,说明事故低油压整定值偏低,必须将事故低油压整定值适当调高后重复进行试验。然后将机组负荷增至额定负荷(如因水头低等条件限制不能带额定负荷,则应带可能的最大负荷),重复上述试验。

2. 安全措施

试验时应在机组进口阀或快速闸门处设专人负责安全工作,以便在紧急情况下停机,防止事故扩大。

(十)带负荷72 h连续试运行试验

电液调节系统和装置的全部调整试验及机组的所有其他试验完成之后,拆除全部试验接线。使机组所有设备恢复到正常运行状态,全面清理现场然后进行带负荷72 h连续运行试验。试验中应对各有关部位进行巡回监视并做好运行情况的详细记录。

五、油压装置的调整试验

(一)概述

1. 油压装置的技术要求

(1)油压装置正常工作油压的变化范围应在名义工作油压的±5%以内。当油压高于工作油压上限2%以上时,安全阀应开始排油;在油压高于工作油压上限的16%以前,安全阀应全部开启,并使压力罐中的油压不再升高;在油压低于工作油压下限以前,安全阀应完全关阀,此时安全阀的漏油量不得大于油泵输油量的1%;当油压低于工作油压下限的6% ~8%时,备用油泵应启动;当油压继续降低至事故低油压时,作用于紧急停机的压力信号器应立即动作。

(2)油压装置各压力信号器动作油压值与整定值的偏差,不得超过名义工作油压的±2%。

(3)油泵运转应平稳,其输油量不小于设计规定值。

(4)安全阀动作应正确、可靠,无强烈噪声。

(5)自动补气装置及油位信号装置,动作应正确、可靠。

(6)调速系统所用油的质量必须符合GB 11120中46号汽轮机油或黏度相近的同类型油的规定,使用油温范围为10~50 ℃。

(7)调速系统在调节过程中的油压变化值不超过名义工作油压的±10%。通流式调速系统不超过±15%。

2. 试验目的及要求

电站调速器油压装置控制柜现场试验的目的是验证装置的各种功能和技术参数是否满足相关技术标准和规程以及购货合同的要求。

3. 试验依据

所有调速器设备,包括供货方由其他厂家外购的设备和附件,都应符合下列标准及文件的最新版本。

(1)《水轮机调速器与油压装置技术条件》(GB/T 9652.1—2007)。

(2)《水轮机调速器与油压装置试验验收规程》(GB/T 9652.2—2007)。

(3)现场检验的各种功能和技术参数主要依据的参考文件。

(4)调速器设备制造、供货和服务采购合同。

(二)机械部分检测试验

1. 压油罐的耐压试验

(1)压油罐的设计、制造、焊接和检查,应符合《压力容器安全监察规程》(GB 150)和《钢制压力容器技术条件》(JB 741)等有关规定。

(2)压油罐安装要求:

①压油罐安装时,除供排气和安全阀接口外,压油罐的所有接口均应在最低油位以下。

②旁通阀安装位置应符合设计和技术规范的要求。在压油罐清理和维护时,应将压力油排入回油箱。

③连接管道内壁清洁,并进行防腐处理,管道连接符合技术规范要求。

(3)试验方法:以手动方式启动油泵向压油罐送油。压油罐充满油后停泵,封闭排气孔,用试压泵升压。油压升到额定值后,检查有无漏油现象。若无漏油,可继续升压到1.25倍额定油压值,保持30 min,再检查焊缝有无漏油,同时观察压力表读数有无明显下降。若无漏油和压力下降,可排油降压至额定值,用500 g手锤在焊缝两侧25 mm范围内轻轻敲击,应无渗漏现象。

2. 阀组调整试验

(1)试验条件:可在真机或试验压力罐上进行安全阀或阀组动作模拟试验(后者应模

拟真机油系统)。

(2)卸载阀的调整:调整卸载阀中节流塞的节流孔径大小,改变减载时间,要求油泵电动机达到额定转速时,减载排油孔刚好被堵住,如从观察孔看到油流截止,则整定正确。

(3)安全阀的调整:启动油泵向压力罐中送油,根据压力罐上压力表来测定安全阀开启、关闭和全关压力。测定3次,取其平均值。

安全阀动作应正确、可靠、无强烈振动和噪声。调整安全阀,使得油压高于工作油压上限2%以上时,安全阀开始排油;油压高于工作油压上限的16%以前,安全阀应全部开启,压力罐中油压不再升高。

油压低于工作油压下限以前,安全阀应完全关闭,此时安全阀的漏油量不得大于油泵输油量的1%。在上述过程中,安全阀应无强烈的振动和噪声。

3. 油压装置的密封试验

检查有无漏油、漏气现象:压力罐的油压和油位均保持在正常工作范围内,关闭所有阀门,8 h后油压下降不得大于额定油压的4%。

4. 压力信号器和油位信号器整定

人为控制油泵启动或压力罐排油排气,改变油位及油压,记录压力信号器和油位信号器动作值,其动作值与整定值的偏差不得大于规定值。

5. 补气控制功能检查

(1)选择手动补气,检查手动补气启动、停止情况。

(2)选择自动补气,设置相关参数,检查自动补气启动、停止情况。

(三)油压装置电气控制柜检测试验

1. 外观检查

(1)装置外观无破损、划伤,机箱及面板表面处理、喷涂均匀,字符清晰,紧固件无缺损,安装牢固。

(2)确认电源已经过单独调试。

2. 通电前检查

(1)根据组屏设计图纸检查屏上所有装置的型号是否与设计图纸相符。

(2)检查交流、直流输入电源是否正确。负载回路无短路。

(3)检查各插件的位置、序号是否正确,插件是否插紧、锁定。

(4)油压装置控制柜二次回路检查:对照组屏(柜)设计图纸将整面屏的所有连线逐根查对一遍,确认无误。

(5)确认各插件已经过单模件调试。

(6)油压装置油位开关和油位、压力传感器已整定。

3. 绝缘耐压试验

用1 000 V摇表测量下述各部分之间的绝缘电阻,绝缘电阻应≥20 MΩ:

(1)交流回路—地:AC220 V输入端—机壳,AC380 V输入端—机壳。

(2)直流回路—地:DC220 V输入端—机壳。

4. 上电后检查

所有交、直流电源均从屏上相应的端子加入。进行与所有端子有关的检查时均须从屏上的相应端子进行检验操作。

(1)对装置先加入交流电源1,运行灯应亮,装置无异常信号,运行正常。

(2)对装置加入交流电源2,运行灯应亮,装置无异常信号,运行正常。

(3)电源输入范围测试:将装置交、直流供电电源输入电压在85% ~110%额定值范围内变化,检查DC24V实测值是否合乎规定,电源电压变化应不影响装置工作。

(4)测量相应各模块电源输出及输入,应在规定范围内,并记录相关表格。

(5)整体试验:接入相应的信号,分别检测装置的开关量输入、开关量输出、模拟量输入、模拟量输出等,并记录相关表格。

(6)信息显示检查:检查压力罐压力、油位;回油箱油位、油温显示是否正确。

(7)故障模拟:压力罐及回油箱的压力、油位变送器故障,软起动器故障,泵启动超时等故障的模拟显示是否准确。

(四)油泵工作试验

1. 油泵手动控制功能检查

(1)将两台油泵分别放手动位置,检查油泵手动启动、停止情况。

(2)将两台油泵分别放切除位置,检查油泵动作情况。

2. 油泵自动启停控制功能检查

(1)设置好相关油泵启动、停止参数。

(2)在阀组调整前进行。油泵先空载运行1 h,再分别在25%、50%、75%额定油压下运行10 min,然后在额定油压下运行1 h。试验中,油泵应连续运转,工作应平稳正常。油泵运转应平稳,三螺杆泵的基本参数宜参照GB 10886。在规定压力下的输油量和轴功率的性能容差宜参照GB 9064。

(3)选择模拟量控制,油泵均放自动工作方式,检查油泵自动启动、停止情况,主备切换、自动轮换情况,运行显示情况。

(4)选择开关量控制,油泵均放自动工作方式,检查油泵自动启动、停止情况,主备切换、自动轮换情况,运行显示情况。

(5)手动选择主备泵方式,检查两台油泵启动、停止情况。

(6)油压装置自动运行的模拟试验。

试验时,用人为排油、排气的方式控制油压及油位的变化,使压力信号器和油位信号器动作,以控制油泵按各种方式运转并进行自动补气。通过模拟试验,检查油压装置电气控制回路及压力、油位信号器动作的正确性。

不允许采用人为拨动信号器接点的方式进行模拟试验。

3. 油泵输油量检查

(1)压力点油泵输油量测定f_0在额定油压及室温情况下,启动油泵向定量容器中送油(或采用流量计),记下实测压力点实测输油量。

(2)零压点给定转速油泵输油量测定。试验时,进出口压力调节阀门全开(进口压力指示不大于0.03 MPa、出口压力指示不大于0.05 MPa,则视为进、出口压力示值为零),测定零压点实测油泵输油量。

第十三节　保护系统试验

一、微机继电保护装置概述

(一)水电站保护的种类

保护的分类有很多种,这里只介绍按水电站主设备的分类,主要让读者了解水电站设有哪些保护。

(1)水轮发电机保护:分两大类,即主保护及后备保护。

按功能分有纵、横差动保护,过流、过压、过负荷保护,非电量保护等数十种,也有将发电机及其主变、励磁变、厂用变合在一起配置保护的,称为发变组保护。

(2)变压器保护:主变保护、励磁变保护、厂用变保护、电抗器保护等。

(3)厂用电保护:开关保护、母线保护、电缆保护等。

(4)开关站保护:断路器保护、母线保护等。

(5)输电线保护:线路电流速断保护、差动保护、测距保护等。

(二)微机继电保护的发展

随着计算机技术及网络技术的迅速发展,微机继电保护由于具有比传统继电保护装置更显著的优势,在电力系统中得到了广泛的应用。目前,在新建水电工程均采用了微机继电保护装置。本章主要以微机继电保护为例来讲述保护装置的原理及其检验、试验。

自从微型计算机引入继电保护以来,一方面,微机继电保护在利用故障分量方面取得了长足的进步;另一方面,结合了自适应理论的自适应式微机继电保护也得到较大发展,同时,计算机通信和网络技术的发展及其在系统中的广泛应用,使得变电站和发电厂的集成控制、综合自动化更易实现。未来几年内,微机继电保护将朝着高可靠性、简便性、通用性、灵活性和网络化、智能化、模块化等方向发展,并可以与电子式互感器、光学互感器实现连接;同时,充分利用计算机的计算速度、数据处理能力、通信能力和硬件集成度不断提高等各方面的优势,结合模糊理论、自适应原理、行波原理、小波技术等,设计出性能更优良和维护工作量更少的微机继电保护设备。

(三)微机继电保护装置系统组成

1. 微机继电保护装置硬件结构

微机继电保护主要是由数据采集系统、微机系统、开关量输入/输出系统、人机对话接口、通信接口以及软件等部分构成,如图 12-8 所示。

1)数据采集系统

微机系统只能识别数字量,保护所反应的电流、电压等模拟信号需转换为相应的微机系统能接受的数字信号。为了满足高速采样的要求,本部分一般都采用 DSP(数字信号处理器)。

(1)电压形成回路。

微机继电保护要从被保护对象的电流、电压互感器处取得相应信息。但这些二次数值、输入范围对典型的微机继电保护电路却不适用,需要降低和变换。一般采用变换器来

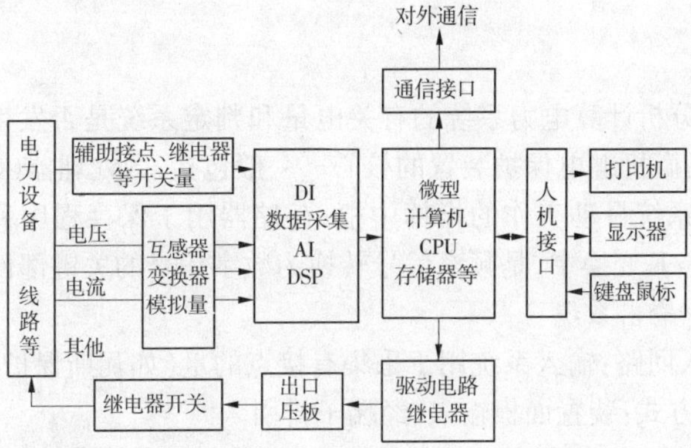

图 12-8　微机继电保护装置硬件组成原理框图

实现变换(微机继电保护参数的输入范围:0 ~5 V 或 4 ~20 mA)。

(2)低通滤波与采样保持。

由于微机继电保护只能对数字量进行运算和判断,所以应将连续模拟量变为离散量。采样保持电路的作用就是在一个极短的时间测出模拟量在该时刻的瞬时值,并要求在A/D转换期间保持不变。

同步采样:大多数继电保护原理是基于多个输入信号,如三相电流、三相电压等,在每一个采样周期对通道的量全部同时采样。

采样频率:采样间隔的倒数称为采样频率。采样频率的选择是微机继电保护中的一个关键问题。频率高,采样精确,但对 A/D 转换器的转换速度要求也高,投资也就越高。

为了控制投资,就需要降低 A/D 的采样频率,根据"采样定理",就必须将信号波频率限制在一定频带内,一般利用低通滤波器将高频分量滤掉。A/D 式数据采集系统如图 12-9所示。

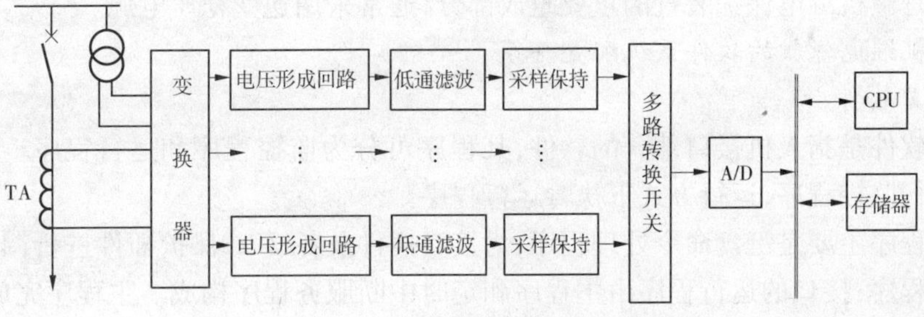

图 12-9　A/D 式数据采集系统

(3)多路转换电子开关。

为了保证阻抗、功率方向等不受影响,对各个模拟量要求同时采样,以准确地获得各量之间的相位关系。同时节省硬件,可利用多路开关轮流切换各采样保持通路,达到分时转换的目的,共用 A/D 转换器。

(4)模数转换器。

作用为将输入模拟量变为计算机可识别和处理的数字量,以便进行处理、存储、控制和显示。

2）微机系统

微机系统用来分析计算电力系统的有关电量和判定系统是否发生故障，然后按照既定的程序动作，这是微机继电保护装置的核心。一般包括：微处理器（CPU）、存储器、定时器等。CPU 是微机系统自动工作的指挥中枢；存储器用于保存程序和数据；定时器用于触发采样信号，在 V/F 变换中，是频率信号转换为数字信号的关键部件。

3）开关量输入/输出系统

（1）开关量输入回路：输入系统用于采集有接点的量（如瓦斯保护、温度信号等）作为开关量输入。输入方式：装置面板输入、经端子排引入。

（2）开关量输出回路：执行通过开关量输出，启动信号、跳闸继电器等，完成保护各种功能。

4）人机对话接口

（1）人机接口回路。

微机继电保护的人机接口回路是指键盘、显示器及 CPU 插件电路。

作用：通过键盘和显示器完成人机对话任务、时钟校对及 CPU 插件通信和巡检任务。

在单 CPU 结构的保护中，接口 CPU 就由保护 CPU 兼任。在多 CPU 结构保护中，另设专用的人机接口 CPU 插件。

（2）键盘、显示器接口。

键盘处理内容：落键识别、键号识别、重键处理。

显示电路以菜单的形式显示各键盘操作及执行结果。

人机对话接口用于调试、定值整定、工作方式设定、动作行为记录、与系统通信等。包括：打印、显示、键盘及信号灯、音响或语言告警等。

5）电源

电源是微机继电保护装置的重要组成部分，通常采用逆变稳压电源。

2. 微机继电保护的软件系统配置

1）接口软件

接口软件是指人机接口部分的软件，其程序可分为监控程序和运行程序。调试运行方式下执行监控程序，运行方式下执行运行程序。

监控程序主要是键盘命令处理程序，为接口插件及各 CPU 保护插件进行调节和整定而设置的程序；接口的运行程序由主程序和定时中断服务程序构成。主程序完成巡检、键盘扫描和处理、故障信息的排列和打印。

2）保护软件的配置

保护软件含主程序和中断服务程序。

主程序：初始化、自检，保护逻辑判断和跳闸处理。

中断服务程序：定时采样中断和串行口通信中断服务程序。

3）保护软件的三种工作方式

运行：保护处于运行状态，执行主程序和中断服务程序。

调试：复位 CPU。

不对应状态:当选择调试但不复位 CPU 并且接口工作在运行状态,就处于不对应状态。

4)中断服务程序及其配置

(1)中断的作用。由于电力系统或电气设备发生事故的时刻是随机的,为了最快响应这种随机事故的处理和记录,CPU 暂时停止原程序的执行,转为事故处理或外部设备服务,并在中断处理完成后自动返回原程序的执行过程。

(2)保护的中断服务配置。一般配有定时采样中断服务程序和串行通信中断程序。

(四)微机继电保护装置特点

1. 调试维护方便

在微机继电保护应用之前,整流型或晶体管型继电保护装置的调试工作量很大,原因是这类保护装置都是布线逻辑的,保护的功能完全依赖硬件来实现。微机继电保护则不同,除硬件外,各种复杂的功能均由相应的软件(程序)来实现,同时也设置了用于诊断、功能调试的软件,因此调试、修改比较方便,快捷有效。

2. 高可靠性

微机继电保护可对硬件和软件连续自检,有极强的综合分析和自身故障诊断判断能力。它能够自动检测出自身硬件的异常,并配合多重化措施,可以有效地防止拒动;同时,软件也具有自检功能,对输入的数据进行校错和纠错,即自动识别和排除干扰,因此可靠性很高。目前,国内设计与制造的微机继电保护均按照国际标准的电磁兼容试验来考核,进一步保证了装置的可靠性。

3. 易于获得附加功能

传统保护装置的功能单一,仅限于保护功能,而微机继电保护装置除提供传统保护功能外,还可以提供一些附加功能。例如,保护动作时间和各部分的动作顺序记录,故障类型和相别及故障前后电压和电流的波形记录等。对于线路保护,还可以提供故障点的位置(测距),这将有助于运行部门对事故的快速分析和处理。

4. 灵活性

由于微机继电保护的特性主要由软件决定,因此替换或改变软件就可以改变保护的特性和功能,且软件可实现自适应性,即可根据运行状态自动改变整定值和特性,从而可灵活地适应电力系统运行方式的变化。

5. 改善保护性能

由于微机的应用,可以采用一些新原理,解决一些传统保护难以解决的问题。例如,利用模糊识别原理判断振荡过程中的短路故障,对接地距离保护的允许过渡电阻的能力,大型变压器差动保护如何识别励磁涌流和内部故障,采用自适应原理改善保护的性能等。

6. 简便化、网络化

微机继电保护装置本身消耗功率低,降低了对电流、电压互感器的要求,而正在研究的数字式电流、电压互感器更易于实现与微机继电保护的接口。同时,微机继电保护具有完善的网络通信能力,可适应无人或少人值守的自动化变电站。

二、微机继电保护装置运行、检验管理相关规定

主要按《微机继电保护装置运行管理规程》(DL/T 587)和《继电保护和电网安全自动

装置检验规程》(DL/T 995—2006)执行。

(一)新投运微机继电保护装置的现场检验

1. 技术文件、资料的要求

微机继电保护装置投运时,应具备如下的技术文件:

(1)竣工原理图、安装图、技术说明书、电缆清册等设计资料。

(2)制造厂提供的装置说明书、保护屏电原理图、装置电原理图、分板电原理图、故障检测手册、合格证明和出厂试验报告等技术文件。

(3)新安装检验报告和验收报告。

(4)微机继电保护装置定值和程序通知单。

(5)制造厂提供的软件框图和有效软件版本说明。

(6)微机继电保护装置的专用检验规程。

2. 主要检验项目

新投产微机继电保护装置现场检验的项目有:

(1)装置结构外观检测。

(2)元部件安装工艺接线检查。

(3)接地及回路绝缘检测。

(4)配套装置检测。

(5)电源检测。

(6)装置通电运行各系统功能检测。

(7)数据采集系统的精度和平衡度检验。

(8)开关量输入和输出回路检测。

(9)定值清单核查。

(10)各项保护功能检验。

(11)整组传动检验。

(二)对微机继电保护装置的检验规定

(1)对运行中或准备投入运行的微机继电保护装置,应按《继电保护和电网安全自动装置检验规程》进行定期检验和其他各种工作,检验工作应尽量与被保护的一次设备同时进行。

(2)微机继电保护装置定检周期和时间规定如下:新安装的保护装置1年内进行全部检验,以后每6年进行1次全部检验,每2~3年进行1次部分检验。

(3)检验微机继电保护装置时,为防止损坏芯片,应注意如下问题:

①微机继电保护屏应有良好可靠的接地,接地电阻应符合设计规定。当使用交流电源的电子仪器测量电路参数时,电子仪器测量端子与电源侧应绝缘良好,仪器外壳应与保护屏在同一点接地。

②检验中不宜用电烙铁,如必须用电烙铁,应使用内热式带接地线电烙铁,并将电烙铁与保护屏在同一点接地或加热后断电再焊接。

③用于接触芯片的管脚时，应有防止人身静电损坏集成电路芯片的措施。

④只有断开直流电源后才允许插、拔插件。

⑤拔芯片应用专用起拔器，插入芯片应注意芯片插入方向，插入芯片后应经第二人检验无误后，方可通电检验或使用。

⑥测量绝缘电阻时，应拔出装有集成电路芯片的插件（光耦及电源插件除外）。

⑦使用微机继电保护装置的发电厂、电业局应配备微机型试验仪及记忆示波器等专用仪器、仪表。

⑧装有微机继电保护装置的变电所、发电厂的试验电源，一次侧应为三角形接线，二次侧应为三相四线制的星形接线，相电压为 $100/\sqrt{3}$ V，容量不应小于 10 kVA。

⑨用一次电流及工作电压检验。

根据系统各母线处的最大、最小阻抗，核对微机继电保护装置的线性度能否满足系统的要求。特别应注意微机继电保护装置中电流变换器二次电阻、电流比例系数与微机继电保护装置线性度之间的关系。

检验所用仪器、仪表必须检验合格，并满足 GB/T 7261—2000 的规定。定值检验用仪器仪表精度应不低于 0.5 级。

（三）微机继电保护新程序的使用规定

对于新开发的保护程序，在使用前，网（省）调继电保护实验室应做下列静态模拟试验：

（1）区内（外）单相、两相接地，两相、三相短路时的动作行为。

（2）区内转换性故障时的动作行为。

（3）非全相过程中再故障的动作行为。

（4）选相性能试验。

（5）瞬时性故障和永久性故障时，保护装置和重合闸协同工作的动作行为。

（6）手合在永久性故障上的动作行为。

（7）反向短路的方向性能。

（8）电压互感器二次回路的单相、两相、三相断线后再发生单相接地故障时的动作行为。

（9）先区内故障后区外故障的动作行为。

（10）拉、合直流电源时的动作行为。

（11）合闸出口继电器触点在断、合直流继电器时的动作行为。

（12）检验模数变换系统。

（13）验定值单的输入功能。

（14）检验动作值与整定值是否相符。

（四）微机继电保护装置的定检周期

（1）新安装的保护装置 1 年内进行 1 次全部检验，以后每 6 年进行 1 次全部检验（220 kV 及以上电力系统微机继电保护装置全部检验时间一般为 2～4 天）。

（2）每 2～3 年进行 1 次部分检验（220 kV 及以上电力系统微机继电保护装置部分检验时间一般为 1～2 天）。

三、微机继电保护现场检验项目及方法

（一）保护装置的外观及安装工艺检查

1. 检查目的

安装工艺及外观检查是继电保护及自动化装置检验的项目之一。尽管外观不直接影响产品的性能，但是它却影响产品的使用及寿命。因为产品的外观质量可以反映出一个产品生产工艺水平的高低，也能反映产品工艺的合理性，还能反映一个企业质量管理是否达到质量管理体系标准的要求。而结构检查是验证产品结构设计正确性的重要手段。

目前的检查方法仍然是以传统的目测法为主。它对检查产品的外观质量仍将起到重要的作用。

2. 合格评定的方法

外观检查的合格评定的方法是根据检查结果是否满足技术要求来评定。满足技术要求时可评定为合格；不满足技术要求时评定为缺陷。缺陷又分为一般缺陷、主要缺陷、致命缺陷。对于出现缺陷的检查项目，还应根据检查结果偏离技术要求的程度来评定缺陷项是属于一般缺陷、主要缺陷，还是致命缺陷。

在结构及外观检查中，一般的检查项目不满足技术要求时，评定为一般缺陷。在外形尺寸检查中，若外形尺寸出现误差，当误差大于公差、小于两倍公差时，均按一般缺陷累计；误差大于两倍公差时，可评定为主要缺陷。

在结构及外观检查中，当检查的结果存在威胁人身及设备安全的严重缺陷时，可评定为致命缺陷。评定为致命缺陷即评定结构及外观检查为不合格。

对于一般缺陷和主要缺陷，应按缺陷数量进行累计，三个一般缺陷累计为一个主要缺陷，三个主要缺陷累计为一个致命缺陷。

3. 继电保护装置的结构工艺与外观检查的方法

（1）结构及外观检查应在无损（产品）试验下进行。

（2）一般检查应在正常照明和视觉条件下进行。

（3）当有严重缺陷或无法用文字叙述时，可以用照相机拍摄记录。

（4）产品的外形尺寸等应用钢直尺和钢卷尺进行测量。

4. 屏（柜、台）的结构工艺与外观检查

1）外观检查的项目和要求

（1）外观是否整洁端正，有无防尘措施。

（2）检查产品表面涂覆层的颜色是否均匀一致，有无明显的色差和眩光；检查涂覆层表面是否有砂粒、起皱、流痕等缺陷。

（3）检查产品中电镀零件、喷漆零件、塑料零件的表面质量，如有无划伤、碰伤和变形现象。

（4）检查产品中是否存在能引起电解腐蚀的不同金属材料的直接连接。

（5）对于有金属外壳及底座的产品，检查是否有接地端子（或螺钉）。检查装置的接地线应采用铜螺钉压接，接触要牢固，接触电阻要小。

（6）检查产品的紧固件是否按产品标准规定进行漆封，密封结构是否可靠，产品是否

有铅封设施等。

(7)对带有调整整定值的产品，检查调整机构是否具备制动或锁紧装置。

(8)检查产品铭牌标志和端子号是否符合标准规定，是否正确、清晰、齐全。

(9)产品包装应按有关包装标准要求进行检查。

(10)检查产品所附技术资料是否齐全，备品备件是否齐全。

2)屏(柜、台)尺寸检查

(1)平面度测量。用钢直尺的测量边作为一理想的直线，垂直放置在屏(柜、台)面板上，观察并测量钢直尺到屏(柜、台)面板的距离，来确定平面度。测量时，要先观察与被测量面间隙的最大处和最小处，然后用塞尺测量间隙的大小。

用此方法在被测面板上最少测量三处，以确定其平面度误差的最大值(即最大间隙与最小间隙的差值)，该最大值应低于产品标准所规定的数值。

(2)孔的位置度卡尺测量。测量方法按《产品几何量技术规范(GPS)形状和位置公差检测规定》(GB/T 1958—2004)进行。测量后的同一零件面板开孔位置度误差及不同零件面板开孔位置度误差应不大于产品标准所规定的数值。

(3)开孔误差用卡尺测量。开孔精度应符合相应元器件的开孔要求。

(4)门和翻板与边框间缝隙用塞尺测量。对于带有门和翻板结构的屏(柜、台)架，需要测量门和翻板与边框间缝隙的大小，测量时应分别检查上、中、下三处的缝隙，检查该缝隙是否均轧、是否有碍门或翻板转动。

3)屏(柜、台)框架质量检查

(1)屏(柜、台)框架机械强度检查。屏(柜、台)框架应具有足够的机械强度。在安装完屏(柜、台)上的所有元器件后，检查屏(柜、台)框架是否存在开裂现象。

(2)屏(柜、台)框架的刚性检查。检查屏(柜、台)在安装好元器件后框架是否有变形；在操作各元器件时，框架是否有晃动和能否承受电动力的冲击。

(3)组装后的屏(柜、台)架检查：检查组装后的屏(柜、台)架是否整洁、牢固；检查各焊接处焊缝的质量，有无焊穿孔、裂缝、夹渣、气孔等；检查连接部分是否牢固，有无防松动的措施；检查组装后的屏(柜、台)架底脚是否平稳，有无明显的歪斜现象。

(4)检查各元件安装孔的质量。

(5)检查各安装孔边缘是否平整，有无毛刺和裂口，是否符合有关标准的要求。

(6)检查屏(柜、台)架下是否设有穿线孔，以便调试、检测时接线用。

4)结构及工艺要求

(1)屏(柜、台)设备的结构设计应考虑元器件安装、配线以及运行和维修的要求。

(2)屏(柜、台)等设备的外形及安装尺寸应符合《电力系统二次回路控制、保护屏及柜基本尺寸》(GB/T 7267—2003)和 GB/T 7267—2003 系列的要求，台式设备的外形尺寸应符合《电力系统二次回路电气控制台基本尺寸》(GB/T 7266—1987)的要求。

(3)结构应选用能承受产品机械、电和热应力的材料制成，应保证机械强度。面板上有较大的开孔或连续开孔时应有增强措施，大型操作元器件的安装应有加强措施。

(4)屏(柜、台)式结构设备的外形尺寸公差应符合下列规定：

①高度为 500 ~1 600 mm 时，为 ±1.5 mm。

②高度为 1 600 ~ 2 200 mm 时,为 ±2.0 mm。

③高度大于 2 200 mn 时,为 ±2.5 mm。

(5)屏柜结构应有基本措施:

①地脚安装孔,拼屏孔。

②便于产品运输的起吊设施。

③安全接地设施,并确保保护电路的连续性,接地连接处应有防锈、防污染的措施,接地处应有明显的标记。

④供调试、检测接线用的穿线孔不使用时,应用铭牌或其他装饰遮盖。

(6)其他要求:

①结构组装后应整洁、美观,焊接时各焊口应无裂纹、烧穿、咬边、气孔、夹焊渣等缺陷,并应及时清除焊渣。

②紧固件连接应牢固、可靠,所有紧固件均应具有防腐蚀镀层或涂层。紧固件连接必须采取防松动措施,对于既作连接,又作导电用的零件(构成保护电路的连接件除外),必须采用铜质材料。

③结构各结合处及门的缝隙应匀称,门的开启及关闭应灵活自如、锁紧可靠。门的开启角度应不小于 90°,如用户提出要求,应加装限位机构。

④屏(柜、台)结构设备在根据用户需要加装照明时,应使灯泡能安全更换,而不中断设备的正常运行。

⑤屏(柜、台)的翻起角度应不小于 45°,翻板翻起后应有定位机构,以便进行维护检修,翻板结构设计应考虑尽量缩小元器件的安装禁区。

⑥对电流、电压测量回路,应具有在工作情况下互换和检验的设施(如试验接线座或试验端子)。

5)表面涂覆层要求

(1)屏(柜、台)设备所有应涂覆的表面在涂覆前,应进行处理。表面涂覆层的颜色应符合用户要求(用户可提供色标)或有关标准的规定。

(2)涂覆层应有良好的附着力,应均匀、光滑,不允许有流挂、缩边、缩孔等缺陷。表面不应眩光,以免影响监控效果。

5. 电气安装要求

(1)检查产品内各元器件的安装及装配是否符合产品的图样和工艺的要求。屏(柜、台)安装的元器件应具有产品合格证或证明质量合格的文件,强制认证和已颁发产品生产许可证的元器件,应有标志或提供相应的证明,各元器件应按照制造厂的说明书进行安装。不得选用已淘汰的、落后的和能耗高的元器件。

(2)检查产品所有零件,特别是印制电路板锡焊处的质量,看是否存在虚焊、假焊等现象。对于印制电路板,还要检查有无机械损伤及变形,印制电路板的设计应符合有关规定,并满足电磁兼容抗扰度试验的要求。检查各插件上的集成元器件的芯片型号,应符合产品的设计图样,插入方法应正确并应插紧,保证接触可靠性。

(3)在强电系统中选用的弱电元器件应加双重绝缘保护措施。

(4)显示元器件及按钮的颜色应根据其用途,按有关国家标准的规定选用。

(5)安装在屏(柜、台)后的元器件及端子排,应不妨碍其他元器件的维修。屏后的元器件也应排列整齐、层次分明。

(6)对长期带电发热的元器件,其最高允许温度应符合元器件自身的技术标准要求,安装位置应靠上方,按其功率大小与周围元器件及导线束的间隙距离不小于20 mm,应保证对周围元器件及导线束的正常工作不受影响。

(7)电气元器件、小母线座、汇流排或端子排等应有符合设计图样规定的文字符号(或编号、标记)、标志,并应清晰、耐久、易于观察。

(8)在不打开外壳时,观察产品动作指示及整定值是否方便。

(9)插拔式产品应检查接插件的接触可靠性、插拔的方便性和互换性。

(10)检查各种切换开关、按钮、键盘等,应操作灵活、手感良好。

(11)屏(柜、台)面板距地面250 mm范围内,一般不布置元器件。

(12)小母线、汇流排、主电路导线等相序的颜色及位置应符合规定。

(13)导线的敷设和连接要求:

①导线的排列要求横平竖直、布置合理、整齐美观,推荐采用行线槽的配线方法,行线槽应符合有关标准的规定。采用行线槽配线的方法时,行线槽的配置应合理,固定可靠,线槽盖启闭性好。

②捆扎导线的夹具应结实可靠,不应损伤导线的外绝缘。禁止使用尼龙线等容易破坏绝缘的材料捆扎导线束。对于标称截面面积为1.5 mm^2的导线束,导线数量一般不应超过30根。屏(柜、台)设备内应安装用于固定导线束的支架或线束。

③导线与元器件端子或端子排的连接,6 mm^2及以下截面面积导线推荐采用BVR软线,应采用冷压方法压接端头;10 mm^2及以上截面面积导线可采用多股硬线,导线的端头采用冷压钳或油压机的压接方法。冷压连接要求牢靠、接触良好,铜、铝导线的连接必须采用铜铝过渡接头。导线接线端应有识别标记,导线标记应符合有关标准的规定。

采用单股导线行线时,导线接线端应制成缓冲环,以免在振动、冲击的环境条件下出现断线。硬母线的敷设,应符合有关标准的规定。

④在可运动的地方布线,如跨越门或翻板的连接导线,必须采用多股铜芯绝缘软导线,要留有一定的长度余量,并采用缠绕带等予以保护,以不致产生任何机械损伤。还应有采取固定线束的措施。

⑤连接导线中间不允许有接头。每一个端子不允许连接两根以上的导线,并应采取措施确保连接可靠。

⑥导线束不能紧贴金属结构敷设。穿越金属构件时,应有保护导线绝缘不受损伤的措施。

⑦导线不允许承受减少其正常使用寿命的应力。

⑧端子排距屏(柜、台)的后端距离一般不小于160 mm。同一侧需安装两排端子时,其间隔距离应不小于100 mm,靠后的端子排与屏(柜、台)的后端距离应不小于75 mm,以便于电缆敷设。

⑨如用户无其他要求,屏(柜、台)上部两侧应提供能穿过直径为6 mm铜棒的小母线接线座。由屏(柜、台)面板往后的第一节小母线的安装位置,距屏(柜、台)面板应不小于

75 mm。

⑩接地母线的位置、宽度以及与地面距离等要求，根据需要由用户和制造厂商定。

⑪检查产品连接导线的线径及连接方式，应满足下列要求：

ⓐ连接导线若无特殊要求，应按规定的要求选用；与端子相连处的导线的末端应有免受氧化的保护措施，电压回路导线的标称截面面积应小于0.5 mm²。在用螺钉压接时应加焊片，以防止导线压断头。

ⓑ除用直径为0.8 mm以下导线的交流电流回路外，交流电流回路的导线连接应采用蝶、钉固定的方式。

ⓒ检查装置的后板配线及端子接线有无断线、错线现象，绕接是否良好；绕线柱上不允许有焊接现象。

（二）配套部件及回路检测

1.线圈的基本参数测量

在现代保护装置中，运用了各种不同的电抗变换器、电流变换器、电压变换器、继电器等器件。这些元器件的基本特性（如变比、伏安特性、空载特性、转移阻抗、转移阻抗角等）是否满足有关设计的要求，也会直接影响这些继电器及保护装置的正常工作。因此，对这些参数的测量是保证产品质量的一项重要工作。

1）线圈电阻测量

线圈电阻的测量一般采用伏安法或电桥测量。测量要求如下：

（1）测量的环境温度为（20±20）℃。

（2）测量前被测线圈放置在测量环境的时间应不小于2 h。

（3）产品标准应规定测量方法。

（4）用伏安法测量线圈电阻时，电压表应采用高内阻电压表，电流表应采用低内阻电流表。

（5）用伏安法测量线圈电阻时，通过线圈的电压或电流不宜过大，一般不应超过继电器的额定电压或额定电流，通电时间不宜过长，以免线圈发热，增大测量误差。

（6）被测线圈电阻较小时，应注意尽量减少测量接线引起的测量误差。

（7）测量线圈电阻应包括线圈输入端子在内的整个回路部分的电阻。

直流电阻值的测量详见第十一章。

2）线圈电感测试

线圈电感测量一般采用交流电桥法。电感测量的线路比较多，而且测量的方法比较麻烦，现将测量程序简单归纳如下：

（1）按照被测量线圈及 Q 值选择所使用交流电桥的种类。

（2）将被测量线圈接入电桥的被测量的接线端子上，连接线应尽量短而粗。

（3）选择合适的倍率。

（4）反复调节各旋钮，使电桥达到平衡。

（5）根据各旋钮的指示数量来计算被测线圈电感值。

2.各类变换器基本参数的测量

（1）变换器电压比和电流比的测量。

对电压变换器一次绕组施加额定电压 U_1，测量二次绕组电压 U_2；对电流变换器一次绕阻施加额定电流 I_1，测量二次绕组电流 I_2；再计算电压比和电流比。

(2)转移阻抗和转移阻抗角的测量。

一次绕组施加额定电流 I_1，测量二次绕组空载时的感应电动势 E。

转移阻抗角用相位电压表测量一次绕组电流 I_n 和二次绕组空载感应电动势之间的相角差。

3. 与保护配套的 TV、TA 检验

对保护装置所使用的 TV、TA 的性能及其电流、电压回路进行检验。详见第十一章第五节《互感器类设备检测》。

4. 继电器及开关触点的基本参数测量

继电器及装置的工作状态是通过触点的状态反映的。因此，触点工作的可靠性将直接影响继电器及装置的工作性能，所以对触点工作的可靠性应提出很高的要求。

触点工作的可靠性主要由触点的基本参数和性能来决定。触点的基本参数主要有：触点压力、触点间隙、触点的超行程、触点的接触电阻和多对触点间同步性能等。

触点的性能包括：触点的温升、触点的接通和断开容量及过载能力、触点的工作寿命及寿命过程中的可靠性等。

接触电阻定义及测试方法：在电路中，任何两个导体相互接触的地方（如触点之间、插件之间和连接片之间）都要出现一定的电阻，即接触电阻。一般采用直流伏安法或直流双臂电桥测量。

(三)接线检查

(1)对保护装置与工程现场的接线正确性进行点对点的核查，确保100%的准确。

(2)对接线端子的端子号、回路号以及电缆号进行检查，应符合设计图纸。

(四)绝缘及接地检测

(1)对保护装置外部回路的绝缘包括对地绝缘相互之间的绝缘进行检测。

(2)对保护装置的各种接地连接检查，确保符合设计要求。

(五)保护装置电源检测

现代保护装置一般都配置有交直流双冗余电源。正常情况下由交流供电，一般为开关式稳压电源。当交流电源消失时，由直流（一般为蓄电池）逆变供电。

目前，微机继电保护的工作电源一般为 +24 V、+15(12) V、-15(12) V 及 +5 V。

对正常交流供电以及直流逆变供电两种情况下分别进行检测，检测的项目一般有：

(1)输出电压精度测量：将输入的交直流电源分别调至80%、100%、115%额定电压，测量电源的输出电压。

(2)波纹系数测量：用示波器观测直流输出电压的波纹。

(3)稳定度测量：在相当长的时间内观测输出电压的变化。

(4)负荷试验：当负荷变化时，测量负荷电流及电源直流输出电压，观察输出精度。

(5)交直流切换试验：逆变电源应能自启动，保护装置的运行应不受波动或误动。

(六)装置通电检查

在上述所有检查试验完成无误之后，方可将保护装置通电。

在装置初通电时，主要进行屏幕与键盘检查、定值修改及固化功能检验、定值分页拨轮开关性能检查、整定值失电保护功能检验、时钟整定及掉电保护功能检验、告警回路检查、各 CPU 复位检查。

1. 装置的自检、自启动、自恢复功能检查

(1)将保护装置的全部插件插入规定的部位后，打开装置电源。保护装置应自动进入自检状态。

(2)定值修改允许开关置于“运行”状态。

(3)自检状态完成后，各 CPU 和信号插件上的运行灯均应亮。液晶显示屏出现短时间全亮状态，表明液晶显示屏完好。

2. 人机界面及操作

1)人机界面及其特点

微机继电保护的界面与 PC 机几乎相同甚至更简单，它包括小型液晶显示屏、键盘和打印机。它把操作内容菜单结合在一起，使微机继电保护的调试和检验比常规保护更加简单明确。

液晶显示屏在正常运行时可显示时间、实时负荷电流、电压及电压超前电流的相角、保护整定值等，在保护动作时，液晶屏幕将自动显示最新一次的跳闸报告。

2)保护菜单的使用

利用菜单可以进行查询定值、开关量的动作情况、保护各 CPU 的交流采样值、相角、相序、时钟、CRC 循环冗余码自检。

修改定值时，首先使人机接口插件进入修改状态，即将修改允许开关打在修改位置，并进入根状态—调试状态，再将各保护 CPU 插件的运行—调试小开关打至调试位，然后在菜单中选择要修改的 CPU 进入子菜单，显示保护 CPU 的整定值。

定值的拷贝，在多定值区修改时，可节省修改时间。

3)键盘功能检验

(1)保护装置处于正常运行状态下，定值修改开关置“运行”状态。

(2)按个键，进入主菜单，选择“定值整定”子菜单，然后按“取消“键。

(3)分别操作键盘上所有的功能键，并检验这些键能否完成规定的功能。

各个键的功能详见装置说明书。

4)时钟的整定及校准

(1)时钟整定。

①保护装置处于运行状态，按键盘个键，进入主菜单，并移动光标至子菜单“时钟整定”(CLOCK)，按确认键后进入时钟的修改和整定状态。

②进行年、月、日、时、分、秒的整定(时钟整定不需要将定值修改开关置于“修改”位置)。

(2)检查时钟的失电保护功能。

①时钟整定完毕后，断开后再合上逆变电源开关。

②检验直流电源失电后(失电时间最小应达到 5 min) 时钟的准确性。

(3)检查与标准时间的对时功能(如与 GPS 对时)。

5）微机继电保护装置工作状态的设置

微机继电保护装置通常有三种工作状态：

（1）调试状态。运行方式开关置于“调试”位置，进入调试工作状态。该状态主要用于传动出口回路、检验键盘和拨轮开关等，此时数据采集系统不工作。

（2）运行状态。运行方式开关置于“运行”位置，即保护投入运行的状态。在此状态下，数据采集系统正常工作。

（3）不对应状态。在此状态下，数据采集系统能正常工作，但不能跳闸、报警，主要用于检验数据采集回路的正确性，也可防止在调试过程经常性的报警和跳闸现象的出现。有的保护不设置这种状态。

3. 打印机与保护装置的联机检验

在保护装置进行现场调试时，一般都要接入打印机，装置投入运行后，可将打印机退出运行。

（1）打印机通电，进行自检。打印机应处于待命工作状态。

（2）在打印机与保护装置通信接口间接入通信电缆。装入打印纸，并合上打印机的电源。

（3）将保护装置置于运行状态，按下保护装置上的“打印”按钮，打印机应能自动打印出装置的动作报告、定值报告及自动报告。

4. 定值的输入、修改功能检验

（1）微机继电保护的定值都有两种类型：一类是数值型定值，即模拟量，如电流、电压、时间、角度、比率系数、调整系数等；另一类是保护功能的投入/退出控制字，称为开关型定值。

（2）在主菜单中选择“定值”菜单，按照相关电力定值管理部门下达的定值书，进行定值输入或修改。

（3）设定值的核查：上述定值和控制字修改完毕后，可通过显示屏调显核查，并打印存档。经确认后要进入固化定值的程序。

（4）在定值整定固化后，要返回到主菜单，才能使保护装置恢复运行。

5. 通信功能的调试和检查

设置通信规约及其参数（与通信对端联调，两端参数应一致），检查通信功能是否正常，必要时须测误码率。

（七）数据采集功能检测

保护装置显示屏显示采样的有效值，实时显示各交流模拟量的幅值、相位及直流偏移量以及开关量的状态和各种报告。

1. 模拟量输入通道检测

根据各模拟通道实际输入的量，对该通道输入可调的交/直流电压/电流，检查该通道数据采集的精度和线性度。核查工程量与采集数值之间的对应关系和准确性。

（1）检验零点漂移。

待微机继电保护装置开机达半个小时，各芯片插件热稳定后，方可进行该项目检验。先将微机继电保护装置交流电流回路短路，交流电压回路开路，分别检查各输入通道采样值和有效值。如果电流回路的零漂达 ±0.5 以上,就会影响到保护对外加量的正确反应。

有的微机继电保护装置因为采用浮动门槛就不用检验零漂,但也应查看各电压、电流回路的采样零漂值大小,并做好记录。

(2)给模拟输入通道输入标准电压、电流,记录装置采集、显示的数字量,计算数据采集的精度。

(3)通道线性度检查:线性度是指改变试验电压或电流时,采样获得的测量值应按比例变化,并且满足误差要求。该试验主要用于检验保护交流电压及电流回路对高、中、低值测量的误差是否都在允许范围内,尤其要注意低值端的误差。按顺序改变输入电压、电流量,画出输入量—采集数据值曲线,计算线性度。

(4)检验各电流、电压回路的平衡度。

在检查二次接线完好后,还要检验电流、电压回路中各变换器极性的正确性。在“不对应”状态下,用打印机打印采样值,查看采样报告,即检查所接入的相位与大小是否一致。若在采样报告中,各电压通道采样值由正到负过零时刻相同、各电流通道采样值过零时刻相同,即说明各交流量的极性正确。

(5)在通道施加超量程的电压或电流时,检查采集数据的有效性或报警信号。

(6)显示或打印交流量的波形。

(7)检测交流电压、电流间相位特性。试验接线改为分别按相加入电压与电流的额定值,并改变电压与电流的相角。在液晶显示屏菜单中查询其相位差值,或采用打印波形方法比较相位,要求与外部表计误差小于30′。

(8)对模拟量通道附加高频干扰信号,检查滤波功能和数据采集的可靠性。

2. 开关量输入回路检验

保护的正确逻辑判断及接线的正确性还有赖于开关量输入回路的校验。实际校验的方法是:投退压板、切换开关或用短接线将输入公共端与开关量输入端子短接,通过查询保护装置来校验变位的开关量是否与短接的端子的开关量相同。对每个 DI/O 插件的开关量均要仔细检查,并做好记录。

(1)从保护装置的主菜单中选择子菜单“开关量状态”,依次进行开关量输入接点短接和断开。

(2)监视液晶显示屏上显示的开关量变位情况。

(3)检查数据库相应记录是否与开关量输入通道对应。

(4)模拟输入接点抖动,检查数据采集的滤波功能和数据采集的正确性。

3. 对开关量输出控制功能试验

对保护装置的输出控制功能进行核查:

(1)调整保护装置用于控制的直流电压为80%额定电压。

(2)投入试验部分的保护投运的连接片,退出不试验部分的保护投运的连接片。

(3)对试验部分的保护施加故障电压及电流,使保护处于动作状态,检查保护出口触点状态及信号灯的指示状态。

(4)观察液晶显示屏显示触点的变位情况。

对于该保护装置的所有输出通道都要进行核查,确保动作准确可靠。

(八)报警功能检验

1. 装置运行故障报警检验

(1)将保护装置的各 CPU 保护插件及管理插件投入运行状态,管理插件的巡检部分处于投入位置,报警回路的信号指示灯不亮,各 CPU 的保护插件的"运行"指示灯点亮。

(2)将某 CPU 保护插件的定值区改在无定值区,按该插件的确认键,报警回路中该 CPU 插件的信号灯及总报警信号灯亮,插件上的运行信号灯灭。

(3)恢复该 CPU 保护插件的定值区为正确定值区,按该插件的确认键,报警回路中复归按钮,该 CPU 插件上的运行信号灯亮。

(4)将保护装置的管理插件投入调试状态,经 25 s 时间后报警回路的"巡检中断"信号灯亮。

2. 保护系统运行报警及记录检查

(1)检查所设定的模拟量报警:此项可配合模拟量通道检测进行。根据所设定的报警值级别,分别加入超过报警值的电压或电流量,检查报警的准确性。

(2)检查"异常事件"或报警记录的正确性。

(3)对于定义为 SOE 事件顺序记录的开关两点,人为短接或开路输入回路,模拟检查该通道 SOE 记录的准确性,并检查时间的精度和准确性。

(4)故障录波的启动和波形记录的试验。模拟故障录波条件,通过屏幕显示由录播数据显示的波形和时标,检查故障录波的准确性和精度。

(九)保护功能软件试验

保护功能软件是保证在各种故障状态下能正确工作的关键。

1. 软件版本及程序校准码的核查

(1)核对打印机所打印的自检报告的软件版本号是否为产品说明书所规定的软件版本号。

(2)按键盘进入主菜单,并移动光标至子菜单"CRC 码检查"(CRC CHECK),按确认键,核对所显示的校验码是否正确。

(3)在液晶显示屏上也要显示软件版本号,核查是否正确。

2. 定值与保护逻辑功能检验

(1)拟定调试定值。

在保护逻辑试验时,既没有调度下达定值又无已拟定好的调试定值,就可以根据定值说明,自己拟定出一份调试定值。调试前应先设定控制字,例如保护的投入和退出控制、重合闸的配合等。在调试定值的配置中,还应注意阻抗各段之间的配合。各段之间不仅应在阻抗大小、电流大小,还应在时间定值上注意配合。所以,自己拟定的调试定值一定要多次审核。

(2)微机继电保护定值检验方法。

对应于 220 kV 线路保护,主要有高频保护、距离保护、零序保护三大块。考虑到保护定值误差等问题,应分别在距离定值的 0. 7ZSET、0. 95ZSET、1. 2ZSET 和零序定值的 0. 95ZSET、1. 2ZSET 处检测保护动作状况。

在进行接地距离保护故障模拟时,故障电压应乘以电抗补偿系数,如果故障计算电压高于 57 V,应适当将故障电流降低。

保护定值校验时，应将故障量加准，使保护的故障打印报告中的阻抗值、时间值与定值相近。

3. 微机继电保护的动态试验

(1)交流动态试验的意义及其内容。

交流动态试验以微机继电保护整组传动试验为主，它包括了微机继电保护与所有二次回路及断路器的联动试验，不仅能检查出回路中的不正确接线，而且能检查微机继电保护之间的配合情况。在投产时的带负荷试验中，检查电流、电压互感器的变比，以及极性的正确性以保证保护在投运后的良好运行。

交流动态试验主要包括整组传动试验、与其他保护的传动配合试验、高频通道联调试验、带负荷试验。

(2)整组传动试验的条件。

①二次回路已具备试验的条件。已恢复所有被拆动的二次线，直流控制回路、保护电压回路、测量电压回路、信号回路等对地绝缘电阻实测值大于 1 MΩ。

②装置内部的跳线已恢复正常。

③在扩建变电所时应注意拆除如下三类运行间隔之间的连线：

ⓐ线路保护装置与母线保护屏的电缆联系。

ⓑ线路保护装置电压回路应将母线 TV 二次回路断开，严防倒送电。

ⓒ主变压器微机继电保护屏应拆除至各电压等级的母线保护的电缆联系，拆除启动各电压等级的旁路或母联及分断断路器跳闸的电缆联系。

④断路器操作回路已具备通电条件，压力正常。断路器已调试好，可以对断路器进行远方分、合闸操作。

⑤试验所需的设备应具有能模拟单相接地、相间短路故障，能进行各相及相间电流、电压的相位与幅值的调整。

⑥整组传动试验时通入保护屏的直流电源电压应为额定电压的 80%。

⑦中央信号部分已完整。

⑧电源控制屏直流控制电源熔丝放置应符合图纸要求。

(3)整组传动试验。

在尽量少跳断路器的原则下，每个保护对各种故障(单相、相间、反相故障)做整组传动试验。试验中每一块连接片都要准确地模拟到，可用指针式万用表的直流电压挡在连接片两端进行出口监视。

4. 保护功能试验项目

保护装置的种类有很多，应根据设计配置的保护功能逐项进行试验。

这里以水轮发电机及变压器(发变组)某保护装置为例，列举试验的项目如下：

(1)发变组差动保护试验。

①定值整定及状态设置：如保护总控制字“发变组差动保护投入”，投入发变组差动保护压板，比率差动启动定值，起始斜率，最大斜率，二次谐波制动系数，速断定值等。

②比率差动试验。

对于 Ydn11 的主变接线方式，某保护装置采用发变组高压侧电流 A—B、B—C、C—A 的方法进行相位校正至发电机中性点侧，并进行系数补偿。差动保护试验时分别从高压侧、发电机中性点侧加入电流。高压侧、中性点侧加入电流对应关系：A—ac、B—ba、C—cb。即如果高压侧加入A相电流，则发电机中性点侧加入a、c相电流，通过改变中性点侧电流相位使差流为零。注意：此时Y侧电流归算至额定电流时需除以1.732。对于能输出六相电流的测试仪，只需从高压侧、发电机中性点侧分别加入三相对称的额定电流，改变电流相位使高低压侧电流相位差为180°。“发变组比率差动投入”置1，从两侧加入电流试验。

③二次谐波制动系数试验。

从一侧电流回路同时加入基波电流分量（能使差动保护可靠动作）和二次谐波电流分量，减小二次谐波电流分量的百分比，使差动保护动作。

④发变组差动速断试验，发变组差动速断定值一般不小于$6I_e$。

⑤TA断线闭锁试验。

（2）主变差动保护试验：

①定值整定和状态设置。

②比率差动试验。

对于Ydn11的主变接线方式，某保护装置采用主变高压侧电流A—B、B—C、C—A的方法进行相位校正至发电机机端侧，并进行系数补偿。差动保护试验时分别从高压侧、低压侧加入电流。高压侧、低压侧加入电流对应关系为A—ac、B—ba、C—cb。即如果高压侧加入A相电流，则低压侧加入a、c相电流，通过改变低压侧电流相位使差流为零。注意：此时Y侧电流归算至额定电流时需除以1.732。

对于能输出六相电流的测试仪，只需从高压侧、低压侧分别加入三相对称的额定电流，改变电流相位使高、低压侧电流相位差为180°。“主变比率差动投入”置1，从两侧加入电流试验。

③二次谐波制动系数试验，从一侧电流回路同时加入基波电流分量（能使差动保护可靠动作）和二次谐波电流分量，减小二次谐波电流分量的百分比，使差动保护动作。

④主变工频变化量比率差动试验。

⑤主变差动速断试验：主变差动速断定值一般不小于$6I_e$。

⑥断线闭锁试验。

（3）主变零序差动保护试验。试验程序除主变零序差动CT极性校验外，其余同上。

（4）主变相间后备保护试验：

①复合电压过流保护定值整定。

②复合电压过流保护试验内容：电流取主变高压侧后备电流。过流Ⅰ段试验值A，过流Ⅰ段延时s，过流Ⅱ段试验值A，过流Ⅱ段延时s，负序电压定值V，低电压定值V。

③阻抗保护定值整定及试验。

④过负荷、启动风冷试验。

（5）主变接地后备保护试验：

①零序过流保护定值整定；

②零序过流保护试验。

（6）主变不接地后备保护试验：

①零序过流保护定值整定；

②不接地后备保护试验。

(7)主变过励磁保护试验。

(8)主变非全相保护试验：

①非全相保护定值整定；

②非全相保护试验；

③主变过流输出保护试验内容。

(9)发电机纵差保护试验：

①定值整定；

②比率差动试验；

③发电机工频变化量比率差动试验；

④发电机速断试验；

⑤TA 断线闭锁试验。

(10)发电机差动保护试验(试验程序与上差动保护相似)。

(11)发电机裂相差动保护试验(试验程序与上差动保护相似)。

(12)发电机匝间保护(横差保护)试验。

(13)发电机后备保护试验。

①复合电压过流保护定值整定及试验；

②阻抗保护定值整定及试验。

(14)发电机定子接地保护试验：

①95%定子接地保护定值整定及试验；

②100%定子接地保护定值整定及试验；

③定子三次谐波零序电压保护试验；

④定子三次谐波电压比率判据：辅助判据；机端正序电压大于 $0.5U_n$，机端三次谐波电压值大于0.3 V。定子三次谐波电压差动判据：辅助判据；机端正序电压大于 $0.85U_n$，机端三次谐波电压值大于0.3 V，发变组并网且发电机负荷电流大于 $0.2I_e$，小于 $1.2I_e$。三次谐波零序电压定子接地保护，动作报警时，不需通过压板控制。

(15)外加电源定子接地保护试验。

(16)转子接地保护试验：

①转子一点接地定值整定及试验；

②转子两点接地定值整定及试验。

为发变组配置的保护试验还有：

(17)定子过负荷保护试验。

(18)负序过负荷保护试验。

(19)发电机失磁保护试验。

(20)发电机失步保护试验。

(21)发电机电压保护试验。

(22)发电机过励磁保护试验。

(23)发电机逆功率保护试验。

(24)发电机频率保护试验。

(25)发电机启、停机保护试验。

(26)发电机误上电保护试验。

(27)发电机开关失灵保护试验。

(28)轴电流保护试验。

(29)励磁差动保护试验。

(30)励磁后备保护试验。

(31)厂变差动保护试验。

(32)厂变后备保护试验。

(33)非电量保护试验(温度、低油压等)。

(34)TA 断线报警试验。

(35)TV 断线报警试验。

(36)其他功能试验。

以上列举了 36 种保护及试验项目,但不是每台发变组都配置全部保护。

各试验项目详细的试验步骤、条件、定值及状态设置、判别条件等应按厂家说明书进行。

第十四节　水电站计算机监控系统试验及质量检验

一、水电站计算机监控系统概述

现代水电站(厂)基本都采用了计算机监控系统,以实现水电站的自动化和无人/少人值班运行方式。

(一)水电站计算机监控系统的基本构成

现代水电站的计算机监控系统基本都采用按监控对象(水电厂机电设备或设施)的分层分布式体系结构,一般分为三层即厂站层,现地 LCU 单元层,现地设备层,其结构如图 12-10 所示。

1. 厂站层

厂站层一般集中布置在电站中央控制楼内的主机室、电源室、操作员工作室内。其设备有如下几类:

(1)布置在主机室内的有:系统实时数据库服务器,历史数据库服务器,AGC/AVC 数据服务器,工程师工作站,培训仿真工作站,网络通信服务器,对外通信服务器,厂内通信工作站、报表及电话语音报警工作站等。根据水电站规模,有的将其中的某些服务器或工作站合并。

(2)布置在中央控制室值班大厅的有:操作员工作站,调度电话操作台,大屏幕驱动器等。

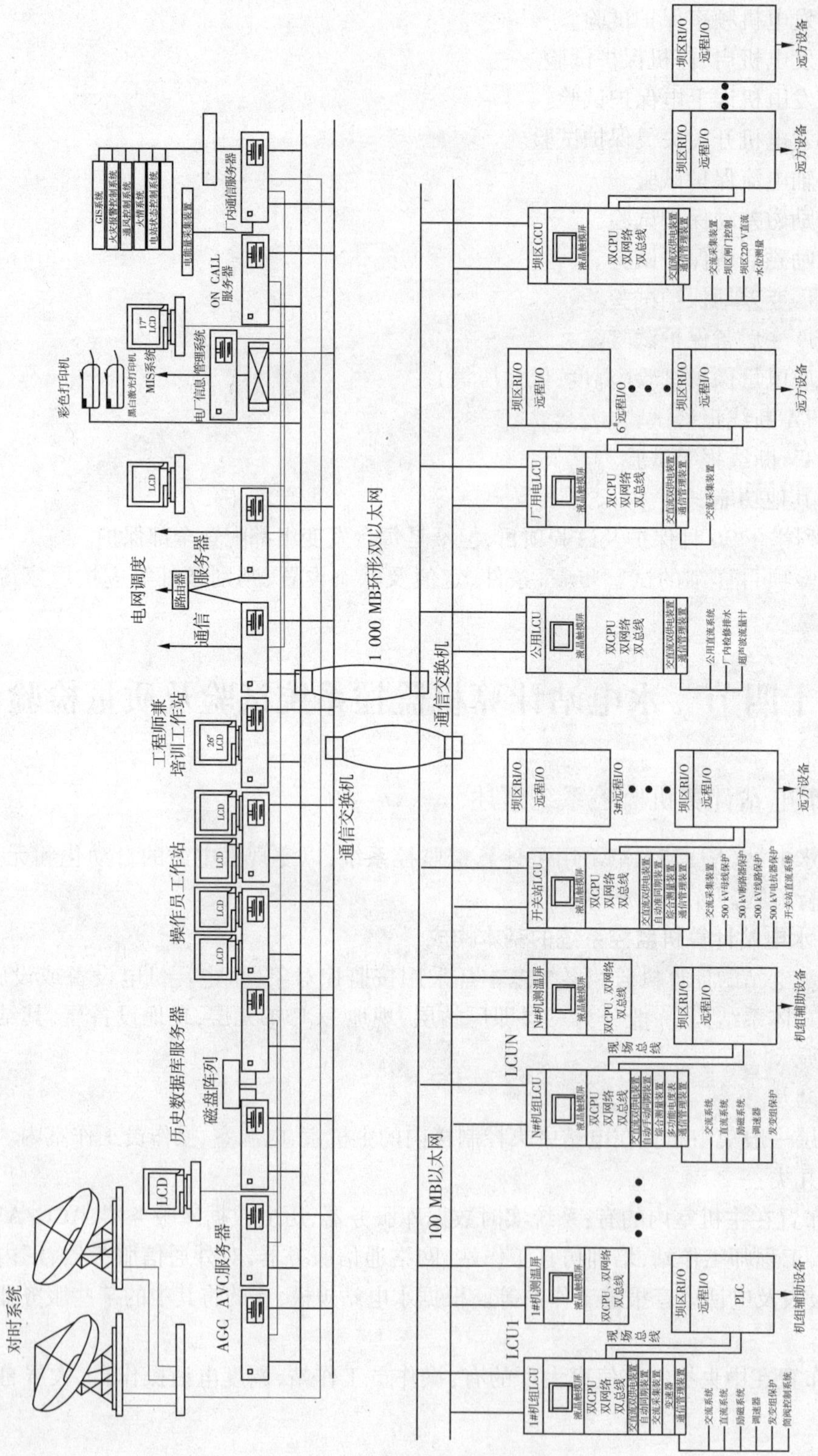

图 12-10　水电站计算机监控系统结构框图

(3)布置在电源室内的有:电源配电盘,UPS 电源等。

(4)布置在外部楼顶的有:GPS 对时装置及天线。

2. 现地 LCU 单元层

(1)与水轮发电机组配套的机组 LCU:布置在机组附近,一般与机组对应,一机一套,台数与机组数同。也有对小型机组多台合用一台 LCU 的。

(2)开关站 LCU:一般布置在开关站大楼电气盘柜室。

(3)公用设备 LCU:为厂用电系统、公用油压系统、压缩空气系统、供排水系统等配置一套。一般布置在中空楼电气盘室,也有将厂用电专设 LCU 的。

(4)大坝水库监测 LCU:布置在坝顶或中空楼内。为大坝闸门操作、电源、水位测量、大坝渗漏排水等配置一套。

(5)LCU 单元一般采用 PLC 或者工业型微型计算机。

3. 现地设备层(现场总线层)

由于近年来为现场电气设备配套的辅助设备、测量元件等逐渐智能化,也采用 PLC 或单板机之类的微机系统,具有串行、现场总线的通信能力,因此 LCU 与这些辅助设备、传感元件的连接,除 I/O 硬接线外,还可以通过串口或总线方式进行通信连接。同时,由于某些设备离 LCU 的距离比较远,现在一般采用远方 RIO 的连接方式。因此,在现场设备又形成了一层,即现场总线层。

(二)监控系统的通信网络结构

1. 监控系统内部通信

(1)在厂站级内部,现在一般采用 1 000 MB 以太网,因为厂站级对内、对外交换的数据量很大,有的还和图像监控系统联网,在中控室大屏幕上随时可以看到监控图像。

(2)因为在水电厂内设有 MIS 生产信息管理系统,需要与监控系统厂站级连接,按需要调取电站实时数据,在远方实现监控。然而 MIS 系统一般都和因特网连接,因此在厂站与 MIS 连接的接口处设有专门的通信服务器,并加有软、硬隔离器,以增强监控系统的信息可靠性和系统的稳定性。

(3)厂站级还须与电站其他系统,如火灾报警、水情测报等建立通信联系,一般采用 RS232 或 RS485 串行口通信。厂站级与 LCU 级现在一般采用 100 MB 以太网连接,确保 LCU 级的实时数据和厂站级的调控命令的实时性。

(4)LCU 级与现场设备的连接,如上所述,采用 I/O 硬接线、串行通信和现场总线等连接方式。

2. 厂站级对外部通信

(1)电厂与电网调度中心、电网其他单位通信,设有一套(一般也是双冗余的)网络通信服务器。自然也加有电力系统规定的软、硬隔离器。

(2)有的业主还自设有调度中心或流域调度,因此还专设有通信服务器。

(3)其他单位或系统通信。

(三)水电厂计算机监控系统相关标准和试验依据

(1)《水电厂计算机监控系统试验验收规程》(DL/T 822—2012)。

(2)《盘、柜及二次回路结线施工及验收规范》(GB 50171—2012)。

(3)《水电厂计算机监控系统基本技术条件》(DL/T 578—2008)。

(4)《水力发电厂二次接线设计规范》(DL/T 5132—2001)。

(5)《水力发电厂计算机监控系统设计规定》(DL/T 5065—2009)。

(6)《计算机场地技术要求》(GB/T 2887—2011)。

(7)《水力发电厂自动化设计技术规范》(NB/T 35004—2013)。

(8)《不间断电源设备》(GB 7260)。

(9)国电公司[2002]685 号文《水电厂无人值班的若干规定》。

(10)国家经济贸易委员会第 30 号令《电网和电厂计算机监控系统及调度数据网络安全防护的规定》。

本节根据上述标准,结合水电工程的实际情况,介绍水电厂计算机监控系统在工程现场安装、交接验收试验的项目、步骤及要求。其内容基本按照《水电厂计算机监控系统试验验收规程》(DL/T 822—2012)和近几年来水电工程的实际验收试验过程编写。

水电厂计算机监控系统应在满足 DL/T 578—2008 规定的前提下,应根据供需双方的工程合同和技术协议的要求进行验收、投产试验,以决定本工程的计算机监控系统是否合格。

(四)水电厂计算机监控系统试验、验收规则

1. 试验验收种类

水电厂计算机监控系统一般应有下列试验验收:型式试验,工厂试验和检验,出厂验收,现场试验和验收。

(1)型式试验。有下列情况之一时应进行型式试验:

①产品定型、设计定型、生产定型时;

②正式生产后,如结构、材料、工艺有重大改变可能影响产品性能时,可只做相应部件;

③质量监督机构提出要求时;

④试验中若有任何一项不符合受检产品技术条件规定者,必须消除其不合格原因。

(2)工厂试验和检验。

①与产品配套的器件应按有关规定进行质量控制。

②产品在生产过程中,必须进行全面的检查试验,并应有详细完整的记录。

③产品在出厂前,必须通过制造单位质量检验部门负责进行的检验,检验中若有任何一项不符合受检产品技术条件规定者,必须消除其不合格原因,检验合格后由质量检验部门签发合格证。

(3)出厂验收。

①若受检产品技术条件规定,产品出厂前须进行出厂验收者,则制造单位在完成所列的工厂试验和检验后,应按受检产品技术条件规定的日期提前通知用户。

②出厂验收由制造单位和用户共同负责进行。

2. 过程通道的试验验收规则

(1)模拟量过程通道的试验验收规则。

①在工厂试验时,应对全部过程通道进行逐点测试。

②在型式试验、工厂检验及出厂验收时,宜采用同类通道(如直流模拟量、温度量、交流量输入及模拟量输出通道等)抽样检查的方法,每一类通道的抽查数量不应少于该类通道点数的平方根值。被抽查的通道必须全部合格,否则应改为全部测试。若该类通道由几个模件组成,则抽样点应尽量在各模件中均匀分布,模拟量输入输出通道抽样检查时,若有点通道共用一个转换器,则在该通道中至少应对其中一点采用线性测试,其他点可采用满偏测试。

③在现场试验和验收时,也应对直流和交流模拟量输入通道及模拟量输出通道进行逐点测试,而且试验时,应包含至生产过程的连接电缆测试时可只校核满量程或一个中间值一点。在现场试验和验收时对温度量输入通道,在机组冷状态下,通过人机接口直接读取机组各部实测值,采用同组测值一致性对比的方式,进行检查。若同组测值的离散值在测量精度允许范围内,则认为合格,否则应进一步对有问题的测点进行检查和处理。

(2)状态量过程通道的抽样与试验方法。

①在工厂试验时,应对全部过程通道进行逐点测试。

②在型式试验、工厂检验和出厂验收时,宜采用同类通道(如状态量事件顺序记录量输入及状态量输出通道)等抽样检查的方法,每一类通道的抽查数量不应小于该类通道点数的平方根值。被抽查的通道必须全部合格,否则就应改为全部测试。

③在现场试验和验收时,也应对全部状态量过程通道进行逐点测试,而且试验时应包含至生产过程的连接电缆。

3. 控制程序的检查和模拟试验

(1)工厂试验阶段应对全部控制流程及每一流程的全部分支进行测试。

(2)出厂验收阶段,可在检查工厂试验记录的基础上,按双方商定的试验大纲规定的内容,对部分流程进行抽检、复查。用模拟装置、仿真程序模拟控制对象或用替代对象进行试验。

(3)在现场投产前,应与业主、主设备厂家和工程设计等单位共同讨论,针对主设备的具体情况,对控制流程进行修改和审核及程序框图的修改,必须经业主、设计单位及相关单位(或现场组成的启动委员会)审核批准。

(4)某些控制程序,如机组的开/停机程序,应先进行分步检查(不带控制设备)和模拟试验,当检查无误后,方可带主设备进行自动模式的试验。

4. 各阶段试验项目的确定

各阶段的试验和验收项目及内容,不需要全部重复工厂试验的项目,但应尽可能全面、完整,包括有完整仿真的控制和功率调节等试验。某些试验内容,如模拟量数据采集与处理功能测试中的直流量、温度量,输入通道的共模抑制比和串模抑制比,以及交流量输入通道的各种影响量引起的改变量试验等。在型式试验时已做过的,根据试验的完整性和真实性在其他试验验收时可以免除。

二、计算机监控系统通电试验前的检查和测试

以下为监控系统各级设备通电之前所必须进行的检查和测试项目,是保障设备正常工作的必检项目。否则,不能进行通电试验。

(一)产品软、硬件及技术文件的配置检查

1. 现场开箱检查

供货设备(包括技术文件)到达目的地后,应检验货物的箱体有无破损,并检查到货件数。在安装前开箱检验时,应提前通知卖方,卖方在接到通知后应按时到现场,与买方一起根据运单和装箱单组织对货物的包装、外观及件数进行清点检验。如发现有任何不符合之处,双方代表应签字确认。如属卖方责任,卖方应在双方商定的时间内处理解决。若卖方在开箱日期前未能到达现场,买方有权自行开箱检验,检验结果和记录对双方同样有效,并可作为买方向卖方索赔的有效证据。如买方未通知卖方而自行开箱,产生的后果由买方承担。

2. 检查产品的软、硬件配置

检查产品的硬件配置,其数量、型号、性能参数等应符合合同规定。

检查产品软件的配置、文档及其载体,应符合受检产品技术条件规定。

3. 产品技术文件的检查

检查产品(包括外购配套设备)的有关技术文件,应完整、详尽、统一、有效,且文图工整清晰、印刷装订美观。

卖方需提供的文件应在受检产品技术条件中规定,一般包括下列内容:

(1)系统框图、设备清单、设备连接图。

(2)机柜机械安装、配置图。

(3)机柜设备布置图、布线图。

(4)硬件技术资料(自制设备)。

(5)软件技术资料(包括系统软件和应用软件清单等)。

(6)软件使用说明书。

(7)软件维护说明书。

(8)全部外购设备所附文件。

(9)产品出厂检验合格证。

(二)现场条件、设备安装外观检查

1. 调试工作所需现场条件的检查

(1)盘柜均已到位,现场盘柜排布正确。

(2)与现场人员共同清点到货设备是否与装箱清单相符,无运输损坏和遗失。

(3)设备内各部分接插无松动。

(4)盘柜外部电缆敷设基本完成且经过对线。

(5)盘柜各部分所需外部电源均已具备。

(6)调试方案、计划等文件资料齐全,已经审核批准。工程各方人员组织、负责人、调试的配合工作已经落实。

2. 盘柜外体检查

监控系统盘柜应符合 GB 50171—2012 的规定。

(1)盘柜颜色应符合合同的规定。

(2)盘柜整体布置应与相应的结构配置图布置一致。

(3)设备外观应无凹痕、划伤、裂缝、变形。

(4)端子齐备;走线槽正确、齐备。

(5)左、右侧门完好,开孔正确。

(6)照明灯完好。

(7)锁完好,把手灵活,指示灯正常。

(8)院牌、院标、铭牌正确完好。

(9)面板齐全,面板印字正确,面板螺丝齐全。

(10)电源插箱齐全、完好。

(11)自产小装置齐全、完好。

(12)交流量表及电度表齐全、完好。

(13)PLC 模件齐全。

(14)继电器(或继电器插箱)齐全。

(15)外购装置(变送器、同期整步表等)齐全。

(16)机柜接地线、接地柱、接地铜牌齐全。

(17)产品表面涂覆不应有明显的凹痕、划伤、裂缝、变形和污染等。表面涂镀层应均匀,不应起泡、龟裂、脱落和磨损。金属零部件不应有松动及其他机械损伤。

(18)内部元器件的安装及内部连线应正确、牢固无松动。键盘、开关、按钮和其他控制部件的操作应灵活可靠。接线端子的布置及内部布线应合理、美观、标志清晰。

(三)接线工艺检查及正确性核查

1. 系统内部接线

监控系统内部各设备之间接线的正确性检查,应与设计、施工图纸一致。

2. 现场安装及外部接线检查

监控系统在现场的安装及与现场生产过程、电源系统、接地系统之间连接的正确性检查,应与设计、施工图纸一致。

监控系统在现场的安装、接线应符合 GB 50171—2012 的规定。

(四)绝缘检测

1. 绝缘电阻测试

根据被试回路额定绝缘电压,按规定使用兆欧表对装置不直接接地的带电部分和非带电金属部分及外壳之间,以及电气上无联系的各电路之间的绝缘电阻进行测试,测试时间不小于 5 s。对直接接地的带电回路,还应在断开接地或拔出有关模件的情况下,进行上述测试。测量结果应满足交流回路外部端子对地的绝缘电阻不小于 10 MΩ,不接地直流回路对地绝缘电阻不小于 1 MΩ,或满足受检产品技术条件的规定。

2. 介电强度试验

根据被试回路额定绝缘电压,按受检产品技术条件或对 60 V 以下回路施加交流 500 V、对 60 V 及以上至 500 V 以下回路施加交流 2 000 V 的试验电压进行介电强度试验。试验电压从零开始,在 5 s 内逐渐升到规定值并保持 1 min,随后迅速平滑地降到零值。测试完毕后用地线对被试验回路进行放电。被试设备应无击穿、闪络及元器件损坏现象。

如果被试回路间跨接有电容器(例如射频滤波电容器),则建议采用直流电压试验。该直流电压试验的电压值等于规定的交流试验电压峰值。

在试验过程中,那些不期望它们承受试验电压的48 V及以下二次回路(如通信设备、状态和数据的输入输出设备)可以不进行介电强度试验。但控制输出及电压、电流互感器回路必须进行。为了检验48 V及以下回路中除电子器件外回路的介电强度,可以在拔出插件的条件下进行。

由于介电强度试验对设备的性能可能会造成危害,所以一般只宜在工厂全面试验前作为产品过程试验进行,而不宜在全面的功能与性能测试后再进行介电强度试验。如受检产品技术条件规定在工厂试验以后还需进行介电强度试验,则必须在介电强度试验后再进行全面的功能与性能测试。

试验过程中的最大对地漏电流值不应超过被试回路设备每相输入电流的5%。

(五)接地检查

监控系统设备盘柜的接地设计要求一般为一个盘柜一点接地,在盘柜内(一般在柜底)装设有接地铜排或板,与电厂地网(盘柜安装轨道)连接。盘柜内部的屏蔽电缆接地、交流电源接地、直流电源接地、数字接地等,均接在铜排上。所有接地应牢靠、有效。

(六)电源检测

(1)设备通电前应检查设备电源负载回路有无短路现象,接地是否良好。

(2)检查设备电源选择开关(220 V/110 V等)的设备。

(3)检查外部电源的电压等级是否正确,三相电源相序是否正确,交流相、零线和直流正负线有无接线错误。

(4)所有IO模件的接线端子排,现场对完线,确认对侧设备接线完毕后,检查电压等级无问题后再逐个上上去(包括开入、模入、温度、模出)。

(5)配电柜通电检查:各进线回路供电压测量。

(6)UPS电源检测:①交流、直流输入检查及测量;②UPS输出检查;③UPS冗余功能、旁路功能检查;④UPS隔离变检查。

(7)各输出控制回路电压检查。

(七)接线及负载回路检查

在设备正式通电之前,还要进行如下检测:

(1)对整个装置的部件、插件的插接状况进行检查。

(2)接线检查:解除在试验中可能的临时接线。

(3)对各负载回路进行电阻或阻抗检测,以防有短路现象存在。

系统设备在完成上述一系列检测之后才能进入通电试验阶段。

三、监控系统厂站级检查、功能试验及测试项目

(一)厂站级功能试验及测试项目

1. 设备电源及通电检测

(1)UPS电源工作状况检查(按说明书)。

(2)输出电压、电流测量及质量检查。
(3)交、直流电源切换试验。
(4)UPS 的支持时间测试。
(5)观察通电状况,测量设备各电源及负载电压、电流,并记录。

2. 系统内部通信功能检测

(1)与 GPS 的通信及对时功能。
(2)与系统内各 LCU 的通信。
(3)与火灾报警系统的通信。
(4)与船闸控制系统的通信(如果有)。
(5)与水电站通风空调系统的通信。
(6)与水电能量采集系统的通信。
(7)与水电站 MIS 系统的通信。
(8)与水电站 MIS 系统通信的隔离功能检查。
(9)与水电站在线检测系统的通信。
(10)与信号返回屏系统的通信。
(11)与其他系统的通信。

3. 对外部通信功能

(1)与电网调度中心的通信。
(2)与流域集控中心的通信(如果有)。
(3)与上述各单位通信通道的联合调试及信息核对。
(4)对外通信通道隔离功能及安全性检查。

4. GPS 系统及同步功能

(1)GPS 卫星接收功能。
(2)与各单元的通信功能。
(3)与各单元的时钟同步功能。
(4)与电网时钟同步检查。

5. 数据采集功能

(1)对机组 LCU 数据采集功能。
(2)对公用 LCU 数据采集功能。
(3)对坝区 LCU 数据采集功能。
(4)对开关站 LCU 数据采集功能。
(5)对电网调度数据采集功能。
(6)对流域集控中心数据采集功能(如果有)。
(7)对厂内其他系统的数据采集功能。

6. 数据处理功能

(1)对各种数据有效性、可靠性的检查。
(2)数据实时性检查。
(3)数据分级报警功能检查。

(4)各种数据报警记录检查。
(5)实时数据库的刷新和共享。
(6)各种运行报表的生成。
(7)各种运行画面的调显功能。
(8)事件顺序记录及处理功能。
(9)事故追忆及数据处理功能。
(10)计算量数据处理功能。
(11)各类操作记录(包括操作人员登录/退出、系统维护、设备操作等)。
(12)各类事故和故障记录(包括模拟量越限及系统自身故障)。
(13)各类异常报警和状变记录。
(14)趋势记录(图形及列表数据)。
(15)事故追忆及相关量记录。
(16)运行报表记录。
(17)各类记录报表的分类(时间、设备范围、数据类型、报警级别)的统计功能。

7. 实时数据库参数

(1)实时性检查。
(2)模拟量输入点数。
(3)开关量输入点数。
(4)开关量输出点数。
(5)计算量点数。
(6)实时数据库管理功能。

8. 历史数据库及历史数据处理功能

(1)历史数据库调显功能。
(2)历史数据趋势曲线调显功能。
(3)机组、线路运行统计功能。
(4)分时计量电度记录和全厂功率总加记录。
(5)各类设备操作记录功能。
(6)历史数据的分类功能。
(7)历史数据库的参数。
(8)历史数据库的管理功能。
(9)历史数据库的备份存档功能。

9. 设备库参数

(1)系统设备库参数。
(2)设备库管理功能。
(3)数据库管理功能。

10. 人机接口功能

(1)控制台分级登录、退出功能。
(2)控制台操作、人机对话功能。

(3)控制台权限设定和闭锁功能。
(4)操作可靠性闭锁提示功能。
(5)操作过程中人工干预功能。
(6)参数、点状态人工设定功能。
(7)画面调显功能。
(8)可调显的画面数。
(9)趋势曲线显示。
(10)趋势曲线数。
(11)报表生成显示。
(12)报表总数。
(13)各类报警显示与复归。
(14)各类报警最大存储数。
(15)语音报警功能。
(16)事故自动拨号寻呼功能(如果有)。
(17)专家系统运行操作指导(如果有)。
(18)专家系统事故处理指导(如果有)。
(19)操作票自动生成(如果有)。
(20)其他人机接口功能。

11. 打印和拷贝功能

(1)各类记录、报表、趋势曲线的召唤打印。
(2)各类记录、报表、趋势曲线的定时打印。
(3)画面及屏幕拷贝。

12. 厂站控制调节功能

(1)机组分步开、停机功能。
(2)机组自动开、停机功能。
(3)机组事故停机、紧急停机。
(4)对机组现地设备点对点控制。
(5)对机组有/无功设定值调节。
(6)对机组、公用油气水系统的自动控制。
(7)对开关站各类开关的控制与操作(包括同期)。
(8)对厂用电设备的控制操作。
(9)对泄水闸门的控制操作。
(10)AGC 自动发电控制功能。
(11)AVC 自动电压控制功能。
(12)电网系统安稳调控功能试验。
(13)远方其他控制调节功能试验。

13. 系统的维护和开发功能

(1)用户软件开发所需的平台、工具、编辑软件的配置。

(2)离线开发软件的加入生成。
(3)画面编辑及修改功能。
(4)报表生成及修改功能。
(5)实时数据点参数修改功能。
(6)实时数据点的增减功能。
(7)应用程序的增减、修改功能。
(8)远程维护功能。

14. 系统诊断及保护功能

(1)在线周期性诊断功能。
(2)请求诊断和离线诊断功能。
(3)网络管理及诊断功能。
(4)内存自检。
(5)硬件及其接口自检的功能。
(6)诊断出故障时自动发出信号。
(7)冗余设备自动切换功能。
(8)定时器及自恢复功能。
(9)掉电保护。
(10)远程诊断功能。

15. 培训及仿真功能

(1)监控系统操作培训。
(2)软件开发培训。
(3)软件介质的提供。
(4)软件使用资料的提供。

16. 软件配置及安全性检查

(1)操作系统软件。
(2)数据采集软件。
(3)数据处理软件。
(4)编译编辑软件。
(5)数据库编辑生成软件。
(6)画面编辑生成软件。
(7)报表编辑生成软件。
(8)应用软件开发语言及编译。
(9)语音报警开发工具。
(10)实时数据库管理软件。
(11)历史数据库管理软件。
(12)数据库查询语言。
(13)主站与 LCU 通信软件。
(14)主站与外部通信软件。

(15)人机接口软件。
(16)系统(含网络)诊断软件。
(17)系统服务、管理软件。
(18)双机切换软件。
(19)时钟同步软件。
(20)培训软件。
(21)其他开发、维护工具软件。

17. 控制调节软件

(1)AGC 软件。
(2)AVC 软件。
(3)运行指导软件(如果有)。
(4)事故处理软件(如果有)。
(5)第三方软件许可证及安全性检查。
(6)第三方软件的升级。
(7)软件的备份及媒体介质。
(8)为用户开发的应用软件源程序提供情况。
(9)所有软件的文字说明资料提供情况。

18. 中控室信号返回屏系统

(1)屏幕相关参数。
(2)与主站的通信、信息交换功能。
(3)画面显示调用功能检查。
(4)各种报警信号的检查。
(5)屏幕参数的调整功能。
(6)与工业电视系统的通信及画面调显功能。
(7)与火灾报警系统的联动机画面显示功能。

(二)监控系统厂站级性能参数测试项目

(1)全系统时钟同步精度 <1 ms。
(2)电站级数据采集时间。
(3)包括单元级数据采集时间和相应数据再采入电站级数据库的时间 <1 s。
(4)主站控制台人机接口响应时间。
(5)调用新画面的响应时间 <1 s。
(6)在已显示画面上实时数据刷新时间从数据库刷新后 <1 s。
(7)操作员执行命令发出到控制单元回答显示的时间 <1 s。
(8)报警或事件产生到画面字符显示和发出音响的时间 <1 s。
(9)电站级控制功能的响应时间。
(10)有功功率联合控制任务执行周期 1 ~6 s 可调。
(11)无功功率联合控制任务执行周期 1 ~6 s 可调。
(12)自动经济运行功能处理周期 1 ~15 min 可调。

(13)主站双机切换时间。

①SCADA AGC/AVC 服务器无扰动切换时间;

②历史数据服务器无扰动切换时间;

③操作员工作站无扰动切换时间;

④调度通信服务器无扰动切换时间。

(14)可靠性参数。

(15)主控计算机(含磁盘),平均无故障时间 $MTBF \geqslant 35\,000$ h。

(16)可维护性平均修复时间 $MTTR < 0.5$ h。

(17)计算机监控系统可利用率:99.99%。

(18)可维护性平均修复时间 $MTTR < 0.5$ h。

(19)在重载情况下,CPU 最大负载率 50%。

(20)通信可靠性测试。

(21)主站系统内部各节点通道的误码率测试 $< 10^{-6}$。

(22)主站系统内部各节点通道的重发率测试。

(23)主站系统与外部各节点通道的误码率测试。

(24)主站系统与外部各节点通道的重发率测试。

注意:上述测试项目后部所列参数值为参考值(目前水电工程所采用的数值)。

(三)厂站级功能程序调试方法和要求

1. 人机接口功能检查

按《水电厂计算机监控系统试验验收规程》(DL/T 822—2012)第 9.10 条进行。

(1)画面显示功能检查。

①画面规范:画面图符及显示颜色定义应符合中华人民共和国电力行业标准 DL/T 578—95 中相关规定,电气接线图中各电气设备应符合《水利水电工程制图标准》(SL 73—2013),电气接线图中各电压等级颜色应符合《电站电气部分集中控制设备及系统通用技术条件》(GB 11920—2008)有关规定。

②画面数量:画面数量满足监控系统功能需求(合同有规定)。

③画面静态项目检查:应满足运行要求,美观合理。

④动态刷新检查:数据动态刷新正常,画面前景刷新方式包括数值变化、颜色变化、大小变化、闪烁变化、符号变化、字符串变化、位移变化、角度变化、曲线变化等。

⑤画面性能检测:画面调用时间(90% 画面)和数据动态刷新时间满足合同要求。

⑥通过改变从生产过程接口输入的数据及状态,检查画面动态显示的正确性。

(2)检查控制命令执行及过程信息反馈的正确性、唯一性、可靠性。

(3)检查参数状态设置或修改的正确性、可靠性。

(4)报警功能检查。检查各种报警的查询方式、提示文字、音响语音的正确性。

①简报报警:有报警功能要求的开关量以及 SOE 量测点,模拟相应测点的变位,检查简报信息显示的正确性和对应性。

②一览表报警:模拟相应测点的变位,检查一览表信息显示的正确性和对应性。

③光字报警:模拟相应测点的变位,检查光字信息显示的正确性和对应性。

④语音报警:模拟相应测点的变位,检查语音报警的正确性和对应性。

⑤Oncall 功能检查。接收监控系统发送的告警信息,按预定义的接收人员实施电话和短信告警;接收监控系统发送的测值、事件信息,提供电话查询功能。

ⓐ电话语音报警:模拟相应测点的变位,检查电话语音报警的正确性和对应性。

ⓑ短信报警:模拟相应测点的变位,检查短信报警的正确性和对应性。

(5)报表功能检查。

①报表显示:检查报表前景连接是否正确。在有信号模拟的情况下连续运行若干天,对每个工作站上的所有报表逐个检查测值显示是否正常,最大值、最小值计算是否正确。切换主、从机,再次检查数据是否和切换前一致。

②报表类型:包括各种运行日志、日报、月报、年报、电量统计、运行时间统计、断路器操作次数统计。

③报表打印:分定时打印、召唤打印和历史打印。

④历史存储:设定某个历史时间,检查报表是否能正常显示、打印。

(6)历史数据和历史曲线。

检查历史资料查询的方式及其正确性:①目录一览表;②历史报表;③历史曲线。

(7)操作未定义的键,系统不得出错或出现死机。

(8)技术条件规定的其他人机接口功能的检查。

上述各项人机接口功能应符合相关标准和合同的技术条件要求。

2. 系统时钟同步功能检测

按《水电厂计算机监控系统试验验收规程》(DL/T 822—2012)第9.11条进行。

(1)检查系统各人机接口设备上所显示的时钟(年、月、日、时、分、秒)应与标准时钟(例如 GPS)一致。

(2)LCU 时钟检查:检查时钟同步模件工作是否正常。

(3)检查 LCU 时间是否与上位机的一致,检查触摸屏上时钟显示是否与 LCU 时钟一致。

(4)更改 LCU 时间,检查5 min 内上位机是否发对时令修改 LCU 时钟。

(5)上位机时钟检查。修改 GPS 接入计算机的时间,大概1 min 后,看主机系统时间是否能自动恢复,并与 GPS 时钟一致。

(6)修改各上位机时间。大概5 min 后,看各上位机系统时间是否能自动恢复,并与 GPS 保持一致。

(7)外部设备对时检查。修改各外部设备时间,大概5 min 后,检查外部设备时间是否能自动恢复,并与 GPS 保持一致。

3. 系统网络通信性能检测

(1)按《水电厂计算机监控系统试验验收规程》(DL/T 822—2012)第9.12条进行。

根据技术条件规定,对系统与各级调度及其他外部系统和设备,如与水情、厂内信息管理系统以及保护自动装置、智能仪表等的通信功能。根据通信规约,用专用通信测试仪模拟通信,对对侧或直接用实际设备进行通信收发,测试误码率及重发率等,应满足技术条件规定。

(2)对具有冗余配置的通道,人为退出工作通道,其备用通道应自动投入工作。在切换过程中不得出错或出现死机。

(3)系统内部网络功能。

①网管功能检查:网络工作状态、故障报告显示。拔去任一节点的一根网线,此时即报该节点网络故障,网络通信应保持正常。

②节点故障:拔去任一节点的全部网线,此时即报该节点故障,网络通信应保持正常。

③双网切换:关掉任一的SWITCH或HUB,此时在报网络异常的同时,系统的监测功能和监控功能不受影响。

(4)系统外部网络功能。

①路由器+规约转换器配置测试:在一侧与路由器相连的网络上的相关计算机应能启通另一侧路由器相连的网络上的相关计算机,且无任何丢包现象。

②三层交换机配置测试:在一侧三层交换机相连的网络上的相关计算机应能启通另一侧三层交换机相连的网络上的相关计算机,且无任何丢包现象。

③防火墙配置测试:主要包括命名端口与安全级别、配置远程访问、访问列表、地址转换和端口转换等配置。

④纵向加密装置调试:从监控侧能启通监控对侧各装置接口以及对侧主机。

⑤横向隔离装置调试:测试内网、外网网络连接,通过网络测试工具测试UDP、TCP协议规则,通过命令测试组播规则。

4. 双机切换功能

(1)上位机人工切换:输入命令,将主机切换为从机,相应的从机变为主机,并具备操作功能,同时系统的各项功能应保持正常。简报同时显示相关节点的状态变化信息。

(2)上位机自动切换:将主机关机或将主机断开网络,从机将自动切换为主机,执行主机的一切功能。简报同时显示相关节点的状态变化信息。

5. 应用软件编辑功能测试

按《水电厂计算机监控系统试验验收规程》(DL/T 822—2012)第9.13条进行。

根据技术条件规定,对系统的应用软件编辑功能,如各种画面,测点定义表格,控制流程的修改、增删等进行测试,应满足技术条件规定。

6. 系统自启动、自诊断及自恢复功能测试

(1)按《水电厂计算机监控系统试验验收规程》(DL/T 822—2012)第9.14条进行。

(2)一般要求:

①系统加电或重新启动检查系统是否能正常启动。

②模拟应用系统、故障检查系统是否自恢复。

③模拟各种功能模件外围设备通信接口等故障检查相应的报警和记录是否正确。

④对热备冗余配置的设备,如主机网络现地控制单元等模拟工作设备故障检查备用设备,是否自动升为工作设备,切换后数据是否一致,各项任务是否连续执行,并不得出现死机。

(3)进行系统自启动:分别进行主机自启动,操作员站自启动,通信机自启动,PLC自启动,触摸屏自启动,功能装置等自启动。

(4)系统自诊断:

①监控系统上位机与 LCU 通信状态的诊断;

②通信机与外部设备通信状态的诊断;

③LCU 装置与外部设备通信状态的诊断;

④LCU 与远方 I/O 的通信状态的诊断;

⑤监控系统设备、模拟量、温度量品质的诊断。

(5)系统自恢复:

①断开并恢复上位机与 LCU 网络连接,通信能自动恢复。

②断开并恢复某节点网络连接,本节点能自动恢复。

(6)远程诊断功能:检查画面显示和数据的刷新是否正常。

7. 自动发电控制(AGC)功能测试

自动发电控制功能测试按《水电厂计算机监控系统试验验收规程》(DL/T 822—2012)第 9.8 条进行。工厂试验和检验及出厂验收阶段测试,见 DL/T 822—2012 第 9.8.1 条。现场试验和验收阶段测试见 DL/T 822—2012 第 9.8.2 条。

(1)厂站方式下 AGC 功能测试。

①将 AGC 工作方式设置成厂站、开环工作方式,在不同控制方式下检查负荷分配运算和开停机指导等功能的正确性。

②在①项测试结果正确后,将 AGC 工作方式设置成厂站、闭环工作方式,在不同控制方式下检查 AGC 负荷分配、功率调节、开停机操作执行的效果。

(2)调度方式下 AGC 功能测试。

①将 AGC 设置成调度、开环工作方式,对远方 AGC 各项功能(如从调度侧修改负荷曲线全厂总有功功率给定值等)的正确性进行测试。

②在①项测试结果正确后,将工作方式设置成调度、闭环,对远方 AGC 各项功能的执行正确性进行测试。

注意:现场试验过程中,若发现受检产品技术条件所规定的 AGC 功能或参数不能满足运行要求,应按实际运行要求予以修改,并试验验证修改的正确性。

8. 自动电压控制(AVC)功能测试

自动电压控制功能测试按《水电厂计算机监控系统试验验收规程》(DL/T 822—2012)第 9.9 条进行。

工厂试验和检验及出厂验收阶段测试见 DL/T 822—2012 第 9.9.1 条。

现场试验和验收阶段测试见 DL/T 822—2012 第 9.9.2 条。

(1)厂站方式下 AVC 功能测试。

①将 AVC 设置成厂站、开环工作方式,在不同控制方式下检查 AVC 的负荷分配运算等功能的正确性。

②在①项测试结果正确后,将 AVC 工作方式设置成厂站、闭环,在不同控制方式下检查 AVC 的负荷分配、功率调节执行的结果。

(2)调度方式下 AVC 功能测试。

①将 AVC 设置成调度、开环工作方式,对远方 AVC 各项功能(如修改电压曲线全厂

总无功功率给定值等)的正确性进行测试。

②在①项测试结果正确后,将 AVC 工作方式设置成调度、闭环,对远方 AVC 各项功能的执行正确性进行测试。

注意:现场试验过程中,若发现受检产品技术条件所规定的 AVC 功能或参数不能满足运行要求,应按实际运行要求予以修改,并试验验证修改的正确性。

9. 其他功能测试

其他功能是指除《水电厂计算机监控系统试验验收规程》(DL/T 822—2012)第 9.1 ~ 9.14条所列外的功能,试验项目详见(一)厂站级功能试验及测试项目。

(1)厂站控制功能:对于控制功能而言,厂站级是命令发送者,由 LCU 执行。主要是在操作员工作站上,通过反馈信息进行监视命令的执行情况。

(2)数据处理功能:数据的记录、显示打印等,见上述人机接口部分。

(3)实时、历史等数据库功能:通过人机接口调显检查其功能。

(4)系统稳定、电厂设备运行管理及指导、事故处理等专家系统功能,目前尚处于研究开发阶段,标准未作规定,具体应根据实际情况配置和使用。这些功能可根据合同技术条件进行功能测试。

其他功能应满足技术条件规定。

四、LCU 级功能试验及测试项目

(一)LCU 级功能检查、试验项目

1. LCU 交直流电源 UPS 检测

(1)电源跟踪调节功能。

(2)UPS 支持时间(分)。

(3)拉偏试验应工作正常。

(4)交直流切换应无扰动。

2. 现地的人机界面触摸屏功能检查

(1)能调显各种数据库数据、报表、参数、画面等。

(2)各种现地报警、提示功能。

(3)现地各种控制操作命令。

(4)现地参数修改、程序维护。

3. 通信功能试验

(1)对厂站级通信功能。

(2)对调速器通信功能。

(3)对保护装置通信功能。

(4)对励磁装置通信功能。

(5)对电能量采集装置通信功能。

(6)对机组测温单元的通信功能。

(7)对技术供水系统的通信功能。

(8)对其他辅助装置通信功能。

(9)双网切换不中断运行。

4. LCU 的数据采集及处理功能

(1)模拟量采集滤波功能。

(2)模拟量分级报警功能。

(3)开关量采集及防抖动功能。

(4)事件记录及报警功能。

(5)事件顺序记录功能。

(6)事故追忆功能。

(7)计算量数据采集与处理功能。

(8)检修时相关信息提示功能。

5. LCU 控制、调节功能检测和试验

(1)输出通道检测及设备单点控制。

(2)机组分步开、停机。

(3)机组自动开、停机。

(4)远方自动开、停机。

(5)开关操作闭锁功能。

(6)机组有、无功设定值调节。

(7)机组安稳控制功能。

(8)控调过程中的信息提示功能。

(9)现地手动操作功能:在 LCU 退出运行时,应能在现地手动操作开停机、增减负荷、紧急停机、关进水闸门等。

(10)同期功能:发电机断路器同期功能。

6. LCU 运行安全性检测

(1)LCU 的独立性试验,在与主站通信中断时,应不影响现地监控功能。

(2)LCU 的闭锁功能试验,在 LCU 出现严重故障时,可闭锁故障处的功能,并上报。

(3)LCU 的自诊断功能:①内存自检功能;②硬件及 I/O 的自检功能。

(4)LCU 的自恢复功能:①定时器功能;②掉电自动启动恢复功能;③冗余部件自动切换功能。

本功能检查试验项目以机组 LCU 为例,其他 LCU 类似,项目基本相同。

(二)LCU 性能参数测试

(1)LCU 程序扫描周期。

(2)LCU 实时数据库参数:①模拟量输入点;②开关量输入点;③开关量输出点;④事件顺序记录点;⑤计算量点。

(3)状态和报警点采集周期 <1 s。

(4)交流量采集精度(交流量输入通道数据采集误差测试)0.2 级。

(5)数据采集周期:

①电气模拟量采集周期:电量 <1 s;

②非电气量 <250 ms;

③开关量采集周期:普通,事件。

(6)事件顺序记录点 SOE 分辨率≤1 ms,事件顺序记录输入通道测试。

(7)雪崩处理能力测试。

(8)LCU 接受控制命令到开始执行的时间 <1 s。

(9)LCU 与厂站级时钟同步精度 <1 ms。

(10)LCU、双 CPU 非人为故障切换频度(次/年)。

(11)平均无故障时间 $MTBF \geq 60\,000$ h。

(12)可维护性平均修复时间 $MTTR < 0.5$ h。

(13)计算机监控系统可利用率 99.99%。

(14)在重载情况下,CPU 最大负载率 40%。

注意:上述测试项目后部所列参数值为参考值(目前水电工程所采用的数值)。

(三)LCU 功能试验方法、步骤及注意事项

所有试验应根据《水电厂计算机监控系统试验验收规程》(DL/T 822—2012)及其他相关标准推荐的方法和要求进行。这里以水轮发电机组 LCU 为例进行说明。

1. LCU 装置各部件通电及切换检查

(1)LCU 各个模件通电检测。

(2)切换功能检测:

①将主 LCU 切换为从 LCU,相应的从 LCU 变为主 LCU,并具备操作功能,同时系统的各项功能应保持正常。

②将主 LCU 关机或将主 LCU 断开网络,从 LCU 将自动切换为主 LCU,并具备操作功能,同时系统的各项功能应保持正常。

③当地/远方切换。

④调试/运行切换。

(3)交流采样表数据采集和通信功能检测:

①通电之后,加电压、电流到交流采样表,交流采样表中的数据可以产生相应的变化。

②与交流采样表进行通信,检测是否可以从交流采样表中获得需要的数据。

(4)触摸屏功能检测:

①触摸屏通过通信采集 PLC 中的数据,检测触摸屏通信接口的好坏。

②设置触摸屏熄屏保护功能。

(5)交换机检测:通电之后,将以太网模件和电脑的网口完全接入交换机网口之中,通过电脑启动 LCU 网络地址,检查交换机工作状态。

(6)光纤中继器检测:通电之后,电源指示灯亮。

(7)变送器检测:通电之后,加电压、电流,检查输出电流数值是否与预测的相同。

(8)时钟同步装置检测:通电,电源指示灯亮。

(9)通信管理装置检测:通电,电源指示灯亮。

(10)手动同期装置检测:在通电的情况下,按照手动同期原理图,对手动同期装置加入电压,观察相应的输出。

(11)自动同期装置检测:通电之后,电源指示灯亮,各参数显示正常。

(12)转速装置通电检查。

2. 输入/输出回路检测

(1)SOE 量检查。根据测点定义,依次在每一开入点电缆对侧设备实际动作,以检测信号的准确性;无法模拟的,以短接/开路的方式产生信号变位,观察 LCU 与上位机的显示与登录等是否正确。

(2)DI 量检查。根据测点定义,依次在每一开入点电缆对侧设备实际动作,以检测信号的准确性;无法模拟的,以短接/开路的方式产生信号变位,观察 LCU 与上位机的显示与登录等是否正确。

(3)AI 量检查、线性度、精度测试。对所有模拟量输入点,在相应变送器的输入端加模拟信号,检查 LCU 和上位机的显示与登录等是否正确;同时检查所用变送器的输入/输出信号范围应与数据库定义一致。测试标准表和电阻箱的精度必须在 0.5 级以上。

(4)TI 温度量检查。在温度量输入电缆的对象端加入模拟温度信号,检查 LCU 和上位机的显示与登录等是否正确。注意三线制电阻的电缆芯次序。

(5)ACI 量检查。在相应交流采集装置的输入端加 CT、PT 信号,检查 LCU 和上位机的显示与登录等是否正确;同时检查交采数值乘以比例系数的信号范围是否与数据库定义一致。

(6)DO 开关量输出检查:

①由电厂或安装单位人员负责在对象侧将开出电缆断开或将对象操作电源切除;

②在电厂或安装单位人员许可下,逐点动作开关量输出,从对象侧用万用表(或对线灯)检查开出回路,应与测点定义表一致;

③在条件许可的情况下,由电厂或安装单位人员主持,在保证安全的前提下,可对现场设备实际控制操作,验证开出回路及信号输入回路、LCU 的状态显示及上位机画面的显示记录是否正确。

(7)AO 量检查。

(8)水轮机保护 DI 量检查。

(9)水轮机保护 DO 量检查。

3. LCU 自启动、自诊断、自恢复功能

(1)LCU 系统自启动:通信机自启动,LCU 自启动,触摸屏自启动,各功能装置自启动。

(2)LCU 通信系统自诊断:LCU 与监控系统上位机通信状态的诊断。

(3)LCU 与现场设备电气控制箱通信状态的诊断。

(4)LCU 与各功能装置通信状态的诊断。

(5)模拟量、温度量品质的诊断。

(6)LCU 系统自恢复:断开并恢复上位机与 LCU 网络连接,通信能自动恢复。

(7)断开并恢复某节点网络连接,本节点能自动恢复。

4. 事故追忆功能检查

使事故追忆启动源变位,触发事故追忆功能,在经过一定时间(事故后追忆点数×扫描时间×0.1 s)后,刷新事故追忆控件列表,看是否能查询到相关的记录。

5. 事件分辨率、雪崩处理能力测试

(1)事件分辨率的测试采用专用的测试仪或数字记忆示波器测量。

(2)将分辨率测试仪的不同输出信号接至不同现地控制单元的事件顺序记录量输入端子,按技术条件规定的事件分辨率值,设置分辨率测试仪的时间定值,启动分辨率测试仪,检查所登录的事件发生的顺序及时间间隔,也可用同一个状态量,接至不同现地控制单元的事件顺序记录量输入端子,改变输入状态,检查所登录的事件发生时间,应满足技术条件要求。

(3)在几台现地控制单元的事件顺序记录量中各任意抽选点,接入同一状态量输入信号,改变输入信号状态,检查所记录的事件名称,应与所选测点名称一致,且无遗漏。各台现地控制单元所记录的事件状态应一致,任一台现地控制单元本身所记录的发生时间应一致。不同现地控制单元所记录的事件发生时间差不应大于技术条件所规定的指标。

(4)雪崩处理能力检查:在一台现地控制单元(LCU)的事件顺序记录量输入的 n 个端子上同时发生状态变位时的处理能力。

6. 水轮发电机组控制功能程序的调试

(1)一般被控设备的控制程序设置在 LCU E^2PROM 里,所以,被控设备的控制程序调试在 LCU 现场进行。调试过程中的过程反馈信息可以在 LCU 当地显示屏上显示、核对。同时,在厂站操作员工作站上也可以显示和核查。因此,此项试验应该上下同时进行。

(2)调试步骤及要求:

①通过各种人机接口设备,如现地、厂站键盘、按钮等,发出控制命令或模拟启动条件启动控制流程。

②各种命令或启动条件所引发的控制操作,控制过程产生的反馈信息,包括成功与失败提示、登录、报警等,及相应处理等都应满足相应技术标准的规定,且最终的控制流程及设置的有关参数应与程序一致,符合现场设备要求。

③机组 LCU 调试的顺序一般为:

ⓐ机组冲水前的调试(机组无水试验)。点对点的单点设备控制调节,核查控制输出通道的正确性;分步人工模拟调节。

ⓑ机组冲水后的调试(机组动态试验)。试验要求:对所有流程应分别由上位机或 LCU 当地人机接口启动,对自动启动的流程应试验各种启动条件下的动作情况。带辅助设备分系统调试:如机组供水系统调试;带机组分步调试:开至空转,开至空载建压。

ⓒ同期并网试验。同期 PT 极性、相位检查;全自动开机到假同期发发电机开关合闸令;全自动开机到同期并网;远方(包括厂站、网调发开机令)开机。

ⓓ非正常停机试验。事故停机:可由火灾报警,发电机水导轴承温度过高等信号启动。紧急事故停机:可由机械过速 $n \geqslant 155\% N_r$ 等信号启动。人工命令停机:事故停机按钮,紧急事故停机按钮等命令停机。

④试验方法及安全措施。

A. 蜗壳充水前的试验

关闭机组进口闸阀门;拉开机组出口隔离开关;断开、开启进口闸阀门和出口;隔离开关及其他不允许操作的设备的操作回路接入万用表或其他监测器具,从生产过程接口处断开机组转速端电压等模拟量输入信号的电缆;从生产过程接口处断开进口闸阀门位置出口、隔离开关位置等状态量输入信号电缆,接入相应的模拟信号发生器,启动控制流程,并根据流程进展,人工改变外加模拟信号,以满足流程要求检查流程执行的正确性及有关参数设置的正确性。

B.水轮发电机组实际工况转换操作试验

取消蜗壳充水前试验时所做的措施;水轮发电机组及相应现地控制单元处于正常工作状态。

从人机接口对水轮发电机组进行实际工况转换操作试验,检查流程执行的正确性及有关参数设置的正确性。

从上位机人机接口对水轮发电机进行实际工况转换操作试验。

7.水轮发电机组功率调节功能测试

(1)有功功率调节试验(此项试验与调速器试验同时进行):

①检查与有功功率调节有关的各项限值及保护参数,应确保无误。

②退出有功功率及无功功率自动调节流程。

③执行机组发电流程使机组开机并网。

④手动将机组有功功率带至振动区以外。

⑤投入有功功率调节流程。

⑥在避开振动区的前提下,有功功率给定值突变±10%或其整数倍,直至运行中可能出现的最大突变值,改变有功功率调节参数,使有功功率调节品质满足现场运行要求。

⑦根据电厂水头变化情况,必要时应在不同水头时重复本项试验,以确定各种水头下对应的最佳有功功率调节参数。

⑧在试验过程中,监视并手动调整机组有功功率,以满足运行需要。

(2)无功功率调节试验(此项试验与励磁装置试验同时进行):

①检查与无功功率调节有关的各项限值及保护参数应确保无误。

②退出有功功率及无功功率调节流程。

③执行机组发电流程使机组开机并网。

④投入无功功率调节流程。

⑤在机组运行条件允许的前提下,无功功率给定值突变±10%或其整数倍,直到运行中可能出现的最大突变值,改变无功功率调节参数,使无功功率调节品质满足现场运行要求。

⑥在试验过程中监视并手动调整机组无功功率,以满足运行需要。

8.机组甩负荷试验

分别进行25%、50%、75%、100%额定负荷甩负荷试验,主要检验调速器的工作和LCU的各项记录、显示功能。

9.72 h连续运行试验

系统恢复至最终现场运行状态,进入72 h连续考机。考机过程中应经常检查上位机和LCU的显示、报警、登录、打印、统计等功能正常。

10.系统性能检查

此项试验在上述试验过程中检查。CPU负荷正常;内存占用率稳定,无单方向提升现象。

11.其他设备

其他设备包括开关站公用坝区等的设备。

(1)手动模拟试验步骤为:在被控对象端将控制及信号反馈回路断开,接入相应的监测器具及模拟信号发生器,启动控制流程;根据流程进展,人工改变外加模拟信号,以满足流程要求;检查流程执行及有关参数设置的正确性。

(2)实际操作试验步骤为:取消手动模拟试验时所做措施;被控设备及相应现地控制单元处于正常工作状态;对被控对象进行实际的工况转换操作试验,检查流程执行及有关参数设置的正确性。

12.试验注意事项

(1)在现场试验前,需根据试验内容制订试验大纲,明确每项试验需要现场完成的安全防护措施和需要补充的外接监测器具及模拟信号,经电厂批准后方可实施以确保试验安全。

(2)试验过程中,若发现控制流程或有关参数与实际生产过程不符,应按实际生产过程要求拟订修改方案,经双方确认后实施。

(3)控制流程作重大修改后,必要时应在蜗壳充水前或手动模拟条件下进行包括主流程及全部分支的全面测试检查。

第十五节　水轮发电机同期装置的试验

一、同期并列的基本概念

(一)同期并网的基本定义和要求

1.电力系统并网的定义

(1)同期并网的定义。

当待并列运行的电源是交流电源时,由于交流电源存在三要素,即电压、频率、相位,所以待并列的电源电压、频率、相位要一致,称为同期操作。如果不进行同期操作,合闸的瞬间会造成强大的冲击电流,从而严重损害设备或影响系统的安全运行。

断路器联接两侧电源的合闸操作称为并网,捕捉两电源电压参数相近或相等的时刻合闸,称为同期。

(2)同期并网的方式。

①差频并网:发电机与系统并网已解列两系统间联络线并网都属差频并网。并网时需实现并列点两侧的电压相近、频率相近、在相角差为0°时完成并网操作。

②同频并网:未解列两系统间联络线并网属同频并网(或合环)。这是因并列点两侧频率相同,但两侧会出现一个功角,功角的值与联接并列点两侧系统其他联络线的电抗及传送的有功功率成比例。这种情况的并网条件应是当并列点断路器两侧的压差及功角在

给定范围内时即可实施并网操作。并网瞬间并列点断路器两侧的功角立即消失，系统潮流将重新分布。因此，同频并网的允许功角整定值取决于系统潮流重新分布后不致引起新投入线路的继电保护动作，或导致并列点两侧系统失步。

2. 同期操作方式

1）自同期

采用自同期方式时，先打开导叶开启机组，当转速接近额定转速时，直接合机组出口断路器，连接机组和母线（系统），再加励磁，在系统的作用下，使机组进入同步运行状态。

自同期的特点：①操作简单，机组并列快，不会造成非同期合闸。②合闸瞬间，机组会产生很大的冲击电流，对机组和系统会产生强烈的冲击，所以一般只适用于小机组。而目前一般不采用自同期方式。

2）准同期

采用准同期方式时，先打开导叶开启机组，当转速满足条件时，加励磁。如果电压、相位、频率满足要求，发合闸命令，使机组并列上网发电。

准同期特点：①机组不会产生冲电流（或很小），对系统影响小。②操作要复杂些，手动准同期对运行人员要求较高，可能造成非同期合闸，从而烧坏机组或造成系统故障。③可以用于线路同期操作。

3. 同期并列的条件

同期并列的理想条件是并列断路器两侧电源电压的三个状态量频率、电压幅值及相角差在并列断路器主触头接触的瞬间全部相等，这实际上是很难做到的。

当然，同期并列还有另外两个条件，即断路器两侧电源的相序必须相同，电压波形必须相同或相近。前条在安装接线检测时已经核准；后条则是靠发电机制造厂家设计制造保证，所以发电机投入运行时，这两个条件已经不用考虑了。

4. 对同期条件的分析

压差和频差的存在将导致并网瞬间，并列点两侧会出现一定的无功功率和有功功率的交换。电网和发电设备，一般都具有承受一定功率交换的能力。相比而言，相角差的存在会给断路器两侧带来更多的伤害，严重时会诱发次同步谐振。因此，一个好的同期装置应确保在相角差为零时完成并网。同时，为加速并网过程，没有必要对压差和频差的整定限制太严。

5. 实际同期条件的设定

因此，在实际并列操作中，并列条件允许有一定的偏差，只要并列合闸时冲击电流较小，不危及电气设备。同期装置在同期并列操作时一般必须满足以下三个条件：

（1）待并机组与系统电压差小于10%；

（2）待并机组与系统频率差小于0.2%～0.5%；

（3）待并机组与系统合闸瞬间相位差小于10°。

然而，在实际操作时，并非上述三个条件满足就可以了，因为断路器合闸需要一定时间，这个时间就称为导前时间。导前时间与断路器的种类有关，从数十到数百毫秒。我们需要的是，在断路器合闸时，动、静触头接触的瞬间，两电源需要满足上述三个条件。所以，这个瞬间时刻的捕捉就变得不那么简单了。假如说导前时间为100 ms，则要求同期装置在 100 ms 前就要判断出来,100 ms 之后,将会满足合闸条件,则提前 100 ms 发出合闸令这就要求同期装置具有相当高的数据采集和分析处理能力,这也只有微机化的同期装置才能做到,而且要求采样速率相当高,所以一般采用 DSP 数据采集、处理器。

(二)同期系统的基本组成

1. 同期点选择电路

(1)同期点定义。具有同期并列任务的断路器,称为同期点。

由于一个同期装置可能被许多断路器(如在电站开关站里)合闸使用,这些断路器安装在线路的不同地方,而同期合闸必须比较该断路器两侧的电压,所以在选定了要合闸的断路器以后,就必须选定该断路器两侧线路的电压互感器 PT,再进行同期合闸。

同期点的选定,可以设计为一个继电器矩阵,也可以使用电子开关矩阵。微机同期装置都选用后者。

(2)常用的同期点。

①发电机与电网同期:发电机出口与主变低压侧(发电机断路器),发电机升压变(主变)高压侧断路器。

②发电厂高压开关站各高压断路器。

③同频并网:未解列两系统间联络线并网属同频并网(或称合环),虽然同频,但可能有功角差存在。

2. 同期装置

这是同期并网的主题,它的任务是对两端 PT 电压信号的幅值、频率和相位进行高速采样,并计算出变化趋势。当合闸条件即将达到的时候,提前一个导前时间,发出合闸命令。以下将着重对其进行介绍。

3. 同期表

同期表是一种比较传统的同期装置,采用两端电压的差压驱动表针旋转,差压越大,旋转也就越快。当旋转速度逐渐变换时,表明两端电压差越来越小,就可以考虑发合闸令了。由于该装置是模拟式的,不可能做到精确合闸。但是比较可靠,比较直观,所以现在即使采用了微机式同期装置,但还是保留了这种同期表,可用于手动同期或同期观察。常用的同期表为组合式同期表。同期由频差检测部分、电压检测部分、同期检测部分组成。

4. 同期闭锁继电器

采用一只继电器,线圈由同期两端电压差压驱动。当差压大时(同期条件严重不满足),继电器吸合,其常闭接点断开,该接点串接在合闸脉冲输出回路上,因此此时禁止合闸,从而防止了非同期合闸。

二、数字同期装置的结构和功能

数字同期装置的结构框图如图 12-11 所示。

(一)数字同期装置的结构组成

1. 交、直流电源

数字同期装置一般设置交、直流两路供电电源。采用开关稳压电源,正常情况下由交

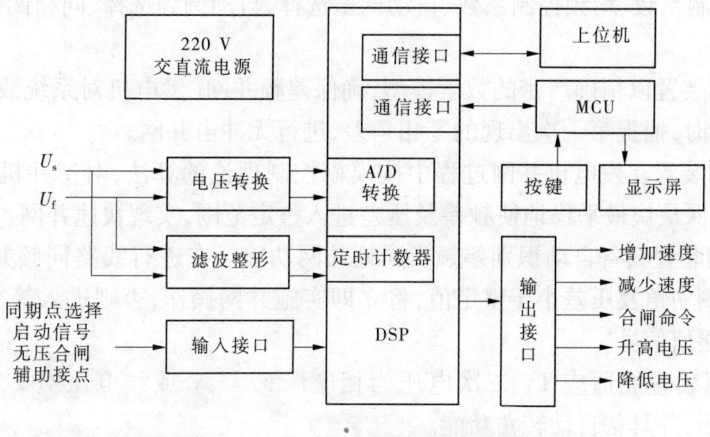

图 12-11　数字同期装置的结构框图

流供电；当交流消失时，由直流（常用蓄电池）供电。

2. 单板机部分

数字同期装置一般采用 DSP 单板机，具有交、直流直接高速采样，数据处理和同期程序运算处理，发出调节、合闸命令，外部通信等功能。

3. 输入回路部分

（1）同期电压输入回路：两端同期电压来自断路器两端线路 PT，经过隔离降压变换（但不改变波形）输入微机的模拟量输入回路，经 A/D 转化后，数据采集进入处理器。

（2）开关量输入回路：输入有关状态作为同期处理的控制信号。同样，在输入接口中需要进行电气隔离（一般为光电隔离）。

4. 输出回路部分

（1）在同期过程中，当发现两端电压信号差比较大，且不变化，处于"僵持"状态时，则装置根据原因，对发动机励磁装置发出电压升降信号，或对水轮机调速器发出速度增减信号，以尽快改变这种相持状态。

（2）当数据分析处理软件判断在所设导前时间之后，将会达到比较理想的合闸条件时，发出合闸脉冲命令，启动断路器合闸。

（3）输出回路一般设有继电器，以电气隔离和放大输出回路功率。

5. 通信接口

（1）外接人机接口：以提供面板显示和按键输入，供现场调试和参数设定。

（2）与上位机通信，在水电厂，一般与 LCU 通信，接收启动和停止同期过程的命令。

（二）同期装置的功能及参数

由于采用微型机以后，同期装置的功能大大地增加和完善。这里仅列举当今比较典型的数字同期装置的功能。

（1）同期装置可供发电机或线路并网复用，具备自动识别并网性质的功能。

（2）可以整定的同期参数有：允许压差、允许频差、待并侧 TV 二次实际额定电压、系统侧 TV 二次实际额定电压、过电压保护值、系统侧 TV 二次电压应转角、允许功角、单侧无压合闸确认、无压侧选择、双侧无压合闸确认、待并侧对象类型、同频阈值、断路器合闸时间、均压控制系数、均频控制系数、自动调压选择、自动调频选择、同频调频脉宽、并列点代号等。

(3)同期装置以精确严密的数学模型,确保差频并网(发电机对系统或两解列系统间的线路并网)时,捕捉第一次出现的零相角差,进行无冲击并网。

(4)同期装置在发电机并网过程中按模糊控制理论的算法,对待并机组频率及电压进行控制,确保最快最平稳地使频差及压差进入整定范围,实现快速并网。

(5)同期装置具备自动识别差频或同频并网功能。在进行线路同频并网(合环)时,如并列点两侧功角及压差小于整定值,将立即实施并网操作,否则进入等待状态,并向上级调度传送遥信信号。

(6)同期装置能适应 TV 二次电压为相电压 57.7 V 或线电压 100 V,或直接接入 AC220 V 电压,并具备自动转角功能。

(7)电动机差频并网过程中出现同频时,同期装置将自动给出加速控制命令,消除同频状态。

(8)同期装置可确保在需要时不出现逆功率并网和无功进相。

(9)具备过压保护功能,一旦机组电压出现超出给定的过压值时(过压值可根据用户要求进行整定),立即输出持续降压信号,并闭锁加速控制回路,直至机组电压恢复正常。

(10)装置完成并网操作后将自动显示断路器合闸回路实际动作时间,并保留最近的 8 次实测值,可作为断路器工况稳定与否的信息。

(11)同期装置采取了全封闭和严密的电磁及光电隔离措施,能适应恶劣的工作环境。

(12)同期装置供电电源为交直流两用型,能自动适应 110 V、220 V 交直流电源供电。

(13)同期装置输出的合闸录波、报警、就绪等信号继电器为小型电磁继电器,调速、调压、合闸继电器则是高抗扰光隔离无触点大功率 MOSFET 继电器。

(14)可根据整定的参数实施并列点单侧无压合闸或双侧无压合闸,单侧无压合闸时可设定无压侧。

(15)提供合闸接点和脉振电压的录波信号。

(16)控制器提供与上位机的通信接口(RS-232、RS-485),并提供通信协议和必需的开关量应答信号,以满足将同期控制器纳入 DCS 系统的需要。

(17)控制器内置完全独立的调试、检测、校验用试验装置,不需任何仪器设备即可在现场进行检测与试验。

(18)可接受上位机指令,实施并列点单侧无压合闸或无压空合闸。

三、数字同期装置的校验和整定

(一)试验仪器仪表

1. 装置自设的调试功能

微机自动准同期装置本身内置完全独立的调试、检测、校验用试验装置,包括无压空合闸、并网过程测试、被控对象传动测试和装置本身测试。在使用机内模拟电压信号进行试验时,装置自动切断合闸回路,以免在试验状态下引起误合闸。因此,不需要任何设备即可以进行检测与试验。

2. 常规的试验方式

采用以下设备对微机自动准同期装置进行检修时的试验：单相调压器、隔离变压器、微机试验测试仪、录波仪、个人常用电气工具、电压表、万用表、试验箱及相关设备。一般使用单相调压器、隔离变压器来模拟系统电压和频率，用微机试验测试仪来模拟发电机电压及频率。

（二）校验及要求

1. 一般检查

1）装置外观及回路检查

（1）装置各部分应固定良好，螺丝紧固，无松动现象；各插件插接灵活，且接触可靠；各部件外观完好无损。

（2）外观良好，无明显损坏，接线正确，焊点牢靠，无虚焊、漏焊现象。

（3）装置型号应与设计图纸相符，各插件插入位置应正确。

（4）检查装置内部二次接线的正确性。

2）绝缘电阻检查

绝缘电阻检查详见《继电保护检验通则》，一般用 500 V 兆欧表检查，二次回路的每一支路均不应小于 1 MΩ，与机箱外壳之间的绝缘电阻应不小于100 MΩ。

3）电源检测

（1）直流额定电压 220 V（或 110 V），允许偏差 −20% ~ +10%，交流额定电流 5 A。

（2）交流额定电压 $100/\sqrt{3}$。交流电源：额定电压单相 220 V，允许偏差 −15% ~ +10%。

（3）频率 50 Hz，允许偏差 ±0.5 Hz。波形为正弦，波形畸变不大于 5%。

（4）通电检查，上直流电源开关，装置上电：

①观察面板指示灯应无异常，同期装置上电自检及显示均正确。

②B 键盘操作灵活，液晶显示正常。

③装置定值整定及功能设置。

④选线器选择手动方式：分别选第一路到第十二路，选线器相应指示均正确，同期装置上电自检及显示均正确。

⑤选线器选择自动方式：分别由 DCS 选开关，选线器相应指示均正确。

（5）根据定值单进行有关参数的设定。

2. 实测采样值试验

在选线器上分别选择每个模拟量输入通道，由输入端子处加入 50 Hz、57.7 V 电压，进入“装置测试”菜单后，选择“测试频率电压角度”，读出液晶屏上的实测值。采样值误差应小于 0.5%。

3. 调控功能单项检查

（1）调频功能检查。

①调频范围检查：应满足大于 ±3 Hz 的要求。

②调频脉冲宽度整定：对应不同整定值时用电子毫秒计分别测量增速脉冲和减速脉冲宽度，测量自动发出冲击脉冲间隔时间。

③频差闭锁功能检查。

④均频功能控制检查。

(2)调压功能检查。

①自动调压功能检查。

②调压脉冲宽度整定:调压脉冲宽度整定在0.3 s。

③电压差闭锁功能检查,对应不同整定值时测实际值。

④均压控制信号的发出功能检查。

(3)过电压保护。当机组电压超过115 V时,该装置发降压信号的同时闭锁加速控制回路。

(4)远方复位功能正常。

(5)装置正常带电时显示频率功能正常。

4. 无压空合闸

装置在判断系统侧TV和待并侧TV没有电压的情况下,闭合一次合闸回路,试验断路器合闸操作是否正常。

5. 并网过程模拟测试

(1)给装置用微机试验测试仪加入各种不同有效值、不同频率、不同相位的电压,检验装置在满足定值的条件下,能否正确发出合闸脉冲;在不满足合闸条件下,能否自动发出加速、减速、升压、降压,以及闭锁、报警等信号,并测量在不同情况下的信号脉冲宽度。

(2)同频闭锁:当给装置加入同频率的两路电压时,装置显示"同频"信号,此时控制器自动将带并测频率调高,破坏同频状态,并发出"加速"脉冲。调频的力度取决于"同频调频脉冲"参数,同频脉冲脉冲宽度越大,调频正脉冲越大,调速越迅速。

(3)单侧无压合闸:加入单侧电压,此时装置不应发出"合闸"命令。

(4)并网过程测试:该操作除不能按遥控方式进行外,其过程及显示与工作过程下的并网操作一样,也会进行调压和调频,只是继电器闭SL闭锁了合闸回路。

(5)被控对象传动试验:用于测试加速、减速、升压、降压、合闸、闭锁和报警继电器是否能够正确地一一对应驱动被控对象(或中间继电器),以确认外部电缆的正确性。

6. 同期继电器的检验

(1)线圈动作平均值(V)。

(2)返回平均值(V)。

(3)实测闭锁角差。

第十三章　发电机安装调试质量检测试验的主要项目

由发电机的原理可知，发电机主要由转子、定子及其辅助设备组成，水电站水轮发电机主要结构如图 13-1 所示。

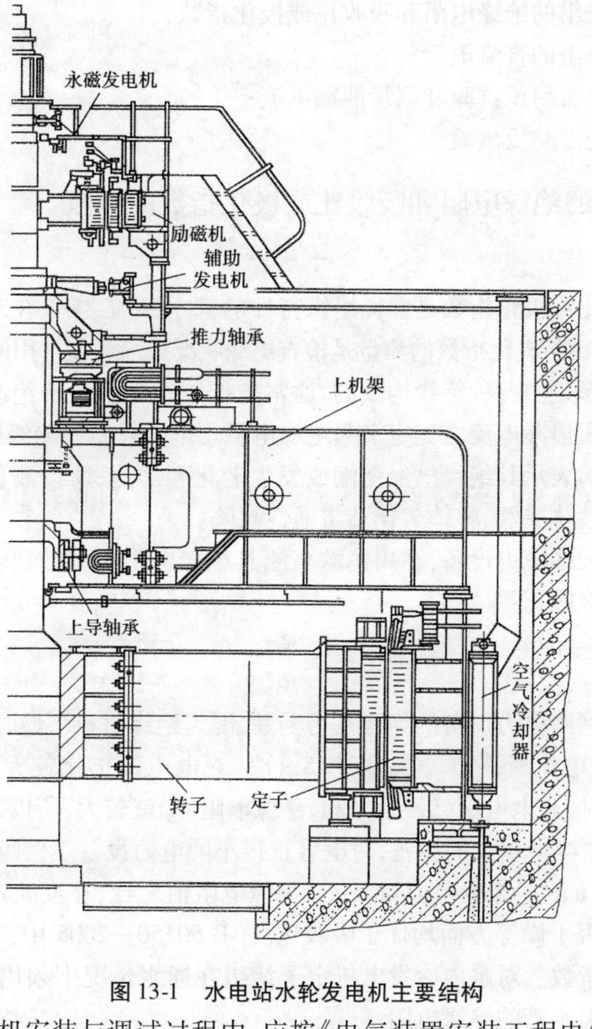

图 13-1　水电站水轮发电机主要结构

在水电站发电机安装与调试过程中，应按《电气装置安装工程电气设备交接试验标准》（GB 50150—2006）和《水轮发电机组安装技术规范》（GB/T 8564—2003）中的要求进行交接试验，并经 72 h 试运行后方可投入商业运行。安装调试质量检测试验项目按是否对设备产生危害分为破坏性试验和非破坏性试验，按检测的部位分为定子绕组、转子绕组、定子、自动化元件等。本章重点按照《电气装置安装工程电气设备交接试验标准》（GB 50150—2006）要求的项目，分述水轮发电机定子、转子质量检测试验项目的检测试验方法、试验接线、检测试验结果的判断,以及注意事项等,并结合水电站的实际和《水轮发电机组启动试验规程》(DL/T 507—2002)的要求对水轮发电机的试运行项目进行介绍。

第一节 发电机定子绕组试验

按照《电气装置安装工程电气设备交接试验标准》(GB 50150—2006)规定,发电机定子绕组检测项目主要包括:

(1)测量定子绕组的绝缘电阻和吸收比或极化指数;

(2)测量定子绕组的直流电阻;

(3)定子绕组直流耐压试验和测量泄漏电流;

(4)定子绕组交流耐压试验。

一、定子绕组的绝缘电阻和吸收比或极化指数的测量

(一)概述

绝缘电阻吸收比和极化指数是表征绝缘特性的基本参数之一,在对定子绕组绝缘测试中,绝缘电阻吸收比与极化指数的测量是检查绝缘状况最简便而常用的非破性试验方法。

电力设备的绝缘是由各种绝缘构成的,通常把作用于电力设备绝缘上的直流电压与流过其中的稳定体积泄漏电流之比定义为绝缘电阻。电力设备的绝缘电阻高表示其绝缘良好,绝缘电阻下降,表示其绝缘已经受潮或发生老化和劣化,所以测量绝缘电阻可及时发现设备绝缘是否整体受潮、整体劣化和贯通性缺陷。

对电容量比较大的电力设备,在用兆欧表测其绝缘电阻时,把 60 s 与 15 s 时的绝缘电阻读数比值称为吸收比:

$$K = \frac{R_{60\ \mathrm{s}}}{R_{15\ \mathrm{s}}} \tag{13-1}$$

测量吸收比可判断电力设备的绝缘是否受潮,因为绝缘材料干燥时,泄漏电流成分很小,绝缘电阻由充电电流所决定。在摇到 15 s 时,充电电流仍比较大,这时的绝缘电阻 R_{15}较小;摇到 60 s 时,充电电流已接近饱和,绝缘电阻 R_{60}就较大,所以 K 就较大。吸收比 K 试验适用于电机电容量较大的设备,对电容量很小的电力设备不做吸收比试验。

极化指数是 10 min 绝缘电阻值与 1 min 绝缘电阻值之比,在反映定子绕组绝缘受潮程度及判断绝缘是否干燥等方面均优于吸收比。GB 50150—2006 中,对 200 MW 及其以上机组应测量极化指数。对水内冷发电机定子绕组在通水情况下须用专用兆欧表,同时测量汇水管及绝缘引水管的绝缘电阻。

测量时,对于额定电压为 10 000 V 以上的电机应使用电压为 5 000 V 且量程不低于 10 000 MΩ的兆欧表;对于额定电压为 3 000 V 及其以上者,采用电压为 2 500 V 或 5 000 V 的兆欧表;500 ~ 3 000 V,采用 1 000 V 兆欧表;500 V 以下者,采用 500 V 兆欧表。大容量数字式液晶显示兆欧表优先采用。摇动兆欧表的手柄时,应保持恒速(一般在(125 ± 25)r/min 范围内)。

(二)试验接线及步骤

正常试验时,应测量被测相对地及其他两相的绝缘电阻,试验接线如图 13-2(a)所示;当为了判明故障,需要测量被测相单独对地的绝缘电阻时,可按图 13-2(b)接线;当需要测两相间的绝缘电阻时,可按图 13-2(c)接线;接线图中 Q 为测量开关。

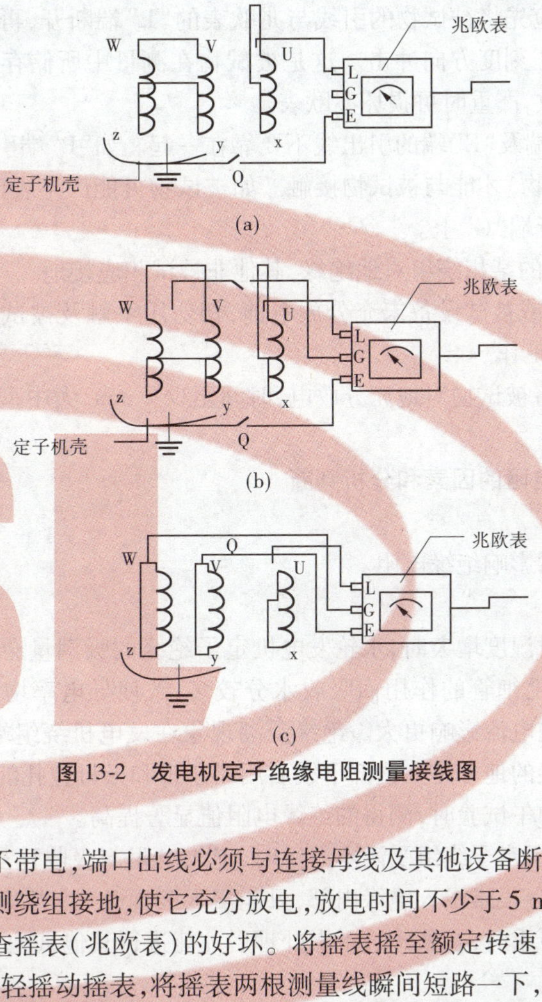

图 13-2　发电机定子绝缘电阻测量接线图

试验步骤如下:

(1)发电机本身不带电,端口出线必须与连接母线及其他设备断开。

(2)测量前对被测绕组接地,使它充分放电,放电时间不少于 5 min。

(3)测量前应检查摇表(兆欧表)的好坏。将摇表摇至额定转速(125 r/min),指针应指在"∞"位置。再轻轻摇动摇表,将摇表两根测量线瞬间短路一下,指针应在"0"位置。

(4)将被试设备接地线接在摇表"E"接线柱上,被试设备的引出线接在摇表"L"接线柱上。

(5)测量时,待兆欧表摇到额定转速,表针指向"∞"后,再合测量开关 Q,并启动秒表,记录时间,读取 15 s、60 s 的绝缘电阻值。读数完毕,断开开关 Q,停止摇动兆欧表。

(6)为消除电机引出线套管表面泄漏电流的影响,除擦拭干净外,必要时可用软铜线缠绕 1 ~ 2 圈,再接到兆欧表的屏蔽端子"G"上。

(7)记录试验条件下的温度、湿度。在热态下做试验时,应记录各有代表性处的温度,并取其平均值。

(8)测量完毕或倒线时,将所试相接地充分放电 2 ~ 3 min。

(三)注意事项

(1)将兆欧表放置在远离大电流导体或磁场干扰的地方,避免环境对测量结果带来的影响。

(2)兆欧表应水平放置平稳,高度合适,便于操作。选择电压、量程及容量合适的兆欧表,准备好安全工具,如绝缘鞋、手套、放电棒等。

(3)测试前要用干燥、清洁的柔软布擦去被试物表面的污垢。

(4)测量完毕,应先将被试物的引线与兆欧表的"L"端断开,再停止兆欧表手柄的摇动;否则,表针向"∞"刻度方向冲击。这是被试物在测量中所储存的电荷经兆欧表的电流回路反向泄放所致,严重时可损坏兆欧表。

(5)兆欧表"L"端及"E"端的引出线不要靠在一起。如"L"端引出线必须经其他支持物(绝缘良好的支承物)才能与被试物接触。如被试物可能产生表面泄漏电流时,应加屏蔽接于兆欧表的屏蔽端"G"上。

(6)测量发电机的某相绕组对地绝缘,其他非被试相应接地。

(7)在测量过程或被试设备未充分放电前,切勿用手触及被试设备与兆欧表的接线端,也不要进行拆线工作。

(8)测量前后,将被试物对地充分放电,时间至少 1 min,大中型水轮发电机放电时间不少于 5 min。

(四)影响绝缘电阻的因素和分析判断

1. 影响因素

主要有以下因素影响绝缘电阻。

1)湿度影响

当空气中的相对湿度增大时,水轮发电机定子绝缘的吸潮量会随空气相对湿度变化而变化,绝缘物由于毛细管的作用而吸收水分较多,致使导电率增加,降低了绝缘电阻。这种现象对表面泄漏电流影响更大。绝缘受潮现象在发电机绕组端部表现得较为明显。因为在绕组端部连接的地方是在槽部下线后用蜡布带和云母包扎的,未经真空浸胶处理,容易受潮。在晴天中午试验时,测得的绝缘电阻值显著提高。

经验指出:发电机定子绕组受潮不严重时,绝缘电阻与吸收比虽然降低,但很少影响其击穿强度,因为水分很难浸入绝缘内部,只能浸入表面几层;当发电机由于长途运输与长期停机而受潮较严重时,必须经过干燥处理后才能进行其他试验。

2)温度影响

定子绕组的绝缘电阻值受温度的影响是相当明显的。绝缘电阻测量必须在相近的温度、湿度等试验条件下进行比较才有意义。试验时最好在相同温度下测量,若不能满足此条件,应将不同温度下测得的绝缘电阻值换算到同一温度(对发电机以 75 ℃为标准)下进行比较。修正系数参考 GB 50150—2006"附录 B 电机定子绕组绝缘电阻值换算至运行温度时的换算系数"。

3)表面状态的影响

表面的污染、受潮使绝缘的表面电阻率下降,从而使绝缘电阻也下降。

4)试验电压大小的影响

随着试验电压的增加,绝缘电阻会减小,对良好的干燥绝缘的影响较小。所以,对于不同电压等级的设备应采用不同电压的兆欧表。

5)残余电荷的影响

残余电荷的存在使被测数值出现虚假的现象(增大或减小),所以在测试前应对被试绕组充分放电,尤其是在直流耐压试验刚结束时,不能马上进行绝缘电阻测量。

6)接线和表计型式的影响

对同一设备应采用同一型式的表计和接线方式,否则会出现误判断。

2.分析判断

(1)在 GB 50150—2006 标准中 3.0.2 条规定,测量定子绕组的绝缘电阻和吸收比或极化指数,应符合下列规定:

①各相绝缘电阻的不平衡系数不应大于2。

②吸收比:对沥青浸胶及烘卷云母绝缘不应小于1.3,对环氧粉云母绝缘不应小于1.6。对于容量200 MW 及其以上机组应测量极化指数,极化指数不应小于2.0。

(2)测量水内冷发电机定子绕组绝缘电阻,应在消除剩水影响的情况下进行。

(3)对于汇水管死接地的电机应在无水情况下进行;对汇水管非死接地的电机,应分别测量绕组及汇水管绝缘电阻,绕组绝缘电阻测量时应采用屏蔽法消除水的影响。测量结果应符合制造厂的规定。

(4)交流耐压试验合格的电机,当其绝缘电阻折算至运行温度后(环氧粉云母绝缘的电机在常温下)不低于其额定电压1 MΩ/kV 时,可不经干燥投入运行,但在投运前不应再拆开端盖进行内部作业。

二、定子绕组直流电阻的测量

(一)概述

定子绕组的总体直流电阻由绕组铜导线电阻、焊接头电阻和引出连线电阻三部分组成。直流电阻的大小与电机的型号和容量有关。对于某一台发电机而言,线圈及引出线的长度均已固定不变,则绕组的直流电阻也不应变化(随温度变化除外),所以绕组总体直流电阻的变化一般是焊接头电阻变化的反映。

发电机在交接及大修时,在受严重的大电流冲击后,必须进行绕组直流电阻的测量。GB 50150—2006 中规定:各相或各分支绕组的直流电阻在校正了由于引线长度不同而引起的误差后,相互间差别以及与初次(出厂或交接时)测量值比较,相差不大于最小值的1.5%(水轮发电机为1%),定子绕组直流电阻应在冷状态下测量,测量时绕组表面温度与周围空气温差应在±3 ℃范围内,超过标准者应查明原因。

有的运行机组当相间直流电阻差别达1%~1.5%时,应检查定子线圈接头是否脱焊。因此,当运行机组定子绕组相(或分支)间直流电阻的差与历年相对变化大于1%时,应该引起注意。

(二)测量方法及注意事项

1.测量方法

直流电阻的测量方法主要有以下两种。

1)电桥法

由于电机定子绕组的直流电阻很小而精度要求亦高,宜采用灵敏度及精确度均高的双臂电桥,零点指示采用光照反射检流计,精度为 0. 05 级,如国产 QJ19、QJ44 型电桥。

应用双臂电桥测量直流电阻时,除尽量减少引线带来的附加电阻外,标准电阻选择是否适当,对测量的精确度影响较大,因为标准电阻值决定了试验电流的大小。若标准电阻选择偏大,则由于试验电流太小,会降低试验的灵敏度;反之,若标准电阻选择偏小,因为试验电流太大,也会由于发热使测量误差增大,甚至烧坏标准电阻。测量时,必须按照各仪器的有关说明书正确运用与调整。

2)电压表电流表法(直接降压法)

采用电压表、电流表测量绕组直流电阻的接线如图 13-3 所示。

所用电压表与电流表的精度应不低于 0. 5 级,量程的选择应使表计的指针处在 2/3 的刻度左右。试验电源采用放电容量大的蓄电池组(6 V 或 12 V)、直流电焊机或硅整流器(要求脉动系数较小)。测量时电压、电流应同时读数。

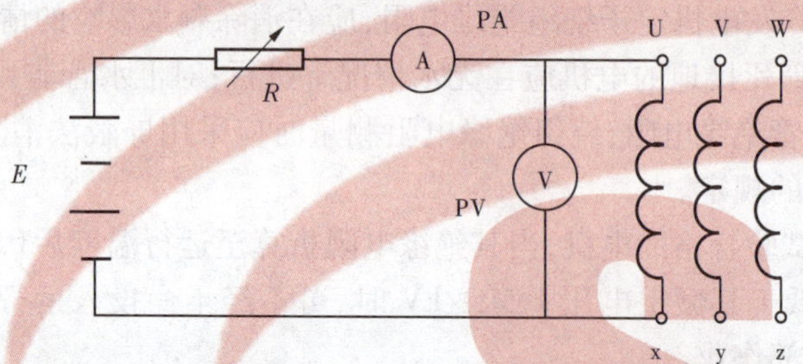

图 13-3　用电压表、电流表测量绕组直流电阻的接线

每一绕组或分支电阻最好在三种不同电流下测量,取其平均值。每个测量值与平均值相差不得大于1%,测量电流应不超过绕组额定电流的 20%,通电时间应尽量缩短,以免由于绕组发热而影响测量的准确度。

如图 13-4(a)所示,电压表所测的电压是被试绕组的电压降与电流表电压降之和,所以被测电阻为:

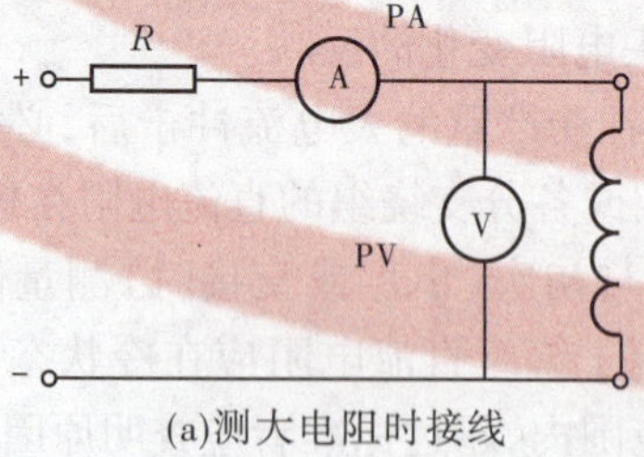

(a)测大电阻时接线

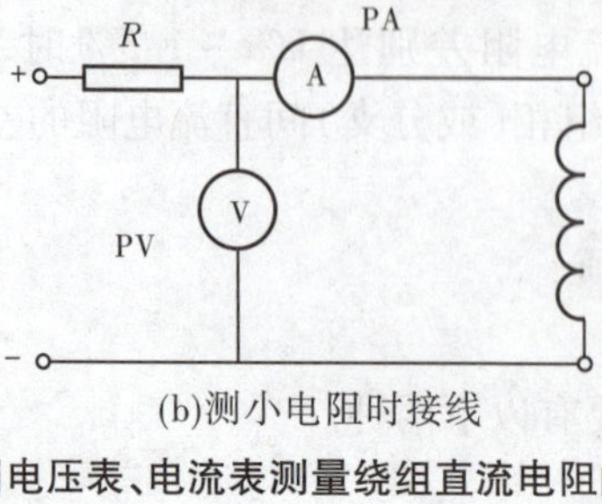

(b)测小电阻时接线

图 13-4　用电压表、电流表测量绕组直流电阻的两种方法

$$R_x = \frac{U}{I} - r_A \quad (\Omega) \tag{13-2}$$

式中　U——电压表的读数,V;

I——电流表的读数,A;

r_A——电流表的内阻,Ω。

如图 13-4(b)所示,电流表所测到的电流是流进被试绕组的电流与流进电压表的电流之和,故被测电阻为:

$$R_x = \frac{U}{\left(I - \frac{U}{r_V}\right)} \quad (\Omega) \tag{13-3}$$

式中　r_V——电压表的内阻,Ω。

当使用外附分流器的电流表时,为了减少测量误差,用与分流器原配的专用测量线。电压表的引线也不宜过长;否则表计读数将比实际电压低,将使计算所得直流电阻偏小,增加测量的误差,影响测量的准确度。

2. 注意事项

测量时应注意以下几点:

(1)为提高测量准确度,可将三相绕组串联,通以同一电流,分别测各相的电压降。

(2)为减小因测量仪表不同而引起的误差,每次测量采用同一电流表、电压表或电桥。

(3)由于定子绕组的电感很大,防止由于绕组的自感电势损坏表计,待电流稳定后再接入电压表或检流计。在断开电源前应先断开电压表或检流计。

(4)测量时,电压回路的连线不允许有接头,电流回路要用截面足够的导线,连接必须良好。

(5)准确地测量绕组的温度。不同温度下测量的结果,应按式(13-4)换算到相同温度 75 ℃下进行比较。

$$R_{75} = R_t[1 + a(75° - t)] \tag{13-4}$$

式中　R_t——温度为 t ℃时的电阻值,Ω;

a——电阻温度系数,铜 $a = 0.004\,25$,铝 $a = 0.004\,38$。

(三)定子绕组焊接接头的检查方法

检查定子绕组焊接接头质量可采用压降法与接头发热试验法,而采用涡流探测法效果不甚理想。

1. 直流电阻分段比较法

在定子绕组总体直流电阻的测量中,如发现某相(或某分支)的直流电阻出现异常,首先应检查试验接线是否正确、测量方法是否合乎要求、计算有无问题,必要时作核对性的测量,在完全肯定测量结果正确后,才怀疑到被测线圈可能存在接头不良或匝间短路等问题,再设法寻找并处理。

直流电阻分段比较法是将有怀疑的一相或分支等分成两段,测量其电阻,然后将电阻大的两段再分段测量比较,如此继续下去最后可找到不良焊接头的部位。电阻的测量可用电压表、电流表或电桥法。

注意事项有如下两点:

(1)被分割的两段线圈与接头数目必须相等。

(2)测量时可剥开测量点焊接头的绝缘或选择适当地点钻孔刺针。

对大型水轮发电机而言,由于定子绕组并联支路数目较多,线圈的接头也较多,个别接头电阻发生增大甚至严重恶化,对该相绕组的总体直流电阻增长不显著,即使有很小变化,也易被测量的误差所掩盖,用测量绕组整体直流电阻方法来发现绕组接头问题是不行的。对新安装的大中型水轮发电机定子线圈的接头,常需进行单独的试验检查。

2. 焊接接头直流电阻测量法

1)测量法

测量接头的直流电阻可以采用直流压降法或双臂电桥法。实践证明,采用直流压降法比较简便,在工地下线的水轮发电机定子绕组接头,在焊接完毕未包绝缘之前,使用此法更方便,因此它应用较广。

当采用直流压降法测试时,可用直流电焊机或其他直流电源在定子绕组中通入20%左右的额定电流,使接头上能产生几毫伏的压降。由于接头的电阻值很小,一般只有几微欧姆,要用灵敏度比较高的毫伏表或电位差计来测量接头上的压降,然后根据欧姆定律求出电阻值。

若焊接接头已包绝缘,则用钻孔刺针方法测量(测量完好将绝缘修补好)。如接头尚未包绝缘或接头的绝缘已剥开,则可在等长度的地方多测几点,对重点怀疑的接头可对线圈导线逐股进行测量,取其平均值。

2)测量结果的判断

焊接接头质量好坏及变化能反映在焊头直流电阻的大小及变化上,但由于许多原因,如接头的整形、焊料、焊接工艺不可能十分一致,加上测量误差,在同一台发电机上,质量合格的焊接接头的直流电阻不尽相同,反映在测试数值上呈分散性。良好的焊接接头电阻小于同长度导线的电阻值,互相比较应无显著差别。

三、定子绕组直流耐压试验和泄漏电流的测量

(一)概述

直流耐压试验与泄漏电流的测量从试验的目的来说有所不同:前者是试验绝缘的抗电强度,在较高的直流电压下发现绝缘的缺陷;后者是根据分阶段测得的泄漏电流,了解绝缘的状态。它们所用的设备和采用的方法无区别。在发电机试验中,直流耐压与泄漏电流的测定是结合起来同时进行的。

测定泄漏电流的原理与兆欧表测绝缘电阻的原理相同,只是由于测量泄漏电流时所施加的直流电压较兆欧表的额定电压高,使绝缘本身的弱点容易显示出来。测量中采用的微安表的准确度较兆欧表高,加上可以随时监视泄漏电流数值的变化,所以它发现绝缘的缺陷较测量绝缘电阻更为有效。

经验证明:测量泄漏电流能发现电力设备绝缘贯通的集中缺陷、整体受潮或有贯通的部分受潮以及一些未完全贯通的集中性缺陷、开裂、破损等。

直流耐压试验的主要特点如下：

(1)直流耐压试验是用较高的直流电压来测量绝缘电阻，同时在升压过程中监测泄漏电流的变化，可从电压与电流的对应关系中判断绝缘状况有助于及时发现绝缘缺陷，由于试验电压比较高，因此比用兆欧表测量绝缘电阻能更有效地发现一些尚未完全贯通的集中性缺陷。

(2)在进行直流耐压试验时，定子绕组端绝缘的电压分布较交流耐压时高，直流耐压试验更易于检查出端部的绝缘缺陷。

(3)在直流耐压试验时，由于在直流下没有电容电流，只需供给绝缘的泄漏电流，要求试验电源容量很小，故试验设备轻便，便于现场使用。

(4)直流耐压试验对绝缘的损伤比较小，当外施直流电压较高以至于在气隙中发生局部放电后，放电所产生的电荷在气隙里的场强减弱，从而抑制了气隙内的局部放电过程，因此直流耐压试验不会加速绝缘老化。

(5)直流耐压试验对绝缘的考验不如交流耐压试验接近实际运行状况。

(二)试验接线

直流耐压及泄漏电流的试验接线如图 13-5 所示。如果发电机的容量较大，但现场又有条件，最好采用图 13-5(a)的试验接线，即微安表接在高压侧，并加以屏蔽。这样可避免强电场杂散电流的影响，测量的泄漏电流较准确，但要求微安表对地要有良好的绝缘，微安表的表头及引至被试发电机的高压线都必须加以屏蔽。在试验过程中短接微安表或切换微安表的量程时，需使用具有足够绝缘水平的绝缘拉杆进行操作，这给读数带来不方便，也可用新型的具有遥控切换量程功能的微安表。

微安表接在低压侧时，由于微安表处在低电位，因此读数安全，切换量程方便，但高压

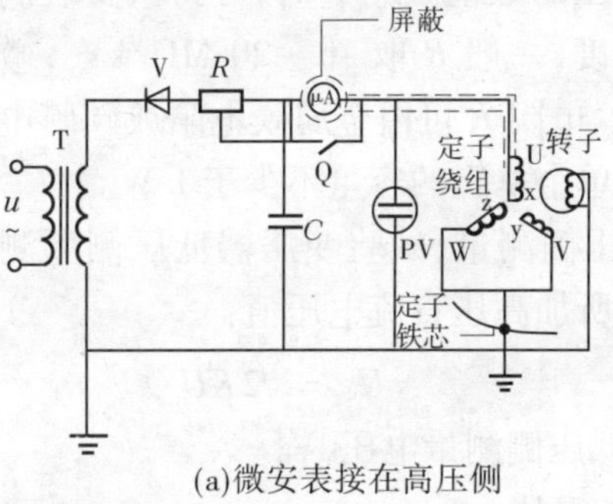

(a)微安表接在高压侧

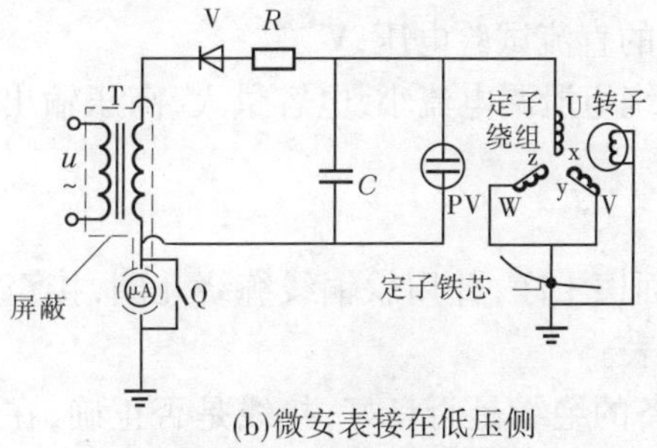

(b)微安表接在低压侧

图 13-5　直流耐压及泄漏电流的试验接线

引线对地的杂散电流将流过微安表，故泄漏电流值可能偏大，给测量带来一定的误差。为此，在试验前，按试验要求空载分段加压，读取各分段空载泄漏电流，并在测试时在对应电压下的泄漏电流值中分别扣除，以便求得被试绕组真正的泄流电流值。为了保证输出直流电压波形的平稳，在测量空载泄漏电流时应加大稳压电容值，一般应大于0.5 μF。

图13-5中符号含义如下：

R——限流电阻，用以限制被试绕组击穿，一般选5 Ω/V；

Q——短路开关；

C——稳压电容，其值一般小于0.1 μF，耐压强度大于承受最大直流试验电压，电容量大的发电机可略去；

PV——高压直流电压测量表计，静电电压表1.0～1.5级；

V——高压硅堆，主要技术参数有额定整流电流、可正向压降、反峰电压、反向平均电流、过载电流等；

μA——微安表。

直流试验电压的测量方法通常有以下三种：

(1)用静电电压表测量。采用适当量程的高压静电电压表，直接测量被试绕组所承受的试验电压，如图13-5所示。

(2)用高电阻串联微安表测量。高电阻串联微安表测直流高压示意图如图13-6所示。测量原理是被测直流电压，加在已知高电阻R上，通过R的电流将流过微安表。根据R的数值，即可算出不同的被测电压下，流过R的电流大小，可根据微安表指示的电流值来表示被测直流电压的数值。测量时，可将微安表满刻度直接换算成相应的电压刻度，一般R取10～20 MΩ/kV，微安表0～5 μA(或0～100 μA)。电阻R可由金属膜电阻或碳膜电阻串联组成，其数值要求稳定，单个电阻的容量不少于1 W。

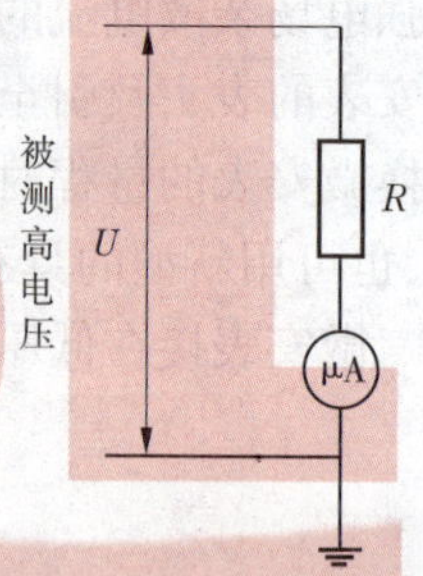

图13-6 高电阻串联微安表测直流高压示意图

(3)在试验变压器低压侧测量，试验变压器低压侧所测电压按下式可求出被试绕组上所加高压直流电压值：

$$U_S = \sqrt{2}KU \tag{13-5}$$

式中 U——试验变压器低压侧测量电压，V；

K——试验变压器的变比；

U_S——被试绕组上的直流试验电压，V。

这种测量方法在被试绕组泄漏电流小、电容量大、高压输出直流电压脉动很小时，方便使用。

(三)试验步骤

(1)试验前将套管表面擦干净，并用软铜线缠绕几圈，接至屏蔽线的屏蔽芯子上，使表面泄漏电流不经过微安表。

(2)为了检查试验设备的绝缘是否良好，接线是否正确，在试验前要分段空升加压，段数与每段维持时间和带被试物时相同，读取各段泄漏电流。如果在最大试验电压时，泄漏电流只有1～2 μA，则可忽略不计。如果微安表读数较大，正式测试时，在对应的分段泄漏电流内将其扣除。

(3)上述空升无误后,接上被试物开始试验。试验电压应分段($0.5U_N$、$1U_N$、$1.5U_N$、$2.0U_N$、$2.5U_N$、$3U_N$)升高,每一阶段应停留 1 min,记录微安表的泄漏电流值。必要时,可在最高试验电压下停留 2 min,分别读取 1 min、2 min 的泄漏电流。

(4)试验电压的升压速度在试验电压的 40% 以前可任意,其后的升压速度必须均匀,按约每秒 3% 的试验电压升压。在保持规定的电压与时间之后,应在 5 s 内将电压均匀降低到试验电压的 25% 以下,迅速将电压降为零,断开电源开关,记下温度。

(5)每次试验前后,均需用串有约 10 MΩ 电阻(或用潮湿的树枝)的地线放电,然后用地线直接接触放电。

(四)注意事项

(1)试验时要特别注意试验电压的稳定问题。发电机定子绕组绝缘好像一个电容量很大的电容器,当电源电压波动时,就可能出现充电、反充电现象,于是微安表就缓慢地摆动起来,严重时无法读表。遇到这种情况,就要在调压器前接稳压器,电压的平稳度最好在 95% 以上。

(2)试验回路应加装过流保护装置,防止击穿短路、烧坏试验设备与扩大被试物的损坏程度。

(3)水内冷电机试验时,宜采用低压屏蔽法。汇水管直接接地者,应在不通水和引水管吹净条件下进行试验。冷却水质应透明纯净,无机械混杂物,导电率在水温 25 ℃时要求:对于开启式水系统不大于 5.0×10^2 μs/m,对于独立的密闭循环水系统为 1.5×10^2 μs/m。

(五)影响因数和分析判断

1. 影响因数

(1)湿度的影响。如果空气潮湿,绕组端部绝缘表面及发电机出线套管端头对地通过潮湿空气的泄漏电流是无法消除的。试验最好在晴朗干燥的天气进行,并应考虑到湿度的影响。

(2)温度的影响。同绝缘电阻试验一样,温度对泄漏电流的影响较大,温度每增高 10 ℃,发电机的泄漏电流可按增加 0.6 倍估算,或按下式进行换算:

$$I_{75} = 1.6^{\frac{75-t}{10}} I_t \qquad (13\text{-}6)$$

式中　I_t——当温度为 t ℃时,测得的泄漏电流值,μA;

t——试验时被试品的温度,℃;

I_{75}——75 ℃时的泄漏电流值,μA。

(3)表面泄漏的影响。当定子绕组端部绝缘表面被运行中的发电机漏油而油污后,泄漏电流大大增加。因此,必须将绝缘表面的油污擦干净。

2. 分析判断

(1)绝缘正常时,泄漏电流随试验电压成比例地上升。绝缘不良时,泄漏电流在某一试验电压下急剧增加,当超过 20% 时,应注意分析原因。

(2)三相绝缘正常时,其泄漏电流应是平衡的。在规定的试验电压下,各相泄漏电流的差别不应大于最小值的 50%;最大泄漏电流在 20 μA 以下,各相间差别与出厂试验值

(或历次试验结果)比较不应有明显差别。

(3)绝缘正常时,泄漏电流不随时间的延长而增加;绝缘不正常时,泄漏电流随时间的延长而增加。

(4)在试验时,如果微安表有周期性的剧烈摆动,则说明绝缘有问题。有贯穿性缺陷时,缺陷部位在槽口附近。

(5)如果在热状态下测得的各相泄漏电流不平衡程度较大,而在常温下,则基本平衡或不平衡程度较小时,说明绝缘有隐性缺陷。运行中应加强监视,缩短试验周期,争取尽早将缺陷检查出来。

(6)如果试验结果不符合要求,应尽可能找出原因,并将其消除,但不能投入运行。

四、定子绕组交流耐压试验

(一)概述

工频耐压试验的主要优点是试验电压与工作电压的波形、频率一致,作用于绝缘内部的电压分布及击穿特性与发电机运行状态相同。所以,工频耐压试验对发电机主绝缘的检验更接近运行实际,可以通过该试验检出绝缘在工作电压下的薄弱点(如定子绕组槽部或槽口的绝缘弱点更容易暴露),可以鉴定电气设备的耐电强度,判断电气设备能否继续运行。因此,工频耐压试验是发电机绝缘试验中的重要项目之一。

工频耐压试验有一重要的缺点,即对固体有机绝缘,在较高的交流电压作用时,会使绝缘中一些弱点更加突出(在耐压试验中还未导致击穿),这些工频耐压试验本身会引起绝缘内部的累积效应(每次试验对绝缘所造成的损伤叠加起来的效应)。恰当确定试验电压值是一个重要的问题。所施加的试验电压要求能有效地发现绝缘中的缺陷,又要避免试验电压过高引起绝缘内部的损伤。因此要考虑运行中绝缘变化,由运行经验决定。

(二)试验电压选择

试验电压的选择原则有以下几方面:

(1)新安装发电机交流耐压试验所采用电压按 GB 50150—2006 标准执行,见表 13-1。

表 13-1　定子绕组交流耐压试验电压

容量(kW)	额定电压(V)	试验电压(V)
10 000 以下	36 以上	$(1\,000+2U_N)\times0.8$
10 000 及其以上	24 000 以下	$(1\,000+2U_N)\times0.8$
	24 000 及其以上	与厂家协商

注:U_N 为发电机额定线电压,kV。

现场组装的水轮发电机定子绕组工艺过程中的绝缘交流耐压试验,应按《水轮发电机组安装技术规范》(GB/T 8564—2003)的有关规定进行,见表 13-2。在通常情况下水内冷电机进行试验时水质应合格。大容量发电机交流耐压试验,当工频交流耐压试验设备不能满足要求时,可采用谐振耐压代替。

(2)运行中当电网发生单相接地时,非故障相电压升高至线电压,因此工频试验电压应高于线电压。

(3)不考虑大气过电压作用。运行经验表明,目前我国的大气过电压保护水平已经能够防止大气过电压对发电机的侵袭。

(4)在大多数情况下,操作过电压幅值不超过3倍额定相电压值,为(1.5~1.7)U_N。

表13-2　定子线圈工艺过程中交流耐压标准　(单位:kV)

绕组型式	试验阶段	试验标准 额定电压 $2 \leqslant U_N \leqslant 6.3$	试验标准 额定电压 $6.3 < U_N \leqslant 24$
圈式	1. 嵌装前	$2.75U_N + 1.0$	$2.75U_N + 2.5$
	2. 嵌装后(打完槽楔)	$2.5U_N + 0.5$	$2.5U_N + 2.5$
条式	1. 嵌装前	$2.75U_N + 1.0$	$2.75U_N + 2.5$
	2. 下层线圈嵌装后	$2.5U_N + 1.0$	$2.5U_N + 2.0$
	3. 上层线圈嵌装后(打完槽楔)	$2.5U_N + 0.5$	$2.5U_N + 1.0$

注:1. U_N 为发电机额定线电压,kV。

2. 加至额定试验电压后的持续时间,凡无特殊说明者均为1 min。

(三)工频耐压试验接线

发电机定子绕组绝缘工频耐压试验接线如图13-7所示。

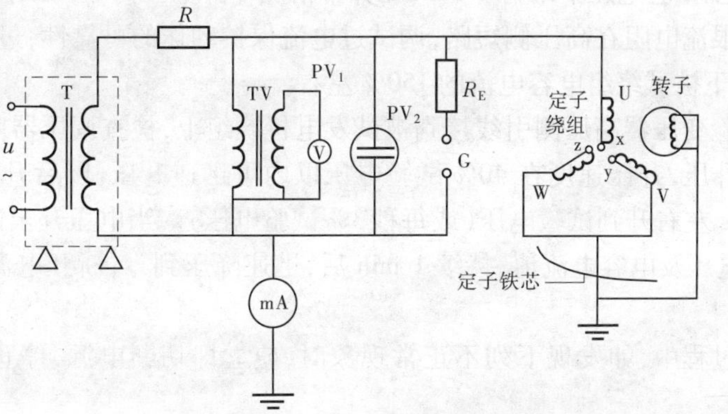

T—试验变压器;TV—测量用电压互感器;PV_1—TV 二次侧电压表;PV_2—静电电压表;G—保护球隙

图13-7　发电机定子绕组绝缘工频耐压试验接线

试验变压器必须满足试验电压要求,并能提供试验时所需的电流,试验电流的估算式为:

$$I_e = \omega C_x U_S = 2\pi f C_x U_S \quad (\text{mA}) \tag{13-7}$$

式中　I_e——被试发电机定子绕组的电容电流;

C_x——被试发电机的电容,分相试验时即为每相绕组的电容,μF;

f——电源频率,50 Hz;

U_S——试验电压,kV。

试验变压器容量可根据在试验电压下通过被试发电机绕组的电容电流来计算,即:

$$S = \omega C_x U_S^2 = 2\pi f C_x U_S^2 \times 10^{-3} \quad (\text{kVA}) \tag{13-8}$$

保护电阻 R 用以限制发电机绝缘击穿时的电流，一般选用 1.0 Ω/V；保护球隙 G 的铜球放电电压一般整定在试验电压的 110% ~115%。球隙保护电阻 R_E 可按 0.5 ~1.0 Ω/V 考虑。R_E 的作用是防止球隙击穿后，产生过电压对被试物绝缘击穿，它还保护球面不被击穿后的短路电流烧坏。

(四)试验电压测量

(1)用静电电压表在高压侧直接测量试验电压。如图 13-7 所示，可直接读取试验电压值。由于静电电压表是依靠电场力工作，电荷对此空间电场的影响很明显，在使用中应予以注意。

(2)由电压互感器测量高压侧试验电压，如图 13-7 所示。电压互感器是变比与角差都很精确的降压变压器，将二次侧测得的电压乘以电压互感器的变比，就可以得到一次侧高压试验电压值。这种测量方法方便可靠，是发电机工频耐压试验中常用的测量电压的方法。

(五)试验步骤

(1)工频耐压试验前，应测量发电机定子绕组的绝缘电阻，若有严重受潮或严重缺陷，应在缺陷清除后进行耐压试验。

(2)检查所有试验设备、仪表等，应选择正确，接线无误。

(3)试验变压器在空载条件下调整保护球隙，使其放电电压为试验电压的 110% ~115%，然后升至试验电压下维持 1 min，无异常情况即降电压为零，切断电源开关。

(4)经过限流电阻在高压侧短路，调试过电流保护动作的可靠性，过电流保护一般整定为试验电压下被试绕组电容电流的 150% 左右。

(5)将试验变压器高压侧引线接到被试发电机绕组上，检查调压器应在零位，然后合上电源，开始升压，升压速度在 40% 试验电压以内可迅速升压，以后升压速度应保持均匀，一般为 20 s 左右升到试验电压(或每秒 3% 试验电压)。当电压升至试验电压后，开始计时，并读取电压及电容电流值，持续 1 min 后，迅速降压到零，断开电源，将被试绕组接地放电。

(6)试验过程中，如发现下列不正常现象时，应立即切断电源，停止试验，并查明原因：

①电压表指针摆动很大，电流表指示急剧增加。

②被试发电机内有放电声或发现绝缘有烧焦味、冒烟等。

(六)工频耐压试验的注意事项

(1)试验电压必须在高压侧测量，为测量被试绕组上所加的实际电压值，测量表计应接在高压回路内，限流电阻之后，以消除电阻上压降所产生的误差。

(2)试验电压波形应是正弦的，为了减小波形畸变的影响，试验电源应尽量采用线电压。

(3)应有可靠的过压与过电流保护装置。

(4)在试验过程中，避免产生电压谐振，产生较高的过电压，使被试物击穿。

(5)绝不允许突然对试验物加试验电压值，或在较高电压时突然切断电源，以免在被试物上造成破坏性的暂态过电压。

(6)对发电机定子绕组进行耐压试验时,必须拆除测量装置线路。耐压试验的目的主要是考核绕组的绝缘强度。在被试设备上施加的几千伏以上高压,显然测量装置线路的绝缘不能承受,同时耐压试验中感应的静电,可能导致测量装置线路损坏。

(七)试验结果的分析判断

(1)被试物一般经过交流耐压试验,在持续的1 min内不击穿为合格,反之为不合格。被试物是否击穿,可按下述各种情况进行判断:

①根据表计指示情况进行分析。若电流表突然上升,则表明被试物已被击穿。

当被试物的容抗 X_C 与试验变压器的漏抗 X_L 之比等于或大于2时,虽然被试物已被击穿,但电流表的指示不会发生明显的变化,有时电流表的指示反而会减小。这是因为被试物被击穿后,X_C 被短路,回路总电抗只由 X_L 决定。因此,被试物是否确实被击穿,不能只由电流表的指示来决定。

在高压侧测量被试物的试验电压时,若被试物被击穿,其电压表指示要突然下降;当在低压侧测量被试物的试验电压时,电压表的指示也要变化,但有时很不明显,要注意观察。

②根据试验接线控制回路的情况进行分析。若过电流继电器动作,使接触器跳闸,则说明被试物已被击穿。

③根据被试物异常情况进行分析。在试验过程中,如果被试物发出响声、冒烟、焦臭、跳火以及燃烧等,一般都是不允许的,经查明这种情况确实来自被试物的绝缘部分,则可认为被试物存在问题或已被击穿。

(2)在试验过程中,若由于湿度、温度或表面脏污等引起表面滑闪或空气放电,则不应认为不合格。应在经过清洁干净等处理后,再进行试验。若不是由于外界因素影响,而是由于瓷件表面釉层损伤或老化等引起(如加压后,表面出现局部火红,便是如此),则应认为不合格。

(3)如果被试物是有机绝缘材料制成的,如绝缘工具等,在做完耐压试验后,应立即用手触摸,如普遍或局部有过热情况,可认为绝缘不良,应处理后再试验。

(4)在开始试验时,试验人员一律不得吸烟,以免引起误判断。

(5)在升压过程中,电流下降,而电压基本上不变,这是电源容量不够,改用大电源后便可解决。

(八)工频谐振耐压试验

在发电机单机容量不断提高、定子绕组对地电容不断增大的情况下,用常规法进行工频耐压试验时,因其电容电流很大,所需的工频试验变压器与调压器的容量就很大,这不仅使设备笨重、运输困难,而且所需的大容量试验电源在现场也难以解决,给现场进行工频耐压试验带来很大困难,若采用工频谐振的试验方法,将解决这些问题。这里以在水轮发电机定子绕组交流耐压试验中应用较为广泛的串联谐振法为例作一简单地介绍。

1. 基本原理

采用最广泛的是工频调感方式,其原理接线如图13-8(a)所示。L 为可变高压电抗器;C_X 为被试发电机绕组对地电容,调节 L 值使 $\omega L=\dfrac{1}{\omega C_X}$ 时,此时回路即处于串联谐振状态，在输入电压 U 较低时，在回路产生较大的电流，使被试绕组两端产生较高电压 U_C，由图 13-8(b) 等值电路可得 $U_C = IX_C = \frac{U}{R}X_C = \frac{U}{R}X_L$，令 $Q = \frac{X_L}{R} = \frac{X_C}{R}$ 为谐振品质因数，则绕组两端电压 $U_C = QU$，$Q >> 1$，Q 为串联谐振回路放大倍数。

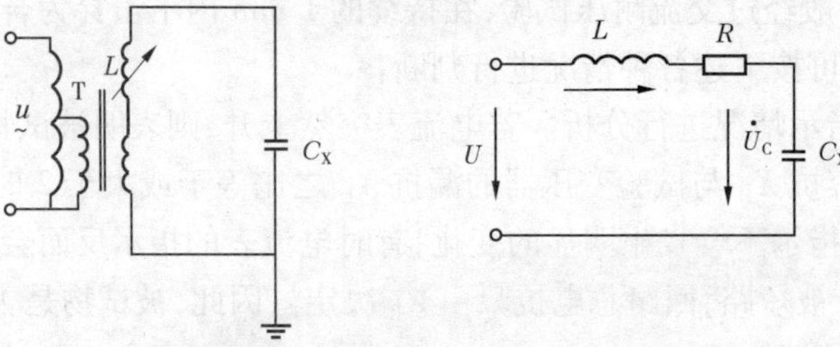

(a)原理接线图 (b)等值电路图

图 13-8 串联谐振接线图

2. 试验方法

试验接线完毕后，先调节调压器使试验变压器输出较小的电压，再调节串联电抗器改变电感量，使电抗器的感抗逐渐接近被试绕组容抗，当 $X_L = X_C$，即达到串联谐振时，输出电压 U_C 最大，再调节调压器，使电压 U_C 升到所示的耐压值。

3. 主要优缺点

(1)串联谐振时耐压试验可大大减小所需试验电源的容量，一般为常规工频耐压试验所需试验电源容量的 $1/Q$，试验变压器与调压器等设备的体积与质量可大为降低，便于现场使用。

(2)当被试绕组在试验过程中发生击穿时，谐振条件被破坏，与常规工频耐压试验相比故障点的短路电流由于受到电感的限制作用将大为减小，可以避免当绕组绝缘击穿时，故障点流过较大的短路电流而烧损铁芯等部件。

(3)试验电压波形正弦性好，串联谐振回路中，在谐振条件下，电源波形中的 50 Hz 基波分量得到明显提高，其他谐波分量在被试绕组两端显著地被衰减，被试绕组上电压波形正弦性好。

(4)进行常规工频耐压试验时，被试绕组发生击穿后，常发生暂态过电压现象。进行串联谐振耐压试验时，被试绕组发生击穿后，因谐振条件破坏，电压将明显下降，不可能发生暂态过电压现象。

(5)串联谐振耐压试验时，输出电压可能上升很快，Q 值越大上升越快，因此输出电压的稳定度较差。

第二节 发电机转子绕组试验

按照 GB 50150—2006 的规定，发电机转子绕组主要有以下检测项目：

(1)测量转子绕组的绝缘电阻；

(2)测量转子绕组的直流电阻；

(3)转子绕组交流耐压试验；

(4)测量转子绕组的交流阻抗和功率损耗(无刷励磁机组,无测量条件时,可以不测量)。

一、转子绕组绝缘电阻的测量

用兆欧表对发电机转子绕组绝缘电阻测定是判定绝缘状况最简单的办法。新装机组交接时,运行机组在大修中转子清扫前后以及小修时均应进行绝缘电阻的测量。

GB 50150—2006 标准规定,在测量转子绕组的绝缘电阻时,应符合下列规定:

(1)转子绕组的绝缘电阻值不宜低于 0. 5 MΩ。

(2)水内冷转子绕组使用 500 V 及其以下兆欧表或其他仪器测量,绝缘电阻值不应低于 5 000 Ω。

(3)当发电机定子绕组绝缘电阻已符合启动要求,而转子绕组的绝缘电阻值不低于 2 000 Ω时,可允许投入运行。

(4)在电机额定转速时超速试验前后测量转子绕组的绝缘电阻。

(5)测量绝缘电阻时采用兆欧表的电压等级:当转子绕组额定电压为 200 V 以上,采用 2 500 V 兆欧表;200 V 及其以下,采用 1 000 V 兆欧表。

对于单个磁极运到现场之后,首先要进行外观检查及全面的清扫。最好能用干燥的压缩空气,将磁极四周的污垢吹净,然后进行绝缘电阻的测量。测量时,电压应加在磁极线圈与磁极铁芯之间,其值无规定,一般不应低于 5 MΩ。各磁极之间的绝缘电阻值不应有很大的差别。集电环的绝缘电阻值也不应低于 5 MΩ。

如果绝缘电阻值太低,则应进行干燥。干燥时用外加直流电流、直流电焊机或硅整流装置均可。通入转子电流按额定电流的 60% ~70% 考虑。绕组表面温度不应超过 80 ℃。为了能使绕组的温度升上去,应采取适当的保温措施。转子绕组加温干燥可以与转子磁极热打键结合进行。

加温干燥后,在温度不变的条件下,绝缘电阻稳定 3 h 以上不再变化,并且其值大于 0. 5 MΩ,即可认为干燥。

对于运行的机组,为了监视转子绕组及励磁回路绝缘变化情况,常用高内阻直流电压表测定滑环对地电压,然后按下式来确定励磁回路的绝缘电阻值:

$$R = R_{\mathrm{V}}\left(\frac{U}{U_1 + U_2} - 1\right) \times 10^{-6} \tag{13-9}$$

式中　R——绝缘电阻,MΩ;

R_{V}——直流电压表的内阻,Ω,其值应不小于 10^5 Ω;

U——正负滑环间的电压,V;

U_1——正滑环间的电压,V;

U_2——负滑环间的电压,V。

当计算值小于 0. 5 MΩ 时,应查明原因进行处理,并予以消除。如定子绕组绝缘电阻已符合要求,而转子绕组的绝缘电阻值不低于 2 kΩ(75 ℃时),或在 20 ℃时不小于 20 kΩ 允许发电机投入运行。

二、转子绕组直流电阻的测量

(一)试验目的和标准

通过直流电阻的测定,可以发现磁极线圈匝间严重的短路及磁极接头接触电阻恶化等缺陷,交接时及大修后均应进行直流电阻的测量。

测量转子绕组的直流电阻应在冷状态下进行。测量时绕组表面温度与周围空气温度之差应在 ±3 ℃的范围内。测量数值与产品出厂数值换算至同温度下的数值比较,其差值不应超过 ±2%;若差值在 -2% 以下,则可能有匝间短路;若差值在 +2% 以上,则可能是接头开焊或接触不良。水轮发电机转子绕组应对各磁极绕组进行测量,当误差超过规定值时,还应对各磁极绕组间的连接点电阻进行测量。

在转子组装过程中,磁极未挂装前,应对单个磁极线圈的直流电阻进行测量,以便在挂装磁极之前及时发现问题并予以处理。在整个转子组装完毕之后,要对转子绕组的整体直流电阻及单个磁极线圈进行测量。对于同匝数的磁极线圈,其直流电阻相互比较差值应小于 5%。

对于阻值过小的磁极线圈应结合其他试验(如交流阻抗与功率损耗试验)来综合分析是否存在匝间短路,并设法消除。

(二)试验接线和方法

一般用不低于 0.5 级的双臂电桥测量直流电阻或用直流压降法测直流电阻。后者应用较普遍,图 13-9 是以直流电焊机为电源,采用压降法测量转子绕组直流电阻的接线图。

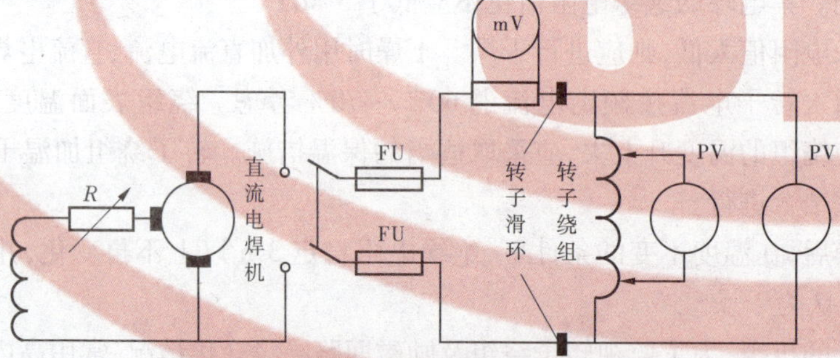

图 13-9　用压降法测转子绕组直流电阻

绕组通入电流以不超过额定电流的 20% 为宜,测量应迅速,以免由于绕组发热而影响测量的准确度。

测量压降的电压表(或毫伏表)应装两只专门的探针,并以一定的压力接触磁极的引线。试验进行时,电源由滑环处引入,并维持电流为一定值,然后以探针分别测量各磁极线圈及整个转子绕组上的压降,这样可根据欧姆定律算出电阻,按式(13-5)折算为 75 ℃时的直流电阻值。

(三)磁极接头接触电阻的测量

在机组安装过程中,磁极线圈连接完毕,且未包绝缘之前,应进行接头接触电阻的测量,以检查接头的安装工艺与焊接质量是否合乎要求。

接触电阻的测量方法多采用压降法。其试验接线及所用设备与测量磁极线圈直流电阻相同，这两项测量试验可以结合起来进行。

为了测量得比较准确，接头部位要取相等的长度，用探针测量各接头的压降时，每个接头应调换探针位置多测几点，取其平均值，然后根据欧姆定律计算出各磁极接头的接触电阻值。

由于接头接触电阻呈现分散性，所以对其并无具体规定。一般地说，接头接触电阻值应不超过相同长度磁极引线的电阻值。各接头接触电阻相互比较也不应相差过大（例如超过 1 倍），对于电阻过大的个别接头应查明原因并予以消除。

三、转子绕组交流耐压试验

（一）试验标准

交流耐压是检查转子绕组绝缘缺陷的有效方法。转子绕组交流耐压试验交接时应符合 GB/T 8564—2003 和 GB 50150—2006 的规定。

（1）整体到货的显极式转子，试验电压应为额定电压的 7.5 倍，且不应低于 1 200 V。

（2）工地组装的显极式转子，其单个磁极耐压试验应按制造厂规定进行。组装后的交流耐压试验，应符合下列规定：

①额定励磁电压为 500 V 及其以下电压等级，为额定励磁电压的 10 倍，并不应低于 1 500 V；

②额定励磁电压为 500 V 以上，为额定励磁电压的 2 倍加 4 000 V。

（3）隐极式转子绕组可以不进行交流耐压试验，可采用 2 500 V 兆欧表测量绝缘电阻来代替。

（二）试验接线和方法

转子绕组交流耐压试验接线如图 13-10 所示。试验时间为 1 min，在加压过程中，如不发生放电、闪络和击穿，则认为绝缘合格。试验中注意事项可参考第十三章第一节发电机定子绕组试验中的交流耐压试验有关内容。

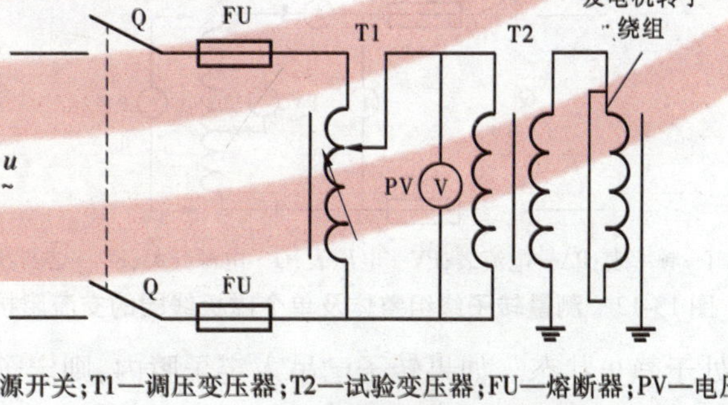

Q—电源开关；T1—调压变压器；T2—试验变压器；FU—熔断器；PV—电压表

图 13-10　转子绕组交流耐压试验接线

四、转子绕组工频交流阻抗的测定

（一）试验目的

转子的磁极线圈若存在匝间短路，会造成整个发电机转子磁力的不平衡，使机组振动增大，甚至可能造成转子过电流及降低无功出力。

磁极线圈交流阻抗的测量在一定程度上能反映出线圈匝间短路的存在,因为短路电流在短路匝中所产生的去磁作用将使故障磁极的交流阻值下降,电流值增大。通过这项测量可以大致判别故障点的所在。用此法对磁极进行检查时,可以及时发现由于施工中不慎将焊锡等导电物质掉入磁极线圈中所造成的局部短路。

(二)试验方法和接线

磁极线圈交流阻抗的测量应在磁极挂装在磁轭上,磁极线圈的接头已连接完毕,但绝缘尚未包扎之前进行。试验前应用干燥的压缩空气将磁极线圈逐个清扫干净,并拿开一切杂物。

试验电压可用行灯变压器或交流电焊机等降压设备对单个磁极线圈加压,测每个磁极线圈的交流阻抗,如图 13-11 所示。

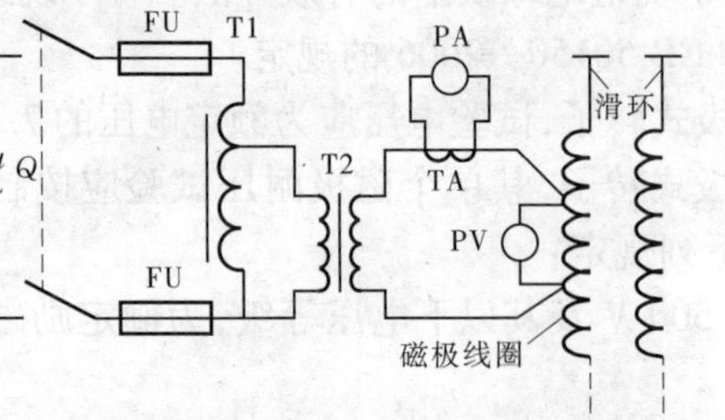

T1—调压变压器;T2—试验变压器;TA—电流互感器;PA—电流表;
PV—电压表;Q—电源开关;FU—熔断器

图 13-11　单个磁极线圈交流阻抗测定

如果转子线圈对地绝缘良好,也可将 380 V/220 V 交流电源直接由滑环处加入,将所有磁极线圈均通入电流,然后用带探针的电压表测量转子整体绕组及每个磁极线圈上的压降,如图 13-12 所示。

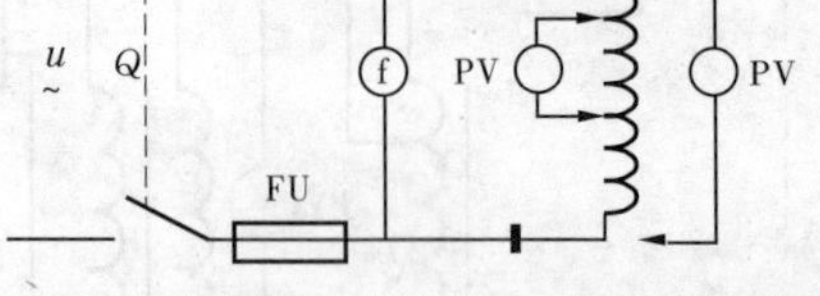

f—频率表;PA—电流表;PV—电压表;Q—电源开关;FU—熔断器

图 13-12　测量转子绕组整体及单个磁极线圈的交流阻抗

测量时转子应处于静止状态。如果转子已吊入定子膛内,则定子回路应断开,所加的电压一般不超过转子的额定电压。测量时最好接入频率表,因为阻抗与频率有关。

无论是整体交流阻抗或单个磁极的交流阻抗,均根据测得的电流及电压用交流电路的欧姆定律进行计算:

$$Z = \frac{U}{I} \quad (\Omega) \tag{13-10}$$

式中　Z——交流阻抗,Ω;

　　I——流经磁极线圈的电流,A;

U——单个磁极线圈或整个转子绕组上的电压,V。

磁极线圈的交流阻抗一般无规定标准,而是互相间进行比较。如果某磁极的交流阻抗值偏小很多,就说明该磁极线圈有匝间短路的可能。短路匝的去磁作用,往往会引起相邻磁极交流阻抗值下降,产生错误判断。根据已有的经验,在同样的测试条件与环境下,当某一个磁极线圈交流阻值较其他大多数正常磁极线圈的平均阻抗值减小 40% 以上时,就说明此磁极线圈有匝间短路的可能,而相邻磁极的阻抗值下降一般不会超过 25%。如果有必要,可测量磁极线圈匝间交流电压分布曲线,当发现匝间电压有明显降低点时,即为短路匝的所在处。

第三节　发电机特性试验

一、发电机定子铁芯磁化试验

(一)概述

发电机定子铁芯磁化试验是检查定子铁芯绝缘情况的有效方法。若内有短路存在,则在交变磁通通过时,将使涡流损失增大,局部过热,加速绝缘和定子线圈绝缘老化,严重时可造成绕组烧伤和线圈击穿。在交接时或定子绕组发生故障、定子受到损伤时或运行中发现有局部高温处以及大修检查中怀疑绝缘有短路时,应进行此项试验。

若制造厂家已进行过此项试验且有记录,在运输过程中没有受到损伤,则在交接时可以不做此项试验。

在工地组装的水轮发电机分瓣定子如需进行此项试验,应于定子铁芯组装完毕、合缝处线圈未嵌入之前进行。利用专门缠绕的励磁线圈通以工频交流电,在铁芯内部造成交变的磁通(接近饱和状态),使铁芯中绝缘劣化部分产生较大的涡流,温度很快升高,然后用温度表(最好红外热像仪)测出各部分温升。同时,利用功率表测出励磁时的损耗。计算出铁芯单位质量所损耗的功率。根据上述两项测量结果与标准进行比较,来判断定子铁芯有无故障存在。

(二)定子铁芯有效断面面积及励磁线圈匝数的计算

1. 定子铁芯有效断面面积的计算

定子铁芯的轴向有效长度

$$l = K(l_1 - nl_2) \quad (\mathrm{cm}) \tag{13-11}$$

式中　l_1——定子铁芯的长度,包括通风沟及铁片间的绝缘材料,cm;

l_2——通风沟的高度,cm;

n——通风沟的数目;

K——铁芯的叠压系数,一般取 0.90~0.95,冷轧硅钢片取 0.95。

定子铁芯齿背高度为:

$$h = \left(\frac{D_1 - D_2}{2}\right) - h_1 \quad (\mathrm{cm}) \tag{13-12}$$

式中　D_1——定子的有效铁芯外径,cm;

D_2——定子的有效铁芯内径,cm;

h_1——定子铁芯棱齿高度,cm。

定子有效铁芯断面面积为:

$$S = lh \quad (\text{cm}^2) \tag{13-13}$$

2. 励磁线圈匝数计算

$$W = \frac{U}{4.44fSB} \times 10^4 = 45\frac{U}{SB} \quad (\text{匝}) \tag{13-14}$$

式中 B——定子铁芯磁通密度,T;

U——励磁线圈的外加电压,V;

f——电源频率,50 Hz。

若计算出来的匝数不是整数,应取其近似的整数值。

忽略励磁线圈在机身和压板中的漏磁以及导线本身的有效损失(一般不超过2%)的情况下,励磁线圈通过的电流约为:

$$I = \frac{\sum iW}{W} \quad (\text{A}) \tag{13-15}$$

$$\sum iW = \pi D_{av} iW$$

式中 $\sum iW$——总安匝数;

D_{av}——定子铁芯平均直径,cm,$D_{av} = D_1 - h$;

iW——定子铁芯单位长度所需的安匝数,由铁芯材料性质决定。

对于单位铁损 $\Delta P_{10} = 1.8$ W/kg 的合金钢,$iW = 2 \sim 2.7$ 安匝/cm。现代大型水轮发电机定子铁芯采用高硅合金钢,根据实践经验 $iW = 1.5 \sim 1.8$ 安匝/cm,一般可取 1.5 ~ 2.0 安匝/cm。

根据估算的励磁电流及所取电压(380 V 或 6 kV 或 10 kV)即可大致算出电源侧所需变压器的容量及励磁线圈应有的截面。

下面以某大型水电站水轮发电机组为例,说明各参数的计算并估算电源容量。

水轮发电机容量为 700 MW,铁芯参数:$l_1 = 295.0$ cm;$l_2 = 4.6$ cm;$n = 6$;$h_1 = 18.2$ cm;$D_1 = 1\,972$ cm;$D_2 = 1\,880$ cm,$K = 0.95$。

(1)铁芯有效长度

$$l = K(l_1 - nl_2) = 0.95 \times (295.0 - 6 \times 4.6) = 254.03(\text{cm})$$

(2)铁芯齿背高度

$$h = \left(\frac{D_1 - D_2}{2}\right) - h_1 = \left(\frac{1\,972 - 1\,880}{2}\right) - 18.2 = 27.8(\text{cm})$$

(3)定子有效铁芯断面面积

$$S = lh = 254.03 \times 27.8 = 7\,062.034(\text{cm}^2)$$

(4)励磁线圈匝数计算。

对于大型电机来说,磁化试验的电源宜取 6 ~ 10 kV 电源,具体可根据工地实际情况而定。一般可选择送至厂房的施工用高压电源,电压较高,缠绕的匝数较多,但导线截面并不很大。对大直径的定子而言,线圈均匀分布,能使整圈铁芯磁感应强度基本均匀,但却需要用较多的高压电缆。权衡利弊，以选择较合适的电压等级。如用 400 V，则电缆截面过大，操作上会出现困难，电源的布置更复杂。试验电源采用 6.3 kV，计算磁通 B 取 1.2 T，则励磁线圈的匝数为：

$$W = 45\frac{U}{SB} = 45 \times \frac{6\,300}{7\,069.54 \times 1.2} = 33.42(\text{匝})$$

实际选用（未计叠压系数）32 匝。如采用 400 V 电源，$W = 2.12$ 匝，取 2 匝。

（5）铁芯平均直径：

$$D_{av} = D_1 - h = 1\,972 - 27.8 = 1\,944.2(\text{cm})$$

（6）单位长度安匝数计算时，取 $iW = 1.9$ 安匝/cm，因此铁芯所需的总安匝数为

$$\sum iW = \pi D_{av} iW = 3.14 \times 1\,944.2 \times 1.9 = 11\,599.1(\text{安匝})$$

（7）励磁线圈通过的电流：

$$I = \frac{\sum iW}{W} = \frac{11\,599.1}{32} = 362.5(\text{A})$$

如采用 400 V 电源，$I = 11\,599.1/2 = 5\,799.55(\text{A})$，显然现场没法实现。

（8）所需电源视在功率为：

单相电源容量　$S = UI = 6.3 \times 362.5 = 2\,283.75(\text{kVA})$

三相电源容量　$S = \sqrt{3}UI = 1.732 \times 6.3 \times 362.5 = 3\,955.46(\text{kVA})$

（三）试验接线、操作和测量

1. 试验接线

铁芯试验应在转子不在定子膛内的情况下进行，试验接线如图 13-13 所示。

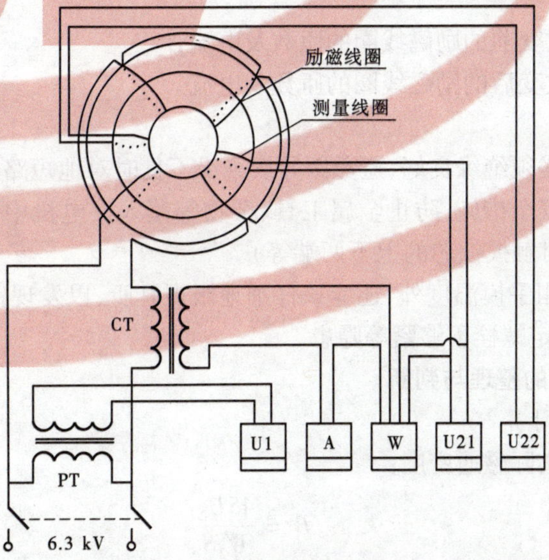

DL—断路器；PT—电压互感器；A—电流表；W—功率表（低功率因素）；
U1、U21、U22—电压表

图 13-13　定子铁芯磁化试验接线

定子绕组用不小于 50 mm^2 截面的导线接地后，选择额定电流为 1.5 ~ 2 倍励磁电流的绝缘完好的导线（不可用金属外皮导线或铠装电缆），将励磁线圈 W_1 尽量均匀地缠绕于铁芯四周。为使测量准确，应加装测量线圈 W_2，它的匝数应根据功率表电压线圈的允许电压决定，并用较细的绝缘导线在与励磁线圈垂直处，绕于定子有效铁芯上（应不包括机座），该处的磁通密度应大致为平均值。然后，按图 13-13 接好所有仪表，并仔细检查接线。

2. 操作与测量

（1）在定子铁芯上（上下端的背部和齿部）均匀地放置温度计（最好采用红外热像仪测温），读出铁芯的初始温度，并记录室内温度。温度计可用热电偶温度计或酒精温度计，也可利用测量发电机定子铁芯温度的温度传感器（在机组测温屏或监控屏上直接读取温度），不可用水银温度计。

（2）合上电源开关 DL，加入励磁电流，开始试验。

（3）电源接通后，各仪表指示值应与估算值无大差别。试验开始 10 min 以后，用手触摸定子铁芯各部分，检查各部分温度，检出齿部与背部的最热点与最冷点，加装上温度计。

（4）在整个试验过程中，应随时检查各部发热情况，如发现有新的过热处，应立即再装上温度计，如发现有冒烟或发热现象应立即停止试验，并对冒烟或发热处作好标记。

（5）每隔 10 min 读取一次各表计数值及温度值。

（6）试验持续 90 min，经过 10 次左右的记录即可切断电源，结束试验。

（7）通电后，如发现平均磁通密度 B 不符合要求，需要改变励磁线圈的匝数时，新的励磁电流 I_2 按下式估算

$$I_2 \approx \left(\frac{W_1}{W_2}\right)^2 I_1 \qquad (13\text{-}16)$$

式中 W_1, I_1——改变前的励磁线圈的匝数及电流；

W_2, I_2——改变后的励磁线圈的匝数及电流。

3. 注意事项

（1）励磁线圈必须绝缘良好，避免因导线绝缘不良时对地短路的电弧烧坏铁芯。

（2）制定专门安全措施，防止金属工具、杂物等落入发电机中，并严防触电或烫伤事故（如两手不能同时触摸铁芯的上下两端等）。

（3）试验时除用手摸温度外，还应该仔细地眼观耳听，以发现铁芯松动和通风沟中残存有金属杂物或固定螺栓不够紧等隐患。

（四）试验结果的整理与判断

1. 单位铁损的计算

（1）试验时的实际磁通密度：

$$B = \frac{45U_2}{W_2 S} \qquad (13\text{-}17)$$

式中 W_2——测量线圈的匝数；

U_2——测量线圈测得的电压，V。

（2）定子铁芯的有效质量：

$$G = \pi D_{av} S \times 7.8 \times 10^{-3} = 24.5 D_{av} S \times 10^{-3} \quad (\text{kg}) \qquad (13\text{-}18)$$

式中　7.8——铁的密度，g/cm^3。

（3）折算到 1 T 时的功率损耗：

$$P_{10} = P\left(\frac{1}{B}\right)^2 \quad (W) \tag{13-19}$$

式中　P_{10}——换算到 1 T 的功率损耗，W；

P——实测的功率损耗，W；

B——实际磁通密度，T。

（4）折算到 1 T 时的单位铁损：

$$\Delta P_{10} = \frac{P_{10}}{G} \quad (W/kg) \tag{13-20}$$

2. 最高齿温差的换算

$$\Delta t = (t_1 - t_2)\left(\frac{1}{B}\right)^2 \quad (K) \tag{13-21}$$

式中　t_1——最高齿温，℃；

t_2——最低齿温，℃。

3. 最高铁芯温升的换算

$$\Delta Q_{10} = (t_1 - t_0)\left(\frac{1}{B}\right)^2 \quad (K) \tag{13-22}$$

式中　t_0——铁芯的初始温度，℃；

t_1——最高齿温，℃。

4. 判断标准

根据 GB/T 8564—2003 的规定，磁感应强度按 1 T 折算，持续时间为 90 min；对直径较大的水轮发电机定子进行试验时，应注意校正由于磁通密度分布不均匀所引起的误差。相关标准如下：

（1）铁芯最高温升不得超过 25 K；相互间最大温差，不得超过 15 K；

（2）铁芯与机座的温差应符合制造厂规定；

（3）单位铁损应符合制造厂规定；

（4）定子铁芯无异常情况。

（五）实例

某大型水电站部分机组铁芯磁化试验数据如表 13-3 所示。

（六）低磁通铁芯磁化试验

1. 概述

传统的试验方法是采用大功率电源进行，要求励磁电源能够提供额定磁通 80% 的磁通量。通过红外热成像技术测量定子膛内表面的温度来确定故障热点位置。该方法存在着励磁电压高（需要在定子铁芯上穿绕 3 ~ 10 kV 多匝高压电缆）、试验复杂、费时、费力，还有造成故障区域扩大的风险，而且对铁芯内部故障检测不灵敏等特点。

20 世纪 70 年代末，英国中央发电局 CEGB（Central Electricity Generating Board）研究开发的一种新的定子铁芯故障测试技术，简称 ELCID 试验（Electromagnetic Core Imperfection Detector）。与传统方法相比，ELCID 试验只需要励磁电源提供 4% 的磁通量即可完成对故障铁芯的诊断,具有接线简单、操作安全方便,试验灵敏度高以及对铁芯深处的故障点有一定的探测能力等优点。

表 13-3 某大型水电站部分机组铁芯磁化试验数据

序号	项目		A 厂家机组磁化试验数据(部分)			B 厂家机组磁化试验数据(部分)		
			1#机	2#机	3#机	4#机	5#机	6#机
1	电源电压(kV)	$t=0$	5.88	6.0	6.06	6.298	6.286	6.588
		$t=90$ min	5.998	5.91	6.12	6.215	6.211	6.552
		ΔU	+1.87%	-1.5%	+1%	-1.32%	+1.193%	-0.55%
2	励磁匝数		34			32		
3	电源电流(A)	$t=0$	196	236	208	320	350	375
		$t=90$ min	206	284.8	256	363	397	415
		ΔI	+32.65%	+20.7%	+23%	+13.44%	+13.4%	+10.67%
4	磁通密度(T)	$t=0$	1.082 4	1.116 8	1.135	1.099 5	1.119	1.142
		$t=90$ min	1.101 9	1.092	1.139 7	1.058 1	1.089 3	1.097 6
		ΔB	+1.8%	-2.15%	+0.28%	-3.77%	2.18%	-3.87%
5	单位安匝数(安匝)	$t=0$	1.113 6	1.34	1.182	1.676 5	1.83	1.965
		$t=90$ min	1.477	1.62	1.455	1.901 8	2.08	2.174
		ΔiW	+32.66%	+20.9%	+23.07%	+13.44%	+13.8%	+10.64%
6	实际总损耗(kW)	$t=0$	456.96	500.48	473.28	473.6	479.76	505.6
		$t=90$ min	511.36	527.68	511.36	487.08	500.48	515.2
		ΔW	+11.9%	+5.435%	+8.05%	+2.97%	+4.32%	+1.9%
7	换算至 1 T 时的单位损耗(W/kg)	$t=0$	1.184	1.22	1.113 4	1.164 6	1.139	1.152
		$t=90$ min	1.279	1.34	1.196 2	1.295	1.254	1.27
		ΔW	+8.024%	+9.836%	+7.44%	+11.2%	+10.09%	+10.24%
8	90 min 时的铁芯温升最大值(K)	内部	7	6.9	7.1	—	10.6	5.1
		背部	8	10.9	8.4	5	12.8	—
9	90 min 铁芯背部最大温差(K)		4.7	5.81	3.5	1.0	0.4	—
10	铁芯背部与机壳相应最大温差(K)		6.8	11.2	9.4	3.8	10.5	—

注:表中数据温度的计算未经折算。

加拿大的 Ontnrio Hydro 从 1990 年开始对 300 ~ 900 MW 汽轮发电机定子铁芯故障进行检测,已经完成有 80 多次的 ELCID 试验。凡是由 ELCID 试验发现的铁芯故障,又用传统的铁损试验验证,得到了全部的确认。因此,Ontnrio Hydro 根据已有的经验认为,如果用 ELCID 试验没有发现故障点,则被试铁芯存在缺陷的概率会很低。不过也认为在许多次分析故障的性质时,仅仅用 ELCID 试验还是不够的。对于是立即修理还是监视运行,仍需要通过传统试验来做出最后的决断。Ontnrio Hydro 的倾向性意见是保留传统的铁芯试验作为分析故障的性质和验证修复质量的最可靠的方法。因此,随着经验的积累和研究深度的不断扩大,ELCID 试验技术将有望取代传统的铁损试验方法。此部分内容为介绍了解内容,值得做更进一步的试验研究和现场实践总结。

2. ELCID 试验的原理

根据安培环路定理,只要测量出闭合磁场线积分的值,就可以逆向求取产生它的电流。H 环路定理:沿着任意闭合路径磁场强度(H)的环路(L)积分等于该闭合路径所包围的自由电流的代数和,即:

$$\oint_L H \cdot \mathrm{d}l = \sum I \tag{13-23}$$

为简明,仅考虑一路电流:

$$\oint_L H \cdot \mathrm{d}l = I \tag{13-24}$$

如果电流沿着金属表面流过(见图 13-14),那么上式可改写为:

$\oint H_{铁芯} \cdot \mathrm{d}l + \oint H_{空气} \cdot \mathrm{d}l = I$,又 $H_{铁芯} = H_{空气}/\mu_{\mathrm{R}}$,则

$$I = \oint H_{空气}\left[1 + \frac{1}{\mu_{\mathrm{R}}}\right] \cdot \mathrm{d}l \approx \oint H_{空气} \cdot \mathrm{d}l \tag{13-25}$$

磁介质的相对磁导率 $\mu_{\mathrm{R}} \approx 2\ 000$。

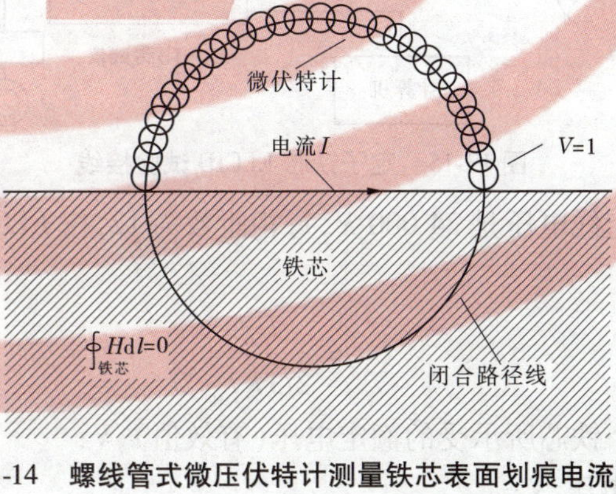

图 13-14　螺线管式微压伏特计测量铁芯表面划痕电流原理

空气中交变磁场线 $\oint H_{空气} \cdot \mathrm{d}l$ 积分的值是可以采用微压伏特计来测定。微压伏特计由一根细导线绕成双层螺线管(管径约 6 mm)制成,跨接故障电流,所获得的感应电压为:

$$V = \mu_0 \omega \pi \oint A H_{螺线管} \cdot \mathrm{d}l \tag{13-26}$$

线积分的路径是指螺线管的两端为起止,沿螺线管积分。真空磁导率常数 $\mu_0 = 4\pi \times 10^{-7}$ N/A,ω 为励磁交流电的角频率,A 是螺线管的匝数和截面面积。由式(13-23)可得:

$$\oint H_{螺线管} \cdot \mathrm{d}l = \frac{1}{\mu_0 \omega \pi A} \times V \tag{13-27}$$

将式(13-24)和式(13-26)结合，得：

$$I = \oint H_{空气} \cdot \mathrm{d}l = \oint H_{螺线管} \cdot \mathrm{d}l = \frac{1}{\mu_0 \omega \pi A} \times V \tag{13-28}$$

可见，微压伏特计的电压与流过金属表面的故障电流成正比。

3. 试验接线及测试部位

发电机定子铁芯试验采用英国 ADWEL 公司生产的 601 型数字 ELCID 测试仪，试验接线如图 13-15 所示。

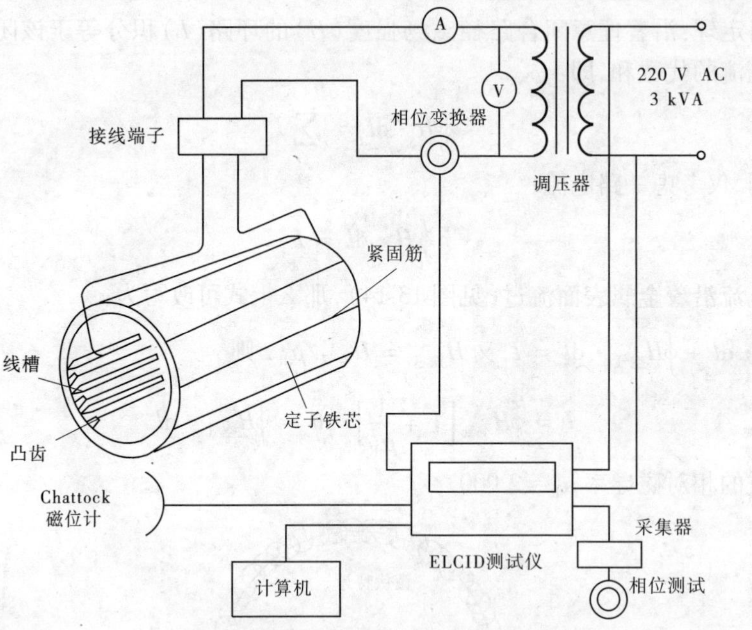

图 13-15 定子铁芯 ELCID 试验接线

假设发电机的额定线电压是 24 000 V，每相匝数为 12，按 ELCID 试验要求，励磁电压可按式(13-28)计算：

$$U_r = \frac{U_N}{2\sqrt{3}KT_p} \tag{13-29}$$

式中 U_r——沿每一个铁芯所承受的额定电压(有效值)，V；

U_N——额定线电压，V；

K——节距因数，估算值 0.92；

T_p——每相匝数。

则：$U_r = \frac{24\ 000}{2 \times 1.732 \times 0.92 \times 12} = 627.57$(V)

励磁电压 $U_t = 4\% \times U_r = 0.04 \times 627.57 = 25.1$(V)

调节调压器输出电压升到所需励磁电压值(25 V)后，测试人员进入发电机定子膛内，用 Chattock 磁位计的两个端头跨接到相邻的两个定子铁齿的两个边角上，沿槽轴向在定子内膛上滑动，由计算机测得相应数据和曲线。测试部位包括每个槽铁芯和端部阶梯齿部位。

4. 试验注意事项

(1)通过每根励磁导线的电流不能大于5 A，否则应增加缠绕匝数，正常约为3 A。

(2)励磁导线必须绝缘良好，导线应不触及铁芯，避免因导线绝缘不良，发生对地短路烧伤铁芯。

(3)制定专门的安全措施，防止金属工具、杂物等落在发电机内。

(4)试验时应仔细观察，防止铁芯松动和通风沟中有残余金属杂物。

(5)Chattock 磁位计与定子铁芯应接触良好，滑动时应平稳。

5. 试验结果分析

一般情况下，如果发电机定子铁芯叠装质量良好，无片间短路故障，用 ELCID 仪器测得的感应电流通常为几十毫安，最大不超过100 mA。感应电流大于100 mA 可能是定子铁芯本身设计引起的，只有当测得电流波形和相位出现相反情况时，才能说明存在缺陷。

二、发电机空载特性试验

(一)概述

发电机的空载运行工况是指发电机处于额定转速，在励磁绕组中通入一定的励磁电流，而定子绕组中的电流为零时的运行状态。此时，励磁绕组中电流产生的磁通可分为气隙主磁通与漏磁通两部分。主磁通通过空气隙与定子绕组相交链，并在定子绕组中产生感应电势 E，漏磁通只与励磁绕组交链。

在这种条件下，定子绕组的感应电势 E 与其端电压 U 相等，即 $U=E$。设 I_E 表示励磁电流，W 表示匝数，则 I_EW 代表励磁绕组中的安匝数。因为 W 匝数一定，则主磁通 Φ 及其在定子绕组中的感应电势 E 就取决于励磁绕组电流的大小和励磁回路的饱和程度。

在空载试验后，取励磁电流为横坐标，端电压为纵坐标，即得到关系曲线 $U=f(I_E)$。发电机在空载运行条件下，其端电压与励磁电流的关系曲线 $U=f(I_E)$ 称为发电机空载特性曲线。空载特性曲线不仅表示了感应电势 E 与励磁电流 I_E 的关系，同时也表示了气隙主磁通 Φ 与励磁电流 I_E 的关系。

空载特性曲线常用标么值来表示，选定子额定电压 U_N 为电压基准值，对应于定子额定电压的励磁电流 I_{ED} 为电流基准值。

空载特性曲线是发电机的最基本特性之一，也是决定发电机参数及运行特性的重要依据之一。它配合短路特性，可求出发电机的电压变化率 $\Delta U(\%)$，纵轴同步电抗 X_d，短路比 K 与负载特性等。在做此特性试验的同时，还可以检查发电机三相电压的对称性和进行定子绕组匝间绝缘试验。

(二)试验接线

发电机空载特性试验接线如图13-16所示。

图13-16中符号含义：GF—副励磁机；TK—励磁调节器；KM_1—励磁机磁场开关；ELE—励磁机转子绕组；GE—励磁机定子；KM_2—发电机磁场开关；R_m—灭磁电阻；Q—短路开关；FL—标准分流器；G—发电机定子；TV—电压互感器；GLE—发电机转子绕组；

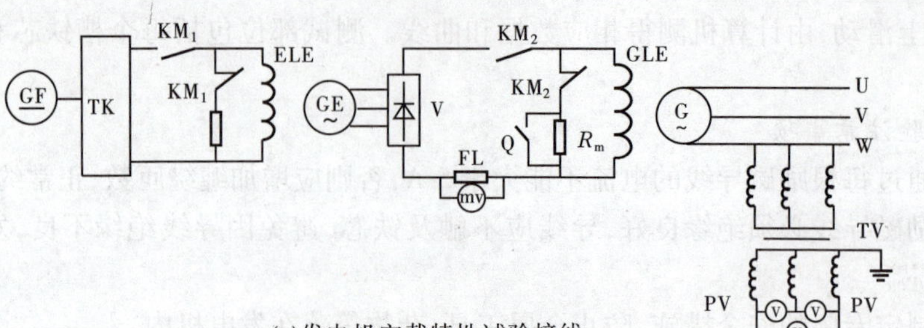

(a)发电机空载特性试验接线

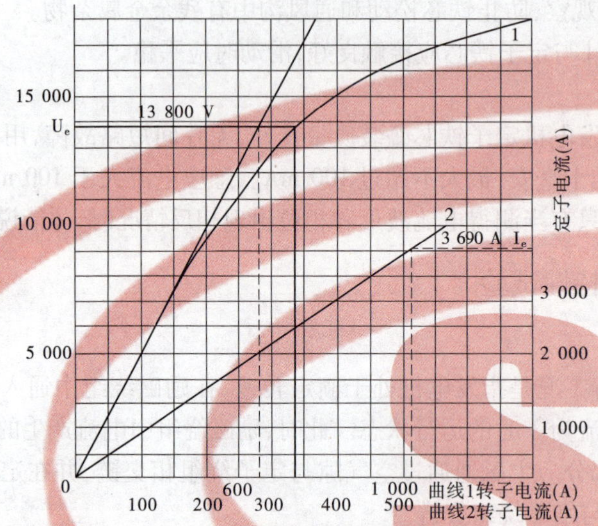

1—空载特性;2—短路特性

(b)发电机空载特性和短路特性曲线

图 13-16　发电机空载特性接线图及空载特性和短路特性曲线图

PV—电压表。

交流电压表 0.5 级三只;直流毫伏表根据分流器配套要求选择量程,0.5 级以上;分流器 FL 根据发电机励磁电流选择 0.2 级一只;转速表一只,或数字频率表测量;电压互感器一组。励磁机磁场开关 QFM_1,发电机磁场开关 QFM_2,灭磁电阻 R_m,短路开关 Q。励磁调节器 TK。

(三)试验步骤

(1)将电压自动励磁调整装置置于手动位置,强励、强减装置退出工作,将差动、过流及接地保护投入工作。

(2)启动机组,且保持以额定转速运转。

(3)发电机在空载状态下合上磁场开关(灭磁开关),慢慢调节励磁电流,升压至 50% U_N 附近,用相序表测量电压互感器二次电压回路的相序,用三只电压表检查三相电压是否平衡,并巡视发电机及其母线设备是否有异常,同时注意机组的振动、轴承温度和励磁机电刷的工作情况是否正常。如无问题,则继续升压至额定值(若用磁场变阻调压时,在其工作空载位置作记号),在电压为额定值时,测量发电机的轴电压。

(4)慢慢降低电压至零。每降低额定电压值的 10% ~15% 时,记录一次各表计的读数(降压过程中可取10个点)。

(5)逐渐升高电压至额定值,每升高额定电压值的10%~15%,记录各表计读数一次(在升压曲线上也取10个点)。在接近饱和时,可多读几点。

(6)如果空载特性与匝间耐压试验一起进行,可将励磁电流一直升到额定值,此时定子电压可能为(1.2~1.3)U_N(相当于1.3U_N下的层间耐压试验),停留5 min,记录此时定子电压,转子电流及转速,并测量发电机的轴电压。

(7)减少励磁电流,降低定子电压。当定子电压降至近于零时,再切断灭磁开关,保持发电机为额定转速,在定子绕组出线端测量定子绕组的残余电压值。

(四)注意事项

(1)在录取特性曲线的上升与下降部分时,励磁电流只能向一个方向调节,不得中途返回。否则由于磁滞回线的影响使测量结果产生误差。

(2)应尽量使用同一型号电压表进行测量。励磁电流的调节应缓慢地进行,调到各点的数值时,待表针指针稳定后再读数,并要求所有表针都同时读取。

(3)测量定子绕组的残压时,灭磁开关在断开位置,测量者要戴绝缘手套并利用绝缘棒进行测量,使用的仪表应是多量程高内阻的交流电压表。

(4)试验过程中,应派人在发电机附近监视。当发电机有异常现象时,应立即跳开灭磁开关,停止试验,查明原因。

(五)试验结果分析

(1)将各仪表读数换算成实际值,其中定子电压应取三相电压的平均值。

(2)在试验中,若转速不是额定值,则应将所测定子电压换算至额定转速时的电压值,其换算公式为:

$$U = U'\frac{n_N}{n} \text{ 或 } U = U'\frac{f_N}{f'} \tag{13-30}$$

式中　U——换算至额定转速下的定子电压,V;

U'——试验时实测定子电压,V;

n_N、n——发电机额定转速与试验转速,r/min;

f_N、f'——发电机额定频率与试验频率,Hz。

(3)根据整理的数据,在直角坐标中绘出发电机空载特性曲线。由于铁芯磁滞的影响,电压上升曲线与下降曲线是不重合的,通常取其平均值绘制曲线,此曲线就是发电机空载特性曲线。

(4)将空载特性曲线的直线部分延长,即得到发电机的气隙线。

(5)确定额定电压下的励磁电流。作一条$U=U_N$与横坐标平行的直线和空载特性曲线相交,交点的横坐标值即为励磁电流。

(6)在匝间耐压试验时,若定子电压突然下降或发电机内部冒烟或有焦臭味者,都说明定子绕组匝间绝缘有损坏。

(7)将绘制的空载特性曲线与出厂和历年试验数据比较不应超出测量误差范围。如绘制的曲线比历年数据降低很多,即说明转子绕组可能有匝间短路故障。

三、发电机短路特性试验

(一)概述

短路特性是发电机三相对称稳定短路、发电机处于额定转速下的定子电流与转子电流的关系曲线。通过这一特性的测量,可以检查定子三相电流的对称性,并结合空载特性来求取发电机的参数,它是电机的重要特性之一。

新安装的发电机,其三相短路特性试验可在励磁系统已经调试完毕后进行。若发电机受潮,绝缘电阻及吸收比不符合要求,也可先进行短路干燥,待绝缘合格后再进行有关的试验。

(二)试验接线与仪表

发电机三相短路特性试验接线如图 13-17 所示。

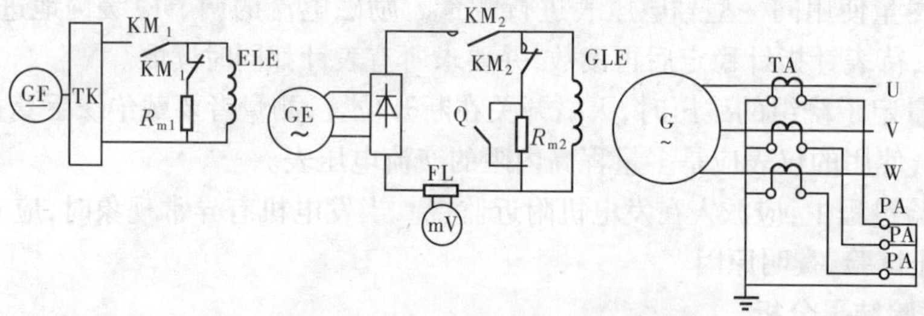

图 13-17 发电机三相短路特性试验接线

图 13-17 中符号含义如下:GF—副励磁机;TK—励磁调节器;KM_1—励磁机励磁开关;R_{m1}、R_{m2}—灭磁电阻;ELE—励磁机转子绕组;GE—励磁机定子;KM_2—发电机励磁开关;Q—短路开关;GLE—发电机转子绕组;G—发电机定子;FL—标准分流器;TA—电流互感器;PA—电流表。

使用仪表有交流电流表 0.5 级、0～5 A 三只,测转子电流的毫伏表,最好接到 0.2 级标准分流器上。如果没有标准分流器,可以利用装在励磁回路中原有的分流器,但此时应将配电盘上的转子电流表解开,以免影响测量的结果。

(三)试验方法及步骤

(1)在发电机出线端或出口断路器外侧,将定子绕组三相用铝排或粗钢线短路起来,按图 13-17 接好表计,并投入过电流保护作用于信号,强行励磁停用,磁场变阻器放在最大位置。

(2)启动机组达到额定转速,并保持恒定。

(3)合上励磁开关 KM_1,当短路点在出口断路器外侧时,必须同时合上断路器。

(4)调节磁场变阻器,增加励磁电流,每增加 10%～15% 额定定子电流时,同时读取两次表计数值,一直增加至定子额定电流时为止。新安装的机组做过流试验或整定继电保护时,则可以超过额定值,其最大值按制造厂规定。

(5)调节磁场变阻器,降低励磁电流,按照上述各点读表(如果三相电流平衡,可只读一只交流电流表的值),使定子电流降为零,断开灭磁开关,停止机组运转。

(四)注意事项

(1)三相短路线应尽量装在接近发电机引出线端,且要在发电机断路器内侧与电流互感器之间,以免在试验过程中断路器突然断开,引起发电机过电压,损坏绝缘。如果在发电机出口装设短路线不方便,或要结合其他试验(如电压恢复法试验),则可以将短路线接在断路器外侧,但必须将断路器操作机构锁住,或将操作保险取掉,防止断路器在试验过程中自行跳闸。

(2)三相短路线的截面应按发电机额定电流选择,尽量采用铜排或铝排,应接触良好,防止由于接触电阻过大,发热而损坏设备。

(3)励磁电流的调节应该平稳缓慢地进行,达到预定数值时,应等指针稳定后,再对各表计同时读数。

(4)在试验中,当励磁电流升至额定值的15%～20%时,应检查三相电流的对称性。如不平衡严重,应立即断开灭磁开关并查明原因。

(5)为了校验试验正确性,在调节励磁电流下降过程中,可按上升各点进行读数记录。

(6)在试验时,如果想同时校核配电盘上的表计,可在各点读数的同时,读取配电盘上表计的数值。

(五)试验结果分析

(1)将各仪表读数换算成实际值,定子电流取三相的平均值。

(2)将整理的数值,在坐标纸上绘成曲线。由于此时发电机工作在非饱和状态,所以特性曲线为通过原点的直线。

(3)若是交接试验,应将曲线与制造厂曲线相比较,若是预防性试验,应与历次试验结果相比较。如果对应于相同定子电流,转子电流增大很多,则转子绕组有匝间短路的可能。

四、发电机轴电压测量

(一)测量目的及其产生的原因

如果发电机空气间隙不均匀,定子周围铁芯接缝配置不对称,当发电机运行时,电机各部磁通不均匀,它与转轴相切割就产生轴电势,在轴电势作用下产生轴电流,当轴承座的绝缘垫与轴瓦处的油膜绝缘被破坏时就会在轴→轴承→底座回路中流过交变轴电流,其数值可达几百安培,甚至几千安培,它能损坏转子的轴颈与轴瓦。对于悬吊式水轮发电机,它的上部导轴承和推力轴承均应用绝缘垫与定子外壳相绝缘。可在推力头与镜板之间加一层绝缘垫,以加强绝缘,避免轴电流引起损坏事故。在安装与运行中测量检查发电机组的轴承及轴之间的电压与检测轴承座的绝缘状况是十分必要的,水轮发电机产生轴电压的原因有以下几种:

(1)由于制造、安装、运行、维护等原因,发电机不可避免地会出现转子和定子不能完全同心运行、定转子空气间隙不均匀、转子硅钢片的厚度位置不合理、转子绕组匝间短路等问题,造成在转子—大轴—基座的环路中感应出一定的交流轴电压。

(2)发电机转子在使用直流电进行干燥时可能使得大轴部分磁化,磁力线在轴瓦处产生幅向支流,当机组转动时,该磁力线就会以发电机或涡流制动的方式产生轴电压,电压的大小取决于大轴剩磁的多少以及气隙、回路的绝缘情况。另外,在发电机大轴附近使用电焊机等强磁力设备时也会对大轴进行磁化，致使发电机运行时产生轴电压。

（3）转子一点接地故障时会出现较大的轴电压，出现故障的同时伴随着发电机组的剧烈振动。另外，由于目前一般水轮发电机组的大轴接地碳刷在运行中都作为发电机转子一点接地保护使用的接轴端，并没有真正的接地，在转子一点接地时就会在大轴与地之间产生1个较大的电压，该电压会造成大轴对地放电及轴瓦烧坏等事故。

（4）大轴各部与轴瓦处由于润滑油的摩擦产生的静电也能产生较小的轴电压。

（二）轴电压测量

1. 测量方法

水轮发电机轴电压测量如图13-18所示。用高内阻电压表（数字电压表）测量上端轴对地电压即得水轮发电机转子轴电压。测量时可选用3～10 V的电压量程，测量的连接线与转轴的接触必须用专用电刷，且电刷上应具有300 mm以上的绝缘手柄。

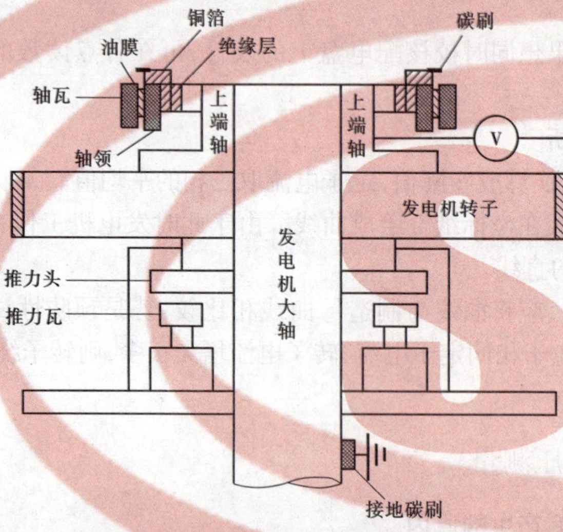

图13-18　水轮发电机轴电压测量示意图

轴电压测量，可将轴电压理解成一电势 E，将油膜理解成等值可变电阻 R_1，将轴瓦对地绝缘垫理解成绝缘电阻 R_2，则测量轴电压的等效电路图如图13-19所示。

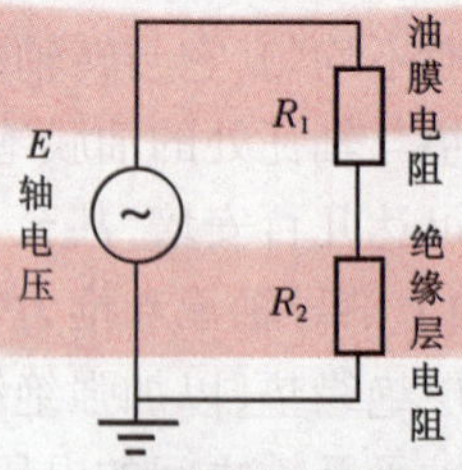

图13-19　测量轴电压的等效电路

2. 注意事项

（1）由于轴电压的测量是直接在转动的发电机上进行的，因此要特别注意安全，尤其是防止发生卷轧事故。

（2）为了减少误差，应尽量选择内阻大的电压表，并注意使电刷和旋转的轴接触良好。

（3）为了保证测量结果的正确性，应重复进行测定，观察各次测量值是否相同。

（4）当轴承座与底座之间是双重绝缘垫片时，还应该分别测量检查轴承与金属垫片、金属垫片与底座之间的绝缘电阻。

3. 判断标准

按照 GB 50150—2006 的规定，测量轴电压，应符合下列规定：

(1)分别在空载额定电压时及带负荷后测定；

(2)汽轮发电机的轴承油膜被短路时，轴承与机座间的电压值，应接近于转子两端轴上的电压值；

(3)水轮发电机应测量轴对机座的电压，实测一般在 2 V 以下。

五、发电机灭磁时间常数测量

发电机在运行中如发生突然短路或断路器跳闸甩负荷后，即进入暂态过程，此时定子电压、电流都按一定的规律变化。反映定子电压与电流的转子回路磁链也将按同一规律变化。通过发电机灭磁时间常数试验可以研究与分析这种暂态变化规律，可以求取励磁绕组的时间常数与阻尼绕组的时间常数。

根据试验结果，可以通过计算求得当定子绕组开路时的阻尼绕组时间 T_{1d0} 以及励磁绕组的时间常数 T_{Ld0}。

(一)灭磁时间常数的测定

测定灭磁时间常数通常使用的方法有两种：示波器法及电气秒表法，本章仅介绍示波器法。

1. 试验接线

试验接线如图 13-20 所示。分别接上电压互感器 TV，电压表 PV 三只；电流互感器 TA，电流表 PA 三只；示波器一台等。

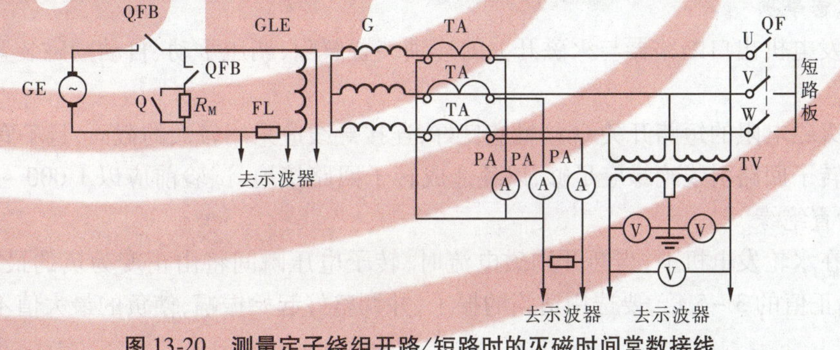

图 13-20　测量定子绕组开路/短路时的灭磁时间常数接线

2. 试验步骤

(1)测量发电机定子绕组开路，转子绕组经灭磁电阻短接时的灭磁时间常数 T_{01}，按下述步骤进行：

①按图 13-20 接入示波器及试验表计。

②启动机组达到额定转速，并保持恒定。

③发电机出口断路器及灭磁电阻 R_M 的短路开关 Q 打开。

④合上灭磁开关，调节励磁电流，使发电机定子电压达额定值，启动示波器录取标准波形，同时记录各表计读数。

⑤投入示波器和灭磁开关的联动刀闸，维持定子电压为额定值。启动示波器并联动

跳开灭磁开关,录取发电机的定子电压、转子电流及电压波形(录波速度可取 50 mm/s)。

⑥测量发电机的残余电压。

(2)测量发电机定子绕组开路,转子绕组经短路开关 Q 短路的灭磁时间常数 T_{02},按下述步骤进行:

①将灭磁电阻 R_M 的短路开关 Q 闭合。

②其余步骤同(1),求出灭磁时间常数 T_{02}。

(3)测量发电机定子绕组短路,转子绕组经灭磁电阻短接的灭磁时间常数 T_{K1},按下述步骤进行:

①按图 13-20 接入试验表计及示波器。

②发电机转速维持额定。

③灭磁电阻 R_M 的短路开关 Q 打开。

④合上发电机出口断路器 QF,使发电机定子绕组三相对称稳定短路。

⑤合上灭磁开关 K,调节转子电流使发电机定子电流达到额定值,启动示波器录取标准波形,同时记录各表计的读数。

⑥维持定子电流为额定电流,启动示波器并联动跳开灭磁开关,录取发电机定子电流、转子电流及电压波形(录波速度可取 100 mm/s)。

(4)测量发电机定子绕组短路、转子绕组经短路开关 Q 短接的灭磁时间常数 T_{K2},按下述步骤进行:

①将灭磁电阻的短路开关 Q 闭合。

②其余步骤同(3),求出灭磁时间常数 T_{K2}。

3. 注意事项

(1)发电机出口断路器与灭磁开关的连锁装置解除,调压手动、自动励磁装置退出工作。

(2)灭磁电阻的短路开关 Q 接触应良好,连接导线应采用较大的截面,且不宜过长。

(3)转子回路引线绝缘应足够,以免造成转子回路接地,试验前应以 1 000 ~ 2 500 V 的摇表检查绝缘。

(4)在水轮发电机上,当断开励磁电流时,转子电压瞬间将由正变为负的最大值,其值为起始正值的 3 ~ 5 倍,要选用适当的振子,并调整好起始振幅,使负的最大值不要超出胶卷。

(5)示波器应使用系统电源。

(6)在测量发电机三相短路的灭磁时间常数时,短路导线的截面应足够,接触要良好。

(7)本试验可以和测量发电机的空载及短路特性试验结合进行。

4. 试验结果整理

(1)将所录取的示波图加工放大,如图 13-21 及图 13-22 所示。

(2)将放大波形按标准波形的比例和一定的时间间隔量取定子电压(或电流)值,画在直角坐标系的纵轴上,横轴为时间 t。对应于 $R_M \neq 0$ 及 $R_M = 0$ 两种情况,分别作出定子绕组开路及短路时的灭磁曲线 $U = f(t)$ 及 $I = f(t)$,参见图 13-21 及图 13-22。

(3) 在纵坐标上，自 $0.368U_N$（或 $0.368I_N$）作横轴平行线交曲线于 A 点与 B 点，则 A 点横坐标值为 T_{01}（T_{K1}），B 点横坐标值为 T_{02}（T_{K2}）。

例：某水轮发电机 $P_N = 150\ 000$ kW，$U_N = 10.5$ kV，$I_N = 1\ 032$ A，用示波法求该电机的灭磁时间常数。

根据定子绕组开路及定子绕组短路两种状态下所拍摄的灭磁波形分析，可以求得在不同情况下的 4 条灭磁曲线，分别画于图 13-21 及图 13-22 上。

由图 13-21 可以求得（$0.368U_N = 386$ V）

$T_{01} = 0.99$（s）

$T_{02} = 5.23$（s）

由图 13-22 可以求得（$0.368I_N = 380$ A）

$T_{K1} = 0.255$（s）

$T_{K2} = 1.65$（s）

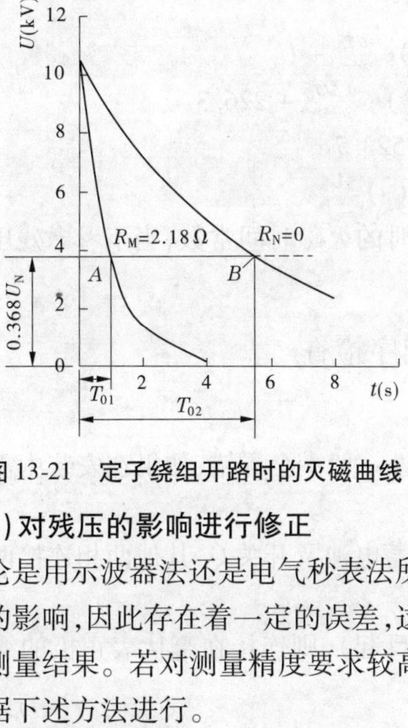

图 13-21　定子绕组开路时的灭磁曲线

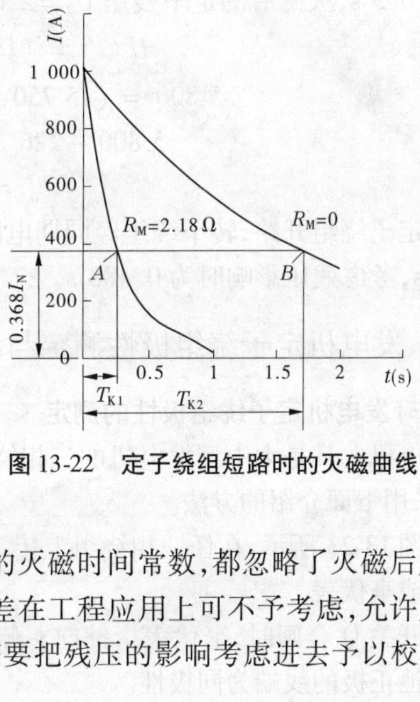

图 13-22　定子绕组短路时的灭磁曲线

（二）对残压的影响进行修正

无论是用示波器法还是电气秒表法所测得的灭磁时间常数，都忽略了灭磁后定子绕组残压的影响，因此存在着一定的误差，这种误差在工程应用上可不予考虑，允许直接采用上述测量结果。若对测量精度要求较高，则需要把残压的影响考虑进去予以校正。校正时根据下述方法进行。

当定子绕组开路时：

$$U(t) = (U_Q - U_Z)e^{-t/T_0} + U_Z$$

式中　U_Q——灭磁开始时的定子电压值，V；

U_Z——灭磁结束后的残余电压，V；

t——从灭磁开始至终止的时间，s。

当 $t = T_0$ 时：

$$U(t = T_0) = (U_Q - U_Z)e^{-1} + U_Z$$

由于 U_Z 一般较小，可以略去不计，则：

$$U(t = T_0) = U_Q e^{-1} = 0.368U_Q$$

因此灭磁时间常数 T_0，即等于发电机定子电压从起始值降至 36.8% U_Q 时所需的时间。

当定子绕组短路时：

$$I(t) = I_Q e^{-t/T_K}$$

式中 I_Q——灭磁开始时的定子电流，A。

当 $t = T_K$ 时，则：

$$I(t = T_K) = I_Q e^{-1} = 0.368 I_Q$$

因此灭磁时间常数 T_K，即等于发电机的定子电流从起始值降至 36.8% I_Q 时所需的时间。

例：型号为 TS－1280/180－60 的水轮发电机，$P_N = 150\ 000$ kW，$U_N = 15.75$ kV，$I_N = 6\ 470$ A，在空载额定电压情况下，跳开灭磁开关，同期电阻延时 0.5 s 投入，对转子绕组进行灭磁。由灭磁波形图分析得到，当定子电压由起始值（$U_Q = U_N$）降为 $0.368 U_N = 5\ 800$ V，历时 0.5 s，灭磁后的定子残压 $U_Z = 226.3$ V。

$$U(t) = (U_Q - U_Z) e^{-t/T_0} + U_Z$$

$$5\ 800 = (15\ 750 - 226.3) e^{-0.5/T_0} + 226.3$$

$$5\ 800 - 226.3 = 15\ 523.7 e^{-0.5/T_0}$$

$$T_0 = 0.488 (s)$$

即定子绕组开路，转子绕组经同期电阻闭合时的灭磁时间常数，当不考虑残压影响时为 0.5 s，考虑残压影响时为 0.488 s。

六、发电机定子绕组极性测定与绕组相序检查

（一）发电机定子绕组极性的测定

发电机尤其是大中型发电机的三相绕组，极性一般不会弄错，如果在安装中需要检查的话，采用下面介绍的方法。

如图 13-23 所示，在任一相绕组上接 2～6 V 蓄电池及开关 Q，其他两相连接两个直流检流计或毫伏表。

当开关 Q 合闸时，毫伏表指针向左侧摆动（反起），则连接在毫伏表正极的线端与连接在电池正极的线端为同极性。

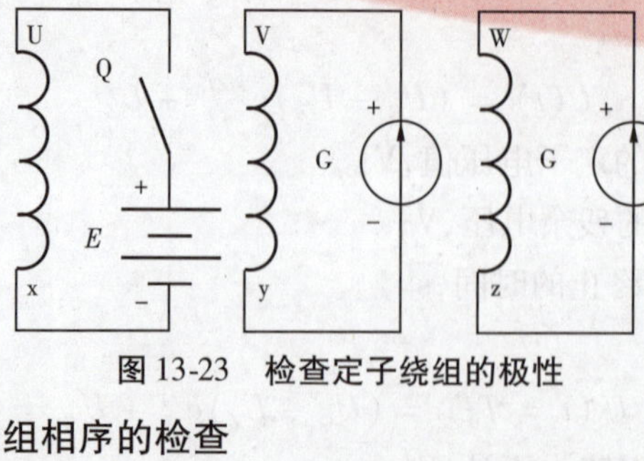

图 13-23 检查定子绕组的极性

（二）发电机定子绕组相序的检查

相序一致是发电机之间或发电机与电网并网运行的必要条件之一。若相序不对，在

并联瞬间,机组受到极大的电流冲击和电磁力的作用而受损伤。

发电机定子绕组的相序有下列方法。

1. 根据厂家图纸和观察发电机定子绕组的实际排列来决定

如图 13-24 所示,当发电机的旋转方向为已知,则转子的磁通先切割绕组 1,然后切割绕组 2,最后切割绕组 3。这样就可定 1 为 U 相、2 为 V 相、3 为 W 相,也可以定 2 为 U 相、3 为 V 相、1 为 W 相,或 3 为 U 相、1 为 V 相、2 为 W 相。

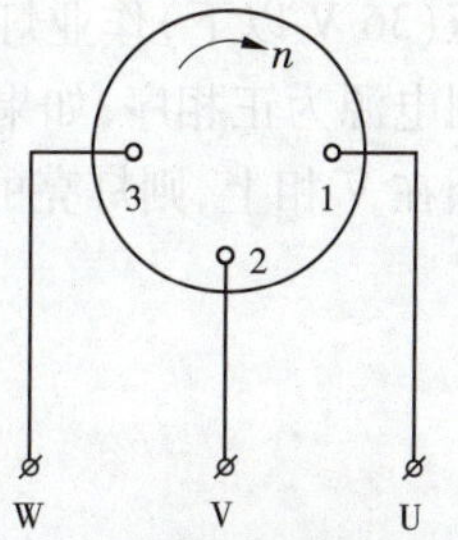

图 13-24 按绕组排列情况确定发电机的相序

2. 用直流感应法决定

按图 13-25 进行接线。电源为 4~6 V 蓄电池,不要用干电池以免由于转子剩磁的影响而得不出正确的结果。

接好线后,合上开关 Q,然后用天车或盘车装置接机组的旋转方向慢慢转动转子,此时若毫伏表的指针向右侧摆动(正起)比原来的指示大,则接电池正极的引出端为 U 相,接电池负极为 W 相,接毫伏表正极为 V 相。若毫伏表向左侧摆动(反起),则将电池两端互换一下,然后按上述方法决定。

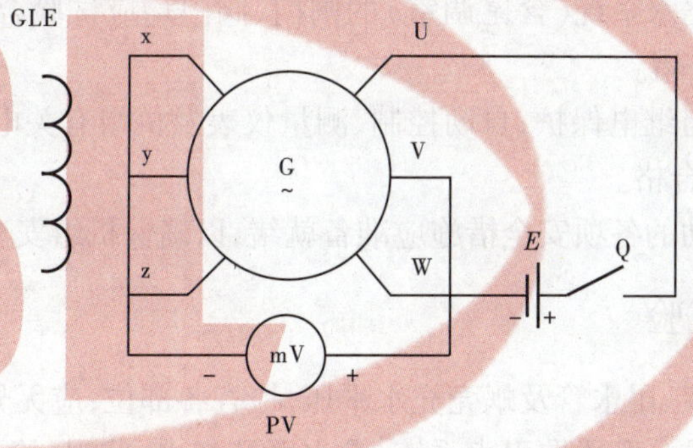

图 13-25 发电机定子绕组相序测量接线

3. 用相序表决定

发电机启动后,在转子与励磁回路断开的情况下,利用定子残压在发电机的出口(一次侧)用相序表检测电机的相序。对于高压发电机(对地电压超过 250 V),为了防止灭磁开关误合闸产生危及人身安全的高电压,测量时应戴绝缘手套或站在绝缘平台上。先用电压表测量定子绕组的相间和各相对中性点的残压值,一般不超过 200 V,然后用相序表来检查相序。

也可先将电压表和相序表接在机端电压互感器用的隔离开关后面,并放在绝缘平台上,然后将隔离开关合闸,即可由相序表测出相序。

由于此法简单易行,而且准确,在机组启动前,用此法检查相序。

4. 用亮灯法决定

当电机的残压小于 40 V 时,普通相序表可能无指示,可用亮灯法测定相序,接线如图 13-26所示。u′与 w′为低

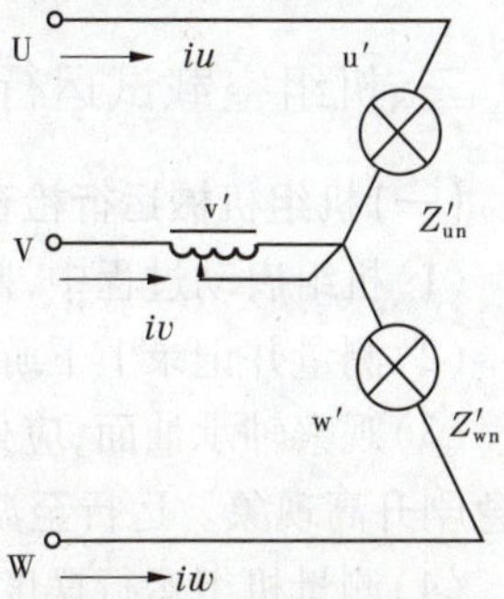

图 13-26 用亮灯法测量相序接线图

压(36 V 以下)作业灯泡,v′为自耦变压器,当作电感线圈用,通电时如果灯 u′比灯 w′亮,则电源为正相序;如果灯 w′比灯 u′亮,则电源为反相序。如果已知电源为正相序,电感线圈在 V 相上,则灯亮的一相为 U 相,灯暗的为 W 相。

第四节 发电机机组试运行

一、试运行条件

(1)试运行前应根据 DL/T 507、DL/T 827、GB/T 18482 和 GB/T 8564 的规定,结合电站具体情况,编制机组试运行程序或大纲、试验检查项目和安全措施。

需要进行型式试验的机组,其试验内容和项目应在特定的技术协议中规定。

(2)对机组及有关辅助设备,应进行全面清理、检查,其安装质量应合格,并经验收。

水轮机、发电机、调速系统、励磁系统及其有关的附属设备系统,必须处于可以随时启动的状态。

(3)输水系统及尾水系统(含尾调室)的闸门、阀门均应试验合格,处于关闭位置,进人孔、闷头等应可靠封堵。

(4)水轮发电机组继电保护、自动控制、测量仪表及机组有关电气设备均应根据相应的规程规范进行试验合格。

(5)有关机组启动的各项安全措施应准备就绪,以确保机组安全运行。

二、机组充水试验

(1)向尾水调压室、尾水管及蜗壳充水平压,检查各部位,应无异常现象。

(2)根据设计要求分阶段向引水系统、输水系统充水,监视、检查各部位变化情况,应无异常现象。

(3)平压后在静水下进行进水口检修闸门或工作闸门或蝴蝶阀、球阀、筒形阀的手动、自动启闭试验,启闭时间应符合设计要求。

(4)检查和调试机组蜗壳取水系统及尾水管取水系统,其工作应正常。机组技术供水系统各部水压、流量正常。

三、机组空载试运行

(一)机组机械运行检查

(1)机组启动过程中,监视各部位,应无异常现象。

(2)测量并记录上下游水位及在该水头下机组的空载开度。

(3)观察轴承油面,应处于正常位置,油槽无甩油现象。监视各部位轴承温度,不应有急剧升高现象。运行至温度稳定,其稳定温度不应超过设计规定值。

(4)测量机组运行摆度(双幅值),其值应不大于 75% 的轴承总间隙。

(5)测量机组振动,其值不应超过表 13-4 的规定,如果机组的振动超过表 13-4 的规定值,应进行动平衡试验。

表 13-4　水轮发电机组各部位振动允许值　(单位:mm)

机组型式	项目		额定转速 n(r/min)			
			$n<100$	$100\leqslant n<250$	$250\leqslant n<375$	$375\leqslant n<750$
立式机组	水轮机	顶盖水平振动	0.09	0.07	0.05	0.03
		顶盖垂直振动	0.11	0.09	0.06	0.03
	水轮发电机	带推力轴承支架的垂直振动	0.08	0.07	0.05	0.04
		带导轴承支架的水平振动	0.11	0.09	0.07	0.05
		定子铁芯部位机座水平振动	0.04	0.03	0.02	0.02
		定子铁芯振动(100 Hz 双振幅值)	0.03	0.03	0.03	0.03
卧式机组	各部轴承垂直振动		0.11	0.09	0.07	0.05
灯泡贯流式机组	推力支架的轴向振动		0.10	0.08		
	各导轴承的径向振动		0.12	0.10		
	灯泡头的径向振动		0.12	0.10		

注:振动值系指机组在除过速运行以外的各种稳定运行工况下的双振幅值。

(6)测量发电机残压及相序,相序应正确。

(7)清扫滑环表面。

(二)调速器调整、试验

(1)检查电液转换器或电液伺服阀活塞的振动应正常。

(2)机组在手动方式下运行时,检测机组在 3 min 内转速摆动值,取三次平均值不应超过额定值的 ±0.2%。

(3)调速器应进行手动、自动切换试验,其动作应正常,接力器应无明显的摆动。

(4)调速器空载扰动试验。

(5)机组空载工况自动运行,施加额定转速 ±8% 阶跃扰动信号,录制机组转速、接力器行程等的过渡过程,转速最大超调量,不应超过转速扰动量的 30%;超调次数不超过 2 次;从扰动开始到不超过机组转速摆动规定值为止的调节时间应符合设计规定。选取一组调节参数,供机组空载运行使用。

(6)在选取的参数下,机组空载工况自动运行时,转速相对摆动值不应超过额定转速值的 ±0.15%。

(三)停机过程及停机后应检查的项目

(1)录制停机转速和时间关系曲线。

(2)检查转速继电器的动作情况。

(3)监视各部轴承温度情况,机组各部应无异常现象。

(4)停机后检查机组各部位,应无异常现象。

(四)机组过速试验,应按设计规定以过速保护装置整定值进行,并应检查的项目

(1)测量各部运行摆度及振动值。

(2)监视并记录各部轴承温度。

(3)油槽无甩油。

(4)整定过速保护装置的动作值。

(5)过速试验后对机组内部进行检查。

(五)机组自动启动应检查的项目

(1)录制自发出开机脉冲至机组升至额定转速时,转速和时间的关系曲线。

(2)检查推力轴承高压油顶起装置的动作和油压应正常。

(3)机组开机程序和自动化元件的动作情况应正常。

(六)机组自动停机应检查的项目

(1)录制自发出停机脉冲至机组转速降至零时,转速和时间的关系曲线。

(2)当机组转速降至规定转速时,轴承高压油顶起装置应能自动投入。

(3)当机组转速降至规定制动转速时,转速继电器的动作情况应正常,并检查机组制动情况。

(4)停机过程中,调速器及各自动化元件的动作应正常。

(七)在发电机稳态短路升流情况下应检查试验的项目

(1)发电机逐级升流,各电流二次回路不应开路,各继电保护装置接线及工作情况和电气测量仪表指示应正确。

(2)录制发电机短路特性曲线。

(3)在发电机额定电流下,跳开灭磁开关,其灭磁情况应正常。录取发电机灭磁示波图,并求取时间常数。

(4)进行励磁装置 CT 的调差极性检查及手动单元转子电流部分的调整试验。

(八)发电机的升压试验应符合的要求

(1)分阶段升压至额定电压、发电机及发电机电压设备带电情况均应正常。

(2)电压互感器二次回路的电压、相序及仪表指示应正确。继电保护装置工作应正常。

(3)在 50% 及 100% 的额定电压下,跳开灭磁开关,其灭磁情况应正常。录取发电机在额定电压下的灭磁示波图,并求取时间常数。

(4)在额定电压下测量发电机轴电压。

(5)机组运行摆度、振动值应符合表 13-4 的规定。

(九)录制发电机空载特性曲线

在额定转速下,录制发电机空载特性,当发电机的励磁电流升至额定值时,测量发电机定子最高电压。对有匝间绝缘的电机,最高电压下持续时间为 5 min。进行此项试验时,定子电压以不超过 1.3 倍额定电压为限。

(十)发电机空载工况下励磁装置的调整试验应符合的要求

(1)励磁装置起励试验正常。

(2)检查励磁装置系统的电压调整范围,应符合设计要求。

(3)检查励磁调节器投入,上下限调节,手动和自动相互转换,通道切换,10% 阶跃量扰动,带励磁调节器开、停机等情况下的稳定性和超调量。其摆动次数一般不超过 2 次,电压超调量一般不应超过 10%,调节时间一般不超过 5 s。

(4)改变机组转速,测得发电机机端电压的变化。频率每变化1%时,自动励磁调节系统应保证发电机电压变化不超过额定电压的±0.25%。

(5)可控硅励磁调节器应进行断线、过电压等保护的调整及模拟动作试验,其动作应正确。

(6)可控硅励磁应在发电机带负荷及额定转子电流下,检查整流桥的均流系数和均压系数,其值应符合设计要求。设计无规定时,均流系数一般不小于0.85;均压系数一般不小于0.9。进行低励磁、过励磁和均流等保护的调整和检查,动作应正确。

(十一)单相接地试验

根据中性点接地方式不同,发电机应作单相接地试验,进行消弧线圈补偿或保护动作正确性校验。

(十二)电气制动试验

如机组设计有电气制动,则应进行电气制动试验。投入电气制动的转速、投入混合制动的转速、总制动时间应符合设计要求。

四、机组并网及负载下的试验

(一)机组并列试验应具备的条件

(1)发电机对主变压器高压侧经稳态短路升流试验应正常;

(2)发电机对主变压器递升加压及系统对主变压器冲击合闸试验应正常,检查同期回路接线应正确;

(3)与机组投入有关的电气一次和二次设备均已试验合格。

(二)负荷试验要求

机组带负荷试验,有功负荷应逐步增加,各仪表指示正确,机组各部温度、振动、摆度符合要求,运转应正常。观察在各种工况下尾水管补气装置的工作情况、在当时水头下的机组振动区及最大负荷值。

(三)机组负载下励磁装置试验应符合的要求

(1)在各种负荷下,调节过程应稳定。

(2)在有条件时,测定并计算发电机电压调差率应符合设计要求;测定并计算发电机电压静差率,其值应符合设计要求。

(3)可控硅励磁调节器应分别进行各种限制器及保护的试验和整定。

(4)在小负荷下进行电力系统稳定器装置(PSS)试验。

(四)机组负载下调速器试验应满足的要求

(1)在自动运行时进行各种控制方式转换试验,机组的负荷、接力器行程摆动应满足设计要求。

(2)在小负荷下检查不同的调节参数组合下,机组速增10%或速减10%额定负荷,录制机组转速、水压、功率和接力器行程等参数的过渡过程,选定负载工况时的调节参数,应满足设计要求。进行此项试验时,应避开机组的振动区。

(五)机组甩负荷试验

机组甩负荷试验,应在额定负荷的25%、50%、75%、100%下分别进行,并记录有关参数值。

观察自动励磁调节器的稳定性，甩 100% 负荷时，发电机电压超调量不大于 15% 额定值，调节时间不大于 5 s，电压摆动次数不超过 3 次。

调速器的调节性能，应符合下列要求：

(1)甩 25% 额定负荷时，录制自动调节的过渡过程。测定接力器不动时间，应不大于 0.2 s。

(2)甩 100% 额定负荷时，校核导叶接力器关闭规律和时间，记录蜗壳水压上升率及机组转速上升率，均不应超过设计值。

(3)甩 100% 额定负荷时，录制自动调节的过渡过程，检查导叶分段关闭情况。在转速的变化过程中，超过稳态转速 3% 以上的波峰不超过两次。

(4)甩 100% 额定负荷后，记录接力器从第一次向开启方向移动起，到机组转速摆动值不超过 ±0.5% 为止所经历的时间，应不大于 40 s。

(5)检查甩负荷过程中，转桨式或冲击式水轮机协联关系应符合设计要求。

(六)在额定负载下一般应进行的试验

(1)低油压关闭导叶试验。

(2)事故配压阀关闭导叶试验。

(3)根据设计要求和电站具体情况，进行动水关闭工作闸门或主阀(筒阀)试验。

(4)无事故配压阀的电站进行硬关机试验。

(5)灯泡贯流式机组的重锤关机试验。

(6)受电站水头和电力系统条件限制，机组不能带额定负载时，可按当时条件在尽可能大的负载下进行上述试验。

(七)72 h 连续运行

在额定负载下，机组应进行 72 h 连续运行。受电站水头和电力系统条件限制，机组不能带额定负载时，可按当时条件在尽可能大的负载下进行 72 h 连续运行。

(八)30 d 考核试运行

按合同规定有 30 d 考核试运行要求的机组，应在通过 72 h 连续试运行并经停机检查处理发现的所有缺陷后，立即进行 30 d 考核试运行。机组 30 d 考核试运行期间，由于机组及其附属设备故障或因设备制造安装质量原因引起中断，应及时处理，合格后继续进行 30 d 运行，若中断运行时间少于 24 h，且中断次数不超过三次，则中断前后运行时间可以累加；否则，中断前后时间不得累加计算，应重新开始 30 d 考核试运行。

(九)机组进相试验

按设计要求进行机组的进相试验，进相深度和相关保护整定应符合要求。

(十)机组调相运行试验

机组调相运行试验，应检查、记录下列各项：

(1)记录关闭导叶后，转轮在水中运行时，机组所消耗的有功功率。

(2)检查压水充气情况及补气装置动作情况应正常。记录吸出管内水位压至转轮以下后机组所消耗的有功功率。

(3)发电与调相工况相互切换时，自动控制程序及自动化元件的动作应正确。

(4)发电机无功功率在设计范围内的调节应平稳,记录转子电流为额定值时的最大无功功率输出。

(十一)抽水蓄能可逆式机组试运行

对于抽水蓄能可逆式机组,除应满足上述要求外,一般还应满足下列要求:

(1)检查充气压水及自动补气动作情况,记录充气压水过程时间及压气罐压力下降差值,其值应满足设计要求。

(2)检查顶盖排气阀动作情况,观察排气管振动及排气管出口处排气和排水情况应正常,记录整个排气过程的时间,其值应满足设计要求。

(3)录制机组在变频和背靠背方式下启动过程曲线。对变频起动方式,在机组启动过程中应测定主变压器高压侧线电压电话谐波因数不应超过规定值。对异步起动方式,在机组起动时应录取系统电压、发电/电动机定子电压和定子电流等参数,应符合设计要求。

(4)进行水泵工况零流量试验,观察转轮室造压过程,录取造压过程中转轮与导叶间压力、蜗壳和尾水管压力及测定机组各部位振动,确定导叶开启最佳时机。从零流量工况到抽水工况过渡过程应正常。

(5)机组应在规定的扬程范围内,进行不同扬程下的抽水试验。实测的扬程、流量、输入功率和导叶开度应与制造厂提供的水泵/水轮机综合特性曲线一致。机组运行摆度、振动值应符合相关规定。

(6)录制机组在水泵工况下的正常停机和紧急停机曲线,停机过程应正确。

(7)进行发电转抽水、抽水转发电等各种运行工况的转换试验,过渡过程参数应符合设计要求,转换程序应正确可靠。

(8)进行机组 30 d 考核试运行,其发电和抽水按电力系统要求进行。对于水库需进行初充水的电站,在 30 d 试运行期间,应与水库初充水的各项要求相结合。

第十四章 主要检测试验仪器仪表的原理及使用

第一节 电气设备质量检测试验仪器仪表的技术基础

一、电工测量基本定义

电工测量:各种电量、磁量及将非电量转换成与之有一定关系的电量的测量,统称为电工测量,即将被测的电量或磁量,跟作为测量单位的同类标准电量或磁量进行比较,从而确定这个被测量值的大小的过程。

测量单位:把测量中的标准量定义为单位。单位是一个选定的标准量,独立定义的单位称为基本单位;由物理关系导出的单位称为导出单位。

测量方式分类如下:

组合测量:如果被测量有多个,虽然被测量(未知量)与某种中间量存在一定函数关系,但由于函数式有多个未知量,对中间量的一次测量是不可能求得被测量的值。这时可以通过改变测量条件来获得某些可测量的不同组合,然后测出这些组合的数值,解联立方程求出未知的被测量。

比较测量:是指被测量与已知的同类度量器在比较器上进行比较,从而求得被测量值的一种方法。这种方法用于高准确度的测量。

零位法:被测量与已知量进行比较,使两者之间的差值为零,这种方法称为零位法,如电桥、天平、检流计等。

偏位法:被测量直接作用于测量机构使指针等偏转或位移以指示被测量值的大小。

替代法:是将被测量与已知量先后接入同一测量仪器,在不改变仪器的工作状态下,使两次测量仪器的示值相同,则认为被测量等于已知量。

二、电气检测仪表分类

电气检测仪表:就是指用于对电能的监测显示、检测试验、自动记录、信号传输以及计量各种电量或磁量的仪表、仪器。

(1)按仪表工作原理分为磁电系、整流系、电磁系、电动系及感应系、静电系等。

其图表符号及被测量的种类见表14-1。

(2)按仪表的被测电量种类(工作电流种类)分为交流、直流、交直流两用仪表。

(3)按使用性质、装置方法、结构特征分为模拟指示仪表、数字仪表、记录仪表、积算仪表和比较仪表,此类仪表可为安装式(固定在屏、柜、箱上),也可为携带式。

表 14-1　电工测量仪表的种类

型式	图例	被测量的种类	电流的种类与频率
磁电式		电流、电压、电阻	直流
整流式		电流、电压	工频及较高频率的交流
电磁式		电流、电压	直流及工频交流
电动式	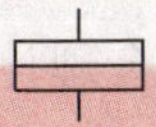	电流、电压、功率、功率因数、电能量	直流及工频与较高频率的交流

(4)按测量功能(工作对象)分为电流表、电压表、欧姆表、功率表、功率因数表、频率表、相位表、同步指示器、电能表和多种用途的万用电表等,此外,还有电量变送器和变换器式仪表。

(5)按准确度分类,根据国家标准,电工测量仪表可以分为 0.1、0.2、0.5、1.0、1.5、2.5 和 5.0 等七个精度等级,这些数字是指仪表的最大引用误差值为 ±0.1%、±0.2%、±0.5%、±1.0%、±1.5%、±2.5%、±5.0%,其中:0.1、0.2、0.5 级的较高准确度仪表常用来进行精密测量或作为校正表;1.5 级的仪表一般用于实验室;2.5、5.0 级的仪表一般用于工程测量。

(6)常用于检测试验的仪表和仪器有电桥、兆欧表(绝缘电阻表)、接地电阻测量仪、测量用互感器、谐波分析仪、电压闪变仪、示波器等。

三、电气测量仪表装置设计的一般要求

电气装置的电气测量仪表装置设计,必须认真执行国家的技术经济政策,并做到保障人身安全、供电可靠、电能质量合格、技术先进和经济合理。应根据工程特点、规模和发展规划,合理地确定方案。对用于工业、交通、电力、邮电、财贸、文教等行业新建工程的设计,需遵照各行业的规程规范。仪表装置的二次回路,应符合工业与民用电力装置的继电保护、自动装置设计的有关规定。

(一)对电气指示仪表的要求

(1)交流仪表的准确度等级,不应低于 2.5 级;直流仪表的准确度等级,不应低于 1.5 级。与仪表连接的分流器、附加电阻的准确度等级,不应低于 0.5 级。与仪表连接的互感器的准确度等级,一般为 0.5 级;仅作电流或电压测量用时,1.5 级和 2.5 级的仪表可使用 1.0 级互感器;非重要回路的 2.5 级电流表,可使用 3.0 级电流互感器。

(2)选择仪表测量范围和互感器时,应尽量使电力设备在正常最大负荷运行时,仪表

指示在标度尺工作部分的2/3以上,并应考虑过负荷运行时能有适当的指示。对重要电动机,启动电流大且时间较长或运行过程中可能出现较大电流时,应尽量装设过负荷标度的电流表。在可能出现两个方向电流的直流回路和两个方向功率的交流回路中,应装设双向标度的电流表和功率表。在500 V及其以下的直流回路中,可使用直接接入和经分流器或附加电阻接入的电流表和电压表;500 V以上的直流回路中,电流表或电压表应尽量经互感器接入。

(3)在各种不同回路中,应按规定分别测量交流电流、直流电流和电压。在中性点非直接接地交流系统的母线(终端变电所高压侧除外)上和直流系统的母线上,应装设绝缘监视装置。同步电动机应装设功率因数表。仪表应装设在便于监视的地方。在控制屏上,仪表水平中心线距离地面高度一般为1.2~2.2 m,但准确度高或刻度小的仪表,则不宜高于1.7 m。

(二)对电能计量装置仪表的要求

电能计量装置的装设,应符合考核技术经济指标和按电价分类合理计费的要求。计量有功电能的电度表的准确度等级一般为2.0级,计量无功电能的电度表的准确度等级一般为3.0级。所有计费用的电度表,应接在准确度等级为0.5级的互感器上;仅作为内部技术分析用的监视电度表,宜接于准确度为1.0级的互感器上。有可能双方向送、受电的回路中,当有必要分别计量送出和输入的电能时,应装设两个具有止逆机构的电度表。电流计量用的电流互感器的一次侧电流,在正常最大负荷运行时应尽量为其额定电流的2/3以上。

四、仪表的误差

仪表的误差的详细内容见本篇第十一章第一节。

五、测试仪表的日常维护和使用注意事项

(1)对于交流电源供电的仪表,必须保证电源具备良好的接地,并将仪表的外机箱与被测设备的地线连接。对于使用直流适配器的仪表,需检查仪表的供电与直流适配器的输出一致。

(2)对于使用电池供电的仪表,不使用时,要将电池取出,对充电电池要注意维护。

(3)参数确认如下:

①功率确认:大多数光接口的测试仪表都有输入、输出功率的指标,在连接设备之前,要确认设备的允许输入、输出功率范围,再确认仪表的输出、输入功率指标,必须符合要求。

②波长确认:不同的通信系统会使用不同的波长,应确认双方波长相同。

③阻抗确认:仪表有电接口的,不同的电接口使用不同的匹配阻抗,以适应多种通信设备。

(4)仪表的使用要先阅读使用说明书,了解仪表的特点。大多数的仪表功能都以选件的方式来配置,有时仪表不能完成某项测试可能是由于该功能未配置导致的。所以在遇到某项测试不能完成时,先要确认仪表的功能配置是否支持所要进行的测试。

(5)应根据规定,定期进行调整校验。对测试仪表应按照原生产厂家的建议作定期的计量校准,一般仪表的校准周期为一年。另外,测试仪表在硬件升级后,也需要做校准,以确保新硬件工作正常。

(6)存放仪表的地方,不应有强磁场或腐蚀性气体,不能放在太冷、太热或潮湿污秽的地方,对暂不使用的库存仪表要保证每半个月开机运行半天。

第二节　电工测量常用仪器仪表

一、数字式万用电表

万用表又称万能表,是一种多用途、便携式测量仪表,常用的万用表可分为模拟式万用表和数字式万用表两大类。它可测量交流或直流的电压、电流,以及测量元件的电阻,有的还可以测量电感、电容、声频电压、晶体管的放大倍数及温度等。本节仅以数字式万用表为例进行介绍。

数字式万用表由转换开关、测量电路、模数转换器、数字显示电压表等几大部分组成。其中,转换开关、测量电路的功能与模拟式万用表相同,模数转换器是把测量电路测出的模拟信号转换成数字信号,数字显示电压表接受来自模数转换器的数字信号,采用七段数码、液晶等显示电路进行电压数值显示。

由于电压表内部采用了半导体集成技术,所以数字式万用表电流挡的内阻可以做得很小,电压挡内阻则可以做得很大,电阻挡流过的电流又可以很小,从而减小了对被测电路的影响。数字式万用表内部没有机械损耗,杜绝了机械损耗所引起的读数误差,它的准确度和灵敏度比模拟式万用表要高得多。此外,它还具有测量速度快,易于读取等优点。

用数字式万用表测量电阻时,黑表笔(一般接 COM 端)接内电源负极,红表笔(接其余三个输入插孔中的一个)接正极,正好与模拟式万用表的接法相反。数字式万用表的使用方法与模拟式万用表基本相同。图 14-1 是 DT－830 型数字式万用表的外形。

(一)使用方法

(1)使用前,应认真阅读有关的使用说明书,熟悉电源开关、量程开关、插孔、特殊插口的作用。

(2)使用时,将电源开关置于“ON”位置。

(3)交直流电压的测量:根据需要将量程开关拨至“DC V”(直流)或“AC V”(交流)的合适量程,红表笔插入“V/Ω”孔,黑表笔插入“COM”孔,并将表笔与被测线路并联,读数即显示。

(4)交直流电流的测量:将量程开关拨至“DC A”(直流)或“AC A”(交流)的合适量程,红表笔插入“mA”孔(＜200 mA 时)或“10A”孔(＞200 mA 时),黑表笔插入“COM”孔,并将万用表串联在被测电路中即可。测量直流量时,数字式万用表能自动显示极性。

(5)电阻的测量:将量程开关拨至“Ω”的合适量程,红表笔插入“V/Ω”孔,黑表笔插入“COM”孔。如果被测电阻值超出所选择量程的最大值,万用表将显示“1”,这时应选择

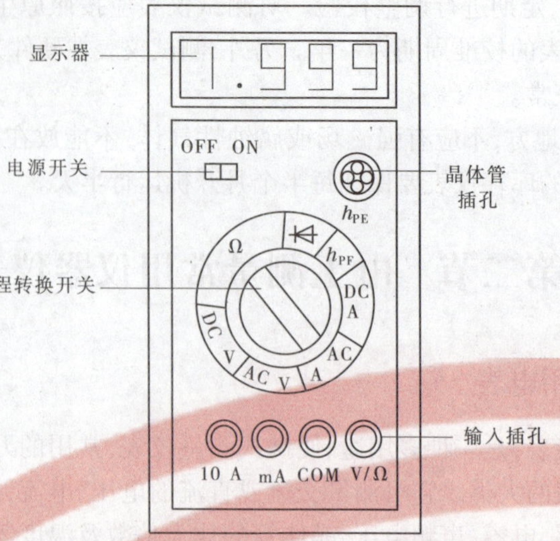

图 14-1　DT－830 型数字式万用表的外形

更高的量程。测量电阻时，红表笔为正极，黑表笔为负极，这与指针式万用表正好相反。因此，测量晶体管、电解电容器等有极性的元器件时，必须注意表笔的极性。

(6)在进行电阻、二极管、电容测量或通断测试前，必须先切断电源，并将所有的高压电容器放电。在进行电流测量前，应先检查仪表的保险管完好。

(二)注意事项

使用万用表前要校准机械零位和电气零位，若要测量电流或电压，则应先调表指针的机械零位；若要测量电阻，则应先调表指针的电气零位，以防表内电池电压下降而产生测量误差。

(1)如果无法预先估计被测电压或电流的大小，则应先拨至最高量程挡测量一次，再视情况逐渐把量程减小到合适位置。测量完毕，应将量程开关拨到最高电压挡，并关闭电源。

(2)满量程时，仪表仅在最高位显示数字"1"，其他位均消失，这时应选择更高的量程。

(3)测量电压时，应将数字式万用表与被测电路并联。测电流时应与被测电路串联，测直流量时不必考虑正、负极性。

(4)当误用交流电压挡去测量直流电压，或者误用直流电压挡去测量交流电压时，显示屏将显示"000"，或低位上的数字出现跳动。

(5)禁止测量高于万用表规定的电压及电流，禁止在测量高电压(220 V 以上)或大电流(0.5 A 以上)时换量程，以防止产生电弧，烧毁开关触点。

(6)不用时，切换开关不要停在欧姆挡，以防止表笔短接时将电池放电。当显示"BATT"或"LOW BAT"时，表示电池电压低于工作电压。

二、兆欧表

兆欧表又称绝缘电阻表，俗称绝缘摇表，是用来测量被测设备的绝缘电阻和高值电阻的仪表,它由一个作为测量电源的手摇高压直流发电机和磁电式流比计组成。

兆欧表的工作原理是:与兆欧表表针相连的有两个线圈,一个同表内的附加电阻 R_1 串联,另一个和被测的电阻 R_x 串联,然后一起接到手摇发电机上。当手摇发电机 M 转动时,两个线圈中同时有电流通过,并产生方向相反的转矩,表针就随着两个转矩的合成转矩的大小而偏转某一个角度,如图 14-2 所示。

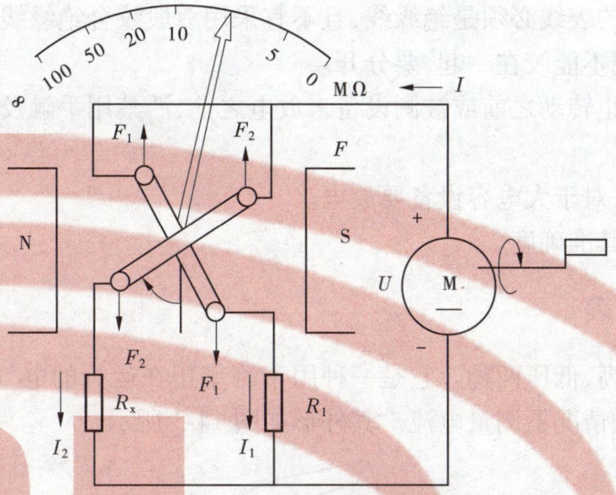

图 14-2　兆欧表构造示意图

兆欧表的选用原则如下:

(1)额定电压等级的选择。一般情况下,额定电压在 500 V 以下的设备,应选用 500 V 或 1 000 V 的兆欧表;额定电压在 500 V 以上的设备,选用 1 000 ~2 500 V 的兆欧表。

(2)电阻量程范围的选择。兆欧表的表盘刻度线上有两个小黑点,小黑点之间的区域为准确测量区域。所以,在选表时应使被测设备的绝缘电阻值在准确测量区域内。

(3)兆欧表的使用方法:

①校表。测量前应将兆欧表进行一次开路和短路试验,检查兆欧表是否良好。将两连接线开路,摇动手柄,指针应指在"∞"处,再把两连接线短接一下,指针应指在"0"处,符合上述条件者即良好,否则不能使用。

②被测设备与线路断开,对于大电容设备还要进行放电。

③选用电压等级符合的兆欧表。

④测量绝缘电阻时,一般只用"L"和"E"端,兆欧表的线路端子"L"应接设备的被测相,接地端子"E"应接设备外壳及设备的非被测相,屏蔽端子"G"应接到保护环或电缆绝缘护层上,以减小绝缘表面泄漏电流对测量造成的误差。在测量电缆对地的绝缘电阻或被测设备的漏电流较严重时,必须使用"G"端,并将"G"端接屏蔽层或外壳。线路接好后,可按顺时针方向转动摇把,摇动的速度应由慢而快,当转速达到 120 r/min 左右时,保持匀速转动,1 min 后读数,并且要边摇边读数,不能停下来读数。

⑤拆线放电。读数完毕,一边慢摇,一边拆线,以防止电气设备向兆欧表反充电导致兆欧表损坏,然后将被测设备放电。放电方法是将测量时使用的地线从兆欧表上取下来与被测设备短接一下即可(不是兆欧表放电)。

(4)注意事项如下：

①禁止在雷电时或高压设备附近测绝缘电阻，测量前必须将被测线路或电气设备的电源全部断开，只能在设备不带电，也没有感应电的情况下测量。

②用兆欧表测试高压设备的绝缘时，应由两人进行。摇测过程中，被测设备上不能有人工作。

③兆欧表使用的表线必须是绝缘线，且不宜采用双股绞合绝缘线，其表线的端部应有绝缘护套，兆欧表线不能绞在一起，要分开。

④兆欧表未停止转动之前或被测设备未放电之前，严禁用手触及。拆线时，也不要触及引线的金属部分。

⑤测量结束时，对于大电容设备要放电。

⑥要定期校验其准确度。

三、钳形电流表

钳形电流表分高、低压两种。它是一种用于测量正在运行的电气线路的电流大小的仪表，可在不断电的情况下测量电流。其外形如图14-3所示。

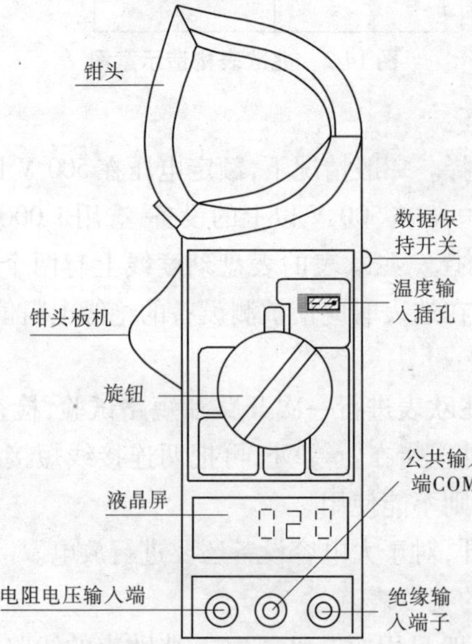

图14-3　钳形电流表盘面图

(一)结构及原理

钳形电流表实质上是由一只穿心式电流互感器(初级线圈)套在被测导线上，利用电磁感应原理，次级线圈中便会产生感应电流，与之相连的电流表即发生偏转，指示出线路中电流数值的一种仪表。

(二)使用方法

(1)测量前要机械调零，并选择正确的挡位。

(2)使用高压钳形表时应注意钳形电流表的电压等级，严禁用低压钳形表测量高电压回路的电流。观测表计时，要特别注意保持头部和人体的任何部分与带电部分的安全距离。

(3)选择合适的量程,先选大量程,后选小量程或看铭牌值估算。换挡时,被测导线要置于钳形电流表的卡口之外。当使用最小量程测量,其读数还不明显时,可将被测导线绕几匝,匝数要以钳口中央的匝数为准,则读数=指示值×量程/满值×匝数。

(4)在高压回路上测量时,禁止用导线从钳形电流表另接表计测量。测量高压电缆各相电流时,电缆头线间距离应在300 mm以上,且绝缘良好,待认为测量方便时,方能进行。

(5)测量低压可熔保险器或水平排列低压母线电流时,应在测量前将各相可熔保险器或母线用绝缘材料加以保护隔离,以免引起相间短路。

(6)测量时,应使被测导线处在钳口的中央,并使钳口闭合紧密,以减少误差。

(7)测量完毕,要将转换开关放在最大量程处,以免下次使用时不慎过流,并应保存在干燥的室内。

(三)注意事项

(1)被测线路的电压要低于钳形电流表的额定电压。

(2)测高压线路的电流时,要戴绝缘手套,穿绝缘鞋,站在绝缘垫上,以防止短路或接地。

(3)当电缆有一相接地时,严禁测量。防止出现因电缆头的绝缘水平低发生对地击穿爆炸而危及人身安全。

(4)钳形口要闭合紧密,不能带电换量程。

四、接地电阻测试仪

(一)接地电阻测试仪

接地电阻测试仪适用于测量各种电力系统、电气设备、避雷针等接地装置的电阻值,亦可测量低电阻导体的电阻值和土壤电阻率。

接地电阻测试仪由手摇发电机、电流互感器、滑线电阻及检流计等组成。附件有辅助探棒导线等。其工作原理采用基准电压比较式。

接地电阻测试仪应有大于20 dB以上的抗干扰能力,能防止土壤中的杂散电流或电磁感应的干扰。

仪表应具有大于500 kW的输入阻抗,以便减少因辅助极棒探针和土壤间接触电阻引起的测量误差。

仪表内测量信号的频率应为25 Hz~1 kHz,测量信号频率太低和太高易产生极化影响,或测试极棒引线间感应作用的增加,使引线间电感或电容的作用,造成较大的测量误差,即布极误差。

在耗电量允许的情况下,应尽量提高测试电流,较大的测试电流有利于提高仪表的抗干扰性能。

(二)接地电阻测试的一般要求

(1)交流工作接地,接地电阻不应大于4 Ω;

(2)安全工作接地,接地电阻不应大于4 Ω;

(3)直流工作接地,接地电阻应按计算机系统具体要求确定;

(4)防雷保护地的接地电阻不应大于10 Ω;

(5)对于屏蔽系统如果采用联合接地时,接地电阻不应大于1 Ω。

(三)使用与操作

1. 测量接地电阻值时接线方式的规定

仪表上的E端钮接5 m导线,P端钮接20 m导线,C端钮接40 m导线,导线的另一端分别接被测物接地极E′、电位探棒P′和电流探棒C′,且E′、P′、C′应保持直线,其间距为20 m。

测量大于等于1 Ω接地电阻时将仪表上2个E端钮连接在一起。测量小于1 Ω接地电阻时将仪表上2个E端钮导线分别连接到被测接地体上,以消除测量时连接导线电阻对测量结果引入的附加误差。

2. 操作步骤

(1)仪表端所有接线应正确无误。

(2)仪表连线与接地极E′、电位探棒P′和电流探棒C′应牢固接触。

(3)仪表放置水平后,调整检流计的机械零位,归零。

(4)将"倍率开关"置于最大倍率,逐渐加快摇柄转速,使其达到150 r/min。当检流计指针向某一方向偏转时,旋动刻度盘,使检流计指针恢复到"0"点。此时,刻度盘上读数乘上倍率挡,即为被测电阻值。

(5)如果刻度盘读数小于1,检流计指针仍未取得平衡,可将倍率开关置于小一挡的倍率,直至调节到完全平衡为止。

(6)如果发现仪表检流计指针有抖动现象,可变化摇柄转速,以消除抖动现象。

3. 注意事项

(1)禁止在有雷电或被测物带电时进行测量。

(2)仪表携带、使用时须小心轻放,避免剧烈震动。

五、示波器

示波器是一种用途十分广泛的电子测量仪器。它能把电信号变换成屏面上的图像,便于人们研究各种电现象的变化过程。示波器利用狭窄的、由高速电子组成的电子束,打在涂有荧光物质的屏面上,产生细小的光点。在被测信号的作用下,电子束就可以在屏面上描绘出被测信号瞬时值的变化曲线。利用示波器能观察各种不同信号幅度随时间变化的波形曲线,还可以用它测试各种不同的电量,如电压、电流、频率、相位差、调幅度等。

(一)示波器的组成

普通示波器有五个基本组成部分:显示电路、垂直(*Y*轴)放大电路、水平(*X*轴)放大电路、扫描与同步电路、电源供给电路。

1. 显示电路

显示电路包括示波管及其控制电路两个部分。示波管是一种特殊的电子管,是示波器一个重要组成部分。示波管由电子枪、偏转系统和荧光屏等3个部分组成。

2. 垂直（Y 轴）放大电路和水平（X 轴）放大电路

由于示波管的偏转灵敏度甚低，所以一般的被测信号电压都要先经过垂直放大电路和水平放大电路的放大，再加到示波管的垂直偏转板和水平偏转板上，以得到垂直方向和水平方向适当大小的图形。

3. 扫描与同步电路

扫描电路产生一个锯齿波电压。该锯齿波电压的频率能在一定的范围内连续可调。锯齿波电压的作用是使示波管阴极发出的电子束在荧光屏上形成周期性的、与时间成正比的水平位移，即形成时间基线。这样，才能把加在垂直方向的被测信号按时间的变化波形展现在荧光屏上。

4. 电源供给电路

电源供给电路供给垂直与水平放大电路、扫描与同步电路以及示波管与控制电路所需的负高压、灯丝电压等。

（二）示波器的使用和注意事项

（1）为了仪器操作人员的安全和仪器安全，仪器要在安全范围内正常工作，保证测量波形准确、数据可靠、降低外界噪声干扰；通用示波器通过调节亮度和聚焦旋钮使光点直径最小以使波形清晰，减小测试误差；不要使光点停留在一点不动，否则电子束轰击一点宜在荧光屏上形成暗斑，损坏荧光屏。

（2）测量系统如示波器、信号源、打印机、计算机等设备，被测电子设备如仪器、电子部件、电路板、被测设备供电电源等设备接地线必须与公共地（大地）相连。

（3）TDS200/TDS1000/TDS2000 系列数字示波器配合探头使用时，只能测量（被测信号 - 信号地就是大地，信号端输出幅度小于 300 V CAT Ⅱ）信号的波形。绝对不能测量市电 AC 220 V 或与市电 AC 220 V 不能隔离的电子设备的浮地信号。浮地是不能接大地的，否则造成仪器损坏，如测试电磁炉。

（4）通用示波器的外壳，信号输入端 BNC 插座金属外圈，探头接地线，AC220 V 电源插座接地线端都是相通的。如仪器使用时不接大地线，直接用探头对浮地信号测量，则仪器相对大地会产生电位差；电压值等于探头接地线接触被测设备点与大地之间的电位差。这将对仪器操作人员、示波器、被测电子设备带来严重安全危险。

（5）用户如须要测量开关电源（开关电源初级，控制电路）、UPS（不间断电源）、电子整流器、节能灯、变频器等类型产品或其他与市电 AC 220 V 不能隔离的电子设备进行浮地信号测试时，必使用 DP100 高压隔离差分探头。

（三）示波器使用中的其他注意事项

（1）热电子仪器一般要避免频繁开机、关机，示波器也是这样。

（2）如果发现波形受外界干扰，可将示波器外壳接地。

（3）“Y 输入”的电压不可太高，以免损坏仪器，在最大衰减时也不能超过 400 V。“Y 输入”导线悬空时，受外界电磁干扰出现干扰波形，应避免出现这种现象。

（4）关机前先将辉度调节旋钮沿逆时针方向转到底，使亮度减到最小，然后断开电源开关。

（5）在观察荧屏上的亮斑并进行调节时，亮斑的亮度要适中，不能过亮。

(四)示波器使用之前的检查步骤

示波器初次使用前或久藏复用时,有必要进行一次能否工作的简单检查和进行扫描电路稳定度、垂直放大电路直流平衡的调整。示波器在进行电压和时间的定量测试时,还必须进行垂直放大电路增益和水平扫描速度的校准。示波器能否正常工作的检查方法、垂直放大电路增益和水平扫描速度的校准方法,由于各种型号示波器的校准信号的幅度、频率等参数不一样,因而检查、校准方法略有差异。

(五)示波器的面板控制键钮

下面以东芝 V－525 双踪示波器(见图 14-4)为例说明示波器面板与控制键钮的作用。

1. 总开关

①——电源开关;

②——电源指示灯;

③——聚焦控制旋钮;

④——刻度照明控制;

⑤——扫描线旋转控制;

⑥——强度控制;

⑦——电源选择开关;

⑧——交流输入端。

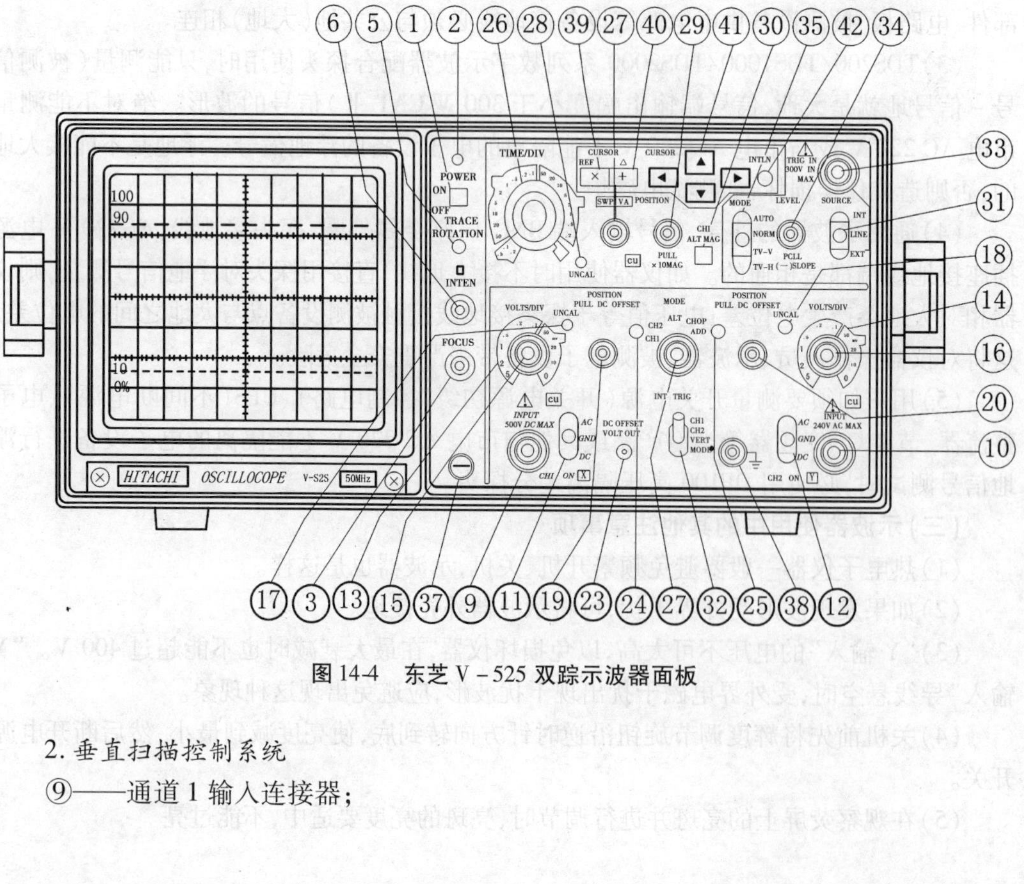

图 14-4　东芝 V－525 双踪示波器面板

2. 垂直扫描控制系统

⑨——通道 1 输入连接器;

⑩——通道 2 输入连接器；
⑪、⑫——输入耦合开关；
⑬、⑭——每格电压选择开关；
⑮、⑯——调节、放大 ×5 增益控制；
⑰、⑱——超量程灯；
⑲——直流拖动位置偏差控制；
⑳——拖动位置转换控制；
㉑——模式选择开关；
㉒——通道 1 输出连接器；
㉓——直流偏差电压外部连接器控制；
㉔、㉕——直流平衡调整控制。

3. 水平偏转系统控制

㉖——时间每格选择开关；
㉗——扫描时间调节控制；
㉘——扫描超量程灯；
㉙——位置拉开 ×10 放大控制；
㉚——通道 1 交替放大开关。

4. 同步系统

㉛——同步源选择开关；
㉜——触发输入信号的选择开关；
㉝——触发输入连接器；
㉞——触发电瓶控制；
㉟——触发模式选择开关。

5. 其他

㊱——外部消隐连接器；
㊲——0.5 V 校准方波端；
㊳——接地端子。

6. 读出功能开关

㊴——光标选择开关；
㊵——跟踪△光标选择开关；
㊶——△光标选择开关；
㊷——光标亮度控制。

7. 延迟扫描功能开关

㊸——显示；
㊹——延迟时间；
㊺——延迟时间调节。

（六）示波器的选用

示波器的技术指标很多，其中比较重要的是频带宽度，对于普通使用的示波器，其频率上限一般选为 20 ~ 40 MHz 即可。如果要分析高频电路，选用时应满足频带宽度为 3 ~ 10倍的被测信号频率。需要的精度越高，选用的带宽越高。

对于正弦波形要求，一般要求要大于 5 个采样点/周期，采样点越多越接近其实波形。触发功能要确保能捕获和同步被测信号，以利于观察和分析被测波形。

六、电流表、电压表、电功率表

(一)电流表

通常测量直流电流用磁电式电流表，测量交流电流主要采用电磁式电流表。电流表应串联在电路中。为了使电路的工作不受接入电流表的影响，电流表的内阻必须很小。

采用磁电式电流表测量电流时，为了扩大它的量程，应在测量机构上并联一个称为分流器的低值电阻 R_A。注意，用电流互感器扩大电磁式电流表的量程，而不是用分流器。

电流表，又叫安培表。用来测电路中电流的大小。电流表有三个接线柱，两个量程；两个量程共用一个“+”或“-”接线柱，标着“0.6”“3”的为正或负接线柱。电流表的刻度盘上标有符号 A 和表示电流值的刻度，电流表的“0”点通常在左端，被测电路中的电流为零时，指针指在 0 点。有电流时，指针偏转，指针稳定后所指的刻度，就是被测电路中的电流值。当使用“+”或“-”和“0.6”时，量程是 0 ~ 0.6 A，每个大格是 0.2 A，每个小格是 0.02 A；若使用“+”或“-”和“3”时，量程是 0 ~ 3 A，每个大格是 1 A，每个小格是 0.1 A。

磁电式电流表是根据通电导体在磁场中受磁场力的作用而制成的。

电流表内部有一永磁体，在极间产生磁场，在磁场中有一个线圈，线圈两端各有一个螺旋弹簧，弹簧各连接电流表的一个接线柱，在弹簧与线圈间由一个转轴连接，在转轴相对于电流表的前端，有一个指针。

当有电流通过时，电流沿弹簧、转轴通过磁场，电流切割磁感线，所以受磁场力的作用，使线圈发生偏转，带动转轴、指针偏转。

由于磁场力随电流增大而增大，所以就可以通过指针的偏转程度来观察电流的大小。

由于电流表本身内阻非常小，所以绝对不允许不通过任何用电器而直接把电流表接在电源两极，这样会使通过电流表的电流过大，烧毁电流表。

电流表和电压表的使用步骤基本相同，都分为调、选、连、读四步：

(1)调：使用前先将表的指针调到“零刻度”的位置。

(2)选：根据电路的实际情况选用合适的量程。在不知实际电流或电压的情况下，可采用“试触”的方法判断是否超过量程。注意，试触时要接在大量程的接线柱上，并且试触时动作迅速。

(3)连：按照电流表和电压表的各自连接方法将表正确连入电路，同时注意表的正、负接线柱与电流流向的关系，必须保证，电流从表的正接线柱流入，从负接线柱流出。

(4)读：正确读出表指针所示的数值，读数时一定要注意选用的量程及其对应的最小刻度值。

电流表的使用规则是：

(1)电流表要串联在电路中，否则短路。

(2)电流要从“+”接线柱入，从“-”接线柱出；否则指针反转。

(3)被测电流不要超过电流表的量程,可以采用试触的方法来看是否超过量程。

(4)绝对不允许不经过用电器而把电流表连到电源的两极上(电流表内阻很小,相当于一根导线。若将电流表连到电源的两极上,轻则指针打歪,重则烧坏电流表、电源、导线)。

(二)电压表

测量直流电压常用磁电式电压表,而测量交流电压常用电磁式电压表。电压表应并联在欲测电压的负载、电源或一段电路中。为了使电路的工作不受接入电压表的影响,电压表的电阻必须很大。为了扩大电压表的量程,应在测量机构上串联一个称为倍压器的高值电阻 R_V,如图 14-5 所示。

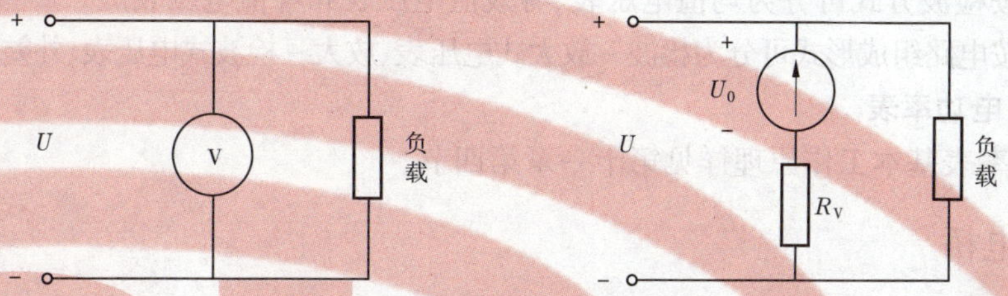

图 14-5　电压表接线示意图

由图 14-5 可得:

$$\frac{U}{U_0} = \frac{R_0 + R_V}{R_0}$$

$$R_V = R_0\left(\frac{U}{U_0} - 1\right)$$

电压表和倍压器电压表,又叫伏特表。它是用来测电路中电压的大小,电压表也有三个接线柱。其中一个负接线柱,两个正接线柱。学生用电压表一般正接线柱有 3 V、15 V 两个,测量时根据电压大小选择量程为“15 V”时,刻度盘上的每个大格表示 5 V,每个小格表示 0.5 V(即最小分度值是 0.5 V);量程为“3 V”时,刻度盘上的每个大格表示 1 V,每个小格表示 0.1 V(即最小分度值是 0.1 V)。

电压表要并联在电路中使用,和哪个用电器并联,就测哪个用电器两端电压;和电流表不同的是,电压表可以不通过任何用电器直接接在电源两极上,这时,测量的是电源电压。

在电压表内,有一个磁铁和一个导线线圈,通过电流后,会使线圈产生磁场,这样线圈通电后在磁铁的作用下会旋转,这就是电流表、电压表的表头部分。

这个表头所能通过的电流很小,两端所能承受的电压也很小(肯定远小于 1 V,可能只有零点零几伏甚至更小),为了能测量实际电路中的电压,需要给这个表头串联一个比较大的电阻,做成电压表。这样,即使两端加上比较大的电压,大部分电压都作用在加的那个大电阻上,表头上的电压就会很小。可见,电压表是一种内部电阻很大的仪器,一般应该大于几千欧姆。

电压表按其工作原理和读数方式分为模拟式电压表和数字式电压表两大类,本节仅介绍模拟式电压表。

模拟式电压表又叫指针式电压表,一般都采用磁电式直流电流表头作为被测电压的指示器。测量直流电压时,可直接或经放大或经衰减后变成一定量的直流电流驱动直流表头的指针偏转指示。测量交流电压时,必须经过交流一直流变换器即检波器,将被测交流电压先转换成与之成比例的直流电压后,再进行直流电压的测量。

模拟式电压表按不同的方式又分为如下几种类型:

(1)按工作频率可分为超低频(1 kHz 以下)、低频(1 MHz 以下)、视频(30 MHz 以下)、高频或射频(300 MHz 以下)、超高频(300 MHz 以上)电压表。

(2)按测量电压量级可分为电压表(基本量程为 V 量级)和毫伏表(基本量程为 mV 量级)。

(3)按检波方式可分为均值电压表、有效值电压表和峰值电压表。

(4)按电路组成形式可分为检波 - 放大式电压表、放大 - 检波式电压表、外差式电压表。

(三)电功率表

电功率表基本工作原理详见第十一章第四节。

七、电桥

电桥是专门用来进行电阻、电容、电感等电参数精确测量的电工仪表。直流电桥用来精确测量电阻,交流电桥用来精确测量电感、电容、阻抗等电参数。

(一)直流电桥

直流电桥根据结构不同,可分为单电桥、双电桥和单双电桥。单电桥比较适合测量中值电阻($1\sim10^6\ \Omega$),双电桥适合测量低值电阻($1\ \Omega$ 以下)。

1. 直流单电桥

直流单电桥原理电路如图 14-6 所示。

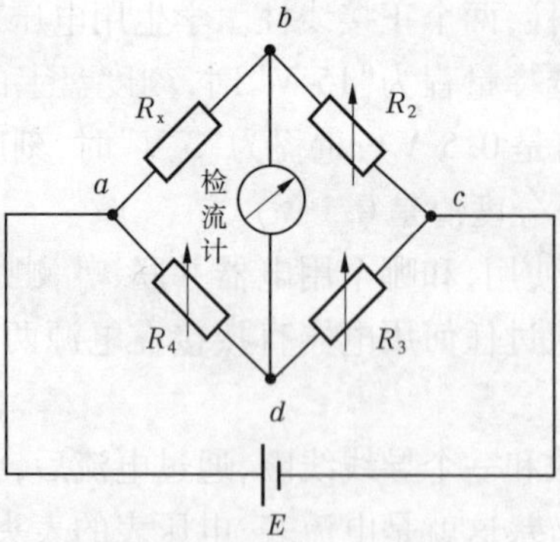

图 14-6 直流单电桥原理电路

直流单电桥又称为惠斯登电桥。R_x、R_2、R_3、R_4 构成四个电桥的桥臂,R_x 为被测电阻,其余三个臂连接标准可调电阻。电桥的一个对角线 ac 上接直流电源 E,另外一个对角线 bd 上接检流计。在实际的电桥线路中,R_2/R_3 的值是 $10n$,提供一个相对固定的比例系数,因此这两个电阻所在的桥臂又称为比例臂。R_4 的值可以由零开始连续调节,称为比较臂。实际上 R_2/R_3 和 R_4 已制成相应的读数盘,测量时,调节读数盘的转换开关,使得检流计为零,此时两表盘的乘积即为被测电阻的值。

2. 直流双电桥

直流双电桥的原理如14-7所示。

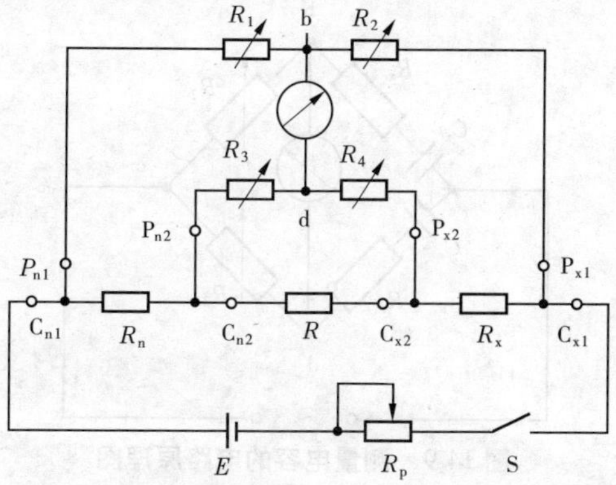

图14-7　直流双电桥原理图

由于受接触电阻和导线电阻的影响，用单电桥测量1 Ω以下的电阻时误差仍然很大，所以测量低值电阻要采用双电桥。

双电桥又称为凯尔文电桥，R_1、R_2、R_3、R_4是桥臂电阻，也把电位端的接线电阻和导线电阻接在其中；R为跨线电阻，电流端的接线电阻和导线电阻接在其中，阻值很小，可以通过大电流；R_x和R_n分别是被测电阻和标准电阻，而且是四个端钮结构的电阻。这种接线方式消除了接线电阻和导线电阻的影响。

双电桥的平衡条件与单电桥基本相同，但接线时应该注意，双电桥的标准电阻与被测电阻各有一对电流接头（C_{n1}、C_{n2}和C_{x1}、C_{x2}）和一对电压接头（P_{n1}、P_{n2}和P_{x1}、P_{x2}），电流接头统一接在电压接头的外边且接线应尽量短、粗。接触要紧密。另外，直流双电桥的工作电流较大，要选择适当容量的直流电源，测量过程要迅速以免耗电量过大。

(二) 交流电桥

交流电桥可用来测量电阻、电感、电容、阻抗等多种参数，又被称为万能电桥。它也是将被测对象与标准器件进行比较的仪器，具有较高的测量准确度。其外形如图14-8所示。

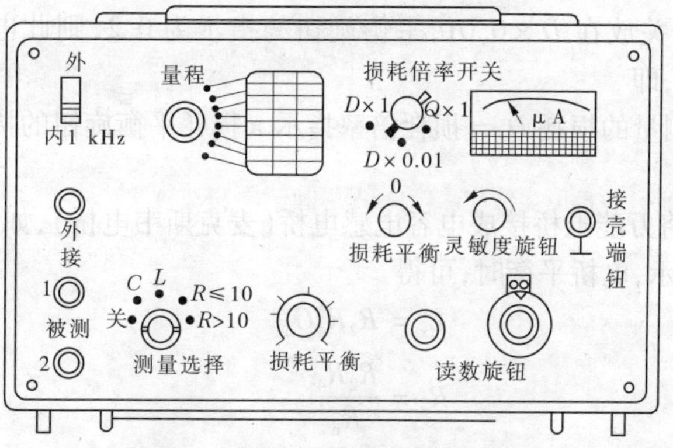

图14-8　QS－18型万能电桥的外形

1. 电容的测量

测量电容的电路原理图如图 14-9 所示。

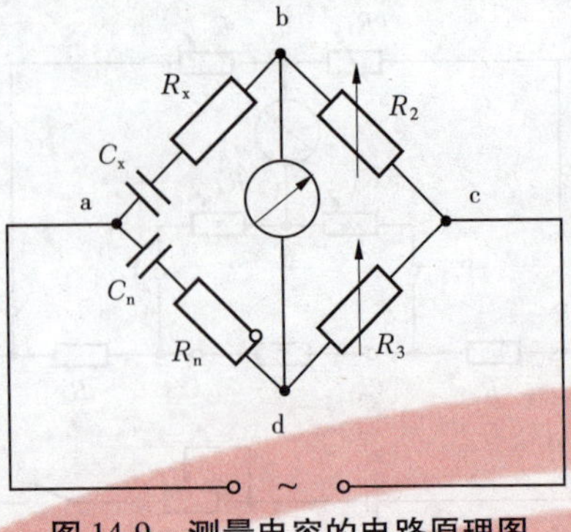

图 14-9　测量电容的电路原理图

由图 14-9,若电桥平衡,则可得:

$$\left(R_x - \mathrm{j}\frac{1}{\omega C_x}\right)R_3 = \left(R_n - \mathrm{j}\frac{1}{\omega C_n}\right)R_2$$

$$C_x = \frac{R_3}{R_2}C_n$$

$$R_x = \frac{R_2}{R_3}R_n$$

$$D = \tan\delta = \omega C_n R_n$$

测量时,测量选择开关打到"C"位置。将被测电容连成电桥(维恩电桥)形式,然后旋动量程开关在合适的位置上,一般被测值应该为量程的 2/3。损耗倍率开关放在 $D \times 0.01$(一般电容器)或 $D \times 1$(大电解电容器)的位置;损耗平衡盘放在 1 左右的位置,损耗微调按逆时针旋到底;将灵敏度旋钮调节逐步增大,使表针偏转略小于满刻度;然后调节标准器件的读数盘、损耗平衡盘和灵敏度旋钮,反复调节使得表针的偏转为零。

例如,要测量 500 pF 左右的电容,可选择 1 000 pF 的量程。若读数盘的第一位指在 0.4、第二位指在 0.078,则被测电容为 1 000 × 0.478 = 478 pF,即

被测值 C_x = 量程开关指示值 × 电桥的读数值

若损耗倍率开关放在 $D \times 0.01$,平衡旋钮的指示为 0.2,则此电容元件的损耗 $D = 0.01 \times 0.2 = 0.012$,即

被测量的损耗 D_x = 损耗倍率指示 × 损耗平衡旋钮的指示值

2. 电感的测量

测量电感时,将万能电桥接成电容电感电桥(麦克斯韦电桥),如图 14-10 所示。

如图 14-10 所示,电桥平衡时,可得

$$L_x = R_2 R_4 C_n$$

$$R_x = \frac{R_2 R_4}{R_n}$$

$$Q_x = \frac{\omega L_x}{R_x} = \omega C_n R_n$$

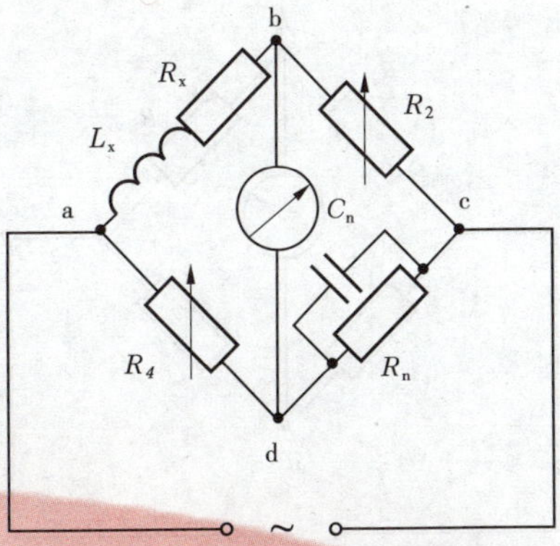

图 14-10　测量电感的电路原理

测量时,测量选择开关打到"L"位置。估计一下被测电感的大小,选择合适的量程;根据所测电感的种类,将损耗倍率开关放在合适的位置。比如对空芯线圈,开关应放在 $Q\times1$;高 Q 值滤波线圈,则应放在 $D\times0.01$;迭片芯线圈,应放在 $D\times1$ 位置。损耗平衡盘与电容测量时相同,首先放在 1 左右,调节灵敏度按钮增大,使电表的偏转略小于满刻度。然后调节读数盘开关、损耗平衡盘和灵敏度旋钮,使得灵敏度得到足够测量精度的分辨率,表针的指示为零,电桥打到平衡。

测量电感时,将万能电桥接成电容电感电桥(麦克斯韦电桥)。测量时,测量选择开关打到"L"位置。估计一下被测电感的大小,选择合适的量程;根据所测电感的种类,将损耗倍率开关放在合适的位置。比如对空芯线圈,开关应放在 $Q\times1$;对高 Q 值滤波线圈,则应放在 $D\times0.01$;迭片芯线圈,应放在 $D\times1$ 位置。损耗平衡盘与电容测量时相同,首先放在 1 左右,调节灵敏度按钮增大,使电表的偏转略小于满刻度。然后调节读数盘开关、损耗平衡盘和灵敏度旋钮,使得灵敏度得到足够测量精度的分辨率,表针的指示为零,电桥打到平衡。

例如,要测量的电感大约为 80 mH,则可选择 100 mH 的量程。若电桥的读数第一位为 0.8,第二位为 0.098,则被测电感为 $100\times(0.8+0.098)=89.8$ mH,即:

$$\text{被测电感 } L_x = \text{量程开关指示值} \times \text{电桥读数值}$$

损耗倍率开关放在 $Q\times1$ 位置,损耗平衡旋钮指示为 2.5,则被测电感的 $Q=1\times2.5=2.5$,即:

$$\text{被测量的损耗 } Q_x = \text{损耗倍率指示值} \times \text{损耗平衡旋钮的指示值}$$

如果损耗倍率开关放在 D 位置,则损耗 $Q=1/D$。

3. 电阻的测量

测电阻时,将万能电桥接成电阻电桥(惠斯登电桥),如图 14-11 所示。

如图 14-11 所示,电桥平衡时,有:

$$R_x = \frac{R_4R_2}{R_3}R_3$$

测量电阻的原理是:

(1)流过 R_x 和 R_2 的电流相同(记作 I_1),流过 R_3 和 R_4 的电流相同(记作 I_2)。

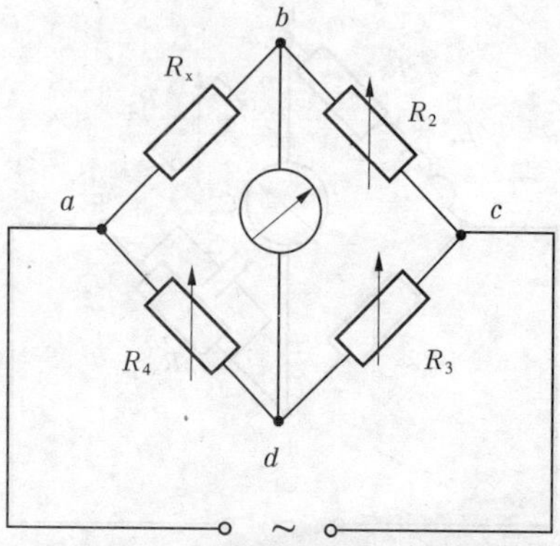

图 14-11　测量电阻的电路原理图

(2) a、c 两点电位相等，即 $U_a = U_c$。

(3)3 个阻值已知，根据上式，便可求得第四个电阻。

测量时，首先转动选择量程开关，若选择 1 Ω 或 10 Ω 的量程，则接内 1 kHz 电源；若选择 100 Ω ~ 10 MΩ 等量程时，则接内 9 V 干电池。将测量选择开关放在相应的位置，调节电桥读数盘旋钮及灵敏度旋钮使得电桥指针为零。

例如：量程开关放在 100 Ω 位置，电桥的读数第一位为 0.8，第二位为 0.089，则

$$R_x = 100 \times (0.8 + 0.089) = 88.9\ \Omega$$

即：

$$被测量\ R_x = 量程开关指示值 \times 电桥读数值$$

各种电桥的原理基本相同，但每种电桥的表盘可能会有差异，实际使用时应参照电桥使用说明书进行读数或计算。

第三节　介质损耗因数 tanδ 测量仪

测量介质损耗因数 tanδ 是绝缘预防性试验的重要项目之一。其目的是检查变压器绝缘是否受潮、油质劣化以及绕组上是否存在油泥等严重的局部缺陷。但它对局部放电、绝缘老化与轻微缺陷则反应不灵敏。

因此，当变压器电压等级为 35 kV 及其以上，且容量在 8 000 kVA 及其以上时，应测量介质损耗因数，即介质损耗角正切值 tanδ。

目前，现场应用最广泛的是电压平衡式西林电桥（例如 QS1 型）和 ZT1 型介质测量专用仪器。QS1 型交流电桥是按平衡原理制造的，有正反两种接法。在测量介质损耗因数 tanδ 时，一般用反接法。ZT1 型介质测量仪是按相敏电路原理制成的，具有带电测试的功能，可在设备不停电情况下测量介质损耗因数 tanδ。

还有电流平衡式电桥（例如 QSIP 型），只能用于正接线测量 tanδ；电压不平衡式电桥（例如 M 型），只能用于反接线测量 tanδ。

自动测量仪有 WIC－1 微电脑绝缘介质损耗测量仪、GCJS－2 智能型介损测量仪、GWS－1 光导微机介质损耗测试仪等。

一、高压电容电桥的基本工作原理

(一)西林电桥

西林电桥有 QS1 型和 QS3 型等,以 QS1 电桥为例,其原理图如图 14-12 所示。

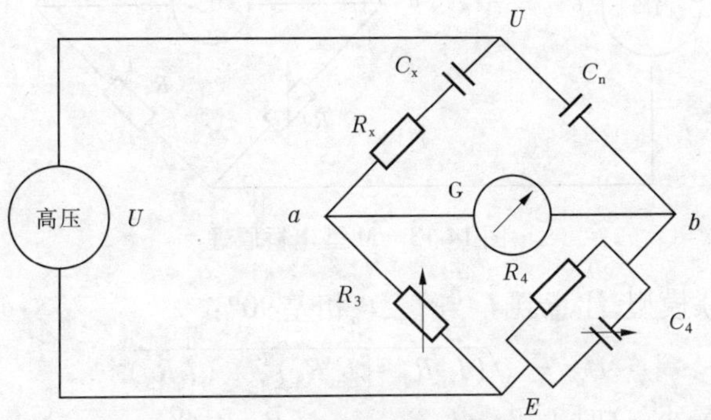

图 14-12　QS1 型西林电桥原理

调节 R_3、C_4 使电桥平衡,此时 a、b 两点电压相等,即 R_3、C_4 两端电压相等。

因为交流电路中电容阻抗为$\frac{1}{j\omega C}$,电路中 R_4、C_4 的并联阻抗为两者倒数和的倒数

$$\frac{1}{\frac{1}{R_4}+\frac{1}{\frac{1}{j\omega C_4}}}=\frac{1}{\frac{1}{R_4}+j\omega C_4}=\frac{R_4}{1+j\omega R_4 C_4}$$

按阻抗元件分压原理,不难得到:

$$U_a=\frac{R_3}{\frac{1}{j\omega C_x}+R_x+R_3}U$$

$$=U_b=\frac{\frac{R_4}{1+j\omega R_4 C_4}}{\frac{R_4}{1+j\omega R_4 C_4}+\frac{1}{j\omega C_n}}U$$

两边取倒数得:

$$\frac{1}{j\omega R_3 C_x}+\frac{R_x}{R_3}=\frac{1+j\omega R_4 C_4}{j\omega R_4 C_n}=\frac{1}{j\omega R_4 C_n}+\frac{C_4}{C_n}$$

按复数相等,实部、虚部分别相等的规定得到

$$R_x=\frac{C_4}{C_n}R_3\quad C_x=\frac{R_4}{R_3}C_n$$

按串联模型介损定义:$\tan\delta=\omega R_x C_x=\omega R_4 C_4$,由于 R_4 是固定的,可以从 C_4 刻度盘上读出介损,通过 R_3、R_4、C_n 可以计算 C_x。

(二)M 型电桥

M 型电桥,其原理如图 14-13 所示。

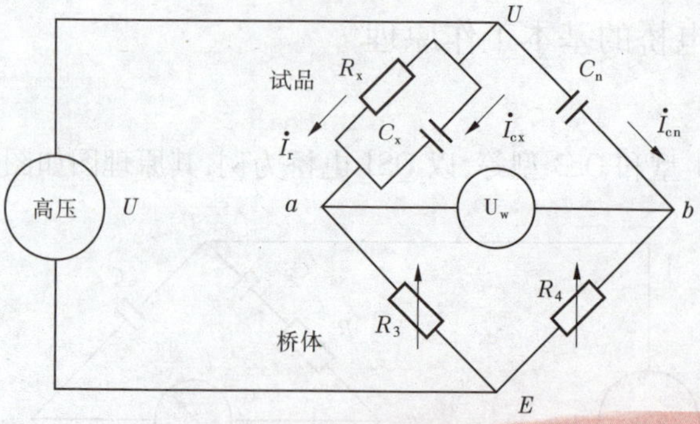

图 14-13　M 型电桥原理

将试品改为并联模型，注意到 $\dot{I}_r$ 与 $\dot{I}_{cx}$、$\dot{I}_{cn}$ 相差 90°：

$$U_w = \sqrt{(I_{cn}R_4 - I_{cx}R_3)^2 + (I_rR_3)^2}$$

调节 R_4 使 U_w 最小，这时 $I_{cn}R_4 = I_{cx}R_3$，$U_w = I_rR_3$，因此：

$$\tan\delta = \frac{I_r}{I_{cx}} = \frac{U_w}{I_{cn}R_4}$$

由于 a、b 间电压没有完全抵消，因此 M 型电桥也称为不平衡电桥。U_w 测量的是绝对值，小介损时电压很低，难以保证测量精度。

（三）数字电桥

数字电桥，其原理如图 14-14 所示。

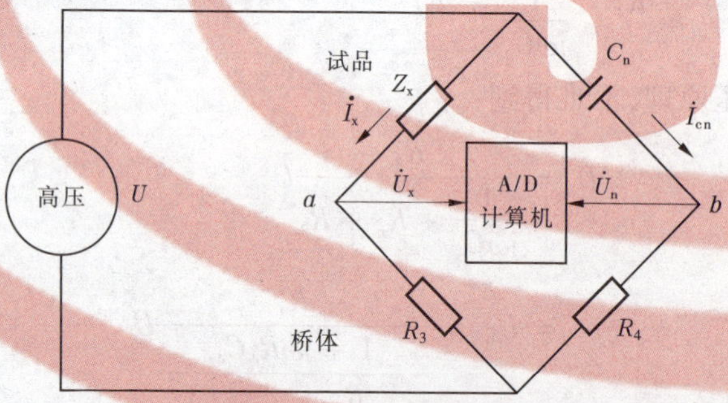

图 14-14　数字电桥原理

数字电桥的测量回路还是一个桥。R_3、R_4 两端的电压经过 A/D 采样送到计算机，求得 $\dot{U}_x$、$\dot{U}_n$。

$$\dot{I}_{cn} = \frac{\dot{U}_n}{R_4}, \dot{I}_{cx} = \frac{\dot{U}_x}{R_3}, \dot{U} = \dot{I}_{cn} \times \text{标准电容阻抗} = \frac{\dot{I}_{cn}}{j\omega C_n}$$

试品阻抗

$$Z_x = \frac{\dot{U}}{\dot{I}_{cx}} = \frac{R_3}{R_4} \times \frac{\dot{U}_n}{\dot{U}_x} \times \frac{1}{j\omega C_n}$$

进一步可求得试品介损和电容量。

数字电桥的最大优势在于：可以实现自动测量，可以补偿所有原理性误差，没有复杂的机械调节部件,测量以软件为主,性能十分稳定。

二、QS1 型西林电桥

QS1 型西林电桥是介质损耗因数测量中应用最广泛的一种测试仪,下面主要以 QS1 型电桥为例来说明西林电桥的组成、主要技术参数、试验接线、操作方法及故障的处理等。

(一)QS1 型西林电桥的组成

QS1 型西林电桥包括桥体及标准电容器、试验变压器三大部分。

以图 14-15 所示的 QS1 型电桥为例,分别介绍该电桥各部件的作用。

1. 桥体调整平衡部分

电桥的平衡是通过调节 C_4、R_4 和 R_3 来实现的。R_4 是电阻值为 3 184 Ω(=1 0000/π Ω)的无感电阻。C_4 是由 25% 无损电容器组成的,可调十进制电容箱电容(5 ×0.1 μF +10 ×0.01 μF +10 ×0.001 μF),C_4 的电容值(μF)直接表示 tanδ 的值;C_4 的刻度盘未按电容值刻度,而是直接刻出 tanδ 的百分数值。R_3 是十进制电阻箱电阻(10 ×1 000 Ω +10 ×100 Ω +10 ×10 Ω +10 ×1 Ω),它与滑线电阻 ρ(ρ =1.2 Ω)串联,实现在 0 ~ 11 111.2 Ω 范围内连续可调的目的。由于 R_3 的最大允许电流为 0.01 A,为了扩大测量电容范围,当被试品电容量大于 3 184 pF 时,应接入分流电阻 R_N(R_N =100 Ω,包括 ρ =1.2 Ω 在内),接入 R_N 与 R_3 形成三角形电阻回路,如图 14-16 所示。

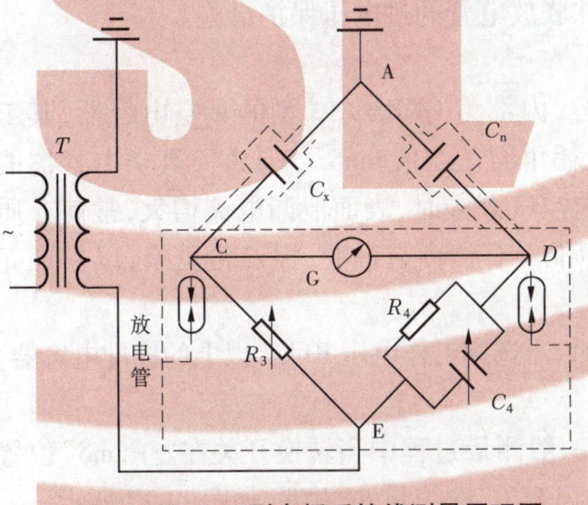

图 14-15　QS1 型电桥反接线测量原理图

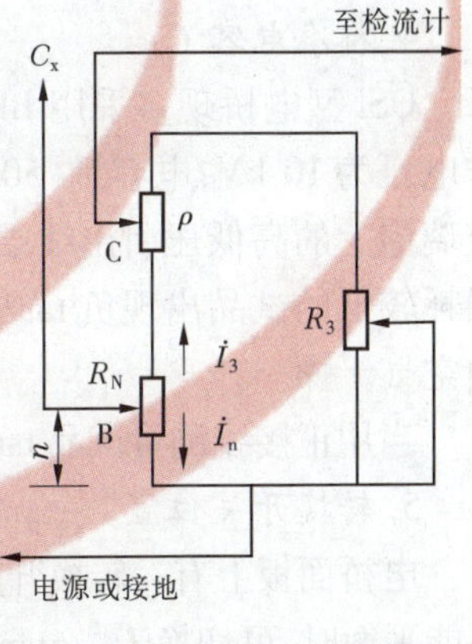

图 14-16　QS1 型电桥接入分流电阻测量原理图

被试品电流 I_x 在 B 点分成 I_n 与 I_3 两部分:

$$\frac{I_n}{I_3} = \frac{R_N - R_n + R_3}{R_n}, I_x = I_3 + I_n$$

可得

$$I_3 = \frac{I_x \times R_n}{R_n + R_3}$$

因为 $R_3 \geqslant R_n$,所以 $I_3 \leqslant I_x$,保证了流过 R_3 的电流不超过允许值,而且在转换开关 B 处的压降就很小,避免分流器转换开关接触电阻对桥体的影响,保证了测量的准确性。

2. 平衡指示器

桥体内装有振动式交流检流计 G 作为平衡指示器，当振动式检流计线圈中通过电流时，将产生交变磁场。这一磁场使得贴在吊丝上的小磁钢振动，并通过光学系统将这一振动反射到面板的毛玻璃上，通过观察面板毛玻璃上的光带宽窄，即可知电流的大小。面板上的“频率调节”旋钮与检流计内另一个永久磁铁相连，转动这一旋钮可改变小磁钢及吊丝的固有振动频率，使之与所测电流频率谐振，检流计达到最灵敏，这就是所谓的“调谐振”。

“调零”旋钮是用来调节检流计光带点位置的。检流计的灵敏度是通过改变与检流计线圈并联的分流电阻来调节的。分流电阻共有 11 个位置，其值的改变，通过面板上的灵敏度转换开关进行，可以从 0 增至 10 000 Ω。当检流计与电源精确谐振，灵敏度转换开关在“10”位置时，检流计光带缩至最小，即认为电桥平衡。

检流计的主要技术参数如下：

(1)电流常数不大于 12×10^{-8} A/mm。

(2)阻尼时间不大于 0.2 s。

(3)线圈直流电阻为 40 Ω。

3. 过电压保护装置

在 R_3、R_4 臂上分别并联一只放电电压为 300 V 的放电管，作过电压保护。当电桥在使用中出现试品击穿或标准电容器击穿时，R_3、R_4 将承受全部试验电压，可能损坏电桥，危及人身安全，故采取了在 R_3、R_4 臂上分别并联放电管的过电压保护措施。

4. 标准电容 C_n

QSl 型电桥现多采用 BR－16 型标准电容，内部为 CKB50/13 型的真空电容器，其工作电压为 10 kV，电容量(50±10)pF，介质损耗角的正切值 $\tan\delta\leqslant0.1\%$。真空电容器的玻璃泡上的高低压引出线端子间无屏蔽，壳内空气潮湿时，表面泄漏电流增大，常使介质损耗较低的试品出现负 $\tan\delta$ 的测量结果。标准电容器内有硅胶，需经常更换，以保证壳内空气干燥。

当用正接线测量试品 $\tan\delta$ 需要更高电压时，需选用工作电压 10 kV 以上的标准电容器。

5. 转换开关位置“$-\tan\delta$”

电桥面板上有一转换开关位置“$-\tan\delta$”，一般测量过程中当转换开关在“$+\tan\delta$”位置不能平衡时，可切换于“$-\tan\delta$”位置测量，切换电容 C_4 改为与 R_4 并联，如图 14-17 所示。

电桥平衡时，$Z_xZ_4=Z_nZ_3$，将 $Z_x=\dfrac{R_x}{1+j\omega C_xR_x}$，$Z_n=\dfrac{1}{j\omega C_n}$，$Z_3=\dfrac{R_3}{1+j\omega C_4R_3}$和 $Z_4=R_4$ 代入，求解得：

$$C_x=\frac{R_4}{R_3}C_n$$

$$\tan\delta_r=\frac{1}{\omega C_xR_x}=\omega R_3(-C_4)\times10^{-6}$$

式中　$\tan\delta_r$——实际试品的负介质损失角的正切值；

$-C_4$——桥臂；

“$-\tan\delta$”——测量值，即“$-\tan\delta$”读数。

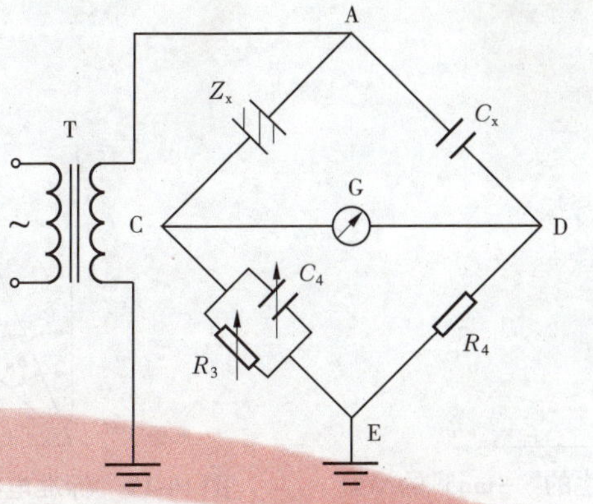

图 14-17 “$-\tan\delta$”测量原理

应当指出，“$-\tan\delta$”没有物理意义，仅仅是一个测量结果。出现这样的测量结果，意味着流过电阻 R_3 的电流 $\dot{I}_x$ 超前于流过电桥 Z_4 臂的电流 $\dot{I}_N$。这既可能是 $\dot{I}_N$ 不变，而电流 $\dot{I}_x$ 由于某种原因超前 $\dot{I}_N$；也可能电流 $\dot{I}_x$ 不变，而由于某种原因使 $\dot{I}_N$ 落后 $\dot{I}_x$，还可能是上述两种原因同时存在的结果。

“$-\tan\delta$”的测量值，并不是试品实际的介质损失角的正切值，即“$-\tan\delta$”测量值不是实际试品的 $\tan\delta$ 值。测量中得到“$-\tan\delta$”时，首先应将上式（即 $\tan\delta_r$ 的计算式）换算为实际试品的负介质损失角的正切值，即：

$$\begin{aligned}\tan\delta &= \omega R_3(-C_4)\times10^{-6} = 314R_3(-C_4)\times10^{-6}\\ &= (10^6/3\,184)R_3(-C_4)\times10^{-6} = (R_3/R_4)(-C_4)\\ &= (R_3/R_4)(-\tan\delta)\end{aligned}$$

为了计算方便，一般令

$$\tan\delta_r = (R_3/R_4)\,|-\tan\delta|$$

如一试品在“$-\tan\delta$”测得 $R_3=500.4\ \Omega$，$R_4=3\,184\ \Omega$，$\tan\delta(\%)=-1.2$，代入上式（即 $\tan\delta_r$ 的计算式）得

$$\tan\delta_r = (R_3/R_4)\,|-\tan\delta| = (500.4/3\,184)\times|-12| = 1.88$$

接入分流电阻后，换算公式为

$$\tan\delta_r = \frac{100R_3}{(100+R_3)R_4}\,|-\tan\delta|$$

由于出现“$-\tan\delta$”，必须倒相测量，上述换算值可作为倒相的一个测量值计算。

“$-\tan\delta$”产生的原因主要有以下几个：

(1)强电场干扰。如图 14-18 所示，当干扰信号 $\dot{I}_g$ 叠加于测量信号 $\dot{I}_x$ 时，造成叠加信号流过电桥第三臂 R_3 的电流 $\dot{I}'_x$ 的相位超前 $\dot{I}_N$，造成“$-\tan\delta$”值（$\tan\delta_m<0$），这种情况把切换开关置于“$-\tan\delta$”时，电桥才能平衡。

(2)$\tan\delta_N>\tan\delta_x$。当标准电桥真空泡受潮后，其 $\tan\delta_N$ 值大于被试品的 $\tan\delta_x$ 值，如图 14-19所示。由于 I'_N 滞后 I_x，故出现 $-\tan\delta$（$\tan\delta_m<0$）测量结果。

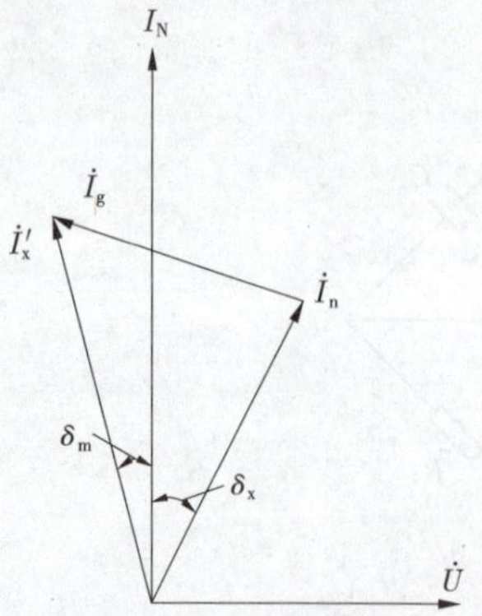

图 14-18　电场干扰下产生的"$-\tan\delta$"的相量

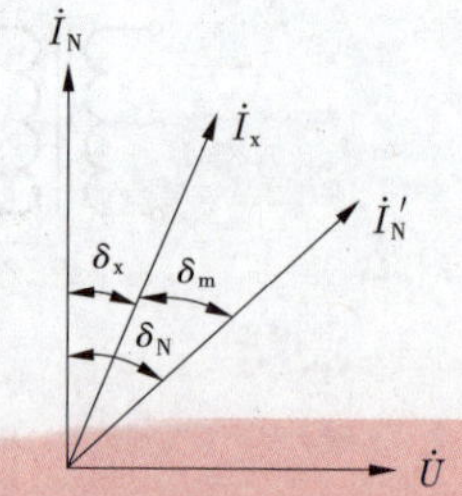

图 14-19　标准电容器 $\tan\delta > \tan\delta_x$ 时产生"$-\tan\delta$"的相量

(3)空间干扰，如图 14-20 所示，测量有抽取电压装置的电容式套管时，套管表面脏污，测量主电容 C_1 与抽取电压的电容 C_2 串联时的等值介质损失角的正切值时，抽取电压套管表面脏污造成的电流 I_R，使得 I'_x 超前于 I_N，造成"$-\tan\delta$"测量结果。

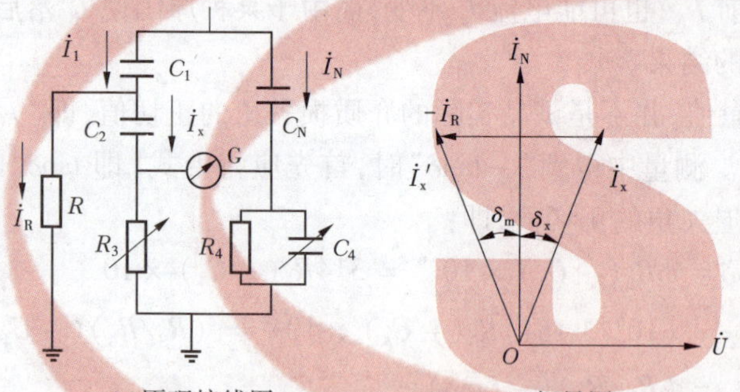

(a)原理接线图　　(b)相量图

图 14-20　测量有电压抽取装置的电容式套管时的原理接线

另外，若出现接线错误等其他情况，也会出现"$-\tan\delta$"测量结果。

(二)QS1 西林电桥主要技术参数

1. 高压 50 Hz 测量时 QS1 西林电桥的技术参数

(1)$\tan\delta$ 测量范围为 0.005～0.6。

(2)测量电容量范围为 0.3×10^{-3}～0.4 μF。

(3)$\tan\delta$ 值的测量误差：当 $\tan\delta$ 为 0.005～0.3 时，绝对误差不超过 ±0.003；当 $\tan\delta$ 为 0.03～0.6 时，相对误差不超过测定值的 ±10%。

(4)电容量测量误差不大于 ±5%。

2. 低压 50 Hz 测量时，QS1 西林电桥的技术参数

(1)$\tan\delta$ 测量范围及误差与高压测量相同。

(2)电容测量范围，标准电容为 0.001 μF 时，测量范围为 0.3×10^{-3}～10 μF，标准电容为 0.01 μF 时，测量范围为 3×10^{-3}～10 pF。

(3)电容测量误差为测定值的 ±5%。

(三)QS1 西林电桥的接线方式

QS1 西林电桥的接线方式有 4 种：正接线、反接线、侧接线(如图 14-21 所示)与低压

法接线(如图 14-22 所示),最常用的是正接线和反接线。

1. 正接线

试品两端对地绝缘,电桥处于低电位,试验电压不受电桥绝缘水平限制,易于排除高压端对地杂散电流对实测测量的结果的影响,抗干扰性强。

2. 反接线

反接线适用于被试品一端接地,测量时电桥处于高电位,试验电压受电桥绝缘水平限制,高压端对地杂散电容不易消除,抗扰性差。

反接线时,应当注意电桥外壳必须妥善接地,桥体引出的 C_x、C_n 及 E 均处于高电位,必须保证绝缘,要与接地体外壳保持至少 100 ~ 150 mm 的距离。

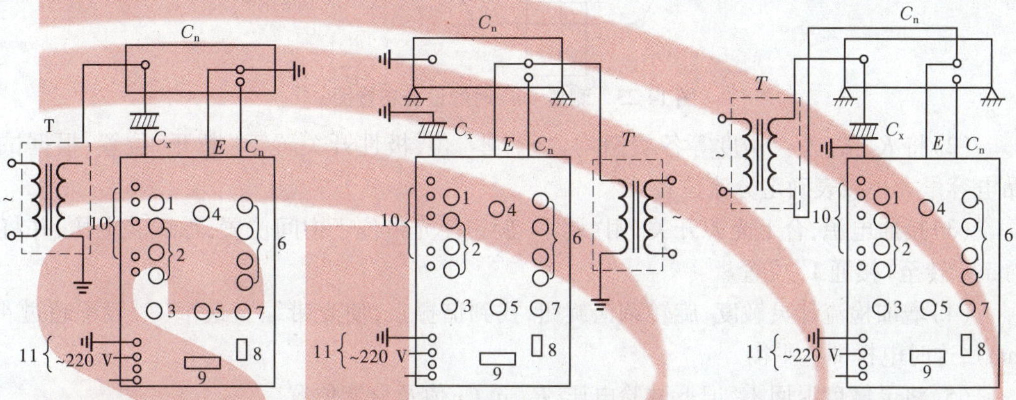

(a)正接线　(b)反接线　(c)侧接线

图 14-21　QS1 西林电桥的三种接线方式

3. 侧接线

侧接线适用于试品一端接地,而电桥又没有足够绝缘强度,进行反接线测量时,试验电压不受电桥绝缘水平限制。由于该接线电源两端不接地,电源间干扰与几乎全部杂散电流均引进了测量回路,测量误差大,因而很少被采用。

4. 低压法接线

在电桥内装有一套低压电源与标准电容,接线如图 14-22所示。

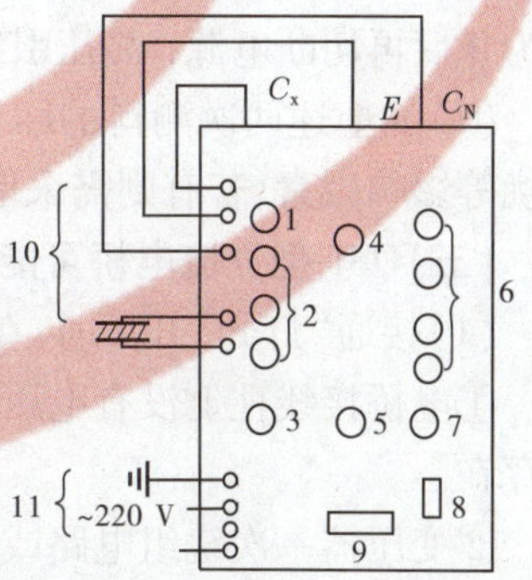

图 14-22　QS1 西林电桥低压法接线

标准电容由两只 0. 001 μF、0. 01 μF 云母电容器代替,用来测量低电压(100 V)、大容量电容器特性。标准电容 C_n = 0. 001 μF 时,试品 C_x 的范围是 30 pF ~ 0 μF;C_n = 0. 01 μF 时,C_x 的范围为 3 000 pF ~ 10 μF。这种方法一般只用来测量电容量。

(四)QS1 型西林电桥操作步骤

tanδ 测量是一项高压作业,加压时间长,操作比较复杂的试验。各种接线方式的操作步骤相同,操作步骤如下。

(1)根据现场试验条件、试品类型选择试验接线,合理安排试验设备、仪器、仪表及操作人员位置与安全措施。接好线后应认真检查其正确性。一般接线布置如图 14-23 所示。标准电容 C_n 与试验变压器 T 离 QS1 型电桥的距离 L_1、L_2 应不小于 0. 5 m。

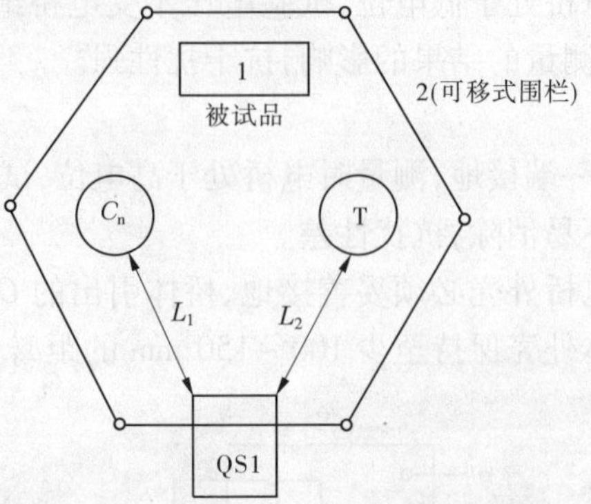

图 14-23　测量 tanδ 时的设备布置图

(2)将 R_3、C_4 及灵敏度等各旋钮均置于“零”位,极性开关置于“断开”位置,根据试品电容量大小接表确定分流位置。

(3)接通电源,合上光源开关,用“调零”旋钮使光带位于中间位置,加试验电压,并将“tanδ”转至“接通 1”位置。

(4)增加检流计灵敏度,旋转调谐旋钮,找到谐振点,使光带缩至最窄(一般不超过 4 mm),这时电桥即达平衡。

(5)将灵敏度退回零,记下试验电压,R_3、ρ、C_4 值及分流位置。

(6)记录数据后,再将极性开关旋至 tanδ“接通 2”位置。增加灵敏度至最大,调节 R_3、ρ、C_4 至光带最窄,随手退回灵敏度旋钮置零位,极性转换开关至“断开”位置,把试压降为 0 后再切断电源, 高压引线临时接地。

(7) 如上述两次测得的结果基本一致,试验可告结束,否则应检查是否有外部电磁场干扰等影响因素,若有则需采取抗干扰措施。

(五)QS1 型交流电桥可能发生的故障,产生的原因,及其检查、消除方法

(1)接通“灯光”开关时,在刻度上没有出现光带。

①电桥接线柱上没有电压,用 220 V 的检查灯泡或电压表检查电桥接线柱上有无电压存在。

②变压器一次绕组电路或绕组本身是否有断线;断开短接线,检查电桥相应接线柱之间有否断路(用兆欧表,欧姆表检查)。

③变压器二次绕组电路是否有断路;打开电桥用 7 ~ 10 V 的电压表检查光照设备小灯泡接入处有否电压。

④光照设备小灯泡可能烧坏;更换小灯泡。

⑤光照设备的光线不落到检流计的透镜上,要是检流透镜未被照到,不要除去屏,白槽内看一看并校正光照设备的位置。

⑥反射光线落到镜子上;用一张小纸来寻找反光,相应地移动整个镜子(向上或向下)。

⑦刻度上无光带;检查轴上的镜子。

⑧光线落在检流计的透镜上,但是完全没有反光;重新检查透镜是否被照明,用一张

小纸在暗处仔细寻找反光是否落在边上。如果落到上面或下面很远的边上,应校准检流计本身的位置,如果反光还是找不到,就说明检流计本身有毛病,需打开平面板上圆板,取出检流计的导管修理。

(2)接通后检流计光带狭窄,当电阻 R_3、C_4 分流器灵敏度调制器及检流器频率调整转换开关的旋钮在任何位置时,光带不扩大。

①线路没有高压。用电压指示器检查试验变压器,被试品及标准电容器端于有否高压。

②检流计电路断路或短路。断开高电压,把电桥与线路分开,检查电桥"C_x"及"C_n"线间的电阻(电桥 C 及 D 点间),参见图14-16,把 R_3 放到最大值上(11 110 Ω),而把灵敏度转换开关放到10,测得的电阻应在30 ~50 Ω 的范围内。若测得的电阻低于30 Ω,说明检流计的电路短路;若测得的电阻有几千欧姆,说明检流计的电路断路(C 及 D 点之间的电压不可大于50 mV,否则检流计可能损坏)。在这两种情况下要打开电桥,并分别检查电路,如检流计内部有损坏,要打开检流计并修理。

③检流计不能与线路频率谐振。拆开电桥,在检流计线路上加6 ~12 V 交流电压,用附加电阻及分路电阻来限制直接通过检流计的电流使不超过 5×10^{-7} A,同时旋转频率调节旋钮。如仍不能使光带扩大,就应打开检流计并修理。

④滑线电阻电刷松开或脱开。拆开电桥,自内板上部除下滑线电阻屏,然后修理电刷。

(3)接通电桥后,光带扩大,但把 R_3 从0 调节到最大值时,光带的宽度仍不改变。

①R_3 电桥臂电阻或连接线断线。除去高压,在电桥外面将 R_4 桥臂短路,把电桥导线"C_n"及"E"互相连接起来。重新接通高压,在 R_3 从零改变到最大时,检查光带的情况,如果这时光带的宽度不改变,就需要重新除去高压,把电桥与线路分开,在极性转换开关放在中间位置时,查电桥"C"及"E"点之间的电阻(导线"C_x"及"E"间)。若该电阻无限大(大于11 110 Ω),就要打开电桥,在 R_3 桥臂上寻找断线并消除。

②R_3 电桥臂短路。同前面一样,把 R_4 桥臂短路,若无论 R_3 为多大光带仍狭窄时,将极性转换开关调至中间位置,电桥线路不必分开,除去电压,测量电桥"C"及"E"点间的电阻。若该电阻近于零,要寻找损坏的地方,逐渐分开试品,屏蔽导线与其他元件,如果电桥外所有元件都拆除后不能消除短路,就要打开电桥。

③R_3 电桥臂断线。将 R_4 电桥臂短路后,R_3 电阻从0 改变到最大时,光带宽度从最狭改变到最大,检查时,若把极性转换开关放到中间位置,除去电压,把电桥与线路分开,再测量电桥"D"及"E"点间的电阻("C_n"及"E"导线之间),如发生故障,此电阻等于很大或比184 Ω 大得多,应打开电桥,寻找与消除故障。

(4)光带随着 R_3 的增加而不断地扩大。

①R_4 电桥臂短路。R_4 桥臂短路的检查是在消除去高压时测量电桥 E 与 D 点间的电阻,但电桥不与线路分开(这时极性转换开关在中间位置)。如果测量得电阻近于0,就应逐渐分开标准电容器、屏蔽导线等,同时找出损坏的地方。如果内部损坏,就应打开电桥。

②C_n 电桥断臂断线。将 R_4 桥臂短路,这时光带的宽度扩大一些(R_3 为任何值时),应仔细检查自电桥到标准电寄器的屏蔽导线是否良好,并仔细检查标准电容器上的电压是否存在,最后打开标准电容器检查引出线"低压"是否与极板相连。

(5)光带扩大，当 R_3 增加时，只窄一点。

“C”电桥臂断线，检查试品的电压是否存在，检查自电桥到试品的屏蔽导线是否良好，并检查导线端头与试品的电极间的接触是否良好。

(6)光带不稳定，有时扩大，有时窄(原因不定)。

屏蔽层脱开。仔细检查所有屏蔽的连接处，并把没有屏蔽的所有部分屏蔽起来。如果这样没有效果，可能试品或标准电容有部分放电，接触不稳定，此时最好与其他标准电容一起重复测量

(7)在 R_3 为不正常的大值时，电桥平衡。

①C_x 电路连接的导线断线。检查自电桥到试品的屏蔽导线是否良好。

②R_3 电桥臂电阻被分路。检查 R_3 桥臂电阻，若阻值降低，应打开电桥检查分流器转换开关。

(8)在 R_3 为不正常的小值时，电桥平衡。

①在 C_n 支线上连接导线断线。检查自电桥到标准电容器极板的屏蔽导线是否完整。

②R_4 电桥臂电阻短路。检查 R_4 桥臂电阻，若电阻减小，应打开电桥进行修理。

第四节　电工计量仪表

一、单相电度表

(一)工作原理

当电度表接入被测电路后，被测电路电压 U 加在电压线圈上，在其铁芯中形成一个交变的磁通，这个磁通的一部分 ϕ_u 由回磁极穿过铝盘回到电压线圈的铁芯中；同理，被测电路电流 I 通过电流线圈后，也要在电流线圈的 U 形铁芯中形成一个交变磁通 ϕ_i，这个磁通由 U 形铁芯的一端由下至上穿过铝盘，然后又由上至下穿过铝盘回到 U 形铁芯的另一端。电度表的电路和磁路如图 14-24 所示。

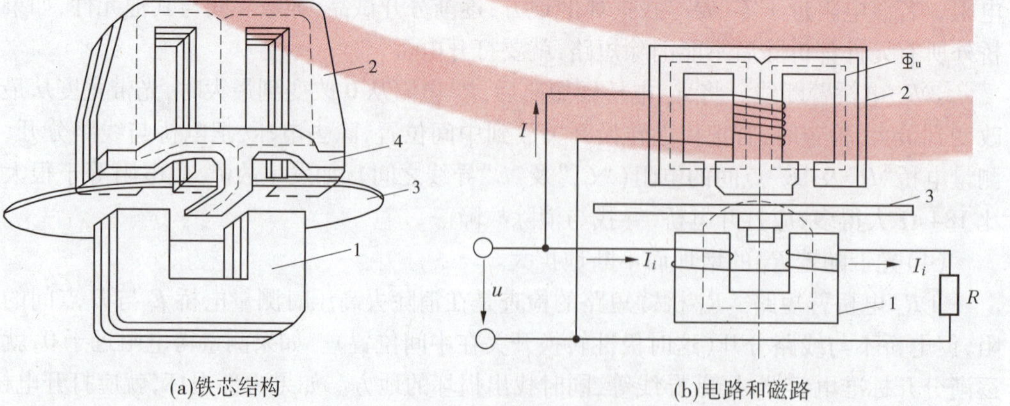

(a)铁芯结构　　(b)电路和磁路

1—电流元件铁芯；2—电压元件铁芯；3—铝盘；4—回磁板

图 14-24　电度表的电路和磁路

其中,回磁板4是由钢板冲制而成的,它的下端伸入铝盘下部,与隔着铝盘和电压部件的铁芯柱相对应,以便构成电压线圈工作磁通的回路。

由于穿过铝盘的两个磁通是交流磁通,而且是在不同位置穿过铝盘,因此就在各自穿过铝盘的位置附近产生感应涡流,如图14-24所示,这两个磁通与这些涡流的相互作用,便在铝盘上产生推动铝盘转动的转动力矩。

可以证明:作用于铝盘的转动力矩 M_p 与被测电路的有功功率成正比,即

$$M_p = KP \tag{14-1}$$

式中　K——比例常数。

当铝盘在转动力矩的作用下开始转动时,切割穿过它的永久磁铁的磁通 Φ_f,将在其上产生一个涡流 if。这个涡流与永久磁铁的相互作用,将产生一个作用于铝盘与其转动方向相反的力矩 M_f,称为制动力矩。显然,铝盘转动越快,切割穿过它的磁力线就越快,所引起的磁通变化率就越大,产生的涡流越大,则制动力矩就越大,所以制动力矩和铝盘的转速 n(r/s)成正比,即

$$M_f = kn \tag{14-2}$$

式中　k——比例常数。

由此说明,制动力矩是一个动态力矩,当铝盘不动时,制动力矩不存在。制动力矩是随铝盘的转动而产生的,并随转速增大而增大,其方向总是和铝盘的转动方向相反。

当铝盘在转动力矩的作用下开始转动后,随着转速的增加,其制动力矩不断增加,直到制动力矩与转动力矩相平衡。此时,作用于铝盘的总力矩为零,铝盘的转速不再增加,而是稳定在一定的转速下。所以,按平衡条件 $M_p = M_f$,将式(14-1)和式(14-2)代入即得

$$kn = KP$$

即转速为

$$n = KP/k = CP \tag{14-3}$$

式中　C——电度表的比例常数。

由此可见,电度表铝盘的转速和负载功率成正比。将式(14-3)两端同时乘以测量时间 T,得:

$$nT = CPT = CW$$

式中,nT 为在测量时间内电度表铝盘的转数,用 N 表示,故被测负载在时间 T 内所消耗的电能为:

$$W = N/C \tag{14-4}$$

式(14-4)中,$C = N/W$(转/千瓦小时)表示电度表每一千瓦小时下铝盘的转数,即千瓦小时数。电度表常数 C 是电度表的一个重要参数,通常被标注在电度表的铭牌上。

(二)主要技术特性

(1)准确度等级:如1.0级、2.0级。

(2)负载范围:参比电压如110 V、220 V、230 V、240 V,参比频率如50～60 Hz,电流范围如2.5～100 A,过载倍数如4～8倍。

(3)电度表常数 $C = N/W$(r/kWh)表示电度表每一千瓦小时下铝盘的转数,即千瓦小时数。

二、三相电度表

(一)工作原理

三相电度表用于测量三相交流电路中电源输出(或负载消耗)的电能。它的工作原理与单相电度表完全相同,只是在结构上采用多组驱动部件和固定在转轴上的多个铝盘的方式,以实现对三相电能的测量。

根据被测电能的性质,三相电度表可分为有功电度表和无功电度表;由于三相电路的接线形式的不同,又有三相三线制和三相四线制之分。

三相四线制有功电度表与单相电度表不同之处,只是它由三个驱动元件和装在同一转轴上的三个铝盘所组成,它的读数直接反映了三相所消耗的电能;也有些三相四线制有功电度表采用三组驱动部件作用于同一铝盘的结构,这种结构具有体积小,质量轻,减小了摩擦力矩等优点,有利于提高灵敏度和延长使用寿命等。但由于三组电磁元件作用于同一个圆盘,其磁通和涡流的相互干扰不可避免地加大了,为此,必须采取补偿措施,尽可能加大每组电磁元件之间的距离,因此转盘直径相应的要大一些,一般由驱动部件、转动部分、制动部分以及积算机构等组成。

三相三线制有功电度表采用两组驱动部件作用于装在同一转轴上的两个铝盘(或一个铝盘)的结构,其原理与单相电度表完全相同,如图 14-25 所示。

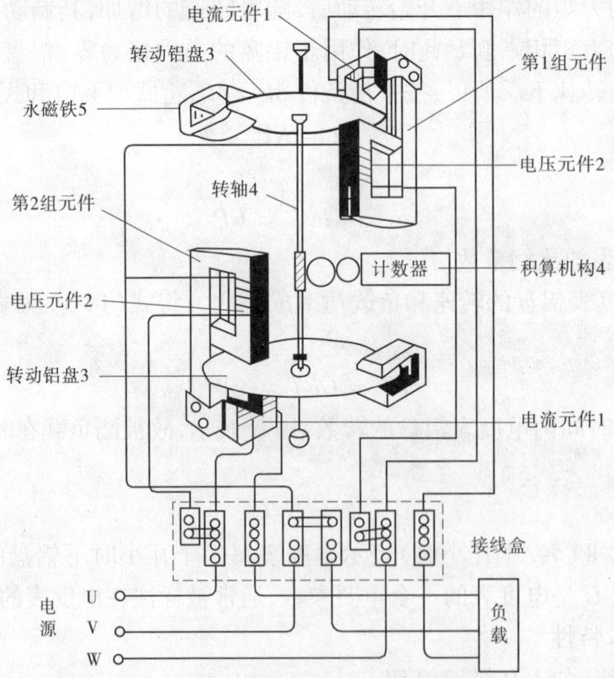

图 14-25　三相三线式电度表结构和接线图

(二)三相电度表结构

(1)驱动部件:由电流元件 1 和电压元件 2 组成。电流元件由铁芯和绕在铁芯上的电流线圈组成。电流线圈的导线较粗,匝数较少,与负载串联,故又称串联电磁铁。电压元件也由铁芯和电压线圈组成。电压线圈的导线较细而匝数较多,与负载并联,故又称并联电磁铁。

(2)转动部分:由铝质的转动圆盘3、固定转动圆盘的转轴4构成,转轴支承在上下轴承中。电度表工作时,电流元件和电压元件产生的交变磁场使铝盘感应出的涡流与该交变磁场相互作用,驱使圆盘产生转动。

(3)制动部分:由永久磁铁5构成,它是用来在铝盘转动时产生制动力矩的,使三相无功电度表的结构和原理可参阅其他有关资料书籍。

铝盘的转速能和被测功率成正比,以使用铝盘的转数来反映被测电能的大小。

(4)积算机构:用来计算铝盘在一定时间内的转数,以便达到累计电能的目的。当铝盘转动时,通过蜗杆蜗轮及齿轮级的传动,带动滚轮组转动。这样,就可以通过滚轮上的数字来反映铝盘的转数,也就是所测电能的大小。

(三)三相电度表接线图

三相电度表接线图如图14-26所示。

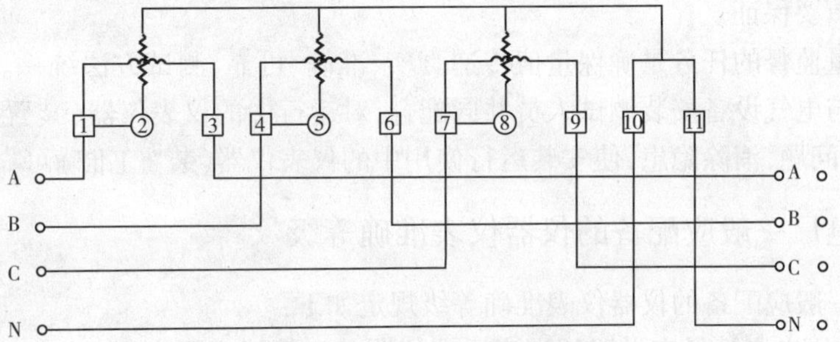

图14-26　三相电度表接线示意图

(四)使用方法

(1)合理选择电度表:一是根据任务选择单相或三相电度表。对于三相电度表,应根据被测线路是三相三线制还是三相四线制来选择。二是额定电压、电流的选择,必须使负载电压、电流等于或小于其额定值。

(2)安装电度表:电度表通常与配电装置安装在一起,而电度表应该安装在配电装置的下方,其中心距地面1.5~1.8 m处;并列安装多只电度表时,两表间距不得小于200 mm;不同电价的用电线路应该分别装表;同一电价的用电线路应该合并装表;安装电度表时,必须使表身与地面垂直,否则会影响其准确度。

(3)正确接线:要根据说明书的要求和接线图把进线和出线依次对号接在电度表的出线头上;接线时注意电源的相序关系,特别是无功电度表更要注意相序;接线完毕后,要反复查对无误后才能合闸使用。

当负载在额定电压下是空载时,电度表铝盘应该静止不动。

当发现有功电度表反转时,可能是接线错误造成的,但不能认为凡是反转都是接线错误。下列情况反转属正常现象:

①装在联络盘上的电度表,当由一段母线向另一段母线输出电能时,电度表盘会反转。

②当用两只电度表测定三相三线制负载的有功电能时，在电流与电压的相位差角大于60°，即 $\cos\varphi<0.5$ 时，其中一个电度表会反转。

(4)正确的读数：当电度表不经互感器而直接接入电路时，可以从电度表上直接读出实际电度数；如果电度表利用电流互感器或电压互感器扩大量程时，实际消耗电能应为电度表的读数乘以电流变比或电压变比。

第五节　电工检测仪器仪表校验

为了加强计量监督管理，保障电工检测仪器仪表的精度和量值的准确可靠，根据《中华人民共和国计量法》和国家水利电力部门颁发的有关规程规范，必须执行计量检测基准器具、计量检测标准器具进行计量强制检定制度。

各发电、供电单位要建立相应的电工检测计量的工作标准。

电测计量是电气设备测试工作的重要组成部分，电测计量监督是电力安全生产、提高供电质量的重要保证。

电测计量监督的任务是确保量值传递真实、准确、可靠，测试方法统一。电工检测专业人员必须与电气设备安装调试人员共同配合，对运行中的仪表仪器(装置)经常进行分析，及时发现问题，消除隐患，使安装运行使用中的仪表仪器(装置)准确可靠。

一、发电厂一般应配备的仪器仪表准确等级

发电厂一般应配备的仪器仪表准确等级规定如下：

(1)发电厂电测计量室设置的直流标准仪器准确等级应不高于0.1级。如果具备检修0.5级指示仪表的能力，可以配备0.1级指示仪表或0.2级携带式指示仪表；标准电能表为0.5级，标准互感器为0.1级。当发电厂装有1.0级或发电直供用电户装有1.0级电能表时，可建立0.2级电能计量标准。

(2)发电厂各专业工作用的直流仪器不高于0.1级，指示仪表不高于0.5级。个别专业需要高于0.5级者，应经主管部门批准后购置。

(3)发电厂应配置和本级相应的、保证计量和测试工作需要的电源、试验设备和检定装置，根据工作需要配置数字式工频仪表。

二、基层单位应配备的主要标准器具、检验装置和附属设备

大中型发电厂、供电局等基层单位配备的主要标准器具、检验装置和附属设备如下：

(一)直流标准装置

(1)标准电池：0.01级，$r\leqslant100\ \mu V$。

(2)标准电阻：0.01级，$r\leqslant1\times10^{7}$(包括40/V大功率标准电阻)。

(3)直流电阻分压箱：0.01级。

(4)直流电位差计：0.01(0.02)级(具有XFsd－16精密电表校验装置的可不建电位差计)。

(5)直流单、双臂电桥：0.02(0.05)级。

(6)直流电阻箱:0.05(0.01)级,$10^{-3}\sim10^{6}\ \Omega$。

(7)直流高阻箱:5~107 MΩ。

(8)空气恒温台:控温精度(20±0.1)℃(校验携带型电桥用)。

(二)交流标准装置

(1)互感器:0.02(0.01)级。

(2)标准电能表:0.5(0.2)级。

(3)互感器校验仪:2.0级。

(4)直流电表检定装置:综合误差±0.1%。

(5)交流电表检定装置:综合误差±15%。

(6)其他作量值传递和测量用的0.1级、0.2级和0.5级交直流电流表、电压表、功率表、频率表及1.0级相位表等。

(7)交流电流互感器:0.05级100 A/5 A。

(8)交流电压互感器:0.05级750 V/100 V。

(9)单、三相交流稳压电源:失真度0.1%,稳定度0.05%/min。

(10)室温为(20±5)℃、相对湿度小于80%的空调防尘计量室。

三、电测量指示仪表检验

本节内容适用于在电力系统使用的各类直流和交流工频指示表,包括各种电流表、电压表、有功功率表和无功功率表、万用电表、相位表、功率因数表、频率表、整步表、兆欧表、接地电阻测定器和钳形表的定期检验、修理后的检验和新购产品的首次检验。

使用中的仪表应符合《电测量指示仪表检测规程》(SD 110—83)的要求,不符合者不得使用,新购仪表的验收试验应根据国家标准进行。国家标准中未做规定的仪表,允许根据相应的专业标准(部颁标准)或厂技术条件进行。

(一)检验周期

使用中的电测量指示仪表应按下列规定周期进行检验:

(1)控制盘和配电盘仪表的定期检验应与该仪表所连接的主要设备的大修日期一致,不应延误,但主要设备主要线路的仪表应每年检验一次,其他盘的仪表每4年至少检验一次。

(2)对运行中设备的控制盘仪表的指示发生疑问时,可用标准仪表在其工作点上用比较法进行核对。

(3)可携式仪表(包括台表)的检验,每年至少一次,常用的仪表每半年至少一次。经两次以上检验,证明质量好的仪表,可以延长检验期一倍。

(4)万用电表、钳形表每四年至少检验一次。兆欧表和接地电阻测定器每两年至少检一次,但用于高压电路使用的钳形表和作吸收比用的兆欧表每年至少检验一次。

(二)对电源、检验装置和标准表的一般要求

(1)当检验电流表、电压表和功率表时,检验用电源和检验装置应满足水利电力部门《直流仪表检验装置的检定方法》和《交流仪表检验装置的检定方法》的有关规定。

当检验相位表和功率因数表(或频率表)时,在0.5 min内其相位和功率因数(或频率）的变化率不得超过被检表基本误差极限值的1/10，其他要求可参照《交流仪表检验装置的检定方法》。

（2）检验装置（包括标准表在内）的综合误差与被检表基本误差之比宜为1∶5，最低要求应为1∶3。

（3）当用直接比较法检验电流表、电压表、功率表、万用电表、钳形表时，标准表的系别应尽可能与被检表相同。标准表的准确度等级和与之配套使用的附件（互感器、分流器、标准电阻、分压器、变送器等）的准确度等级应不低于表14-2的要求。当标准表和被检表的量限不一致时，所用标准表的准确度等级和上量限可按下式选择：

$$K_0 \leqslant \frac{K_x}{\alpha} \times \frac{A_{xm}}{A_{0m}} \tag{14-5}$$

式中　K_0、K_x——标准表和被检表准确度等级的数字；

A_{xm}、A_{0m}——被检表和标准表的上量限；

α——某一规定常数，若不更正标准表的读数宜选为5，若更正可为3。

表14-2

被检表准确度等级	标准表准确度等级		标准附件的相对误差＊＊	
	不考虑更正	考虑更正	不考虑更正	考虑更正
0.1	0.02＊	0.05＊	0.01	0.02
0.2	0.05＊ （0.03）	0.1	0.02 （0.01）	0.05
0.5	0.1	0.2	0.05 （0.02）	0.1
1.0	0.2	0.5	0.1	0.2
1.5	0.2	0.5	0.1	—
2.5	0.5	—	0.2	—
5.0	0.5	—	0.2	—

注：1. 若检验装置的实际综合误差不能满足第1.3.2款的要求，则应考虑采用括号内的数字。

2. ＊指检验被检表终点分度线时标准表的实际误差。

3. ＊＊指若同时采用几个标准附件，则按合成误差考虑。

标准表的读数经过更正后，实际读数应为A_0'

$$A_0' = A_0 - \Delta \text{ 或 } A_0' = A_0 + C \tag{14-6}$$

式中　A_0——标准表的读数；

Δ——标准表读数的绝对误差；

C——标准表读数的更正值。

此外，标准表的标度尺长度还应满足表14-3的规定。

表 14-3　（单位：mm）

标准仪表的准确度等级	标准尺长度
0.1	不小于 300
0.2	不小于 200 *
0.5	不小于 130

注：* 指当仪表采用游标标度尺时允许不小于 150 mm。

（4）当用直接比较法检验三相仪表时，应尽可能采用不受三相电源不对称影响的方法，标准表的接线方式应尽可能与被检表的接线方式相一致。

（5）当用数字仪表作标准表时，其输入阻抗应比与之配合使用的分压器或分流器的阻抗大 10 000 倍以上。要根据规定对数字表进行预热，待读数稳定后，要按内部标准（或外部标准）进行校核。

（6）用直流补偿法检验仪表时，所选的成套检验装置、标准量具及仪器的准确度等级应满足有关规程的规定。

（7）用热电比较法检验仪表时，所选的成套检验装置中直流测量误差及交直流转换误差应满足有关规程的规定。

总之，检验仪表的误差时，宜采用有关规程检验方法的原则规定。

（三）仪表的检验项目、技术要求

1. 检验项目

仪表的定期检验项目整步表、兆欧表和接地电阻测定器的检验项目，检验顺序一般应按下述规定：

（1）外观检查；

（2）可动部分的倾斜影响检验；

（3）基本误差的测定；

（4）升降变差的测定；

（5）指示器不回零位的测定；

（6）功率表的功率因数影响的检验；

（7）功率表电压电路电阻的测定，单相有功功率表有可能用来按人工中性点法测，三相无功功率或用差式功率表法检验相位表时，才做此项测定。

（8）相位表、功率因数表电流影响检验。

此外，仪表经修理后或者对仪表性能有怀疑时，还应根据需要做下述检验：

（1）稳定性检验；

（2）绝缘电阻的测定；

（3）绝缘强度的检验；

（4）温度影响的检验；

（5）阻尼时间的测定；

（6）电压影响的检验；

（7）频率影响的检验；

(8)其他检验。

2.技术要求和检验方法

1)外观检查

仪表外观检查,表盘上或外壳上至少应有下述标志符号:

(1)仪表名称或被测量的标志符号。

(2)型号。

(3)系别符号。

(4)准确度等级。

(5)厂名或厂标。

(6)制造标准号。

(7)制造年月或出厂编号。

(8)电流种类或相数,三相仪表中测量机构的元件数量。

(9)正常工作位置。

(10)互感器的变比(指与互感器联用的仪表)。

(11)定值导线值(或符号)和分流器额定电压降值(对低量限电压表的要求)。

(12)仪表的端钮和转换开关上应有用途标志。

(13)从外表看,零部件完整,无松动,无裂缝,无明显残缺或污损。当倾斜或轻摇仪表时,内部无撞击声。

(14)向左右两方向旋动机械调零器,指示器应转动灵活,左右对称。

(15)指针不应弯曲,与标度盘表面间的距离要适当。对装有反射镜式读数装置的仪表应不大于$(0.02L+1)$mm,其余仪表应不大于$(0.01L+1)$mm。指针与标度尺在同一水平面上的仪表,其指针尖端与标度尺边缘的间隙应不超过$(0.01L+0.8)$mm。其中,L是标度尺长度,mm。刀形和丝形指针的尖端至少应盖住标度尺上最短分度线的1/2,矛形指针可为1/2~3/4。

(16)检查有无封印,外壳密封是否良好。

2)可动部分的倾斜影响检查

(1)检验倾斜影响时,应除去变差影响(可轻敲仪表外壳)。可在标度尺的几何中心附近和上限量附近的两个分度线上进行。对于比率表和无零位标度尺仪表,应在额定负载下进行。

(2)检验时应按规定的角度使被检仪表自工作位置向前后左右四个方向倾斜。倾斜情况下的指示值与规定工作位置时的指示值之差,应不超过有关规定。指示值改变的表示方法与基本误差表示方法相同。

(3)对于用游丝产生反作用力矩的指针式仪表,也可用下述方法检查仪表可动部分的机械平衡,不必再检查倾斜影响:

使仪表转轴与水平面垂直,指针与水平面平行,调好机械零位(若无机械零位,应通电使指示器指示在起始分度线)。

倾斜仪表,使其转轴和指针均与水平面平行,记下指针与零位(或起始分度线)的偏离;

倾斜仪表,使其转轴与水平面平行,指针与水平面垂直,再次读取指针与零位的偏离值。

(4)有水准器的仪表和振簧系仪表,可不作倾斜影响检查。

3)升降变差的测定

能耐受机械力作用的仪表、仪表正面部分最大尺寸小于75 mm的可携式仪表、正面最大尺寸小于40 mm的安装式仪表、用直流进行检验的电磁系和铁磁电动系仪表,其指示值的升降变差不应超过规范规定值的1.5倍

4)指示器不回零位的测定

具有机械反作用力矩的仪表,当将它的指示器自标度尺终点分度线平稳地逐渐减少至零时,指示器不回机械零位值不应超过用规范计算之值。

5)功率表的功率因数影响的检验

交流有功功率表除在 $\cos\varphi=1$ 时检验其基本误差之外,还应在 $\cos\varphi=0.5$(容性和感性)的条件下检验功率因数影响;0.1级和0.2级仪表也可在 $\cos\varphi=0$(容性和感性)的条件下进行检验。由于功率因数改变引起的误差不应超过被检表基本误差极限值的0.5倍,其误差的表示方法与基本误差相同。对于电动系功率表,若功率因数改变引起的误差变化小于基本误差极限值时,则此项检验以后可免做。

6)功率表电压电路电阻的测量

当被检的单相有功功率表有可能用来按人工中性点法接线测量三相无功功率时,必须测定电压电路的电阻,其电路电阻的差别(以平均值的百分数表示)不得大于仪表基本误差的极限值。电阻值可用单电桥测量。

7)相位表电流影响的检验

当通过相位表的电流为额定电流值的40%~100%时,相位表的误差都应满足规范的要求。为此,当检验相位表时,除在额定电流下对各带数字的分度线进行检验外,还应在额定电流为40%的条件下对始点、中点和终点分度线进行检验。

8)稳定性检验

仪表经过修理后,必须进行稳定性检验。仪表在交付使用时和交付使用前7 d的误差变化不应超过规范规定值,且其误差应满足规范的规定。

9)绝缘电阻的测定

仪表和附件的所有线路与外壳间的绝缘电阻,在室温和相对湿度为85%以下的条件下,可携式仪表用500 V绝缘电阻测定器测定;开关板式仪表用1 000 V绝缘电阻测定器测定,其绝缘电阻值应满足规范的要求。

10)绝缘强度检验

仪表和附件的所有线路与外壳间应能耐受频率为50 Hz、波形为实用正弦波的交流电压历时1 min的试验。其试验电压应按规范选取。试验应在室温和相对湿度为85%以下进行,也可在(30±2)℃和相对湿度为(95±3)%的条件下进行,技术要求可参照国标GB 776—76。

11)温度影响的检验

当环境气温自额定温度(或在仪表上注明的温度)改变至规范所规定的范围内的任

一温度时，所引起的仪表指示值的改变（换算为每改变 10 ℃）应不超过规范的规定值。外附分流器和附加电阻阻值的改变应不超过基本误差极限值的一半。指示值改变的表示方法与基本误差表示方法相同。

12）阻尼时间的测定

热电系、热线系及静电系仪表、吊丝式仪表和指针长度大于 150 mm 的仪表，其可动部分的阻尼时间应不超过 6 s，其余的仪表应不超过 4 s。当被测量突然改变时，仪表指示器的第一次偏转值与稳定后的偏转值之比应不大于 1.5。

凡外电路电阻有规定范围，当电阻在这个范围内变动时，其阻尼时间均应满求。

13）电压影响的检验

当电压自额定值偏离 ±10%（对比率表和由化学电源和交流电网作供电电源的兆欧表）、±15%（对整流系仪表和钳形表）或 ±20%（对其他仪表）时，由此引起仪表指示值的改变应不超过规范中的规定值。仪表辅助电路用电源、由内附手摇发电机作供电电源的兆欧表，当其电压自额定值偏离 ±10% 时，指示值改变应不超过规范规定值的一半。指示值改变的表示方法与基本误差表示方法相同。试验在标度尺的几何中心附近和上量限附近的两点进行，整步表在同步点进行。

如果在仪表上注明额定电压范围，则在此范围内的任一电压下，仪表基本误差应不超过规范中的规定值。

14）频率影响的检验

当频率自额定值偏离 ±10%（但对相位表和功率因数表为 ±2%，对单相无功功率表为 ±5%）时，由此所引起的仪表指示值的改变应不超过规范中的规定值。如果在仪表上注明额定频率范围，则在此范围内的任一频率下，仪表的基本误差都应不超过规范中的规定值。

15）其他检验

其他检验包括波形影响、外界电场或磁场影响、铁磁物质影响、并置仪表影响的检验以及温升、耐过负载性能的检验等。做这些项目的检验时，可遵照有关的国家标准或专业标准（部标准）进行。

3. 电气检测仪器仪表的检验

（1）交直流电流表和交直流两用电流表的检验。

（2）交直流电压表和交直流两用电压表的检验。

（3）交流和交直流两用单相功率表的检验。

（4）单相交直流有功功率表的检验。

（5）低功率因数功率表的检验。

（6）三相有功和无功功率表的检验。

（7）单相相位表和功率因数表的检验。

（8）三相功率因数表的检验（目前国内生产的三相功率因数表，仅能在三相电路完全对称的条件下使用，但是在三相完全对称的条件下用单相功率因数表也能满足要求。因此，建议今后不再采用这种表在三相电路中测量功率因数）。

（9）频率表的检验。

(10)整步表的检验。

(11)兆欧表和接地电阻测定器的检验。

(12)万用电表的检验。

(13)钳形表的检验。

(14)控制盘和配电盘仪表的现场检验。

4. 检验结果的处理

检验仪表时,测得的数据和经过计算后得到的数据,在填入检验证书时都应经过化整。

判断仪表是否合格应根据化整后的数据。

对于电流表、电压表、功率表,其数据经化整后,所保留的有效数字位数应符合规程的规定。

对于作为计量传递用的0.5级及其以上的电流表、电压表和功率表,1.5级及其以上的相位表和频率表应有检验证书,给出误差或更正值,并标明仪表是否合格;其他仪表,除非另有要求,一般不必填写检验证书,只在检验记录上注明合格或不合格。必要时,可以填写检验卡,只注明合格或不合格,不给出误差或更正值。

检验证书应保存至少5年,检验记录应保存至少1年。

检验证书、检验记录、检验卡都应由检验人员和审阅人签名。

仪表经检验合格后应加封印。

(四)有关电能计量、交流仪表及直流仪表等检测的主要规程

(1)《电测计量监督规程》(DL/T 1199—2013);

(2)《电测量指示仪表检验规程》(SD 110—83);

(3)《电能计量装置检验规程》(SD 109—83);

(4)《交、直流仪表检验检定规程》(DL/T 1112—2009)。

参 考 文 献

[1] 李大林,孟凡利. 电工测量[M]. 北京:中国电力出版社,2006.

[2] 王剑平. 电工测量[M]. 北京:中国水利水电出版社,2010.

[3] 王向臣. 电气试验工[M]. 北京:中国水利水电出版社,2009.

[4] 周武仲. 电力设备维修诊断与预防性试验[M]. 北京:中国电力出版社,2011.

[5] 单文培,等. 电气设备试验及故障处理实例[M]. 北京:中国水利水电出版社,2011.